无 机 化 学

盛永丽　张卫民　主编

科 学 出 版 社
北　京

内 容 简 介

本书共3篇17章，第1篇为化学基础知识与基本原理，主要介绍气体与溶液、化学动力学基础、化学热力学基础、化学平衡常数、酸碱解离平衡、沉淀溶解平衡、氧化还原反应。第2篇为物质结构基础，主要内容是原子结构与元素周期律、共价分子结构与共价键理论、晶体结构、配位化学基础。第3篇为元素化合物，这部分内容是按区划分知识点，重点介绍主要单质及化合物的结构特点、性质与用途、自然界的存在形态与制备等。本书力求简明但又不失系统性，易读、易讲又不失科学性。书中正文部分增加了许多与讲课内容密切相关的特色栏目，如思考·练习、迁移·应用等，有利于调动学生课堂动脑思考、主动学习的积极性；每章还附有20个选择题的"单元测试"，方便学生对知识的掌握情况进行自检，也有利于教师及时查缺补漏。

本书可作为综合性大学及一般院校和近化学专业的本科生教材，也可作为相关专业学生和教师的参考用书。

图书在版编目(CIP)数据

无机化学/盛永丽，张卫民主编. —北京：科学出版社，2017.3
ISBN 978-7-03-052353-2

Ⅰ. ①无… Ⅱ. ①盛… ②张… Ⅲ. ①无机化学-高等学校-教材 Ⅳ. ①O61

中国版本图书馆CIP数据核字(2017)第052331号

责任编辑：丁 里 / 责任校对：何艳萍
责任印制：赵 博 / 封面设计：迷底书装

科 学 出 版 社 出版
北京东黄城根北街16号
邮政编码：100717
http://www.sciencep.com
天津市新科印刷有限公司印刷
科学出版社发行 各地新华书店经销
*
2017年3月第 一 版 开本：787×1092 1/16
2025年1月第八次印刷 印张：26 1/2 插页：1
字数：680 000

定价：79.00元

（如有印装质量问题，我社负责调换）

前　言

无机化学是化学类及相近专业大一新生的一门重要基础课，它不仅有着学科自身的丰富内容，还要为其后续课程——分析化学、有机化学、物理化学及结构化学等打好基础，同时它还自然地担负着使学生尽快适应大学专业课程学习的重要任务。所以，一本适合的无机化学教材要发挥承前启后、启发思维的作用。

本书主要是由济南大学无机化学教研室的教师结合多年的教学实践经验，参考国内外相关化学教材和论著编写而成。全书共3篇，其中第1篇覆盖了主要的化学基础知识和基本原理，包括气体与溶液、化学动力学基础、化学热力学基础、化学平衡常数、酸碱解离平衡、沉淀溶解平衡和氧化还原反应等共7章；第2篇为物质结构基础，包括第8～11章，全面介绍了原子结构与元素周期律、共价分子结构与共价键理论、晶体结构以及配位化学基础；第3篇为元素化合物，包括第12～17章，分区介绍典型元素及其化合物的结构、性质与应用。

本书的编著力求体现以下几个特点：

⑴内容的处理上注意与中学及后续课程内容的衔接，尽量避免过多不必要的重复及过难的铺垫，使学生的知识结构得到合理的补充与完善。

⑵教材内容实用、新颖，便于教学互动。教材中设置了“联想・质疑”“思考・练习”“迁移・应用”“阅读・拓展”等多种栏目，有利于激发学生的学习兴趣，调动学生主动学习的积极性。

⑶教材内容的设置突出了学生是教学活动的主体地位。在每章之后增加了“单元测试题”，方便学生对知识的掌握情况进行自检，也有利于教师及时查漏补缺；各章之后的“归纳・整合”栏目，使散乱的知识点提纲化，元素部分一些常用的多变价元素及化合物的性质用框图的形式进行了串联，便于学生的记忆与复习。

⑷在党的二十大精神引领下，挖掘中国化学发展史的资料，将近现代化学知识与社会生产和人类生活紧密结合，突出“低碳化学”和“可持续发展”理念，激发学生的家国情怀和民族自豪感，使学生能够深切体会到所学必有所用。

本书由盛永丽和张卫民担任主编，主要完成全书正文和部分习题的编写工作，范迎菊、陈艳丽[中国石油大学(华东)]担任副主编。参加编写的还有济南大学无机化学教研室的刘广宁、苗金玲、杨红晓、王金刚等，齐鲁大学无机化学教研室的老师也做了许多辅助工作。全书由盛永丽进行加工、修改、补充并完稿。本书的编写还得到了齐鲁工业大学崔月芝、德州学院董岩、曲阜师范大学景志红、山东农业大学姜林等老师的支持和帮助，他(她)们提供了不少宝贵的意见和建议，在此由衷地表示感谢。

由于编者水平有限，书中疏漏和不足之处在所难免，敬请读者批评指正。

编　者

2023年7月于济南大学

目　　录

第 2 篇　物质结构基础

第 3 篇 元素化合物

第 1 篇　化学基础知识与基本原理

第 1 章　气体与溶液

一般情况下，物质都有三态。例如，水的三态：冰、水和水蒸气，分别为固态、液态和气态。当然，物质还有其他两种存在形态，称为等离子态和超固态。处于等离子态的物质称为等离子体，处于超固态的物质称为超固体。本章主要讨论气态物质和溶液的一些基本性质。

1.1　气体状态方程

气体是物质三态中结构和性质最简单的聚集状态。气体有实际气体与理想气体之分，在现实中，理想气体是不存在的。当实际气体处于高温、低压状态时，分子间的距离较大，此时可以忽略气体分子自身的体积及气体分子之间的相互作用，把气体分子看作有质量的几何点，此时的实际气体可作为理想气体处理，这样就可以简化实际问题。本章及后续章节涉及的气体，凡不注明的都作为理想气体处理。

气体最基本的性质表现为无限膨胀性和无限掺混性。气体的体积(V)受热力学温度(T)、压力①(p)及本身物质的量(n)的影响。人们经过多年的研究发现，对于某气态体系，在p、V、n、T之间存在一固定的关系，这就是气体状态方程。

1.1.1　理想气体状态方程及其应用

19 世纪初，意大利科学家阿伏伽德罗(A. Avogadro)提出：同温同压下，相同体积的任何气体含有相同数目的分子，这一规律被人们称为阿伏伽德罗定律，又称四同定律。1860 年原子-分子论确立后，科学家用多种方法测定了物质的量 n 为 1 mol 时所含有的分子数，即 $N_A = 6.02 \times 10^{23}\ \text{mol}^{-1}$，$N_A$ 称为阿伏伽德罗常量。而在标准状况下[理想气体的标准状况是指：$T = 273\ \text{K}$，$p = 101.3\ \text{kPa}$]，1 mol 理想气体的体积 $V_m = 22.4\ \text{dm}^3$。

19 世纪中叶，法国科学家克拉佩龙(B. P. Clapeyron)提出：一定量的气体，其体积和压力的乘积与热力学温度成正比。后经多位科学家的支持和提议，归结成如下的理想气体状态方程：

$$pV = nRT \tag{1-1}$$

式中，p 为气体的压力；V 为气体占有容器的体积；n 为气体分子的物质的量；T 为体系的热力学温度；R 为摩尔气体常量，其数值和量纲取决于 p、V 的量纲，常用的几种常数和量纲见表 1-1。

---

① 在物理学中压强是指单位面积上所承受的压力，但在化学上压力就是指压强。在国际单位制中压力和压强含义相同，本书统一使用“压力”的概念。

表 1-1 摩尔气体常量的几种常用数值和量纲

p	V	R
atm	L	$0.08206\ atm \cdot L \cdot mol^{-1} \cdot K^{-1}$
Pa	m^3	$8.314\ J \cdot mol^{-1} \cdot K^{-1}$
kPa	dm^3	$8.314\ J \cdot mol^{-1} \cdot K^{-1}$

注：1 atm = 101.3 kPa；T (K) = 273 + t (℃)；1 mL = 1 cm^3 = 10^{-3} L = 10^{-3} dm^3 = 10^{-6} m^3；1 m = 10^2 cm = 10^3 mm = 10^6 μm = 10^9 nm = 10^{12} pm；1 J = 1 N · m =1 (N/m^2) · m^3 =1 Pa · m^3。

根据式(1-1)，可以导出

$$pV = nRT = \frac{m}{M}RT$$

$$M = \frac{mRT}{pV} = \frac{\rho RT}{p} = \frac{\rho}{p}RT \tag{1-2}$$

式中，m 为质量；M 为气体的摩尔质量；ρ 为气体的密度。如果密度 ρ 的量纲用 $g \cdot dm^{-3}$，则压力 p 的量纲用 kPa，R 的数值和量纲取 $8.314\ J \cdot mol^{-1} \cdot K^{-1}$。

例 1-1 惰性气体氙可以与氟形成多种氟化物 XeF_n。353 K、15.6 kPa 时，实验测得某气态氟化氙的密度为 $1.10\ g \cdot dm^{-3}$。试确定该氟化氙的分子式。

解 氟化氙的相对分子质量在数值上应该等于氟化氙的摩尔质量。

将题中数据代入式(1-2)得

$$M = \frac{\rho}{p}RT = \frac{1.10\ g \cdot dm^{-3}}{15.6\ kPa} \times 8.314\ J \cdot mol^{-1} \cdot K^{-1} \times 353\ K = 207\ g \cdot mol^{-1}$$

已知 Xe 的相对原子质量为 131，F 的相对原子质量为 19，则 $131 + 19n = 207$，$n = 4$。该氟化氙的分子式为 XeF_4。

由此可见，只要在一定的温度和压力下测出某种气体的密度，就可以求算出该气体的摩尔质量(数值上等于相对分子质量)。但实验中发现，对大多数气体来说，在不同的温度和压力下测出的相对分子质量不同。根本原因在于，通常实验条件下实际气体与理想气体差别较大。只有在高温、低压下，实际气体接近于理想气体时，结果才比较令人满意。目前测定摩尔质量最理想的仪器是质谱仪。

1.1.2 道尔顿分压定律

几种相互间不发生化学反应的不同气体在同一容器中混合时，分子本身的体积和它们相互间的作用力都可以忽略不计，这就是理想气体混合物。组成混合气体的每种气体都称为混合气体的组分气体。

当混合前后各组分气体的温度保持不变时，混合气体中每一组分气体都能均匀地充满整个容器的空间，又互不干扰，如同单独存在于容器中一样。任一组分气体分子对器壁碰撞所产生的压力不因其他组分气体的存在而有所改变，与它独占整个容器时所产生的压力相同。

这时混合气体中组分气体所施加的压力称为该组分气体的分压。

对于理想气体来说，某组分气体的分压等于在相同温度下，该组分气体单独占有与混合气体相同体积时所产生的压力。

例如，一定温度下，将 1 mol O_2 放入 1 dm^3 容器中，其压力为 $p(O_2)$；将 1 mol N_2 放入 1 dm^3 容器中，其压力为 $p(N_2)$。如果将 1 mol O_2 与 1 mol N_2 同时放入 1 dm^3 容器，体系的总压力 $p_{总}$ 为多少？

1801 年，英国化学家道尔顿(J. Dalton)指出，在一定温度下，当混合气体的体积与组分气体相同时，混合气体的总压等于各组分气体的分压之和。

	N_2	+	O_2	⟶	N_2+ O_2
V	1 dm^3		1 dm^3		1 dm^3
p	$p(N_2)$		$p(O_2)$		$p_{总}$

$$p_{总} = \sum p_i = p_1 + p_2 + p_3 + \cdots \tag{1-3}$$

式中，p_i 为第 i 种组分气体的分压。

组分气体的摩尔分数：组分气体 i 的物质的量用 n_i 表示，混合气体的物质的量用 n 表示，组分气体 i 的摩尔分数用 x_i 表示，则

$$n = \sum n_i, \quad x_i = \frac{n_i}{n}$$

根据理想气体状态方程，不难推出

$$p_i = \frac{n_i RT}{V}, \quad p_{总} = \frac{n_{总} RT}{V}$$

所以 $\dfrac{p_i}{p_{总}} = \dfrac{n_i}{n_{总}} = x_i$

$$p_i = p_{总} \cdot x_i \tag{1-4}$$

式(1-4)为道尔顿分压定律的另一表示式。

例 1-2　某温度下，将 2×10^5 Pa 的 3 dm^3 O_2 和 3×10^5 Pa 的 1 dm^3 N_2 充入 6 dm^3 的真空容器中。求混合气体中各组分气体的分压及混合气体的总压。

解　$V_1(O_2) = 3\ dm^3$，$p_1(O_2) = 2\times10^5\ Pa$，$V_2(O_2) = 6\ dm^3$

$$p_2(O_2) = \frac{p_1(O_2)V_1(O_2)}{V_2(O_2)} = \frac{2\times10^5\ Pa\times3\ dm^3}{6\ dm^3} = 1\times10^5\ Pa$$

同理：$p_2(N_2) = \dfrac{p_1(N_2)V_1(N_2)}{V_2(N_2)} = \dfrac{3\times10^5\ Pa\times1\ dm^3}{6\ dm^3} = 5\times10^4\ Pa$

$$p_{总} = p_2(O_2) + p_2(N_2) = 1\times10^5\ Pa + 5\times10^4\ Pa = 1.5\times10^5\ Pa$$

思考·练习

1. 实际气体在什么情况下可作为理想气体来处理？
2. 在恒温恒压下的混合气体中加入惰性气体，混合气体中各组分分压是否改变？
3. 标准状况下，空气中氧气的分压是多少？

1.1.3 格雷姆气体扩散定律

19 世纪初，英国物理学家格雷姆(T. T. Graham)通过实验发现，恒温恒压下气体的扩散速率与其密度的平方根成反比。

$$\frac{u_a}{u_b}=\frac{\sqrt{\rho_b}}{\sqrt{\rho_a}} \tag{1-5}$$

由式(1-2)可知，理想气体在恒温恒压下，气体的密度与摩尔质量(相对分子质量)成正比，故

$$\frac{u_a}{u_b}=\frac{\sqrt{M_b}}{\sqrt{M_a}} \tag{1-6}$$

例如，氨气和氯化氢气体的扩散实验如图 1-1 所示。在一玻璃管的左端放有浸过浓氨水的棉花，在玻璃管的右端放有浸过浓盐酸的棉花，同时打开玻璃管两端的塞子，NH_3 沿玻璃管向右扩散，HCl 沿玻璃管向左扩散，两者相遇时生成氯化铵固体而出现白色雾环。

图 1-1 NH_3 和 HCl 的扩散实验

测量发现白色雾环出现在玻璃管中间偏右部位，左右距离约为 3∶2，与 $\frac{\sqrt{M_{HCl}}}{\sqrt{M_{NH_3}}}=1.47$ 相近。

根据气体扩散定律，可以对某些元素进行非常规分离。例如，铀在地壳中的分布为 ^{235}U 0.72%、^{238}U 99.28%，而 ^{235}U 是核反应的重要原料。由于同位素的物理、化学性质几乎完全相同，通过普通的化学分离很难将 ^{235}U 与 ^{238}U 分开。只能先将铀与氟反应生成气态的 UF_6，然后利用 $^{235}UF_6$ 与 $^{238}UF_6$ 摩尔质量的不同，进行几千次的扩散分离，最终富集 $^{235}UF_6$。

*1.1.4 实际气体状态方程

前面已述及，在任何温度和压力下都符合理想气体状态方程的气体才是理想气体。但由于实际气体分子本身总占有一定的体积，分子间也总存在相互作用力，因此只有在某些极端条件下，实际气体才符合理想气体状态方程，而在一般条件下都存在一定的偏差。例如，测量恒温 293 K 时，1 mol 乙炔在不同压力下的体积，得到下列实验结果：

$p_1 = 1.01 \times 10^2$ kPa，$V_1 = 24.1$ dm^3，$p_1V_1 = 1.01 \times 10^2$ kPa$\times 24.1$ dm$^3 = 2.43 \times 10^3$ kPa · dm^3；

$p_2 = 8.42 \times 10^3$ kPa，$V_2 = 0.114$ dm^3，$p_2V_2 = 8.42 \times 10^3$ kPa$\times 0.114$ dm$^3 = 9.60 \times 10^2$ kPa · dm^3。

实验结果表明，随着压力的改变，pV 并非像理想气体一样恒定为常数。

1873 年，荷兰物理学家范德华(van der Waals)在研究了许多气体的行为之后，提出了第一个实际气体状态方程：

$$\left(p + \frac{n^2 a}{V^2}\right)(V - nb) = nRT \tag{1-7}$$

这就是著名的范德华方程(van der Waals' equation)。式(1-7)是一个半经验公式，式中 a、b 是常数，称为范德华常数，a 是对气体压力的校正系数，b 是对气体体积的校正系数。

在实际气体中总是存在分子间的相互吸引力，当一个分子撞向器壁对器壁施加压力时，会受到周围其他分子反方向的吸引力，这种吸引力的存在相当于削弱了分子向器壁施加的压力，因此在校正实际气体压力时应“加”上一定的数值。由于靠近器壁的分子与周围内部分子的吸引力既正比于内部分子数，又正比于器壁附近的分子数，而这两种分子数又都与气体密度成正比，所以压力校正项为 $a\left(\frac{n}{V}\right)^2$，实际气体状态方程中压力变为 $p + a\frac{n^2}{V^2}$。

在实际气体中，分子本身占有的体积应等于每摩尔分子的体积乘以气体的物质的量 nb。当某一位置在某一瞬间被某个气体分子占据时，其他分子就不能再运动到此位置，也就是说，在实际气体中，气体分子自由运动的空间应等于容器的体积减去气体分子本身占有的体积，即 $V-nb$，这也是气体能够被压缩的体积。

由上述可见，实际气体的范德华常数 a、b 只取决于气体分子本身的质量、极性、体积等，与外界因素无关，不同的气体数值不同。

1.2　相变与相平衡

1.2.1　相的有关概念

1. 相的定义

系统中物理性质和化学性质中完全相同的部分称为相。相与相之间有明显的界面存在，界面两侧系统的性质有着明显的突变。

2. 相数的确定

系统中相的数目称为相数。根据相的概念，不同系统中的相数确定如下：

(1)气相　通常情况下，任何气体均能在分子水平上混合均匀，所以一个系统中不管有多少种气体都是一个相。

(2)液相　一种纯的液态物质只有一个液相。对于不同液体物质混合的系统来说，由于不同液体的互溶程度不同，可以是一相、两相或多相。例如，NaCl 水溶液是一相；油与水的混合物则为两相，因二者间有明显的液-液界面，激烈振荡后形成的乳浊液也仍然是两相。

(3)固相　一般来说，有多少种固体就有多少相。即使磨得很碎的固体混合在一起，仍是多相。同一物质有几种不同晶形就有几个相，如金刚石与石墨是两种不同的相。

思考·练习

1. 氯化钠、油和蔗糖的水溶液是几相系统?
2. 高温煅烧 $CaCO_3$ 部分分解制 CO_2 系统中有几相?

1.2.2 相平衡

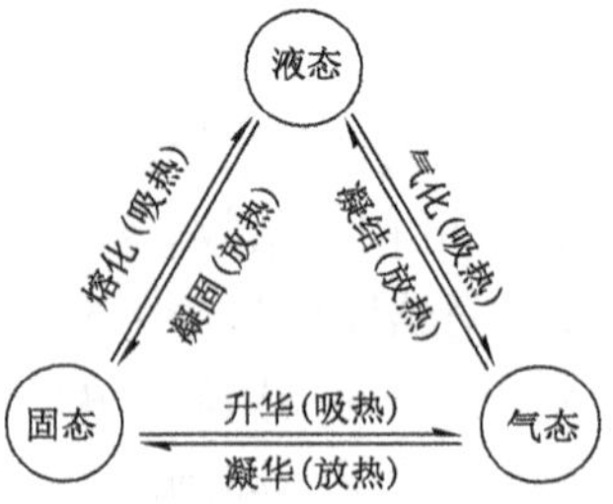

图 1-2 物质三态变化过程图

物质可以以气态、液态、固态三种形式存在，当温度、压力发生改变时，三种状态可相互转化。最典型的例子是水的三态变化。物质由一种物态向另一种物态转变称为相变，相变时两相之间的动态平衡称为相平衡。

物质的三态变化过程如图 1-2 所示。

这里简单介绍几种常见的相变过程。

1. 气体的液化

物质由气态转变为液态的过程称为气体的液化。液化的方式有两种，一是降低温度，任何气体在温度降到足够低时都可以液化；二是压缩体积，适合一定温度下(一般为常温)的某些气体，特殊的须先降温再压缩体积。例如，水蒸气在 101.3 kPa 下，低于 100℃就能液化；室温下 Cl_2 则必须先加压才能液化；N_2 则必须将温度降到−147℃时再加 3.4 MPa 的压力才能液化。这种气体在某温度以下才能液化的现象，称为气体液化的临界现象。能使气体液化的最高温度称为临界温度，用 T_c 表示。在临界温度下使气体液化的最低压力称为临界压力，用 p_c 表示。在 T_c 和 p_c 条件下，1 mol 气体所占的体积为临界体积，用 V_c 表示。如 N_2 的 T_c 为−147℃，p_c 为 3.4 MPa。

每种气体都有一个临界温度，气体的沸点越低，临界温度越低，越难液化。CH_4、N_2、O_2 等的沸点和临界温度都低于室温，不能在室温下加压液化，这类气体称为永久气体；沸点低于室温，但临界温度高于室温的气体，如 CO_2、Cl_2 等，在室温下加压可以液化；沸点和临界温度都高于室温的物质，在常温常压下就是液体。

2. 液体的蒸发与沸腾

蒸发和沸腾都是气化现象，是气化的两种不同方式。蒸发是在液体表面发生的气化过程，而沸腾是在液体内部和表面上同时发生的剧烈的气化现象。

蒸发 液体表面分子由于受力不均匀，那些能量足够大、速率足够快的表层分子可以克服分子间的引力，逸出表面而气化，这种液体表面的气化现象称为蒸发。在液面上的气态分子群称为蒸气。这些蒸气在无规则的运动过程中，会接触液面而发生冷凝。在一定温度下，当蒸发速率等于冷凝速率时，气相与液相达到一个动态平衡。此时与液体处于动态平衡的气体称为饱和蒸气，饱和蒸气对液体表面产生的压力就是该液体的饱和蒸气压。

液体的蒸气压与容器的体积及液体的物质的量无关，但随温度的升高而增大(表 1-2)。

表 1-2　不同温度下水的蒸气压

温度/℃	0	10	20	30	40	50	60	70	80	90
蒸气压/kPa	0.611 29	1.228 1	2.064 4	3.781 8	7.381 4	12.344	19.932	31.176	47.373	70.117
温度/℃	100	110	120	150	200	250	300	350	370	374
蒸气压/kPa	101.32	143.24	198.48	475.72	1 553.6	3 973.6	8 583.6	16 521	21 030	22 055

例 1-3　273 K、101.3 kPa 时将 1.00 dm^3 干燥的空气慢慢通过二甲醚液体，测得二甲醚失重为 0.0335 g。求 273 K 时二甲醚的饱和蒸气压。

解题思路：

干燥空气，101.3 kPa $\xrightarrow{\text{二甲醚}}$ 空气+二甲醚，101.3 kPa

出来的是混合气体，其中二甲醚的分压即是它的饱和蒸气压，可根据式(1-4)求出。

解　二甲醚(CH_3OCH_3)的摩尔质量为 46 $g \cdot mol^{-1}$，0.0335 g 二甲醚的物质的量为

$$n_1 = \frac{m}{M} = \frac{0.0335}{46} = 7.28 \times 10^{-4}(\text{mol})$$

通过二甲醚的干燥空气的物质的量为

$$n_2 = \frac{pV}{RT} = \frac{101.3 \times 1.00}{8.314 \times 273} = 4.46 \times 10^{-2}(\text{mol})$$

由于实验是在恒压条件下完成的，体系总压力保持为 101.3 kPa。根据气体分压定律，二甲醚的饱和蒸气压应等于混合气体中二甲醚的分压，即

$$p(\text{二甲醚}) = p(\text{总})x(\text{二甲醚}) = p(\text{总})\frac{n_1}{n_1 + n_2} = 101.3 \times \frac{7.28 \times 10^{-4}}{7.28 \times 10^{-4} + 4.46 \times 10^{-2}} = 1.63(\text{kPa})$$

蒸发现象具有如下特点：

(1)蒸发可以在任何温度下进行，温度越高，蒸发得越快。任何温度是指不低于熔点的温度。如果温度低于熔点，物质已为固态，即使变成气态，也不是蒸发，而是升华。

(2)蒸发快慢有三个影响因素：液体温度的高低、液体表面积的大小、液体表面上方空气流动的快慢。通常，温度越高，液面暴露面积越大，蒸发速率越快；溶液表面的压力越低，蒸发速率越快。

(3)液体蒸发时要吸热，有制冷作用。气化和熔化都是吸热过程，都具有制冷作用。但相同量的同种物质气化时吸热比熔化时多，所以气化制冷比熔化制冷效果好。在生活、生产中蒸发制冷的应用更为广泛。

沸腾　在一定温度下，在液体内部和表面同时发生的剧烈的气化现象称为沸腾。

液体沸腾的条件是饱和蒸气压和外部压力相等。沸点就是饱和蒸气压等于外部压力时的温度。因为饱和蒸气压和外部压力相等时才沸腾，所以沸点会随外部压力的增大而升高。

在相同的外压下，不同的液体沸点不同。同一种液体的沸点与压力有关：压力增大，沸点升高；压力减小，沸点降低。液体沸腾过程中要不断吸收热量，但温度保持不变。

阅读·拓展

风化与潮解

水合物晶体放在大气中，若逐渐失去结晶水，称为风化。水合物晶体若放在大气中慢慢吸收大气中的水蒸气，而使自身溶解于其中变成溶液称为潮解。

水合物的饱和蒸汽压越高，越容易发生风化；反之饱和蒸汽压越低，越容易发生潮解。

1.3 溶 液

1.3.1 溶液浓度的表示方法

一种物质以分子、原子或离子的形式分散在另一种物质中，形成的均匀稳定的分散体系称为溶液。按照这一概念，溶液可存在三种状态，即气态溶液、液态溶液和固态溶液。空气就是标准的气态溶液，而常用的合金则是固态溶液。但从狭义上讲，一般溶液都是指液态溶液。

需要注意的是，溶液既不是化合物，也不是简单的混合物，其微观结构和性质极其复杂。当溶质溶解后，其结构和性质均发生改变，同样当接受溶质后，溶剂的结构和性质也发生相应变化。

溶液的组成 溶液均由溶质和溶剂两部分组成。由固体和液体、气体和液体组成的溶液，液体就是溶剂，固体和气体则是溶质；由液体和液体组成的溶液，往往量多的是溶剂，量少的是溶质，但水可看作是恒溶剂。例如，在95%的乙醇、浓硫酸、浓盐酸中，溶剂就是水。在有机化学中也有一些恒溶剂，如乙醇、乙醚、丙酮、煤油等。

溶液浓度的表示方法 溶液的浓度是指一定量的溶液或溶剂中含有的溶质的量。最常用的浓度表示方法有以下几种。

1. 物质的量浓度 c_B

单位体积的溶液中溶解的溶质的物质的量，按国际单位制，单位为 $mol \cdot m^{-3}$，但因数值通常太大，使用不方便，所以普遍采用的单位为 $mol \cdot dm^{-3}$。

$$c_B = \frac{n_B}{V} = \frac{\text{溶质B的物质的量(mol)}}{\text{溶液的体积(dm}^3\text{)}}$$

2. 质量摩尔浓度 m_B

每千克溶剂中溶解的溶质的物质的量，单位为 $mol \cdot kg^{-1}$。

$$m_B = \frac{n_B}{m_A} = \frac{\text{溶质B的物质的量(mol)}}{\text{溶剂的质量(kg)}}$$

3. 质量分数 w_B

$$w_B = \frac{m_B}{m} = \frac{\text{物质B(溶质)的质量}}{\text{混合物(溶液)的质量}}$$

例如，市售浓硫酸的浓度为 98%，市售浓盐酸的浓度为 37%。当溶质的质量分数很低时，可表示为 ppm (parts per million)，意为百万分之几，如某废矿井卤水中含碘 10 ppm，意思就是碘的质量分数为百万分之十。当溶质的质量分数再低时，可用 ppb (parts per billion) 表示，意为十亿分之几。

4. 摩尔分数 x

$$x_{质}=\frac{n_{质}}{n_{液}}=\frac{n_{质}}{n_{质}+n_{剂}}=\frac{溶质的物质的量(n_{质})}{溶液的总物质的量(n_{液})}$$

$$x_{剂}=\frac{n_{剂}}{n_{液}}=\frac{n_{剂}}{n_{质}+n_{剂}}=\frac{溶剂的物质的量(n_{剂})}{溶液的总物质的量(n_{液})}$$

$$x_{质}+x_{剂}=1$$

对稀水溶液

$$x_{剂}\gg x_{质},\quad x_{剂}+x_{质}\approx x_{剂}$$

$$x_{质}=\frac{n_{质}}{n_{质}+n_{剂}}\approx\frac{n_{质}}{n_{剂}}$$

思考·练习

10.0 cm^3 NaCl 饱和溶液重 12.0 g，将其蒸干后得 NaCl 3.17 g，试计算：

(1) NaCl 的溶解度；(2) 溶液的质量分数；(3) 溶液的物质的量浓度；(4) 溶液的质量摩尔浓度；(5) 盐的摩尔分数；(6) 水的摩尔分数。

1.3.2　非电解质稀溶液的依数性

联想·质疑

1. 海水鱼与淡水鱼为什么不能互换生存环境？
2. 冬天下雪后为什么要向路面撒融雪剂？
3. 为什么浮在海面上的冰山中含盐极少？

不同的溶液有不同的性质，电解质溶液的性质与非电解质溶液的性质往往差别较大。对非电解质稀溶液研究发现，不同溶质溶解于同一种溶剂中形成的不同溶液却有几种完全相同的性质，这些性质的特点是只取决于溶质在溶液中的质点数，与溶质的组成、结构和性质均无关，而且只要测定出其中的一种性质，就可以推算其余的几种性质。奥斯特瓦尔德 (W. F. Ostwald) 将这类性质命名为依数性 (colligative properties)。非电解质稀溶液的依数性包括蒸气压下降、沸点上升、凝固点下降、渗透压等。

1. 蒸气压下降

纯溶剂的饱和蒸气压　在一定温度下的密闭容器中，当纯溶剂的蒸发速率与凝聚速率相等时，上方空间蒸气的压力称为该温度下纯溶剂的饱和蒸气压，用p^*表示。如图 1-3(a)所示，同一液体，温度越高，p^*越大，温度越低，p^*越小。

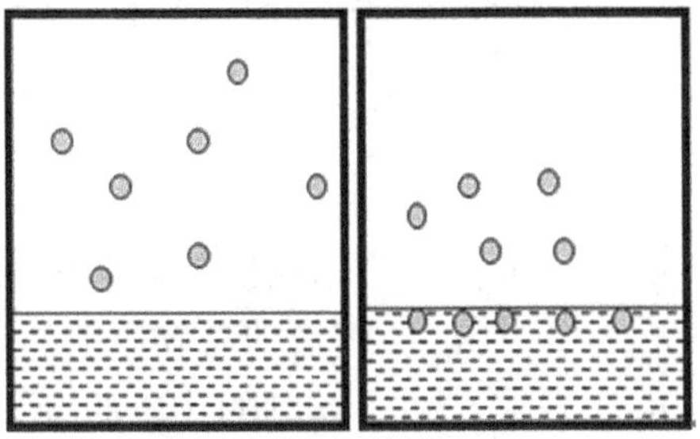

(a) (b)

图 1-3 纯溶剂与溶液的蒸发与凝聚示意图

(a)纯溶剂；(b)溶液

当溶剂中溶解一定量的难挥发性非电解质后，溶液表面将有部分位置被溶质分子占据。因此，单位时间、单位体积内，溶液表面蒸发的溶剂分子数比纯溶剂蒸发的分子数少。当达到蒸发凝聚平衡时，溶液上方的蒸气密度与压力比纯溶剂的要小，如图 1-3(b)所示。

1887 年，法国物理学家拉乌尔(W. Raoult)在研究了几十种溶液蒸气压与溶质浓度的关系后，得出结论：在一定温度下，难挥发非电解质稀溶液的蒸气压等于纯溶剂的饱和蒸气压乘以该溶剂在溶液中的摩尔分数。

$$p = p_A^* x_A \tag{1-8}$$

式中，p 为溶液的饱和蒸气压；p_A^* 为纯溶剂的饱和蒸气压；x_A 为溶液中溶剂的摩尔分数。

由于 $x_B + x_A = 1$，所以 $p = p_A^*(1 - x_B) = p_A^* - p_A^* x_B$，由此可导出

$$\Delta p = p_A^* - p = p_A^* x_B \tag{1-9}$$

式中，x_B 为溶质的摩尔分数。

后来范特霍夫(J. H. van't Hoff)从热力学上论证了这一经验公式，并将式(1-9)命名为拉乌尔定律。对拉乌尔定律可以这样理解，与纯溶剂的蒸发相比，在稀溶液的相内和溶液表面都有一定数目难挥发的溶质分子，这些溶质分子的存在会阻碍溶剂分子穿过溶液表面进入空间变为气态分子，这样当溶剂的蒸发和凝聚达到平衡时，气态分子的数目要比与纯溶剂相平衡的气态分子数少，因此稀溶液的饱和蒸气压 p 低于纯溶剂的饱和蒸气压 p_A^*。表 1-3 列出了 293 K 时不同浓度的葡萄糖水溶液的蒸气压下降值。

表 1-3 293 K 时不同浓度的葡萄糖水溶液的蒸气压下降值

$m_B/(mol \cdot kg^{-1})$	Δp(理论计算值)/Pa	Δp(实验测量值)/Pa
0.0984	4.1	4.1
0.3945	16.5	16.4
0.5858	24.8	24.9
0.9968	41.0	41.2

例 1-4　已知苯在 293 K 时的饱和蒸气压为 9.99 kPa，现将 1.00 g 某未知有机物溶于 10.0 g 苯中，测得溶液的饱和蒸气压为 9.50 kPa。试求该未知物的相对分子质量 M_r。

解　根据拉乌尔定律 $\Delta p = p_A^* - p = p_A^* x_B$ 有

$$9.99 - 9.50 = 9.99\left(\frac{1.00 / M_r}{1.00 / M_r + 10.0 / 78.0}\right)$$

解得 $M_r = 151.6$。

严格地讲，只有理想溶液才在任何浓度时都遵守拉乌尔定律。理想溶液在溶解过程中没有热效应和体积的变化，但这样的溶液实际上是不存在的，只能将一些稀溶液近似看作理想溶液。

一般情况下拉乌尔定律的适用条件是，溶质为难挥发的非电解质，溶液为稀溶液(稀溶液并没有严格界限，通常将浓度小于 5 mol·kg^{-1} 的溶液看作稀溶液)。如果溶质是易挥发的，则溶液的饱和蒸气压就包括溶质的饱和蒸气压和溶剂的饱和蒸气压两部分，其数值通常大于同温度下纯溶剂的饱和蒸气压。例如，乙醇、乙酸、丙酮等水溶液的饱和蒸气压大于纯水的饱和蒸气压。

2. 沸点上升

由拉乌尔定律可知，由于溶液的蒸气压低于纯溶剂的蒸气压，所以在一定的外压下，与纯溶剂相比，溶液要沸腾必须通过升高温度(沸点上升)来提高蒸气压。如图 1-4 所示，在 A 点溶剂的蒸气压与外压相等，溶剂沸腾，即溶剂的沸点为 T_b^*。而同温度下，溶液的蒸气压低于大气压(A' 点)，溶液欲沸腾必须升温到 T_b，即在溶液线的 B 点，此时溶液的蒸气压与外压相等，溶液沸腾，所以溶液的沸点比纯溶剂高。人们经过大量实验得出，非电解质稀溶液的沸点上升值与溶液的质量摩尔浓度有如下关系：

$$\Delta T_b = K_b \cdot m \tag{1-10}$$

式中，ΔT_b 为溶液的沸点上升值；K_b 为溶剂的沸点上升常数；m 为溶质的质量摩尔浓度。

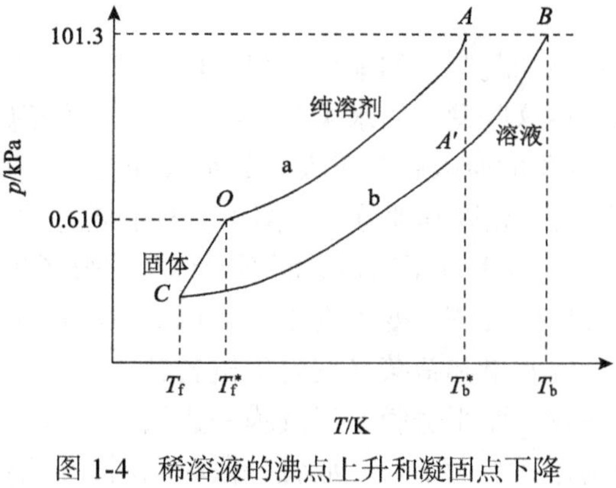

图 1-4　稀溶液的沸点上升和凝固点下降

K_b 的数值大小只取决于溶剂本身，不同的溶剂数值不同，其中水的 $K_b = 0.512$。稀溶液沸点上升的适用条件是，溶质是难挥发的非电解质。

例 1-5　将 50 g 糖溶于 100 g 水中，测得溶液的沸点为 374.42 K，求糖的相对分子质量。

解　设糖的相对分子质量为 M_r，糖在水溶液中的质量摩尔浓度为 m，根据 $\Delta T_b = K_b \cdot m$，得

$374.42\ \text{K} - 373\ \text{K} = 0.512 \times m$　解得 $m = 2.77\ \text{mol} \cdot \text{kg}^{-1}$

$$M = \frac{50}{m} \times \frac{1000}{100} = \frac{50}{2.77} \times \frac{1000}{100} = 180.5\ (\text{g} \cdot \text{mol}^{-1})$$

糖的相对分子质量 M_r 是 180.5。

3. 凝固点下降

从图 1-4 还可以看到，非电解质稀溶液的凝固点 T_f 要比纯溶剂的凝固点 T_f^* 低。原因在于溶液的蒸气压低于纯溶剂的蒸气压，在温度降到 T_f^* 时，液体溶剂的蒸气压等于固体溶剂的蒸气压，此时溶剂开始凝固；而由于稀溶液的蒸气压低于纯溶剂的蒸气压，只有温度降到 T_f 时，溶液的蒸气压才与固体溶剂的蒸气压相等，此时才有固体溶剂结晶出来。T_f 与 T_f^* 的差值就是非电解质稀溶液的凝固点降低值 ΔT_f。ΔT_f 与溶液浓度的关系类似于 ΔT_b 与溶液浓度的关系：

$$\Delta T_f = K_f \cdot m \tag{1-11}$$

式中，K_f 为溶剂的凝固点下降常数，只取决于溶剂本身。水的 $K_f = 1.86$。

例 1-6　将 15.0 g 谷氨酸溶于 100 g 水中，测得溶液的凝固点为 271.1 K，求谷氨酸的相对分子质量。

解　设谷氨酸的相对分子质量为 M_r，谷氨酸在水溶液中的质量摩尔浓度为 m，根据 $\Delta T_f = K_f \cdot m$，得

$273\ \text{K} - 271.1\ \text{K} = 1.86 \times m$　解得 $m = 1.02\ \text{mol} \cdot \text{kg}^{-1}$

$$M = \frac{15.0}{m} \times \frac{1000}{100} = \frac{15.0}{1.02} \times \frac{1000}{100} = 147(\text{g} \cdot \text{mol}^{-1})$$

谷氨酸[$COOH(CH_2)_2CHNH_2COOH$]的实际相对分子质量 M_r 是 147，可见实验测定结果相当精确。

4. 渗透压

在现实生活中，一些水果和蔬菜，如苹果、梨、桃、萝卜、芹菜、黄瓜等，放置时间长了，会失去水分发蔫。如果将这些发蔫的水果及蔬菜放在水中浸泡一会，就会发现它们将重新变得生机盎然。产生这种现象的原因就在于大多数水果和蔬菜的表皮是一层半透膜(只允许某些分子、离子、原子通过而不允许其他分子、离子、原子通过的薄膜，如水果皮、蔬菜皮、动物的皮肤、血管等)，它只允许水分子通过，而不允许其他分子透过。在干燥的空气中，水果和蔬菜中的水分会通过表皮散发掉，变得发蔫；当把水果和蔬菜再放入水中时，水分子又会穿过其表皮进入内部，所以水果和蔬菜又变得生机勃勃。

如果在一个容器中间放置一张半透膜，半透膜一边放入纯溶剂水，另一边放入水的非电解质稀溶液，并使半透膜两边的液面平行。放置一段时间后，纯溶剂的液面逐渐下降，而稀溶液的液面逐渐升高，最后达到平衡状态，如图 1-5 所示。这样就在溶液与纯溶剂之间产生了压力差 Π，由于 Π 的产生是溶剂的渗透造成的，所以将其称为渗透压(osmotic pressure)。

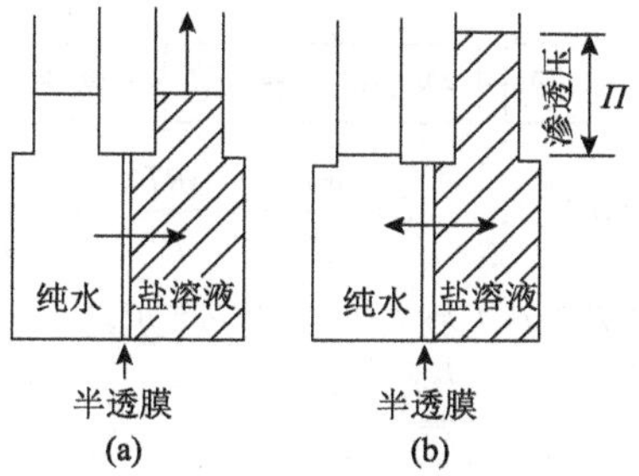

图 1-5 渗透压产生示意图

1886 年，荷兰物理学家范特霍夫指出“稀溶液的渗透压与温度、溶质浓度的关系同理想气态方程一致”：

$$\Pi = cRT \tag{1-12}$$

式中，c 为溶液的物质的量浓度；R 为摩尔气体常量(其取值取决于 Π 和 c 的量纲)；T 为热力学温度。

例 1-7 已知 310 K 时人血的渗透压大约为 7.66 atm，如果用葡萄糖溶液给患者输液，在 1000 cm^3 水中应溶解多少克葡萄糖？

解 根据 $\Pi = cRT$，得 $c = \Pi / (RT) = 7.66 \times 101.3 / (8.314 \times 310) = 0.301$ $(mol \cdot dm^{-3})$

假设溶解葡萄糖后水的体积不变，则在 1000 cm^3 水中溶解的葡萄糖的物质的量就是 0.301 mol，葡萄糖的摩尔质量为 180 $g \cdot mol^{-1}$，那么所需葡萄糖的质量为：180 $g \cdot mol^{-1} \times 0.301$ mol = 54.2 g。

渗透现象在现实生活中随处可见，如俗话说“山有多高，水有多高”，实际上树有多高，水也有多高，这些水绝大多数是通过自然界中的半透膜渗透达到山顶或树顶的。

迁移·应用

1. 稀的饱和溶液和浓的不饱和溶液是否存在？
2. 把一小块冰放在 0℃的水中，另一小块冰放在 0℃的盐水中，各有什么现象发生？为什么？
3. 在一密闭钟罩内放半杯纯水和半杯糖水，经过足够长时间后会发生什么现象？为什么？
4. 浓度均为 0.1 $mol \cdot dm^{-3}$ 的 NaCl 溶液、$CaCl_2$ 溶液和蔗糖溶液，在 1 atm 下，其沸点由高到低的顺序是________________。
5. $C_6H_{12}O_6$, NaCl, $MgSO_4$, K_2SO_4 四种水溶液的 m_B 均为 0.1 $mol \cdot kg^{-1}$，蒸气压最大的是________，最小的是________，凝固点最高的是________，最低的是________。(浙江大学考研题)

阅读·拓展

汽车防冻液

为防止冬天汽车水箱中的水结冰，司机经常在水箱中加入防冻液。防冻液加入以后，可使水箱中溶液的冰点降低到−35～−25℃，甚至可以低至−60℃，有效防止了汽车水箱结冰。而且加入防冻液的水溶液在夏天也不易沸腾，能够较好地发挥冷却系统的作用。目前市售的防冻液多为以去离子水和乙二醇为主要原料的产品，再加入适量的有机盐或无机盐达到防腐、防锈以及防垢的目的。

根据溶液的依数性，在去离子水中加入乙二醇后形成的水溶液与纯水相比，溶液的凝固点下降，沸点升高，使水箱在冬天不易结冰，夏天不易沸腾。可根据实际的温度需要选择不同成分、不同比例的防冻液。此外，发动机及其冷却系统由金属制造，这些金属在高温下与水长时间接触易发生腐蚀、生锈等情况，防冻液采用去离子水为原料并加入防锈和防垢添加剂，在不生成水垢的同时还具有防锈和除垢的功能，可有效避免水箱生成污垢和腐蚀，提高发动机的散热效果。

归纳·整合

1. 理想气体状态方程：$pV = nRT$　　$M = \frac{mRT}{pV} = \frac{\rho RT}{p}$

2. 道尔顿分压定律：$p_{总} = \sum p_i = p_1 + p_2 + p_3 + \cdots$；$p_i = p_{总}x_i$

3. 气体扩散定律：$\frac{u_a}{u_b} = \frac{\sqrt{\rho_b}}{\sqrt{\rho_a}}$；$\frac{u_a}{u_b} = \frac{\sqrt{M_b}}{\sqrt{M_a}}$

4. 相：系统中物理性质和化学性质完全相同的部分称为相。

5. 相数的确定：(1)气相：一个系统中不管有多少种气体都是一个相。(2)液相：一种纯的液态物质只有一个相。对于不同液体物质混合的系统来说，由于不同液体的互溶程度不同，可以是一相、两相或多相，如 NaCl 水溶液是一相；油与水的混合物则为两相。(3)固相：一般来说，有多少种固体就有多少相。同一物质的不同晶形(如金刚石与石墨)，一种晶形一个相。

6. 饱和蒸气压：与液体处于动态平衡的气体称为饱和蒸气，饱和蒸气对液体表面产生的压力就是该液体的饱和蒸气压。

7. 沸点：饱和蒸气压等于外部大气压时的温度。

8. 质量摩尔浓度：m_B=溶质 B 的物质的量(mol)/溶剂的质量(kg)

9. 稀溶液的依数性：难挥发、非电解质、稀溶液的蒸气压下降、沸点上升、凝固点下降、渗透压的数值仅与溶液中溶质的质点数有关，而与溶质的特性无关。

$$\Delta p = p_A^* - p = p_A^* x_B；\ \Delta T_b = K_b \cdot m；\ \Delta T_f = K_f \cdot m；\ \Pi = cRT$$

习　题

1. 一高压气瓶的容积为 50 dm^3，能承受 3×10^7 Pa 的压力，在 25℃下可以装入多少千克 CO 而不会发生危险？
2. 某 CH_4 储气柜容积为 1000 m^3，气柜耐压为 103 kPa。若夏季最高温度为 41℃，冬季最低温度为 −25℃，冬季比夏季能多装多少千克 CH_4？
3. 将 0.850 mol N_2 和 0.100 mol H_2 混合于 5.00 dm^3 容器中，在 20℃时 N_2 和 H_2 的分压各是多少？
4. 容器中有 2.8 g N_2、1.6 g O_2、6.6 g CO_2，总压为 1.01×10^5 Pa，求各组分气体的分压。
5. 20 cm^3 的二氧化碳气体通过某多孔膜扩散需要 7.8 s，另一种气体 60 cm^3 通过多孔性膜扩散需要 20 s，求这种气体的相对分子质量。
6. 试确定在以下条件下 $2CO(g) + O_2(g) \rightleftharpoons 2CO_2(g)$ 的平衡系统中的组分数。
   (1)反应前只有 CO 和 O_2，且 $n(CO) = 2n(O_2)$。
   (2)反应前只有 CO_2。
   (3)反应前有任意量的 CO、O_2 和 CO_2。
7. 25℃时，1.035 g 血红蛋白溶于 100.0 cm^3 水中，测得其渗透压为 362.4 Pa，试计算血红蛋白的相对分子质量。
8. 将 7.46 g KCl 溶解在 90 g 水中，计算该溶液中：
   (1)KCl 的摩尔分数。
   (2)水的摩尔分数。
9. 有甲和乙两份溶液，甲溶液由 0.44 g 葡萄糖(M_r = 180)和 10.0 g 水组成，乙溶液由 0.60 g 相对分子质量为 342 的非电解质溶液和 10.0 g 水组成。请说明：
   (1)在相同温度下，甲、乙两份溶液中哪份溶液的蒸气压高？
   (2)将两份溶液放入同一个恒温密闭容器中，两份溶液的浓度会不会发生变化？如果时间足够长，最终哪份溶液的浓度较高？
10. 将 1.0 g 某化合物溶于 1.0 kg 水中的饱和蒸气压与在该温度下将 0.6 g 蔗糖(M_r = 342)和 0.4 g 葡萄糖(M_r = 180)同时溶于 1.0 kg 水中的饱和蒸气压相同。计算：
    (1)该化合物的摩尔质量。
    (2)该化合物溶液的蒸气压下降多少？已知 298 K 时水的饱和蒸气压为 3.17 kPa。
    (3)该化合物溶液的凝固点下降多少？已知水的凝固点降低常数 $K_f = 1.86\ K \cdot kg \cdot mol^{-1}$。

第 1 章单元测试题(单选)

班级________姓名________作业号________成绩________

(　)1. 实际气体在下列哪种情况下更接近理想气体

A. 低温和高压　B. 高温和低压　C. 低温和低压　D. 高温和高压

(　)2. 101℃下水沸腾时的压力是

A. 1 atm　B. 略低于 1 atm　C. 略高于 1 atm　D. 大大低于 1 atm

(　)3. 若氧气从玻璃管的一端扩散到另一端需要 200s，则同样条件下氢气扩散通过该管的时间为

A. 12.5 s　B. 25 s　C. 50 s　D. 400 s

(　)4. 有 1 dm^3 理想气体，若将其热力学温度增加为原来的两倍，同时压力增加为原来的三倍，则其体积变为

A. 1/6 dm^3　B. 2/3 dm^3　C. 3/2 dm^3　D. 6 dm^3

(　)5. 标准状态下，气体 A 密度为 2 g · dm^{-3}，气体 B 密度为 0.08 g · dm^{-3}，则气体 A 对 B 的相对扩散速度为

A. 25 : 1　B. 5 : 1　C. 1 : 2　D. 1 : 5

(　)6. 在什么条件下 CO_2 在水中的溶解度最大

A. 高压和低温　B. 高温和高压　C. 低温和低压　D. 高温和低压

(　)7. 现有 1 mol 理想气体，若它的摩尔质量为 M，密度为 ρ，在温度 T 下体积为 V，下述关系正确的是

A. $pV = (M/\rho)RT$　B. $pM/\rho = RT$　C. $pV = (\rho/n)RT$　D. $pV\rho = RT$

(　)8. 温度相同时，下列溶液中沸点最高的是

A. 0.10 mol · dm^{-3} $CO(NH_2)_2$ 溶液　B. 0.10 mol · dm^{-3} NH_3 溶液

C. 0.10 mol · dm^{-3} NH_4Ac 溶液　D. 0.10 mol · dm^{-3} $(NH_4)_2SO_4$ 溶液

(　)9. 在一定的温度和压力下，两种不同的气体具有相同的体积，这两种气体的

A. 分子数相同　B. 相对分子质量相同　C. 质量相同　D. 密度相同

(　)10. 抽真空可以使容器中的水在室温下沸腾，这是由于

A. 水的蒸气压增大　B. 水的蒸发热减小　C. 水的温度升高　D. 压力降低使水的沸点降低

(　)11. 已知人体血液的冰点降低值 $\Delta T_f = 0.56$ K，则在体温 37℃时血液的渗透压是(已知水的 $K_f = 1.86$ K · kg · mol^{-1})

A. 1552 kPa　B. 776 kPa　C. 388 kPa　D. 194 kPa

(　)12. 与难挥发性非电解质稀溶液的蒸气压下降、沸点上升、凝固点下降有关的因素是

A. 溶质的种类　B. 溶液的温度　C. 溶液的体积　D. 单位体积中溶质的质点数

(　)13. 将难挥发的溶质溶于水形成溶液后，下列关于溶液的凝固点说法正确的是

A. 凝固点高于 0℃　B. 凝固点低于 0℃

C. 凝固点仍为 0℃　D. 凝固点的升降与加入物质的相对分子质量有关

(　)14. 相同温度下，下列水溶液的蒸气压由大到小的顺序是

① 0.10 mol · kg^{-1} 的葡萄糖溶液；② 0.10 mol · kg^{-1} 的 Na_2SO_4 溶液；③ 0.10 mol · kg^{-1} 的 NaCl 溶液

A. ① > ② > ③　B. ② > ① > ③　C. ① > ③ > ②　D. ③ > ② > ①

(　)15. 可用于物质提纯的相变是

A. 凝固　B. 升华　C. 沸腾　D. 三种相变都可以

(　)16. 100 g 水中溶有 5.0 g 葡萄糖($M_r = 180$)，该溶液的质量摩尔浓度是

A. 0.25 mol·kg^{-1}　B. 0.28 mol·kg^{-1}　C. 0.13 mol·kg^{-1}　D. 0.40 mol·kg^{-1}

(　)17. 土壤中盐的浓度较高时植物难以生长，这与稀溶液的下列哪个性质有关

A. 蒸气压下降　B. 沸点上升　C. 凝固点下降　D. 渗透压

(　)18. 在什么温度下，气体或蒸气能够被液化

A. 临界温度以下　B. 临界温度以上　C. 正常沸点以上　D. 正常沸点以下

(　)19. 使气体扩散速率增大的因素是

A. 增加气体的质量　B. 升高气体的温度　C. 加入催化剂　D. 恒温恒压下加入其他气体

(　)20. 相同温度下和 1 % 尿素[$CO(NH_2)_2$，$M_r = 60$]水溶液具有相同渗透压的葡萄糖($C_6H_{12}O_6$，$M_r = 180$)溶液的浓度约为

A. 2%　B. 3%　C. 4%　D. 5%

第 2 章　化学动力学基础

联　想　·　质　疑

1. 夏天食物为什么腐败得更快？
2. 你知道考古工作者是如何算出远古时代动植物的年龄吗？
3. 决定化学反应速率快慢的主要因素有哪些？

任何化学反应都有两个最基本的问题：

(1) 反应方向与限度——化学热力学研究范畴。

(2) 反应速率——化学动力学研究范畴。

本章主要介绍化学动力学的基础知识，重点介绍化学反应速率及其影响因素。

化学动力学的基本任务：研究各种因素对反应速率的影响；揭示化学反应进行的机理；研究物质结构与反应性能之间的关系。

化学动力学的研究目的：能控制化学反应按人们所希望的速率进行，并得到人们所希望的产品。

2.1　化学反应速率的表示方法

2.1.1　化学反应速率

化学反应速率：在一定条件下，由反应物转变为生成物的快慢程度。

化学反应速率的表示方法：单位时间内反应物浓度的减少或产物浓度的增加，符号为 r。

单位：$mol \cdot dm^{-3} \cdot s^{-1}$、$mol \cdot dm^{-3} \cdot min^{-1}$ 或 $mol \cdot dm^{-3} \cdot h^{-1}$。

2.1.2　平均速率

例 2-1　反应 $2N_2O_5(g) \!=\!=\!=\! 4NO_2(g) + O_2(g)$，在某温度时各组分浓度随时间的变化见表 2-1。

表 2-1　N_2O_5 分解反应中各组分浓度随时间的变化

t/s	0	100
$[N_2O_5]/(mol \cdot dm^{-3})$	4.50	3.00
$[NO_2]/(mol \cdot dm^{-3})$	0	3.00
$[O_2]/(mol \cdot dm^{-3})$	0	0.75

试计算前 100 s 内的平均速率。

解　$\bar{r}(N_2O_5) = -\dfrac{c(N_2O_5)_2 - c(N_2O_5)_1}{t_2 - t_1} = -\dfrac{\Delta c(N_2O_5)}{\Delta t} \xrightarrow{100\ s} 1.5 \times 10^{-2}\ mol \cdot dm^{-3} \cdot s^{-1}$

式中的“−”号是为了确保反应速率为正值。

例 2-2　根据表 2-2 给出的实验数据，建立 $2H_2 + 2NO = 2H_2O + N_2$ 的速率方程。

表 2-2　反应 $2H_2 + 2NO = 2H_2O + N_2$ 的起始浓度与起始速率

编号	起始浓度 $c(NO)/(mol \cdot dm^{-3})$	起始浓度 $c(H_2)/(mol \cdot dm^{-3})$	生成 N_2 的起始速率 $r/(mol \cdot dm^{-3} \cdot s^{-1})$
1	6×10^{-3}	1×10^{-3}	3.19×10^{-3}
2	6×10^{-3}	2×10^{-3}	6.36×10^{-3}
3	6×10^{-3}	3×10^{-3}	9.56×10^{-3}
4	1×10^{-3}	6×10^{-3}	0.48×10^{-3}
5	2×10^{-3}	6×10^{-3}	1.92×10^{-3}
6	3×10^{-3}	6×10^{-3}	4.30×10^{-3}

解　对比实验 1、2、3，可得出 $r \propto c(H_2)$；对比实验 4、5、6，可得出 $r \propto [c(NO)]^2$。综合这两个关系式得到，反应速率 $r \propto [c(H_2)][c(NO)]^2$，改成等式 $r = k[c(H_2)][c(NO)]^2$，即该反应为非基元反应，反应级数是 3，或者说该反应对 H_2 是 1 级反应，对 NO 是 2 级反应。将任一组实验数据代入速率方程中可求出反应的速率常数 k。

$$k = \frac{r}{[c(H_2)][c(NO)]^2} \xrightarrow{\text{代入第1组数据}} 8.86\times10^4\ dm^6 \cdot mol^{-2} \cdot s^{-1}$$

3. 反应物浓度与时间的关系——半衰期

半衰期：反应物消耗一半所需的时间称为半衰期，用 $t_{1/2}$ 表示。半衰期的概念在考古中用得较多。

零级反应：零级反应的特点是反应速率与反应物浓度无关。例如，反应 A══B，反应速率方程的微分表达式为 $-\frac{dc(A)}{dt} = k$，积分表达式 $c(A)_0 - c(A) = kt$，当 $c(A) = \frac{1}{2}c(A)_0$ 时

$$t_{1/2} = \frac{c(A)_0}{2k} \tag{2-6}$$

这就是零级反应的半衰期公式。零级反应的 $t_{1/2}$ 与反应物的起始浓度和速率常数有关。

一级反应：

$$SO_2Cl_2 = SO_2 + Cl_2$$

$$-\frac{dc}{dt} = kc, \quad \frac{dc}{c} = -k dt$$

$$\ln c - \ln c_0 = -kt \text{ 或 } \lg c = \lg c_0 - \frac{k}{2.303}t$$

$$t_{1/2} = \frac{0.693}{k} \tag{2-7}$$

即一级反应的半衰期只与反应速率常数有关，与反应物的起始浓度无关。其他多级反应的半衰期在此不多述。

2.3.2 温度对化学反应速率的影响

$2H_2 + O_2 \xlongequal{\quad} 2H_2O$，常温下我们觉察不出反应的发生，但当温度升至 873 K 时，则立即反应并发生爆炸。夏天，食物置于冰箱可保鲜，放外面易腐败。

根据分子运动论可知，物质分子的运动速率随温度的升高而增大。因此，无论是吸热反应还是放热反应，其反应速率都会随温度的升高而加快。一般来讲，温度升高 10 K，化学反应速率增大 2～4 倍。

1889 年，阿伦尼乌斯在总结了大量实验事实后，提出了反应速率常数与温度的关系公式：

$$k = A\mathrm{e}^{\frac{-E_a}{RT}} \tag{2-8}$$

式中，k 为反应速率常数；E_a 为反应的活化能；R 为摩尔气体常量；T 为热力学温度；A 为常数，称为指前因子；e 为自然对数的底。对式(2-8)取对数，将变为如下形式：

$$\ln k = -\frac{E_a}{RT} + \ln A \tag{2-9}$$

如果知道不同温度时的 k 值，就可求算出反应的活化能 E_a。同样，知道反应的活化能 E_a 和指前因子 A，也可求出不同温度下的反应速率常数 k。但由于在多数情况下没有指前因子 A 的数值，所以式(2-9)可演变成式(2-10)：

$$\ln\frac{k_2}{k_1} = \frac{E_a}{R}\left(\frac{T_2 - T_1}{T_1T_2}\right) \tag{2-10}$$

因温度对反应物的浓度影响不大，由速率方程 $r = k[c(\mathrm{A})]^m[c(\mathrm{B})]^n$ 可推出

$$\ln\frac{r_2}{r_1} = \ln\frac{k_2}{k_1} = \frac{E_a}{R}\left(\frac{T_2 - T_1}{T_1T_2}\right)$$

例 2-3 已知下列两反应的活化能，试求温度从 293 K 变到 303 K 时，反应速率各增加多少？

(1) $H_2O_2 \xlongequal{\quad} 0.5O_2 + H_2O$　　$E_a = 75.2\ \mathrm{kJ \cdot mol^{-1}}$

(2) $N_2 + 3H_2 \xlongequal{\quad} 2NH_3$　　$E_a = 335\ \mathrm{kJ \cdot mol^{-1}}$

解 $\ln\frac{r_2}{r_1} = \ln\frac{k_2}{k_1} = \frac{E_a}{R}\left(\frac{T_2 - T_1}{T_1T_2}\right)$

对反应(1)来讲：

$$\ln\frac{r_2}{r_1} = \frac{75.2\times1000}{8.314}\left(\frac{303-293}{293\times303}\right) = 1.019,\quad \frac{r_2}{r_1} = 2.77$$

即温度升高 10 K，反应速率增大了 2.77 倍。

对反应(2)来讲，同样可求得

$$\ln\frac{r_2}{r_1} = \frac{335\times1000}{8.314}\left(\frac{303-293}{293\times303}\right) = 4.539,\quad \frac{r_2}{r_1} = 93.6$$

即温度同样升高 10 K，反应(2)的反应速率增大了 93.6 倍。

结论：反应的活化能 E_a 越大，温度对反应速率的影响越明显。

温度对反应速率的影响用碰撞理论解释如下：

(1)温度升高，分子运动速率增大，分子间碰撞频率增大，反应速率加快。

(2)在所有分子普遍获得能量的基础上，更多的分子变为活化分子，增大了活化分子的百分数，单位时间内有效碰撞次数增大，反应速率加快。

温度对反应速率的影响用过渡状态理论的解释如下：

在反应过程中，反应物必须爬过一个能垒才能进行反应。升高温度，反应物分子的平均能量提高，相当于降低了能垒的高度，减小了活化能的值，所以反应速率加快，如图 2-5 所示。

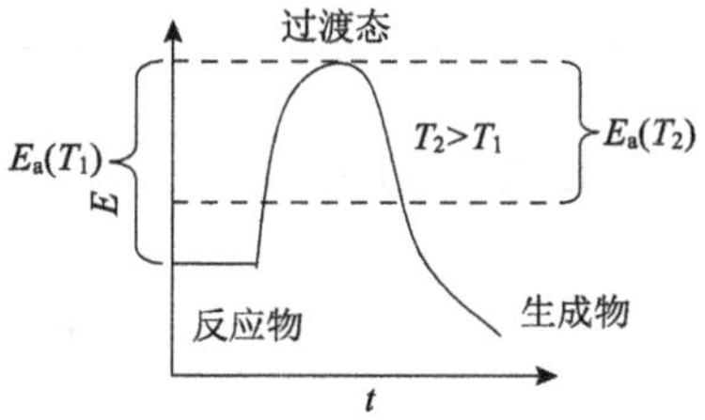

图 2-5 过渡状态理论解释温度对反应速率的影响

2.3.3 催化剂对化学反应速率的影响

催化剂：能改变反应速率，但其自身的质量和性质在反应前后保持不变的物质。

正催化剂：能加速反应的催化剂，如合成氨工业中的铁触媒、氯酸钾加热分解制氧气中的二氧化锰等。

负催化剂：能减慢反应的催化剂，如橡胶中的防老化剂。

1. 催化剂的特征

(1)催化剂只能通过改变反应途径来改变反应速率。

(2)同一可逆反应，催化剂能等值降低 E_a(正)、E_a(逆)。

(3)催化剂具有选择性：①不同的反应要用不同的催化剂；②同样的反应物选用不同的催化剂，可发生不同的反应。

例如：

$$C_2H_5OH \xrightarrow[350\sim360\ ^\circ C]{Al_2O_3} C_2H_4 + H_2O \qquad C_2H_5OH \xrightarrow[200\sim250\ ^\circ C]{Cu} CH_3CHO + H_2$$

利用催化剂的选择性可以促进所需反应的进行，阻止不利副反应的发生。

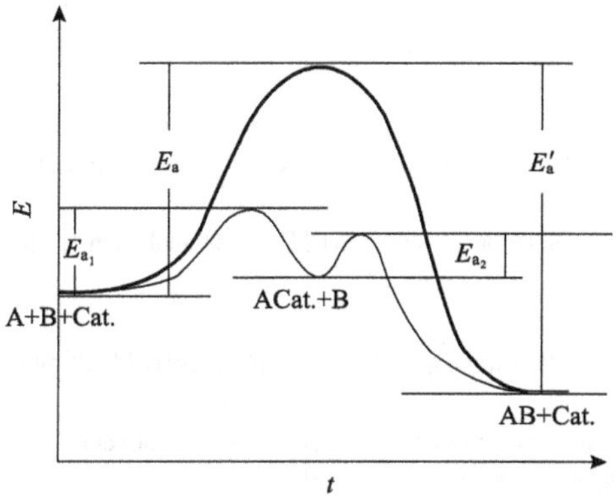

图 2-6 过渡状态理论解释催化剂对反应速率的影响

2. 催化机理

碰撞理论解释：催化剂参与化学反应，改变反应的历程，降低反应的活化能，单位体积中的活化分子数增多，有效碰撞次数增加，所以反应速率加快。

过渡状态理论解释如下：

从图 2-6 中可以看出，不仅正反应的活化能降低，而且逆反应的活化能也降低，即催化剂能同等程度降低正、逆反应的活化能，缩短达到平衡的时间，反应速率加快。

归 纳 · 整 合

1. 反应速率的表示方法

$$aA + bB \longrightarrow gG + hH$$

平均速率：$\bar{r} = \frac{1}{a}\bar{r}(A) = \frac{1}{b}\bar{r}(B) = \frac{1}{g}\bar{r}(G) = \frac{1}{h}\bar{r}(H)$

瞬时速率：$r = \frac{1}{a}r(A) = \frac{1}{b}r(B) = \frac{1}{g}r(G) = \frac{1}{h}r(H)$

2. 反应速率理论

碰撞理论：反应物分子的碰撞大多是无效的，只有少数能量较高的活化分子采取合适取向进行有效碰撞才能发生反应。有效碰撞次数越多，反应速率越快。

过渡状态理论：具有足够能量的反应物分子经碰撞后，先经过一个中间过渡状态，即先形成一种活化配合物，再分解为产物。

3. 浓度对化学反应速率的影响

基元反应：反应物分子经碰撞一步直接转化为产物的反应。

非基元反应：由多个基元反应完成的复杂反应。

$$aA + bB \longrightarrow gG + hH, \quad r = k[c(A)]^m[c(B)]^n$$

k 只是温度的函数，与浓度无关。$m+n$ 为反应总级数。

零级反应的半衰期公式：$t_{1/2} = \frac{c(A)_0}{2k}$

一级反应的半衰期公式：$t_{1/2} = \frac{0.693}{k}$

4. 温度对化学反应速率的影响

$$\ln k = -\frac{E_a}{RT} + \ln A \qquad \ln\frac{r_2}{r_1} = \ln\frac{k_2}{k_1} = \frac{E_a}{R}\left(\frac{T_2 - T_1}{T_1T_2}\right)$$

碰撞理论解释：温度升高，活化分子百分数增大，反应速率加快。过渡状态理论解释：升高温度，反应物分子的平均能量提高，相当于降低能垒的高度，活化能减小，反应速率加快。

反应的活化能 E_a 越大，温度对反应速率的影响越明显。

5. 催化剂对化学反应速率的影响

催化剂参与化学反应，改变反应的历程，同等程度地降低正、逆反应的活化能，缩短达到平衡的时间，即反应速率加快。

习　题

1. 反应 $2NO(g) + O_2(g) \longrightarrow 2NO_2(g)$ 的 k 为 $8.8\times10^{-2}\ dm^6 \cdot mol^{-2} \cdot s^{-1}$，已知此反应对 O_2 来说是一级的，当反应物浓度都是 $0.050\ mol \cdot dm^{-3}$ 时，此反应的反应速率是多少？
2. 在 650 K，丙酮的分解反应为一级反应，测得 200 min 时，丙酮浓度是 $0.0300\ mol \cdot dm^{-3}$，400 min 时是 $0.0200\ mol \cdot dm^{-3}$，求：
   (1) 反应速率常数。
   (2) 丙酮的初始浓度。
3. 从古墓中取出的尸衣试样，经分析其 C-14 含量为活植物的 0.56 倍，已知 C-14 的半衰期为 5720 年，试估算制成此尸衣的亚麻布的年龄。已知放射性元素的衰变反应为一级反应。
4. 反应 $2A + B \longrightarrow A_2B$ 是基元反应，当某温度时，若两反应物的浓度都为 $0.01\ mol \cdot dm^{-3}$，则初始反应速率为 $2.5\times10^{-3}\ mol \cdot dm^{-3} \cdot s^{-1}$。若 A 的浓度为 $0.015\ mol \cdot dm^{-3}$，B 的浓度为 $0.030\ mol \cdot dm^{-3}$，那么初始反应速率为多少？
5. 50℃时，A 物质在溶剂中进行分解反应，反应为一级，初始速率 $r_0(A) = 1.00\times10^{-5}\ mol \cdot dm^{-3} \cdot s^{-1}$，1 h 后，速率变为 $r(A) = 3.26\times10^{-6}\ mol \cdot dm^{-3} \cdot s^{-1}$。试求：
   (1) 反应的速率常数 k。
   (2) 反应的半衰期 $t_{1/2}$。

(3)初始浓度。

6. 已知在 967 K 时，反应 N_2O ═══ $N_2 + 1/2O_2$ 的速率常数 $k = 0.135\ s^{-1}$，在 1085 K 时 $k = 3.70\ s^{-1}$，求此反应的活化能 E_a。

7. 某反应当温度由 20℃升高至 30℃时，反应速率增大了 1 倍，试计算该反应的活化能(kJ · mol^{-1})。

8. 在 300 K 时，鲜牛奶大约 5 h 变酸，但在 275 K 的冰箱中可保持 50 h，计算牛奶变酸反应的活化能。

9. 在 800 K 时，某反应的活化能为 182 kJ · mol^{-1}，加入某催化剂后，活化能降为 151 kJ · mol^{-1}。加入催化剂后，该反应的速率增大了多少倍?(假定加入催化剂后频率因子不变)

10. 在 3000 m 的高山上测得大气压力为 69.9 kPa，纯水在 90℃沸腾，而且人们发现在正常情况下 3 min 可煮熟的鸡蛋，在这样的高山上需 300 min，试计算鸡蛋煮熟反应(蛋白质变性)的活化能。

11. 已知反应 $C_2H_5Br(g)$ ═══ $C_2H_4(g) + HBr(g)$ 的活化能是 226 kJ · mol^{-1}，650 K 时，速率常数为 $2.0 \times 10^{-5}\ s^{-1}$，试计算温度为多少时速率常数是 $6.0\times10^{-5}\ s^{-1}$。

12. 反应 $CO(g) + NO_2(g)$ ═══ $CO_2(g) + NO(g)$ 在 650 K 时的动力学数据如下：

实验编号	$c(CO)/(mol \cdot dm^{-3})$	$c(NO_2)/(mol \cdot dm^{-3})$	$dc(NO)/dt/(mol \cdot dm^{-3} \cdot s^{-1})$
1	0.025	0.040	2.2×10^{-4}
2	0.050	0.040	4.4×10^{-4}
3	0.025	0.120	6.6×10^{-4}

(1)写出反应的速率方程。

(2)求 650 K 时的速率常数。

(3)当 $c(CO) = 0.10\ mol \cdot dm^{-3}$，$c(NO_2) = 0.16\ mol \cdot dm^{-3}$ 时，求 650 K 时的反应速率。

(4)若 800 K 时速率常数为 23.0 $dm^3 \cdot mol^{-1} \cdot s^{-1}$，求反应的活化能。

第 2 章单元测试题（单选）

班级________姓名________作业号________成绩________

(　)1. 如果反应 $2H_2 + 2NO \longlongequal 2H_2O + N_2$ 的速率方程为 $r = k[H_2][NO]^2$，则此反应的总级数是

A. 4　　B. 3　　C. 2　　D. 1

(　)2. A $\rightleftharpoons$ B + C，是吸热的可逆基元反应，正反应的活化能为 $E_{正}$，逆反应的活化能为 $E_{逆}$，则

A. $E_{正} < E_{逆}$　　B. $E_{正} > E_{逆}$　　C. $E_{正} = E_{逆}$　　D. $E_{正}$ 与 $E_{逆}$ 的大小无法比较

(　)3. 反应 A + B ═══ D + E，$\Delta_r H < 0$，升高温度

A. 逆反应速率增大　　B. 正反应速率增大　　C. 正、逆反应速率均无影响　　D. 正、逆反应速率均增大

(　)4. 要降低反应的活化能，可以采取的手段是

A. 升高温度　　B. 降低温度　　C. 移去产物　　D. 加催化剂

(　)5. 当速率常数单位为 $dm^3 \cdot mol^{-1} \cdot s^{-1}$ 时，总反应级数为

A. 零级　　B. 一级　　C. 二级　　D. 三级

(　)6. 某反应的速率常数 $k = 4.62 \times 10^{-2}\ min^{-1}$，则初始浓度为 $0.10\ mol \cdot dm^{-3}$ 时反应物的半衰期 $t_{1/2}$ 为

A. 15 min　　B. 30 min　　C. 216 min　　D. 无法计算

(　)7. 当反应 $A_2 + B_2$ ═══ 2AB 的速率方程为 $r = k[A_2][B_2]$ 时，则此反应

A. 一定是基元反应　　B. 一定是非基元反应　　C. 不能肯定是否是基元反应　　D. 是一级反应

(　)8. 一多步化学反应中，含有若干基元反应，它的总活化能是

A. 各基元反应活化能之和　　B. 各基元反应活化能的平均

C. 第一步基元反应的活化能　　D. 反应速率决定步骤的活化能

(　)9. 某放射性元素净重 8 g，它的半衰期为 10 天，则 40 天后其净重为

A. 4 g　　B. 2 g　　C. 1 g　　D. 0.5 g

(　)10. 某反应的 $\Delta_r H_m = 100\ kJ \cdot mol^{-1}$，则此反应的活化能为

A. $< 100\ kJ \cdot mol^{-1}$　　B. $> 100\ kJ \cdot mol^{-1}$　　C. $= 100\ kJ \cdot mol^{-1}$　　D. 不能判断

(　)11. 一般来说，温度升高，反应速率明显加大，其主要原因是

A. 反应物浓度增大　　B. 反应物压力增大　　C. 活化分子百分率增加　　D. 活化能降低

(　)12. 已知某反应的活化能为 $114\ kJ \cdot mol^{-1}$，采用某种催化剂后，其活化能降低了一半，则在 25℃时其反应速率将加快的倍数为

A. 1×10^4 倍　　B. 1×10^{10} 倍　　C. 1×10^6 倍　　D. 1×10^2 倍

(　)13. 某反应的 $\Delta_r H_m = -88.3\ kJ \cdot mol^{-1}$，正反应的活化能为 $113\ kJ \cdot mol^{-1}$，则逆反应的活化能 $(kJ \cdot mol^{-1})$ 为

A. 201.3　　B. −201.3　　C. 24.7　　D. −24.7

(　)14. 有三个反应，其活化能 $(kJ \cdot mol^{-1})$ 分别为：a 反应 320，b 反应 40，c 反应 80。当温度升高时，三个反应速率增加倍数的大小顺序是

A. a > c > b　　B. a > b > c　　C. b > c > a　　D. c > b > a

(　)15. 反应 $H_2(g) + Cl_2(g)$ ═══ 2HCl(g)，在 $p(H_2)$ 一定时，当 $p(Cl_2)$ 增加 3 倍，反应速率增加 3 倍，则 $Cl_2(g)$ 的反应级数为

A. 1　　B. 2　　C. 3　　D. 不能确定

(　)16. 反应 A(g) + B(g) ═══ C(g) 的速率方程为 $r = k[A]^2[B]$，若使密闭的反应容器体积增大 1 倍，则反应速率变为原来的

A. 1/4 倍　　B. 1/8 倍　　C. 1/6 倍　　D. 1/2 倍

(　)17. 不会影响反应速率常数 k 的因素是

A. 反应温度　　B. 反应物浓度　　C. 反应的活化能　　D. 催化剂

(　)18. 某一级反应的半衰期为 100 s，这意味着

A. 反应将在 200 s 时结束　　B. 反应物浓度在 200 s 时为 100 s 时的一半

C. 每 100 s 反应物消耗量相同　　D. 反应开始进行了 100 s

(　)19. 已知反应 $2NO(g) + O_2(g)$ ═══ $2NO_2(g)$，则 $r(NO) =$

A. $r(O_2)$　　B. $1/2r(O_2)$　　C. $2r(O_2)$　　D. 无法判断

(　)20. 某一级反应 A ═══ B 的半衰期（$t_{1/2}$）在 300 K 时是 1.00×10^{-4} s，在 400 K 时是 1.00×10^{-5} s，则该反应的活化能 $(J \cdot mol^{-1})$ 为

A. 2.29×10^4　　B. 5.45×10^4　　C. 9.76×10^3　　D. 7.36×10^2

第 3 章　化学热力学基础

联　想　·　质　疑

1. 石墨和金刚石是 C 的两种同素异形体，能否创造条件使廉价的石墨转化成价格昂贵的金刚石呢？
2. NO 和 CO 都是汽车尾气中的有害气体，它们能否相互作用生成无毒的 N_2 和 CO_2？

第 2 章已讨论化学反应速率，即反应动力学问题。本章主要对化学热力学作初步的介绍。化学热力学主要研究体系能量变化与化学变化之间的关系。具体的研究内容是反应进行的方向和可能性，反应进行的程度及伴随的能量变化。其研究特点是，只研究体系的宏观性质，不涉及物质的微观结构；只研究体系的始、终态，不涉及物质变化的具体机理。

通过本章的学习，我们就可以轻松解决上述质疑。但是化学热力学还是比较抽象的，没有具体的宏观模型可以类比，因此先介绍一些它涉及的基本概念。

3.1　基 本 概 念

3.1.1　体系与环境

体系就是作为我们研究对象的物质部分。而环境从广义上讲则是体系之外的所有物质的总和，从狭义上讲，环境是指与体系有相互影响、密切联系的有限部分的物质。

例如，烧杯中进行的酸碱中和反应：$NaOH + HCl \longrightarrow NaCl + H_2O$

体系：$NaOH + HCl \longrightarrow NaCl + H_2O$

环境：烧杯、玻璃棒、周围的空气等。

根据体系与环境之间的关系可将体系分成以下三种类型(图 3-1)。

敞开体系(opened system)：体系与环境之间有物质交换也有能量交换。

封闭体系(closed system)：体系与环境之间只有能量交换而没有物质交换。

孤立体系(isolated system)：体系与环境之间既无物质交换也无能量交换。

热力学上研究的大多是封闭体系。

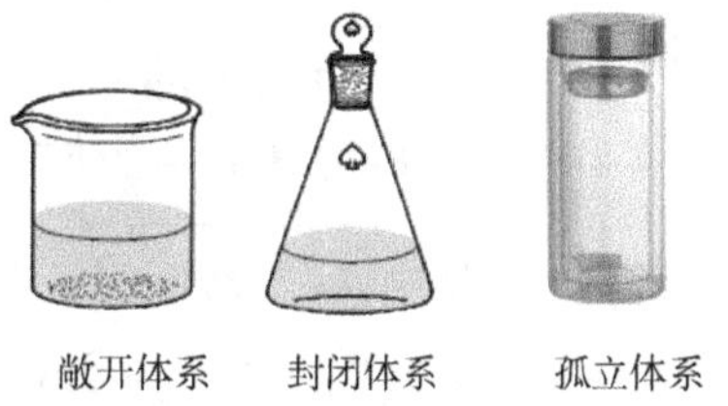

图 3-1　热力学上的三种体系近似图示

3.1.2　状态与状态函数

由一系列表征体系性质的物理量所确定的一种存在形式，称为体系的状态。例如，气体的状态可由压力 p、体积 V、温度 T 和物质的量 n 四个物理量表示。用来确定体系状态的物理量称为状态函数(state function)。状态函数是体系本身固有的性质，体系的状态一定，状态函数即具有确定值；当体系的一个或几个状态函数发生改变时，我们说体系的状态也发生了改变。

*状态函数具有以下特征：

(1)状态函数的变化只与体系的始、终态有关，与具体过程无关。

例如，1 kg 283 K 的 H_2O 变成 1 kg 303 K 的 H_2O，无论过程如何，温度的改变值 ΔT 均为 20 K。

(2)体系的各个状态函数之间存在一定的制约关系。

例如，对于理想气体，$pV=nRT$，有四个变量 p、V、n、T，当其中的三个变量固定时，第四个变量也必然有固定的数值，而当其中的任意一个变量变化时，则至少有另外一个变量随之而变化。

(3)状态函数的容量性质与强度性质。某些状态函数，如 V、n 等所表示的体系的性质具有加和性，这些性质与物质的量有关，称为体系的容量性质(extensive properties)(也称广度性质)。T、p 等性质则无加和性，把这些与物质的量无关的性质称为强度性质(intensive properties)。

例如，20 g 20℃的 H_2O 和 20 g 20℃的 H_2O 混合，得到 40 g 20℃的 H_2O。为什么不说得到 20 g 40℃的 H_2O 呢？原因在于质量是容量性质，具有加和性，而温度则为强度性质，不具有加和性。

3.1.3 过程与途径

当体系在一些具体条件下发生某一变化时，就称之为经历了某一过程(process)。常见的过程有恒温过程、恒压过程、恒容过程、绝热过程、循环过程等。

完成一个热力学过程所采用的具体方式称为途径。

例如，某理想气体经历一恒温过程，始态与终态如下所示。

$$\begin{array}{|c|}\hline p_1=1\times10^5\ \text{Pa}\\ V_1=2\ \text{dm}^3\\ \hline\end{array}\xrightarrow[p_1V_1=p_2V_2]{\text{恒温过程}}\begin{array}{|c|}\hline p_2=2\times10^5\ \text{Pa}\\ V_2=1\ \text{dm}^3\\ \hline\end{array}$$

该过程可由多种不同的途径完成：

途径Ⅰ
$$\begin{array}{|c|}\hline p_1=1\times10^5\ \text{Pa}\\ V_1=2\ \text{dm}^3\\ \hline\end{array}\Rightarrow\begin{array}{|c|}\hline p_3=0.5\times10^5\ \text{Pa}\\ V_3=4\ \text{dm}^3\\ \hline\end{array}\Rightarrow\begin{array}{|c|}\hline p_2=2\times10^5\ \text{Pa}\\ V_2=1\ \text{dm}^3\\ \hline\end{array}$$

途径Ⅰ　$\Delta p = p_{终} - p_{始} = 2\times10^5\ \text{Pa} - 1\times10^5\ \text{Pa} = 1\times10^5\ \text{Pa}$

$\Delta V = V_{终} - V_{始} = 1\ \text{dm}^3 - 2\ \text{dm}^3 = -1\ \text{dm}^3$

途径Ⅱ
$$\begin{array}{|c|}\hline p_1=1\times10^5\ \text{Pa}\\ V_1=2\ \text{dm}^3\\ \hline\end{array}\Rightarrow\begin{array}{|c|}\hline p_3=4\times10^5\ \text{Pa}\\ V_3=0.5\ \text{dm}^3\\ \hline\end{array}\Rightarrow\begin{array}{|c|}\hline p_2=2\times10^5\ \text{Pa}\\ V_2=1\ \text{dm}^3\\ \hline\end{array}$$

途径Ⅱ　$\Delta p = p_{终} - p_{始} = 2\times10^5\ \text{Pa} - 1\times10^5\ \text{Pa} = 1\times10^5\ \text{Pa}$

$\Delta V = V_{终} - V_{始} = 1\ \text{dm}^3 - 2\ \text{dm}^3 = -1\ \text{dm}^3$

状态函数的改变量只与体系的始、终态有关，与具体过程无关，所以上述两途径的压力与体积两个状态函数的改变量相同。

3.1.4　热、功、热力学能

1. 热

体系与环境之间因温度不同而交换或传递的能量称为热(heat)，用 Q 表示，单位 J 或 kJ。

以下三点需要注意：

(1)对一体系而言，不能说它具有多少热，只能说它从环境吸收了多少热或释放给环境多少热。

(2)热不是状态函数。热是体系与环境之间交换的能量，不是体系自身的性质，与过程有关。

(3)体系从环境吸收热量，$Q>0$；反之，环境从体系吸收热量，$Q<0$。

2. 功

在热力学中，把除热以外体系与环境之间所有其他方式传递或交换的能量统称功(work)，用 W 表示，单位 J 或 kJ。常见的功有体积功、表面功、电功、机械功等。

本章主要讨论常见的体积功，即体系对抗外压发生的体积变化所交换的能量。由于液体和固体在变化过程中体积变化较小，因此体积功的讨论一般是对气体(主要对理想气体)而言。

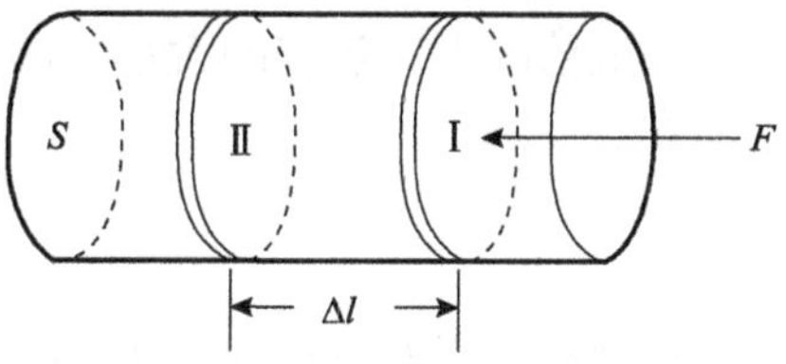

图 3-2　过程的体积功

如图 3-2 所示，假设在恒外力 F 作用下，活塞从Ⅰ位移动到Ⅱ位，移动距离为 Δl。按照传统的功的定义，环境对体系做功

$$W=F\cdot\Delta l=p\cdot S\cdot\Delta l=p\cdot\Delta V$$

热力学上规定：环境对体系做功 $W>0$；体系对环境做功 $W<0$。

压缩过程：$\Delta V=V_2-V_1<0$，$W>0$，所以 $W=-p\Delta V$。

膨胀过程：$\Delta V=V_2-V_1>0$，$W<0$，所以 $W=-p\Delta V$。

因此，无论是压缩过程还是膨胀过程

$$W=-p\Delta V \tag{3-1}$$

功的特点：与热相同，功是体系状态变化过程中与环境之间传递或交换的能量，不是体系自身的性质，受过程制约，因此功也不是状态函数。

说明：不同教材对功和热的正负号规定不同，学习参考时注意区别。

【记忆技巧：凡使体系能量增加的函数如 Q、W 均取正值】

3. 热力学能

体系内部一切形式的能量总和称为热力学能，用 U 表示，单位一般为 kJ 或 kJ · mol^{-1}。

体系的热力学能包括体系内各物质分子的移动能、转动能、振动能、电子运动能、电子与原子核之间的作用能、核能等。热力学能的绝对值无法测知，只能测量其相对改变量ΔU。

$$\Delta U=U_{终}-U_{始}$$

热力学能是体系自身的性质，在一定状态下 U 是定值，是容量性质，具有加和性。因此，热力学能是状态函数。

理想气体的热力学能只是温度的函数，温度一定则 U 一定，即同组分气体，若始态和终态只是 p、V 发生改变，而 T 不变，则 $\Delta U = 0$。

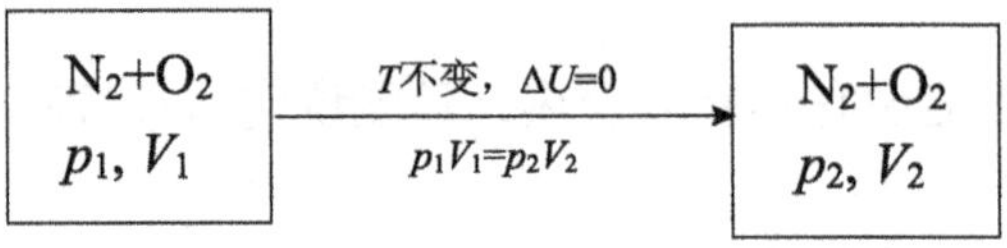

3.1.5　热容

物质在某一过程中，每升高(或降低)单位温度时从外界吸收(或放出)的热量，即系统的温度升高 1 K 所需的热，称为该系统的热容，符号 C，单位 $J \cdot K^{-1}$。

热容是一个广度量，如果升温是在体积不变的条件下进行，该热容称为恒容热容，用 C_V 表示；如果升温是在压力不变的条件下进行，该热容称为恒压热容，用 C_p 表示。

设物质的温度由 T_1 升至 T_2 时吸热为 Q,则 $Q/(T_2-T_1)$ 称为 T_1 至 T_2 温度间隔内的平均热容。

一般情况下，热容的大小与温度有关，但在温度变化范围不太大时，可近似看作常量。于是有

$$Q = C(T_2 - T_1) = C\Delta T \tag{3-2}$$

比热容：单位质量的某种物质升高单位温度时所需的热量。其国际单位制中的单位是 $J \cdot kg^{-1} \cdot K^{-1}$，通常用 c 表示。

$$Q = cm\Delta T = C\Delta T, \quad C = cm \tag{3-3}$$

由于水的比热容较大，即相同热量带来的温度变化较小，因此沿海地区气候变化不是很明显，而陆地上气候变化就很明显。

3.2　热力学第一定律

热力学第一定律(能量守恒定律)的数学表达式：

$$\Delta U = Q + W \tag{3-4}$$

意义：体系热力学能的改变量等于体系从环境吸收的热量与环境对体系所做功的和。当体系只做体积功时

$$\Delta U = Q + W = Q - p\Delta V$$

例 3-1　某过程中体系从环境吸热 1000 J，体系对环境做体积功 300 J。求过程中体系热力学能的改变量和环境热力学能的改变量。

解　$\Delta U_{体} = Q + W = 1000\ J + (-300\ J) = 700\ J$

$\Delta U_{环} = -\Delta U_{体} = -700\ J$

即体系的热力学能增加了 700 J，而环境的热力学能减少了 700 J。

例 3-2　一定量的理想气体从压力 $p_1=16\times10^5$ Pa，体积 $V_1=1\times10^{-3}$ m^3，恒温膨胀至压力 $p_2=1\times10^5$ Pa，体积 $V_2=16\times10^{-3}$ m^3，试分析下列两种不同途径体系所做功的差异。

(1) 在 $p=1\times10^5$ Pa 的外压下，经一次膨胀所做的功。

(2) 在 $p=8\times10^5$ Pa 和 $p=1\times10^5$ Pa 的外压下，经二次膨胀所做的功。

解　(1) 一次膨胀，p 由 16×10^5 Pa 减为 1×10^5 Pa，则

$$
\begin{aligned}
W_1 &= -p\,\Delta V \\
&= -1\times10^5\,\text{Pa}\times(16-1)\times10^{-3}\,\text{m}^3 \\
&= -1500\,\text{J}
\end{aligned}
$$

(2) 二次膨胀，先对抗外压 $p_1=8\times10^5$ Pa 膨胀到 2 dm^3，再对抗外压 $p_2=1\times10^5$ Pa 膨胀到 16 dm^3

$$
\begin{aligned}
W_2 &= -p\,\Delta V \\
&= [-8\times10^5\,\text{Pa}\times(2-1)\times10^{-3}\,\text{m}^3] + [-1\times10^5\,\text{Pa}\times(16-2)\times10^{-3}\,\text{m}^3] \\
&= (-800\,\text{J}) + (-1400\,\text{J}) \\
&= -2200\,\text{J}
\end{aligned}
$$

计算说明，途径不同(过程不同)，做功 W 不同。

结论：功的大小与途径有关，所以功不是状态函数。

3.3 热　化　学

研究化学反应热效应的分支学科称为热化学。

3.3.1 化学反应的热效应

在恒温下，体系只做体积功时，化学反应中的热量变化称为化学反应的热效应，简称反应热。

恒温是指反应后体系的温度重新回到反应前的温度，并不是说反应过程中体系温度保持恒定。恒温是指整个过程温度不变。

根据热力学第一定律，体系只做体积功时

$$\Delta U = Q + W = Q - p\Delta V$$

$$Q = \Delta U + p\Delta V$$

恒容时，$p\Delta V=0$，则

$$Q_V = \Delta U \tag{3-5}$$

结论：体系只做体积功时，恒容反应热等于体系热力学能的变化。

恒压时

$$Q = \Delta U + p\Delta V = (U_2 - U_1) + (pV_2 - pV_1) = (U_2 + pV_2) - (U_1 + pV_1) = (U_2 + p_2V_2) - (U_1 + p_1V_1)$$

由于式中 U、p、V 均为状态函数，只取决于体系的始、终态，因此 $U+pV$ 也是状态函数。在热力学中定义：$U+pV\equiv H$，其中 H 称为焓(enthalpy)。

$$Q_p = \Delta U + p\Delta V = \Delta H \tag{3-6}$$

结论：体系只做体积功时，恒压反应热等于体系的热焓变化。

焓值也无法测量，只能求其变化值，是容量性质，具有加和性，是状态函数。

$\Delta H>0$，吸热反应；$\Delta H<0$，放热反应。

对有气体参加的反应 $p\Delta V\approx\Delta nRT$(将气体作理想气体，自己推导)，$\Delta n$ 是反应前后气体的物质的量之差。

例如，$2H_2(g)+O_2(g)=2H_2O(l)$，$\Delta n=0-1-2=-3$。

对液相和固相反应，$\Delta n=0$，$\Delta pV\approx0$，$\Delta U\approx\Delta H$。

迁 移 · 应 用

1. 非恒压过程是否有焓变？如果有，推出其计算公式。
2. 铁矿石(Fe_3O_4，Fe_2O_3)在高炉中被 C/CO 还原为铁，为什么不用同样的方法炼铝？

3.3.2　Q_p与 Q_V的关系

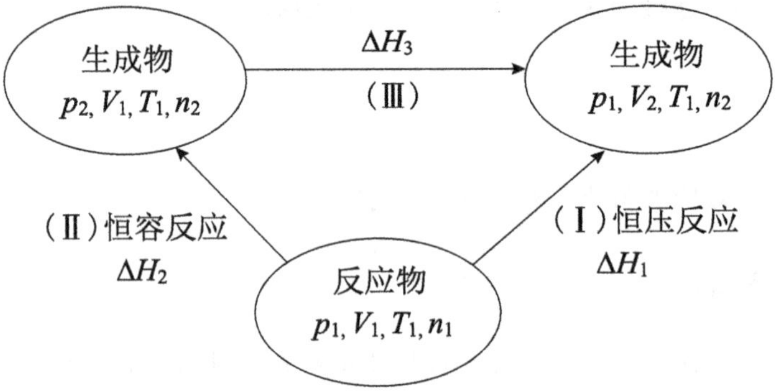

$$\Delta H_1=\Delta H_2+\Delta H_3 \quad (状态函数的特征)$$

$$H=U+pV \qquad \Delta H=\Delta U+\Delta(pV)$$

$$\Delta H_1=\Delta U_2+(p_2V_1-p_1V_1)+\Delta U_3+(p_1V_2-p_2V_1)$$

$$\Delta H_1=\Delta U_2+(p_1V_2-p_1V_1)+\Delta U_3$$

过程(Ⅲ)是产物气体在恒温过程发生的体积和压力的改变，所以有 $\Delta U_3=0$(见热力学能)

$$\Delta H_1=\Delta U_2+(p_1V_2-p_1V_1)$$

$$\Delta H_1=\Delta U_2+\Delta(pV)$$

对于反应物与生成物中的固体和液体，$\Delta(pV)$可以忽略不计。对于反应物与生成物中的气体，按理想气体考虑，有 $\Delta(pV)=\Delta nRT$，Δn 是反应前后气体的物质的量之差，则

$$\Delta H=\Delta U+\Delta nRT$$

$$Q_p=Q_V+\Delta nRT \tag{3-7}$$

3.3.3　焓变与热力学能变的表示方法与单位

当泛指一个过程时，其热力学函数的改变量可写成 ΔU、ΔH 等形式，单位是 J 或 kJ；

若指明是某一化学反应，但不做严格的定量计算时，可写成 $\Delta_r U$、$\Delta_r H$，下标 r 代表反应(reaction)，单位是 J 或 kJ。

若某反应按所给定的化学方程式进行 1 mol 反应时(反应进度 ξ=1 mol)，则写成 $\Delta_r H_m$，单位一般是 $kJ \cdot mol^{-1}$。例如

$$C(s) + O_2(g) =\!=\!= CO_2(g)$$

1 mol 反应可看作是 1 mol C 与 1 mol O_2 反应，生成 1 mol CO_2 。

$$2SO_2(g) + O_2(g) =\!=\!= 2SO_3(g)$$

1 mol 反应可看作是 2 mol SO_2 与 1 mol O_2 反应，生成 2 mol SO_3，即把按化学计量数进行的反应看作一个单元，6.02×10^{23} 个这样的单元反应就是 1 mol 反应。

对于 1 mol 反应，式(3-7)可写成

$$\Delta_r H_m = \Delta_r U_m + \Delta \nu RT$$

$\Delta\nu$ 是反应前后气体物质的化学计量数的差值

$$\Delta \nu = \sum \nu(\text{生成物}) - \sum \nu(\text{反应物})$$

例如

$$2SO_2(g) + O_2(g) =\!=\!= 2SO_3(g)\text{，}\Delta \nu = 2-1-2 = -1$$

对任一反应，$\Delta \nu = \Delta n / \xi$，$\Delta_r H_m = \Delta_r H / \xi$，$\Delta_r U_m = \Delta_r U / \xi$。

例 3-3　用弹式热量计测得 298 K 时，燃烧 1 mol 正庚烷的恒容反应热 $Q_V = -4807.12$ kJ，求其 Q_p 值。

解　燃烧反应为 $C_7H_{16}(l) + 11O_2(g) \longrightarrow 7CO_2(g) + 8H_2O(l)$

$\Delta \nu = 7 - 11 = -4$

$\Delta_r U_m = Q_V / \xi = -4807.12\ kJ \cdot mol^{-1}$

$$\begin{aligned}\Delta_r H_m &= \Delta_r U_m + \Delta \nu RT \\ &= -4807.12\ kJ \cdot mol^{-1} + (-4) \times 8.314 \times 10^{-3} \times 298\ kJ \cdot mol^{-1} \\ &= -4817.03\ kJ \cdot mol^{-1}\end{aligned}$$

$Q_p = \xi \Delta_r H_m = -4817.03$ kJ

3.3.4　反应热的计算

1. 热化学方程式

表示化学反应与热效应关系的方程式，即为热化学方程式。

(1) $2H_2(g) + O_2(g) =\!=\!= 2H_2O(g)$　　$\Delta_r H_m = -483.6\ kJ \cdot mol^{-1}$

(2) $H_2(g) + 1/2O_2(g) =\!=\!= H_2O(g)$　　$\Delta_r H_m = -241.8\ kJ \cdot mol^{-1}$

(3) $H_2(g) + 1/2O_2(g) =\!=\!= H_2O(l)$　　$\Delta_r H_m = -285.8\ kJ \cdot mol^{-1}$

(4) $H_2O(l) =\!=\!= H_2(g) + 1/2O_2(g)$　　$\Delta_r H_m = +285.8\ kJ \cdot mol^{-1}$

(5) $C(\text{石墨}) + O_2(g) =\!=\!= CO_2(g)$　　$\Delta_r H_m = -393.5\ kJ \cdot mol^{-1}$

(6) $C(\text{金刚石}) + O_2(g) =\!=\!= CO_2(g)$　　$\Delta_r H_m = -395.4\ kJ \cdot mol^{-1}$

根据上述几个热化学方程式，总结出书写热化学方程式的注意事项：

(1) 注明温度与压力。298 K、101.3 kPa 可不写。

(2) 注明聚集状态 (g，l，s)、固体晶形，溶液注明浓度[水溶液 (aq)，无限稀释溶液 (aq，∞)]。

(3) 同一个反应，化学计量数不同，反应热数值不同，如反应 (1) 和 (2)。

(4) 正、逆反应，反应热数值相同，符号相反，如反应 (3) 和 (4)。

2. 赫斯定律

1840 年前后，俄国科学家赫斯 (G. H. Hess) 在多年从事热化学研究和反应热的测量实验基础上，总结出一条定律——赫斯定律：一个化学反应不管是一步还是多步完成，其反应总的热效应相同。例如，下列反应历程可以通过三条途径完成：(1) A⟶B；(2) A⟶C⟶B；(3) A⟶D⟶E⟶B。

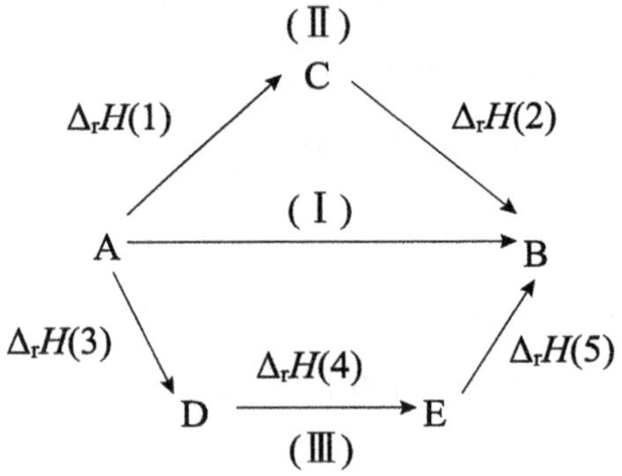

$$\Delta_r H = \Delta_r H(1) + \Delta_r H(2) = \Delta_r H(3) + \Delta_r H(4) + \Delta_r H(5)$$

实际上赫斯定律适用于所有的状态函数。用该定律可求一些难以测量的反应的热效应。例如，碳在氧气中燃烧可以生成两种主要产物 CO 和 CO_2，对于生成 CO 的反应，由于无法保证产物为纯 CO，所以无法测量其反应热，但可以通过赫斯定律由另外两个已知反应的热效应计算得到：

(1) $C(s) + 1/2O_2(g) === CO(g)$　　　　$\Delta_r H_m(1)$

(2) $C(s) + O_2(g) === CO_2(g)$　　　　$\Delta_r H_m(2) = -393.5\ kJ \cdot mol^{-1}$

(3) $CO(g) + 1/2O_2(g) === CO_2(g)$　　　　$\Delta_r H_m(3) = -283.0\ kJ \cdot mol^{-1}$

由赫斯定律不难得到

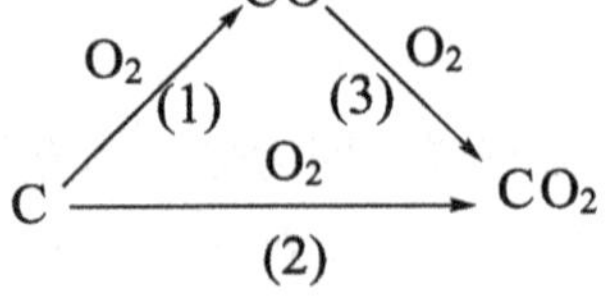

$$\Delta_r H_m(1) = \Delta_r H_m(2) - \Delta_r H_m(3) = -393.5\ kJ \cdot mol^{-1} - (-283.0\ kJ \cdot mol^{-1}) = -110.5\ kJ \cdot mol^{-1}$$

另解：将已知的热化学方程式进行加减，使其结果与所求的热化学方程式相同，同时反应热也进行相应的加减。

例如，上述反应 (1) = (2) − (3)，则 $\Delta_r H_m(1) = \Delta_r H_m(2) - \Delta_r H_m(3)$。

3. 由标准摩尔生成焓求算反应热

标准摩尔生成焓：某温度下，由处于标准状态下的各种元素的指定单质，生成标准状态下 1 mol 某纯物质时的热效应，称为该温度下这种纯物质的标准摩尔生成焓(enthalpy of formation)，有的书也称标准摩尔生成热，用符号 $\Delta_f H_m^\ominus$ 表示，单位是 $kJ \cdot mol^{-1}$。

规定：标准状态下各元素的指定单质的标准摩尔生成焓为零。

标准状态：对于纯液体和纯固体是指其摩尔分数 $x_i = 1$，对于溶液组分是指其质量摩尔浓度 $m = 1.0\ mol \cdot kg^{-1}$(但通常情况下常用物质的量浓度 $mol \cdot dm^{-3}$ 代替)，对于气体组分是指其分压 $p_i = 100\ kPa$；对于温度没有限制，通常手册上的温度为 298 K。$\ominus$ 为标准状态的符号，标记于函数的右上角。

指定单质：在标准状态和指定温度下元素最稳定的单质。例如，在常温下碳最稳定的单质是石墨而非金刚石。

温度对 $\Delta_f H_m^\ominus$ 有一定的影响，用时须注明，因为

$$\Delta H = \Delta U + \Delta(pV) = \Delta U + \Delta nRT$$

一般常用温度范围内可忽略不计。

同一物质不同状态时 $\Delta_f H_m^\ominus$ 值不同，因为 ΔU 和 $\Delta(pV)$ 均受温度 T 的影响。

$\Delta_f H_m^\ominus$ 的数值代表了该化合物在相应温度下的稳定性的大小，负值越大越稳定。298 K 时的 $\Delta_f H_m^\ominus$ 值可从附录 2 中查到。

由标准生成焓计算反应热的公式

$$\Delta_r H_m^\ominus = \sum \nu_B \Delta_f H_m^\ominus(B) \tag{3-8}$$

含义：任一反应的反应焓 $\Delta_r H_m^\ominus$ 等于产物的标准摩尔生成焓之和减去反应物的标准摩尔生成焓之和。

例如，计算氢气还原氧化铜的反应热：

$$(1)\quad H_2(g) + 1/2O_2(g) = H_2O(g) \qquad \Delta_f H_m^\ominus(H_2O, g)$$

$$-)\ (2)\quad Cu(s) + 1/2O_2(g) = CuO(s) \qquad \Delta_f H_m^\ominus(CuO, s)$$

$$CuO(s) + H_2(g) = Cu(s) + H_2O(g) \qquad \Delta_r H_m^\ominus$$

根据赫斯定律可知

$$\Delta_r H_m^\ominus = \Delta_f H_m^\ominus(H_2O, g) - \Delta_f H_m^\ominus(CuO, s)$$

利用 $\Delta_f H_m^\ominus$ 还可判断同类型化合物的稳定性：代数值越小，化合物越稳定。

	Na_2O	Ag_2O
$\Delta_f H_m^\ominus/(kJ \cdot mol^{-1})$	−414.2	−31.0
稳定性	加热不分解	537 K 以上分解

例 3-4　已知：(1) $2Cu_2O(s) + O_2(g) = 4CuO(s)$　$\Delta_r H_m(1) = -362\ kJ \cdot mol^{-1}$

(2) $CuO(s) + Cu(s) = Cu_2O(s)$　$\Delta_r H_m(2) = -12\ kJ \cdot mol^{-1}$

在不查表的前提下，试计算 CuO(s) 的 $\Delta_f H_m^\ominus$。

解　由赫斯定律 [(2) × 2 + (1)]/2　$Cu(s) + 1/2O_2(g) = CuO(s)$

$\Delta_f H_m^\ominus = [\Delta_r H_m(1) + 2\Delta_r H_m(2)]/2 = [-362 + 2 \times (-12)]/2 = -193(kJ \cdot mol^{-1})$

4. 由燃烧焓求算反应的热效应

燃烧焓(热)：在标准状态下，1 mol 物质完全燃烧生成指定产物时的热效应称为该物质的标准摩尔燃烧焓(enthalpy of combustion)，简称燃烧焓(或燃烧热)。用符号 $\Delta_c H_m^\ominus$ 表示，单位 $kJ \cdot mol^{-1}$。

完全燃烧产物的规定：$C \longrightarrow CO_2$；$H \longrightarrow H_2O$；$S \longrightarrow SO_2$；$N \longrightarrow N_2$；$Cl \longrightarrow HCl$

由燃烧热计算反应焓的公式

$$\Delta_r H_m^\ominus = -\sum \nu_B \Delta_c H_m^\ominus(B) \tag{3-9}$$

含义：任一反应的反应焓 $\Delta_r H_m^\ominus$ 等于反应物燃烧焓之和减去产物燃烧焓之和。

例如，对于反应：

$$CH_3COOH + C_2H_5OH = CH_3COOC_2H_5 + H_2O \qquad \Delta_r H_m^\ominus$$

$$CH_3COOH + 2O_2 = 2CO_2 + 2H_2O \qquad \Delta_c H_m^\ominus(1)$$

$$C_2H_5OH + 3O_2 = 2CO_2 + 3H_2O \qquad \Delta_c H_m^\ominus(2)$$

$$CH_3COOC_2H_5 + 5O_2 = 4CO_2 + 4H_2O \qquad \Delta_c H_m^\ominus(3)$$

由赫斯定律得

$$\Delta_r H_m^\ominus = \Delta_c H_m^\ominus(1) + \Delta_c H_m^\ominus(2) - \Delta_c H_m^\ominus(3)$$

3.4　化学反应进行的方向

在一定温度和压力下将 NO、O_2、NO_2 放入同一容器，问反应进行的方向如何。实际上是问反应以哪种方式进行。在这一体系中可能存在两种反应方式：

$$2NO + O_2 = 2NO_2$$

$$2NO_2 = 2NO + O_2$$

实际按哪种方式进行，要看体系存在的压力、温度和各物种的浓度大小等因素。

3.4.1　自发过程和可逆过程

1. 自发过程

在一定温度和压力下，不需要任何外力做功就能自动进行的过程称为自发过程。

常见的自发过程：水往低处流，热由高温向低温传导等。

自发过程的特点：

(1) 自发过程不需要外力做功，而且可以对环境做功，如水力发电、原电池产生电能等。

(2) 自发过程具有不可逆性，只能单向进行。例如，水不能自动由低处向高处流。

(3) 自发过程有一定的限度，经一定程度后达到平衡，如热交换。

2. 可逆过程

经历一过程，某体系由状态 I 到状态 II 之后，如果能使体系恢复到原来状态，而在环境中又不留下任何影响，则这一过程称为热力学可逆过程(reversible process)。

例如，在热力学第一定律中讲的理想气体恒温膨胀和恒温压缩过程，只有无限多次膨胀和无限多次压缩才是可逆的，此时环境对体系做功正好等于原先体系对环境做的功，环境中未留下任何痕迹。

可逆过程是理想的极限过程，但有实际意义。例如，相变点温度下的相变一般可以认为是可逆过程。

理想气体的恒温膨胀过程，$\Delta U = 0$。

根据热力学第一定律，$\Delta U = Q + W$，故 $Q = -W$。

理想气体的恒温可逆膨胀途径，功 W_r 具有最大绝对值，故体系吸收的热量 Q 也最大，表示为 Q_r。

3.4.2　化学反应方向的判据

热由高温向低温传导是因为存在温差；那么化学反应方向该如何判断呢？

100 多年前人们就注意到这个问题，当时，贝特洛(P. M. Berthelot)和汤姆孙(J. Thomson)提出，所有放热反应都是自发的，即放热，降低体系的能量是反应进行的动力。这对许多过程和反应来讲是正确的。例如

$$NH_3(g) + HCl(g) \xlongequal{\quad} NH_4Cl(s) \quad \Delta_r H_m = -176.9\ kJ \cdot mol^{-1}$$

放热反应，常温自发进行，加热反应逆向进行。

硝酸铵及硝酸钾的溶解是自发的，但吸热。碳酸钙、碳酸铵的分解同样是吸热过程，在温度高到某一值时也可以自发进行。

$$NH_4HCO_3(s) \xlongequal{\quad} NH_3(g) + H_2O(g) + CO_2(g) \quad \Delta_r H_m = 185.57\ kJ \cdot mol^{-1}$$

吸热反应，常温下不能自发进行。高温下仍吸热，却可以自发进行。

因此，放热并非反应进行的唯一动力。温度也是影响反应方向的因素之一。

那么，吸热反应与放热反应最明显的区别是什么呢？经过许多实验后，人们发现在自发吸热过程中，体系的混乱度都是增大的，即生成物分子的活动范围变大了，如 NH_4HCO_3 的分解。再如

$$CuSO_4 \cdot 5H_2O(s) \xlongequal{\quad} CuSO_4(s) + 5H_2O(l)$$

体系的混乱度在热力学中用一个新的物理量——熵(S)来表示。

1. 熵和熵变

熵(entropy)代表了一个体系内各质点的混乱程度，混乱度越大则熵值越高。

对熵有这样一个规定：在绝对零度(0 K)时，任何理想晶体的熵值为零，这就是热力学第三定律。理想晶体是指纯净完美的晶体，实际上是不能达到的。

标准熵：1mol 纯物质在标准状态下的熵值称为摩尔绝对熵值，简称标准熵。用 $S_m^\ominus$ 表示，单位 $J \cdot mol^{-1} \cdot K^{-1}$。$U$、$H$ 等函数绝对值无法测得，而 S 有绝对值。标准状态下的熵值可查附录 2。水溶液中离子的熵值是一种相对值，其零点的规定是，浓度为 $1\ mol \cdot dm^{-3}$ 的 $H^+(aq)$ 的标准熵 $S_m^\ominus = 0$，其他水溶液中离子的熵值是相对于这一规定而言的。化学反应的熵变

$$\Delta_r S_m^\ominus = \sum \nu_B S_m^\ominus(B) \tag{3-10}$$

含义：任意一反应的熵变等于产物的标准熵之和减去反应物的标准熵之和。

熵是状态函数，有加和性。有关熵值的判断与估算如下：

(1) 物质的状态不同，熵值不同。

a. 物质相对分子质量差别不大时，气体的熵>液体的熵>固体的熵。

b. 状态相同时，化合物的熵>单质的熵；复杂化合物的熵>简单化合物的熵；相对分子质量大、硬度小、熔沸点低的单质的熵>相对分子质量小、硬度大、熔沸点高的单质的熵。

(2) 温度升高，物质的熵值增大；压力增大，物质的熵值减小（尤其对气体影响较大）。

(3) 可逆过程熵变的计算

$$\Delta S = \frac{Q_r}{T} \tag{3-11}$$

Q_r 表示恒温可逆过程的热效应。所以，ΔS 也称“热温商”。该方程非常适合计算相变过程的熵变，因为相变过程可以看作是由无数个微步骤组成的恒温可逆过程。

(4) $\Delta_r S$ 正负的定性判断。

除查标准熵表计算反应熵外，还可从物质的存在状态定性判断熵的增减。

$NH_4Cl(s) = HCl(g) + NH_3(g)$，固体变气体，$\Delta_r S > 0$。

$2SO_2(g) + O_2(g) = 2SO_3(g)$，气体分子数多变成气体分子数少，$\Delta_r S < 0$。

判断了 $\Delta_r S$ 的正负，再结合 $\Delta_r H$ 的符号，对判断反应方向具有重要的参考价值。

思 考 · 练 习

1. 不查表，将下列物质的标准摩尔熵 $S_m^\ominus$ (298 K) 值按序号由大到小排列：

(1) $K(s)$；　(2) $Na(s)$；　(3) $Br_2(l)$；　(4) $Br_2(g)$；　(5) $KCl(s)$

2. 不查表，试判断下列变化是熵增还是熵减。

(1) 气体等温膨胀；　(2) 苯与甲苯相混；

(3) 盐从过饱和水溶液中结晶出来；　(4) $2O_3(g) = 3O_2(g)$

3. 从下列各对物质中指出混乱度较大的物质。（除已注明条件外，每对物质的 T、p 相同）

(1) $Br_2(l)$ 和 $Br_2(g)$；　(2) B(298 K) 和 B(327 K)；

(3) Ar(0.1 MPa) 和 Ar(0.01 MPa)；　(4) 苯 (C_6H_6) 和氯苯 (C_6H_5Cl)

2. 吉布斯自由能和吉布斯自由能变

结合前面的分析，我们可推出：

(1) 反应的 $\Delta_r H < 0$（放热反应），且 $\Delta_r S > 0$（混乱度增大），反应自发进行。

H_2O_2 ══ $H_2O(l) + 1/2O_2(g)$　$\Delta_rS>0$，$\Delta_rH<0$，任意温度下都可自发进行。

(2)反应的 $\Delta_rH>0$(吸热反应)，且 $\Delta_rS<0$(混乱度减小)，不能自发进行。

$N_2(g)+1/2O_2(g)$ ══ $N_2O(g)$　$\Delta_rS<0$，$\Delta_rH>0$，任意温度下均不能自发进行。

若反应的 $\Delta_rH<0$，且 $\Delta_rS<0$ 或反应的 $\Delta_rH>0$，且 $\Delta_rS>0$，反应又将如何进行呢?

$NH_3(g)+HCl(g)$ ══ $NH_4Cl(s)$　$\Delta_rS<0$，$\Delta_rH<0$，低温下自发，高温不自发。

$CaCO_3(s)$ ══ $CaO(s)+CO_2(g)$　$\Delta_rS>0$，$\Delta_rH>0$，低温下不自发，高温自发。

上述实验事实说明，必须综合考虑反应的摩尔焓变、摩尔熵变及反应的温度条件，才能对恒温恒压条件下进行的化学反应的方向做出合理的判断。

综合上述因素，科学家提出了一个新的状态函数

$$G=H-TS$$

G 称为吉布斯自由能(Gibbs free energy)，它是状态函数，具有容量性质。它的物理意义：G 是体系所具有的在恒温恒压条件下做非体积功的能力。反应过程中 G 的减少量($-\Delta G$)是体系做非体积功的最大限度，这个最大限度在可逆途径得到实现。也可以说吉布斯自由能是体系做非体积功的本领的度量。可以尝试根据热力学第一定律($\Delta_rU=Q+W_{体}+W_{非}$)和所学其他热力学函数推导：$-\Delta G \geqslant -W_{非}$。

$$-\Delta G=W_{max}$$

$$\Delta G=\Delta H-T\Delta S$$

ΔG 称为吉布斯自由能变。

化学反应的吉布斯自由能变

$$\Delta_rG_m^\ominus=\sum\nu_B\Delta_fG_m^\ominus(B) \tag{3-12}$$

含义：任一反应的吉布斯自由能变等于产物的标准生成吉布斯自由能之和减去反应物的标准生成吉布斯自由能之和。

$\Delta_fG_m^\ominus$ 称为标准生成吉布斯自由能：化学热力学规定，某温度下由处于标准状态的各种元素的指定单质，生成 1 mol 某纯物质的吉布斯自由能改变量，称为这个温度下该物质的标准摩尔生成吉布斯自由能，简称标准生成自由能，单位 $kJ \cdot mol^{-1}$。同样，规定指定单质的 $\Delta_fG_m^\ominus=0$。$\Delta_fG_m^\ominus$ 值可从附录 2 中查到。

3. 化学反应方向的判据——吉布斯-亥姆霍兹方程

$$\Delta_rG_m^\ominus=\Delta_rH_m^\ominus-T\Delta_rS_m^\ominus \tag{3-13}$$

$\Delta_rG_m^\ominus<0$，反应自发向右进行；

$\Delta_rG_m^\ominus>0$，反应自发向左进行；

$\Delta_rG_m^\ominus=0$，反应处于平衡态。

综合 $\Delta_rH_m^\ominus$ 和 $\Delta_rS_m^\ominus$ 对化学反应进行方向的影响，判断如下：

$\Delta_rH_m^\ominus<0$，$\Delta_rS_m^\ominus>0$，$\Delta_rG_m^\ominus<0$，正反应恒定自发进行；

$\Delta_r H_m^\ominus > 0$，$\Delta_r S_m^\ominus < 0$，$\Delta_r G_m^\ominus > 0$，正反应永远不能自发进行；

$\Delta_r H_m^\ominus < 0$，$\Delta_r S_m^\ominus < 0$，低温时$\Delta_r G_m^\ominus < 0$，正反应可以自发进行；

$\Delta_r H_m^\ominus > 0$，$\Delta_r S_m^\ominus > 0$，高温时$\Delta_r G_m^\ominus < 0$，正反应可以自发进行。

温度对$\Delta_r G_m^\ominus$影响较大，对$\Delta_r H_m^\ominus$和$\Delta_r S_m^\ominus$影响较小，所以有

$$\Delta_r G_m^\ominus(T) \approx \Delta_r H_m^\ominus(298\ \text{K}) - T\Delta_r S_m^\ominus(298\ \text{K})$$

例 3-5 反应 $C(s) + O_2(g) \Longleftarrow\!\!= CO_2(g)$，$\Delta_r H_m^\ominus = -393.5\ \text{kJ} \cdot \text{mol}^{-1}$，$\Delta_r S_m^\ominus = 2.9\ \text{J} \cdot \text{mol}^{-1} \cdot \text{K}^{-1}$，在 298K 和 1273 K 时反应进行的方向如何？

解 由于$\Delta_r H_m^\ominus$<0，$\Delta_r S_m^\ominus$>0，因此$\Delta_r G_m^\ominus$恒小于 0，反应在任何温度下都应该自发向右进行。但在常温下看不到碳的燃烧，原因是反应速率太慢，在高温时，分子动能增加，反应速率加快，出现发光发热的燃烧现象。

例 3-6 反应 $CaCO_3(s) \Longleftarrow\!\!= CO_2(g) + CaO(s)$，$\Delta_r H_m^\ominus$=177.8 kJ · mol^{-1}，$\Delta_r S_m^\ominus$=161.0 J · mol^{-1} · K^{-1}，在标准状态下反应自发向右进行的温度如何？

解 由题中所给数据计算得知，常温标准状态下反应不能自发向右进行。

欲使反应自发向右进行，必须保证

$$\Delta_r G_m^\ominus(T) \approx \Delta_r H_m^\ominus(298\ \text{K}) - T\Delta_r S_m^\ominus(298\ \text{K}) \leqslant 0$$

即$\Delta_r H_m^\ominus \leqslant T\Delta_r S_m^\ominus$

$$T \geqslant \frac{\Delta_r H_m^\ominus}{\Delta_r S_m^\ominus} = \frac{177.8\ \text{kJ} \cdot \text{mol}^{-1}}{0.1610\ \text{kJ} \cdot \text{mol}^{-1} \cdot \text{K}^{-1}} = 1104\ \text{K}$$

即理论上温度高于 1104 K 时，反应才可能向右进行。

例 3-7 1 mol Hg (l) 在沸点(630 K)可逆蒸发，其标准摩尔蒸发焓为 54.56 kJ · mol^{-1}，求：

(1)求蒸发过程中所吸收的热量 Q；(2)对环境所做的功 W；(3) $\Delta_r U_m^\ominus$；(4) $\Delta_r S_m^\ominus$；(5) $\Delta_r G_m^\ominus$

解 (1) 1 mol Hg (l) 在沸点下可逆蒸发，其吸收的热即等于标准摩尔蒸发焓：

$$Q = n\Delta_{vap}H_m^\ominus = 1\ \text{mol} \times 54.56\ \ \text{kJ} \cdot \text{mol}^{-1} = 54.56\ \text{kJ}$$

(2) $W = -p\Delta V = -\Delta nRT = -1\ \text{mol} \times 8.314 \times 10^{-3}\ \text{kJ} \cdot \text{mol}^{-1} \cdot \text{K}^{-1} \times 630\ \text{K} = -5.24\ \text{kJ}$

(3) $\Delta_r U^\ominus = Q + W = 54.56\ \text{kJ} - 5.24\ \text{kJ} = 49.32\ \text{kJ}$

$$\Delta_r U_m^\ominus = \frac{\Delta_r U^\ominus}{\xi} = \frac{49.32\ \text{kJ}}{1\ \text{mol}} = 49.32\ \text{kJ} \cdot \text{mol}^{-1}$$

(4)在沸点条件下的蒸发是可逆过程

$$\Delta_r S_m^\ominus = \frac{\Delta_r S^\ominus}{\xi} = \frac{Q_r}{T\xi} = \frac{54.56 \times 10^3\ \text{J}}{630\ \text{K} \times 1\ \text{mol}} = 86.6\ \text{J} \cdot \text{mol}^{-1} \cdot \text{K}^{-1}$$

(5)在沸点条件下的蒸发是可逆过程，体系处于平衡状态

$$\Delta_r G_m^\ominus = 0$$

反应的自发性只是一种可能性，是反应的必要条件，但不是充分条件。实际生产中还必须考虑反应速率等动力学因素。但如果热力学计算结果说明反应不能进行，实际生产中无论采取何种措施都将徒劳无益。

归纳·整合

1. 热力学第一定律

$\Delta U = Q + W$（注意符号规定：使体系能量增加为正）

$W = F\Delta l = pS(-\Delta V/S) = -\Delta(pV)$（理想气体任意过程）

p、V、T、U、n 等是状态函数；W、Q 不是状态函数。

2. 化学反应的热效应

化学反应热：反应物与生成物温度相同时，体系发生化学变化所吸收或放出的热。

(1) 恒容反应热 $Q_V = \Delta U$　[因为 $\Delta V = 0$，所以 $W = -p\Delta V = 0$；$\Delta U = Q_V + W = Q_V$]

(2) 恒压反应热 $Q_p = \Delta H$　[$Q_p = \Delta U - W = (U_2 - U_1) - [-p(V_2 - V_1)] = (U_2 + pV_2) - (U_1 + pV_1) = H_2 - H_1$]

理想气体的 U、H 都只是温度的函数，与体积、压力无关。温度不变，同一组分的气体的 ΔU、ΔH 不变（$p_1V_1 = p_2V_2$）。

$$Q_p = Q_V + \Delta nRT \qquad \Delta_r H_m = \Delta_r U_m + \Delta \nu RT$$

$$\Delta V = \frac{\Delta n}{\xi}, \quad \Delta_r H_m = \frac{\Delta_r H}{\xi}, \quad \Delta_r U_m = \frac{\Delta U}{\xi}$$

3. 赫斯定律

一个化学反应，不论是一步完成还是分几步完成，热效应相同。

4. 标准摩尔生成焓

某温度下，由处于标准状态下的各种元素的指定单质，生成标准状态下 1 mol 某纯物质时的热效应，称为这种温度下该纯物质的标准摩尔生成焓（热）。用符号 $\Delta_f H_m^\ominus$ 表示，单位是 $kJ \cdot mol^{-1}$。标准状态下的各元素的指定单质的标准摩尔生成焓为零。

化学反应的焓变：$\Delta_r H_m^\ominus = \sum \nu_B \Delta_f H_m^\ominus(B)$

5. 标准熵

1 mol 纯物质在标准状态下的熵值称为摩尔绝对熵值，简称标准熵。用 $S_m^\ominus$ 表示，单位 $J \cdot mol^{-1} \cdot K^{-1}$。

可逆过程熵变的计算：$\Delta S = \dfrac{Q_r}{T}$

化学反应的熵变：$\Delta_r S_m^\ominus = \sum \nu_B S_m^\ominus(B)$

6. 标准摩尔生成吉布斯自由能

某温度下由处于标准状态的各种元素的指定单质，生成 1 mol 某纯物质的吉布斯自由能改变量，称为这种温度下该物质的标准摩尔生成吉布斯自由能，简称生成自由能。用符号 $\Delta_f G_m^\ominus$ 表示，单位 $kJ \cdot mol^{-1}$。同样，指定单质的 $\Delta_f G_m^\ominus = 0$。

化学反应的吉布斯自由能变：$\Delta_r G_m^\ominus = \sum \nu_B \Delta_f G_m^\ominus(B)$

化学反应方向的判据：$\Delta_r G_m^\ominus = \Delta_r H_m^\ominus - T\Delta_r S_m^\ominus$；$\Delta_r G_m^\ominus(T) \approx \Delta_r H_m^\ominus(298\ K) - T\Delta_r S_m^\ominus(298\ K)$

$\Delta_r G_m^\ominus < 0$，反应自发向右进行；

$\Delta_r G_m^\ominus > 0$，反应自发向左进行；

$\Delta_r G_m^\ominus = 0$，反应处于平衡态。

习　题

1. 某理想气体，经恒压升温、恒温压缩、恒容冷却后回到初始状态，过程中体系吸热 50 kJ。试求此过程的 W 和 ΔU。
2. 已知某弹式量热计与其内容物的总热容为 $5.728\ kJ \cdot K^{-1}$，在其中完全燃烧 0.150 g 正辛烷(l)使热量计升温 1.200 K。试求下面恒容反应的热效应 $\Delta_r U_m$。反应式为 $2C_8H_{18}(l) + 25O_2(g) \xlongequal{\quad} 16CO_2(g) + 18H_2O(l)$。
3. 在某弹式量热计中完全燃烧 0.30 mol H_2(g) 生成 H_2O(l)，热量计中的水温升高 5.212 K；将 2.678 g 萘 $C_{10}H_8$(s) 完全燃烧，使热量计中的水温升高 6.629 K。已知 H_2O(l) 的标准摩尔生成热为 $-285.8\ kJ \cdot mol^{-1}$，试求萘的燃烧热。

4. 已知乙苯(C_8H_{10})、二氧化碳(CO_2)和水(H_2O)在 298 K 下的标准摩尔生成焓分别为

	C_8H_{10} (l)	CO_2 (g)	H_2O (l)
$\Delta_f H_m^\ominus$ / (kJ · mol^{-1})	−12.3	−393.5	−285.8

计算在 298 K 和恒压条件下，25.0 g 乙苯(l)完全燃烧所放出的热量。

5. 已知：(1) $4NH_3(g) + 5O_2(g) \longrightarrow 4NO(g) + 6H_2O(l)$　$\Delta_r H_m^\ominus(1) = -1170\ kJ \cdot mol^{-1}$

(2) $4NH_3(g) + 3O_2(g) \longrightarrow 2N_2(g) + 6H_2O(l)$　$\Delta_r H_m^\ominus(2) = -1530\ kJ \cdot mol^{-1}$

试计算 NO 的生成焓 $\Delta_f H_m^\ominus$。

6. 已知反应(1)、(2)的摩尔反应热：

(1) $A(g)+B(g) \longrightarrow C(g)+D(g)$　$\Delta_r H_m^\ominus(1) = -30\ kJ \cdot mol^{-1}$

(2) $C(g)+D(g) \longrightarrow E(s)$　$\Delta_r H_m^\ominus(2) = 70\ kJ \cdot mol^{-1}$

下列反应的 $\Delta_r H_m^\ominus$ 各为多少？假若 A 和 B 分别为对应元素的最稳定单质，求物质 E 的 $\Delta_f H_m^\ominus$。

(3) $C(g)+D(g) \longrightarrow A(g)+B(g)$

(4) $A(g)+B(g)+E(s) \longrightarrow 2C(g)+2D(g)$

(5) $A(g)+B(g) \longrightarrow E(s)$

7. 已知 1,3-丁二烯 C_4H_6(g)的标准摩尔燃烧热 $\Delta_c H_m^\ominus = -2541.5\ kJ \cdot mol^{-1}$，求下列反应在 298 K 时的恒容热效应。

$$C_4H_6(g) + \frac{11}{2}O_2(g) \longrightarrow 4CO_2(g) + 3H_2O(l)$$

8. 1.5 g 丙烯 C_3H_6(g)在 298 K 的恒容条件下完全燃烧放出的热量为 73.1 kJ，求该温度下 C_3H_6(g)的标准摩尔燃烧热 $\Delta_c H_m^\ominus$。若已知 H_2 和 C(石墨)的标准摩尔燃烧热分别为 −285.8 kJ · mol^{-1} 和 −393.5 kJ · mol^{-1}，求 C_3H_6(g)的标准摩尔生成热。

9. 已知水的熔点为 0℃，摩尔熔化焓变 $\Delta_{fus}H_m^\ominus$ 为 6.01 kJ · mol^{-1}，试计算水熔化过程的 $\Delta_{fus}S_m^\ominus$。

10. 通过查表计算下列反应在 298 K 时的 $\Delta_r H_m^\ominus$、$\Delta_r S_m^\ominus$ 和 $\Delta_r G_m^\ominus$，并求算反应(1)在 1000 K 时的 $\Delta_r G_m^\ominus$。

(1) $NH_4NO_3(s) \rightleftharpoons N_2O(g)+2H_2O$；(2) $N_2O_4(g) \rightleftharpoons 2NO_2(g)$

11. 已知

	C_6H_6 (l) $\rightleftharpoons$	$3C_2H_2$ (g)
$\Delta_f H_m^\ominus$ / (kJ · mol^{-1})	49.04	226.73
$S_m^\ominus$ / (J · mol^{-1} · K^{-1})	173.26	200.94

根据上述数据判断反应 $C_6H_6(l) \rightleftharpoons 3C_2H_2(g)$ 在 1200 K 时能否正向自发进行。如不可以，请估算最低反应温度。

12. 试根据下列数据判断能否通过热分解的方法消除汽车尾气中的 CO 污染物。

	CO (g)	C(石墨)	O_2 (g)
$\Delta_f H_m^\ominus$ / (kJ · mol^{-1})	−110.5	0	0
$S_m^\ominus$ / (J · mol^{-1} · K^{-1})	197.7	5.74	205.2

13. 反应 $X(g) + 2Y(g) \longrightarrow 3Z(g)$ 中，反应物和产物均为理想气体。在 298 K、1×10^5 Pa 条件下，体系若分别按下列两种途径发生变化，求两种途径的 Q、W、$\Delta_r U_m^\ominus$、$\Delta_r H_m^\ominus$、$\Delta_r S_m^\ominus$ 和 $\Delta_r G_m^\ominus$。

途径 1：体系放热 50.6 kJ · mol^{-1}，但没有做功；

途径 2：体系做最大功，放出 2.08 kJ · mol^{-1} 的热。

14. Ag 的熔点为 960℃，熔化热为 10.56 kJ · mol^{-1}，计算熔化 54.0 g Ag 的熵变。(Ag 相对原子质量 108)

15. 根据下列热力学数据，近似计算反应 $CO_2(g) + C(s) \longrightarrow 2CO(g)$ 能够自发进行的最低温度。

298 K 时：	CO_2 (g)	C (s)	CO (g)
$\Delta_f H_m^\ominus$ / (kJ · mol^{-1})	−393.5	0	−110.5
$S_m^\ominus$ / (J · mol^{-1} · K^{-1})	213.8	5.7	197.7

第 3 章单元测试题（单选）

班级________姓名________作业号________成绩________

(　)1. 下列物质中，$\Delta_f H_m^\ominus$ 不等于零的是

A. Fe(s)　　B. C（石墨）　　C. Ne (g)　　D. Cl_2 (l)

(　)2. 自发进行的恒温恒压化学反应，其必要条件是

A. $\Delta_r S<0$　　B. $\Delta_r H<0$　　C. $\Delta_r G>0$　　D. $\Delta_r H<T\Delta_r S$

(　)3. p 和 V 分别代表压力和体积，则 pV 代表下列哪种物理量

A. 焓　　B. 熵　　C. 能量　　D. 自由能

(　)4. 恒温时，下列变化中 $\Delta H=0$ 的是

A. 异构化　　B. 电解　　C. 理想气体向真空膨胀　　D. 解离

(　)5. 下列物理量中，属于状态函数的是

A. H　　B. Q　　C. ΔH　　D. ΔU

(　)6. 元素 S 的燃烧热与下列哪一种物质的标准摩尔生成热相等?

A. SO　　B. SO_2　　C. SO_3　　D. H_2SO_4

(　)7. 某一体系在变化过程中自环境吸热 100 kJ，对环境做功 25 kJ，则热力学能的变化是

A. 75 kJ　　B. −75 kJ　　C. 125 kJ　　D. −125 kJ

(　)8. 下列变化为绝热过程的是

A. 系统温度不变　　B. 系统不从环境吸热　　C. 系统与环境无热量交换　　D. 系统热力学能不变

(　)9. 如果 X 是原子，X_2 是实际存在的分子，则反应 $X_2(g) \longrightarrow 2X(g)$ 的 $\Delta_r H$ 应该是

A. 负值　　B. 正值　　C. 零　　D. 不能确定

(　)10. 对于一个化学反应，下列哪种情况下反应速率越大

A. $\Delta_r H$ 越负　　B. $\Delta_r S$ 越正　　C. $\Delta_r G$ 越负　　D. 活化能越小

(　)11. 下列反应中，反应热 $\Delta_r H_m^\ominus$ 与产物的生成热 $\Delta_f H_m^\ominus$ 相同的是

A. $2H_2(g) + O_2(g) \longrightarrow 2H_2O(l)$　　B. $NO(g) + 1/2O_2(g) \longrightarrow NO_2(g)$

C. C（金刚石）$\longrightarrow$ C（石墨）　　D. $H_2(g) + 1/2O_2(g) \longrightarrow H_2O(g)$

(　)12. 将固体 NH_4NO_3(s) 溶于水中，溶液变冷，则该过程的 ΔG、ΔH、ΔS 的符号依次为

A. +，−，−　　B. +，+，−　　C. −，+，−　　D. −，+，+

(　)13. 冰的熔化热为 $330.5\ J \cdot g^{-1}$，0℃时将 1.0 g 水凝结为冰时的 ΔS 为

A. $-330.5\ J \cdot K^{-1}$　　B. $-1.21\ J \cdot K^{-1}$　　C. 0　　D. $1.21\ J \cdot K^{-1}$

(　)14. 标准状态下，下列离子中 $S_m^\ominus$ 为 0 的是

A. Na^+　　B. Cu^{2+}　　C. H^+　　D. Cl^-

(　)15. 下列物质中，摩尔熵最大的是

A. MgF_2　　B. MgO　　C. $MgSO_4$　　D. $MgCO_3$

(　)16. 下列反应中，$\Delta_r S_m^\ominus > 0$ 的是

A. $CO(g) + Cl_2(g) \longrightarrow COCl_2(g)$　　B. $2SO_2(g) + O_2(g) \longrightarrow 2SO_3(g)$

C. $NH_4HS(s) \longrightarrow NH_3(g) + H_2S(g)$　　D. $2HBr(g) \longrightarrow H_2(g) + Br_2(g)$

(　)17. 相同条件下，由相同的反应物变成相同的产物，反应两步完成与一步完成比较，两步时

A. 放热多　　B. 熵变增大　　C. 热力学能增大　　D. 焓、熵、热力学能变化相同

(　)18. 已知 $\Delta_f G_m^\ominus(AgCl) = -109.8\ kJ \cdot mol^{-1}$，则反应 $2AgCl(s) = 2Ag(s) + Cl_2(g)$ 的 $\Delta_r G_m^\ominus$ 为

A. $-219.6\ kJ \cdot mol^{-1}$　　B. $-109.8\ kJ \cdot mol^{-1}$　　C. $219.6\ kJ \cdot mol^{-1}$　　D. $109.8\ kJ \cdot mol^{-1}$

(　)19. 已知：$A + B \longrightarrow M + N$，$\Delta_r H_m(1) = 35\ kJ \cdot mol^{-1}$；$2M + 2N \longrightarrow 2D$，$\Delta_r H_m(2) = -80\ kJ \cdot mol^{-1}$；则 $A + B \longrightarrow D$ 的 $\Delta_r H_m(3)$ 是

A. $-5\ kJ \cdot mol^{-1}$　　B. $-10\ kJ \cdot mol^{-1}$　　C. $-45\ kJ \cdot mol^{-1}$　　D. $25\ kJ \cdot mol^{-1}$

(　)20. 条件相同的同一反应有两种不同写法：(1) $N_2(g) + 3H_2(g) = 2NH_3(g)$，$\Delta_r G_1$；(2) $1/2N_2(g) + 3/2H_2(g) = NH_3(g)$，$\Delta_r G_2$。则有

A. $\Delta_r G_1 = \Delta_r G_2$　　B. $\Delta_r G_1 = (\Delta_r G_2)^2$　　C. $\Delta_r G_1 = 1/2\Delta_r G_2$　　D. $\Delta_r G_1 = 2\Delta_r G_2$

第 4 章　化学平衡常数

前面已经初步解决了化学反应进行的方向(热力学)和快慢(动力学)问题，还有一个待解决的问题就是反应进行的限度。通俗理解就是已知反应物，知道反应可以正向自发进行，也知道反应进行的快慢，那么在指定条件下，反应什么时候结束？反应物能有多少转化成产物呢？这就是本章需要解决的问题。

4.1　可逆反应与化学平衡

4.1.1　可逆反应

在同一条件下，既可向右也可向左进行的反应称为可逆反应(reversible reaction)。

从理论上讲，任何化学反应都具有可逆性，只是有些反应的可逆程度很小，难以观察。在一定条件下只能按一个方向进行到底的反应称为不可逆反应。例如，氯酸钾加热分解的反应就可认为是不可逆反应：

$$2KClO_3 \xrightarrow[\triangle]{MnO_2} 2KCl + 3O_2$$

化学平衡正是可逆反应的特点。例如，高温下单质碘与氢气合成碘化氢的反应

$$I_2(g) + H_2(g) \rightleftharpoons 2HI(g)$$

就是典型的可逆反应。正因如此，用该方法合成 HI 时，产率不高。

4.1.2　化学平衡

在一定条件下，对可逆反应来讲，当正、逆向反应速率相等、体系内各组分浓度不再随时间发生变化时的状态称为化学平衡。

化学平衡是在指定条件下，反应物可以转变为产物的最大限度，属于热力学的研究范畴。

化学平衡的特点：

(1)动态平衡，反应物、生成物浓度恒定，但并非反应处于静止状态，只不过正反应速率等于逆反应速率，表观上看似乎反应已经停止。

(2)化学平衡是一种相对平衡，当外界条件(浓度、压力、温度)改变时，化学平衡将发生移动，经过一定时间后建立起新的平衡。

4.1.3　标准平衡常数

化学反应达到平衡时，各组分的浓度或分压不再发生改变，并且它们之间存在一种固定的关系，这种关系可以用一个常数——化学平衡常数表示。

将浓度和分压分别除以各自的标准状态，即得相对浓度或相对分压。相对的意义是指对于标准状态数值的倍数。例如

浓度：$[B]=6\ mol\cdot dm^{-3}$；相对浓度：$\frac{[B]}{c^{\ominus}}=\frac{6\ mol\cdot dm^{-3}}{1\ mol\cdot dm^{-3}}=6$

分压：$p_B=1000\ kPa$；相对分压：$\frac{p_B}{p^{\ominus}}=\frac{1000\ kPa}{100\ kPa}=10$

所以相对浓度和相对分压都是量纲为 1 的量。

对于溶液反应：$aA(aq)+bB(aq) \rightleftharpoons gG(aq)+hH(aq)$

在某温度下达到平衡时有

$$K^{\ominus}=\frac{\left(\frac{[G]}{c^{\ominus}}\right)^g\left(\frac{[H]}{c^{\ominus}}\right)^h}{\left(\frac{[A]}{c^{\ominus}}\right)^a\left(\frac{[B]}{c^{\ominus}}\right)^b} \tag{4-1}$$

$K^{\ominus}$ 称为标准平衡常数，是量纲为 1 的量。

由于 $c^{\ominus}=1\ mol\cdot dm^{-3}$，为书写方便，在标准平衡常数表达式中可以简化不写，但标准状态的符号不可省略，如下式。

$$K^{\ominus}=\frac{[G]^g[H]^h}{[A]^a[B]^b}$$

对于气相反应：$aA(g)+bB(g) \rightleftharpoons gG(g)+hH(g)$

在某温度下达到平衡时有

$$K^{\ominus}=\frac{\left(\frac{p_G}{p^{\ominus}}\right)^g\left(\frac{p_H}{p^{\ominus}}\right)^h}{\left(\frac{p_A}{p^{\ominus}}\right)^a\left(\frac{p_B}{p^{\ominus}}\right)^b} \tag{4-2}$$

本课程后续所有化学平衡常数，若不特别注明均为标准平衡常数。

注意几点问题：

(1) 一个标准平衡常数 $K^{\ominus}$ 对应于一个固定的化学反应方程式。同一反应，化学方程式写法不同，标准平衡常数表达式及数值不同，但相互之间存在一定的关系。例如，下列反应：

$$C+1/2O_2 \rightleftharpoons CO \qquad K_1^{\ominus}=\frac{p_{CO}/p^{\ominus}}{\left(p_{O_2}/p^{\ominus}\right)^{1/2}}$$

$$2C+O_2 \rightleftharpoons 2CO \qquad K_2^{\ominus}=\frac{\left(p_{CO}/p^{\ominus}\right)^2}{p_{O_2}/p^{\ominus}}$$

$$K_2^{\ominus}=(K_1^{\ominus})^2$$

(2) 当有纯固体、纯液体和稀溶液中的溶剂参加反应时，不列入平衡常数表达式中。例如，下列反应：

$$SiCl_4(l) + 2H_2O(g) \rightleftharpoons SiO_2(s) + 4HCl(g)$$

$$K^{\ominus} = \frac{(p_{HCl} / p^{\ominus})^4}{(p_{H_2O} / p^{\ominus})^2}$$

$$CaCO_3(s) \rightleftharpoons CaO(s) + CO_2(g)$$

$$K^{\ominus} = p_{CO_2} / p^{\ominus}$$

(3) 对特定反应来讲，平衡常数的大小只与温度有关，与物质浓度无关，即温度一定，平衡常数为定值。

(4) 平衡常数的物理意义：平衡常数的大小代表可逆反应进行的程度，数值越大表示正向反应越完全。一般认为 $K^{\ominus} < 10^{-7}$，逆向反应较完全；$K^{\ominus} > 10^{7}$，正向反应较完全；$K^{\ominus}$ 为 $10^{-7} \sim 10^{7}$，为可逆反应。此数据只是一个大概的参考，不可做定量计算用。

实验平衡常数：中学已经学过了，在此仅作简单复习，在后续各类平衡计算中，一般很少用。对于反应

$$aA + bB \rightleftharpoons gG + hH$$

恒温下，当反应达平衡时体系内各组分之间存在如下关系：

$$K_c = \frac{[G]^g [H]^h}{[A]^a [B]^b}$$

数值上与标准平衡常数相同，但 K_c 一般有单位，而 $K^{\ominus}$ 没有单位。

[X]为平衡浓度，单位 $mol \cdot dm^{-3}$。对于气相反应：$aA(g) + bB(g) \rightleftharpoons gG(g) + hH(g)$

$$K_p = \frac{p_G^g p_H^h}{p_A^a p_B^b}$$

p 为各组分的平衡分压，单位是 Pa。

有气相物质参加的反应，因 $p^{\ominus} = 100$ kPa，所以 $K^{\ominus}$ 与 K_p 一般不相等。

对于气相反应既有 K_c，又有 K_p，表达的是同一平衡态，尽管两者数值不同，但可以互相换算。

依据公式：$pV = nRT$，$p = cRT$

$$K_p = \frac{p_G^g p_H^h}{p_A^a p_B^b} = \frac{(c_G RT)^g (c_H RT)^h}{(c_A RT)^a (c_B RT)^b} = K_c \cdot (RT)^{(g+h)-(a+b)} = K_c (RT)^{\Delta\nu}$$

式中，$\Delta\nu$ 为产物与反应物气体的化学计量数之差，如果 p 的单位用 Pa，浓度 c 的单位用 $mol \cdot dm^{-3}$，则 $R = 8.314 \times 10^{-3}\ Pa \cdot dm^3 \cdot mol^{-1} \cdot K^{-1}$。

4.1.4　多重平衡原理

在第 3 章中我们曾注意到，可以用已知反应的热效应，求算某些难以测量的反应的热效应，同样用已知反应的平衡常数也可以求算其他反应的平衡常数。例如

$$\begin{array}{ll} 2C(s) + 2O_2(g) \rightleftharpoons 2CO_2(g) & K_1^{\ominus} \\ (-)\quad 2CO(g) + O_2(g) \rightleftharpoons 2CO_2(g) & K_2^{\ominus} \\ \hline 2C(s) + O_2(g) \rightleftharpoons 2CO(g) & K_3^{\ominus} \end{array} \qquad K_3^{\ominus} = \frac{K_1^{\ominus}}{K_2^{\ominus}} \tag{4-3}$$

多重平衡原理：两个反应相加(或减)得到第三个反应时，第三个反应的平衡常数等于前两个反应平衡常数的乘积(或商)。

4.2　化学平衡常数的计算

4.2.1　解题步骤

(1)设未知数。
(2)写出配平的化学反应方程式。
(3)标出各物质的起始浓度和平衡浓度。
(4)写出标准平衡常数表达式。
(5)将各物质的平衡浓度代入标准平衡常数表达式。
(6)解方程。

4.2.2　平衡转化率与平衡常数的相互换算

$$\text{反应物的平衡转化率} = \frac{\text{已转化为产物部分的量}}{\text{反应物的起始总量}} \times 100\%$$

1. 由平衡转化率求平衡常数

例 4-1　373 K 时，等物质的量的乙醇和乙酸反应，平衡转化率为 66.7%，求反应的标准平衡常数。

解　因题中没有给出具体数据，可以自己设几个计算所必需的量

设乙醇和乙酸的物质的量均为 n，反应体积为 V，平衡转化率为 α 。

$$\begin{array}{lcccc} & C_2H_5OH(g) + & CH_3COOH(g) \rightleftharpoons & CH_3COOC_2H_5(g) + & H_2O(g) \\ \text{起始浓度：} & \frac{n}{V} & \frac{n}{V} & 0 & 0 \\ \text{平衡浓度：} & \frac{n(1-\alpha)}{V} & \frac{n(1-\alpha)}{V} & \frac{n\alpha}{V} & \frac{n\alpha}{V} \end{array}$$

$$K^{\ominus} = \frac{[CH_3COOC_2H_5][H_2O]}{[CH_3COOH][C_2H_5OH]} = \frac{\left(\frac{n\alpha}{V}\right)^2}{\left[\frac{n(1-\alpha)}{V}\right]^2} = \left(\frac{0.667}{1-0.667}\right)^2 = 4$$

反应的标准平衡常数为 4。

2. 由平衡常数求平衡转化率

例 4-2 523 K 时，将等物质的量的三氯化磷与氯气装入 5.00 dm^3 容器中，平衡时五氯化磷的分压为 100 kPa，平衡常数 $K^{\ominus}=0.54$，求三氯化磷的平衡转化率 α。

解 设平衡时 $p_{Cl_2}=p_{PCl_3}=x$

$$\begin{array}{lccc} & PCl_3(g) & + \; Cl_2(g) \rightleftharpoons & PCl_5(g) \\ \text{平衡分压/ kPa} & x & x & 100 \end{array}$$

则 $K^{\ominus}=\dfrac{p_{PCl_5}/p^{\ominus}}{(x/p^{\ominus})^2}=\dfrac{100/100}{(x/p^{\ominus})^2}=0.54$ 　　$x=136\text{ kPa}$

$$\alpha_{PCl_3}=\frac{PCl_3\text{的转化量}}{PCl_3\text{的起始总量}}=\frac{n_{PCl_5}}{n_{PCl_3}}\times100\%=\frac{p_{PCl_5}V}{RT}\cdot\frac{RT}{p_{PCl_3}V}\times100\%=\frac{p_{PCl_5}}{p_{PCl_3}}\times100\%=\frac{100}{136+100}\times100\%=42.4\%$$

4.2.3 计算平衡组成

例 4-3 某温度下，反应 $CO(g)+H_2O(g) \rightleftharpoons H_2(g)+CO_2(g)$，$K^{\ominus}=9$。若 CO 和 H_2O 的起始浓度均为 0.02 $mol\cdot dm^{-3}$，求平衡时各组分的浓度及 CO 的平衡转化率。

解 设平衡时体系中 H_2 和 CO_2 的浓度均为 x。

$$\begin{array}{lcccc} & CO(g) & + \; H_2O(g) \rightleftharpoons & H_2(g) & + \; CO_2(g) \\ \text{起始浓度/(mol·dm}^{-3}) & 0.02 & 0.02 & 0 & 0 \\ \text{平衡浓度/(mol·dm}^{-3}) & 0.02-x & 0.02-x & x & x \end{array}$$

$$K^{\ominus}=\frac{[H_2][CO_2]}{[CO][H_2O]}=\frac{x^2}{(0.02-x)^2}=9$$

解得 $x=0.015\text{ mol}\cdot dm^{-3}$，即$[H_2]=[CO_2]=0.015\text{ mol}\cdot dm^{-3}$，$[CO]=[H_2O]=0.005\text{ mol}\cdot dm^{-3}$。

CO 的平衡转化率为

$$\alpha=\frac{0.015}{0.02}\times100\%=75\%$$

4.3 化学反应方向的判断

4.3.1 通过比较反应商与标准平衡常数的关系来判断反应方向

在给定温度下，反应 $aA(g)+bB(aq) \rightleftharpoons gG(aq)+hH(aq)$ 达到平衡后，$K^{\ominus}$ 就是一个定值。当体系浓度或压力改变时，各组分的浓度重新分布，在达到新平衡点之前体系各组分之间的关系可用下式表示

$$Q=\frac{\left(\dfrac{c_G}{c^{\ominus}}\right)^g\left(\dfrac{c_H}{c^{\ominus}}\right)^h}{\left(\dfrac{p_A}{p^{\ominus}}\right)^a\left(\dfrac{c_B}{c^{\ominus}}\right)^b}$$

Q 称为反应商，c_G、c_H、c_B 和 p_A 分别表示任意条件下物质的浓度和分压。平衡时，$Q_{平}=K^{\ominus}$。

通过比较 Q 和 $K^{\ominus}$ 的大小可以判断反应方向：

当 $Q<K^{\ominus}$ 时，反应正向进行；

当 $Q>K^{\ominus}$ 时，反应逆向进行；

当 $Q=K^{\ominus}$ 时，反应达到平衡。

注意：比较 Q 和 $K^{\ominus}$ 的大小时，Q 和 $K^{\ominus}$ 两者的浓度或分压表示一定要一致。

4.3.2　通过标准平衡常数与自由能变的关系来判断反应方向

平衡常数 $K^{\ominus}$ 可以表示反应进行的程度，而由 $\Delta_r G_m$ 可以判断反应的自发性，因此，两者之间存在一定的关系，这一关系称为范特霍夫等温式：

$$\Delta_r G_m = \Delta_r G_m^{\ominus} + RT\ln Q \tag{4-4}$$

平衡时，$\Delta_r G_m=0$，$Q=K^{\ominus}$，则有

$$\Delta_r G_m^{\ominus} = -RT\ln K^{\ominus} = -2.303RT\lg K^{\ominus} \tag{4-5}$$

将式(4-5)代入式(4-4)得

$$\Delta_r G_m = -RT\ln K^{\ominus} + RT\ln Q$$

$$\Delta_r G_m = RT\ln\frac{Q}{K^{\ominus}} \tag{4-6}$$

$Q< K^{\ominus}$，$\Delta_r G_m<0$，反应正向自发进行；

$Q= K^{\ominus}$，$\Delta_r G_m=0$，反应达平衡状态；

$Q> K^{\ominus}$，$\Delta_r G_m>0$，逆向反应自发进行。

需说明的是，$\Delta_r G_m^{\ominus}$ 是指体系中各组分处于标准状态时的自由能，标准状态的严格定义是：纯液体、纯固体、溶液组分的活度为 1 mol·kg^{-1}，气体组分的分压为 100 kPa。

例 4-4　通过查表，求算下列反应在 973 K 时的平衡常数。

$$NO(g) + 0.5O_2(g) = NO_2(g)$$

解　$\Delta_r H_m^{\ominus} = \Delta_f H_m^{\ominus}(NO_2) - \Delta_f H_m^{\ominus}(NO) = 33.2 - 90.3 = -57.1\ (kJ\cdot mol^{-1})$

$\Delta_r S_m^{\ominus} = S_m^{\ominus}(NO_2) - S_m^{\ominus}(NO) - 0.5S_m^{\ominus}(O_2) = 240.1 - 210.7 - 0.5\times 205.2 = -73.2(J\cdot mol^{-1}\cdot K^{-1})$

假设在 298～973 K，反应的焓变和熵变保持恒定，则

$$\Delta_r G_m^{\ominus}(973\ K) = \Delta_r H_m^{\ominus}(298\ K) - T\Delta_r S_m^{\ominus}(298\ K) = -57.1 - 973\times(-73.2)\times 10^{-3} = 14.1\ (kJ\cdot mol^{-1})$$

$$\ln K^{\ominus} = \frac{-\Delta_r G_m^{\ominus}}{RT} = \frac{-14.1\times 1000\ J\cdot mol^{-1}}{8.314\ J\cdot mol^{-1}\cdot K^{-1}\times 973\ K} = -1.75\text{，}\quad K^{\ominus} = 0.17$$

4.4　化学平衡的移动

化学平衡的移动：因外界条件的改变，体系由一个平衡态变到另一个平衡态的过程。

4.4.1　浓度对化学平衡移动的影响

例 4-5　某温度下，反应 $CO(g)+H_2O(g) \rightleftharpoons H_2(g)+CO_2(g)$，$K^{\ominus}=9$，当$[CO]_{起始}=0.02\ mol\cdot dm^{-3}$，$[H_2O]_{起始}=1.00\ mol\cdot dm^{-3}$时，CO 的转化率为多少?

解　设平衡时体系中 H_2 和 CO_2 的浓度均为 x。

$$CO(g) + H_2O(g) \rightleftharpoons H_2(g) + CO_2(g)$$

起始浓度/$(mol \cdot dm^{-3})$　　0.02　　1.00

平衡浓度/$(mol \cdot dm^{-3})$　　$0.02 - x$　　$1.00 - x$　　x　　x

$$K^{\ominus} = \frac{[H_2][CO_2]}{[CO][H_2O]} = \frac{x^2}{(0.02-x)(1.00-x)} = 9$$

解得 $x = 0.0199\ mol \cdot dm^{-3}$，CO 的平衡转化率为 $\alpha = \dfrac{0.0199}{0.02} \times 100\% = 99.8\%$

在例 4-3 中已经计算过，当$[H_2O]_{起始} = [CO_2]_{起始} = 0.02\ mol \cdot dm^{-3}$时，CO 的转化率为 75%，例 4-5 中水的起始浓度由 $0.02\ mol \cdot dm^{-3}$ 提高到 $1\ mol \cdot dm^{-3}$ 时，CO 的转化率由 75%提高到 99.8%。即 H_2O 的浓度增大，导致 $Q< K^{\ominus}$，平衡被破坏，反应正向进行，使反应物 CO 的转化率提高。

结论：恒温下，增大反应物的浓度或减小生成物的浓度，平衡向正反应方向移动；相反，减小反应物的浓度或增大生成物的浓度，平衡将向逆反应方向移动。

实际生产中，为充分利用一种反应物，可采用加过量另一反应物或分离某一生成物的措施。

4.4.2　压力对化学平衡移动的影响

压力的变化只对那些有气体参加且反应前后气体分子数不相等的反应的化学平衡有影响。例如，下列反应：

$$aA(g)+bB(g) \rightleftharpoons gG(g)+hH(g)$$

当$(g+h) - (a+b) \neq 0$ 时，压力的变化会引起平衡的移动。现以合成氨反应为例，具体讨论压力对平衡的影响。

$$N_2(g) + 3H_2(g) \rightleftharpoons 2NH_3(g)$$

(1)将系统的总压增至原来的 2 倍

$$K^{\ominus} = \frac{\left(\dfrac{p_{NH_3}}{p^{\ominus}}\right)^2}{\left(\dfrac{p_{N_2}}{p^{\ominus}}\right)\left(\dfrac{p_{H_2}}{p^{\ominus}}\right)^3},\quad Q = \frac{\left(\dfrac{2p_{NH_3}}{p^{\ominus}}\right)^2}{\left(\dfrac{2p_{N_2}}{p^{\ominus}}\right)\left(\dfrac{2p_{H_2}}{p^{\ominus}}\right)^3} = \frac{4}{2\times 8}K^{\ominus} = \frac{1}{4}K^{\ominus}$$

$$\Delta_r G_m = RT\ln\frac{Q}{K^{\ominus}},\quad Q < K^{\ominus},\quad \Delta_r G_m < 0$$

平衡向正反应方向移动，正反应方向是气体分子数减少的方向。

(2)将系统的总压减为原来的一半

$$K^{\ominus} = \frac{\left(\dfrac{p_{NH_3}}{p^{\ominus}}\right)^2}{\left(\dfrac{p_{N_2}}{p^{\ominus}}\right)\left(\dfrac{p_{H_2}}{p^{\ominus}}\right)^3}, \quad Q = \frac{\left(\dfrac{\frac{1}{2}p_{NH_3}}{p^{\ominus}}\right)^2}{\left(\dfrac{\frac{1}{2}p_{N_2}}{p^{\ominus}}\right)\left(\dfrac{\frac{1}{2}p_{H_2}}{p^{\ominus}}\right)^3} = \frac{\frac{1}{4}}{\frac{1}{2}\times\frac{1}{8}}K^{\ominus} = 4K^{\ominus}$$

$$\Delta_r G_m = RT\ln\frac{Q}{K^{\ominus}}, \quad Q > K^{\ominus}, \quad \Delta_r G_m > 0$$

平衡向逆反应方向移动，逆反应方向是气体分子数增多的方向。

(3)对反应方程式两边气体分子总数相等的反应，如

$$CO(g) + H_2O(g) = CO_2(g) + H_2(g)$$

系统总压改变，将同等程度地改变反应物和生成物的分压(降低或增加相同倍数)，但 Q 值不变，故对平衡无影响。

结论：增大系统压力，平衡向气体分子数减少的方向移动；减小系统压力，平衡向气体分子数增多的方向移动。

4.4.3 温度对化学平衡移动的影响

根据吉布斯公式和范特霍夫等温式可以导出下列关系式：

$$\Delta_r G_m^{\ominus} = -RT\ln K^{\ominus}$$

$$\Delta_r G_m^{\ominus} = \Delta_r H_m^{\ominus} - T\Delta_r S_m^{\ominus}$$

$$-RT\ln K^{\ominus} = \Delta_r H_m^{\ominus} - T\Delta_r S_m^{\ominus}$$

$$\ln K^{\ominus} = \frac{-\Delta_r H_m^{\ominus}}{RT} + \frac{\Delta_r S_m^{\ominus}}{R}$$

当温度改变时，有

$$\ln\frac{K_2^{\ominus}}{K_1^{\ominus}} = \frac{\Delta_r H_m^{\ominus}}{R}\left(\frac{1}{T_1} - \frac{1}{T_2}\right) = \frac{\Delta_r H_m^{\ominus}}{R}\frac{(T_2 - T_1)}{T_1 T_2} \tag{4-7}$$

对放热反应来讲，$\Delta_r H_m^{\ominus} < 0$，若 $T_2 > T_1$，则 $K_2^{\ominus} < K_1^{\ominus}$，升高温度，化学平衡向逆反应方向移动，即向吸热反应方向移动。对吸热反应来讲，$\Delta_r H_m^{\ominus} > 0$，若 $T_2 > T_1$，则 $K_2^{\ominus} > K_1^{\ominus}$，升高温度，化学平衡向正反应方向移动，即向吸热方向移动。

结论：升高温度，化学平衡向吸热反应方向移动；降低温度，化学平衡向放热反应方向移动。

例 4-6 已知水的气化热为 44.0 kJ · mol^{-1}，求 273 K 时水的饱和蒸气压。

解 $H_2O(l) \xlongequal{\quad} H_2O(g)$

水的沸点 $T_1 = 373$ K，此时水的饱和蒸气压为 p_1=101.3 kPa，$T_2 = 273$ K

$$\ln\frac{K_2^\ominus}{K_1^\ominus}=\frac{\Delta_r H_m^\ominus}{R}\left(\frac{1}{T_1}-\frac{1}{T_2}\right)=\frac{\Delta_r H_m^\ominus}{R}\frac{(T_2-T_1)}{T_1T_2}$$

$$\ln\frac{K_2^\ominus}{K_1^\ominus}=\frac{44.0}{8.314\times10^{-3}}\left(\frac{1}{373}-\frac{1}{273}\right)=-5.197$$

$$\frac{K_2^\ominus}{K_1^\ominus}=5.533\times10^{-3}$$

$$\frac{K_2^\ominus}{K_1^\ominus}=\frac{p_2}{p^\ominus}\times\frac{p^\ominus}{p_1},\qquad p_2=\frac{K_2^\ominus}{K_1^\ominus}p_1=5.533\times10^{-3}\times1.013\times10^5\,\text{Pa}=560.5\,\text{Pa}$$

即 273 K 时水的饱和蒸气压是 560.5 Pa。

例 4-7 已知 NH_4Cl (s)分解反应在 298 K 时的有关热力学数据

	NH_4Cl (s) $\rightleftharpoons$	NH_3 (g) +	HCl (g)
$\Delta_f H_m^\ominus/(kJ\cdot mol^{-1})$	–314.4	–45.9	–92.3
$S_m^\ominus/(J\cdot mol^{-1}\cdot K^{-1})$	94.6	192.8	186.9

(1)计算该反应在 300℃时的 $\Delta_r G_m^\ominus$ 。

(2)计算该反应在 300℃时的 $K^\ominus$ 。

(3)计算 300℃时氨的平衡分压。

解 $T = 300 + 273 = 573(K)$

$$\Delta_r H_m^\ominus=\Delta_f H_m^\ominus(NH_3)+\Delta_f H_m^\ominus(HCl)-\Delta_f H_m^\ominus(NH_4Cl)=-92.3-45.9+314.4=176.2(kJ\cdot mol^{-1})$$

$$\Delta_r S_m^\ominus=S_m^\ominus(NH_3)+S_m^\ominus(HCl)-S_m^\ominus(NH_4Cl)=192.8+186.9-94.6=285.1(J\cdot mol^{-1}\cdot K^{-1})$$

(1) $\Delta_r G_m^\ominus(573\,K)\approx\Delta_r H_m^\ominus(298\,K)-T\Delta_r S_m^\ominus(298\,K)$

$$=176.2\,kJ\cdot mol^{-1}-573\,K\times0.2851\,kJ\cdot mol^{-1}\cdot K^{-1}=12.84\,kJ\cdot mol^{-1}$$

(2) $\Delta_r G_m^\ominus(573\,K)=-RT\ln K^\ominus$

$$\ln K^\ominus=-\frac{\Delta_r G_m^\ominus(573\,K)}{RT}=-\frac{12.84\,kJ\cdot mol^{-1}}{8.314\times10^{-3}kJ\cdot mol^{-1}\cdot K^{-1}\times573\,K}=-2.7$$

$K^\ominus=6.72\times10^{-2}$

(3) 设平衡时NH_3的分压为p kPa，则HCl也为p kPa。

$$NH_4Cl(s) \xlongequal{\quad} NH_3(g) + HCl(g)$$

$$K^\ominus=\left(\frac{p_{NH_3}}{p^\ominus}\right)\left(\frac{p_{HCl}}{p^\ominus}\right)=\left(\frac{p}{100}\right)^2=6.72\times10^{-2}$$

$p = 25.9$ kPa

即NH_3的平衡分压是25.9kPa 。

4.4.4 催化剂对化学平衡的影响

因为催化剂只改变反应的活化能 E_a，不改变反应的热效应，所以不影响平衡常数的数值，即催化剂只能改变平衡到达的时间而不影响化学平衡的移动。

化学平衡移动原理(勒夏特列原理)：如果改变平衡系统的条件之一(浓度、压力和温度)，平衡就向能减弱这种改变的方向移动。

化学平衡移动原理只适用于已处于平衡状态的系统，也适用于相平衡系统。

迁移·应用

惰性气体对化学平衡的影响

1. 在惰性气体存在下达到平衡后，再恒温压缩，若$\sum\nu=0$，则平衡不移动；若$\sum\nu\neq0$，则平衡将如何移动？

2. 对恒温、恒容下已达到平衡的反应，引入惰性气体，反应物和生成物的分压是否改变？平衡是否移动？

3. 对恒温、恒压下已达到平衡的反应，引入惰性气体，总压不变，体积增大，反应物和生成物分压将如何改变？如果$\sum\nu\neq0$，平衡将如何移动？

归纳·整合

1. 标准平衡常数

$$a\mathrm{A(aq)}+b\mathrm{B(aq)}\rightleftharpoons g\mathrm{G(aq)}+h\mathrm{H(aq)}$$

$$K^{\ominus}=\frac{\left(\frac{[\mathrm{G}]}{c^{\ominus}}\right)^{g}\left(\frac{[\mathrm{H}]}{c^{\ominus}}\right)^{h}}{\left(\frac{[\mathrm{A}]}{c^{\ominus}}\right)^{a}\left(\frac{[\mathrm{B}]}{c^{\ominus}}\right)^{b}}\xrightarrow{c^{\ominus}=1.0\ \mathrm{mol\cdot dm^{-3}}}K^{\ominus}=\frac{[\mathrm{G}]^{g}[\mathrm{H}]^{h}}{[\mathrm{A}]^{a}[\mathrm{B}]^{b}}\qquad K^{\ominus}=\frac{\left(\frac{p_{\mathrm{G}}}{p^{\ominus}}\right)^{g}\left(\frac{p_{\mathrm{H}}}{p^{\ominus}}\right)^{h}}{\left(\frac{p_{\mathrm{A}}}{p^{\ominus}}\right)^{a}\left(\frac{p_{\mathrm{B}}}{p^{\ominus}}\right)^{b}}$$

(1) 同一化学反应，书写形式不同，即化学计量数不同，$K^{\ominus}$值不同。

(2) 纯固体、纯液体和稀溶液中溶剂参加的反应，其浓度不包含在$K^{\ominus}$的表达式中。

(3) 平衡常数$K^{\ominus}$的大小只与温度有关，与物质的浓度或分压无关。

(4) 多重平衡原理：两个反应相加(或减)得到第三个反应时，第三个反应的平衡常数等于前两个反应平衡常数的乘积(或商)。

2. 化学反应方向的判断

$$\Delta_{\mathrm{r}}G_{\mathrm{m}}^{\ominus}=-RT\ln K^{\ominus}=-2.303RT\lg K^{\ominus},\quad \Delta_{\mathrm{r}}G_{\mathrm{m}}=RT\ln\frac{Q}{K^{\ominus}}$$

$Q<K^{\ominus}$，$\Delta_{\mathrm{r}}G_{\mathrm{m}}<0$，反应正向自发进行；

$Q=K^{\ominus}$，$\Delta_{\mathrm{r}}G_{\mathrm{m}}=0$，反应达平衡状态；

$Q>K^{\ominus}$，$\Delta_{\mathrm{r}}G_{\mathrm{m}}>0$，逆向反应自发进行。

3. 化学平衡的移动

(1) 恒温下，增大反应物的浓度或减小生成物的浓度，平衡向正反应方向移动；相反，减小反应物的浓度或增大生成物的浓度，平衡向逆反应方向移动。

(2) 恒温下，增大系统压力，平衡向气体分子数减少的方向移动；减小系统压力，平衡向气体分子数增多的方向移动。

(3) 升高温度，化学平衡向吸热反应方向移动；降低温度，化学平衡向放热反应方向移动。

(4) 催化剂只能改变平衡到达的时间而不影响化学平衡的移动。

化学平衡移动原理(勒夏特列原理)：如果改变平衡系统的条件之一(浓度、压力和温度)，平衡就向能减弱这种改变的方向移动。

习　题

1. 写出下列反应的标准平衡常数表达式：

(1) $N_2(g)+3H_2(g)\rightleftharpoons 2NH_3(g)$

(2) $\frac{1}{2}N_2(g) + \frac{3}{2}H_2(g) \rightleftharpoons NH_3(g)$

(3) $CaCO_3(s) \rightleftharpoons CaO(s) + CO_2(g)$

(4) $C(s) + H_2O(g) \rightleftharpoons CO(g) + H_2(g)$

2. 已知：

(1) $HF \rightleftharpoons H^+ + F^-$的标准平衡常数为 $K_1^\ominus$。

(2) $Ca^{2+} + 2F^- \rightleftharpoons CaF_2$的标准平衡常数为 $K_2^\ominus$。

试求反应(3) $Ca^{2+} + 2HF \rightleftharpoons CaF_2 + 2H^+$的标准平衡常数 $K_3^\ominus$。

3. 将 1 mol NO_2置于 2 dm^3容器中，在 800 K 温度下按下式分解：$2NO_2(g) \rightleftharpoons 2NO(g) + O_2(g)$，达到平衡时，测得容器中 NO_2含量为 0.4 mol，试计算此温度下 NO_2分解反应的标准平衡常数。

4. 在某温度下，容器中的 HI 按 $2HI \rightleftharpoons H_2 + I_2$分解，已知达到平衡时 HI 分解的转化率为 70%，求此反应的标准平衡常数。

5. 计算反应 $N_2O_4(g) \rightleftharpoons 2NO_2(g)$在 298 K 时的标准平衡常数。当在 1 dm^3容器中加入 0.1 mol $N_2O_4(g)$和 0.3 mol $NO_2(g)$时，判断在 298 K 时的反应方向。（已知反应的 $\Delta_r G_m^\ominus = 4.7\ kJ \cdot mol^{-1}$）

6. NH_4HS在一真空容器中受热分解：$NH_4HS(s) \rightleftharpoons NH_3(g) + H_2S(g)$。在某温度下，容器中的压力稳定在 6.67 kPa。若此时向容器中导入 $NH_3(g)$，并使它的分压为 107 kPa，试计算此时容器中 $H_2S(g)$的分压和混合气体的总压。（假定体系中的气体服从理想气体状态方程）

7. 已知分解反应 $2NaHCO_3(s) \rightleftharpoons Na_2CO_3(s) + CO_2(g) + H_2O(g)$，在 398 K 时 $K^\ominus = 0.253$，计算该温度下 $CO_2(g)$和 $H_2O(g)$的平衡分压。

8. 已知反应 $PCl_3(g) + Cl_2(g) \rightleftharpoons PCl_5(g)$在 250℃下进行，若将 $PCl_3(g)$和 $Cl_2(g)$按物质的量比 1∶1 置于 5.00 dm^3容器中，平衡时 $PCl_5(g)$的分压为 100.0 kPa，该条件下的平衡常数 $K^\ominus = 0.57$，计算开始时 $PCl_3(g)$和 $Cl_2(g)$的物质的量。

9. 已知分解反应 $PCl_5(g) \rightleftharpoons PCl_3(g) + Cl_2(g)$，在 523 K 时，将 1.50 mol $PCl_5(g)$置于 5.0 dm^3密闭容器中，达到平衡时体系的总压力为 2217.6 kPa，计算 $PCl_5(g)$的转化率和该温度下反应的标准平衡常数 $K^\ominus$。

10. 已知反应：$0.5H_2(g) + 0.5Cl_2(g) \rightleftharpoons HCl(g)$，在 298 K 时的 $K^\ominus = 4.9 \times 10^{16}$，$\Delta_r H_m^\ominus(298\ K) = -92.31\ kJ \cdot mol^{-1}$，求在 500 K 时的 $K^\ominus$ 值。

11. 反应 $0.5Cl_2(g) + 0.5F_2(g) \rightleftharpoons ClF(g)$，在 298 K 和 398 K 下测得其标准平衡常数 $K^\ominus$ 分别为 9.3×10^9和 3.3×10^7。

(1) 计算 $\Delta_r G_m^\ominus(298\ K)$。

(2) 假定 298～398 K 时 $\Delta_r H_m^\ominus$ 和 $\Delta_r S_m^\ominus$ 不随温度变化，计算 $\Delta_r H_m^\ominus$ 和 $\Delta_r S_m^\ominus$。

12. 已知反应有关数据：$SrCO_3(s) \rightleftharpoons SrO(s) + CO_2(g)$，$\Delta_r H_m^\ominus = 234.3\ kJ \cdot mol^{-1}$，$\Delta_r S_m^\ominus = 171.1\ J \cdot mol^{-1} \cdot K^{-1}$，计算该分解反应在 1200℃达平衡时 $CO_2(g)$的分压。

13. 光气的分解反应为 $COCl_2(g) \rightleftharpoons CO(g) + Cl_2(g)$。在 373 K 时，$K^\ominus = 8.0 \times 10^{-9}$，$\Delta_r H_m^\ominus = 104.6\ kJ \cdot mol^{-1}$，试计算：

(1) 373 K 达到平衡后总压为 200 kPa 时 $COCl_2$的转化率。

(2) 反应的 $\Delta_r S_m^\ominus$。

第 4 章单元测试题(单选)

班级________姓名________作业号________成绩________

(　)1. 在放热反应中，温度升高 10 K

A. 不影响反应　B. 平衡常数减小　C. 反应速率不变　D. 平衡常数增大两倍

(　)2. 某温度下 $SO_2(g) + 1/2O_2(g) \rightleftharpoons SO_3(g)$ 的 $K^\ominus = 50$；同温下 $2SO_3 \rightleftharpoons 2SO_2 + O_2$ 的 $K^\ominus$ 是

A. 2500　B. 100　C. 4×10^{-4}　D. 2×10^{-2}

(　)3. 可逆反应 $2NO(g) \rightleftharpoons N_2(g) + O_2(g)$，$\Delta_r H_m^\ominus = -180\ kJ \cdot mol^{-1}$，对其逆反应，下列说法正确的是

A. 升温 $K^\ominus$ 增大　B. 升温 $K^\ominus$ 减小　C. 加压平衡则移动　D. 增加 N_2 浓度，NO 解离度增加

(　)4. 合成氨反应 $3H_2(g) + N_2(g) \rightleftharpoons 2NH_3(g)$，在恒压下进行时，若向体系中引入氩气，则氨的产率

A. 减小　B. 增大　C. 不变　D. 无法判断

(　)5. 有助于反应 $3O_2(g) \rightleftharpoons 2O_3(g)$ ($\Delta_r H_m^\ominus = 288.7\ kJ \cdot mol^{-1}$)进行的条件是

A. 高温低压　B. 高温高压　C. 低温低压　D. 低温高压

(　)6. 已知某反应的 $\Delta_r G_m^\ominus > 0$，则该反应的平衡常数 $K^\ominus$ 值

A. 无法确定　B. $K^\ominus < 0$　C. $K^\ominus > 1$　D. $0 < K^\ominus < 1$

(　)7. 一密闭容器中，反应 $A(g) + B(g) \rightleftharpoons C(g)$ 达平衡，T 不变，V 缩小 2/3，则平衡常数 $K^\ominus$

A. 为原来的 3 倍　B. 为原来的 2 倍　C. 为原来的 9 倍　D. 不变

(　)8. 对于 $\Delta_r G_m^\ominus < 0$ 的反应，使用正催化剂可以使

A. $r_{正}$ 大大增加　B. $r_{正}$、$r_{逆}$均增加　C. $r_{正}$ 减小　D. 无影响

(　)9. 下列反应 $2SO_2(g) + O_2(g) \rightleftharpoons 2SO_3(g)$ 达平衡时，保持体积不变，加入惰性气体 He，使总压力增加一倍，则

A. 平衡向左移动　B. 平衡向右移动　C. 平衡不发生移动　D. 条件不足，无法判断

(　)10. 某温度时，下列反应已达平衡：$CO(g) + H_2O(g) \rightleftharpoons CO_2(g) + H_2(g)$，$\Delta_r H_m^\ominus = -41.2\ kJ \cdot mol^{-1}$，为提高 CO(g) 转化率可采用

A. 压缩容器体积，增加总压力　B. 扩大容器体积，减少总压力

C. 升高温度　D. 降低温度

(　)11. 已知 298 K 时下列反应

$$4NH_3(g) + 5O_2(g) \rightleftharpoons 4NO(g) + 6H_2O(l)$$

	$4NH_3(g)$	$5O_2(g)$	$4NO(g)$	$6H_2O(l)$
$\Delta_f G_m^\ominus / (kJ \cdot mol^{-1})$	−16.4		+86	−237.1

可以判断此反应在标准状态下

A. 不自发进行　B. 自发进行　C. 处于平衡状态　D. 难以判断

(　)12. 在 373 K 的密闭容器中加入一定物质的量的 NO_2 和 SO_2，发生如下反应：$NO_2 + SO_2 \rightleftharpoons NO + SO_3$，达平衡时，下列叙述正确的是

A. NO 和 SO_3 的物质的量一定相等　B. NO_2 和 SO_2 的物质的量一定相等

C. 平衡体系中总物质的量不等于反应开始时总物质的量　D. SO_2、NO_2、NO、SO_3 的物质的量一定相等

(　)13. 298 K 时，$H_2O(l) \rightleftharpoons H_2O(g)$ 达平衡时，体系的蒸气压为 3.13 kPa，则该反应的标准平衡常数 $K^\ominus$ 为

A. 100　B. 0.0313　C. 3.13　D. 1

(　)14. 对于任何一个化学变化，影响平衡常数数值的因素是

A. 反应物的浓度　B. 产物的浓度　C. 体系的总压力　D. 体系的温度

(　)15. 可逆反应 $2A(g) + B(g) \rightleftharpoons 2C(g)$，$\Delta_r H_m^\ominus > 0$，要使反应向左进行，可采取的措施是

A. 增大 A 的浓度　B. 压缩体积，增大反应体系的压力

C. 增大 C 的浓度　D. 升高反应体系的温度

(　)16. 分几步完成的化学反应的总平衡常数是

A. 各步平衡常数之和　B. 各步平衡常数的平均值　C. 各步平衡常数之差　D. 各步平衡常数之积

(　)17. 当反应 $2NO_2(g) \rightleftharpoons N_2O_4(g)$ 达到平衡时，降低温度，混合气体的颜色会变浅，说明此反应的逆反应是

A. $\Delta_r H_m^\ominus = 0$ 的反应　B. $\Delta_r H_m^\ominus > 0$ 的反应　C. $\Delta_r H_m^\ominus < 0$ 的反应　D. 气体体积减小的反应

(　)18. $3H_2(g) + N_2(g) \rightleftharpoons 2NH_3(g)$，反应达到平衡后，把 $p(NH_3)$、$p(H_2)$ 各提高到原来的 2 倍，$p(N_2)$ 不变，则平衡将会

A. 向正反应方向移动　B. 向逆反应方向移动　C. 状态不变　D. 无法确定

(　)19. 对于可逆反应，其正反应和逆反应的平衡常数之间的关系为

A. 相等　B. 二者之和等于 1　C. 二者之积为 1　D. 二者正负号相反

(　)20. 勒夏特列原理(化学平衡移动原理)适用于以下哪种情况

A. 只适用于气体间的反应　B. 适用于所有化学反应　C. 平衡状态下的所有体系　D. 所有的物理平衡

第 5 章　酸碱解离平衡

5.1　电解质溶液理论

在第 1 章中已介绍非电解质稀溶液的依数性，它们都呈现出良好的规律性变化，那么对于电解质溶液是否也存在这样的规律呢？有人用几种氯化物和硝酸盐进行了实验，结果列于表 5-1 中。

表 5-1　几种盐溶液($0.20\ mol \cdot dm^{-3}$)的依数性

物质	ΔT_f(理论)	$\Delta T_f'$(实验)	$I = \Delta T_f' / \Delta T_f$
KCl	0.372	0.673	1.81
KNO_3	0.372	0.664	1.78
$MgCl_2$	0.372	1.038	2.79
$Ca(NO_3)_2$	0.372	0.922	2.48

从表 5-1 不难看出，如果将所列的几种盐看作分子质点，凝固点下降的理论值和实验值差别非常大，这说明在水溶液中，电解质的行为与非电解质有着本质的差异。

1. 阿伦尼乌斯解离理论

1887 年，瑞典化学家阿伦尼乌斯提出了电解质的解离理论：电解质溶于水时，将部分解离成正、负离子，溶液浓度越大，解离程度越小，只有无限稀释时，分子才全部解离。有人用凝固点下降对氢氧化钠溶液进行了实验，结果见表 5-2，发现随着氢氧化钠浓度的减小，其凝固点下降的实验值与理论值的比值逐渐趋近于 2，根据阿伦尼乌斯解离理论，说明一个氢氧化钠分子解离出两个离子：

$$NaOH = Na^+ + OH^-$$

表 5-2　NaOH 溶液凝固点下降理论值与实验值的比值随浓度的变化

$[NaOH]/(mol \cdot dm^{-3})$	0.50	0.20	0.10	0.05	0.01	0.005
$I = \Delta T_f / \Delta T_f'$	1.81	1.84	1.87	1.89	1.94	1.96

既然电解质在水中存在解离平衡，根据化学平衡原理，必然存在一平衡常数。对于电解质 AB 来讲应该有下列关系：

	AB	$\rightleftharpoons$	A^+	+	B^-
起始浓度/$(mol \cdot dm^{-3})$	c		0		0
平衡浓度/$(mol \cdot dm^{-3})$	$c(1-\alpha)$		$c\alpha$		$c\alpha$

$$K^{\ominus}=\frac{(c\alpha)^2}{c(1-\alpha)} \tag{5-1}$$

人们对大量的电解质进行了实验，结果发现弱电解质在稀溶液中的解离符合式(5-1)。表 5-3 列出了 298 K 时乙酸在水中的解离情况。

表 5-3　298 K 时乙酸解离度 α 及解离常数 $K^{\ominus}$ 随浓度的变化

$c(HAc)/(mol\cdot dm^{-3})$	0.010	0.050	0.10	1.0
α	4.20	1.88	1.33	0.42
$K^{\ominus}\times10^5$	1.84	1.80	1.79	1.77

但对于强电解质来讲，并不存在这样的平衡常数，表 5-4 列出了根据依数性实验测量出的 298 K 时氯化钠在水中的解离度和解离常数,不难看出强电解质不存在理论上的解离平衡。

表 5-4　298 K 时氯化钠解离度及解离常数随浓度的变化

$c(NaCl)/(mol\cdot dm^{-3})$	0.010	0.10	0.50	1.0
α	94.2	86.2	78.8	75.6
$K^{\ominus}$	0.152	0.536	1.46	2.34

这说明阿伦尼乌斯解离理论只适用于弱电解质。而对于强电解质来讲，溶液中离子的浓度远大于弱电解质溶液，在正、负离子之间以及离子与极性溶剂分子之间存在较强的电性引力，这种相互作用阻碍了离子的自由运动，所以离子的表观质点数比实际存在的质点数少。为此，1923 年荷兰物理学家德拜(D. J. W. Debye)和他的助手休克尔(E. Hückel)提出了离子互吸理论。

2. 德拜-休克尔离子互吸理论

1)基本论点

(1)无论在熔融状态还是水溶液中，强电解质的解离度都是 100%。

(2)由于“离子氛”的存在，某一个离子的运动受到周围其他离子和溶剂分子的阻碍(图 5-1)，因此整个溶液表现出的离子数目比理论值低，即表观解离度 $\alpha'<100\%$ 。

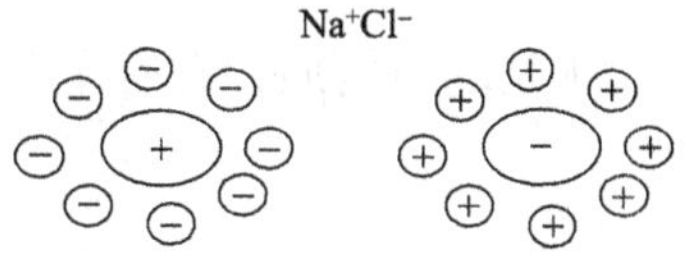

图 5-1　NaCl 溶液中的“离子氛”

2)活度和活度系数

1907 年，路易斯提出了活度的概念：电解质溶液中能有效自由运动的离子的浓度称为有效浓度，也称活度(activity) a。

$$a=cf \tag{5-2}$$

式中，c 为离子的实际浓度；f 为活度系数(coefficient of activity)。f 受两个因素的影响：离子的浓度和离子所带的电荷，将这两个因素综合考虑，引入了一个新的物理量——离子强度(ionic strength) I。

$$I = \frac{1}{2}\sum_{i=1}^{n}(c_i Z_i^2) \tag{5-3}$$

式中，c_i 为第 i 种离子的浓度；Z_i 为第 i 种离子的电荷。德拜和休克尔根据电磁学理论和分子运动论，提出了用离子强度来计算水溶液中正负离子平均活度系数的公式：

$$-\lg f_{\pm} = 0.509Z^{+}Z^{-}\frac{\sqrt{I}}{1+\sqrt{I}} \tag{5-4}$$

例 5-1 求 0.01 $mol \cdot dm^{-3}$ K_2SO_4 溶液中 K^+ 和 SO_4^{2-} 的平均活度。

解 $I =（0.02\times1^2 + 0.01\times2^2）/2 = 0.03$

$$-\lg f_{\pm} = 0.509\times1\times2\times\frac{\sqrt{0.03}}{1+\sqrt{0.03}} = 0.15$$

$f_{\pm} = 0.71$

$a（K^+）= 0.02\times0.71 = 0.0142(mol \cdot dm^{-3})$

$a（SO_4^{2-}）= 0.01\times0.71 = 0.071(mol \cdot dm^{-3})$

当溶液很稀时，离子强度很低，$1+\sqrt{I} \approx 1$，式(5-4)变为

$$-\lg f_{\pm} \approx 0.509Z^{+}Z^{-}\sqrt{I} \tag{5-5}$$

5.2 弱酸弱碱的解离平衡

阿伦尼乌斯的酸碱解离理论：在溶液中解离出的阳离子全部是 H^+ 的为酸；解离出的阴离子全部是 OH^- 的为碱。酸碱反应的实质：$H^+ + OH^- = H_2O$。

5.2.1 水的解离平衡和溶液的 pH

1. 水的解离平衡

水是弱电解质，存在下列解离平衡：

$$H_2O + H_2O \rightleftharpoons H_3O^+ + OH^-$$

简写：

$$H_2O \rightleftharpoons H^+ + OH^-$$

$$K_w^{\ominus} = [H^+][OH^-] \tag{5-6}$$

$K_w^{\ominus}$ 是水的离子积常数，常温常压下是一定值 1.0×10^{-14}。$K_w^{\ominus}$ 是平衡常数的一种，与浓度无关。因此，无论水溶液是中性、酸性或碱性，在一定温度下 $K_w^{\ominus} = [H^+][OH^-]$ 永远是一常数。

中性溶液 $[H^+] = 1.0\times10^{-7}\ mol \cdot dm^{-3} = [OH^-]$；

酸性溶液 $[H^+] > 1.0\times10^{-7}\ mol \cdot dm^{-3} > [OH^-]$；

碱性溶液 $[H^+] < 1.0\times10^{-7}\ mol \cdot dm^{-3} < [OH^-]$。

$[H^+]$ 越大，溶液的酸性越强；$[OH^-]$ 越大，溶液的碱性越强。

2. 溶液 pH 的表示方法

对于 H^+或 OH^-浓度较小的溶液，为表示方便，可用 pH 或 pOH 来表示

$$pH = -\lg[H^+],\quad pOH = -\lg[OH^-] \tag{5-7}$$

$$pH + pOH = 14$$

溶液酸碱性的具体判别如下：

$[H^+] = [OH^-]$，pH = 7，溶液为中性；

$[H^+] > [OH^-]$，pH < 7，溶液为酸性；

$[H^+] < [OH^-]$，pH > 7，溶液为碱性。

pH　1　2　3　4　5　6　7　8　9　10　11　12　13　14

← 中性 →

酸性增强　　　　碱性增强

一些常见物质的 pH 见表 5-5。

表 5-5　一些常见物质的 pH

物质	pH	物质	pH
铅酸蓄电池的酸液	<1.0	癌症患者的唾液	4.5～5.7
胃酸	2.0	牛奶	6.5
柠檬汁	2.4	纯水	7.0
可乐	2.5	健康人的唾液	6.5～7.4
食醋	2.9	血液	7.34～7.45
橙汁或苹果	3.5	海水	8.0
啤酒	4.5	洗手皂	9.0～10.0
咖啡	5.0	家用氨水除垢剂	11.5
茶	5.5	漂白水	12.5
酸雨	< 5.6	家用碱液	13.5

测定溶液酸碱性的常用方法有酸碱指示剂、pH 试纸(粗测)、酸度计(较精确测定)等。

3. 酸碱指示剂

酸碱指示剂本身也是弱酸或弱碱，在酸碱性不同的水溶液中，其主要存在形式不同，从而显示出不同的颜色。例如，某酸性指示剂在水溶液中存在如下平衡：

$$HIn \rightleftharpoons H^+ + In^-$$

$$K^{\ominus}_{HIn} = \frac{[In^-][H^+]}{[HIn]},\quad \frac{K^{\ominus}_{HIn}}{[H^+]} = \frac{[In^-]}{[HIn]}$$

其中，指示剂分子 HIn 和酸根阴离子 In^-的颜色截然不同，随着溶液酸碱度(pH)的改变，两者浓度比值随之改变，溶液的颜色也随之改变。一般情况为

$[In^-]/[HIn] \geqslant 10$ 时，溶液呈现 In^-的颜色；

$[HIn]/[In^-] \geqslant 10$ 时，溶液呈现 HIn 的颜色。

由此定义了指示剂的有效变色范围：$pH = pK^{\ominus} \pm 1$。但由于人的眼睛对不同颜色的敏感度不同，因此不同的指示剂的实际有效指示范围略有不同。例如，甲基橙的 $pK^{\ominus} = 3.4$，理论变色范围为 pH = 2.4～4.4，但甲基橙的实际变色范围为 pH = 3.1～4.4。原因是低 pH 时，甲基橙显红色，高 pH 时，甲基橙显黄色，而人的眼睛对红色比对黄色更敏感。

思考·练习

某溶液使甲基橙显黄色，使酚酞显无色，求该溶液的 pH 范围。

用单一指示剂只能确定溶液的 pH 范围，但不能确定溶液的酸碱性。

4. pH 试纸

将滤纸经多种指示剂的混合溶液浸透、晒干即可制成所需 pH 试纸。该试纸在不同的 pH 溶液中显示不同的颜色。将显示色与标准比色卡比较，即可判断出该溶液的 pH。

常用 pH 试纸有广泛 pH 试纸，大致测量溶液的酸碱性，测量范围是 1～14；精密 pH 试纸可以将 pH 精确到小数点后一位，它的检测变色域变化为每“0.5 或 0.3”为一挡间隔，但这种试纸的缺点是所测范围区域比较小，现在一般的测试范围为：pH(0.5～5.0)；pH(1.4～3.0)；pH(3.8～5.4)；pH(5.4～7.0)；pH(5.5～9.0)；pH(6.4～8.0)；pH(8.2～10.0)；pH(9.5～13.0)。

pH 试纸对浓度过低或非常弱的酸碱溶液都无法精准测定。

阅读·拓展

pH 试纸的用法

1. 检验溶液的酸碱度：取一小块试纸放在表面皿或玻璃片上，用洁净、干燥的玻璃棒蘸取待测液点滴于试纸的中部，观察变化稳定后的颜色，半分钟内与标准比色卡对比，判断溶液的 pH。

一般用镊子取用 pH 试纸，不可用湿手或沾染酸碱的手取试纸；试纸不能浸入溶液中；测溶液酸碱度时试纸不可事先用蒸馏水润湿，因为润湿试纸相当于稀释了被检验的溶液。

2. 检验气体的酸碱度：先用蒸馏水把试纸润湿，粘在玻璃棒的一端，再送到盛有待测气体的容器口附近，观察颜色的变化，判断气体的酸碱性。pH 试纸只能测出溶液的酸碱性，不能确定气体的 pH。

5. 酸度计

酸度计能比较准确测定溶液的 pH，根据精度不同，可测到小数点后第 2 位或第 3 位。常见酸度计如图 5-2 所示。

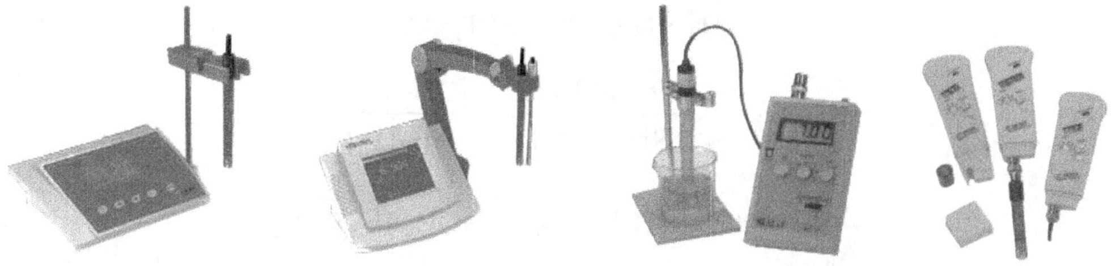

pHS-25　　pHSJ-3F　　pH-SP　　pHdz-2

图 5-2　部分常见酸度计

迁移·应用

1. 酸雨是怎么形成的？它的主要成分是什么？大概 pH 范围是多少？对生产和生活有什么危害？
2. 温室效应是怎么形成的？其危害及应对措施有哪些？

5.2.2　一元弱酸弱碱的解离平衡

1. 解离平衡常数与解离度

下面以 HAc 为例来讨论一元弱酸在稀溶液中的解离行为。由于实际中用的大多是稀溶液，所以近似用 c 来代替活度 a。

乙酸在溶液中存在以下解离形式：

$$\mathrm{HAc} \rightleftharpoons \mathrm{Ac^-} + \mathrm{H^+}$$

	HAc	Ac^-	H^+
起始浓度/$(mol \cdot dm^{-3})$	c_0	0	0
平衡浓度/$(mol \cdot dm^{-3})$	$c_0-[H^+]$	$[H^+]$	$[H^+]$

$$K_a^{\ominus} = \frac{[\mathrm{Ac^-}][\mathrm{H^+}]}{[\mathrm{HAc}]} = \frac{[\mathrm{H^+}]^2}{c_0 - [\mathrm{H^+}]} \tag{5-8}$$

解一元二次方程：$[H^+]^2 + K_a^{\ominus}[H^+] - c_0 K_a^{\ominus} = 0$

$$[\mathrm{H^+}] = \frac{-b+\sqrt{b^2-4ac}}{2a} = \frac{-K_a^{\ominus}+\sqrt{(K_a^{\ominus})^2+4c_0K_a^{\ominus}}}{2}$$

式(5-8)是一元弱酸溶液中$[H^+]$浓度的近似计算公式，其中 $K_a^{\ominus}$ 为弱酸的解离平衡常数。常温下各种弱酸的解离平衡常数见附录 3。当$\dfrac{c_0}{K_a^{\ominus}}>400$时，溶液中的$[H^+]$较小，$c_0-[H^+] \approx c_0$，故可推出式(5-9)：

$$[\mathrm{H^+}]^2 = c_0 K_a^{\ominus},\quad [\mathrm{H^+}] = \sqrt{c_0 K_a^{\ominus}} \tag{5-9}$$

式(5-9)是计算一元弱酸平衡溶液中$[H^+]$浓度的最简式。

同样道理，我们也可求出一元弱碱溶液中$[OH^-]$浓度的近似和最简计算公式。

一元弱碱氨水在溶液中的解离形式如下：

$$NH_3 \cdot H_2O \rightleftharpoons NH_4^+ + OH^-$$

$$K_b^\ominus = \frac{[NH_4^+][OH^-]}{[NH_3 \cdot H_2O]} = \frac{[OH^-]^2}{c_0 - [OH^-]} \tag{5-10}$$

$$\frac{c_0}{K_b^\ominus} > 400，[OH^-]^2 = c_0 K_b^\ominus，[OH^-] = \sqrt{c_0 K_b^\ominus} \tag{5-11}$$

$K_b^\ominus$ 为弱碱的解离平衡常数。常温下各种弱碱的解离平衡常数见附录 4。

解离度 α 弱酸、弱碱等弱电解质在溶液中解离的百分数。

$$\begin{aligned} &弱酸：\alpha = \frac{[H^+]}{c_0}，\quad \frac{c_0}{K_a^\ominus} > 400，\quad \alpha = \frac{\sqrt{c_0 K_a^\ominus}}{c_0} = \sqrt{\frac{K_a^\ominus}{c_0}} \quad \Leftarrow 稀释定律 \\ &弱碱：\alpha = \frac{[OH^-]}{c_0}，\quad \frac{c_0}{K_b^\ominus} > 400，\quad \alpha = \frac{\sqrt{c_0 K_b^\ominus}}{c_0} = \sqrt{\frac{K_b^\ominus}{c_0}} \quad \Leftarrow 稀释定律 \end{aligned} \tag{5-12}$$

解离常数与解离度的区别与联系：

$K_a^\ominus$、$K_b^\ominus$ 与 α 都是用来衡量弱电解质解离程度大小的物理量。

区别：$K_a^\ominus$、$K_b^\ominus$ 是化学平衡常数的一种形式，不受浓度影响，一定温度下，对某一弱电解质是一常数。α 是转化率的一种形式，随浓度变化。同一弱电解质 α 与 $\sqrt{1/c_0}$ 成正比，浓度越稀，α 越大。

联系：相同浓度的不同弱电解质，α 与 $\sqrt{K_i^\ominus}$ 成正比，$\sqrt{K_i^\ominus}$ 越大，α 越大。

例 5-2 求 0.10 mol · dm^{-3} HAc 溶液中的[H$^+$]和 α。

解 设平衡时溶液中[H$^+$]的浓度为 x。

	HAc ⇌	Ac$^-$ +	H$^+$
起始浓度/(mol · dm^{-3})	0.10	0	0
平衡浓度/(mol · dm^{-3})	0.10 − x	x	x

$$\frac{c_0}{K_a^\ominus} = \frac{0.10}{1.8\times10^{-5}} = 5.56\times10^3 > 400，[H^+] = \sqrt{c_0 K_a^\ominus} = \sqrt{0.10\times1.8\times10^{-5}} = 1.34\times10^{-3}\,(mol \cdot dm^{-3})$$

$$\alpha = \frac{[H^+]}{c_0} = \frac{1.34\times10^{-3}}{0.10}\times100\% = 1.34\%$$

若用近似式计算：$[H^+] = 1.33\times10^{-3}, \alpha = 1.33\%$，与上面最简式计算结果差别非常小，可忽略不计。

例 5-3 试求1.0×10^{-3} mol · dm^{-3}的氨水溶液中的[OH$^-$]和α。

解 设达到解离平衡时溶液中的[OH$^-$] 为x。

	$NH_3 \cdot H_2O$ ⇌	NH_4^+ +	OH^-
平衡浓度 / (mol · dm^{-3})	$1.0\times10^{-3} - x$	x	x

$$\frac{c_0}{K_b^\ominus} = \frac{1.0\times10^{-3}}{1.8\times10^{-5}} = 55.6 < 400，\quad K_b^\ominus = \frac{[NH_4^+][OH^-]}{[NH_3 \cdot H_2O]} = \frac{x \cdot x}{(1.0\times10^{-3} - x)}$$

解一元二次方程，得$[OH^-] = x = 1.25\times10^{-4}$ mol · dm^{-3}

$$\alpha = \frac{[OH^-]}{c_0}\times100\% = \frac{1.25\times10^{-4}}{1.0\times10^{-3}}\times100\% = 12.5\% \quad (近似计算\alpha = 13.4\%)$$

近似计算与最简式计算误差较大。

2. 同离子效应与盐效应

将乙酸钠晶体放入含甲基橙的乙酸溶液中，实验发现溶液颜色由橙红色向黄色转变，说明溶液中 $c(H^+)$浓度减小，pH 增大。如何从化学平衡移动的角度来解释这种变化呢？

将乙酸钠加入乙酸溶液后，溶液中存在如下解离平衡：

$$HAc \rightleftharpoons H^+ + Ac^-$$

$$NaAc = Na^+ + Ac^-$$

由于乙酸钠是强电解质，在水中完全解离，根据化学平衡移动原理，乙酸根浓度的增大使乙酸的解离平衡向逆反应方向移动，乙酸的解离度显著降低，溶液的 pH 明显增大。

向某弱电解质溶液中加入与该弱电解质含有相同离子的强电解质，使弱电解质的解离平衡发生移动，从而降低其解离度的现象称为同离子效应。

例 5-4 在 0.10 $mol \cdot dm^{-3}$ HAc 溶液中含有 0.1 $mol \cdot dm^{-3}$ 的 NaAc 溶液，求此混合溶液的$[H^+]$和 α。

解 设平衡时溶液中$[H^+]$的浓度为 x。

	HAc ⇌	Ac^- +	H^+
起始浓度/($mol \cdot dm^{-3}$)	0.10	0.10	0
平衡浓度/($mol \cdot dm^{-3}$)	$0.10-x$	$0.10+x$	x

$$\frac{c_0}{K_a^\ominus} = \frac{0.10}{1.8 \times 10^{-5}} = 5.56 \times 10^3 > 400$$

$$K_a^\ominus = \frac{[H^+][Ac^-]}{[HAc]} = \frac{x(0.10 + x)}{(0.10 - x)} \approx \frac{0.10x}{0.10} = x$$

$$x = K_a^\ominus = 1.8 \times 10^{-5}\ mol \cdot dm^{-3}$$

加入NaAc后，$\alpha = \dfrac{[H^+]}{c_0} = \dfrac{1.8 \times 10^{-5}}{0.1} \times 100\% = 0.018\%$

未加NaAc，$\alpha = \dfrac{[H^+]}{c_0} = \dfrac{1.34 \times 10^{-3}}{0.10} \times 100\% = 1.34\%$[见例5-2]

加入 NaAc 后解离度降低了 149 倍。

例 5-5 计算 298 K 时 0.10 $mol \cdot dm^{-3}$ $NH_3 \cdot H_2O$ 的解离度。当向溶液中加入 KCl 时，若溶液体积不变，氨水的解离度如何变化？

解 $NH_3 \cdot H_2O \rightleftharpoons NH_4^+ + OH^-$

由于 $\dfrac{c}{K_b^\ominus} = \dfrac{0.10}{1.8 \times 10^{-5}} > 400$，可以用最简式：$\alpha_1 = \sqrt{\dfrac{K_b^\ominus}{c}} = \sqrt{\dfrac{1.8 \times 10^{-5}}{0.10}} = 0.0134$

加入 KCl 后，溶液离子强度显著增大，各组分的活度与浓度差别明显，解离度的计算应该用各组分的活度而不是浓度。

$$K_b^\ominus = \frac{a_{OH^-} \cdot a_{NH_4^+}}{a_{NH_3 \cdot H_2O}} = \frac{[OH^-]f_\pm[NH_4^+]f_\pm}{[NH_3 \cdot H_2O]} \approx \frac{([OH^-]f_\pm)^2}{c} \qquad [OH^-] = \sqrt{\frac{K_b^\ominus \cdot c}{f_\pm^2}}$$

$$\alpha_2 = \frac{[OH^-]}{c} = \sqrt{\frac{K_b^\ominus}{c \cdot f_\pm^2}} = \sqrt{\frac{K_b^\ominus}{c}} \cdot \frac{1}{f_\pm} = \frac{\alpha_1}{f_\pm}$$，由于 $f_\pm < 1$，所以 $\alpha_2 > \alpha_1$。

再如，在 0.1 $mol \cdot dm^{-3}$ 的 HAc 溶液中加入 0.1 $mol \cdot dm^{-3}$ 的 NaCl 溶液，NaCl 完全电离成 Na^+和 Cl^-，使溶液中的离子总数骤增，离子之间的静电作用增强。这时 Ac^-和 H^+被众多异

号离子(Na^+和Cl^-)包围,Ac^-与H^+结合成HAc的机会减少,使HAc的解离度增大(可从1.34%增大到1.68%)。

向弱电解质溶液中加入与弱电解质没有相同离子的强电解质时,使弱电解质的解离度增大的现象称为盐效应。

盐效应的产生是由于加入无相同离子的强电解质后,溶液中离子总浓度增大,离子间相互牵制作用增强,使得弱电解质解离的阴、阳离子结合形成分子的机会减小,从而使弱电解质分子浓度减小,离子浓度相应增大,解离度增大。这里必须注意:在发生同离子效应时,由于也外加了强电解质,所以也伴随有盐效应的发生,只是这时同离子效应远大于盐效应,所以可以忽略盐效应的影响。

5.2.3 多元弱酸弱碱的解离平衡

多元弱酸、弱碱在水溶液中的解离是分步进行的,溶液中同时存在着多种解离平衡。下面以二元弱酸H_2S为例进行分析。

$$H_2S \rightleftharpoons HS^- + H^+ \quad (1) \qquad K_{a1}^{\ominus} = \frac{[H^+][HS^-]}{[H_2S]} = 1.3 \times 10^{-7}$$

$$HS^- \rightleftharpoons S^{2-} + H^+ \quad (2) \qquad K_{a2}^{\ominus} = \frac{[H^+][S^{2-}]}{[HS^-]} = 7.1 \times 10^{-15}$$

由于静电效应和同离子效应,$K_{a2}^{\ominus} \ll K_{a1}^{\ominus}$,即第二步解离比第一步解离弱得多,溶液中的$H^+$主要来自于第一步解离,可以认为$[HS^-] \approx [H^+]$,则$[S^{2-}] \approx K_{a2}^{\ominus}$。若$c/K_{a1}^{\ominus}$>400,则 $[H^+]=\sqrt{cK_{a1}^{\ominus}}$。因此,比较多元弱酸的强弱一般比较$K_{a1}^{\ominus}$即可。

$$H_2S \rightleftharpoons S^{2-} + 2H^+$$

由多重平衡规则,得

$$K_a^{\ominus} = \frac{[H^+]^2[S^{2-}]}{[H_2S]} = K_{a1}^{\ominus} K_{a2}^{\ominus} = 1.3 \times 10^{-7} \times 7.1 \times 10^{-15} = 9.23 \times 10^{-22}$$

常温常压下,H_2S气体在水中的饱和浓度是0.10 mol · dm^{-3}。

$$[H^+]^2[S^{2-}] = [H_2S]K_a^{\ominus} = 0.10 \times 9.23 \times 10^{-22} = 9.23 \times 10^{-23}$$

定性分析中经常利用此关系式,通过控制溶液中的$[H^+]$浓度来调整$[S^{2-}]$,以达到沉淀或分离溶液中的金属离子(能否生成硫化物)的目的。具体内容将在第6章中具体介绍。

5.3 缓 冲 溶 液

5.3.1 定义与组成

在100 dm^3纯水(pH = 7)中,加入1.0 dm^3 1.0 mol · dm^{-3}的HCl或NaOH溶液,则纯水的pH由7→3或7→11,变化了4个单位,说明纯水不能抵抗外加少量酸、碱的影响。

在 100 dm^3 0.1mol · dm^{-3} HAc 和 0.1mol · dm^{-3} NaAc 组成的混合溶液(pH =4.76)中，加入同量 1.0 dm^3 的 HCl 或 NaOH 溶液或用水冲稀，则溶液的 pH 仍在 4.7 左右，几乎不变。

能抵抗外加少量强酸、强碱或稀释的影响而保持自身的 pH 不发生显著变化的溶液称为缓冲溶液。

从狭义上讲，缓冲溶液都是由弱酸及其强碱盐或弱碱及其强酸盐溶液组成的，或者是某些多元弱酸的酸式盐溶液，如乙酸+乙酸钠、氨水+氯化铵、硼砂、磷酸二氢钠、磷酸氢二钠等。

5.3.2 缓冲溶液的缓冲原理

以乙酸与乙酸钠缓冲溶液为例：

$$\mathrm{HAc}(\text{量大}) \rightleftharpoons \mathrm{H^+}(\text{量少}) + \mathrm{Ac^-}(\text{量大}) \tag{1}$$

$$\xleftarrow{\text{平衡左移}} \quad \mathrm{Ac^-} + \mathrm{H^+} \quad \text{加少量强酸}$$

$$\mathrm{HAc}(\text{量大}) \rightleftharpoons \mathrm{H^+}(\text{量少}) + \mathrm{Ac^-}(\text{量大}) \tag{2}$$

$$\text{加少量强碱} \quad \mathrm{H^+} + \mathrm{OH^-} \quad \xrightarrow{\text{平衡右移}}$$

向溶液中加入少量强酸时，$H^+ + Ac^- \rightleftharpoons HAc$，式(1)平衡左移，削弱了 H^+浓度的增大，即量大的 Ac^-是抗酸成分；而向溶液中加入少量强碱时，H^+将与 OH^-结合生成 H_2O，式(2)平衡右移，通过量大的 HAc 的解离，补充平衡体系中 H^+的减少，即 HAc 是抗碱成分；同样稀释时，尽管溶液中乙酸的解离度增大，$[Ac^-]/[HAc]$可认为基本恒定，H^+浓度基本保持不变。

$$K_a^\ominus = \frac{[\mathrm{H^+}][\mathrm{Ac^-}]}{[\mathrm{HAc}]}, \qquad [\mathrm{H^+}] = K_a^\ominus \frac{[\mathrm{HAc}]}{[\mathrm{Ac^-}]}$$

缓冲溶液的缓冲能力是有限的，当加入大量的酸或碱时，溶液中量大的 HAc 或 Ac^-被消耗完，抗酸、抗碱能力就会消失，就不再具有缓冲能力。若稀释程度太大，对 HAc 的解离度有影响，$[HAc]/[Ac^-]$将改变，有时还需考虑水的解离。

5.3.3 缓冲溶液 pH 的计算

以乙酸与乙酸钠缓冲溶液为例，求平衡体系中的$[H^+]$。

	HAc	⇌ H^+	+ Ac^-
起始浓度/($mol \cdot dm^{-3}$)	$c_{酸}$		$c_{盐}$
平衡浓度/($mol \cdot dm^{-3}$)	$c_{酸} - [H^+]$	$[H^+]$	$c_{盐} + [H^+]$

$$K_a^\ominus = \frac{[\mathrm{H^+}][\mathrm{Ac^-}]}{[\mathrm{HAc}]} = \frac{[\mathrm{H^+}](c_{盐} + [\mathrm{H^+}])}{c_{酸} - [\mathrm{H^+}]}$$

由于同离子效应，溶液中的$[H^+]$很小，所以$c_{酸}-[H^+]\approx c_{酸}$，$c_{盐}+[H^+]\approx c_{盐}$，上式可转化为

$$K_a^\ominus=\frac{[H^+][Ac^-]}{[HAc]}\approx\frac{c_{盐}[H^+]}{c_{酸}}$$

$$[H^+]=K_a^\ominus\frac{c_{酸}}{c_{盐}},\quad pH=pK_a^\ominus-\lg\frac{c_{酸}}{c_{盐}} \tag{5-13}$$

同理，对弱碱-弱碱盐体系，如NH_3-NH_4Cl

$$K_b^\ominus=\frac{[OH^-][NH_4^+]}{[NH_3]}\approx\frac{c_{盐}[OH^-]}{c_{碱}}$$

$$[OH^-]=K_b^\ominus\frac{c_{碱}}{c_{盐}},\quad pOH=pK_b^\ominus-\lg\frac{c_{碱}}{c_{盐}} \tag{5-14}$$

5.3.4 缓冲溶液的缓冲能力和有效缓冲范围

例 5-6　298 K 时，1 dm^3 HAc-NaAc 缓冲溶液中，若$[HAc]+[Ac^-]$恒定为 0.20 $mol\cdot dm^{-3}$，当$\frac{[HAc]}{[Ac^-]}=1$或$\frac{[HAc]}{[Ac^-]}=\frac{1}{9}$时，向溶液中加入 0.010 mol HCl 后（假设溶液体积不变），溶液的 pH 如何变化?

解　(1) 当$\frac{[HAc]}{[Ac^-]}=1$时，原溶液的 pH 为

$$pH=pK_a^\ominus=-\lg(1.8\times10^{-5})=4.74$$

设加入 HCl 后，溶液体积不变，则

$$pH'=pK_a^\ominus-\lg\frac{[HAc]}{[Ac^-]}=4.74-\lg\frac{0.10+0.010}{0.10-0.010}=4.65$$

$\Delta pH_1=4.74-4.65=0.09$

(2) 当$\frac{[HAc]}{[Ac^-]}=\frac{1}{9}$时，原溶液的 pH 为

$$pH=pK_a^\ominus-\lg\frac{[HAc]}{[Ac^-]}=-\lg(1.8\times10^{-5})+\lg9=5.69$$

设加入 HCl 后，溶液体积仍然不变，则

$$pH''=pK_a^\ominus-\lg\frac{[HAc]}{[Ac^-]}=4.74-\lg\frac{0.020+0.010}{0.18-0.010}=5.49$$

$\Delta pH_2=5.69-5.49=0.20$

同样可以算出，当$\frac{[HAc]}{[Ac^-]}=\frac{9}{1}$时，向溶液中加入 0.010 mol HCl 后，溶液的 pH 变化为 0.33。

通过以上计算可见，只有当乙酸和乙酸钠的浓度比值为 1∶1 时，缓冲溶液的缓冲能力最强。

化学上规定，缓冲溶液的有效缓冲范围为：缓冲对的浓度比值从 1∶10 到 10∶1。

由弱酸及其盐组成的缓冲溶液，有效缓冲范围为 $pH=pK_a^\ominus\pm1$。

由弱碱及其盐组成的缓冲溶液，有效缓冲范围为 $pOH=pK_b^\ominus\pm1$。

所以，欲配制某一 pH 的缓冲溶液时，可选择一种 $pK_a^\ominus$ 与所需 pH 相近的弱酸及其盐(或

者 $pK_b^{\ominus}$ 与所需 pOH 相近的弱碱及其盐)。例如，配制 pH = 5.0 的缓冲溶液，选 $HAc\text{-}Ac^-$；配制 pH = 9.8 的缓冲溶液，选 $NH_3\text{-}NH_4^+$。

缓冲溶液中发挥作用的弱酸及弱酸盐或弱碱及弱碱盐称为缓冲对，缓冲对的浓度越大，加入强酸或强碱时，其浓度及浓度比值改变越小，即抵御外加酸、碱影响的作用越强，我们说这种缓冲溶液的缓冲容量越大。那么能否说缓冲对的浓度越小，缓冲容量就越小呢？请读者思考。

例 5-7　求 0.10 mol · dm^{-3} $NH_3 \cdot H_2O$ 和 0.20 mol · dm^{-3} NH_4Cl 组成的缓冲溶液的 pH。

解　对弱碱-弱碱盐体系

$$pOH = pK_b^{\ominus} - \lg\frac{c_{碱}}{c_{盐}} = 4.74 - \lg\frac{0.10}{0.20} = 5.04;\quad pH = 8.96$$

思考·练习

欲配制 250 cm^3 pH = 5.0 的缓冲溶液，在 12.0 cm^3 6.0 mol · dm^{-3} 的 HAc 溶液中应加入 $NaAc \cdot 3H_2O$ (M = 136.1 g · mol^{-1}) 多少克？

5.4　盐 的 水 解

碱面作为去污剂可用于清洗油污，其有效成分就是碳酸钠(Na_2CO_3)，为什么碳酸钠有去污能力呢？这是由于将碳酸钠溶于水时，溶液中存在下列解离：

$$Na_2CO_3 = 2Na^+ + CO_3^{2-}$$

$$H_2O \rightleftharpoons OH^- + H^+$$

$$CO_3^{2-} + H^+ \rightleftharpoons HCO_3^-$$

在碳酸钠溶液中，CO_3^{2-} 与 H^+ 结合生成 HCO_3^-，使溶液中 OH^- 浓度远远大于 H^+ 浓度，溶液显碱性，而 OH^- 易与油脂结合生成具有亲水性的物质，所以碳酸钠有去污能力。

盐解离出的离子与水解离出的 H^+ 或 OH^- 结合生成弱酸或弱碱而使溶液的酸碱性发生改变的反应称为盐的水解。

5.4.1　弱酸强碱盐的水解——溶液显碱性

一元弱酸强碱盐的水解以乙酸钠水解为例讨论。

$$NaAc = Na^+ + Ac^-$$

$$H_2O \rightleftharpoons OH^- + H^+$$

$$Ac^- + H^+ \rightleftharpoons HAc$$

总水解反应为

$$Ac^- + H_2O \rightleftharpoons HAc + OH^-$$

$$K_h^\ominus = \frac{[HAc][OH^-]}{[Ac^-]} \cdot \frac{[H^+]}{[H^+]} = \frac{K_w^\ominus}{K_a^\ominus} \tag{5-15}$$

当 $\frac{c}{K_h^\ominus} > 400$ 时

$$[OH^-] = \sqrt{K_h^\ominus \cdot c}\ ,\quad h = \sqrt{\frac{K_h^\ominus}{c}}$$

式中，$K_h^\ominus$ 为水解常数；h 为水解度。

成盐的酸越弱，即 $K_a^\ominus$ 越小，$K_h^\ominus$ 越大，盐的水解程度越大，盐溶液的碱性越强。

思 考 · 练 习

比较 0.1 mol · dm^{-3} 的 NaAc 和 NaCN 溶液 pH 的大小。
[$K_a^\ominus$ (HCN)=6.2×10^{-10}，$K_a^\ominus$ (HAc) = 1.8 × 10^{-5}]

例 5-8　计算 298 K 时，0.10 mol · dm^{-3} NaAc 水溶液的 pH 和水解度 h。已知乙酸的解离常数为 $K_a^\ominus = 1.8\times10^{-5}$。

解

$$Ac^- + H_2O \rightleftharpoons HAc + OH^-$$

$$K_h^\ominus = \frac{K_w^\ominus}{K_a^\ominus} = \frac{1.0\times10^{-14}}{1.8\times10^{-5}} = 5.56\times10^{-10}$$

由于 $\frac{c_{NaAc}}{K_h^\ominus} \gg 400$，可以用最简式计算。

$$[OH^-] = \sqrt{K_h^\ominus \cdot c} = \sqrt{5.56\times10^{-10}\times0.10} = 7.46\times10^{-6}\ (mol \cdot dm^{-3})$$

$$pOH = -lg7.46\times10^{-6} = 5.13，\ pH = 14 - 5.13 = 8.87$$

水解度为

$$h = \frac{[OH^-]}{c_{NaAc}} = \frac{7.46\times10^{-6}}{0.10}\times100\% \approx 0.00746\%$$

多元弱酸强碱盐的水解是分步进行的，如 Na_2S。

$$Na_2S = 2Na^+ + S^{2-}$$

$$S^{2-} + H_2O \rightleftharpoons HS^- + OH^-$$

$$K_{h1}^\ominus = \frac{[HS^-][OH^-][H^+]}{[S^{2-}][H^+]} = \frac{K_w^\ominus}{K_{a2}^\ominus} = \frac{1.0\times10^{-14}}{7.1\times10^{-15}} = 1.41$$

$$HS^- + H_2O \rightleftharpoons H_2S + OH^-$$

$$K_{h2}^\ominus = \frac{[H_2S][OH^-][H^+]}{[HS^-][H^+]} = \frac{K_w^\ominus}{K_{a1}^\ominus} = \frac{1.0\times10^{-14}}{1.3\times10^{-7}} = 7.69\times10^{-8}$$

与多元弱酸、弱碱的计算方法类似，$K_{h1}^\ominus \gg K_{h2}^\ominus$ 时，[OH$^-$]的计算可只考虑第一步水解。

$\frac{c_0}{K_{h1}^\ominus} > 400$，　$[OH^-] = \sqrt{c_0 K_{h1}^\ominus}$，$\frac{c_0}{K_{h1}^\ominus} < 400$，用近似公式求算 。

例 5-9 计算 0.10 mol · dm^{-3} Na_2S 溶液中的 S^{2-}浓度、pH 及水解度。已知 H_2S $K_{a1}^{\ominus}=1.3\times10^{-7}$，$K_{a2}^{\ominus}=7.1\times10^{-15}$。

解 溶液的水解以第一步为主，设水解平衡时溶液中的 OH^-浓度为 x。

$$S^{2-}+H_2O \rightleftharpoons HS^-+OH^-$$

起始浓度/(mol · dm^{-3}) 0.10

平衡浓度/(mol · dm^{-3}) $0.10-x$ x x

$$K_{h1}^{\ominus}=\frac{[HS^-][OH^-][H^+]}{[S^{2-}][H^+]}=\frac{K_w^{\ominus}}{K_{a2}^{\ominus}}=\frac{1.0\times10^{-14}}{7.1\times10^{-15}}=1.41$$

$$\frac{c_0}{K_{h1}^{\ominus}}=\frac{0.10}{1.41}<400$$

用近似公式求算溶液中的 OH^-浓度，

$$K_{h1}^{\ominus}=\frac{[HS^-][OH^-]}{[S^{2-}]}=\frac{x\cdot x}{0.10-x}=1.41$$

$$[OH^-]=x\approx0.0938\ \text{mol}\cdot\text{dm}^{-3},\quad pH=12.97$$

$$h=\frac{[OH^-]}{c_{Na_2S}}=\frac{0.0938}{0.10}\times100\%=93.8\%$$

$$[S^{2-}]=0.10-0.0938=0.0062(\text{mol}\cdot\text{dm}^{-3})$$

5.4.2 弱碱强酸盐的水解——溶液显酸性

一元弱碱强酸盐的水解。以氯化铵的水解为例

$$NH_4Cl = NH_4^++Cl^-$$

$$H_2O \rightleftharpoons OH^-+H^+$$

$$NH_4^++OH^- \rightleftharpoons NH_3\cdot H_2O$$

总水解反应为

$$NH_4^+ +H_2O \rightleftharpoons NH_3\cdot H_2O+H^+$$

$$K_h^{\ominus}=\frac{[NH_3\cdot H_2O][H^+]}{[NH_4^+]}\cdot\frac{[OH^-]}{[OH^-]}=\frac{K_w^{\ominus}}{K_b^{\ominus}} \tag{5-16}$$

当 $\frac{c}{K_h^{\ominus}}>400$ 时，$[H^+]=\sqrt{K_h^{\ominus}\cdot c}$，$h=\sqrt{\frac{K_h^{\ominus}}{c}}$。

成盐的碱越弱，即 $K_b^{\ominus}$ 越小，$K_h^{\ominus}$ 越大，盐的水解程度越大，盐溶液的酸性越强。

多元弱碱强酸盐的水解也是分步进行的。许多水合金属离子如$[Fe(H_2O)_6]^{3+}$、$[Al(H_2O)_6]^{3+}$等多是半径小、电荷高的多元弱碱强酸盐，分步水解后溶液显酸性。

$$[Fe(H_2O)_6]^{3+}+H_2O \rightleftharpoons [Fe(OH)(H_2O)_5]^{2+}+H_3O^+$$

简写： $Fe^{3+} + H_2O \rightleftharpoons [Fe(OH)]^{2+} + H^+$ $K_{h1}^{\ominus} = 7.7\times10^{-3}$

一级水解为主，溶液呈棕黄色。

5.4.3 一元弱酸弱碱盐的水解(双水解)

以乙酸铵溶液为例

$$NH_4Ac = NH_4^+ + Ac^-$$

$$H_2O \rightleftharpoons OH^- + H^+$$

$$NH_4^+ + Ac^- + OH^- + H^+ \rightleftharpoons NH_3 \cdot H_2O + HAc$$

总水解反应为

$$NH_4^+ + Ac^- + H_2O \rightleftharpoons NH_3 \cdot H_2O + HAc$$

$$K_h^{\ominus} = \frac{[NH_3 \cdot H_2O][HAc]}{[NH_4^+][Ac^-]} \cdot \frac{[H^+][OH^-]}{[H^+][OH^-]} = \frac{K_w^{\ominus}}{K_a^{\ominus} \cdot K_b^{\ominus}}$$

$$K_h^{\ominus} = \frac{K_w^{\ominus}}{K_a^{\ominus} \cdot K_b^{\ominus}} \tag{5-17}$$

$K_a^{\ominus} > K_b^{\ominus}$	溶液显酸性	NH_4F
$K_a^{\ominus} \approx K_b^{\ominus}$	溶液显中性	NH_4Ac
$K_a^{\ominus} < K_b^{\ominus}$	溶液显碱性	NH_4CN

双水解反应由于相互促进，一般进行得比较完全，所以对一些双水解盐的制备一定要注意避水。例如

$$Al_2S_3 + 6H_2O \rightleftharpoons 2Al(OH)_3\downarrow + 3H_2S\uparrow$$

5.4.4 多元弱酸酸式盐的水解

阅读·拓展

质子条件

质子平衡式(proton balance equation，PBE)：酸失去的质子和碱得到的质子的物质的量相等。

质子参考水准：溶液中大量存在的并与质子转移直接有关的酸、碱组分。

计算依据：所有得质子后产物浓度的总和=所有失质子后产物浓度的总和。

例如，写出一元弱酸 HB 的水溶液的质子平衡式。

HB 溶液中质子的参考水准：HB 和 H_2O

质子平衡式：$[H_3O^+] = [OH^-] + [B^-]$；简写：$[H^+] = [OH^-] + [B^-]$

思考·练习

试写出下列两溶液的质子平衡式。

浓度为 c mol · dm^{-3} 的 Na_2HPO_4 溶液；浓度为 c mol · dm^{-3} 的 $NH_4H_2PO_4$ 溶液

下面以 $NaHCO_3$ 水溶液为例，分析酸式盐溶液中 H^+浓度的求算公式。

$NaHCO_3$ 在溶液中存在下列平衡：

$$NaHCO_3 \longrightarrow Na^+ + HCO_3^-$$

$$HCO_3^- \rightleftharpoons H^+ + CO_3^{2-} \qquad K_{a2}^{\ominus} = 5.6\times10^{-11}$$

$$HCO_3^- + H_2O \rightleftharpoons H_2CO_3 + OH^- \qquad K_{h2}^{\ominus} = \frac{K_w^{\ominus}}{K_{a1}^{\ominus}} = 2.38\times10^{-8}$$

$$H_2O \rightleftharpoons H^+ + OH^- \qquad K_w^{\ominus} = 1.0\times10^{-14}$$

质子平衡式(参考水准：H_2O 和 HCO_3^-)：$[H^+] + [H_2CO_3] = [OH^-] + [CO_3^{2-}]$

解题的关键：将平衡式中的未知量都转化成与所求的 H^+浓度及盐的起始浓度相关的量。

依据：$H_2CO_3 \rightleftharpoons HCO_3^- + H^+$　　$HCO_3^- \rightleftharpoons CO_3^{2-} + H^+$

$$H_2CO_3：K_{a1}^{\ominus} = \frac{[H^+][HCO_3^-]}{[H_2CO_3]}，\quad [H_2CO_3] = \frac{[H^+][HCO_3^-]}{K_{a1}^{\ominus}}$$

$$K_{a2}^{\ominus} = \frac{[H^+][CO_3^{2-}]}{[HCO_3^-]}，\quad [CO_3^{2-}] = \frac{K_{a2}^{\ominus}[HCO_3^-]}{[H^+]}$$

$$H_2O：\quad [OH^-] = \frac{K_w^{\ominus}}{[H^+]}$$

将上述各量的表达式代入质子平衡式$[H^+] + [H_2CO_3] = [OH^-] + [CO_3^{2-}]$中并整理得

$$[H^+] + \frac{[H^+][HCO_3^-]}{K_{a1}^{\ominus}} = \frac{K_w^{\ominus}}{[H^+]} + \frac{K_{a2}^{\ominus}[HCO_3^-]}{[H^+]}$$

$$\frac{[H^+]}{K_{a1}^{\ominus}}\left[K_{a1}^{\ominus} + [HCO_3^-]\right] = \frac{1}{[H^+]}\{K_w^{\ominus} + K_{a2}^{\ominus}[HCO_3^-]\}$$

$$[HCO_3^-] \approx c；\quad [H^+]^2\left[K_{a1}^{\ominus} + c\right] = K_{a1}^{\ominus}(K_w^{\ominus} + K_{a2}^{\ominus}c)$$

$$[H^+] = \sqrt{\frac{K_{a1}^{\ominus}(K_w^{\ominus} + K_{a2}^{\ominus}c)}{K_{a1}^{\ominus} + c}} \tag{5-18}$$

若$K_{a2}^{\ominus}c > 20K_w^{\ominus}$，$K_w^{\ominus} + K_{a2}^{\ominus}c \approx K_{a2}^{\ominus}c$，$[H^+] = \sqrt{\dfrac{K_{a1}^{\ominus}K_{a2}^{\ominus}c}{K_{a1}^{\ominus} + c}}$　(5-19)

若$c > 20K_{a1}^{\ominus}$，则$K_{a1}^{\ominus} + c \approx c$，$[H^+] = \sqrt{K_{a1}^{\ominus}\cdot K_{a2}^{\ominus}}$　(5-20)

同理可得

$$NaH_2PO_4：\quad [H^+] = \sqrt{\frac{K_{a1}^{\ominus}(K_w^{\ominus} + K_{a2}^{\ominus}c)}{K_{a1}^{\ominus} + c}}$$

$$Na_2HPO_4：\quad [H^+] = \sqrt{\frac{K_{a2}^{\ominus}(K_w^{\ominus} + K_{a3}^{\ominus}c)}{K_{a2}^{\ominus} + c}}$$

例 5-10　求浓度为 0.10 mol · dm^{-3} $NaHCO_3$溶液 pH。

解　由式(5-18)得

$$[H^+]=\sqrt{\frac{K_{a1}^{\ominus}(K_w^{\ominus}+K_{a2}^{\ominus}c)}{K_{a1}^{\ominus}+c}}$$

$$K_{a2}^{\ominus}c=4.2\times10^{-7}\times0.1>20K_w^{\ominus}$$

所以 $K_w^{\ominus}+K_{a2}^{\ominus}c\approx K_{a2}^{\ominus}c$, $[H^+]=\sqrt{\frac{K_{a1}^{\ominus}K_{a2}^{\ominus}c}{K_{a1}^{\ominus}+c}}$

又 $c=0.1>20K_{a1}^{\ominus}$，则 $K_{a1}^{\ominus}+c\approx c$，$[H^+]=\sqrt{K_{a1}^{\ominus}\cdot K_{a2}^{\ominus}}=\sqrt{4.2\times10^{-7}\times5.6\times10^{-11}}=4.85\times10^{-9}$，pH =8.31

试通过计算说明 0.10 mol · dm^{-3} Na_2HPO_4 及 NaH_2PO_4 溶液的酸碱性。

5.4.5　影响盐类水解的因素

1. 组成盐的弱酸弱碱的平衡常数

弱碱强酸盐：$K_h^{\ominus}=\frac{K_w^{\ominus}}{K_b^{\ominus}}$；弱酸强碱盐：$K_h^{\ominus}=\frac{K_w^{\ominus}}{K_a^{\ominus}}$；弱酸弱碱盐：$K_h^{\ominus}=\frac{K_w^{\ominus}}{K_a^{\ominus}K_b^{\ominus}}$。

从上述水解平衡常数的表达式不难看出，组成盐的碱或酸越弱，水解常数就越大，即水解度越大，水解后溶液的酸、碱性就越强。

若水解产物为难溶或挥发性的弱电解质，则水解可以近乎完全。例如

$$Al_2S_3+6H_2O = 2Al(OH)_3\downarrow+3H_2S\uparrow$$（双水解，易形成泡沫）

所以 Al_2S_3 不能在水中制备。

2. 盐的浓度的影响

从盐浓度与水解度的关系 $h=\sqrt{\frac{K_h^{\ominus}}{c}}$ 可知，盐溶液浓度越小，水解程度越大。

3. 温度的影响

盐类水解是酸碱中和反应的逆反应，酸碱中和反应放热，因此盐类水解反应吸热。温度升高，盐类水解程度增大。例如，$FeCl_3$ 的水解，常温一级水解为主，溶液显棕黄色。加热会出现棕红色的 $Fe(OH)_3$ 沉淀。

$$Fe^{3+}+H_2O \rightleftharpoons [Fe(OH)]^{2+}+H^+$$

$$Fe^{3+}+3H_2O \xlongequal{\triangle} Fe(OH)_3\downarrow+3H^+$$

4. 溶液酸碱度的影响

由于盐类水解会改变溶液的酸碱性，因此溶液的酸碱度反过来会直接影响盐类水解的程度。但不同的盐水解结果不同，所以溶液酸碱度对其影响也不同。例如

$$NH_4^+ + H_2O \rightleftharpoons NH_3 \cdot H_2O + H^+$$

$$Ac^- + H_2O \rightleftharpoons HAc + OH^-$$

对于前一反应，溶液酸度增大，水解程度减弱；而对于后一反应，溶液酸度增大，水解程度增强。

$$KCN：CN^- + H_2O \rightleftharpoons HCN + OH^-$$

为阻止剧毒物 HCN 的生成，在配制 KCN 溶液时，应先在水溶液中加入适量强碱 KOH 以抑制水解。

实验室配制 Na_2S 溶液，是将一定量的 Na_2S 与 NaOH 同时溶于水，再稀释至所需浓度。

思 考 · 练 习

问题：实验室如何配制与保存 $SnCl_2$ 溶液？

首先要注意“制备”与“配制”的区别：

制备：$Sn+Cl_2 = SnCl_2$；配制：$SnCl_2\,(s) \longrightarrow SnCl_2\,(aq)$

思 考 · 练 习

试写出下列各式所求项的数学表达式，不必计算。

(1) $0.10\ mol \cdot dm^{-3}$ HAc 溶液中$[H^+]$的近似计算式和最简计算式。

(2) $0.10\ mol \cdot dm^{-3}$ $NH_3 \cdot H_2O$ 和 $0.20\ mol \cdot dm^{-3}$ NH_4Cl 组成的缓冲溶液中$[OH^-]$和 pOH 的计算式。

(3) $0.10\ mol \cdot dm^{-3}$ Na_2S 溶液的$[OH^-]$浓度计算式。

(4) $0.10\ mol \cdot dm^{-3}$ Na_2HPO_4 溶液的$[H^+]$浓度计算式。

5.5 溶液酸碱理论的发展

1884 年，瑞典化学家阿伦尼乌斯提出了酸碱电离理论，适用于水溶液体系。这也是目前应用最广的理论之一。前面所讨论的溶液中的解离平衡均是以该理论为基础。

1923 年，丹麦化学家布朗斯台德(J. N. Brönsted)和英国化学家劳里(T. M. Lowry)各自独立提出了一种酸碱理论——酸碱质子理论，适用于水溶液、非水溶液及气体间反应，且可定量处理。

1905 年，美国科学家富兰克林(E. C. Franklin)提出了酸碱溶剂理论，适用于能发生自偶解离的溶剂体系。

1923 年，美国化学家路易斯(G. N. Lewis)提出了酸碱电子理论，该理论在配位化学和有机化学中应用较广。

5.5.1 酸碱质子理论

1. 酸碱定义

凡能释放出质子的任何分子或离子都是酸；凡能结合质子的任何分子或离子都是碱。

$$酸 \rightleftharpoons 碱 + H^+$$
$$HAc \quad Ac^-$$
$$HSO_4^- \quad SO_4^{2-}$$

共轭酸碱对(conjugate acid-base pair)：因一个质子的得失而相互转变的一对酸碱。酸失去一个质子后变成共轭碱；而碱得到一个质子后变成共轭酸。例如，HAc 是 Ac^-的共轭酸，Ac^-是 HAc 的共轭碱。

酸和其对应的共轭碱为一组共轭酸碱对。而碱和其对应的共轭酸也是一组共轭酸碱对。在这里，酸和碱具有统一性，互为存在条件，在一定条件下又朝着与自己相反的方向转化，这是符合唯物辩证法的。

根据酸碱质子理论，容易放出质子(H^+)的物质是强酸，而该物质放出质子后形成的碱就不容易同质子结合，因而是弱的碱。换言之，酸越强，它的共轭碱就越弱；反之，碱越强，它的共轭酸就越弱。

$$HPO_4^{2-} \rightleftharpoons PO_4^{3-} + H^+$$

$$HPO_4^{2-} + H^+ \rightleftharpoons H_2PO_4^{2-}$$

HPO_4^{2-} 为两性物质，H_2O 也是两性物质。判断一种物质是酸还是碱，要在具体环境中分析其作用。

2. 酸碱的强弱及反应的方向

水溶液中酸碱的强弱仍可用平衡常数衡量。

酸性：	HAc	>	NH_4^+	>	HS^-
$K_a^\ominus$	1.8×10^{-5}		5.56×10^{-10}		7.1×10^{-15}

一种酸的酸性越强，则其共轭碱的碱性越弱。

碱性：	Ac^-	<	NH_3	<	S^{2-}
$K_b^\ominus$	5.56×10^{-10}		1.8×10^{-5}		1.41

离子的 $K_a^\ominus$ 或 $K_b^\ominus$ 即其水解常数，一个共轭酸碱对的 $K_a^\ominus\ K_b^\ominus = K_w^\ominus$ 。

酸碱质子理论中的酸碱反应的实质是两个共轭酸碱对之间质子的传递。

反应方向：强酸+强碱⟶弱酸+弱碱

$$HAc + OH^- \rightleftharpoons Ac^- + H_2O$$

强酸 1+强碱 2⟶弱碱 1+弱酸 2

3. 拉平效应与区分效应

根据酸碱质子理论，酸碱在溶液中所表现出来的强度，不仅与酸碱的本性有关，也与溶剂的本性有关。我们所能测定的是酸碱在一定溶剂中表现出的相对强度。同一种酸或碱，如果溶于不同的溶剂，它们所表现出的相对强弱就不同。例如，HAc 在水中表现为弱酸，但在液氨中表现为强酸，这是因为液氨夺取质子的能力(碱性)比水强得多。

水溶液中 HNO_3、H_2SO_4、$HClO_4$、HCl 均为强酸，即作为碱的水把这些酸都拉平到 H_3O^+ 的水平。

这种将各种不同强度的酸都拉平到溶剂化质子(如 H_3O^+)水平的效应称为拉平效应。具有拉平效应的溶剂称为拉平性溶剂。例如，水是上述四种酸的拉平性溶剂。

若将这些强酸放在比 H_2O 难于接受质子的溶剂(如 HAc)中，则四种酸就显出差别。

	$HClO_4$	H_2SO_4	HCl	HNO_3
$K_a^\ominus$	$10^{-5.8}$	$10^{-8.2}$	$10^{-8.8}$	$10^{-9.4}$

能将强酸或强碱进行区分的作用称为区分效应，具有区分效应的溶剂称为区分性溶剂。例如，HAc 就是上述四种酸的区分性溶剂。

同理，水溶液中最强的碱是 OH^-，更强的碱(O^{2-}、NH_2^-)都将被拉平到同一水平。只有更弱的碱(NH_3、Ac^-)才能分出强弱。

例如，苯甲酸在水中是弱酸，但在乙二胺中却是强酸。这是因为乙二胺的碱性比水强，其接受质子的能力比水强。苯甲酸在乙二胺中更易失质子。

溶剂的碱性越强，溶质表现出来的酸性越强，即区分强酸要选用弱碱。同理，区分强碱要选用弱酸。

质子论中没有“盐”的概念，电离理论中的所有反应(中和、水解、解离等)在质子论中都是酸碱反应。

由此可见，酸碱质子理论更好地解释了酸碱反应，摆脱了酸碱必须在水中才能发生反应的局限性，解决了一些非水溶剂或气体间的酸碱反应，并把水溶液中进行的某些离子反应系统地归纳为质子传递的酸碱反应，加深了人们对酸碱和酸碱反应的认识。但是酸碱质子理论不能解释那些不交换质子而又具有酸碱性的物质(如 $CaO + SO_3 \longrightarrow CaSO_4$ 等)，因此它还存在着一定的局限性。

5.5.2　酸碱电子理论

酸碱电子理论也称广义酸碱理论、路易斯酸碱理论，是 1923 年美国物理化学家路易斯提出的一种酸碱理论。这种理论包含的酸碱范围很广。但是，对确定酸碱相对强弱来说，它没有统一标度，对酸碱的反应方向难以判断。后来，皮尔逊提出的软硬酸碱理论弥补了这种理论的缺陷。

1. 酸碱定义

凡是可以接受电子对的分子或离子(有空轨道)称为酸；凡是可以给出电子对的分子或离子(有未共用的孤电子对)称为碱(路易斯酸碱)。

2. 酸碱反应的实质

配位键的形成并生成酸碱配合物，即酸碱之间以共价键相结合，并不发生电子对转移。

$$H^+ + :OH^- \rightleftharpoons H_2O$$

$$Ag^+ + :Cl^- \rightleftharpoons AgCl$$

$$Cu^{2+} + 4NH_3 \rightleftharpoons [Cu(NH_3)_4]^{2+}$$

常见的路易斯酸：

(1)正离子、金属离子：铜离子、烷基正离子、硝基正离子等。

(2)受电子分子(缺电子化合物)：三氟化硼、三氯化铝、三氧化硫、二氯卡宾等。

(3)分子中的极性基团：羰基、氰基等。

在有机化学中，路易斯酸是亲电试剂。

常见的路易斯碱：

(1)负离子：卤离子、氢氧根离子、烷氧基离子、烯烃、芳香化合物等。

(2)带有孤电子对的化合物：氨、胺、醇、醚、硫醇、二氧化碳等。

在有机化学中，路易斯碱是亲核试剂。

注意：

(1)在路易斯酸碱电子理论中只有酸、碱和酸碱配合物，没有盐的概念。

(2)在酸碱电子理论中，一种物质究竟属于碱，还是属于酸，还是酸碱配合物，应该在具体反应中确定。在反应中起酸作用的是酸，起碱作用的是碱，而不能脱离具体反应来辨认物质的酸碱性。同一种物质，在不同的反应环境中，既可以作酸，也可以作碱。

(3)正离子一般起酸的作用，负离子一般起碱的作用；$AlCl_3$、$SnCl_2$、$FeCl_3$、BF_3、$SnCl_4$、BCl_3、$SbCl_5$等都是常见的路易斯酸。

(4)这一理论的不足之处在于酸碱的特征不明显，过于笼统。同时，如果选择不同的反应对象，酸或碱的强弱次序也可能不同，对酸碱强弱也没有一个定量标准。

5.5.3　酸碱溶剂体系理论

1. 酸碱定义

在一种溶剂中能解离出溶剂特征正离子的物质称为酸；能解离出溶剂特征负离子的物质称为碱。

溶剂的自偶电离：$2H_2O \rightleftharpoons H_3O^+$(特征正离子)$+ OH^-$(特征负离子)

$$2NH_3 \rightleftharpoons NH_4^+ \text{(特征正离子)} + NH_2^- \text{(特征负离子)}$$

在溶剂水中，HCl是酸，NaOH是碱；在液氨中，NH_4Cl是酸，$NaNH_2$是碱。

2. 酸碱反应的实质

$$\text{酸+碱} \longrightarrow \text{溶剂分子(中和反应)}$$

$$NH_4Cl\text{(酸)} + NaNH_2\text{(碱)} \rightleftharpoons NaCl + 2NH_3\text{(溶剂分子)}$$

优点：溶剂理论可把酸碱概念扩展到完全不涉及质子的溶剂体系中。

缺点：溶剂理论只能适用于能发生自偶电离的溶剂体系中。实际上有不少的物质在烃类(如苯、氯仿、醚等)溶剂中也能表现出酸碱行为。

归纳·整合

1. 水溶液的 pH

$$\mathrm{pH}=-\lg[\mathrm{H}^+];\quad \mathrm{pOH}=-\lg[\mathrm{OH}^-];\quad \mathrm{pH}+\mathrm{pOH}=14$$

2. 一元弱酸、弱碱的解离平衡

$$K_a^\ominus=\frac{[\mathrm{H}^+]^2}{c_0-[\mathrm{H}^+]};\ \frac{c_0}{K_a^\ominus}>400,\ [\mathrm{H}^+]=\sqrt{c_0K_a^\ominus},\ \alpha=\frac{[\mathrm{H}^+]}{c_0}=\frac{\sqrt{c_0K_a^\ominus}}{c_0}=\sqrt{\frac{K_a^\ominus}{c_0}}$$

$$K_b^\ominus=\frac{[\mathrm{OH}^-]^2}{c_0-[\mathrm{OH}^-]};\ \frac{c_0}{K_b^\ominus}>400,\ [\mathrm{OH}^-]=\sqrt{c_0K_b^\ominus},\ \alpha=\frac{[\mathrm{OH}^-]}{c_0}=\frac{\sqrt{c_0K_b^\ominus}}{c_0}=\sqrt{\frac{K_b^\ominus}{c_0}}$$

3. 同离子效应与盐效应

向某弱电解质溶液中加入与该弱电解质含有相同离子的强电解质，使弱电解质的解离平衡发生移动，从而降低其解离度的现象称为同离子效应。

向弱电解质溶液中加入与该弱电解质没有相同离子的强电解质，使弱电解质的解离度增大的现象称为盐效应。

4. 多元弱酸弱碱的解离平衡

溶液中的 H^+或 OH^-主要来自第一步解离，按一元弱酸弱碱处理即可。例如 H_2S，若 $c/K_{a1}^\ominus>400$，则 $[\mathrm{H}^+]=\sqrt{cK_{a1}^\ominus}$，$[\mathrm{S}^{2-}]\approx K_{a2}^\ominus$。

5. 缓冲溶液

(HAc+NaAc)　　$[\mathrm{H}^+]=K_a^\ominus\dfrac{c_{酸}}{c_{盐}},\ \mathrm{pH}=\mathrm{p}K_a^\ominus-\lg\dfrac{c_{酸}}{c_{盐}}$

(NH_3+NH_4Cl)　　$[\mathrm{OH}^-]=K_b^\ominus\dfrac{c_{碱}}{c_{盐}},\ \mathrm{pOH}=\mathrm{p}K_b^\ominus-\lg\dfrac{c_{碱}}{c_{盐}}$

6. 盐的水解

弱酸强碱盐的水解——溶液显碱性

$$\frac{c}{K_h^\ominus}>400\text{ 时},\ [\mathrm{OH}^-]=\sqrt{K_h^\ominus\cdot c},\ h=\sqrt{\frac{K_h^\ominus}{c}};\ \frac{c}{K_h^\ominus}<400\text{ 时},\ K_h^\ominus=\frac{[\mathrm{OH}^-]^2}{c_0-[\mathrm{OH}^-]}$$

弱碱强酸盐的水解——溶液显酸性

$$\frac{c}{K_h^\ominus}>400\text{ 时},\ [\mathrm{H}^+]=\sqrt{K_h^\ominus\cdot c},\ h=\sqrt{\frac{K_h^\ominus}{c}};\ \frac{c}{K_h^\ominus}<400\text{ 时},\ K_h^\ominus=\frac{[\mathrm{H}^+]^2}{c_0-[\mathrm{H}^+]}$$

一元弱酸弱碱盐的水解（双水解）

$$K_h^\ominus=\frac{K_w^\ominus}{K_a^\ominus\cdot K_b^\ominus}$$

$K_a^\ominus>K_b^\ominus$	溶液显酸性	NH_4F
$K_a^\ominus\approx K_b^\ominus$	溶液显中性	NH_4Ac
$K_a^\ominus<K_b^\ominus$	溶液显碱性	NH_4CN

7. 影响盐类水解的因素

(1) 组成盐的碱或酸越弱，水解常数就越大，即水解度越大，水解后溶液的酸、碱性就越强。

(2) 温度升高，盐类水解程度增大。

(3) 盐溶液浓度越小，水解程度越大。

(4) 水解溶液显酸(碱)性，加酸(碱)可抑制水解，加碱(酸)可促进水解。

习　题

1. 常温下测得 0.1 mol · dm^{-3} HCl 水溶液的解离度为 92 %，而非 100 %，这是因为 HCl 未完全解离吗？为什么？
2. 已知 0.1 mol · dm^{-3} 某一元弱酸溶液的 pH = 3，求该弱酸的 $K_a^\ominus$ 值及其解离度。
3. 某弱碱 MOH 的相对分子质量为 125。在 25℃时取 0.50 g 溶于 50.0 cm^3 水中，所得溶液的 pH 为 11.3。试计算该弱碱的解离平衡常数。
4. 用盐酸将 0.01 mol · dm^{-3} H_2S 的 pH 调节为 3，计算该溶液中 H_2S、HS^-及 S^{2-}的浓度。
5. 通过下列热力学数据计算 HAc 的解离常数：

	HAc (aq) + H_2O (l)	$\rightleftharpoons$	H_3O^+ (aq) +	Ac^- (aq)
$\Delta_f G_m^\ominus$ / (kJ · mol^{-1})	− 396.6　　− 237.20		− 237.20	− 369.4

6. 计算说明：中和 50.0 cm^3 pH = 3.80 的盐酸与中和 50.0 cm^3 pH = 3.80 的乙酸溶液所需 NaOH 的物质的量是否相同？[已知：$K_a^\ominus$(HAc) = 1. 8 × 10^{-5}]
7. 计算下列溶液的 pH：
   (1) 50 cm^3 0.20 mol · dm^{-3} 的 NaOH 和 50 cm^3 0.10 mol · dm^{-3} HAc 的混合溶液。
   (2) 50 cm^3 0.40 mol · dm^{-3} $NH_3 \cdot H_2O$ 和 50 cm^3 0.10 mol · dm^{-3} HCl 的混合溶液。
   (3) 含有 0.15 mol · dm^{-3} Na_2HPO_4 和 0.30 mol · dm^{-3} NaH_2PO_4 的溶液。
8. 配制 50 cm^3 pH = 5.0 的缓冲溶液，需在 20 cm^3 0.01 mol · dm^{-3} 的 HAc 溶液中加入 0.5 mol · dm^{-3} 的 NaAc 溶液的体积。
9. 配制 pH 为 5.0 的缓冲溶液，需称取多少克 NaAc · $3H_2O$ 固体溶解于 300 cm^3 0.500 mol · dm^{-3} 的 HAc 中？[$K_a^\ominus$(HAc) = 1.8 × 10^{-5}；NaAc · $3H_2O$ 的相对分子质量为 136]
10. 配制 pH = 9.20、含 NH_3 0.20 mol · dm^{-3} 的缓冲溶液 500 cm^3，如何用浓氨水[15.0 mol · dm^{-3}，$K_b^\ominus$(NH_3 · H_2O) = 1.8 × 10^{-5}]和固体 NH_4Cl (摩尔质量为 53.5 g · mol^{-1}) 进行配制？
11. 配制 450 cm^3 pH = 4.70 的缓冲溶液，试计算需要 0.10 mol · dm^{-3} HAc 和 0.10 mol · dm^{-3} NaOH 溶液的体积。[$K_a^\ominus$(HAc) = 1.8 × 10^{-5}]
12. 拟用浓度均为 1.00 mol · dm^{-3} 的磷酸和氢氧化钠溶液来配制 pH = 7.20 的缓冲溶液。取此缓冲溶液 50.0 cm^3 与 5.0 cm^3 浓度为 0.10 mol · dm^{-3} 的盐酸混合，其 pH = 6.80。欲配制 pH = 7.20 的缓冲溶液 100 cm^3。
    (1) 该缓冲溶液的缓冲对是什么？
    (2) 写出配制缓冲溶液的反应式。
13. 有 1.0 dm^3 0.10 mol · dm^{-3} 的氨水溶液，计算：
    (1) 氨水的 pH 是多少？
    (2) 加入 5.35 g NH_4Cl(s) 后，pH 又是多少 (忽略体积变化)？
    (3) 加入 NH_4Cl(s) 前后，氨水的解离度各为多少？[$K_b^\ominus$(NH_3 · H_2O) = 1. 8 × 10^{-5}，相对原子质量：Cl　35.5，N　14]
14. 现有 2.00 dm^3 0.500 mol · dm^{-3} NH_3(aq) 和 2.00 dm^3 0.500 mol · dm^{-3} HCl 溶液。若配制 pH = 9.60 的缓冲溶液，不允许再加水，最多可配制多少升缓冲溶液？其中[NH_3]、[NH_4^+]各为多少？[$K_b^\ominus$(NH_3 · H_2O) = 1. 8 × 10^{-5}]
15. 计算下列盐溶液的 pH。
    (1) 0.1 mol · dm^{-3} NH_4Cl。
    (2) 0.5 mol · dm^{-3} $NaHCO_3$。
    (3) 0.5 mol · dm^{-3} Na_2CO_3。
    (4) 0.1 mol · dm^{-3} NaCN。
16. 已知某一元弱酸的钠盐 NaX 0.20 mol · dm^{-3} 溶液 pH = 9.0，试计算该弱酸 HX 的电离常数 $K_a^\ominus$ 。
17. (1) 写出下列分子或离子的共轭碱。
    HAc　HCN　H_2CO_3　$H_2C_2O_4$　$H_2PO_4^-$　HS^-　H_3BO_3
    (2) 写出下列分子或离子的共轭酸。
    NH_3　H_2O　CO_3^{2-}　$H_2PO_4^-$　HS^-

第 5 章单元测试题(单选)

班级________姓名________作业号________成绩________

( ) 1. 在 HAc-NaAc 组成的缓冲溶液中，若[HAc] > [Ac⁻]，则该缓冲溶液抵抗酸或碱的能力为

A. 抗酸能力 > 抗碱能力　B. 抗酸能力 < 抗碱能力　C. 抗酸碱能力相同　D. 无法判断

( ) 2. 下列离子中碱性最强的是

A. NO_2^-　B. Ac^-　C. CN^-　D. NH_4^+

( ) 3. 298 K 时，$MgO(s) + CO_2(g) \rightleftharpoons MgCO_3(s)$，以浓度表示的 $K^\ominus = 12$，那么此时 CO_2 的平衡浓度是

A. 12　B. 1/12　C. 12^2　D. $\sqrt{12}$

( ) 4. H_3PO_4 溶液中加入一定量 NaOH 后，溶液的 pH = 10.00，则该溶液中下列物种浓度最大的是

A. H_3PO_4　B. $H_2PO_4^-$　C. HPO_4^{2-}　D. PO_4^{3-}

( ) 5. 某二元弱酸 H_2A 的 $K_{a1}^\ominus = 6 \times 10^{-8}$，$K_{a2}^\ominus = 8 \times 10^{-14}$，若其浓度为 0.05 mol · dm^{-3}，则$[A^{2-}]$为

A. 6×10^{-8} mol · dm^{-3}　B. 8×10^{-14} mol · dm^{-3}　C. 3×10^{-8} mol · dm^{-3}　D. 4×10^{-14} mol · dm^{-3}

( ) 6. 同浓度盐 NaA、NaB、NaC、NaD 的水溶液 pH 依次增大，则同浓度下列稀酸中解离度最大的是

A. HD　B. HC　C. HB　D. HA

( ) 7. 按照质子理论，下列各物种中哪一个没有共轭碱

A. $H_3SO_4^+$　B. H_2SO_4　C. HSO_4^-　D. SO_4^{2-}

( ) 8. 下列浓度相同的盐溶液中，pH 最高的是

A. NaCl　B. $KHCO_3$　C. Na_2S　D. Na_2SO_4

( ) 9. 按照酸碱质子理论，下列物质中既可作为酸又可作为碱的是

A. PO_4^{3-}　B. HCO_3^-　C. $[Al(H_2O)_6]^{3+}$　D. $[Cr(H_2O)_6]^{3+}$

( ) 10. 下列措施中，可以使弱酸强碱盐和弱碱强酸盐的水解度都增大的是

A. 升高温度　B. 降低温度　C. 增加盐的浓度　D. 升高溶液的 pH

( ) 11. 在 HAc 溶液中加入少量 NaAc 固体，下列说法正确的是

A. HAc 解离度增大　B. HAc 的 $K_a^\ominus$ 减小　C. 溶液的 pH 减小　D. 溶液的 pH 增大

( ) 12. 在 $H_2CO_3 \rightleftharpoons H^+ + HCO_3^-$ 解离平衡体系中，下列条件能使其解离平衡向逆方向移动的是

A. 加 NaOH　B. 用水稀释　C. 加盐酸　D. 升高温度

( ) 13. 欲配制 pH = 3.5 的缓冲溶液，选择下列哪种电解质及其盐比较合适

A. $NaHSO_4$($K_{a2}^\ominus = 1.2 \times 10^{-2}$)　B. HCOOH($K_a^\ominus = 1.71 \times 10^{-4}$)

C. HAc($K_a^\ominus = 1.76 \times 10^{-5}$)　D. $NH_3 \cdot H_2O$($K_b^\ominus = 1.76 \times 10^{-5}$)

( ) 14. 下列溶液中不能组成缓冲溶液的是

A. NH_3 和 NH_4Cl　B. NaH_2PO_4 和 Na_2HPO_4　C. HCl 和过量的氨水　D. 氨水和过量的 HCl

( ) 15. 欲配制 pH = 3.5 的缓冲溶液，不能选择下列哪种酸及其盐（括号内为各酸的一级电离平衡常数）

A. H_3PO_4 (7.5×10^{-3})　B. HCOOH (1.7×10^{-4})　C. HAc (1.8×10^{-5})　D. HNO_2 (5.1×10^{-4})

( ) 16. 按照酸碱质子理论，下列分子离子中，不属于共轭酸碱对的是

A. H_2SO_4，HSO_4^-　B. HAc，Ac^-　C. NH_3，NH_2^-　D. H_3PO_4，HPO_4^{2-}

( ) 17. 一元弱酸的 H^+浓度与酸的浓度 c 之间的关系是

A. 相等　B. c 大于 H^+浓度　C. c 小于 H^+浓度　D. 无法判断

( ) 18. pH = 2 和 pH = 6 的溶液 H^+ 的浓度相差

A. 4 倍　B. 12 倍　C. 4000 倍　D. 10000 倍

( ) 19. 在 0.10 dm^3 0.10 mol · dm^{-3} HAc 溶液中，加入 0.10 mol NaCl 晶体，溶液的 pH 将会

A. 升高　B. 降低　C. 不变　D. 无法判断

( ) 20. 在饱和 H_2S 溶液中，下列关系式中正确的是

A. $[H^+] = \sqrt{c_0 K_{a1}^\ominus}$　B. $[H^+] = 2[S^{2-}]$　C. $[HS^-] = K_{a2}^\ominus$　D. $[S^{2-}] = K_{a1}^\ominus K_{a2}^\ominus$

第 6 章　沉淀溶解平衡

物质的溶解性，可根据其在水中的溶解度大小分为四个级别：

易溶，$S > 1\ g \cdot (100\ g\ H_2O)^{-1}$；

可溶，$S = 0.1 \sim 1\ g \cdot (100\ g\ H_2O)^{-1}$；

微溶，$S = 0.01 \sim 0.1\ g \cdot (100\ g\ H_2O)^{-1}$；

难溶，$S < 0.01\ g \cdot (100\ g\ H_2O)^{-1}$。

本节只介绍难溶强电解质的沉淀溶解平衡。

6.1　溶　度　积

6.1.1　溶度积常数

以氯化银的溶解过程为例来说明沉淀溶解平衡。

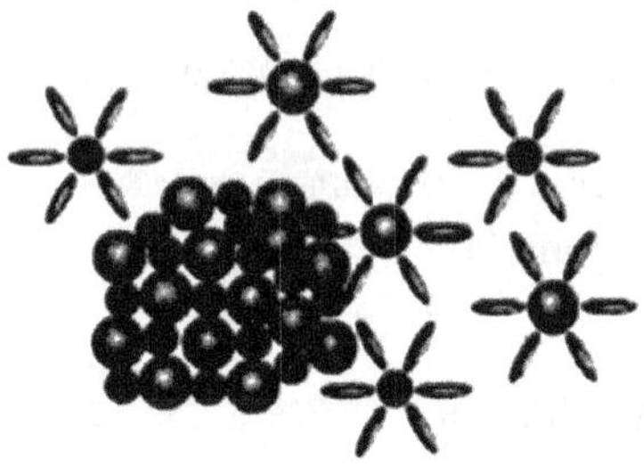

图 6-1　AgCl 的溶解与沉淀过程

在一定温度下，将适量的 AgCl 固体放入水中，一方面，AgCl 表面的 Ag^+和 Cl^-在极性水分子的作用下脱离 AgCl 表面，以水合离子 $Ag^+(aq)$和 $Cl^-(aq)$的形式进入水中(沉淀溶解过程)；另一方面，溶液中的 Ag^+和 Cl^-受 AgCl 表面的阴、阳离子的吸引又回到 AgCl 的表面析出(沉淀生成过程)。当溶解速率与沉淀速率相等时，在体系中便存在固体与溶液中离子之间的动态平衡，即沉淀溶解平衡(图 6-1)。此时的溶液为饱和溶液。

$$\underset{\text{未溶解的固体}}{\underset{\uparrow}{AgCl(s)}} \underset{\text{沉淀}}{\overset{\text{溶解}}{\rightleftharpoons}} \underset{\text{溶液中的离子}}{\underset{\uparrow}{Ag^+(aq)}} + Cl^-(aq)$$

与其他化学平衡一样，达到沉淀溶解平衡时，有

$$K_{sp}^{\ominus} = [Ag^+][Cl^-]$$

$K_{sp}^{\ominus}$为标准平衡常数，这里称为溶度积常数，简称溶度积。

对一般难溶强电解质 A_mB_n来讲，在水中存在如下沉淀溶解平衡：

$$A_mB_n \rightleftharpoons mA^{n+} + nB^{m-}$$

$$K_{sp}^{\ominus} = [A^{n+}]^m [B^{m-}]^n \tag{6-1}$$

例如，$Pb(OH)_2$：$K_{sp}^{\ominus} = [Pb^{2+}][OH^-]^2 = 1.43 \times 10^{-15}$。

在一定温度下，难溶电解质的饱和溶液中，各组分离子浓度幂次的乘积为一常数，该常数称为溶度积常数。它的大小反映了难溶电解质溶解能力的大小。

$K_{sp}^{\ominus}$ 与其他平衡常数 $K_a^{\ominus}$ 、$K_b^{\ominus}$ 、$K_h^{\ominus}$ 、$K_w^{\ominus}$ 等一样，都属于化学平衡常数的一种。在一定温度下，溶液中离子浓度的变化只能使平衡发生移动，并不会改变平衡常数的大小。附录 5 列出了一些常见难溶电解质的溶度积常数，使用时可直接查表。

几点注意问题：

(1) 由于是难溶强电解质，溶液浓度很小，因此溶液的离子强度很小，离子的平均活度系数 $f_{\pm} \approx 1$，可用物质的量浓度来代替活度。

(2) 只有体系处于沉淀溶解平衡状态(此时的溶液为饱和溶液)时，才有此关系式。对于不饱和溶液及过饱和溶液均不成立。

(3) 只适用于离子型的固体强电解质。

(4) $K_{sp}^{\ominus}$ 的数值大小只取决于电解质本身的性质和体系的温度。一般来讲，温度越高，$K_{sp}^{\ominus}$ 数值越大，但常温范围下可看作定值。

6.1.2　溶度积规则

在任意条件下，难溶强电解质溶液中各组分离子浓度幂次的乘积也称反应商 Q。

对于一般难溶强电解质 A_mB_n 来讲：

$Q > K_{sp}^{\ominus}$，过饱和溶液，溶液中有 A_mB_n 沉淀生成；

$Q < K_{sp}^{\ominus}$，不饱和溶液，溶液中若有 A_mB_n 固体会溶解；

$Q = K_{sp}^{\ominus}$，饱和溶液，体系处于沉淀溶解平衡。

以上关系称为溶度积规则，据此可控制溶液的离子浓度，使沉淀生成或溶解。

6.1.3　溶度积与溶解度之间的换算

溶解度用 S 表示，为计算方便，溶解度通常不用 $g \cdot (100\ g\ H_2O)^{-1}$ 表示，而用饱和溶液的物质的量浓度 $mol \cdot dm^{-3}$ 表示。溶解度 S 和溶度积 $K_{sp}^{\ominus}$ 都能表示难溶电解质的溶解能力，二者之间既有联系又有区别。

(1) AB 型电解质：$AB \rightleftharpoons A^{n+} + B^{n-}$； $K_{sp}^{\ominus} = [A^{n+}][B^{n-}] = S \cdot S = S^2$

例如，$BaSO_4$、$AgCl$、CuS、HgS、$PbCrO_4$ 等。

(2) A_2B (或 AB_2) 型电解质：$A_2B \rightleftharpoons 2A^{n+} + B^{2n-}$； $K_{sp}^{\ominus} = [A^{n+}]^2[B^{2n-}] = (2S)^2 \cdot S = 4S^3$

例如，PbI_2、Ag_2S、Ag_2CrO_4 等。

(3) A_3B (或 AB_3) 型电解质：$A_3B \rightleftharpoons 3A^{n+} + B^{3n-}$； $K_{sp}^{\ominus} = [A^{n+}]^3[B^{3n-}] = (3S)^3 \cdot S = 27S^4$

例如，Ag_3PO_4、$Al(OH)_3$ 等。

(4) A_3B_2 (或 A_2B_3) 型电解质：$A_3B_2 \rightleftharpoons 3A^{2n+} + 2B^{3n-}$；$K_{sp}^{\ominus} = [A^{2n+}]^3[B^{3n-}]^2 = (3S)^3 \cdot (2S)^2 = 108S^5$

例如，$Ca_3(PO_4)_2$、Sb_2S_3、Bi_2S_3 等。

不难看出，不同类型的电解质，溶度积与摩尔溶解度的关系不同。虽然溶度积和摩尔溶解度都能反映难溶强电解质溶解性的大小，但对于不同类型的电解质，当$K_{sp}^{\ominus}$数值差别不太大时，仅靠$K_{sp}^{\ominus}$的数值不能准确判断实际溶解度的相对大小。

例 6-1 298 K 时 Ag_2CrO_4 的溶度积为 $K_{sp}^{\ominus}=1.2\times10^{-12}$，求其溶解度 S（以 $mol\cdot dm^{-3}$ 为单位）。

解 设Ag_2CrO_4的溶解度为S。

$$Ag_2CrO_4(s) \rightleftharpoons 2Ag^+(aq)+CrO_4^{2-}(aq)$$

平衡浓度 / $(mol\cdot dm^{-3})$　　$2S$　　S

$$K_{sp}^{\ominus}=[Ag^+]^2[CrO_4^{2-}]=(2S)^2\times S=4S^3=1.2\times10^{-12}$$

$$S=6.7\times10^{-5}\ mol\cdot dm^{-3}$$

例 6-2 已知 AgCl 在纯水中的溶解度 $S=1.34\times10^{-5}mol\cdot dm^{-3}$，求其溶度积 $K_{sp}^{\ominus}$。

解
$$AgCl(s) \rightleftharpoons Ag^+(aq)+Cl^-(aq)$$

平衡浓度/$(mol\cdot dm^{-3})$　　S　　S

$$K_{sp}^{\ominus}=[Ag^+][Cl^-]=S\times S=S^2=(1.34\times10^{-5})^2=1.8\times10^{-10}$$

溶度积与溶解度的换算必须满足下列条件：溶度积与溶解度单位均用 $mol\cdot dm^{-3}$；沉淀溶解平衡时的溶液是饱和溶液；溶解了的电解质完全解离为自由离子，即溶液中不存在已溶解的难溶电解质的分子或离子对；已解离的离子在溶液中不发生反应。

下列情况不能直接换算(或换算偏差较大)：

(1)易水解的难溶电解质，如 MS、MCO_3、MCN、CuX、PbX_2、MPO_4等。

(2)难溶的弱电解质及某些易于在溶液中以离子对形式存在的难溶电解质，如Hg_2Cl_2等。

(3)溶解度较大的强电解质，如$CaSO_4$、$CaCrO_4$等。

$K_{sp}^{\ominus}$反映了难溶电解质的溶解能力。用$K_{sp}^{\ominus}$可以比较不同难溶电解质的溶解能力，但只适用于相同类型且基本上不水解的难溶强电解质。

从表 6-1 可看出，对 AB 型的 AgX 系列$K_{sp}^{\ominus}$的变化规律与 S 是一致的，但与 A_2B 型的Ag_2CrO_4不尽一致。

表 6-1　不同类型难溶电解质的 $K_{sp}^{\ominus}$ 与溶解度

物质	$K_{sp}^{\ominus}$	$S/(mol\cdot dm^{-3})$
AgCl	1.8×10^{-10}	1.34×10^{-5}
AgBr	5.0×10^{-13}	7.07×10^{-7}
AgI	8.3×10^{-17}	9.11×10^{-9}
Ag_2CrO_4	1.2×10^{-12}	6.70×10^{-5}

6.2 影响沉淀溶解平衡的因素

6.2.1 同离子效应

在难溶强电解质的饱和溶液中加入含有相同离子的易溶强电解质时，将使难溶电解质的溶解度降低的现象称为同离子效应。

例 6-3 计算 $BaSO_4$ 在纯水和 0.010 mol · dm^{-3} Na_2SO_4 溶液中的摩尔溶解度。已知 $BaSO_4$ 的 $K_{sp}^{\ominus}=1.1\times10^{-10}$。

解
$$BaSO_4 \rightleftharpoons Ba^{2+} + SO_4^{2-}$$

在纯水中

$$S_1=\sqrt{K_{sp}^{\ominus}}=\sqrt{1.1\times10^{-10}}=1.05\times10^{-5}(\text{mol}\cdot\text{dm}^{-3})$$

在 0.010 mol · dm^{-3} Na_2SO_4 溶液中

$$[Ba^{2+}][SO_4^{2-}]=K_{sp}^{\ominus},\ S_2(0.010+S_2)=K_{sp}^{\ominus},\ S_2=1.1\times10^{-8}(\text{mol}\cdot\text{dm}^{-3})$$

$\dfrac{S_1}{S_2}=\dfrac{1.05\times10^{-5}}{1.1\times10^{-8}}\approx1000$，溶解度降低了约 1000 倍。

同离子效应的应用：

(1) 分离溶液中的离子或使某离子沉淀完全(沉淀完全的标志：被沉淀离子浓度小于 10^{-5}mol · dm^{-3})。

(2) 洗涤沉淀。用与沉淀含有相同离子的溶液洗涤沉淀。例如，用 NH_4Cl 溶液洗涤 AgCl 沉淀。

6.2.2 盐效应

在难溶强电解质的饱和溶液中加入不含相同离子的强电解质时，将使难溶电解质的溶解度增大的效应称为盐效应。产生原因：离子总浓度增大，离子间的相互牵制作用增强，生成沉淀的倾向减小，相应溶解趋势增大。

根据同离子效应，欲使 $PbSO_4$ 沉淀完全，可通过加入适当过量的沉淀剂 Na_2SO_4 来达到目的，那么 Na_2SO_4 过量多少合适呢？

由图 6-2 不难看出，当 Na_2SO_4 的浓度达到 0.025 mol · dm^{-3} 时，$PbSO_4$ 的溶解度最低，随着 Na_2SO_4 浓度的增大，盐效应逐渐占主导地位，$PbSO_4$ 的溶解度反而升高。

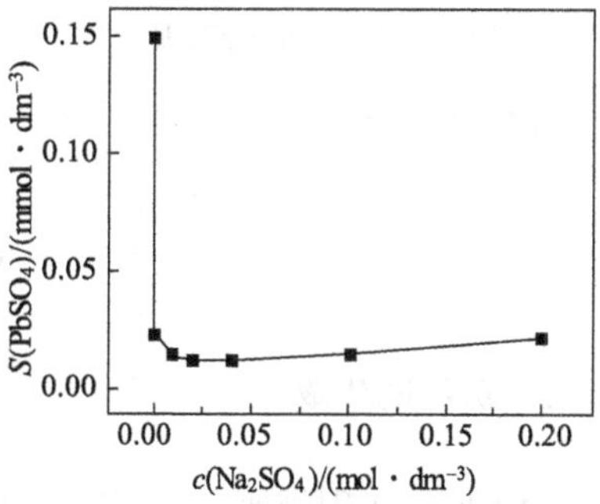

图 6-2 $PbSO_4$ 在 Na_2SO_4 中的溶解度

一般难溶电解质的溶解度较小时，盐效应可忽略不计。当溶解度较大时，应考虑产生同离子效应的同时也会产生盐效应，只是盐效应相对较小可忽略不计。但应注意在利用同离子效应时，沉淀剂的用量不能太多。

迁 移 · 应 用

1. $AgCl(s) \underset{\text{沉淀}}{\overset{\text{溶解}}{\rightleftharpoons}} Ag^+(aq) + Cl^-(aq)$

若改变上述平衡的以下条件，对平衡有何影响？

升温，加入 AgCl(s)；加入 NaCl(s)；加入 $AgNO_3$(s)。

2. $PbSO_4$ 在 NaCl 中的溶解度比纯水中的溶解度_______，这是由_______引起的；在适量 Na_2SO_4 中的溶解度_________是由________引起的。

6.2.3 酸度的影响

由于多数难溶强电解质是由弱酸或弱碱生成的，其解离出的离子在水中往往会发生不同程度的水解，因此改变溶液的酸碱度会直接影响难溶强电解质的溶解度。

例 6-4 在 0.30 mol · dm^{-3} HCl 溶液中含有少量的 Cd^{2+}，当向溶液中通入 H_2S 达饱和时，Cd^{2+}能否沉淀完全？若将 Cd^{2+}改为 Zn^{2+}，则 Zn^{2+}能否沉淀完全？

已知：$K_{sp}^{\ominus}$ (CdS) = 8.0×10^{-27}，$K_{sp}^{\ominus}$ (ZnS) = 1.6×10^{-24}，H_2S 的酸解离常数为 $K_{a1}^{\ominus}=1.3\times10^{-7}$，$K_{a2}^{\ominus}=7.1\times10^{-15}$。

解 在 0.30 mol · dm^{-3} HCl 溶液中，H_2S 的解离平衡为

$$H_2S \rightleftharpoons 2H^+ + S^{2-}$$

$[H^+]^2[S^{2-}] = K_{a1}^{\ominus} \cdot K_{a2}^{\ominus} \cdot [H_2S] = 1.3\times10^{-7}\times7.1\times10^{-15}\times0.10 = 9.23\times10^{-23}$

$[H^+] = 0.30\ \text{mol}\cdot\text{dm}^{-3}$

$[S^{2-}] = 9.23\times10^{-23}\div0.30^2 = 1.02\times10^{-21}\ (\text{mol}\cdot\text{dm}^{-3})$

根据溶度积规则，平衡时

$$[Cd^{2+}][S^{2-}] = K_{sp}^{\ominus}\ (\text{CdS})$$

$[Cd^{2+}]=\dfrac{K_{sp}^{\ominus}}{[S^{2-}]}=\dfrac{8.0\times10^{-27}}{1.02\times10^{-21}}=7.84\times10^{-6}(\text{mol}\cdot\text{dm}^{-3})<1.0\times10^{-5}(\text{mol}\cdot\text{dm}^{-3})$，结果说明溶液中 Cd^{2+} 已沉淀完全。

如将 Cd^{2+}改为 Zn^{2+}，则 $[Zn^{2+}]=\dfrac{K_{sp}^{\ominus}}{[S^{2-}]}=\dfrac{2.5\times10^{-22}}{1.02\times10^{-21}}=0.245(\text{mol}\cdot\text{dm}^{-3}) > 1.0\times10^{-5}\ (\text{mol}\cdot\text{dm}^{-3})$，$Zn^{2+}$ 不能沉淀完全。

6.3 沉淀的生成和溶解

6.3.1 沉淀的生成

根据溶度积规则，沉淀生成的条件是 $Q > K_{sp}^{\ominus}$。

例 6-5 在 0.1 mol · dm^{-3} $FeCl_3$ 溶液中加入等体积的含有 0.2 mol · dm^{-3} $NH_3\cdot H_2O$ 和 2.0 mol · dm^{-3} NH_4Cl 的混合溶液，能否产生 $Fe(OH)_3$ 沉淀？在此混合溶液中 Fe^{3+}开始沉淀和沉淀完全时溶液的 pH 各是多少？（已知 $K_{sp}^{\ominus}$ [$Fe(OH)_3$] = 4.0×10^{-38}）

解题思路：判断能否生成沉淀，首先要知道沉淀组成离子 Fe^{3+}和 OH^-的浓度，而 OH^-的浓度是由 $NH_3\cdot H_2O$-NH_4Cl 缓冲溶液提供的。所以，本题关键是先由缓冲溶液求出 OH^-的浓度。解题时要注意开始沉淀和沉淀完全的 Fe^{3+}的浓度。

解 混合瞬间

$c(Fe^{3+})=\dfrac{1}{2}\times0.1=0.05(\text{mol}\cdot\text{dm}^{-3})$

$c(NH_4Cl)=\dfrac{1}{2}\times2.0=1.0(\text{mol}\cdot\text{dm}^{-3})$

$c(NH_3\cdot H_2O)=\dfrac{1}{2}\times0.2=0.1(\text{mol}\cdot\text{dm}^{-3})$

$NH_3 \cdot H_2O$-NH_4Cl,组成缓冲溶液

$$c(OH^-) = K_b^{\ominus} \frac{c(NH_3 \cdot H_2O)}{c(NH_4Cl)} = 1.8 \times 10^{-5} \times \frac{0.1}{1.0} = 1.8 \times 10^{-6} (mol \cdot dm^{-3})$$

$$Q = c(Fe^{3+}) \cdot c^3(OH^-) = 0.05 \times (1.8 \times 10^{-6})^3 = 2.92 \times 10^{-19} > K_{sp}^{\ominus} = 4.0 \times 10^{-38}$$

所以有$Fe(OH)_3$沉淀生成。

开始沉淀：$[OH^-] = \sqrt[3]{\frac{K_{sp}^{\ominus}}{[Fe^{3+}]}} = \sqrt[3]{\frac{4.0 \times 10^{-38}}{0.05}} = 9.3 \times 10^{-13} (mol \cdot dm^{-3})$

$pOH = 12.03$，$pH = 1.97$

沉淀完全：$[OH^-] = \sqrt[3]{\frac{K_{sp}^{\ominus}}{[Fe^{3+}]}} = \sqrt[3]{\frac{4.0 \times 10^{-38}}{1.0 \times 10^{-5}}} = 1.6 \times 10^{-11} (mol \cdot dm^{-3})$

$pOH = 10.80$，$pH = 3.20$

例 6-6　25℃下，在 1.0 dm^3 0.030 $mol \cdot dm^{-3}$ $AgNO_3$溶液中，加入 0.50 dm^3 0.060 $mol \cdot dm^{-3}$ $CaCl_2$ 溶液，能否有 AgCl 沉淀生成？如有沉淀生成，生成 AgCl 的质量是多少？最后溶液中的 Ag^+浓度是多少？[已知 $K_{sp}^{\ominus}$ (AgCl) = 1.8×10^{-10}，M(AgCl)=143.3 $g \cdot mol^{-1}$]

解　混合时 $c(Ag^+) = 1.0 \times 0.030 \div (1.0 + 0.50) = 0.02 (mol \cdot dm^{-3})$

$c(Cl^-) = 2 \times 0.50 \times 0.060 \div (1.0 + 0.50) = 0.04 (mol \cdot dm^{-3})$

$Q = c(Ag^+)\ c(Cl^-) = 0.02 \times 0.04 = 8 \times 10^{-4} > K_{sp}^{\ominus}(AgCl)$

所以有 AgCl 沉淀生成。

设平衡时溶液中$[Ag^+]$浓度是x。

$$Ag^+(aq) + Cl^-(aq) \rightleftharpoons AgCl(s)$$

起始浓度 / $(mol \cdot dm^{-3})$　　0.020　　0.040

平衡浓度 / $(mol \cdot dm^{-3})$　　x　　$0.040 - (0.020 - x)$

$K_{sp}^{\ominus}(AgCl) = [Ag^+][Cl^-] = x(0.020 + x) = 1.8 \times 10^{-10}$

$[Ag^+] = x = 9.0 \times 10^{-9} (mol \cdot dm^{-3})$

因Cl^-过量，Ag^+基本都转化为AgCl。

$m(AgCl) = n(Ag^+)M(AgCl) = 0.020\ mol \cdot dm^{-3} \times 1.5\ dm^3 \times 143.3\ g \cdot mol^{-1} = 4.3\ g$

6.3.2　分步沉淀

例 6-7　某溶液中含有 Cl^-和 I^-，其浓度均为 0.10 $mol \cdot dm^{-3}$，当向溶液中逐滴加入 $AgNO_3$溶液时，哪种离子先沉淀？当第二种离子开始沉淀时，第一种离子是否已经沉淀完全？忽略加入 $AgNO_3$引起的溶液体积变化。[已知 $K_{sp}^{\ominus}$ (AgCl) = 1.8×10^{-10}，$K_{sp}^{\ominus}$ (AgI) = 8.3×10^{-17}]

分析：先分别计算出两种离子沉淀所需的沉淀剂的量，谁需要沉淀剂的量少谁先沉淀，即谁先满足 $Q > K_{sp}^{\ominus}$ 谁先沉淀。

解　$[Ag^+]_{AgCl} = \frac{K_{sp}^{\ominus}}{[Cl^-]} = \frac{1.8 \times 10^{-10}}{0.10} = 1.8 \times 10^{-9} (mol \cdot dm^{-3})$

$[Ag^+]_{AgI} = \frac{K_{sp}^{\ominus}}{[I^-]} = \frac{8.3 \times 10^{-17}}{0.10} = 8.3 \times 10^{-16} (mol \cdot dm^{-3})$

AgI 沉淀所需 Ag^+的量少，所以AgI 先沉淀。当AgCl 开始沉淀时，溶液中

$[Ag^+] = 1.8 \times 10^{-9}\ mol \cdot dm^{-3}$

此时$[I^-]=\frac{K_{sp}^{\ominus}}{[Ag^+]}=\frac{8.3\times10^{-17}}{1.8\times10^{-9}}=4.61\times10^{-8}(mol\cdot dm^{-3})<1.0\times10^{-5}(mol\cdot dm^{-3})$

即AgCl开始沉淀时，溶液中的I^-已沉淀完全。

这种混合溶液中的离子发生先后沉淀的现象称为分步沉淀。利用分步沉淀，可以对溶液中的混合离子进行分离。

完全分离：一种离子已经沉淀完全而另一种离子还未沉淀时，称这两种离子可以通过沉淀的方法达到完全分离。

6.3.3 沉淀的转化

由一种沉淀转化为另一种沉淀的过程称为沉淀的转化。

相同类型的难溶电解质，一般使溶解度大的沉淀转化为溶解度小的沉淀较易实现。但是，采取一定措施，也可以使溶解度小的沉淀转化为溶解度大的沉淀。

例 6-8　在 1.0 dm^3 Na_2CO_3 溶液中溶解 0.010 mol $SrSO_4$，Na_2CO_3 的起始浓度最低为多少？[已知 $K_{sp}^{\ominus}(SrSO_4)=3.2\times10^{-7}$, $K_{sp}^{\ominus}(SrCO_3)=1.1\times10^{-10}$]

解　设Na_2CO_3的起始浓度为c_0。

$$SrSO_4(s)+CO_3^{2-}(aq)\rightleftharpoons SrCO_3(s)+SO_4^{2-}(aq)$$

起始浓度/($mol\cdot dm^{-3}$)	c_0	
平衡浓度/($mol\cdot dm^{-3}$)	$[CO_3^{2-}]$	0.010

$$K^{\ominus}=\frac{[SO_4^{2-}][Sr^{2+}]}{[CO_3^{2-}][Sr^{2+}]}=\frac{K_{sp}^{\ominus}(SrSO_4)}{K_{sp}^{\ominus}(SrCO_3)}=\frac{3.2\times10^{-7}}{1.1\times10^{-10}}=2.91\times10^{3}$$

$$\frac{[SO_4^{2-}]}{[CO_3^{2-}]}=2.91\times10^{3},\quad \frac{0.010}{[CO_3^{2-}]}=2.91\times10^{3}$$

$$[CO_3^{2-}]=3.44\times10^{-6}\,mol\cdot dm^{-3}$$

$$c_0=(0.010+3.44\times10^{-6})\,mol\cdot dm^{-3}\approx0.010\,mol\cdot dm^{-3}$$

一般转化的平衡常数$K^{\ominus}>1$，转化较易实现，$K^{\ominus}<1$，转化较困难，但在一定条件下也可实现。

$$BaSO_4\xrightarrow{Na_2CO_3}BaCO_3$$

$K_{sp}^{\ominus}$	1.1×10^{-10}	5.1×10^{-9}

需 Na_2CO_3 浓度>0.25 $mol\cdot dm^{-3}$ 才可实现。

6.3.4 沉淀的溶解

根据溶度积规则，对于一般电解质 A_mB_n 来讲，只有当 $Q<K_{sp}^{\ominus}$ 时，沉淀才有可能溶解。因此，使沉淀溶解的途径只有两条：或者降低阳离子的浓度，或者降低阴离子的浓度。具体实施途径有：

(1)生成弱电解质。

(2)发生氧化还原反应。

(3)生成配位化合物。

1. 难溶金属氢氧化物在酸中的溶解——生成水

$$Fe(OH)_3 + 3H^+ \rightleftharpoons Fe^{3+} + 3H_2O$$

$$M(OH)_n(s) \rightleftharpoons M^{n+}(aq) + nOH^-(aq)$$

$$K_{sp}^{\ominus} = [M^{n+}][OH^-]^n$$

溶解度 $S = [M^{n+}] = \dfrac{K_{sp}^{\ominus}}{[OH^-]^n} = \dfrac{K_{sp}^{\ominus}[H^+]^n}{(K_w^{\ominus})^n}$

由上式可画出难溶金属氢氧化物 $M(OH)_n$ 的溶解度与 pH 的关系 S-pH 图(图 6-3)。

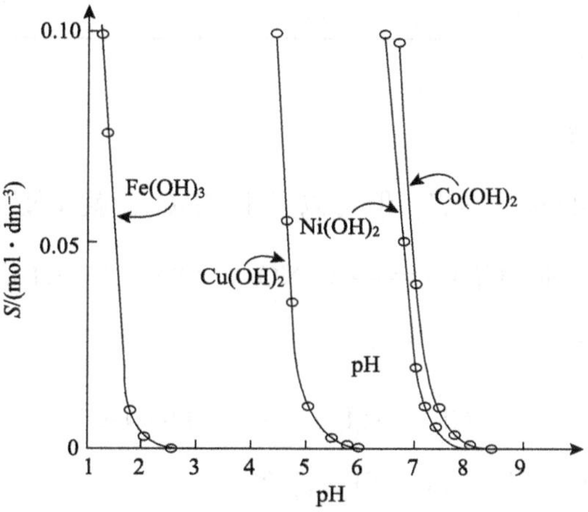

图 6-3　难溶金属氢氧化物 S-pH 图

线上任意一点均为平衡状态；线的右方 $Q > K_{sp}^{\ominus}$，为沉淀生成区；线的左方 $Q < K_{sp}^{\ominus}$ 为沉淀溶解区。由图 6-3 可看出，Fe^{3+} 和 Cu^{2+} 的分离可控制 pH 为 3～4，$Cu(OH)_2$ 不沉淀而 $Fe(OH)_3$ 沉淀。而 Ni^{2+} 和 Cu^{2+} 的分离应控制 pH 在 6.5 左右。而 Ni^{2+} 和 Co^{2+} 就不能用这种方法分开。当然，这只是理论上的分离条件，实际上还要考虑多方面的因素，具体条件需要实验确定。

此外，还可以通过氢氧化物开始沉淀和沉淀完全时的 pH 来调控相关金属离子的分离条件。例如，例 6-5 计算了 0.05 mol · dm^{-3} 的 $FeCl_3$ 开始沉淀和沉淀完全时的 pH 分别为 1.97 和 3.2，如果 $FeCl_3$ 起始浓度改为 0.1 mol · dm^{-3}，则开始沉淀的 pH 为 1.87。也就是说，可以控制溶液的 pH 使某些离子沉淀完全而另外的离子不沉淀，从而达到分离的目的。

2. 金属硫化物在非氧化性酸中的溶解——生成弱酸 H_2S

$$ZnS + 2HCl = ZnCl_2 + H_2S\uparrow$$

金属硫化物在酸性溶液中存在下列平衡(非氧化还原反应)：

$$MS(s) + 2H^+(aq) \rightleftharpoons M^{2+}(aq) + H_2S(aq)$$

$$K^{\ominus} = \frac{[M^{2+}][H_2S][S^{2-}]}{[H^+]^2[S^{2-}]} = \frac{K_{sp}^{\ominus}}{K_{a1}^{\ominus}K_{a2}^{\ominus}}$$

硫化物的溶解能力主要取决于它的 $K_{sp}^{\ominus}$，$K_{sp}^{\ominus}$ 越大，$K^{\ominus}$ 越大，沉淀就越易溶解(表 6-2)。

表 6-2 金属硫化物在酸中的溶解情况

金属硫化物	$K_{sp}^{\ominus}$	HAc	0.3 mol · dm^{-3} HCl	6 mol · dm^{-3} HCl	HNO_3	王水
MnS	2.5×10^{-10}	溶解				
FeS	6.3×10^{-18}	不溶	溶解			
ZnS(β)	2.5×10^{-22}	不溶	溶解			
CdS	8.0×10^{-27}	不溶	不溶	溶解		
PbS	1.0×10^{-28}	不溶	不溶	溶解		
CuS	6.3×10^{-36}	不溶	不溶	不溶	溶解	
HgS	1.6×10^{-52}	不溶	不溶	不溶	不溶	溶解

3. 发生氧化还原反应溶解

CuS 在一般非氧化性的酸中难溶，但可以溶于 HNO_3，就是发生了氧化还原反应。

$$CuS + 10HNO_3(浓) = Cu(NO_3)_2 + 8NO_2\uparrow + 4H_2O + H_2SO_4$$

4. 生成配位化合物溶解

$$AgCl + 2NH_3 \rightleftharpoons Ag(NH_3)_2Cl$$

阳离子 Ag^+的浓度降低，在第 11 章再具体介绍。

归纳 · 整合

1. 溶度积规则

$$A_mB_n \rightleftharpoons mA^{n+} + nB^{m-} \qquad K_{sp}^{\ominus} = [A^{n+}]^m [B^{m-}]^n$$

$Q > K_{sp}^{\ominus}$，过饱和溶液，溶液中有 A_mB_n 沉淀生成；

$Q < K_{sp}^{\ominus}$，不饱和溶液，溶液中若有 A_mB_n 固体会溶解；

$Q = K_{sp}^{\ominus}$，饱和溶液，体系处于沉淀溶解平衡态。

2. 同离子效应与盐效应

在难溶强电解质的饱和溶液中加入含有相同离子的易溶强电解质时，将使难溶电解质的溶解度降低的效应称为**同离子效应**。加入不含相同离子的易溶强电解质时，将使难溶电解质的溶解度增大的效应称为**盐效应**。

3. 沉淀的生成条件是 $Q > K_{sp}^{\ominus}$

分步沉淀：混合溶液中的离子发生先后沉淀的现象称为分步沉淀。

沉淀的转化：由一种沉淀转化为另一种沉淀的过程称为沉淀的转化。

4. 沉淀的溶解条件是 $Q < K_{sp}^{\ominus}$

(1) 生成弱电解质。

(2) 发生氧化还原反应。

(3) 生成配位化合物。

习　题

1. 写出下列微溶化合物的溶度积表达式。
   $SrCO_3$；$Al(OH)_3$；Ag_3PO_4；Bi_2S_3
2. 计算下列各难溶电解质在水中的溶解度(相关溶度积查附录 5)。
   AgCl；$Zn(OH)_2$
3. 已知常温下，下列难溶电解质在水中的溶解度，计算其溶度积(忽略水解)。
   (1) PbI_2的溶解度为 0.068 g·(100 g H_2O)$^{-1}$。(PbI_2的相对分子质量为 461)
   (2) Ag_2CrO_4的溶解度为 0.0025 g·(100 g H_2O)$^{-1}$。(Ag_2CrO_4的相对分子质量为 332)
4. 计算 CaF_2在纯水中和 0.1 mol·dm^{-3} $CaCl_2$中的溶解度，计算结果说明什么问题?
5. 在 0.1 mol·dm^{-3} $FeCl_2$溶液中通入 H_2S 至饱和，需要控制溶液 pH 多大才不会有 FeS 沉淀生成?
6. 向含有 Cl^-和 Br^-浓度均为 0.10 mol·dm^{-3}的溶液中逐滴加入硝酸银，判断它们的沉淀顺序，当第二种离子开始沉淀时，第一种离子是否沉淀完全?
7. 向 AgI 饱和溶液中分别加入下列物质，请就溶液中的 I^- 浓度的变化做出回答：
   (1)加入少量 $AgNO_3$固体。
   (2)加入少量 AgI 固体。
   (3)加入少量 AgBr 固体。
8. 欲使 $Fe(OH)_3$溶成 1.0 dm^{3}含 Fe^{3+}为 0.10 mol·dm^{-3}的溶液，溶液的 pH 至少要维持怎样的数值? [已知 $K_{sp}^{\ominus}[Fe(OH)_3]=4.0\times10^{-38}$]
9. 将 50.0 cm^3 4.20 mol·dm^{-3} 的氨水与 50.0 cm^3 4.00 mol·dm^{-3} HCl 混合，计算在此混合溶液中：
   (1)$[OH^-]$。
   (2)溶液的 pH。
   (3)在此混合溶液中滴加 Fe^{2+}生成沉淀，则 $Fe(OH)_2$开始沉淀时的 Fe^{2+}浓度为多少?
   {已知 $K_b^{\ominus}(NH_3)=1.8\times10^{-5}$；$K_{sp}^{\ominus}[Fe(OH)_2]=8.0\times10^{-16}$ }
10. 在 0.50 mol·dm^{-3} $MgCl_2$溶液中加入等体积 0.10 mol·dm^{-3}氨水，此氨水中同时含有 0.020 mol·dm^{-3} NH_4Cl，通过计算回答是否有 $Mg(OH)_2$沉淀产生。欲使 $Mg(OH)_2$恰好不沉淀，需要在每升氨水中，再加入多少克固体 NH_4Cl?
    {已知 $K_{sp}^{\ominus}[Mg(OH)_2]=1.8\times10^{-11}$，$K_b^{\ominus}(NH_3)=1.8\times10^{-5}$}
11. 在含有 CrO_4^{2-}及 SO_4^{2-}的浓度均为 0.10 mol·dm^{-3}的水溶液中逐滴加入 Pb^{2+}溶液时，哪种离子先沉淀? 两种离子达到何种比例时才能同时沉淀? 此时最先沉淀的离子残留浓度为多少? [已知 $K_{sp}^{\ominus}(PbCrO_4)=2.8\times10^{-13}$，$K_{sp}^{\ominus}(PbSO_4)=1.6\times10^{-8}$]
12. 在$[Pb^{2+}]$ = 0.010 mol·dm^{-3}和 $[Mn^{2+}]$ = 0.010 mol·dm^{-3}的溶液中通入 H_2S 气体达到饱和，若要使 PbS 沉淀完全而 MnS 不沉淀，溶液的 pH 应控制在什么范围? [已知 $K_{sp}^{\ominus}(PbS)=1.0\times10^{-28}$，$K_{sp}^{\ominus}(MnS)=2.5\times10^{-13}$，$H_2S$ 的 $K_{a1}^{\ominus}K_{a2}^{\ominus}=9.2\times10^{-22}$]
13. 向含有 Cd^{2+}和 Fe^{2+}的溶液(离子浓度均为 0.010 mol·dm^{-3})中通入 H_2S 至饱和以分离 Cd^{2+}和 Fe^{2+}，pH 应控制在什么范围? [已知 $K_{sp}^{\ominus}(CdS)=8.0\times10^{-27}$，$K_{sp}^{\ominus}(FeS)=6.3\times10^{-18}$，$H_2S$ 的 $K_{a1}^{\ominus}K_{a2}^{\ominus}=9.2\times10^{-22}$]
14. 试计算 0.15 dm^3 1.50 mol·dm^{-3} 的 Na_2CO_3溶液可以使多少克 $BaSO_4$ 固体转化为 $BaCO_3$。
    [已知 $K_{sp}^{\ominus}(BaCO_3)=5.1\times10^{-9}$，$K_{sp}^{\ominus}(BaSO_4)=1.1\times10^{-10}$，$BaSO_4$ 相对分子质量为 233]
15. 用 Na_2CO_3溶液处理 AgI 沉淀，使其转化为 Ag_2CO_3沉淀。在 1.0 dm^3 Na_2CO_3溶液中溶解 0.010 mol AgI 沉淀，Na_2CO_3溶液的初始浓度应为多少? 转化的可能性如何? [已知 $K_{sp}^{\ominus}(AgI)=8.3\times10^{-17}$，$K_{sp}^{\ominus}(Ag_2CO_3)=8.1\times10^{-12}$]

第 6 章单元测试题(单选)

班级________姓名________作业号________成绩________

(　)1. 下列试剂中，能使 $CaSO_4$ 溶解度增大的是

A. $CaCl_2$　　B. Na_2SO_4　　C. NH_4Ac　　D. H_2O

(　)2. 难溶电解质 $CaCO_3$ 在浓度为 0.1 mol · dm^{-3} 的下列溶液中的溶解度比纯水中小的是

A. $MgCl_2$　　B. HAc　　C. Na_2CO_3　　D. KNO_2

(　)3. 在 AgCl 白色沉淀中加入 KI 溶液，沉淀的颜色发生了变化，其原因是

A. 发生分步沉淀　　B. 发生沉淀转化　　C. 沉淀溶解　　D. 生成配合物

(　)4. 当溶液的 pH 下降时，下列难溶物的溶解度基本保持不变的是

A. $Al(OH)_3$　　B. $PbCl_2$　　C. Ag_3PO_4　　D. $ZnCO_3$

(　)5. 下列 AgX 系列沉淀在水中溶解度最小的是

A. AgF　　B. AgCl　　C. AgBr　　D. AgI

(　)6. 在 $Mg(OH)_2$ 的饱和溶液中加入少量 $MgCl_2$ 固体，溶液 pH 变化的趋势是

A. 增大　　B. 减小　　C. 不变　　D. 无法确定

(　)7. CaF_2 饱和溶液浓度为 1.9×10^{-4} mol · dm^{-3}，则其 $K_{sp}^{\ominus}$ 为

A. 1.4×10^{-11}　　B. 2.7×10^{-11}　　C. 4.4×10^{-12}　　D. 8.5×10^{-10}

(　)8. 在有足够量 AgCl 固体存在的饱和溶液中，欲使 AgCl 的溶解度增大，可加入等体积的

A. 1 mol · dm^{-3} NaCl 溶液　　B. 1 mol · dm^{-3} $AgNO_3$ 溶液　　C. 1 mol · dm^{-3} $NaNO_3$ 溶液　　D. H_2O

(　)9. 在洗涤 $BaSO_4$ 沉淀时，选用下列哪种溶液最好

A. 纯水　　B. 稀 HCl　　C. 稀 HNO_3　　D. 稀 Na_2SO_4

(　)10. CaC_2O_4 的 $K_{sp}^{\ominus}$ 为 4.0×10^{-9}，要使 0.020 mol · dm^{-3} $CaCl_2$ 溶液生成沉淀，需要的乙二酸根离子浓度(mol · dm^{-3})至少应为

A. 2.0×10^{-5}　　B. 2.0×10^{-7}　　C. 2.0×10^{-9}　　D. 2.0×10^{-10}

(　)11. 向 5 cm^3 NaCl 溶液中滴入一滴 $AgNO_3$ 溶液，出现白色沉淀，继续滴加一滴 KI 溶液并振荡沉淀变为黄色，再滴入一滴 Na_2S 溶液并振荡沉淀变为黑色，则三种沉淀的溶解度关系为

A. AgCl = AgI = Ag_2S　　B. AgCl > AgI > Ag_2S　　C. AgCl < AgI < Ag_2S　　D. AgI > AgCl > Ag_2S

(　)12. 在 $BaSO_4$ 的饱和溶液中加入适量 $BaCl_2$ 稀溶液，产生 $BaSO_4$ 沉淀，若以 $K_{sp}^{\ominus}$ 表示 $BaSO_4$ 的溶度积常数，则平衡后溶液中

A. $[Ba^{2+}]=[SO_4^{2-}]=\sqrt{K_{sp}^{\ominus}}$　　B. $[Ba^{2+}][SO_4^{2-}]>K_{sp}^{\ominus}$；$[Ba^{2+}]=[SO_4^{2-}]$

C. $[Ba^{2+}][SO_4^{2-}]=K_{sp}^{\ominus}$；$[Ba^{2+}]>[SO_4^{2-}]$　　D. $[Ba^{2+}][SO_4^{2-}]\neq K_{sp}^{\ominus}$；$[Ba^{2+}]<[SO_4^{2-}]$

(　)13. 在饱和 $PbCl_2$ 溶液中氯离子的浓度为 3.2×10^{-2} mol · dm^{-3}，则 $K_{sp}^{\ominus}(PbCl_2)$ 为

A. 1.6×10^{-5}　　B. 3.3×10^{-5}　　C. 5.1×10^{-4}　　D. 1.3×10^{-4}

(　)14. 已知 $K_{sp}^{\ominus}(CaCO_3)=2.8\times10^{-9}$，$CaCO_3$ 的相对分子质量为 100，若将 20.0 g $CaCO_3$ 配制成饱和溶液需要的水量最接近的数据为

A. 2850 dm^3　　B. 1796 dm^3　　C. 3775 dm^3　　D. 4026 dm^3

(　)15. 已知 $K_{sp}^{\ominus}(PbI_2)=9.8\times10^{-9}$，则 PbI_2 在水中的溶解度(mol · dm^{-3})为

A. $S=K_{sp}^{\ominus}$　　B. $S=\sqrt{K_{sp}^{\ominus}}$　　C. $S=\sqrt[3]{\dfrac{K_{sp}^{\ominus}}{4}}$　　D. $S=\dfrac{1}{4}\sqrt[3]{K_{sp}^{\ominus}}$

(　)16. 已知 Ag_2S 的相对分子质量为 248，$K_{sp}^{\ominus}=6.3\times10^{-50}$，溶液中溶解的 Ag_2S 约为

A. 3.2×10^{-17} g · dm^{-3}　　B. 1.25×10^{-14} g · dm^{-3}　　C. 6×10^{-16} g · dm^{-3}　　D. 6.2×10^{-15} g · dm^{-3}

(　)17. 在水溶液中的解离平衡计算中，通常用浓度而不用活度，理由是

A. 活度无法测定　　B. 活度与浓度是相同的　　C. 活度与浓度成正比　　D. 稀溶液中两者相差不大

(　)18. 已知 $Ni(OH)_2$ 的 $K_{sp}^{\ominus}=2.0\times10^{-15}$，则饱和 $Ni(OH)_2$ 溶液的 pH 为

A. 5.1　　B. 4.8　　C. 8.9　　D. 9.2

(　)19. 已知 AgCl 的溶度积为 1.8×10^{-10}，Ag_2CrO_4 的溶度积为 2.0×10^{-12}。则下面的叙述中正确的是

A. AgCl 与 Ag_2CrO_4 的溶解度相等　　B. AgCl 的溶解度大于 Ag_2CrO_4 的溶解度

C. 二者类型不同，不能由 $K_{sp}^{\ominus}$ 大小直接判断溶解度大小　　D. 都是难溶盐，溶解度没有意义

(　)20. 下列有关分步沉淀的叙述中正确的是

A. 沉淀时所需沉淀试剂浓度小者先沉淀出来　　B. 浓度大的离子先沉淀出来

C. 溶解度小的物质先沉淀　　D. 被沉淀离子浓度大的先沉淀

第 7 章　氧化还原反应

7.1　基 本 概 念

7.1.1　化合价与氧化数

中学学习了化合价的定义，即一种元素一定数目的原子与其他元素一定数目的原子相化合的性质。化合价为整数，它是元素的原子在形成化合物时所表现出的一种性质。但在用结构讨论分子中原子间的成键问题时，经常会遇到同一化学式中的同一元素表现出不同的化合价。例如，$S_2O_3^{2-}$根据化学式计算的化合价是+2，但结构式中的两个 S，一个是−2 价，另一个是+6 价。再如，连四硫酸根 $S_4O_6^{2-}$中，中间两个硫的化合价是−1，两端两个硫的化合价是+6，但从化学式看，在 $S_4O_6^{2-}$中硫的化合价是+2.5。

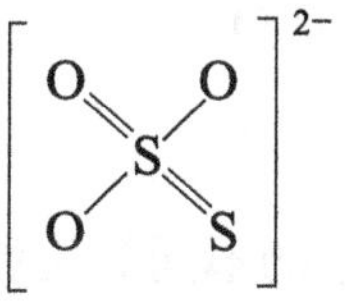

$S_2O_3^{2-}$

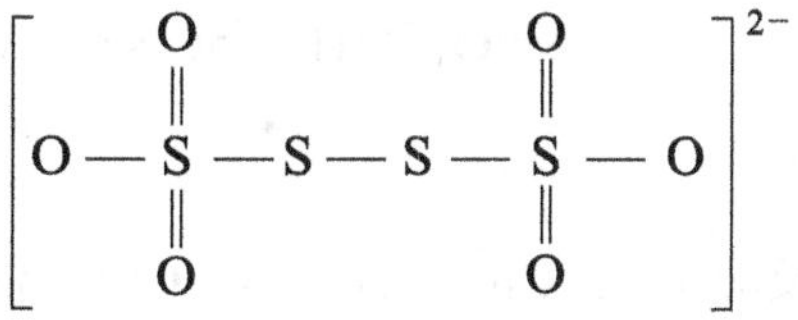

$S_4O_6^{2-}$

化合价与分子、离子的微观结构密切相关。但是在讨论氧化还原反应时，面对的是物质的化学式，可以直接得到的是从化学式算出的化合价。人们通常将这种化合价定义为氧化数(值)，以区别从微观结构出发得到的化合价。氧化数可以是整数，也可以是分数或小数。

氧化数的确定规则：

(1) 单质中元素的氧化数为零，如 H_2、O_2、S_8 等。

(2) 一般物质中，氧的氧化数为−2，在 H_2O_2、Na_2O_2 等过氧化物中为−1，在超氧化物(如 KO_2) 中为−1/2，在臭氧化物(如 KO_3) 中为−1/3，在 OF_2 中为+2。

(3) 一般物质中 H 的氧化数为+1，在 NaH、KH 等金属氢化物中为−1。

(4) 中性分子中各元素原子的氧化数之和为零；多原子离子中各元素原子的氧化数之和等于离子的电荷数。例如，Fe_3O_4 中 Fe 的氧化数：$3x+(-2)\times4=0$，$x = +8/3$。

7.1.2　氧化还原反应相关概念

参加反应的物质之间有电子转移或偏移的一类反应称为氧化还原反应。

电子转移即不同元素的原子之间有电子得失，如

$$2Na + Cl_2 \xlongequal{\quad} 2NaCl$$

电子偏移是指不同元素的原子之间共用电子对的偏移，如

$$H_2 + Cl_2 = 2HCl$$

1. 氧化还原半反应

$$Cu^{2+} \quad + \quad Zn \quad = \quad Cu \quad + \quad Zn^{2+}$$

氧化剂　　还原剂　　还原产物　　氧化产物

氧化剂(Cu)：氧化数降低(+2→0)，得电子，被还原，发生还原反应，得到还原产物。

还原剂(Zn)：氧化数升高(0→+2)，失电子，被氧化，发生氧化反应，得到氧化产物。

整个氧化还原反应可拆分成两个半反应，氧化半反应和还原半反应，二者总是同时发生，相辅相成。

氧化半反应： $Zn = Zn^{2+} + 2e^-$

还原半反应：$Cu^{2+} + 2e^- = Cu$

说明：

(1)半反应通式：氧化态 $+ ne^- =$ 还原态。

(2)半反应式必须配平。

(3)一个半反应中发生氧化数变化的元素只有一个，如

$$MnO_4^- + 8H^+ + 5e^- = Mn^{2+} + 4H_2O$$

2. 氧化还原电对

在氧化还原半反应中(如 $Cu^{2+} + 2e^- = Cu$)，同一元素的不同氧化数的物种可构成一个氧化还原电对。电对中高氧化态物种称为氧化型，低氧化态物种称为还原型。

电对通式：氧化型/还原型，如

$$Cu^{2+}/Cu;\ Zn^{2+}/Zn;\ H^+/H_2;\ O_2/OH^-$$

说明：

(1)氧化还原电对不需要配平。

(2)氧化型或还原型物种必须是正常条件下能够稳定存在的，如

$$MnO_4^-/Mn^{4+}(\times);\ Mn^{7+}/MnO_2(\times);\ MnO_4^-/MnO_2(\surd)$$

一个氧化还原电对对应一个氧化还原半反应，如

$$H^+/H_2 \qquad 2H^+ + 2e^- = H_2$$

$$Zn^{2+}/Zn \qquad Zn^{2+} + 2e^- = Zn$$

一个氧化还原反应是由两个或两个以上不同的氧化还原电对共同作用的结果。例如，电对 H^+/H_2 和 Zn^{2+}/Zn 对应的氧化还原反应是

$$2H^+ + Zn = H_2\uparrow + Zn^{2+}$$

一个电对中，氧化型的氧化能力越强，则其共轭还原型的还原能力越弱，如 H^+得电子能力较强，则其还原型 H_2 失电子能力就较弱；还原型的还原能力越强，其共轭氧化型的氧化能力越弱，如 Zn 失电子能力很强，而其氧化型 Zn^{2+}得电子能力很弱。

3. 歧化反应

同一物质中、同一元素、处于同一氧化态(三同)的元素原子的氧化数既有升高又有降低的反应，称为歧化反应。例如，下面两个反应：

$$Cl_2 + 2NaOH \xlongequal{} NaCl + NaClO + H_2O$$

$$4KClO_3 \xlongequal{} KCl + 3KClO_4$$

4. 自氧化还原反应

氧化数的升和降发生在同一个化合物中的不同元素间的氧化还原反应，称为自氧化还原反应。例如

$$2AgNO_3 \xlongequal{} 2Ag + 2NO_2 + O_2$$

$$2KClO_3 \xlongequal{} 2KCl + 3O_2$$

7.2　氧化还原方程式的配平

常用的氧化还原方程式的配平主要有氧化数法和离子-电子法两种。

7.2.1　氧化数法

配平原则：氧化数的升、降值相等；反应前后各元素的原子总数相等。

配平步骤：

(1)写出基本反应式(只含氧化数变化的物种)。

(2)找出各元素原子氧化数的升、降值。

(3)调整系数使氧化数的升、降值相等。

(4)用观察法调整、配平氧化数未改变的元素原子数目。

例如，硫与稀硝酸的反应。

(1) $S + HNO_3 \longrightarrow SO_2 + NO$

(2) 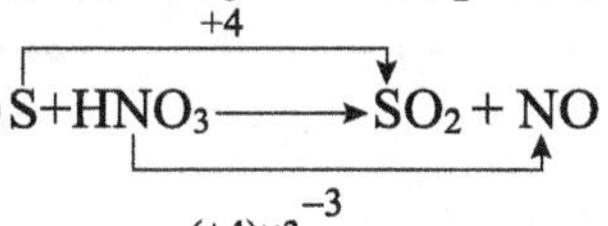

(3) 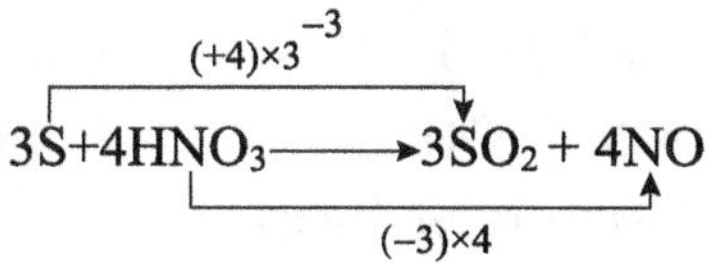

(4) $3S + 4HNO_3 \xlongequal{} 3SO_2 + 4NO + 2H_2O$

* 注意：先配氧化数，再配原子数。氧化数法对配平分子方程式或离子方程式均适合。

思 考 · 练 习

用氧化数法配平 $P_4 + HClO_3 \longrightarrow HCl + H_3PO_4$。

7.2.2 离子-电子法

配平原则：得、失电子数相等；反应前后各元素原子总数相等。

配平步骤：

(1)用离子式写出主要反应物和产物(气体、纯液体、固体和弱电解质写分子式)。

(2)将反应分解为两个半反应式，并配平两个半反应的电荷数和原子数。

(3)根据电荷守恒，调整两式系数使得失电子数相等，然后两式合并，整理，即得配平的离子方程式。

例如，酸性溶液中 $KMnO_4$ 与 K_2SO_3 的反应。

(1)基本反应式

$$MnO_4^- + SO_3^{2-} \longrightarrow Mn^{2+} + SO_4^{2-}$$

(2)分解成两个半反应并配平

$$MnO_4^- + 8H^+ + 5e^- = Mn^{2+} + 4H_2O$$

$$SO_3^{2-} + H_2O = SO_4^{2-} + 2H^+ + 2e^-$$

(3)调整两式系数使得失电子数相等

$$2MnO_4^- + 16H^+ + 10e^- = 2Mn^{2+} + 8H_2O$$

$$+)\ 5SO_3^{2-} + 5H_2O = 5SO_4^{2-} + 10H^+ + 10e^-$$

$$2MnO_4^- + 5SO_3^{2-} + 6H^+ = 2Mn^{2+} + 5SO_4^{2-} + 3H_2O$$

也可根据要求，将离子方程式改写成化学方程式：

$$2KMnO_4 + 5K_2SO_3 + 3H_2SO_4 = 2MnSO_4 + 6K_2SO_4 + 3H_2O$$

思 考 · 练 习

配平下列方程式

$KMnO_4 + C_6H_{12}O_6 + H_2SO_4 \longrightarrow MnSO_4 + CO_2 + K_2SO_4$

未参与电子转移的 H、O 原子的配平规律

酸性介质中：一边多 n 个 O，加 $2n$ 个 H^+，另一边加 n 个 H_2O。

碱性介质中：一边多 n 个 O，加 n 个 H_2O，另一边加 $2n$ 个 OH^-。

中性介质中：若反应物中多 n 个 O，加 n 个 H_2O，产物中加 $2n$ 个 OH^-。

若产物中多 n 个 O，加 $2n$ 个 H^+，反应物中加 n 个 H_2O。

总之：酸性介质中只能用 H^+和 H_2O 分子来配平 H 原子、O 原子，反应方程式中不能出现 OH^-；碱性介质中只能用 OH^-和 H_2O 分子来配平 H 原子、O 原子，反应方程式中不能出现 H^+；中性介质中，反应物中用 H_2O 分子调整 H 原子和 O 原子的数目，产物中既可出现酸也可出现碱。任何情况下(酸性、碱性和中性介质)，都不允许反应方程式中同时出现 H^+和 OH^-。

7.3 原 电 池

7.3.1 原电池的工作原理

通过氧化还原反应将化学能转变为电能的装置称为原电池。

下面以图 7-1 的铜锌原电池为例，说明原电池的工作原理。

接通电路后，会发现电路中的伏特表指针发生偏转，从偏转方向上可判断电子是从锌片到铜片，即在整个通路中是 Zn 失电子，锌片会不断溶解，Zn^{2+}进入溶液，使左侧溶液中的 Zn^{2+}浓度增大，正电荷过剩，这样就会阻碍电子的流出。

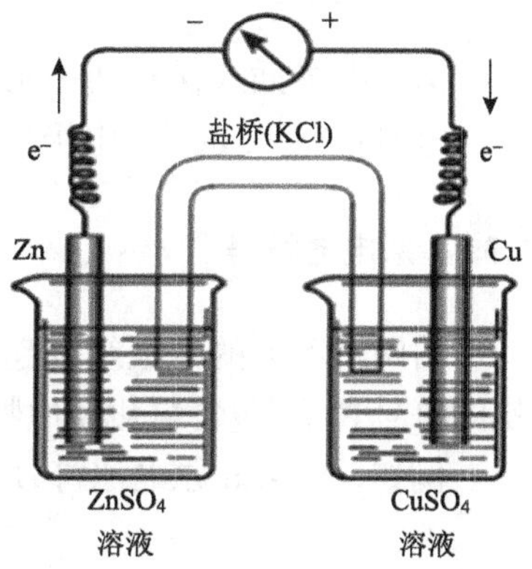

图 7-1　铜锌原电池

Zn 失去的电子通过外电路转移到铜片上，$CuSO_4$ 溶液中的 Cu^{2+}则得到电子沉积在铜片上，溶液中 SO_4^{2-}浓度相对增大，即负电荷过剩，这样又会阻碍电子的流入。电子的流入和流出受阻，反应 $Cu^{2+} + Zn = Cu + Zn^{2+}$就不能继续进行。

两个烧杯之间用盐桥连接，一般盐桥中装的是氯化钾饱和溶液和琼脂。电路接通后，伏特表指针发生偏转，取出盐桥指针回零，这说明盐桥是构成通路的关键组分。盐桥中 K^+向 $CuSO_4$ 溶液一侧移动，以中和过剩的负电荷，Cl^-向 $ZnSO_4$ 溶液一侧移动以中和过剩的正电荷，确保盐桥两侧的溶液为电中性，使整个电池反应得以继续进行。

一个原电池是由两个“半电池”组成的。半电池有时也被称为电极。规定：电子流出的极为负极(−)，电子流入的极为正极(+)。

电极反应(半电池反应、氧化还原半反应)：

$$(-)\text{负极}(Zn)：Zn = Zn^{2+} + 2e^-，\text{氧化反应}$$

$$(+)\text{正极}(Cu)：Cu^{2+} + 2e^- = Cu，\text{还原反应}$$

$$\text{原电池反应}：Cu^{2+} + Zn = Zn^{2+} + Cu，\text{氧化还原反应}$$

7.3.2 电极的类型

1. 金属-金属离子电极

金属置于含有同一金属离子的盐溶液中构成金属-金属离子电极。例如

Zn^{2+}/Zn，电极符号：$Zn(s)|Zn^{2+}(c)$；Cu^{2+}/Cu，电极符号：$Cu(s)|Cu^{2+}(c)$

“|”表示两相界面，Cu、Zn 本身是导体，可作电极。

2. 气体-离子电极

电极反应中无导体，需借助于惰性电极(铂或石墨)来完成电对电子的转移。

电对：H^+/H_2，电极反应：$2H^+ + 2e^- \xlongequal{} H_2$，电极符号：$Pt|H_2(g)|H^+(c)$

3. 金属-难溶盐-离子电极

金属表面涂上该金属的难溶盐(或氧化物)，然后将它浸在与该盐具有相同阴离子的溶液中。

电对：$AgCl/Ag$，电极反应：$AgCl + e^- \xlongequal{} Ag + Cl^-$，电极符号：$Ag|AgCl(s)|Cl^-(c)$

4. 氧化还原电极

惰性电极插入含有某一元素不同氧化数的离子的混合溶液中构成电极。

电对：Fe^{3+}/Fe^{2+}，电极反应：$Fe^{3+} + e^- \xlongequal{} Fe^{2+}$，电极符号：$Pt|Fe^{3+}(c_1)，Fe^{2+}(c_2)$

7.3.3 原电池符号

由两个不同的电极组合起来即可构成原电池。每个电极就是一个半电池。原电池可用简易的符号表示(包含氧化还原物种、盐桥、电极等)。

例如，Cu-Zn 原电池符号：

$$(-)\ Zn|ZnSO_4(c_1)\ \|\ CuSO_4(c_2)|Cu\ (+)$$

有惰性电极辅助的原电池符号：

$$(-)\ Pt|H_2(1.013\times10^5\,Pa)|H^+(1\,mol\cdot dm^{-3})\ \|\ Cu^{2+}(c)|Cu\ (+)$$

书写原电池符号的规则：

(1) 负极“–”在左边，正极“+”在右边，盐桥用“‖”表示。

(2) 半电池中两相界面用“|”分开，同相不同物种用“，”分开，溶液、气体要注明 c、p。

(3) 纯液体、固体和气体紧邻惰性电极，用“|”分开，盐桥两边为溶液。

(4) 组分物质为参与电子转移的氧化还原电对，不包含 H^+和 OH^-等未参与电子转移的物质。

例 7-1 将下列反应设计成原电池，写出电极反应，并以原电池符号表示。

$$2Fe^{2+}(1.0\,mol\cdot dm^{-3}) + Cl_2(101\,325\,Pa) \xlongequal{} 2Fe^{3+}(0.10\,mol\cdot dm^{-3}) + 2Cl^-(2.0\,mol\cdot dm^{-3})$$

解 由反应方向可以判断出正负极。

正极：$Cl_2 + 2e^- \xlongequal{} 2Cl^-$

负极：$Fe^{2+} \xlongequal{} Fe^{3+} + e^-$

电池符号：

$(-)\ Pt|Fe^{2+}(1.0\,mol\cdot dm^{-3})，Fe^{3+}(0.10\,mol\cdot dm^{-3})\ \|\ Cl^-(2.0\,mol\cdot dm^{-3})|Cl_2(101\,325\,Pa)|Pt\ (+)$

思考·练习

写出下列电池反应 $Hg_2Cl_2(s) + Zn \xlongequal{} Zn^{2+} + 2Hg(s) + 2Cl^-$ 的电极反应式及原电池符号。

7.4 电极电势

7.4.1 电极电势产生的原因

原电池产生电流的原因在于两个电极的电极电势不同，即在两个电极间存在电势差。

电极电势的产生可以用双电层理论来解释。该理论由德国化学家能斯特(Nernst)于 1887 年提出。把某金属薄片插入含有该金属离子的溶液中，将有两种情况发生。一种情况是金属中的离子进入溶液中，在金属表面留下多余的电子，如图 7-2(a)所示，在金属与溶液之间形成双电层，金属越活泼，溶液越稀，这种趋势越大；另一种情况是溶液中的金属离子在金属表面得到电子而沉积，这样金属表面就带有多余的正电荷，溶液则带有多余的负电荷，如图 7-2(b)所示，在金属与溶液之间也形成了双电层，金属越不活泼，溶液浓度越高，此种趋势越大。双电层间的电势差就是电极电势，通常用 E 表示。不同的金属电极的电极电势不同，将两种电极连接后，加上盐桥，溶液的电势差被消除，则两电极之间的电势差即两极板间的电势差，也就是原电池的电动势，用 $E_{池}$表示，则有

$$E_{池} = E_{+} - E_{-} \tag{7-1}$$

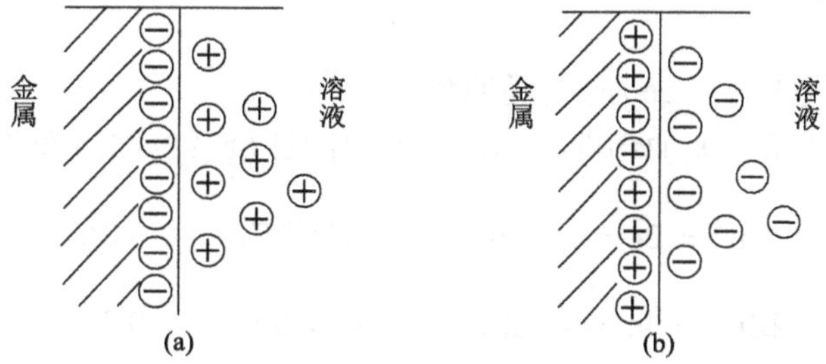

图 7-2 金属与金属离子溶液之间双电层的产生

(a)金属带负电荷；(b)金属带正电荷

7.4.2 标准电极电势的测量

不同的金属与其离子溶液之间的电极电势不同，但这种电极电势的绝对值无法测量。因为通过电压表只能测出两个电极之间的电势差，即测量得到的只是电池的电动势，是组成原电池的两个电极之间的相对电势差。为了系统地比较不同电极的电极电势高低，人们规定了一种参比电极——标准氢电极(图 7-3)。规定在标准状态下，氢电极的电极电势等于 0 V。

$$E^{\ominus}(H^{+}/H_{2}) = 0\,V$$

电化学中的标准状态与化学热力学中的标准状态一样，即气体组分的分压为 p =100 kPa，溶液组分的活度(实际应用时常用质量摩尔浓度来代替)为 1 mol · kg^{-1}。

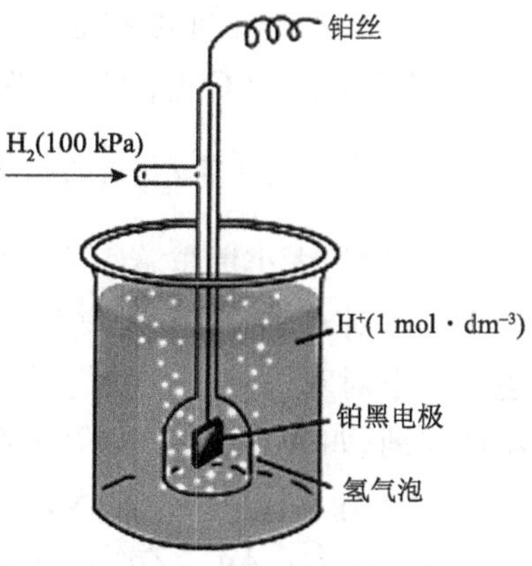

图 7-3 标准氢电极

对于稀的水溶液，则可以用物质的量浓度代替，

c=1 mol · dm^{-3}。所有纯固体或纯液体均为 100 kPa 下的最稳定最常见形态。标准状态条件没有规定温度，除非特别指明，本书中的 $E^\ominus$ 均指 298 K 时的数值。

对于一未知电极，在标准状态下将其与标准氢电极组成原电池，通过测量原电池的电动势即可求得该电极的标准电极电势 $E^\ominus$ 。

$$E^\ominus_{池} = E^\ominus_+ - E^\ominus_-$$

例如，将锌半电池与标准氢电极组成原电池，标准氢电极为正极、Zn^{2+}/Zn 电对为负极，测出电动势为 0.76 V。

反应：$Zn + 2H^+ \xlongequal{\quad} Zn^{2+} + H_2\uparrow$

$$E^\ominus_{池} = E^\ominus(H^+/H_2) - E^\ominus(Zn^{2+}/Zn) = 0.0\ V - E^\ominus(Zn^{2+}/Zn) = 0.76\ V$$

$$E^\ominus(Zn^{2+}/Zn) = -0.76\ V$$

用类似方法可测得一系列电对的标准电极电势，见附录 6。

7.4.3　标准电极电势表

1. 查标准电极电势表注意事项

电极反应通式：氧化型 $+ ze^- \xlongequal{\quad}$ 还原型

(1) $E^\ominus$ 具有强度性质，无加和性，不论半反应的计量系数如何变化，$E^\ominus$ 值不变。

$$Zn^{2+} + 2e^- \xlongequal{\quad} Zn,\quad E^\ominus(Zn^{2+}/Zn) = -0.76\ V$$

$$2Zn^{2+} + 4e^- \xlongequal{\quad} 2Zn,\quad E^\ominus(Zn^{2+}/Zn) = -0.76\ V$$

(2) 电极反应中有 H^+出现，查酸表 $E^\ominus_A$；电极反应中有 OH^-出现，查碱表 $E^\ominus_B$；电极反应中无 H^+或 OH^-，可从存在状态考虑。例如

$E^\ominus(Fe^{3+}/Fe^{2+})$：$Fe^{3+} + e^- \xlongequal{\quad} Fe^{2+}$，查酸表，$E^\ominus_A(Fe^{3+}/Fe^{2+}) = 0.77\ V$

$E^\ominus(S/S^{2-})$：$S + 2e^- \xlongequal{\quad} S^{2-}$，查碱表，$E^\ominus_B(S/S^{2-}) = -0.48\ V$

$E^\ominus(Cl_2/Cl^-)$ 等无介质参与的电极反应，查酸表。

(3) $E^\ominus$ 值是在标准状态下的水溶液中测得的，非水溶液、非标准状态不适用，如 C 在 O_2 中燃烧生成 CO_2、Cu 与浓 H_2SO_4 的反应等。

2. 标准电极电势 $E^\ominus$ 值的意义

$E^\ominus$ 值的大小标志着组成该电极的氧化态的氧化能力和还原态的还原能力的强弱。$E^\ominus$ 值越小，电对对应的还原型物质的还原能力越强，氧化型物质的氧化能力越弱；反之，$E^\ominus$ 值越大，电对对应的氧化型物质的氧化能力越强，还原型物质的还原能力越弱，即强氧化剂/弱还原剂（如 Ag^+/Ag），弱氧化剂/强还原剂（如 Zn^{2+}/Zn）。

$E^\ominus_A(Ag^+/Ag) = +0.80\ V$；$E^\ominus_A(Zn^{2+}/Zn) = -0.76\ V$

氧化能力：$Ag^+ > Zn^{2+}$；还原能力：$Zn > Ag$。

反应方向：　$2Ag^{+} + Zn \longequal 2Ag + Zn^{2+}$

强氧化剂(1)＋ 强还原剂(2) ══ 弱还原剂(1)＋ 弱氧化剂(2)

通俗理解：两个 $E^{\ominus}$ 值不同的电对，如何判断反应方向呢？判据是：$E^{\ominus}$ 值大的电对的氧化型与 $E^{\ominus}$ 值小的电对的还原型作反应物。

7.5　电池反应的热力学

7.5.1　电动势与自由能变的关系

通过热力学的学习知道，在恒温恒压可逆过程中，体系做的最大非体积功等于体系自由能变的减少，即 $W_{max} = -\Delta G$。在原电池中，体系做的最大非体积功就是电功，即

$$W_{max} = W_{电} = -\Delta_r G$$

根据电学原理可知

$$W_{电} = Eq = zFE_{池}$$

式中，$F = 96500\ C \cdot mol^{-1} = 96.5\ kJ \cdot V^{-1} \cdot mol^{-1}$，称为法拉第(Faraday)常量。

联立前两式得

$$\Delta_r G = -zFE_{池} \tag{7-2}$$

式中，z 为电池反应中转移电子的物质的量。

对于 1 mol 反应，则有

$$\Delta_r G_m = -zFE_{池}$$

当各反应物均为标准状态时

$$\Delta_r G_m^{\ominus} = -zFE_{池}^{\ominus} \tag{7-3}$$

通过前面的学习，我们知道，当$\Delta_r G_m < 0$，即 $E_{池} > 0$ 时，恒温恒压下的原电池反应以不可逆的方式正向自发进行。就是说，也可依据 $E_{池} > 0$ 判断氧化还原反应能否正向自发进行。若反应处于标准状态下，有 $E^{\ominus} > 0$，则反应正向自发进行。

7.5.2　电动势与平衡常数的关系

汇总前面学习过的相关公式

$$\Delta_r G_m^{\ominus} = -RT\ln K^{\ominus}\ ;\quad \Delta_r G_m^{\ominus} = -zFE_{池}^{\ominus}$$

$$RT\ln K^{\ominus} = zFE_{池}^{\ominus}$$

$$E_{池}^{\ominus} = \frac{RT}{zF}\ln K^{\ominus} \xrightarrow{T=298\,K时} E_{池}^{\ominus} = \frac{0.059\ V}{z}\lg K^{\ominus}$$

$$\lg K^{\ominus} = \frac{zE_{池}^{\ominus}}{0.059} \tag{7-4}$$

例 7-2　求化学反应 $Pb^{2+}(aq)+Sn(s) = Pb(s)+Sn^{2+}(aq)$ 在标准状态下进行的方向和限度。

解　查表得

$$E_A^\ominus(Pb^{2+}/Pb) = -0.13\ V;\quad E_A^\ominus(Sn^{2+}/Sn) = -0.14\ V$$

$$E_池^\ominus = E_+^\ominus - E_-^\ominus = E_A^\ominus(Pb^{2+}/Pb) - E_A^\ominus(Sn^{2+}/Sn) = -0.13\ V - (-0.14\ V) = 0.01\ V$$

计算结果显示标准状态下 $E_池^\ominus > 0$，即反应可以按题中所给的方向正向自发进行。

根据公式

$$\lg K^\ominus = \frac{nE_池^\ominus V}{0.059\ V} = \frac{2\times 0.01\ V}{0.059\ V} = 0.34$$

求得$K^\ominus = 2.18$。

由于平衡常数较小，所以反应正向进行的程度很小。

7.6　影响电极电势大小的因素

7.6.1　能斯特方程

影响电极电势大小的因素主要有：电极的本性，它决定了 $E^\ominus$ 的大小；温度(常温下影响较小)；溶液中离子的浓度、气体的压力等。例如，298 K 时，当各组分均处于标准态时，有

$$Cl_2(g) + 2e^- = 2Cl^-,\quad E^\ominus(Cl_2/Cl^-) = 1.36\ V$$

$$Zn^{2+}+2e^- = Zn,\quad E_A^\ominus(Zn^{2+}/Zn) = -0.76\ V$$

实际体系中，各组分不可能都处于标准状态，对于非标准状态下的电极电势，可以用能斯特方程(Nernst equation)来表达。

电极反应：　　氧化型 $+ze^-$ ═══ 还原型

298 K 时，电极电势的能斯特方程为

$$E = E^\ominus + \frac{0.059\ V}{z}\lg\frac{[氧化型]}{[还原型]}$$

式中，z 为配平的电极反应中的得失电子数；[氧化型]为电极反应中，氧化型一侧所有物种的相对浓度($c/c^\ominus$)或相对压力($p/p^\ominus$)幂次的乘积；[还原型]为电极反应中，还原型一侧所有物种的相对浓度($c/c^\ominus$)或相对压力($p/p^\ominus$)幂次的乘积。

注意：浓度单位为 $mol\cdot dm^{-3}$；压力单位为 Pa；固体、纯液体及稀溶液中溶剂的浓度视为 1。

例 7-3　写出下列电极反应或电池反应在 298 K 时的能斯特方程式。

(1) $Zn^{2+} + 2e^- = Zn$

(2) $Br_2(l) + 2e^- = 2Br^-$

(3) $Cl_2(g) + 2e^- = 2Cl^-$

(4) $MnO_2(s) + 4H^+ + 2e^- = Mn^{2+} + 2H_2O$

(5) $O_2(g) + 4H^+ + 4e^- = 2H_2O$

(6) $Cr_2O_7^{2-} + 14H^+ + 6e^- = 2Cr^{3+} + 7H_2O$

(7) $MnO_2 + 2Cl^- + 4H^+ = Mn^{2+} + Cl_2 + 2H_2O$

解　(1) $E(Zn^{2+}/Zn) = E^\ominus(Zn^{2+}/Zn) + \dfrac{0.059\ V}{2}\lg[Zn^{2+}]$

(2) $E(Br_2/Br^-) = E^\ominus(Br_2/Br^-) + \dfrac{0.059\ V}{2}\lg\dfrac{1}{[Br^-]^2}$

(3) $E(Cl_2/Cl^-) = E^\ominus(Cl_2/Cl^-) + \dfrac{0.059\ V}{2}\lg\dfrac{p_{Cl_2}/p^\ominus}{[Cl^-]^2}$

(4) $E(MnO_2/Mn^{2+}) = E^\ominus(MnO_2/Mn^{2+}) + \dfrac{0.059\ V}{2}\lg\dfrac{[H^+]^4}{[Mn^{2+}]}$

(5) $E(O_2/H_2O) = E^\ominus(O_2/H_2O) + \dfrac{0.059\ V}{4}\lg(p_{O_2}/p^\ominus)[H^+]^4$

(6) $E(Cr_2O_7^{2-}/Cr^{3+}) = E^\ominus(Cr_2O_7^{2-}/Cr^{3+}) + \dfrac{0.059\ V}{6}\lg\dfrac{[Cr_2O_7^{2-}][H^+]^{14}}{[Cr^{3+}]^2}$

(7) $E_{池} = E_+ - E_- = E(MnO_2/Mn^{2+}) - E(Cl_2/Cl^-)$

$$= \left\{E^\ominus(MnO_2/Mn^{2+}) + \frac{0.059\ V}{2}\lg\frac{[H^+]^4}{[Mn^{2+}]}\right\} - \left\{E^\ominus(Cl_2/Cl^-) + \frac{0.059\ V}{2}\lg\frac{p_{Cl_2}/p^\ominus}{[Cl^-]^2}\right\}$$

$$= \left\{E^\ominus_{池} - \frac{0.059\ V}{2}\lg\frac{[Mn^{2+}][p_{Cl_2}/p^\ominus]}{[H^+]^4[Cl^-]^2}\right\}$$

7.6.2　氧化型、还原型离子浓度对 *E* 的影响

例 7-4　已知 $Fe^{3+}(aq) + e^- = Fe^{2+}(aq)$，$E^\ominus = 0.77\ V$，求 $[Fe^{3+}]/[Fe^{2+}]$ 取不同值时的 E 值。

解　$E = E^\ominus + 0.059\ V \lg[Fe^{3+}]/[Fe^{2+}]$

$[Fe^{3+}]/[Fe^{2+}]$	10^{-2}	10^{-1}	1	10	100
E/V	0.65	0.71	0.77	0.83	0.88

结论：增大氧化型物质的浓度或降低还原型物质的浓度，E 值增大，氧化型物质的氧化能力增强，稳定性减弱，还原型物质的还原能力减弱，稳定性增强。

7.6.3　酸度对 *E* 的影响

例 7-5　298 K，$[H^+]$ 分别为 $10.0\ mol\cdot dm^{-3}$、$1.0\ mol\cdot dm^{-3}$、$1.0\times10^{-3}\ mol\cdot dm^{-3}$、$1.0\times10^{-6}\ mol\cdot dm^{-3}$ 时，计算下列电极反应的电极电势：

$$Cr_2O_7^{2-} + 6e^- + 14H^+ = 2Cr^{3+} + 7H_2O$$

已知：$E^\ominus(Cr_2O_7^{2-}/Cr^{3+}) = 1.33\ V$，$[Cr_2O_7^{2-}] = [Cr^{3+}] = 1.0\ mol\cdot dm^{-3}$

解　$E(Cr_2O_7^{2-}/Cr^{3+}) = E^\ominus(Cr_2O_7^{2-}/Cr^{3+}) + \dfrac{0.059\ V}{6}\lg\dfrac{[Cr_2O_7^{2-}][H^+]^{14}}{[Cr^{3+}]^2}$

$[H^+] = 10.0\ mol\cdot dm^{-3}$；$E(Cr_2O_7^{2-}/Cr^{3+}) = 1.47\ V$

$[H^+] = 1.0\ mol\cdot dm^{-3}$；$E(Cr_2O_7^{2-}/Cr^{3+}) = 1.33\ V$

$[H^+] = 1.0\times10^{-3}\ mol\cdot dm^{-3}$；$E(Cr_2O_7^{2-}/Cr^{3+}) = 0.92\ V$

$[H^+] = 1.0\times10^{-6}\ mol\cdot dm^{-3}$；$E(Cr_2O_7^{2-}/Cr^{3+}) = 0.50\ V$

结论：对于有 H^+或 OH^-参加的反应，溶液的酸碱度对电极电势的影响非常明显，绝大多数含氧酸根的氧化能力随介质酸度的增大而增强。

$KMnO_4$、$K_2Cr_2O_7$、$KClO_3$、KIO_3 等在强酸性介质中均为强氧化剂。

$$K_2Cr_2O_7 + \text{浓 HCl} \longrightarrow Cl_2$$
$$+ \text{稀 HCl} \longrightarrow \text{不反应}$$
$$KIO_3 + KI + H_2O \longrightarrow \text{不反应}$$
$$+ H_2SO_4 \longrightarrow I_2\text{（大量棕黑色沉淀）}$$

酸度不仅对物质的氧化还原能力有影响，有时还能影响氧化还原产物。例如，$KMnO_4$ 与 K_2SO_3 反应，在不同的介质中，$KMnO_4$ 被还原的产物不同。

$$2MnO_4^- + 5SO_3^{2-} + 6H^+ = 2Mn^{2+} + 5SO_4^{2-} + 3H_2O$$
$$2MnO_4^- + 3SO_3^{2-} + H_2O = 2MnO_2\downarrow + 3SO_4^{2-} + 2OH^-$$
$$2MnO_4^- + SO_3^{2-} + 2OH^- = 2MnO_4^{2-} + SO_4^{2-} + H_2O$$

7.6.4　沉淀生成对 E 的影响

例 7-6　已知 $E^\ominus(Ag^+/Ag) = 0.80\ V$，在 Ag-$Ag^+$半电池中，加入 NaCl 至平衡时，$[Cl^-] = 1.0\ mol \cdot dm^{-3}$，求 $E(Ag^+/Ag)$。

解　沉淀溶解平衡：$AgCl = Ag^+ + Cl^-$

$K_{sp}^\ominus(AgCl) = [Ag^+][Cl^-]$

$$[Ag^+] = \frac{K_{sp}^\ominus(AgCl)}{[Cl^-]} = \frac{1.8\times10^{-10}}{1.0} = 1.8\times10^{-10}(mol \cdot dm^{-3})$$

电极反应：$Ag^+(AgCl) + e^- = Ag$（实际是 $AgCl + e^- = Ag + Cl^-$）

$$E(Ag^+/Ag) = E^\ominus(Ag^+/Ag) + 0.059\ V\ \lg[Ag^+]$$
$$= 0.80\ V + 0.059\ V\ \lg(1.8\times10^{-10})$$
$$= 0.22\ V$$

对于实际的电极反应：$AgCl + e^- = Ag + Cl^-$，其中$[Cl^-] = 1.0\ mol \cdot dm^{-3}$，为标准状态下的电极反应，所以有

$E^\ominus(AgCl/Ag) = E(Ag^+/Ag) = 0.22\ V$

同理可求得

$E^\ominus(AgBr/Ag) = 0.07\ V$，$E^\ominus(AgI/Ag) = -0.15\ V$

结论：氧化型物质生成沉淀，则沉淀物的 $K_{sp}^\ominus$ 越小，电对的 E 就越小，氧化型物质越稳定。相反，如还原型物质生成沉淀，则沉淀物的 $K_{sp}^\ominus$ 越小，电对的 E 就越大，还原型物质就越稳定。

迁移·应用

已知：$Ag^+ + e^- = Ag$　　$E^\ominus = 0.80\ V$

$AgI + e^- = Ag + I^-$　　$E^\ominus = -0.15\ V$

(1) 写出由上两个半反应组成的原电池符号(标出正负极)。
(2) 写出电池反应式。
(3) 计算该电池的电动势 $E^{\ominus}_{池}$。
(4) 计算该电池反应的平衡常数 $K^{\ominus}$。
(5) 计算 AgI 的 $K^{\ominus}_{sp}$。

7.7　电极电势的应用

7.7.1　元素电势图及其应用

表明元素各种氧化态之间电极电势变化的关系图称为元素电势图。

元素电势图的表示方法：把同一元素不同氧化态的物质按氧化数由高到低的顺序排列，每两种氧化态物种之间以直线相连，直线上标明对应电对的 $E^{\ominus}$。

$$E^{\ominus}_A/V \quad H_5IO_6 \xrightarrow{+1.60} IO_3^- \xrightarrow{+1.13} HIO \xrightarrow{+1.44} I_2 \xrightarrow{+0.54} I^-$$

1. 判断歧化反应能否发生

对于氧化态由高向低排列的元素电势图，标准状态下某一氧化态发生歧化反应的条件是 $E^{\ominus}_{右} > E^{\ominus}_{左}$。例如

$$E^{\ominus}_A/V \quad Cu^{2+} \xrightarrow{+0.15} Cu^+ \xrightarrow{+0.52} Cu; \qquad Fe^{3+} \xrightarrow{+0.77} Fe^{2+} \xrightarrow{+0.45} Fe$$

即酸性溶液中 Cu^+不稳定，易发生歧化反应 $2Cu^+(aq) = Cu^{2+}(aq) + Cu$；$Fe^{2+}$稳定。

2. 由已知电对的 $E^{\ominus}$ 求未知电对的 $E^{\ominus}$

$$A \xrightarrow[z_1]{E^{\ominus}_1} B \xrightarrow[z_2]{E^{\ominus}_2} C \xrightarrow[z_3]{E^{\ominus}_3} D \qquad (A \to D:\ E^{\ominus}_x(z_x))$$

$$\Delta_r G^{\ominus}_x = \Delta_r G^{\ominus}_1 + \Delta_r G^{\ominus}_2 + \Delta_r G^{\ominus}_3$$

$$-z_x F E^{\ominus}_x = (-z_1 F E^{\ominus}_1) + (-z_2 F E^{\ominus}_2) + (-z_3 F E^{\ominus}_3)$$

$$z_x E^{\ominus}_x = z_1 E^{\ominus}_1 + z_2 E^{\ominus}_2 + z_3 E^{\ominus}_3$$

$$E^{\ominus}_x = \frac{z_1 E^{\ominus}_1 + z_2 E^{\ominus}_2 + z_3 E^{\ominus}_3}{z_x}$$

说明：z 是指电极反应中 1 个元素原子的得失电子数。

例 7-7　根据下面所给的元素电势图，求 $E^{\ominus}$。

$$IO^- \xrightarrow{E^{\ominus}} I_2 \xrightarrow{+0.54\ V} I^- \qquad (IO^- \to I^-:\ +0.49\ V)$$

解　$2\times0.49 = 1\times E^{\ominus} + 1\times0.54$，　$E^{\ominus} = 2\times0.49 - 0.54 = +0.44\ (V)$

7.7.2　电势-pH 图及其应用

通过前面的讨论可知，当电极反应处于酸性或碱性溶液中时，电极电势会受到溶液 pH

的影响。在等温条件下，以电对的电极电势 E 为纵坐标，溶液的 pH 为横坐标，绘出 E 随 pH 变化的关系图，即 E-pH 图。

许多氧化还原反应都是在水溶液中进行的，水本身也具有氧化还原性，故以水为例来讨论 E 随 pH 的变化情况。

1. 水体系的 E-pH 图

水的氧化还原性与两个电极反应有关。

(1) 水作氧化剂被还原为氢气。

$H_2O \longrightarrow H_2$，298 K，$p_{H_2} = 100\ \text{kPa}$

$2H^+ + 2e^- \rightleftharpoons H_2 \qquad (H_2O + 2H^+ + 2e^- \longrightarrow H_2 + H_2O)$

$$E(H^+/H_2) = E^{\ominus}(H^+/H_2) + \frac{0.059\ \text{V}}{2}\lg\frac{[H^+]^2}{(p_{H_2}/p^{\ominus})}$$

$$E(H^+/H_2) = E^{\ominus}(H^+/H_2) + 0.059\ \text{V}\lg[H^+] = -0.059\ \text{VpH}$$

以 pH 对 $E(H^+/H_2)$ 作图（图 7-4），得一直线 A。

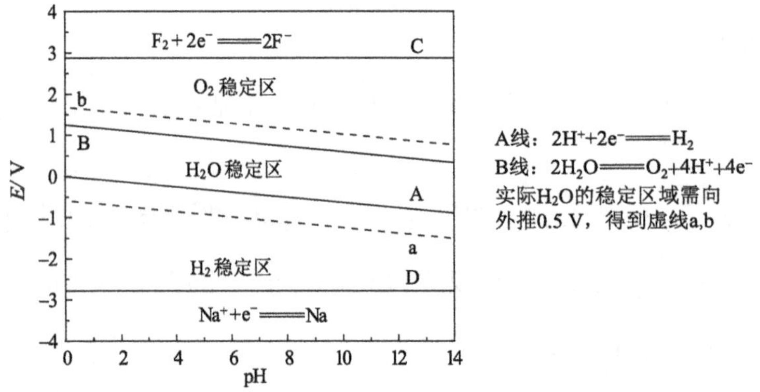

图 7-4　水体系的 E-pH 图

(2) 水作还原剂被氧化放出氧气。

$H_2O \longrightarrow O_2$，298 K，$p_{O_2} = 100\ \text{kPa}$

$2H_2O \rightleftharpoons O_2 + 4H^+ + 4e^-$

$$E(O_2/H_2O) = E^{\ominus}(O_2/H_2O) + \frac{0.059\ \text{V}}{4}\lg(p_{O_2}/p^{\ominus})[H^+]^4$$

$$E(O_2/H_2O) = E^{\ominus}(O_2/H_2O) + 0.059\ \text{V}\lg[H^+]$$

$$E(O_2/H_2O) = 1.23\ \text{V} - 0.059\ \text{VpH}$$

以 pH 对 $E(O_2/H_2O)$ 作图（图 7-4），得一直线 B。

在图 7-4 中，B 线的上方是电对氧化型稳定区，即 O_2 的稳定区域；A 线的下方是电对还原型稳定区，即 H_2 的稳定区域。

图 7-4 中还有两条平行于坐标横轴的线，分别是 F 和 Na 的 E-pH 线，因电极反应中无 H^+ 或 OH^-，所以为直线。图中 C 线的上方是氧化型 F_2 的稳定区域，下方是还原型 F^- 的稳定区域。C 线位于 B(b) 线上方，即 F_2 可以氧化 H_2O 生成 O_2 和 F^-（B 和 C 线间是 O_2 和 F^- 的稳定区域）。

$$2F_2+2H_2O \xlongequal{} 4HF+O_2$$

同理，A 和 D 线间是 H_2 和 Na^+的稳定区，即 Na 可以与 H_2O 反应生成 H_2 和 Na^+。

$$2Na+2H_2O \xlongequal{} 2NaOH+H_2$$

2. 铁-水体系的 *E*-pH 图

铁-水体系的 *E*-pH 图如图 7-5 所示，留给读者自己分析。

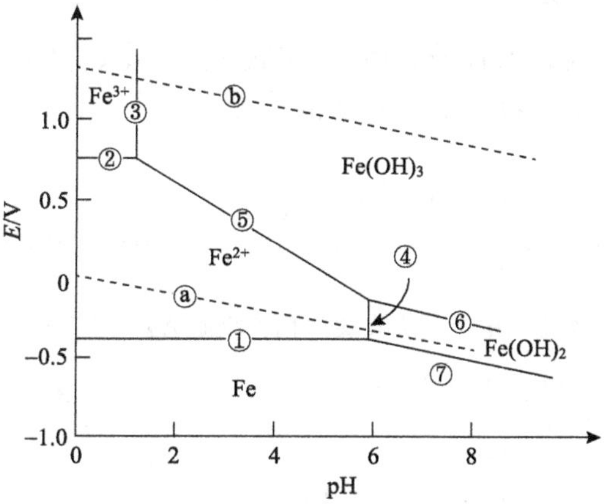

① $Fe^{2+}+2e^- \xlongequal{} Fe$　$E^\ominus=-0.45$ V

② $Fe^{3+}+e^- \xlongequal{} Fe^{2+}$　$E^\ominus=0.77$ V

③ $Fe^{3+}+3OH^- \xlongequal{} Fe(OH)_3$　pH = 1.15

④ $Fe^{2+}+2OH^- \xlongequal{} Fe(OH)_2$　pH = 5.84

⑤ $Fe(OH)_3+e^- \xlongequal{} Fe^{2+}+3OH^-$　$E=0.98-0.18$pH

⑥ $Fe(OH)_3+e^- \xlongequal{} Fe(OH)_2+OH^-$　$E^\ominus=-0.56$ V

⑦ $Fe(OH)_2+2e^- \xlongequal{} Fe+2OH^-$　$E^\ominus=-0.89$ V

图 7-5　铁-水体系的 *E*-pH 图

7.7.3　判断氧化还原反应进行的方向

从前面的学习可知，当$\Delta G<0(E_{池}>0)$时，反应可以向右自发进行，即

(1)在标准状态时，化学反应自发进行的判据为 $E_+^\ominus>E_-^\ominus$。

(2)在非标准状态时，化学反应自发进行的判据为 $E_+>E_-$。但为了方便起见，当标准电动势 $E_{池}^\ominus>0.5$ V 时，可认为反应在通常条件下都可以自发进行，而不必再计算 $E_{池}$。

值得注意的是，$E_{池}^\ominus>0$ 只是反应进行的必要条件，并非充分条件。一个反应实际能否进行还要取决于动力学因素。一般来讲，由于氧化还原反应中有电子的转移或偏离，反应速率普遍较慢。

在例 7-2 中求出了标准状态下化学反应 $Pb^{2+}(aq)+Sn(s) \xlongequal{} Pb(s)+Sn^{2+}(aq)$正向自发进行。但 $E_{池}^\ominus=0.01$ V< 0.5 V，反应程度很小。若改变 Pb^{2+}或 Sn^{2+}的浓度，就有可能改变反应进行的方向。

例 7-8　试判断当 Pb^{2+}浓度为 0.01 mol · dm^{-3}、其他物质均处于标准状态时，下列化学反应 $Pb^{2+}(aq)+Sn(s) \xlongequal{} Pb(s)+Sn^{2+}(aq)$进行的方向。

解　查表得 $E_A^\ominus(Pb^{2+}/Pb)=-0.13$ V；$E_A^\ominus(Sn^{2+}/Sn)=-0.14$ V

$$E(Pb^{2+}/Pb)=E^\ominus(Pb^{2+}/Pb)+\frac{0.059\ V}{2}\lg[Pb^{2+}]$$

$$=-0.13\ V+\frac{0.059\ V}{2}\lg(0.01)$$

$$=-0.19\ V$$

$$E_{池}=E_+-E_-^\ominus=E_A(Pb^{2+}/Pb)-E_A^\ominus(Sn^{2+}/Sn)=-0.19\ V-(-0.14\ V)=-0.05\ V<0$$

即反应将逆向进行。

这也说明当 $E^{\ominus}_{池}$ 太小时，反应物或生成物浓度的改变有可能改变反应方向。

7.7.4 求反应的平衡常数

$$\lg K^{\ominus} = \frac{zE^{\ominus}_{池}}{0.059\ \text{V}}$$

可以利用标准电动势的数据，依据上述公式，求各类氧化(或非氧化)还原反应的平衡常数，如弱电解质的解离平衡常数、沉淀溶解平衡常数、配位平衡常数等。

例 7-9 由标准电极电势的数据，求反应 $AgBr \rightleftharpoons Ag^{+} + Br^{-}$的 $K^{\ominus}$ 。

解题分析：上述反应是一个沉淀溶解平衡，不是氧化还原反应。但可以把上述反应设计成氧化还原反应。

解 在 $AgBr \rightleftharpoons Ag^{+} + Br^{-}$反应式两边各加入 1 个与电子得失有关的相关物质 Ag。

$$Ag + AgBr \rightleftharpoons Ag^{+} + Br^{-} + Ag$$

再把反应分解成两个电极反应，并查出其标准电极电势

$$AgBr + e^{-} \rightleftharpoons Ag + Br^{-} \qquad E^{\ominus}_{+}(AgBr/Ag) = 0.07\ \text{V}$$

$$Ag \rightleftharpoons Ag^{+} + e^{-} \qquad E^{\ominus}_{-}(Ag^{+}/Ag) = 0.8\ \text{V}$$

$$E^{\ominus}_{池} = E^{\ominus}_{+} - E^{\ominus}_{-} = 0.07\ \text{V} - 0.8\ \text{V} = -0.73\ \text{V}$$

$$\lg K^{\ominus} = \frac{zE^{\ominus}_{池}}{0.059\ \text{V}} = \frac{-1\times 0.73\ \text{V}}{0.059\ \text{V}} = -12.37$$

求得$K^{\ominus} = 4.27\times 10^{-13}$ 。

AgBr的$K^{\ominus}_{sp} = K^{\ominus} = 4.27\times 10^{-13}$ 。

例 7-10 由标准电极电势的数据，求弱电解质 HAc 的解离常数 $K^{\ominus}_{a}$ 。解法类同例 7-9。

解 $$HAc(aq) \rightleftharpoons H^{+}(ag) + Ac^{-}(aq)$$

解离式两边各加一个H_2

$$HAc(aq) + H_2(g) \rightleftharpoons H^{+}(aq) + Ac^{-}(aq) + H_2(g)$$

正极：$2HAc(aq) + 2e^{-} \rightleftharpoons 2Ac^{-}(aq) + H_2(g) \qquad E^{\ominus}_{+} = -0.14\ \text{V}$

负极：$H_2(g) \rightleftharpoons 2H^{+}(aq) + 2e^{-} \qquad E^{\ominus}_{-} = 0.00\ \text{V}$

$E^{\ominus}_{池} = E^{\ominus}_{+} - E^{\ominus}_{-} = -0.14\ \text{V} - 0.00\ \text{V} = -0.14\ \text{V}$

$$\lg K^{\ominus}_{a} = \frac{zE^{\ominus}_{池}}{0.059\ \text{V}} = -\frac{2\times 0.14\ \text{V}}{0.059\ \text{V}} = -4.76$$

$K^{\ominus}_{a} = 1.74\times 10^{-5}$

归 纳 · 整 合

1. 氧化还原方程式的配平

氧化数法配平原则：氧化数的升、降值相等；反应前后各元素的原子总数相等。

离子-电子法配平原则：得、失电子数相等；反应前后各元素原子总数相等。

2. 原电池

1) 电极的类型

(1) 金属-金属离子电极，$Cu^{2+} + 2e^- = Cu$，电极符号：$Cu(s) \mid Cu^{2+}(c)$

(2) 气体-离子电极，$2H^+ + 2e^- = H_2$，电极符号：$Pt \mid H_2(g) \mid H^+(c)$

(3) 金属-难溶盐-离子电极，$AgCl + e^- = Ag + Cl^-$，电极符号：$Ag \mid AgCl(s) \mid Cl^-(c)$

(4) 氧化还原电极，$Fe^{3+} + e^- = Fe^{2+}$，电极符号：$Pt \mid Fe^{3+}(c_1), Fe^{2+}(c_2)$

2) 原电池符号

Cu-Zn 原电池符号：$(-)\ Zn \mid ZnSO_4(c_1) \parallel CuSO_4(c_2) \mid Cu\ (+)$

有惰性电极辅助的原电池符号：$(-)\ Pt \mid H_2(1.013\times10^5\ Pa) \mid H^+(1\ mol\cdot dm^{-3}) \parallel Cu^{2+}(c) \mid Cu\ (+)$

3. 电池反应的热化学

$$\lg K^\ominus = \frac{zE^\ominus_{池}}{0.059\ V}，\ \Delta_r G^\ominus_m = -zFE^\ominus_{池}$$

4. 影响电极电势大小的因素

$$E = E^\ominus + \frac{0.059\ V}{z}\lg\frac{[氧化型]}{[还原型]}$$

(1) 氧化型、还原型离子浓度对 E 的影响：增大氧化型物质的浓度或降低还原型物质的浓度，E 值增大，氧化型物质的氧化能力增强，稳定性减弱；还原型物质的还原能力减弱，稳定性增强。

(2) 酸度对 E 的影响：对于有 H^+ 或 OH^- 参加的反应，溶液的酸碱度对电极电势的影响非常明显，绝大多数含氧酸根的氧化能力随介质酸度的增大而增强。

(3) 沉淀生成对 E 的影响：氧化型物质生成沉淀，则沉淀物的 $K^\ominus_{sp}$ 越小，它的 E 就越小，氧化型物质越稳定。相反，如还原型物质生成沉淀，则沉淀物的 $K^\ominus_{sp}$ 越小，电对的 E 就越大，还原型物质越稳定。

5. 电极电势的应用

(1) 元素电势图及其应用。①判断歧化反应能否发生，对于氧化态由高向低排列的元素电势图，标准状态下某一氧化态发生歧化反应的条件是 $E^\ominus_{右} > E^\ominus_{左}$。

②由已知电对的 $E^\ominus$，求未知电对的 $E^\ominus_x$。

$$E^\ominus_x = \frac{z_1E^\ominus_1 + z_2E^\ominus_2 + z_3E^\ominus_3}{z_x}$$

(2) 电势-pH 图及其应用。

(3) 判断氧化还原反应进行的方向

$$E^\ominus_+ > E^\ominus_- \text{ 或 } E_+ > E_-$$

(4) 求反应的平衡常数

$$\lg K^\ominus = \frac{zE^\ominus_{池}}{0.059V}$$

习　题

1. 用离子-电子法配平下列氧化还原反应式。

(1) $Cr_2O_7^{2-} + Fe^{2+} \longrightarrow Cr^{3+} + Fe^{3+} + H_2O$ (酸性介质)

(2) $Mn^{2+} + NaBiO_3 + H^+ \longrightarrow Bi^{3+} + MnO_4^- + Na^+ + H_2O$

(3) $H_2O_2 + MnO_4^- + H^+ \longrightarrow O_2 + Mn^{2+} + H_2O$

2. 写出下列原电池的符号、计算电动势(298 K)，并判断反应能否自发进行。

(1) $2Fe^{3+}$ (0.1 mol · dm^{-3}) + $2Br^-$ (1.0 mol · dm^{-3}) ═══ $2Fe^{2+}$ (0.1 mol · dm^{-3}) + Br_2 (l)

(2) $2MnO_4^-$(1.0 mol · dm^{-3}) + $10Cl^-$ (1.0 mol · dm^{-3}) + $16H^+$ (1.0 mol · dm^{-3}) ═══ $2Mn^{2+}$ (1.0 mol · dm^{-3}) + $5Cl_2$ (100 kPa) + $8H_2O$

(3) NO_3^- (1.0 mol · dm^{-3}) + $2I^-$ (1.0 mol · dm^{-3}) + $3H^+$ (1.0 mol · dm^{-3}) ═══ HNO_2 (0.01 mol · dm^{-3}) + I_2(s) + H_2O

3. 将铜片插入盛有 0.5 mol · dm^{-3} $CuSO_4$溶液的烧杯中，银片插入盛有 0.5 mol · dm^{-3}$AgNO_3$溶液的烧杯中，组成一个原电池。

(1)写出原电池符号。

(2)写出电极反应式和电池反应式。

(3)求该电池的电动势。已知 $E^\ominus$ (Cu^{2+}/Cu)=0.34 V， $E^\ominus$ (Ag^+/Ag)=0.80 V。

4. 在 pH = 3 和 pH = 6 时，$KMnO_4$是否能氧化I^-和Br^-?

5. 已知 $E^\ominus$ (H_3AsO_4/H_3AsO_3) = 0.56 V，$E^\ominus$ (I_2/I^-) = 0.54 V，试计算下列反应：$H_3AsO_3 + I_2 + H_2O \rightleftharpoons H_3AsO_4 + 2I^- + 2H^+$ 在 298 K 时的平衡常数。如果 pH = 7，反应朝什么方向进行?

6. 已知 $E^\ominus(Br_2/Br^-)$ = 1.09 V， $E^\ominus$ (IO_3^-/I_2) = 1.20 V。

(1)写出标准状态下自发进行的电池反应式。

(2)若[Br^-] = 0.0001 mol · dm^{-3}，而其他条件不变，反应将如何进行?

(3)若调节溶液 pH = 4，其他条件不变，反应将如何进行?

7. 298 K 时，在 Fe^{3+} 和 Fe^{2+} 的混合液中加入 NaOH，保持溶液 pH = 12，计算 $E(Fe^{3+}/Fe^{2+})$ 。

[已知 $E^\ominus(Fe^{3+}/Fe^{2+})$ = 0.77 V，$Fe(OH)_3$的 $K_{sp}^\ominus = 4 \times 10^{-38}$，$Fe(OH)_2$的 $K_{sp}^\ominus = 8 \times 10^{-16}$]

8. 在 298 K 时，测定下列电池的 E = 0.48 V，试求溶液的 pH。

(－) Pt | H_2 (100 kPa) | H^+ (x mol · dm^{-3}) ‖ Cu^{2+} (1 mol · dm^{-3}) | Cu (+)

9. 已知锰在酸性溶液中的元素电势图如下：

$$E_A^\ominus / V \quad MnO_4^- \xrightarrow{0.56} MnO_4^{2-} \xrightarrow{2.26} MnO_2 \xrightarrow{0.95} Mn^{3+} \xrightarrow{1.51} Mn^{2+} \xrightarrow{-1.18} Mn$$

($MnO_4^- \to Mn^{2+}$: 1.51；$MnO_4^- \to MnO_2$: 1.70；$MnO_2 \to Mn^{2+}$: 1.23)

(1)求 $E^\ominus(MnO_4^{2-}/Mn^{2+})$ 。

(2)确定最常用的氧化剂及最稳定的离子。

(3)指出哪些物质会发生歧化反应，并写出反应方程式。

10. 根据反应 $2I^- + 2Fe^{3+}$ ═══ $I_2 + 2Fe^{2+}$，组成原电池(T = 298 K)，计算 c (I^-) = 1.0 × 10^{-2} mol · dm^{-3}，以及 [Fe^{3+}] = [Fe^{2+}]/ 10 时原电池的电动势。

11. 反应 Pb^{2+}+Sn ═══ Pb+Sn^{2+}，已知 $E^\ominus(Sn^{2+}/Sn)$ = – 0.14 V， $E^\ominus(Pb^{2+}/Pb)$ = – 0.13 V。

(1)求原电池的标准电动势。

(2)当[Sn^{2+}] = 1.0 mol · dm^{-3}，[Pb^{2+}] = 0.1 mol · dm^{-3} 时，判断反应自发进行的方向。

(3)求此反应的标准平衡常数。

12. 已知反应 $2MnO_4^-$+$10Cl^-$+$16H^+$ ═══ $2Mn^{2+}$+$5Cl_2$↑+$8H_2O$

(1)判断上述反应在标准状态时能否正向进行。

(2)若[H^+] = 1.0 × 10^{-5} mol · dm^{-3}，其他物质仍处于标准状态，试判断上述反应的方向。

(3)计算上述反应的平衡常数。

[已知 $E^\ominus(MnO_4^{2-}/Mn^{2+})$ = 1.51 ， $E^\ominus(Cl_2/Cl^-)$ = 1.36 V]

13. 已知电对 Ag^++ e^- ═══ Ag， $E^\ominus$ =+0.80 V，AgBr 的溶度积为 5.0 × 10^{-13}，AgI 的溶度积为 8.3 × 10^{-17}。计算 298 K 时 AgBr/Ag 电对和 AgI/Ag 电对的标准电极电势。

14. 反应 Ag^++e^- ═══Ag 和 AgCl+e^- ═══ Ag+Cl^-的标准电极电势分别为 0.80 V 和 0.22 V，计算 AgCl 的溶度积 $K_{sp}^\ominus$ 。

15. (1)试判断下列反应在标准态下能否向右自发进行。

$$MnO_2(s) + 4HCl(aq) ═══ MnCl_2(aq) + Cl_2(g) + 2H_2O(l)$$

(2)实验室中为什么能用浓 HCl 制取 Cl_2? (已知浓 HCl 的浓度为 12 mol · dm^{-3})

$$MnO_2 + 4H^+ + 2e^- ═══ Mn^{2+} + 2H_2O \quad E^\ominus = 1.23\ V$$

$$Cl_2 + 2e^- ═══ 2Cl^- \quad E^\ominus = 1.36\ V$$

16. 丙烷燃料电池的电极反应为

$$C_3H_8(g) + 6H_2O(l) ═══ 3CO_2(g) + 20H^+(aq) + 20e^-$$

$$5O_2(g) + 20H^+(aq) + 20e^- ═══ 10H_2O(l)$$

(1)指出正极反应和负极反应。

(2)写出电池反应方程式。

(3)计算 25℃下丙烷燃料电池的标准电动势。

[已知 $\Delta_f G_m^\ominus(C_3H_8, g)$ = – 23.5 kJ · mol^{-1}]

17. 有一原电池(－)A | A^{2+} ‖ B^{2+} | B(+)，当 [A^{2+}] = [B^{2+}] 时，电池的电动势为 0.360 V，当 [A^{2+}]=0.1000 mol · dm^{-3}，[B^{2+}] 也

发生变化时，电池的电动势为 0.272 V，求此时的[B^{2+}]。

18. 已知 $E^{\ominus}(Fe^{3+}/Fe^{2+}) = 0.77$ V，$E^{\ominus}(I_2/I^-) = 0.54$ V，有原电池：

(–) Pt | Fe^{2+} ($1.00\ mol \cdot dm^{-3}$)，Fe^{3+} ($1.00 \times 10^{-4}\ mol \cdot dm^{-3}$) ‖ I^- ($1.00 \times 10^{-4}\ mol \cdot dm^{-3}$) | I_2 | Pt (+)

(1) 计算 $E(Fe^{3+}/Fe^{2+})$、$E(I_2/I^-)$ 和该电池的电动势。

(2) 分别写出正、负极的电极反应和电池反应。

(3) 计算该电池反应在 298 K 下的 $K^{\ominus}$ 和 $\Delta_r G_m^{\ominus}$。

19. 已知 $Cu^{2+} + 2e^- \rightleftharpoons Cu$　　$E^{\ominus} = 0.34$ V

$Cu^+ + e^- \rightleftharpoons Cu$　　$E^{\ominus} = 0.52$ V

$Cu^{2+} + Br^- + e^- \rightleftharpoons CuBr(s)$　　$E^{\ominus} = 0.64$ V

求 CuBr 的 $K_{sp}^{\ominus}$。

20. 已知在 298 K、101.3 kPa 时，电极反应 $O_2 + 4H^+ + 4e^- \rightleftharpoons 2H_2O$ 的 $E^{\ominus} = 1.23$ V，计算电极反应 $O_2 + 2H_2O + 4e^- \rightleftharpoons 4OH^-$ 的 $E^{\ominus}$。

第 7 章单元测试题(单选)

班级________姓名________作业号________成绩________

( )1. 下列化合物中，氧呈现+2 氧化态的是

A. Cl_2O_5　　B. BrO_2　　C. $HClO_2$　　D. F_2O

( )2. 在甲醛(HCHO)及乙酰氯(CH_3COCl)中，碳的氧化数分别是

A. +4，+4　　B. +4，+2　　C. 0，0　　D. 0，+2

( )3. 将下列反应设计成原电池时，不用惰性电极的是

A. $H_2+Cl_2 = 2HCl$　　B. $2Fe^{3+}+Cu = 2Fe^{2+}+Cu^{2+}$

C. $Ag^{+}+Cl^{-} = AgCl$　　D. $2Hg^{2+}+Sn^{2+} = Hg_2^{2+}+Sn^{4+}$

( )4. 在配平后的 $PbO_2+C_2O_4^{2-}+H^{+} \longrightarrow Pb^{2+}+CO_2+H_2O$ 方程式中，PbO_2 和 $C_2O_4^{2-}$ 系数的总和是

A. 2　　B. 3　　C. 5　　D. 7

( )5. 电解 K_2SO_4 流动的水溶液时，阴、阳两极产物分别是

A. H_2、KOH　　B. KOH、H_2　　C. H_2、O_2　　D. O_2、H_2

( )6. 电极电势与 pH 无关的电对是

A. H_2O_2/H_2O　　B. MnO_4^{-}/MnO_4^{2-}　　C. MnO_2/Mn^{2+}　　D. IO_3^{-}/I^{-}

( )7. 将有关离子浓度增大 5 倍，而 E 值保持不变的电极反应是

A. $Zn^{2+}+2e^{-} = Zn$　　B. $Cr^{3+}+e^{-} = Cr^{2+}$

C. $Cl_2+2e^{-} = 2Cl^{-}$　　D. $MnO_4^{-}+8H^{+}+5e^{-} = Mn^{2+}+4H_2O$

( )8. 下列氧化还原电对中，$E^{\ominus}$ 值最大的是

A. Ag^{+}/Ag　　B. AgCl/Ag　　C. AgBr/Ag　　D. AgI/Ag

( )9. 使下列电极反应中有关离子浓度减小一半，而 E 值增加的是

A. $Cu^{2+}+2e^{-} = Cu$　　B. $I_2+2e^{-} = 2I^{-}$

C. $2H^{+}+2e^{-} = H_2$　　D. $Fe^{3+}+e^{-} = Fe^{2+}$

( )10. 根据 $E^{\ominus}$(AgI/Ag) = −0.151 V，$E^{\ominus}$(AgBr/Ag) = +0.095 V，则金属银可自发溶于

A. 盐酸　　B. 氢溴酸　　C. 氢碘酸　　D. 氢氟酸

( )11. 在 $Cr_2O_7^{2-}$ / Cr^{3+}半电池中，当 H^{+}浓度为 2 mol · dm^{-3}，其他离子浓度均为 1 mol · dm^{-3}，则 E 比标准状态的

A. 大　　B. 小　　C. 不变　　D. 不能判断

( )12. 在 NO_3^{-}-NO 的标准半电池中，降低溶液的酸度，NO_3^{-}的氧化能力

A. 增大　　B. 减小　　C. 不变　　D. 无法判断

( )13. 下列反应：$4Al + 3O_2 + 6H_2O = 4Al(OH)_3$ 的 $\Delta_r G_m^{\ominus} = -zFE_{池}^{\ominus}$，式中 z 等于

A. 6　　B. 8　　C. 12　　D. 14

( )14. 某电池(−) A | A^{2+}(0.1 mol · dm^{-3}) ‖ B^{2+}(0.01 mol · dm^{-3}) | B(+)的电动势 $E_{池}$为 0.27 V，则该电池的标准电动势 $E_{池}^{\ominus}$为

A. 0.24 V　　B. 0.27 V　　C. 0.30 V　　D. 0.33 V

( )15. 在 Fe^{3+}-Fe^{2+}半电池中，降低 Fe^{2+}的浓度，Fe^{3+}的氧化能力

A. 增大　　B. 减小　　C. 不变　　D. 无法判断

( )16. 用能斯特公式计算电对 MnO_4^{-}/ Mn^{2+} 的非标准电极电势 E 时，下列叙述中不正确的是

A. 温度应为 298 K　　B. Mn^{2+} 浓度增大则 E 值减小

C. H^{+}浓度变化对 E 值无影响　　D. MnO_4^{-}浓度增大则 E 值增大

( )17. 当溶液中 H^{+}浓度增大时，氧化能力不增强的氧化剂是

A. $Cr_2O_7^{2-}$　　B. O_3　　C. $[PbCl_6]^{2-}$　　D. NO_3^{-}

( )18. 在半反应 $MnO_4^{-}+8H^{+}+(\ \ ) = Mn^{2+}+4H_2O$ 的括号中填入

A. $3e^{-}$　　B. $5e^{-}$　　C. $2e^{-}$　　D. $8e^{-}$

( )19. 在标准状态下，对于含有 Cl^{-}、Br^{-}、I^{-}的混合溶液，能氧化 I^{-}而不氧化 Cl^{-}、Br^{-}的试剂是

A. $KMnO_4$　　B. MnO_2　　C. $Fe_2(SO_4)_3$　　D. $CuSO_4$

( )20. 下列物质加入电池负极溶液中，使 Zn^{2+}/Zn-H^{+}/H_2 组成的原电池电动势增大的是

A. $ZnSO_4$ 固体　　B. 锌粒　　C. Na_2S 溶液　　D. Na_2SO_4 固体

第 2 篇　物质结构基础

第 8 章　原子结构与元素周期律

8.1　经典的原子结构模型

8.1.1　古希腊的原子概念

关于世界本原的看法，早在古希腊就有许多种。泰勒斯认为是水；毕达哥拉斯学派认为是数；赫拉克利特认为是火；巴门尼德认为是无限的(与中国的道家看法类似)；恩培多克勒认为是土、气、火、水四种元素(与中国的阴阳五行说类似)；原子论者认为是原子。现代自然科学证明，原子论的观点最为科学。

据罗素推测，提出原子论的是留基伯(Leucippus，鼎盛期约公元前 440 年)，而丰富和阐明这一学术论点的是德谟克利特(Democritus，公元前 460—公元前 370)。

留基伯是古希腊爱奥尼亚学派中的著名学者，公元前五世纪的一天，留基伯和他的学生德谟克利特漫步爱琴海时注意到这样一个现象：从远方观看沙滩，沙滩绵延连续；但当从近处观察时，沙滩是由一些独立的沙粒组成的。那么，看上去连续不断的海水呢？人类生活所接触的各种物质呢？它们是连续不断还是由一些独立的、更小的粒子组成的呢？当时的古希腊盛行的观点是物质可以被无限地分隔下去。但是留基伯凭借直觉认为：物质的分隔一定是有极限的，一定存在着不能继续分隔的最终微粒。德谟克利特对留基伯的学说进行了加工和提炼，形成了自己的宇宙观。他用多元和运动来解释宇宙：一切物质都由微粒组成，这种微粒无限小，世上没有比它再小的东西，因此它是不可再分的，他称这种微粒为原子。无数的原子在无限的空间或“虚空”中运行；原子是永恒存在的，没有起因，“不可分”，也看不见，相互间只有形状、排列、位置和大小的区别。根据这样的理论，德谟克利特还提出了天体演化学说，即在由于碰撞等原因形成的一个原始旋涡中运动的一部分原子，其中较大的原子被赶到旋涡的中心，较小的被赶到外围。中心的大原子相互聚集形成球状结合体，即地球。较小的水、气、火原子，则在空间产生一种环绕地球的旋转运动。地球外面的原子由于旋转而变得干燥，最后燃烧起来，变成各个天体。德谟克利特的原子论后来被伊壁鸠鲁和卢克莱修所继承。实际上，由于缺乏实验基础，古代的原子理论在大约两千余年的时间里都属于少数人的观点，对古代大多数理论家来说，物质可以小到不能再分的程度似乎是不合理的。

从 18 世纪道尔顿开始，原子论被发展为自然科学理论。

8.1.2　道尔顿的原子论

18 世纪以来，科学家的观察和测量手段更加准确，他们逐渐抛弃了希腊的四元素观点。这一阶段化学史上发生了很多重要的事情，影响了化学的发展轨迹。

1661 年，被称为现代化学奠基人的波义耳(R. Boyle)在他的著作《怀疑派化学家》中提出，如果一种物质能够分解为更简单的物质，那么它就不能被称为元素，两种或多种元素结合可以形成化合物。

1777 年，法国化学家拉瓦锡(A. L. Lavoisier)在定量研究 HgO 的分解、煤的燃烧等化学反应的基础上，证明了化学反应中的质量守恒定律。

1799 年，普罗斯特(J. L. Proust)提出了定比定律，即组成化合物的元素具有确定的质量比。

1803 年，英国化学家道尔顿提出两种元素可能形成不止一种比例的化合物，即倍比定律。同年，又发表了自己关于原子的观点。道尔顿原子论认为，物质世界的最小单位是原子，原子是单一的，独立的，不可被分割的，在化学变化中保持着稳定的状态，同类原子的属性也是一致的。他给元素指定符号，并将符号结合起来成为化合物。另外，他制作了 14 种元素的相对分子质量表。虽然他指定的符号后来被伯齐利厄斯(J. J. Berzelius)所修正，但是比炼丹家的形象文字前进了一大步。

8.1.3　原子模型的早期探索与发现

1. 电子的发现

电子的发现与阴极射线的实验研究密切相关。1875 年，克鲁克斯(W. Crookes)发明了具有足够真空度的气体放电管，如图 8-1 所示，观察到从阴极射向阳极的射线。

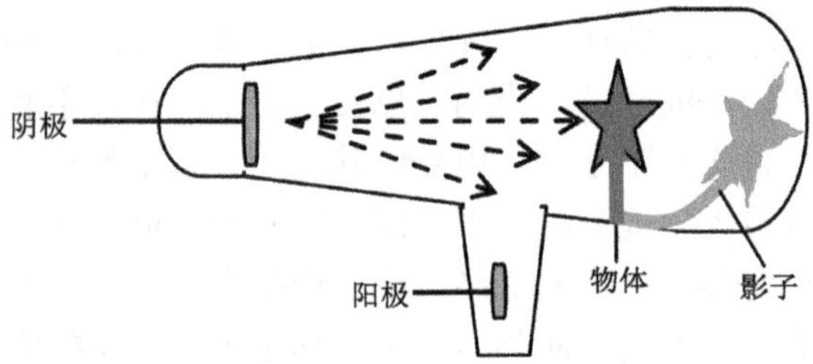

图 8-1　克鲁克斯阴极射线管示意图

这种阴极射线究竟是一束颗粒呢，还是一束光波？在英国、德国两国的科学家之间产生了激烈的争论。1897 年，汤姆孙发现了阴极射线在电场下向正极板的偏移，从而发现了电子，并测量了电子的质荷比(m/q)，他因此获得了 1906 年诺贝尔物理学奖。其实，早在 1886 年，德国科学家戈尔茨坦(E. Goldstein)在研究阴极射线的同时，就已经观察到射向阴极的正离子流。但是，直到 1907 年，才通过研究磁场下粒子的偏移，确定了它们具有不同的质量。当阴极射线管中存在少量 H_2 时，正离子的质量是电子质量的 1837 倍。1906～1913 年，美国科学家密立根(R. A. Millikan)通过油滴实验，测量了电子的电量，他在 1906 年第一次测得电子电荷量为 1.34×10^{-19} C，1913 年最后测得的电子电荷量为 1.59×10^{-19} C，在当时条件下，这是一个高精度的测量值，他也因此荣获 1923 年诺贝尔物理学奖。根据密立根和汤姆孙的研究结果，很容易得到电子的质量。现在我们已经知道，电子的电量为 1.6×10^{-19} C，其质量非常小，仅有 9.1×10^{-31} kg。

2. 放射性射线的发现

科学史上有很多发现源于事故或意外。为什么这些“幸福的意外”总是发生在科学家身上呢？原因在于科学家们是一群训练有素的观察者。同样的意外，如果发生在普通人身边，很可能被忽略，或者尽管被注意到了，但并不理解其中的意义。

1895 年，德国科学家伦琴(W. K. Röntgen)在黑暗的实验室里研究由阴极射线导致的物质发光现象时，发现令他惊奇的现象，远离阴极射线管的一张纸发光，甚至把这张纸放置到隔壁房间仍然发光。这是一种可以穿透墙壁的射线。伦琴把这种射线命名为 X 射线。

新的科学发现势必导致大量的科学家跟风研究。研究荧光现象的法国科学家贝克勒尔(A. H. Becquerel)想知道荧光现象与 X 射线的关系。他用黑色的纸将胶片包裹起来，纸上面放置一块荧光晶体，置于阳光下照射。如果荧光是一种普通的光线，那么它就不会穿透黑色的纸。如果荧光与 X 射线近似可以穿透黑色的纸，胶片就会感光。他使用的荧光晶体是一种铀的化合物，碰巧有几天阴天，他就把样品放在抽屉里。令人惊奇的是，胶片居然也感光了。进一步的实验确定，胶片的感光与荧光无关，而与化合物中的铀有关。居里夫人(M. S. Curie)将这一现象命名为放射性，她在丈夫居里(P. Curie)的帮助下，发现了包括镭(Ra)在内的一系列放射性元素，居里夫妇和贝克勒尔一同获得了 1903 年诺贝尔物理学奖。后来，居里夫人在放射性元素研究领域的持续工作还使她获得了 1911 年诺贝尔化学奖。目前人们熟知的三种放射性射线的符号、相对分子质量和电荷列于表 8-1。

表 8-1　三种放射性射线

射线类型与符号	相对分子质量	电荷
α　$^{4}_{2}He$	4	2+
β　$^{0}_{-1}e$	1/1837	1−
γ　$^{0}_{0}\gamma$	0	0

8.1.4　卢瑟福的原子核式模型

1895 年，24 岁的英国人卢瑟福(E. Rutherford)来到英国卡文迪许实验室，成为汤姆孙的研究生，并开始进行放射性射线的研究。他通过巧妙的实验设计，得到了一束放射线，在放射线附近外加磁场，该束射线分解得到了三种不同的射线，它们分别是穿透力较弱、带正电荷的 α 射线，带有负电荷的 β 射线，不带电荷、穿透力很强的 γ 射线。他对自己发现的 α 射线进行了深入细致的研究，证实了 α 射线的本质是氦分子离子流 $^{4}_{2}He^{2+}$。由于在放射化学领域突出的研究成果，他获得了 1908 年诺贝尔化学奖。

关于原子的模型，当时普遍的观点认为原子是实心的，质量微小、带负电的电子均匀地分布在带正电的物质中，卢瑟福的老师汤姆孙也不例外。按照这种原子模型，如果用 α 粒子轰击金箔时，没有什么能阻挡 α 粒子的穿透，至多是 α 粒子受正电物质的影响而稍稍改变前进的方向。卢瑟福重复进行了多次实验，观测结果与原子的实心模型符合得很好。但是，另一个人马斯登(E. Marsden)的加入，让一个看似寻常的实验变得不同凡响，他使得这个重复了多次的实验变成了“著名的 α 粒子散射实验”。实验中，他们使用一束平行的 α 粒子轰击极薄的金箔，发现大部分 α 粒子穿过金属箔片，少数穿过的粒子改变了原来的直线射程，运行轨迹发生了不同程度的偏转，还有极少数 α 粒子运行中似乎遇到了某种坚实而无法穿透的物体被反弹回来(图 8-2)。如果假设原子中的正电荷分散得很稀薄，而电子质量是如此之轻，它们都不足以抵抗能量高、质量大的 α 粒子的轰击，那么 α 粒子的穿过和偏转都容易理解。难以理解的是，为什么 α 粒子会被反弹回来。

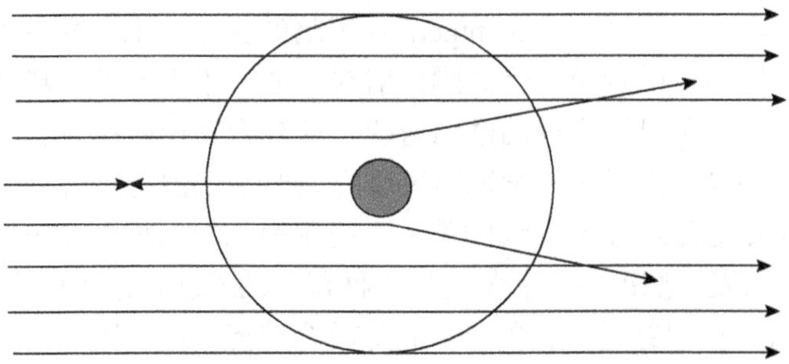

图 8-2　α 粒子散射实验示意图

卢瑟福仔细检验了实验中反弹回来的粒子是 α 粒子，又反复测量了反弹回来的 α 粒子的总数。在他们的实验条件下，每射入 8000 个 α 粒子会有 1 个粒子被反弹回来。而他的老师汤姆孙的实心带电球原子模型只能对 α 粒子的小角度散射给出合理解释，无法解释 α 粒子的大角度散射甚至反弹。在整整两年的时间里，经过大量的实验和理论计算及深刻思考后，卢瑟福逐渐意识到，原子并非排列紧密的实体，原子内部存在空腔，反弹回来的粒子遇到了具有相当质量并带有正电荷的部分，这部分在原子内部所占的体积很小。由此提出了原子核的概念，即原子内部存在一个质量大、体积小、带正电荷的部分。1911 年，卢瑟福提出原子的核式模型，主要包括以下观点：

(1) 原子由原子核和电子构成。

(2) 原子核体积很小，带正电荷，但几乎集中了原子的全部质量。

(3) 电子绕核做圆周运动，并有不同的运动轨道，就像行星绕太阳运动一样。

1918 年，卢瑟福任卡文迪许实验室主任时，用 α 粒子轰击氮原子核发现，闪光探测器纪录到氢核的迹象。他认识到这些氢核唯一可能的来源是氮原子，因此氮原子必须含有氢核。因此，他建议原子序数为 1 的氢原子核是一个基本粒子。尽管在此之前的德国科学家戈尔德斯坦就已经注意到阳极射线是由正离子组成的，但他没有能够分析这些离子的成分。卢瑟福发现质子以后，又预言了不带电的中子存在。1932 年英国物理学家查德威克在进行 α 粒子轰击硼的实验时发现了中子的存在。

卢瑟福原子核式模型的建立，解释了许多道尔顿原子模型无法解释的现象，也为以后原子结构的发展奠定了坚实的基础。在探索原子结构奥秘的发展史上，卢瑟福堪称第一人，学术界公认他是继法拉第之后最伟大的实验物理学家，被誉为“原子核物理学之父”。

一个新观点的提出一开始总是受到冷落，与旧理论不断地被新理论替代一样，都是科学发展史上再寻常不过的现象。原子核式模型刚被提出时，并没有引起当时科学界的注意，人们忽略了该模型背后大量的实验事实和理论计算。原子核式模型更不是原子模型发展的终点，它并不能对质量微小、带负电的核外电子能够稳定地存在于质量相对巨大、带正电荷的原子核周围的事实给出满意的解释。

8.2　玻尔氢原子结构理论和微观粒子运动规律

8.2.1　氢原子光谱与玻尔的原子模型

卢瑟福的原子核式模型与经典的电磁学理论相违背。按照卢瑟福的原子核式模型，带负电荷的电子绕带正电的原子核做圆周运动。但是，按电磁学理论，电子绕核做圆周运动时，能量会逐渐降低，则电子的运动轨道半径将逐渐减小，电子最后将与原子核相撞而毁灭，但事实并非如此。

原子结构真实模型的确立来自光谱实验的启发。

当太阳光透过棱镜时，可以分裂成红、橙、黄、绿、青、蓝、紫等一系列连续的光谱带。而当原子被激发发射的光经过棱镜后，得到的却是不连续的原子光谱(也称线状光谱)，并且每种元素的原子都有自己的特征光谱，不同元素的原子光谱(线状光谱)各不相同，如图 8-3 所示。这使人们意识到原子光谱与原子结构之间势必存在着一定的关系。

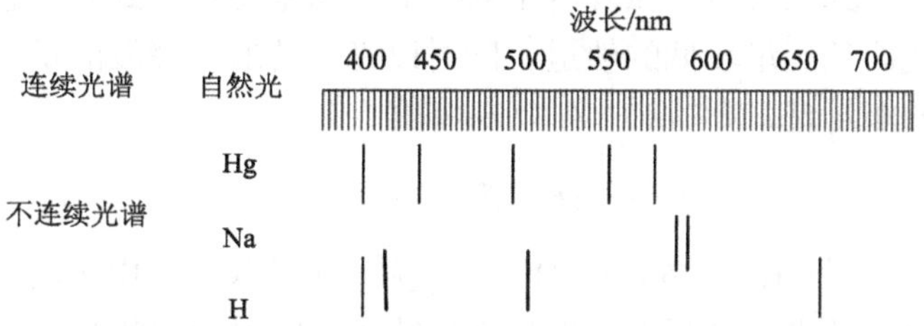

图 8-3　连续光谱与不连续光谱(原子光谱)示意图

现代分析中，人们可以依据谱线的位置(波长)分析样品中含有哪些元素——定性分析；依据谱线的相对强度测定样品中各组分元素的含量——定量分析。

连续：某些物理量的变化没有最小单位，如 t，l，v，s 等。

不连续：某些物理量的变化有最小单位，如电量 q 等。

不连续是微观世界的重要特征，是量子化条件。

1890 年，瑞典物理学家里德伯(J. R. Rydberg)将氢原子光谱各谱线的变化规律归纳成里德伯公式：

$$\tilde{\nu}=R_{\mathrm{H}}\left(\frac{1}{n_1^2}-\frac{1}{n_2^2}\right) \tag{8-1}$$

式中，$\tilde{\nu}$ 为波数，即波长的倒数，单位是 cm^{-1}；R_H 称为里德伯常量，数值为 $1.097\times10^5\ cm^{-1}$；n_1、n_2 为正整数。

1913 年，为了解释氢原子光谱，丹麦科学家玻尔(N. Bohr)借助卢瑟福模型和德国物理学家普朗克(M. Planck)的量子论，提出了玻尔氢原子模型，主要观点如下：

(1)电子沿具有一定能量和半径的轨道绕核运转，在同一轨道中运转时，电子能量固定，离核越近能量越低，离核越远能量越高。电子在离核最近、能量最低的轨道中运转时的状态称为基态，其他状态称为激发态。

(2)H 原子轨道上电子的能量

$$E=-\frac{13.6}{n^2}\ \mathrm{eV}，n\ 为正整数 \tag{8-2}$$

(3)基态氢原子轨道半径，即玻尔半径 $r = 52.9\times10^{-12}$ m 或 52.9 pm。

(4)电子的能量是不连续的。电子吸收能量，可从低能轨道跃迁至高能轨道，而从高能轨道跃迁至低能轨道时则放出能量。轨道之间的能量差可以表示为

$$\Delta E = 13.6\left(\frac{1}{n_1^2} - \frac{1}{n_2^2}\right)\text{eV} \tag{8-3}$$

玻尔理论中的 n_1 和 n_2 有明确的物理意义，它们分别表示不同的轨道。随着 n 的增加，电子离原子核越来越远，电子的能量以量子化的方式不断地增加，因此 n 称为量子数，当 n 趋于无穷大时，意味着电子完全脱离原子核电场的作用，该电子的能量 $E = 0$。

玻尔模型合理地解释了氢原子光谱产生的原因和规律性。通常状态下，氢原子中的电子在特定轨道上运动，不会放出或吸收能量，因此氢原子常态下不会发光，也不会发生自我毁灭的现象。当氢原子受到激发时，核外电子获得能量从基态跃迁到激发态，处于激发态的电子不稳定，会迅速跳回到能量较低的轨道，同时以光子的形式释放能量。所释放光子的能量取决于两轨道之间的能量差，即

$$\Delta E = E_2 - E_1 = h\nu \tag{8-4}$$

式中，h 为普朗克常量，取值 $6.626\times10^{-34}\text{J·s}$；$\nu$ 为光子的频率。由于轨道的能量是量子化的[式(8-2)]，所以释放出的光子的频率 ν 也是不连续的，即得到线状光谱。

玻尔理论不仅对里德伯经验公式给予了完美的解释，而且根据玻尔理论计算的氢原子的电离能与实验值十分接近。

例 8-1　用玻尔模型计算氢原子的电离能，与实验值 1312 kJ · mol^{-1} 对比。

注：氢原子电离能 I 的含义，气态氢原子失去 1 个核外电子转变为气态氢离子时所需要的能量，相当于处于 $n = 1$ 轨道上的电子被激发到 $n = \infty$ 处所需要的能量。

解　$I = \Delta E = E_\infty - E_1$

根据玻尔模型 $E = -\dfrac{13.6}{n^2}$，1 个电子的电量为 1.6×10^{-19} C，$N_A = 6.02\times10^{23}\ \text{mol}^{-1}$。

$\Delta E = 0\ \text{eV} - (-13.6\ \text{eV}) = 13.6\ \text{eV}$

$= 13.6\ \text{eV} \times 1.6\times10^{-19}\ \text{C} \times 6.02\times10^{23}\ \text{mol}^{-1}/1000$

$= 1310\ \text{kJ} \cdot \text{mol}^{-1}$

与实验值 1312 kJ · mol^{-1} 十分接近。

玻尔理论只能解释单电子原子或类氢离子光谱的一般现象，而对谱线的分裂和多电子原子光谱则无法给出合理的解释，更不能用它进一步研究化学键的形成等。主要原因在于受经典物理学的束缚，电子运动采取了固定轨道(宏观物体)，没有考虑微观粒子与宏观物体的本质差异。

8.2.2　电子的波粒二象性

光具有波粒二象性，一定条件下，波动性表现得比较明显，如光的反射与折射、干涉和衍射、黑体辐射、氢原子光谱等；而另外一些条件下，粒子性可能就比较突出。如光与实物发生接触并产生能量交换时，可以用光的粒子性解释。相关公式如下：

$$E = mc^2 = h\nu \tag{8-5}$$

又

$$\nu = \frac{c}{\lambda} \tag{8-6}$$

则

$$\lambda = \frac{h}{mc} \tag{8-7}$$

式中，m 为光子的质量；c 为光子的运动速率；h 为普朗克常量；v 为光子的频率；λ 为光子的波长。

1924 年，法国物理学家德布罗意(L. V. de Broglie)预言微观粒子也具有波粒二象性，即质量为 m、运动速率为 v、动量为 P 的微观粒子，相应的波长 λ 可由下式求出：

$$\lambda = \frac{h}{mv} = \frac{h}{P} \tag{8-8}$$

1927 年，美国的戴维森(C. Davison)和革末(L. H. Germer)用已知能量的电子在晶体上的衍射试验证明了德布罗意的预言，表明电子不仅是一种具有一定质量、高速运动的带电粒子，而且能呈现波动性。

例 8-2 若某核外电子的动能为 13.6 eV，求该电子德布罗意波的波长(用 pm 为单位表示)。

解 电子的质量 $m = 9.1 \times 10^{-31}$ kg，电量为 1.6×10^{-19} C，运动速率为 v，则

$$\frac{1}{2}mv^2 = 13.6\ \text{eV}$$

$$= 13.6 \times 1.6 \times 10^{-19}\ \text{kg} \cdot \text{m}^2 \cdot \text{s}^{-2}$$

$$= 2.176 \times 10^{-18}\ \text{kg} \cdot \text{m}^2 \cdot \text{s}^{-2}$$

$$v^2 = 2.176 \times 10^{-18}\ \text{kg} \cdot \text{m}^2 \cdot \text{s}^{-2} \times 2 \div 9.11 \times 10^{-31}\ \text{kg}$$

$$v = 2.19 \times 10^6\ \text{m} \cdot \text{s}^{-1}$$

$$\lambda = \frac{h}{mv} = \frac{6.626 \times 10^{-34}\ \text{J} \cdot \text{s}}{9.11 \times 10^{-31}\ \text{kg} \times 2.19 \times 10^6\ \text{m} \cdot \text{s}^{-1}} = 3.32 \times 10^{-10}\ \text{m} = 332\ \text{pm}$$

8.2.3 微观粒子的测不准原理

德国物理学家海森伯(W. Heisenberg)认为，与经典力学中确定宏观物体的运动状态不同，无法同时用位置和速率两个物理量准确描述微观粒子的运动状态。1927 年，他提出微观粒子的位置和动量之间存在如下测不准关系：

$$\Delta x \cdot \Delta P \geqslant \frac{h}{2\pi} \text{或} \Delta x \cdot \Delta v \geqslant \frac{h}{2m\pi} \tag{8-9}$$

式中，Δx 为微观粒子位置的测量偏差；ΔP 为动量的测量偏差；Δv 为速率的测量偏差；h 为普朗克常量。

下面以电子为例，利用海森伯的测不准关系，计算电子的位置与运动速率的测量偏差间的关系。

已知，原子的半径大约为 10^{-10} m，这也是电子运动空间的数量级范围。假设测量原子中电子位置时的测量偏差为 1.0×10^{-11} m(对电子来说，如果偏差再大，意味着已经不能准确确定电子的位置)，那么电子运动速率的测量偏差 Δv 是

$$\Delta v \geqslant \frac{h}{2\pi m \Delta x} = \frac{6.626 \times 10^{-34}\ \text{kg} \cdot \text{m}^2 \cdot \text{s}^{-1}}{2 \times 3.14 \times 9.11 \times 10^{-31}\ \text{kg} \times 1.0 \times 10^{-11}\ \text{m}} = 1.16 \times 10^7\ \text{m} \cdot \text{s}^{-1}$$

电子的运动速率约 10^6 m · s^{-1}，而上述计算出来的电子运动速率的偏差达到 10^7，已经超过了电子运动速率本身，这么大的测量偏差显然是不合理的。由海森伯原理可以看出，位置的测量偏差越小，得到的电子运动速率的偏差将越大，即难以同时准确测量电子所处的位置及其运动速率。与宏观物体不同，微观粒子(如电子)的运动，不具有确定的轨道，电子运动的轨道服从量子力学规则和一定的空间概率分布的规律。测不准原理否定了玻尔理论中核外电子运动有固定轨道的观点。这说明不能用经典力学来处理微观粒子的运动。

8.3　核外电子运动状态的描述

从图 8-4(a)不难看出，大量电子的一次行为或一个电子的无数次行为是符合统计规律分布的。屏幕上明显的衍射环纹验证了电子具有波粒二象性。

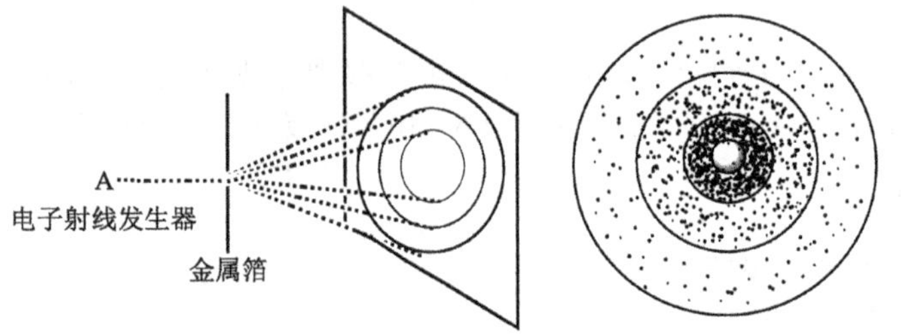

(a)　　(b)

图 8-4　电子衍射实验装置图(a)及氢原子的电子云图(b)

电子有波粒二象性，它不像宏观物体的运动那样有确定的轨道，因此画不出它的运动轨迹。不能预言它在某一时刻究竟出现在核外空间的哪个地方，只能知道它在某处出现的概率。

人们常用一种能够表示电子在一定时间内在核外空间各处出现概率的模型来描述电子在核外的运动。在这个模型里，某个点附近的密度表示电子在该处出现的概率的大小。密度大的地方，表明电子在核外空间单位体积内出现的概率大；反之，则表明电子出现的概率小。由于这个模型很像在原子核外有一层疏密不等的“云”，所以人们形象地称之为“电子云”。图 8-4(b)为氢原子的电子云图。其中离核最近，电子出现概率最大的区域包含了电子出现概率的 90%以上。

除了用电子云来形象描述核外电子的运动外，1926 年奥地利人薛定谔(E. Schrödinger)建立了著名的薛定谔方程，用以描述具有波粒二象性的微观粒子的运动状态。薛定谔方程是一个二阶偏微分方程：

$$\frac{\partial^2\psi}{\partial x^2}+\frac{\partial^2\psi}{\partial y^2}+\frac{\partial^2\psi}{\partial z^2}+\frac{8\pi^2 m}{h^2}(E-V)\psi=0 \tag{8-10}$$

式中，波函数 ψ(读音“普塞”)为粒子的位置坐标 x、y、z 的函数；E 为体系的总能量；V 为势能，与所研究的微观粒子的环境有关；m 为粒子的质量；π 为圆周率；h 为普朗克常量。

偏微分方程的解是一系列含多个变量的波函数 ψ 以及与它们对应的能量 E。电子在原子核外某原子轨道上的运动是量子化、非连续的，因此描述电子运动状态的物理量只能不连续地变化。在求解波函数的过程中，为了得到合理的解，需要引入三个量子数，它们分别是主量子数 n、角量子数 l、磁量子数 m。一组合理的 n、l、m 取值，对应一个确定的波函数 $\psi_{(n,\ l,\ m)}$(它不是具体的数值，而是包含位置坐标 x、y、z 的函数），它代表体系中电子的一种可能的运动状态。它画出来的空间图像即是原子轨道，但这里的轨道是一个空间区域。如图 8-4(b) 所示，离核最近的区域通常称为 1s 轨道，也是第一电子层。

1925 年，人们从氢原子光谱的精细结构认识到，电子除绕原子核运动之外，还有自身旋转运动，从而引入了自旋量子数 m_s。描述一个电子的运动状态，需要使用四个量子数，这些量子数是表征微观粒子运动状态的一些特定数字，具有不同的取值范围和用途。

8.3.1　主量子数 *n*

意义：描述电子层(原子中电子出现概率最大的区域)能量的高低次序和离核的远近。

取值：1，2，3，4，5，6，…，正整数。

符号：K，L，M，N，O，P，…

$n=1$ 表示能量最低、离核最近的第一电子层。n 越大，该电子层与核平均距离越远，能量越高。

氢原子中只有一个电子，该电子的能量完全由主量子数 n 决定，见式(8-2)。

n 增加时，电子的能量增加，离核的平均距离增大。在一个原子内，具有相同 n 值的电子，近乎在同样的空间范围内运动，处于同一电子层，n 也可称为电子层数。

8.3.2　角量子数 *l*

意义：表示同一电子层中有不同的亚层(分层)；确定原子轨道的形状，并在多电子原子中和主量子数 n 一起决定电子的能量。

取值：0，1，2，3，4，…，$(n-1)$，正整数。

符号：s，p，d，f，g，…

s、p 和 d 原子轨道的形状如图 8-5 所示(此图实际上是原子轨道的角度分布图，人们通常用它来描绘原子轨道的形状)，f 轨道过于复杂，形状没有给出。n 与 l 的关系见表 8-2。

表 8-2　n 与 l 的关系

n 取值	1	2		3			4			
l 取值	0	0	1	0	1	2	0	1	2	3
原子轨道符号	1s	2s	2p	3s	3p	3d	4s	4p	4d	4f

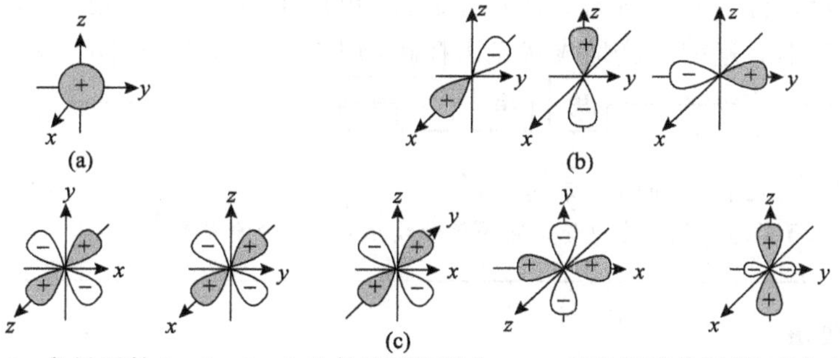

图 8-5　角量子数 $l=0$、1、2 的各原子轨道(s、p、d)形状示意图(角度分布图)

(a) l=0，s 轨道；(b) l=1，p 轨道；(c) l=2，d 轨道

由表 8-2 不难看出：

(1)每个 n 值最多对应 n 个不同的角量子数 l，即每个电子层最多有 n 个亚层。

(2)l 的每个取值都代表一种形状的原子轨道。

$l=0$，s 轨道，球形；如图 8-5(a)所示。

$l=1$，p 轨道，哑铃形；如图 8-5(b)所示，轨道符号分别用 p_x、p_y、p_z 表示。

$l=2$，d 轨道，花瓣形；如图 8-5(c)所示，轨道符号分别为 d_{xy}、d_{yz}、d_{xz}、$d_{x^2-y^2}$、d_{z^2}。

(3)单电子体系(氢原子或类氢离子)，各种状态的电子能量只与 n 有关。

n 不同，l 相同时，有 $E_{1s}<E_{2s}<E_{3s}<E_{4s}$。

n 相同，l 不同时，有 $E_{ns}=E_{np}=E_{nd}=E_{nf}$。

8.3.3 磁量子数 *m*

意义：决定原子轨道在空间的伸展方向。

取值：给定 l，m 有 $2l+1$ 个值，分别为 0，±1，±2，…，±l。n、l、m 三者关系见表 8-3。

表 8-3 n、l、m 的关系

电子层符号	K	L		M		
n 取值	1	2		3		
l 取值	0	0	1	0	1	2
m 取值	0	0	−1，0，+1	0	−1，0，+1	−2，−1，0，+1，+2
原子轨道符号	1s	2s	$2p_x$，$2p_z$，$2p_y$	3s	$3p_x$，$3p_z$，$3p_y$	$3d_{xy}$，$3d_{yz}$，$3d_{z^2}$，$3d_{xz}$，$3d_{x^2-y^2}$
原子轨道数 n^2	1	1+3=4		1+3+5=9		

当 $l=0$ 时，原子轨道为 s 轨道，$m=0$，表示 s 原子轨道只有一种空间取向。

当 $l=1$ 时，原子轨道的符号为 p，$m=-1$，0，1，表示 p 原子轨道在空间有三个不同的取向，如图 8-5(b)所示。一般 $m=0$ 对应的是 p_z 轨道，$m=\pm 1$ 对应的是 p_x、p_y 轨道。

当 $l=2$ 时，原子轨道的符号为 d，$m=0$，±1，±2，对应 d_{z^2}、d_{xz}、d_{yz}、d_{xy}、$d_{x^2-y^2}$。注意：表中原子轨道符号与 m 的取值不是一一对应关系。

需要说明的是，没有外加磁场时，同一亚层中的原子轨道能量相等(3 个 p 轨道，5 个 d 轨道，7 个 f 轨道)，称为简并轨道。在外界强磁场的作用下，因轨道的空间伸展方向不同，能量上会显示出微小的差别，这是线状光谱在磁场中发生分裂的根本原因。

思考·练习

1. 3d 原子轨道有几个不同的空间取向？
2. 处在 $3d_{z^2}$ 原子轨道上的一个电子，它的量子数 n、l、m 分别是多少？

8.3.4 自旋量子数 m_s

用分辨率极高的波谱仪观测原子光谱时，发现强磁场作用下大多数谱线由两条邻近的谱线组成。基于这一实验事实，人们提出电子的自旋量子数 m_s。自旋有两个方向，分别表示为↑或↓，m_s 的取值为+1/2 或−1/2。

综上所述，原子核外电子的运动状态由四个量子数(主量子数 n、角量子数 l、磁量子数 m 和自旋量子数 m_s)共同确定；电子所处的原子轨道由三个量子数 n、l 和 m 决定；核外电子的能量(也称能级)由两个量子数 n 和 l 决定。

思考·练习

1. 写出下列量子数所对应的原子轨道的符号。

$n=3, l=1, m=0$；$n=4, l=0, m=0$

2. 下列各组 n、l、m 和 m_s 量子数哪些取值是不合理的，哪些是合理的？写出合理的原子轨道的符号。

A. 2、2、0、1；B. 2、0、1、0；C. 3、2、0、+1/2；D. 2、1、0、−1/2

3. 用合理的量子数表示 3d 能级，$2p_z$ 原子轨道，$4s^1$ 电子。

8.4　原子核外电子的排布与元素周期律

8.4.1　原子核外电子的排布

1. 屏蔽效应与钻穿效应

多电子原子中，除原子核对电子的吸引外，还有电子之间的排斥作用，尤其是内层电子对外层电子的排斥作用，削弱了原子核对外层电子的吸引。人们把处在选定电子内层的所有电子对选定电子的排斥归结为对核电荷的抵消作用，称为选定电子受到的屏蔽效应。考虑该效应后，每个选定电子的能量为

$$E=\frac{-13.6(Z-\sigma)^2}{n^2}\text{eV} \tag{8-11}$$

式中，σ 为屏蔽常数；$Z-\sigma$ 为有效核电荷数，即对选定电子起作用的实际电荷数，与角量子数 l 有关。

前面提到，n 相同时，l 越大，原子轨道的能量越高，即 $E_{ns}<E_{np}<E_{nd}<E_{nf}$。为什么当主量子数 n 相同、电子离核的平均距离相同时，能量高低不同呢？这是由于主量子数相同而角量子数不同的电子在原子核附近出现的概率不同。l 较小的电子能钻到离核较近的区域运动，避免了其他电子对它的屏蔽效应，受到较大的有效核电荷的吸引，能量较低。这种现象称为电子的钻穿效应。钻穿效应不仅能解释 n 相同、l 不同的轨道能量的高低，还可以解释 n、l 均不同时某些轨道的能级交错现象。例如，K、Ca 的 $E_{4s}<E_{3d}$。一般来说，能级交错的规律是：$E_{ns}<E_{(n-2)f}<E_{(n-1)d}<E_{np}$。

阅读·拓展

多电子原子的能级与斯莱特规则

考虑屏蔽效应后，多电子原子中某电子所受到的引力来自有效核电荷 Z^*，$Z^*=Z-\sigma$，屏蔽常数 σ 及电子所处轨道的能量值可以采用斯莱特(Slater)规则进行计算。

(1) 将原子轨道分组，从左至右分组的顺序为 1s，2s 2p，3s 3p，3d，4s 4p，4d，4f，5s 5p 等。

(2) 忽略位于被屏蔽电子右侧轨道组的电子的屏蔽效应。

(3) 如果选定的被屏蔽电子为 $ns$$np$ 组中的电子，同组中每个电子对选定电子的 σ 为 0.35，若同组为 1s 电子时，σ 为 0.30。位于选定电子左侧 $n-1$ 轨道中的每个电子对选定电子的 σ 为 0.85，而 $n-2$ 及更内层每个电子的 σ 为 1.00。

(4) 如果选定的被屏蔽电子为 nd 或 nf 组中的电子，则同组中每个电子对该选定电子的 σ 为 0.35，左侧所有轨道中的每个电子对选定电子的 σ 均为 1.00。

例 8-3 利用斯莱特规则解释原子序数为 19 的元素其基态原子最后一个电子是填入 3d 轨道还是 4s 轨道。

解 若钾原子中最后一个电子填充在 3d 轨道上，$\sigma_{3d} = 1.00\times18 = 18$，有效核电荷 $Z^* = Z - \sigma = 19-18 = 1$。

如果该电子填充在 4s 轨道上，$\sigma_{4s} = 1.00\times10 + 0.85\times8 = 16.80$，有效核电荷 $Z^* = Z - \sigma = 19-16.8 = 2.20$，即电子填充在 4s 轨道上有效核电荷更高，最后一个电子受到的原子核的吸引更大，有利于降低钾原子体系的能量。

2. 原子轨道近似能级图

在考虑原子核外电子的排布时，首先碰到的问题就是各原子轨道的能级高低次序。

美国著名结构化学家鲍林(L. C. Pauling)根据大量的光谱实验数据和理论计算，提出了一个多电子原子的轨道能级图(图 8-6)，他将所有原子轨道分成 7 个能级组。

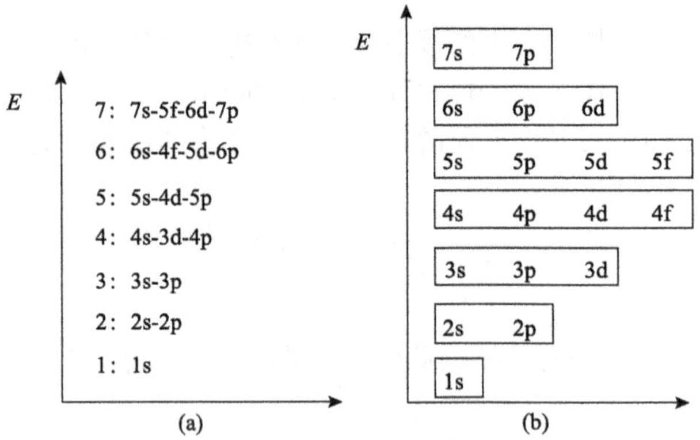

图 8-6 鲍林近似能级图

图 8-6(a)是 7 个能级组，自下而上、自左而右是能量升高次序；图 8-6(b)中的长方框是同一电子层的不同亚层，自左而右能量升高。从这两个图不难看出，原子轨道的能量并不是按照电子层的次序升高，而是出现了能级交错。这种能级交错可以用前面讨论的屏蔽效应和钻穿效应进行解释。

能级图说明：

(1) 能级组与周期对应，能级组间能量差大，能级组内能量差小。

(2) 能级图只反映同一原子内各原子轨道的能级高低顺序。

(3) 简并轨道能量相同(3 个 p 轨道，5 个 d 轨道，7 个 f 轨道)。

(4) l 相同，n 越大，能量越高。如 $E_{2p}<E_{3p}<E_{4p}$。

(5) n 相同，l 越大，能量越高。如 $E_{4s}<E_{4p}<E_{4d}<E_{4f}$。

(6) n 和 l 同时变化时，发生能级交错 $E_{ns}<E_{(n-2)f}<E_{(n-1)d}<E_{np}$，$E_{6s}<E_{4f}<E_{5d}<E_{6p}$。

我国化学家徐光宪在解决原子轨道能级高级次序方面也作出了突出贡献，他总结归纳的 $(n+0.7l)$ 近似规律简单而实用。它是按照量子数的取值计算某原子轨道的 $n+0.7l$，确定该原子轨道的能量。$n+0.7l$ 数值越大，能量越高。具有相同能量的不同的原子轨道称为同一能级（简并轨道）。将 $n+0.7l$ 数值的整数部分相同者划为同一个能级组，并按照该整数数值称为第几能级组，见表 8-4。

表 8-4　徐光宪的 $(n+0.7l)$ 近似规律

原子轨道	$n+0.7l$	能级组	组内状态数	原子轨道	$n+0.7l$	能级组	组内状态数
1s	1.0	Ⅰ	2	6s	6.0	Ⅵ	32
2s	2.0	Ⅱ	8	4f	6.1		
2p	2.7			5d	6.4		
3s	3.0	Ⅲ	8	6p	6.7		
3p	3.7			7s	7.0	Ⅶ	32
4s	4.0	Ⅳ	18	5f	7.1		
3d	4.4			6d	7.4		
4p	4.7			7p	7.7		
5s	5.0	Ⅴ	18				
4d	5.4						
5p	5.7						

例 8-4　回答下列问题。

(1) 按照原子轨道能量高低次序排列下列原子轨道 3s、$3p_x$、$3p_y$、$3p_z$、$3d_{x^2-y^2}$、$3d_{z^2}$、$3d_{xy}$、$3d_{yz}$、$3d_{xz}$、4s、$4p_x$、$4p_y$、$4p_z$。

(2) 这些原子轨道分为几个能级，几个能级组？

解　(1) 根据量子数的取值可知 $3p_x$、$3p_y$、$3p_z$ 三个原子轨道的 n 和 l 均相同，只是 m 不同，它们属于简并轨道，能量相等；同理，$3d_{x^2-y^2}$、$3d_{z^2}$、$3d_{xy}$、$3d_{yz}$、$3d_{xz}$ 五个原子轨道能量相等；$4p_x$、$4p_y$、$4p_z$ 三个原子轨道能量相等。

根据徐光宪的规则分别计算 3s、3p、3d、4s、4p 的 $n+0.7l$ 值，它们分别等于 3.0、3.7、4.4、4.0、4.7，所以按照能量由低到高的顺序依次为：$3s < 3p < 4s < 3d < 4p$。

(2) 上述 13 个原子轨道共有 5 个能级，2 个能级组，其中 3s 和 3p 能级属于第三能级组，3d、4s 和 4p 属于第四能级组。

3. 原子核外电子的排布规律

通过以上的讨论，我们已经了解了如何用量子数描述原子中核外电子的运动状态，如何表达原子轨道的形状和空间伸展方向，如何描述电子的自旋，如何对比各原子轨道能量的高低。但是，还没有涉及多电子原子中核外电子的排布问题。这些电子是如何分布在某状态中的？是如何排入能量高低不同的各个原子轨道的？要掌握原子核外电子的排布和元素周期律的本质，除了要了解多电子原子中各原子轨道能级高低次序外，还要了解原子核外电子排布的三个基本原理。这三个基本原理的内容如下：

(1) 能量最低原理：电子在原子轨道上的分布，要尽可能使整个体系的能量最低。能量越低，体系越稳定，这是自然界的一个普遍规律，即多电子原子处于基态时，核外电子总是尽可能优先分布到能量最低的轨道，再依次向高能级的轨道上填充，这称为能量最低原理。基态原子中，1s 轨道是能量最低的原子轨道，电子总是先占据 1s 原子轨道，但并非所有的电子都处于 1s 轨道上。每个轨道上究竟能容纳多少电子？1925 年，瑞士物理学家泡利根据光谱实验结果提出了“泡利不相容原理”，圆满地解决了这一问题。

(2) 泡利不相容原理：在同一原子中，不可能有运动状态完全相同的两个电子存在。该原理还可以表述成，不可能有两个电子具有一组完全相同的量子数。由此可以得到几个重要的推论：①每个原子轨道中最多容纳两个自旋相反的电子；②s、p、d、f 电子亚层中的原子轨道数目分别为 1 个、3 个、5 个、7 个，它们所容纳的电子数最多为 2 个、6 个、10 个、14 个；③每个电子层中原子轨道的数目为 n^2 个，所容纳电子的最大数目为 $2n^2$ 个。

(3) 洪德 (F. Hund) 规则：该规则是洪德在总结了大量光谱实验数据的基础上于 1925 年提出的。其含义是当电子在简并轨道中填充时，将尽可能分占不同的轨道，且自旋方向相同。作为洪德规则的特例，简并轨道处于全空、半充满或全充满时，能量较低且最稳定。

4. 核外电子排布的表示方法

1) 电子排布式

$_{14}Si$: $1s^22s^22p^63s^23p^2$。

需要注意的是，核外电子的排布遵循上述三个原则及一个特例，但在书写时要把 n 相同的轨道写在一起。

为了方便和突出电子的排布特点，常将内层已达到稀有气体电子结构的部分写成“原子实”，并用稀有气体元素符号加括号表示。例如

$_{26}Fe$ 的电子排布式：$1s^2\,2s^2\,2p^6\,3s^2\,3p^6\,3d^6\,4s^2 \rightarrow [Ar]\,3d^6\,4s^2$

价电子层——价电子所在亚层[$ns + np$，$(n-1)d + ns$]。

$_{26}Fe$: $3d^6\,4s^2$ 为价层电子构型；$_{47}Ag$: $4d^{10}5s^1$ 为价层电子构型。

电子排布式	价层电子构型
$_{82}Pb$:$[Xe]4f^{14}5d^{10}6s^26p^2$	$6s^26p^2$
$_{35}Br$:$[Ar]3d^{10}4s^24p^5$	$4s^24p^5$

注：价电子层中的电子并非全是价电子。

原子中电子填充顺序：$ns \rightarrow (n-2)f \rightarrow (n-1)d \rightarrow np$

价电子的电离顺序：$np \rightarrow ns \rightarrow (n-1)d \rightarrow (n-2)f$

2) 轨道表示式。电子排布式并没有形象地反映出 p、d、f 等简并轨道上电子的具体排布。轨道表示式则可以。

$_7N$　1s　2s　　2p

从轨道表示式可以比较形象地看出核外电子在轨道上的排布情况。但由于书写麻烦，所以一般用得不多，只在讨论原子间成键时用。

例 8-5　根据原子核外电子排布三原则，用电子排布式描述 $_{6}C$、$_{24}Cr$ 元素原子的核外电子排布。

解　(1)根据能量最低原理和泡利不相容原理，碳原子核外的 6 个电子，有 2 个排布在第 1 电子层的 1s 轨道上，另外 4 个电子进入第 2 电子层，第 2 电子层有 2s 和 2p 两种原子轨道，$E_{2s} < E_{2p}$，则 2 个电子排布在 2s 轨道上，另外 2 个电子进入 2p 轨道。其中 2p 轨道包括 3 个简并轨道 $2p_x$、$2p_y$、$2p_z$，根据洪德规则，这 2 个电子要以自旋相同的方式进入不同的 2p 轨道。因此，$_{6}C$ 原子核外电子的排布可以表示为 $1s^2 2s^2 2p^2$。

(2)对 $_{24}Cr$ 原子来说，前 18 个电子排布相对简单。当排满 3p 轨道后，第 19 个电子是进入 3d 轨道还是 4s 轨道？需要计算 3d 和 4s 两个轨道的能量。

根据徐光宪规则，3d 和 4s 轨道的 $n + 0.7l$ 值分别等于 4.4 和 4.0，即 4s 轨道的能量低于 3d 轨道，根据能量最低原理，电子优先排入 4s 轨道，则为 $3d^4 4s^2$。再考虑洪德规则的特例，当轨道为半充满时，能量降低，所以 Cr 原子的核外电子排布式为 $1s^2 2s^2 2p^6 3s^2 3p^6 3d^5 4s^1$。

需要注意的是，包括洪德规则特例在内的核外电子排布原理只是一般规律，绝大多数原子的核外电子排布与这些原理一致。随着原子序数的增加，核外电子数目增多，原子内电子间的相互作用越来越复杂，尤其是第六、七周期的某些元素，核外电子排布不满足这些原理的现象也会增多。例如，与 Cr 同属ⅥB 族的元素 $_{74}W$，其外层电子排布为 $5d^4 6s^2$，Ⅷ族的 $_{46}Pd$ 外层电子排布为 $4d^{10}$，这些都不符合洪德规则特例、能量最低原理的要求。在学习中，应尊重客观事实，不能让客观事实适应原理，也不能因为原理的某些不足而全盘否定原理和规则。对某元素原子核外电子排布情况的描述，归根到底要符合光谱实验的结果。科学的任务是承认矛盾、认识矛盾，不断地丰富和发展这些原理与规则，以使原理和规则更符合客观事实、更科学。

思考·练习

1. 写出氯原子的核外电子排布式。
2. 列表写出氯原子核外最外层七个电子的四个量子数。
3. 写出铜原子($_{29}Cu$)的核外电子排布式。

8.4.2　元素周期律

1. 原子结构与元素周期律的关系

到 1830 年，人们已经发现了 55 种元素，它们性质各异，排列散乱。因此，很多研究者试图将这些元素按某个体系排列起来。第一位真正的成功者当属俄国化学家门捷列夫(D. I. Mendeleev)。他于 1869 年发表了元素周期表，该表将各元素按相对原子质量递增的次序排列，具有相似化学性质的元素排在同一列中。他尊重客观事实，勇敢地把个别稍重的元素排在稍轻元素的前面。例如，他把碲(Te，相对原子质量为 127.6)排在碘(I，相对原子质量为 126.9)的前面，他的理由是 Te 在性质上更类似于 S 和 Se，而 I 在性质上更像 Cl 和 Br。难能可贵的是，他在表中留出了一些空白，并不认为这些空白是缺陷，而是大胆地预测了一些当时未发现的元素，甚至推测出这些元素的性质。后人发现了这些元素，它们的性质与门捷列夫的预测十分接近。

现代的元素周期表把元素按原子序数(核电荷数、质子数)递增的顺序依次排列，原子最外层电子数由 1 到 8 呈现出明显的周期性变化，电子层结构重复 s^1 到 s^2p^6 的变化。除第一周期外的其他周期均由碱金属开始，以稀有气体结尾。每一次重复，都意味着一个旧周期的结束、一个新周期的开始。原子最外层电子数每一次重复出现，元素就重复呈现某些相似的性质。元素的化学性质主要取决于元素原子的最外层电子结构，而最外层电子结构又是由核电荷数以及核外电子排布规律决定的。因此，元素周期律正是原子内部结构周期性变化的表现。

思考·练习

1. 为什么原子的最外层最多只能容纳 8 个电子，次外层最多只能容纳 18 个电子？
2. 目前已经发现了多少种元素？试预测第八周期最多能容纳多少种元素。

1）原子的电子层结构与周期的关系

元素所在的周期数等于该元素原子的电子层数，即周期数与最外电子层的主量子数相等。各周期元素的数目等于相应能级组中原子轨道所能容纳的电子总数，见表 8-5。

表 8-5　元素周期表中各周期元素的数目

周期	能级组	能级组内原子轨道	轨道数	元素数目
1	Ⅰ	1s	1	2
2	Ⅱ	2s，2p	4	8
3	Ⅲ	3s，3p	4	8
4	Ⅳ	4s，3d，4p	9	18
5	Ⅴ	5s，4d，5p	9	18
6	Ⅵ	6s，4f，5d，6p	16	32
7	Ⅶ	7s，5f，6d，7p	16	32

2）原子的电子层结构与族的关系

周期表中共 7 个主族（A），7 个副族（B），1 个零族，1 个Ⅷ族。Ⅷ族含三列，其他各族均为 1 列。

主族元素：族数 ＝ 原子最外电子层的电子数（$ns+np$）＝ 该族元素的最高氧化数。

副族元素：ⅢB～ⅦB 族数 ＝ $(n-1)d+ns$ 的电子数，ⅠB、ⅡB 族数 ＝ 最外层电子数 $ns^{1\sim2}$。

3）原子的电子层结构与周期表的分区

根据原子的电子层构型，尤其是与化学性质相关的价层电子构型，把周期表分成五个区域，见表 8-6。

表 8-6　不同区域元素原子的价层电子构型

区域	价层电子构型	包含的元素所在族
s	$ns^{1\sim2}$	ⅠA、ⅡA
p	$ns^2np^{1\sim6}$	ⅢA～0

续表

区域	价层电子构型	包含的元素所在族
d	$(n-1)d^{1\sim9}ns^{1\sim2}$	ⅢB～Ⅷ
ds	$(n-1)d^{10}ns^{1\sim2}$	ⅠB、ⅡB
f	$(n-2)f^{0\sim14}ns^{1\sim2}$	镧系(Ln)、锕系(An)

2. 元素基本性质的周期性

1)原子半径

原子半径没有统一确定的定义，人们使用的原子半径数据依类型不同而存在差别。在单质或化合物中，原子间以化学键结合，通过测量原子核之间的距离即可得到原子半径。图 8-7(a)所示为共价半径——同种元素的原子形成共价单键时核间距的一半。图 8-7(b)所示为金属晶体半径——金属晶体中相邻原子核间距离的一半。图 8-7(c)表示的是两个稀有气体单原子分子之间的作用力(范德华力)，两相邻原子核间距的一半为范德华半径。

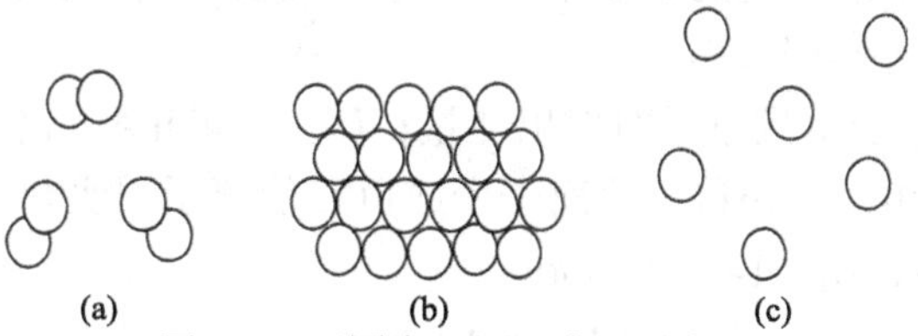

图 8-7　不同类型原子半径示意图

(a)共价半径；(b)金属半径；(c)范德华半径

对比不同元素的原子半径时，应尽量选取相同类型的原子半径进行对比。元素周期表中前四周期元素原子半径变化趋势如图 8-8 所示。一般来说，原子半径的变化具有以下规律：

(1)主族元素自上而下，随电子层的增加，原子半径逐渐增大。过渡元素原子半径的变化不明显，第五、六周期元素原子半径十分接近。

(2)同一周期自左到右，随核电荷数的增加，原子半径缓慢减小(稀有气体除外)。ⅢB～Ⅷ族元素的电子填入次外层的 d 轨道，镧系、锕系元素的电子填入$(n-2)$的 f 轨道，原子半径变化更缓慢。ⅠB、ⅡB 原子半径略有增加。

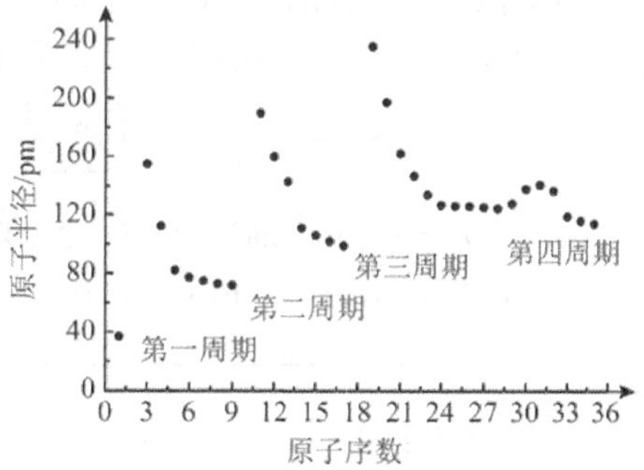

图 8-8　前四周期元素的原子半径变化规律

2)电离能

基态的气体原子失去一个电子成为气态+1 价阳离子所需要的能量称为元素的第一电离能 I_1。金属元素的电离能较低，而非金属元素的电离能较高，稀有气体元素的电离能更高。元素周期表中，Cs 的第一电离能最小，He 的第一电离能最大。图 8-9 是前四周期元素的第一电离能变化规律。其变化规律是：同一主族自上而下，元素的第一电离能逐渐减小。副族元素电离能变化规律不明显，与其电子层结构有关。在同一周期内，自左而右，第一电离能总体增大，但第二周期的 Be、N，第三周期的 Mg、P 第一电离能比相邻元素显著增大，可以用洪德规则特例解释。

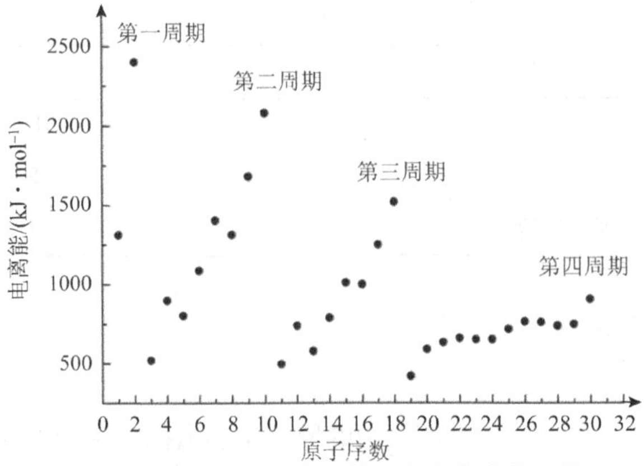

图 8-9　前四周期元素的第一电离能变化规律

3)电子亲和能

处于基态的气体原子得到 1 个电子成为–1 价气体离子放出的能量称为第一电子亲和能，简称电子亲和能 E_A。电子亲和能的数据较少，一般来说，金属元素的原子得电子放热较少，非金属元素的原子得电子放热较多。

$E_1>0$，表示元素的原子得到电子时放出能量；$E_1<0$(如ⅡA 元素)，表示元素原子得电子时需吸收能量；一般 $E_2<0$，说明负一价离子变成负二价离子要吸热。例如

$O(g) + e^- \longrightarrow O^-(g)$，$E_1 = 141\ kJ \cdot mol^{-1}$

$O^-(g) + e^- \longrightarrow O^{2-}(g)$，$E_2 = -780\ kJ \cdot mol^{-1}$

$O(g) + 2e^- \longrightarrow O^{2-}(g)$，$E = -639\ kJ \cdot mol^{-1}$(吸热)

E 是用来衡量元素原子得电子的难易，半径越小，越容易得电子，E 越大。同周期从左到右，E 呈增大趋势(放热多)；同族从上到下 E 呈减小趋势。

思 考 · 练 习

已知 O：$E_1 = 141\ kJ \cdot mol^{-1}$; S: $E_1 = 200\ kJ \cdot mol^{-1}$; F: $E_1 = 322\ kJ \cdot mol^{-1}$; Cl: $E_1 = 349\ kJ \cdot mol^{-1}$，试解释为什么 $E_1(O) < E_1(S)$，$E_1(F) < E_1(Cl)$。

4)元素的电负性

1932 年，鲍林提出电负性 χ 的概念，以定量衡量分子中原子吸引电子的能力。指定 $\chi_F = 4.0$，$\chi_{Li} = 1.0$，利用热力学和化学键的数据推导其他元素的相对电负性。电负性越大，原子吸引电子的能力越强。一般来说，金属元素(Pt 系元素和 Au 除外)电负性小于 2.0，非金属元素(Si 除外)电负性大于 2.0。

同一周期，从左到右电负性增加，元素的非金属性增强；同一主族，从上到下电负性递减，元素的金属性增强。副族元素电负性变化不明显。

综上所述，I、E 和 χ 均可在一定程度上说明元素的金属性和非金属性的强弱。周期表中的主族元素从上至下，随着 n 的增加，原子半径增大，原子核对外层电子的吸引能力降低，失电子能力增强，金属性增强而非金属性减弱。副族元素(除 Sc 族外)由上而下金属性减弱。同一周期主族元素从左往右，原子半径逐渐减小，元素的金属性减弱而非金属性增强。对过渡金属元素来说，最外层电子数不超过 2 个，差别主要表现在次外层的 d 电子数目上，因此

原子半径和金属性减小得均较为缓慢。同样，镧系、锕系元素主要的变化表现在$(n-2)$层的 f 电子上，因此原子半径减小得更为缓慢，金属性十分接近。

归纳·整合

1. 微观粒子运动的波粒二象性

电子等微观离子的运动具有波粒二象性，遵循统计规律，其运动状态可用薛定谔方程描述。方程的解 ψ 即为描述核外电子运动状态的波函数，其空间图像是原子轨道。

2. 四个量子数

为了得到薛定谔方程的合理解，引进三个量子数 n、l、m。一组合理的 n、l、m 可确定一个原子轨道。n、l、m、m_s 四个量子数可确定一个电子的运动状态。n、l 两个量子数可确定一个能级。

结论：同一原子中不可能有运动状态完全相同的电子存在。①一个轨道中只能容纳 2 个自旋相反的电子；②各电子层的轨道数$=n^2$；③各电子层电子的最大容量 $=2n^2$。

3. 核外电子的排布原则

能量最低原理；泡利不相容原理；洪德规则；洪德规则特例。

4. 元素周期表及元素性质的周期性变化规律

周期表：7 个周期与 7 个能级组对应(1s, 2s 2p, 3s 3p, 4s 3d 4p, 5s 4d 5p, 6s 4f 5d 6p, 7s 5f 6d 7p)，7 个主族(A)，7 个副族(B)，零族，Ⅷ族(含三列)，5 个区(s 区，p 区，d 区，ds 区，f 区)。

元素性质：原子半径、电离能、电子亲和能、电负性均呈现周期性变化。主族元素从上至下，随着 n 的增加，原子半径增大，原子核对外层电子的吸引能力降低，失电子能力增强，电离能减小，电负性减小，金属性增强而非金属性减弱。同一周期主族元素从左往右，原子半径逐渐减小，电离能、电负性和电子亲和能均呈现增大趋势，元素的金属性减弱而非金属性增强，但有特殊性需记忆。

习　题

1. 根据里德堡公式计算氢原子核外电子由 $n=3$ 的能级跃迁到 $n=1$ 的能级时释放的光波的波长(nm)。
2. 钠的特征黄光波长为 588 nm，计算这种光的频率和光子的能量$(kJ \cdot mol^{-1})$。
3. 根据原子结构的有关知识，写出原子序数为 17、24、29 和 80 的元素的基态原子电子排布式。
4. 某元素的质量数为 55，原子核中含有 30 个中子，推断该原子中电子层、能级、能级组、价电子数、未成对电子的数目。
5. 三价阳离子 M^{3+}的 3d 原子轨道中有 5 个电子，据此推断：
   (1) M 原子的核外电子排布式。
   (2) M 原子的最外层电子数、最高能级组中的电子数。
   (3) M 元素在元素周期表中的位置(周期、族、区)。
6. 将 H 原子核外电子由基态 $1s^1$ 激发为 $2s^1$ 或 $2p^1$，所需能量是否相等？将 He 原子核外电子由基态 $1s^2$ 激发为 $1s^12s^1$ 或 $1s^12p^1$，所需能量是否相等？
7. 判断下列说法是否正确，将错误的予以改正。
   (1) s 轨道上的电子绕核做圆周运动，p 轨道上的电子运动轨迹为哑铃形。
   (2) 主量子数为 4 的电子层中，原子轨道总数为 16，最多能容纳 32 个电子。
   (3) 主量子数为 3 的电子层中共有 3s、3p 和 3d 三个原子轨道。
   (4) 原子序数为 33 的元素 K、L、M、N 电子层中的电子数目分别为 2、8、20、3 个。
8. 解释下列名词。
   (1) 屏蔽效应；(2) 钻穿效应；(3) 原子轨道
9. 解释元素周期表中同周期和同主族元素下列性质的变化规律。
   (1) 原子半径；(2) 第一电离能；(3) 电子亲和能；(4) 电负性
10. 有 A、B、C、D 四种元素，价电子数目依次为 1、2、6、7，电子层数依次减少。D 的一价阴离子电子层结构与元素 Ar 相同，A 和 B 原子的次外层均只有 8 个电子，而 C 原子的次外层有 18 个电子。将四种元素按下列性质排序(用 A、B、C、D 即可)：
    (1) 原子半径；(2) 第一电离能；(3) 电负性
11. 元素 A 在 $n=5$，$l=0$ 的轨道上有一个电子，它的次外层 $l=2$ 的轨道上电子处于全充满状态，而元素 B 与 A 处于同一周期中，若 A、B 的简单离子混合则有难溶于水的黄色沉淀 AB 生成。

(1) 写出元素 A 及 B 的核外电子分布式、价层电子构型。
(2) A、B 各处于第几周期第几族？是金属还是非金属？
(3) 写出 AB 的化学式。

12. 已知某稀有气体的最外层电子排布为 $4s^24p^6$，在同周期中有 A、B、C、D 四种元素的原子，最外层电子数分别为 2、2、1、5；A 的次外层电子数为 8，D 的次外层电子数为 18，B 的次外层 $l=2$ 的轨道具有半充满结构，而 C 的 $l=2$ 的轨道全充满，A、B、C、D 分别是什么元素？

13. 有 A、B 两元素，A 原子的 M 层和 N 层的电子数分别比 B 原子的 M 层和 N 层的电子数少 7 个和 4 个。写出 A、B 两元素的名称和元素符号，分别写出它们的电子排布式。

14. 满足下列条件之一的是哪一族或哪一个元素？
(1) 最外层具有 6 个 p 电子。
(2) 价电子数是 $n=4$、$l=0$ 的轨道上有 2 个电子和 $n=3$、$l=2$ 的轨道上有 5 个电子。
(3) 次外层 d 轨道全满，最外层有一个 s 电子。
(4) 该元素+3 价离子和氩原子的电子构型相同。
(5) 该元素+3 价离子的 3d 轨道电子半充满。

15. 设有元素 A、B、C、D、E、G、L、M，试按下列条件推断其元素符号和在周期表中的位置（周期、族、区），写出它们的价层电子构型。
(1) A、B、C 为同一周期金属元素，已知 C 有三个电子层，它们的原子半径在所属周期中为最大，且 A > B > C。
(2) D、E 为非金属元素，与 H（氢）化合生成 HD 和 HE，在室温时 D 的单质是液体，E 的单质是固体。
(3) G 是所有元素中电负性最大的元素。
(4) L 的单质在常温下是气体，性质很稳定，是除氢以外最轻的气体。
(5) M 为金属元素，它有四个电子层，其最高氧化数与 Cl 的最高氧化数相同。

16. 试预测周期表中第 116 号元素 Lv：
(1) 钠盐的化学式。
(2) 简单氢化物的化学式。
(3) 最高价态的氧化物的化学式。
(4) 该元素是金属还是非金属？

第 8 章单元测试题(单选)

班级________姓名________作业号________成绩________

(　)1. 原子序数为 29 的元素，其原子核外电子排布应是

A. $[Ar]3d^9 4s^2$　　B. $[Ar]3d^{10}4s^2$　　C. $[Ar]3d^{10}4s^1$　　D. $[Kr]4d^{10}5s^1$

(　)2. 对于一个 3d 电子来说，下列量子数表示不合理的是

A. 3, 2, 1, +1/2　　B. 3, 2, 0,−1/2　　C. 3, 2, −1, −1/2　　D. 3, 2, −3, +1/2

(　)3. 下列轨道上的电子，在 *xy* 平面上的电子云密度为零的是

A. 3s　　B. $3p_x$　　C. $3p_z$　　D. $3d_{z^2}$

(　)4. 在多电子原子中，具有下列各组量子数的电子中能量最高的是

A. 3, 1, −1, −1/2　　B. 2, 1, +1, −1/2　　C. 3, 1, 0, −1/2　　D. 3, 2, +1, +1/2

(　)5. 第四周期元素原子中未成对电子数最多可达

A. 4 个　　B. 5 个　　C. 6 个　　D. 7 个

(　)6. 下列原子中，第一电子亲和能最大(放出能量最多)的是

A. N　　B. O　　C. P　　D. S

(　)7. 基态原子的第五电子层只有 2 个电子，则该原子的第四电子层中的电子数为

A. 8 个　　B. 8～18 个　　C. 18 个　　D. 8～32 个

(　)8. 主量子数 $n=4$ 能层的亚层数是

A. 3　　B. 4　　C. 5　　D. 6

(　)9. 下列电子构型中，不属于基态原子电子构型的是

A. $[Ne]3s^2 3p^5$　　B. $[Ar]3d^3$　　C. $[Ar]3d^{10}4s^1$　　D. $[Kr]4d^{10}$

(　)10. $n=4$，$l=2$ 时，m 可取的数值有

A. 1 个　　B. 3 个　　C. 5 个　　D. 7 个

(　)11. 钻穿效应使屏蔽效应

A. 增强　　B. 减弱　　C. 无影响　　D. 增强了外层电子的屏蔽作用

(　)12. 下列各种电子构型中，不属于原子激发态的是

A. $1s^2 2s^2 2p^6 3s^2$　　B. $1s^2 2s^2 2p^6 3s^1 3p^1$　　C. $1s^2 2s^2 2p^4 3s^1$　　D. $1s^2 2s^2 2p^5 3d^1$

(　)13. 下列各电子亚层不可能存在的是

A. 7s　　B. 2d　　C. 5p　　D. 4f

(　)14. 下列基态原子的电子构型中正确的是

A. $3d^9 4s^2$　　B. $3d^4 4s^2$　　C. $4d^{10}5s^0$　　D. $4d^8 5s^2$

(　)15. 多电子原子中电子的能量取决于

A. 主量子数 n　　B. n 和角量子数 l　　C. n，l 和磁量子数 m　　D. l 及自旋量子数 m_s

(　)16. 元素周期表中前四周期具有下列电子构型的元素中，第一电离能最小的是

A. ns^2np^3　　B. ns^2np^4　　C. ns^2np^5　　D. ns^2np^6

(　)17. 下列基态原子中，含有 3 个未成对电子的是

A. Al　　B. Si　　C. Fe　　D. V

(　)18. 原子中“填充”电子时，必须遵循能量最低原理，这里的能量是指

A. 原子轨道的能量　　B. 电子的势能　　C. 原子的能量　　D. 电子的动能

(　)19. 原子仅有的 2 个价电子填充在 $n=4$，$l=0$ 的亚层上，则该元素的原子序数是

A. 14　　B. 19　　C. 20　　D. 33

(　)20. 第四周期某元素基态原子失去 3 个电子后，角量子数为 2 的轨道半充满，其原子序数为

A. 24　　B. 25　　C. 26　　D. 27

第 9 章　共价分子结构与共价键理论

从核外电子的价电子层结构上看，只有稀有气体的原子是稳定的，其他元素的原子都不能以孤立的原子形式存在，而是以分子形式存在。分子是物质参加化学反应时的基本单元，物质的性质取决于分子的性质，而分子的性质是由分子内部结构决定的。研究分子的内部结构是结构化学的重要课题，对于了解物质的性质和化学反应规律具有重要的意义。

分子结构包含三个层次的问题，一是原子之间如何结合成分子；二是分子之间存在什么样的作用；三是分子之间相互作用结合而成的晶体具有什么样的空间构型。这三个层次的问题影响了分子的结构和物质的物理、化学性质。分子中原子之间强烈的相互作用称为化学键，从能量的角度看，破坏原子之间形成的化学键需要的能量超过 40 $kJ \cdot mol^{-1}$。与之相比，分子之间的相互作用要弱得多。

19 世纪末电子被发现和近代原子结构理论建立之后，人们对化学键的本质才逐渐认识清晰。1916 年，德国化学家科塞尔(Kossel)根据稀有气体具有稳定结构的事实提出了离子键理论。该理论认为原子之间相互靠近时，首先形成具有稳定的稀有气体电子层结构的阴、阳离子，再通过阴、阳离子之间的静电作用形成离子化合物。离子键理论可以简单明了地说明 NaCl、CaO 等化合物的形成，但无法解释 H_2、O_2、N_2 等是由相同原子形成的分子。1916 年，美国化学家路易斯提出相同原子之间共用电子对(形成共价键)的观点，成功解释了同核双原子分子的形成。

本章在原子结构的基础上，重点讨论同种元素的原子及电负性相近的元素原子之间如何形成共价分子及共价分子的结构，主要包括电子配对法、杂化轨道理论、价层电子对互斥理论和分子轨道理论等。而离子键理论等将在第 10 章予以介绍。

9.1　路易斯电子配对理论

为了阐释同种元素的原子及电负性相近的元素的原子能形成稳定的共价分子这一客观事实，1916 年，美国化学家路易斯提出了基于“电子配对法”的共价学说。该学说的基本内容如下：

(1)分子中每个原子均应具有稳定的稀有气体原子的外层电子构型。

(2)电负性接近的原子间通过共用一对或多对电子形成化学键，即共价键。

(3)依靠共价键形成的分子都有一稳定的路易斯电子式。在路易斯电子式中，除 H 原子为 2 电子构型外，其他原子均为 8 电子构型。人们习惯上将这一规则称为“八隅体规则”。

例 9-1　分别用电子式表示 N_2 和 HCl 分子的形成过程。

解　N_2 分子的形成过程：:Ṅ̤·+·Ṅ̤: ══ :N⋮⋮N:

HCl 分子的形成过程：H·+·C̤̈l: ══ H:C̤̈l:

思 考 · 练 习

写出下列分子的路易斯电子式。

H_2O；CO_2；CH_4；C_2H_4；C_2H_2

路易斯的电子配对法成功解释了由相同原子组成的分子以及电负性相近的不同原子组成的分子的形成过程，初步揭示了离子键与共价键的区别。但是，这种共价学说的局限性也显而易见。例如，它无法说明 BCl_3、PCl_5 等非八隅体分子的稳定性，也无法解释共价键的方向性，对于氢分子离子 H_2^+这种单电子键的稳定性和 O_2 分子的磁性等性质的解释也无能为力。直到 1927 年，量子力学的成就被应用到 H_2 分子结构上，共价键的本质才逐渐清晰起来。量子计算表明，H_2 分子中共用电子对和原子核的静电作用的结合能只占共价键全部键能的约 5%，那么 H_2 中大部分的键能是怎么产生的呢？

9.2　现代价键理论

9.2.1　现代价键理论的提出

1927 年，德国化学家海特勒(W. Heitler)和伦敦(F. London)将量子化学理论应用到分子结构中，后来又经鲍林等的发展，建立了现代价键理论，简称 VB 法。

量子化学的观点认为，联系两个 H 原子核的共用电子对中的两个电子自旋相反，即两个电子的自旋量子数取值分别为+1/2 和–1/2，这也符合泡利不相容原理的要求。当两个 H 原子相互靠近时，自旋相反的两个电子的原子轨道发生重叠，电子在两原子核之间出现的概率增多。达到平衡距离 r_0 时，体系的能量出现最低值 D。这表明此时形成了稳定的化学键，该状态称为 H_2 分子的基态。当两个 H 原子之间的距离小于 r_0 时，原子核之间的斥力使体系能量迅速升高，这种排斥力将 H 原子推回到平衡位置，即稳定状态下的 H_2 分子中，两个 H 原子在平衡位置附近振动。

量子化学的计算表明，r_0 = 87 pm(实验值约为 74 pm)，这一距离即为 H_2 分子中 H—H 共价键的键长，这时 H_2 分子具有的能量即为 H—H 键的键能 D，D(H—H) = 456 kJ · mol^{-1}。

如果两个 H 原子中电子的自旋方向相同，即 m_s 同时取+1/2 或–1/2，计算得到的体系能量随核间距的减小始终增加，即两个原子不可能形成稳定的分子，称为 H_2 分子排斥态。图 9-1 显示了 H_2 分子形成过程中能量随核间距的变化。

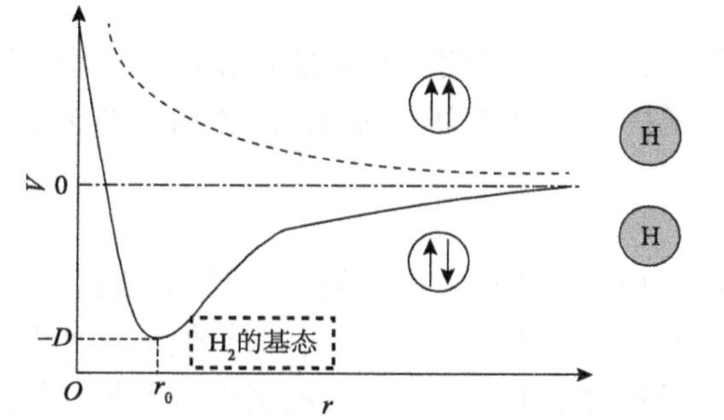

图 9-1　H_2 分子形成过程中原子核间距与体系能量的关系

9.2.2 现代价键理论的基本要点

1. 基本要点

(1)能量近似原则：只有能量相近的原子轨道才能发生重叠(因为电子在轨道上运动，所以电子配对即轨道重叠)。

(2)电子配对原则：两原子接近时，自旋相反的未成对价电子可两两配对形成共价键。

(3)原子轨道重叠的对称性匹配原则：只有当原子轨道对称性相同的部分重叠，原子间的概率密度才会增大，从而形成化学键。

原子轨道即波函数在不同区域的正负号不同，同号叠加，原子核之间电子出现的概率增大，在原子间形成共价键，如图 9-2(a)和(c)所示。异号的原子轨道(波函数)相互削弱，无法成键，如图 9-2(b)和(d)所示。

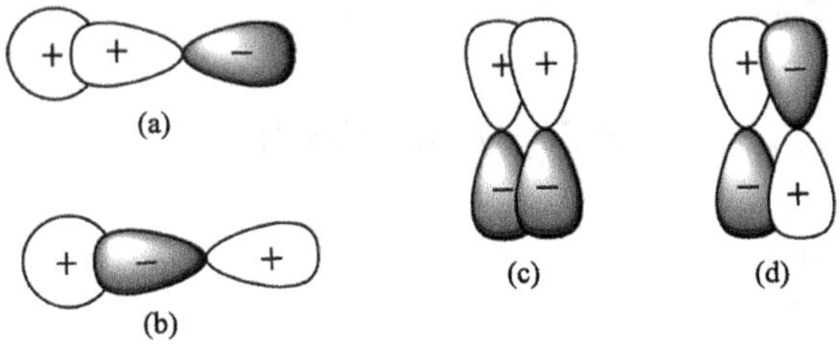

图 9-2　原子轨道的对称性示意图

(a) s-p_x；(b) s-p_x；(c) p_y-p_y；(d) p_y-p_y

(4)最大重叠原则：自旋相反的单电子配对后会放出能量，使体系能量降低。重叠程度越大，放出的能量越多，形成的共价键越稳定。

以 HF 分子为例说明共价键的形成过程。基态 F 原子含有 1 个单电子，假设它处于 $2p_z$ 轨道中。基态 H 原子的单电子处在 1s 轨道上。如图 9-3(a)所示，两原子轨道沿 z 轴正方向的重叠才满足对称性匹配和最大重叠原则，形成稳定的 HF 分子。而图 9-3(b)为无效重叠。

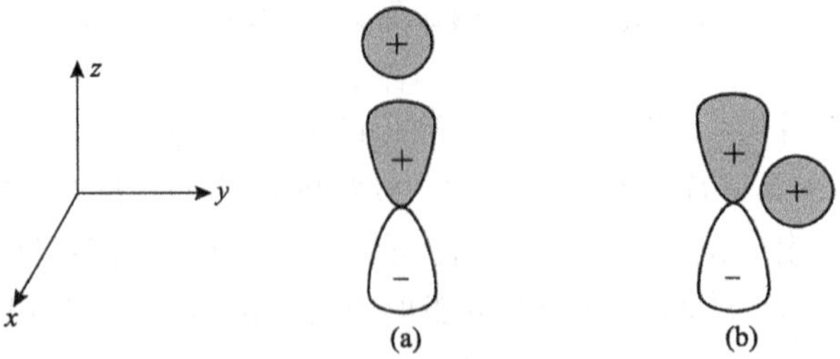

图 9-3　HF 分子形成过程中轨道的重叠情况

综上所述，现代价键理论认为共价键是通过能量相近的原子轨道中自旋相反的单电子配对和对称性匹配的原子轨道的最大重叠而形成的，使体系达到能量最低状态。

2. 共价键的特点

(1)共价键的电性本质。根据现代价键理论的基本要点，成键的原子之间存在共用电子对，两核间电子云密度增大。共价键本质上仍属电性引力，但是这种电性引力与离子键有明显的区别，它是成键原子的原子核对电子云重叠部分的吸引。但是，经典的静电理论无法解释共价键的电性作用本质，为什么相互排斥的两个电子能密集存在于两个原子核之间？量子力学的观点认为，两个 H 原子的 1s 原子轨道相互重叠成键形成氢分子时，两个原子轨道的波函数都是正值，相互叠加后两原子核之间电子出现的概率密度增加，不仅降低了两原子核之间的排斥，还增强了两原子核对电子的吸引，有利于体系能量的降低和共价键的形成。参与成键的两个原子轨道重叠部分越大，形成的共价键越牢固，分子的稳定性也越强。而 H_2 分子的排斥态相当于两个 1s 轨道重叠部分相互抵消，在两原子核之间出现了电子云空白区，从而增大了两个原子核之间的排斥，体系能量升高而无法成键，见图 9-4。

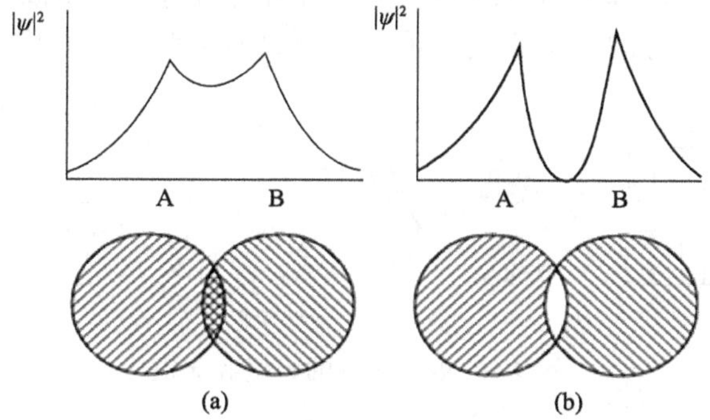

图 9-4　H_2 分子两种状态的电子云和原子轨道重叠示意图

(a)基态；(b)排斥态

(2)共价键有饱和性。原子中的未成对电子数或价电子层轨道数目决定了该原子可形成共价键的个数。共价键可以是单键、双键或叁键。

一个原子有几个未成对电子便可与几个自旋相反的单电子配对成键(实际上也是泡利不相容原理的体现)。稀有气体无单电子，原子间难成键，所以主要以单原子分子的形式存在。另外，原子中有些本来已成对的电子，在特定条件下(外层有空轨道，与之结合的原子电负性大)，也可拆开成单电子而参与成键。例如，基态 C 原子价电子层只有两个单电子($2s^22p^2$)，但是经过激发后，可以形成四个单电子($2s^12p^3$)，从而能形成四个共价单键，如 CH_4 分子；基态 B、N 原子单电子数分别是 1、3，但有 2s、2p 四个价层轨道，它们最多也能形成四个共价键，如 BF_4^-、NH_4^+ 等；而第三周期的元素 Si、P、S 等，因具有 3s、3p、3d 共九个价层轨道，它们可以形成的共价键超过四个，如 SiF_6^{2-}、PCl_5 等。

以 O_2 分子的形成为例，O 原子的原子核外电子排布为 $1s^22s^22p^4$，其中 $2p^4$ 中存在两个单电子，因此可以与另一个 O 原子的两个自旋相反的单电子形成两个共价键。

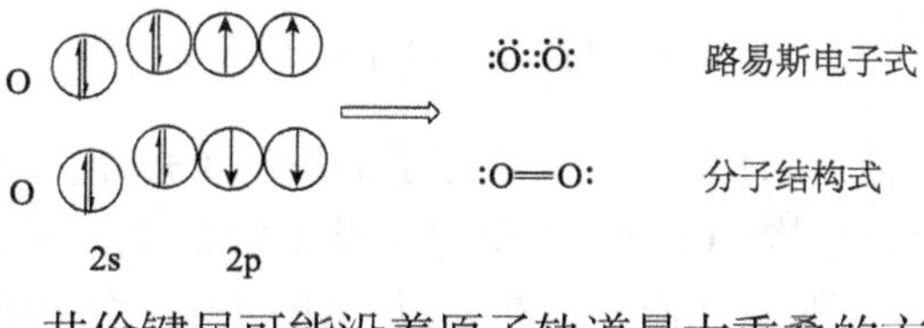

(3)共价键有方向性。共价键尽可能沿着原子轨道最大重叠的方向形成。轨道重叠越多，电子在两核间出现的机会越大，形成的共价键越稳定。

参与成键的原子轨道具有一定的空间取向，s 轨道为球形对称，p、d、f 轨道则分别具有 3、5、7 个空间伸展方向。形成共价键时，s 轨道可以在任意方向上与其他轨道达到最大重叠，而其他轨道只有沿特定的方向与其他轨道重叠，才可以达到最大重叠。所以，当一个原子(中心原子)同时与几个原子(配位原子)形成共价分子时，配位原子在中心原子周围的成键方位是一定的。共价键的方向性决定了多原子分子具有一定的空间构型。

3. 共价键的类型

1) σ 键和 π 键

下面利用现代价键理论讨论 N_2 的结构，N 原子的价层电子结构为 $2s^2 2p^3$，其中在 $2p_x$、$2p_y$、$2p_z$ 三个原子轨道上分别存在一个单电子，如图 9-5 (a) 所示。当两个 N 原子相互靠近时，若每个 N 原子中某个方向的单电子(如 $2p_x^1$)沿 p_x 轨道对称轴，即 x 轴方向“头碰头”重叠时，可形成一个共价键。此时，每个 N 原子的另外两个单电子由于分别处在 $2p_y$、$2p_z$ 轨道上，就不可能再沿轨道对称轴的方向“头碰头”重叠，而只能采取“肩并肩”的方式重叠。

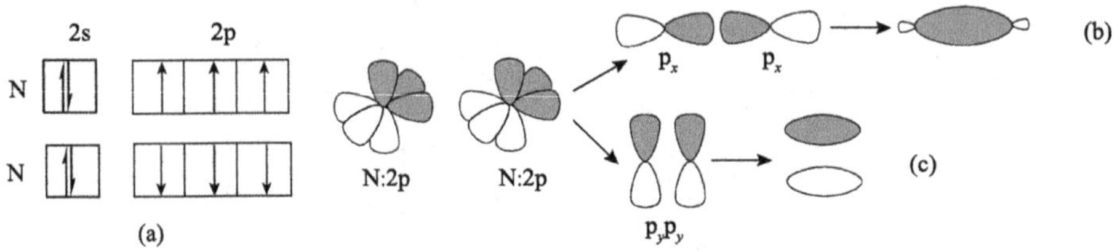

图 9-5　N_2 分子中的 σ 键和 π 键

“头碰头”重叠形成的共价键中，一对成键电子的电子云密度分布对于两原子核间的连线(键轴)呈圆柱形对称，这种键称为 σ 键，如图 9-5 (b) 所示。σ 键构成共价分子的骨架，形成 σ 键的电子称为 σ 电子，σ 键的键能高，稳定性大。而采取“肩并肩”方式形成的两个共价键 $2p_y$-$2p_y$、$2p_z$-$2p_z$，它们的电子云密度分布分别对应通过键轴的 xz 平面和 xy 平面反对称(分布在对称面的上下两侧，形状相同，符号相反)，这种类型的共价键称为 π 键，如图 9-5 (c) 所示。π 键的轨道重叠程度比 σ 键小，π 键活性较高，易断裂发生化学反应。在 N_2 分子中存在一个 σ 键、两个 π 键，其分子结构式为：N≡N：。

2) 配位键

普通共价键无论是 σ 键还是 π 键，键中的一对共用电子分别由成键的两个原子提供，即每个原子提供一个电子，如 N_2 分子中的 N 原子。有些共价键中的共用电子对可以由一个原子单独提供，这种形式的共价键称为配位键。以 NH_3 与 H^+结合形成为例，NH_3 分子中的 N 原子上存在未成键电子对(称为孤电子对)，而 H^+具有空的 1s 轨道，二者结合时，N 原子给出孤电子对供 N、H 两个原子共用，H^+提供空的轨道与 N 原子的轨道重叠，从而形成配位键。可以用箭头“→”表示这种共价键，其中箭头指向接受电子的原子。

$$:NH_3 + H^+ \longrightarrow [H_3N:\rightarrow H]^+$$

具有配位键的另一个例子如 CO 分子。C 原子的价电子排布为 $2s^2 2p_x^1 2p_y^1 2p_z^0$，需要接受四个电子才可达到 8 电子稳定结构。O 原子的价电子排布为 $2s^2 2p_x^1 2p_y^1 2p_z^2$，其中 $2p_x^1$ 与 C 原子的 $2p_x^1$ 形成“头碰头”的 σ 键，那么 O 原子处在 p_y 轨道上的另一个单电子只能与 C 原子 p_y 轨道上的单电子形成“肩并肩”的 π 键。此时，C 原子上仍有一个 p_z 空轨道，而 O 原子的 p_z 轨道上有一对电子。这两个 p 轨道相互平行，可以发生“肩并肩”的重叠。由此，O 原子提供这对孤电子对与 C 原子的空轨道共用，形成配位键。CO 分子的结构式可以表示为

$$:C \equiv O:$$

配位键可以是 σ 配位键(如 NH_4^+)，也可以是 π 配位键(如 CO)。

3) 大 Π 键

在三个或三个以上用 σ 键连接的原子之间，如满足下列条件则可形成离域大 Π 键。

(1) 这些原子都在同一个平面上。

(2) 每一原子有一相互平行的 p 轨道。

(3) p 电子数 < 2 倍 p 轨道数。

大 Π 键用 Π_a^b 表示，其中 a 表示共平面的原子数，b 表示该大 Π 键中的电子总数。

例如，在正六角形的苯 C_6H_6 分子中，每个 C 原子与相邻的两个 C 原子之间、C 和 H 原子之间形成 σ 键，即每个 C 原子使用它的三个价电子(C 成键时先激发形成四个单电子)形成了苯分子的骨架，第四个价电子处在 2p 原子轨道上，六个 C 原子的六个 2p 原子轨道均垂直于该六角形平面，它们均含有一个电子，这六个 2p 原子轨道相互重叠，形成大 Π 键 Π_6^6，如图 9-6(a) 所示。

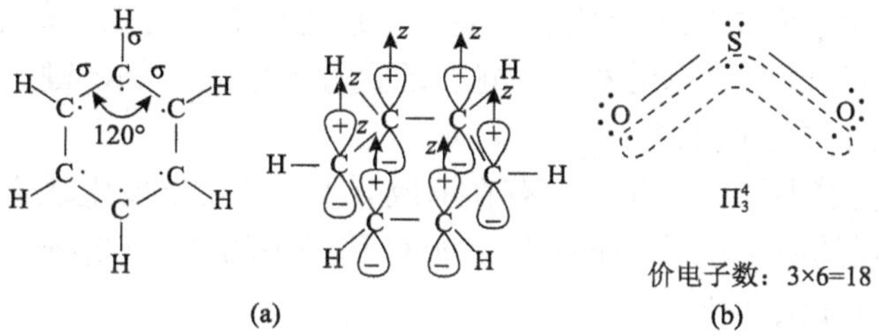

图 9-6　C_6H_6 分子和 SO_2 分子中的大 Π 键

能形成大 Π 键的分子或离子，常见的主要有两类：

(1) AB_2 型分子或离子：价电子总数为 16～19 的均可形成离域大 Π 键，而且价电子总数相同，生成的离域大 Π 键的类型也相同，见表 9-1。

表 9-1　AB_2 型分子或离子的价电子总数与离域大 Π 键

价电子总数	19	18	17			16		
分子或离子	ClO_2	O_3	NO_2	CO_2	CS_2	N_3^-	NO_2^+	N_2O
Π 键类型	Π_3^5	Π_3^4	Π_3^{3*}			2 个 Π_3^4		

*有观点认为 NO_2 分子中含有 Π_3^4。

(2) AB_3 型无机分子或离子：CO_3^{2-}、NO_3^-、SO_3、BF_3、BCl_3、BBr_3 等，价电子数均为 24，含 Π_4^6。

思考·练习

分析下列分子或离子中大 Π 键的电子构成，画出其价键结构式(参考 SO_2)。

(1) CO_2；(2) BF_3；(3) NO_3^-

9.2.3　杂化轨道理论

现代价键理论能够对共价键的方向性和饱和性给出较完美的解释，但是在解释多原子分子的空间构型方面遇到了困难。例如，CH_4 分子为正四面体结构，C 原子居于四面体的中心，四个 H 原子分别位于四面体的四个顶点。四个 C—H 键强度相同，C—H 键之间的夹角为 109°28′。这种结构显然不是 C 原子的价层电子构型 $2s^22p^2$ 能解释清楚的。为了更好地解释分子的空间构型和稳定性，1931 年，鲍林在“路易斯电子配对法”的基础上提出了“杂化轨道理论”，进一步发展了现代价键理论。

1. 杂化轨道理论的要点

形成分子时，成键的原子通常存在激发、杂化、轨道重叠、成键等过程，原子轨道的能量和形状并非一成不变。同一中心原子中能量相近的某些原子轨道在形成分子的过程中重新组合，能量和空间伸展方向均发生改变，形成一组能量相等的新轨道。这一过程称为杂化，形成的新轨道称为杂化轨道。杂化轨道与其他原子的原子轨道重叠形成化学键。

例如，C 原子在形成苯分子时，C 原子的 $2s^22p^2$ 首先激发成 $2s^12p^3$，产生四个单电子。然后 s 轨道与其中两个 p 轨道发生杂化，产生三个杂化轨道。这三个杂化轨道与相邻 C 原子的杂化轨道、H 原子的 1s 原子轨道发生头碰头的重叠，形成三个 σ 键，见图 9-6(a)。

杂化轨道理论的主要论点如下：

(1) 孤立原子的轨道不发生杂化，只有在形成分子时才可能发生轨道的杂化。

(2) 只有能量相近的原子轨道才能杂化，如 C 原子中的 2s 和 2p 轨道能发生杂化，而 1s 和 2p 能量相差较大，无法杂化。

(3) 杂化轨道的数目等于参加杂化的原子轨道的数目。

(4) 杂化轨道的成键能力更强，形成的分子更稳定。

(5) 杂化轨道在空间的伸展应使轨道间的斥力最小，形成的分子能量更低。

2. 杂化类型和分子的空间构型

杂化的类型可以用参与杂化的原子轨道符号和个数来表示，如 sp^3d 表示一个 s 轨道、三个 p 轨道和一个 d 轨道参与杂化。如果 *n*s、*n*p 能量比较接近，往往采取 sp 型杂化，如 sp、sp^2、sp^3 等；若 $(n-1)$d、*n*s、*n*p 的能量比较接近，常采取 dsp 型杂化，如 dsp^2、dsp^3、d^2sp^3 等；若 *n*s、*n*p、*n*d 的能量接近，杂化类型为 spd 型杂化，如 sp^3d、sp^3d^2 等。对分子杂化类型的判断并非人们的主观臆测，这种判断应建立在客观实验的基础上。实际上杂化轨道理论在多数情况下用于解释已知构型的共价分子或离子的成键情况，用它推测未知构型需借助其他理论，如后面将介绍的价层电子对互斥理论。简单共价化合物中原子的成键更多采用的是 sp 杂化，配位化合物中 dsp 杂化和 spd 杂化用得较多。

1) sp 杂化

先来看一个客观事实：Be 与 Cl_2 反应生成共价分子 $BeCl_2$，该分子在蒸气状态下为直线形分子。

按现代价键理论来解释：基态 Be 原子的价层电子构型为 $2s^2$，没有单电子，无法与其他原子形成共价键。若一个价电子被激发到 2p 轨道上，形成 Be 原子的激发态，价层电子构型变为 $2s^12p^1$。若使用这两个单电子与 Cl 原子 2p 轨道上的单电子成键，则形成的两个 Be—Cl 键不应该等同，且键角垂直。但实验测得两个 Be—Cl 键的键长和键能都是相等的，且气态下为直线形分子。

按杂化轨道理论解释：在形成 $BeCl_2$ 分子时，Be 原子用于成键的轨道并非纯粹的 2s 和

2p 轨道，而是它们混合起来重新组成的两个新轨道，即杂化轨道。每个杂化轨道中都含有 1/2 s 轨道成分和 1/2p 轨道成分，为使两个杂化轨道之间斥力最小，它们的夹角应为 180°，这种类型的杂化称为 sp 杂化。杂化轨道的形状一般是一头大，一头小，大头向外，成键时用大头与其他原子轨道重叠。图 9-7 绘出了形成 $BeCl_2$ 分子时中心 Be 原子的轨道杂化情况和分子的空间构型示意图。

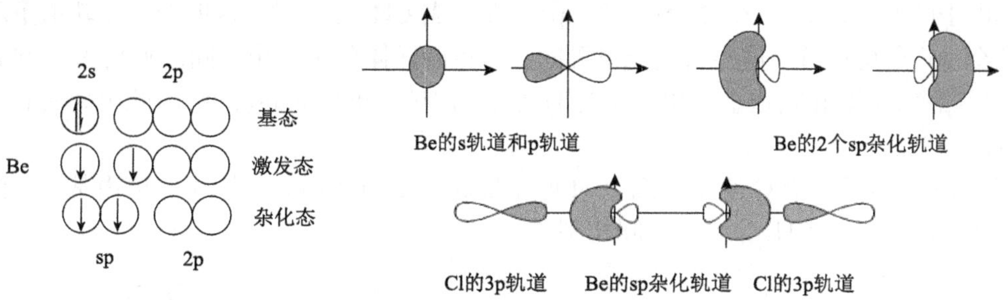

图 9-7　$BeCl_2$ 分子的形成示意图

思 考 · 练 习

乙炔 C_2H_2 分子中 C 原子的杂化方式为 sp，试分析 C 原子的杂化过程、成键情况及乙炔分子中键的类型。

2) sp^2 杂化

实验测得 BF_3 分子中三个 B—F 键之间的夹角是 120°，如何解释这种正三角形的分子构型呢？B 原子的价层电子构型为 $2s^22p^1$，只有一个单电子。那么，在形成 BF_3 分子时，如何形成三个能量等同的共价键？

杂化轨道理论认为，形成 BF_3 分子时，基态的中心原子 B 的 2s 轨道上的一个电子首先被激发到一个空的 2p 轨道上，形成 $2s^12p^2$ 激发态；然后，一个 2s 轨道和两个 2p 轨道重新组合，发生 sp^2 杂化，形成 3 个 sp^2 杂化轨道，每个杂化轨道上均有一个单电子，因此，三个杂化轨道能量相同，相互间的夹角为 120°。B 原子的 sp^2 杂化过程如图 9-8 所示。

B 原子利用这三个 sp^2 杂化轨道向外的大头与 F 原子的 2p 原子轨道重叠，形成三个完全等同的 B—F 键，得到平面三角形分子 BF_3，如图 9-9 所示。

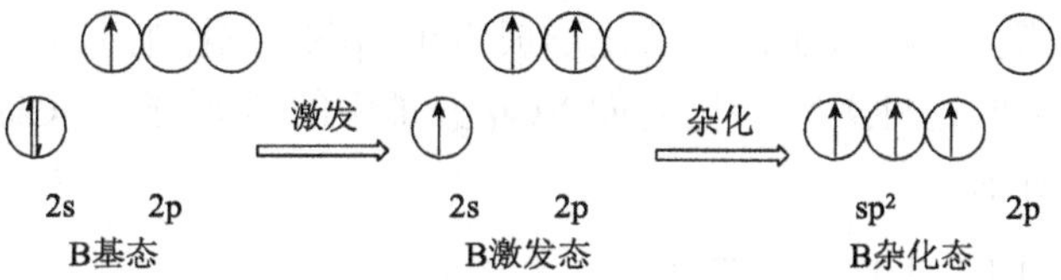

图 9-8　B 原子的 sp^2 杂化过程示意图

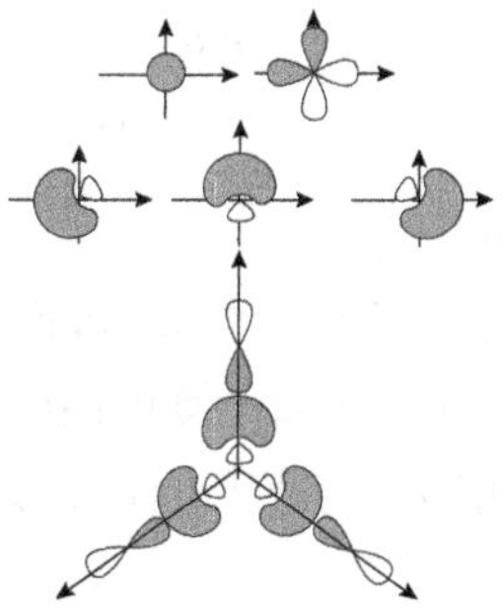

图 9-9　sp^2 杂化及 BF_3 分子形成示意图

思 考 · 练 习

乙烯 C_2H_4 分子中 C 原子的杂化方式为 sp^2，分析 C 原子的杂化过程、成键情况及乙烯分子中键的类型。

3) sp^3 杂化

C 原子的价层电子构型为 $2s^22p^2$，其中 2p 上含有两个单电子，分别占据 1 个 p 原子轨道，似乎 C 只能与两个 H 原子结合形成 CH_2 分子，且 C—H 键之间的夹角为 90°。但众所周知，最简单的烷烃分子式为 CH_4，分子中四个 C—H 键等同，分子构型为正四面体。

杂化轨道理论认为，基态的中心原子 C 上一个 2s 电子被激发到 2p 空轨道上，得到四个均有单电子的原子轨道(一个 2s 和三个 2p)。在形成 CH_4 分子时，这四个原子轨道重新组合形成四个 sp^3 杂化轨道，这些轨道能量等同，呈正四面体分布，相互间的夹角为 109°28′。C 原子利用四个 sp^3 杂化轨道上的单电子与 H 原子的 $1s^1$ 电子形成共价键，因此甲烷具有正四面体的空间构型。

图 9-10 显示了一个 C 原子和四个 H 原子形成 CH_4 分子时，C 原子轨道由基态经激发态再到杂化态的过程及 CH_4 分子的空间构型。

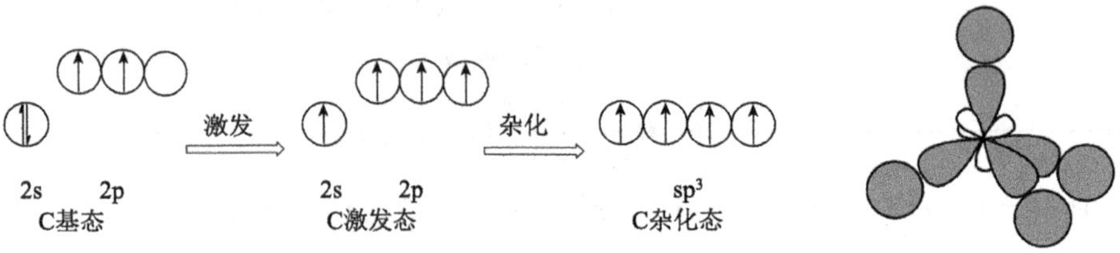

图 9-10　甲烷分子中 C 原子的杂化和 CH_4 空间构型示意图

4) sp^3d 杂化

中心原子的一个 *n*s 轨道、三个 *n*p 轨道和一个 *n*d 轨道杂化形成五个 sp^3d 杂化轨道，空间构型为三角双锥形，如图 9-11(a)所示。P 原子即采取这种类型的杂化与五个 Cl 原子结合成三角双锥形的 PCl_5 分子，如图 9-11(b)所示。

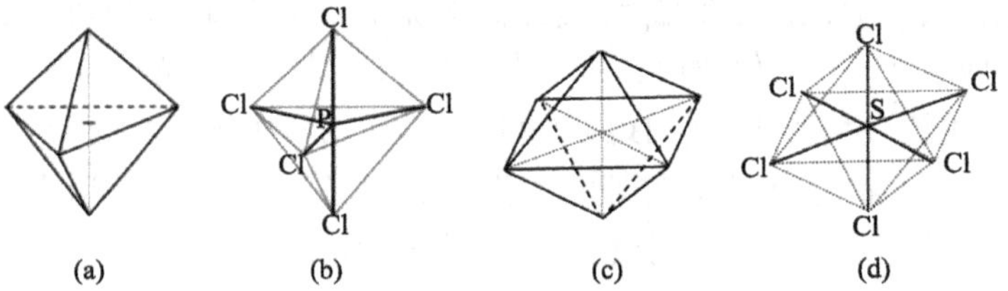

图 9-11　sp^3d 和 sp^3d^2 杂化轨道空间构型图及相关分子构型示意图

(a)三角双锥；(b)五氯化磷；(c)八面体(四角双锥)；(d)六氯化硫

5) sp^3d^2 杂化

中心原子的一个 *n*s 轨道、三个 *n*p 轨道和两个 *n*d 轨道杂化形成六个 sp^3d^2 杂化轨道，空间构型为正八面体，如图 9-11(c)所示。采取这种类型杂化的如 SCl_6 分子中的 S 原子。SCl_6 分子空间构型为正八面体，如图 9-11(d)所示。

思 考 · 练 习

根据图 9-11 所示的空间构型，讨论 PCl_5、SCl_6 分子的杂化过程及杂化轨道可能存在的键角。

6) 等性杂化与不等性杂化

等性杂化：由不同类型的原子轨道混合起来，重新组合成一组完全等同(能量相等，所含的 s、p 或 d 轨道成分完全相同)的杂化轨道，这种杂化过程称为等性杂化。例如，前面介绍的 CH_4 中 C 原子的 sp^3 杂化，BF_3 中 B 原子的 sp^2 杂化都属于等性杂化。

不等性杂化：杂化轨道中有不参与成键的孤电子对或空轨道存在，而形成不完全等同的杂化轨道，这种杂化过程称为不等性杂化。

NH_3 分子中 N 原子的价层电子构型为 $2s^22p^3$，其中在 $2p_x$、$2p_y$、$2p_z$ 三个原子轨道上分别存在一个单电子。如果仅按照现代价键理论的观点，N 原子这三个 2p 单电子与三个 H 原子形成 σ 共价键，N—H 键之间的夹角应该为 90°。

实验测得 NH_3 分子中 H—N—H 的键角是 107°18′，更接近正四面体结构的键角 109°28′。杂化轨道理论认为，在形成 NH_3 分子时，N 原子的一个 2s 和三个 2p 原子轨道发生了 sp^3 杂化，形成了四个杂化轨道，为了保持斥力最小，这四个杂化轨道以近乎正四面体的结构排列。与甲烷分子中的 C 原子不同，N 原子上已经成对的两个电子占据了一个杂化轨道，剩下的三个未成对电子各占据一个杂化轨道，杂化过程如图 9-12(a)所示。

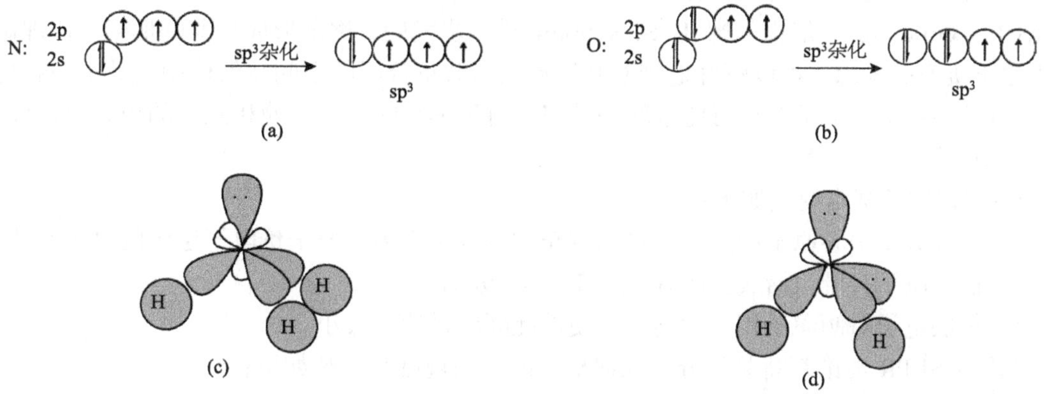

图 9-12　NH_3 分子中 N 原子和 H_2O 分子中 O 原子的不等性杂化过程及分子空间构型示意图

这种杂化与前面介绍的等性杂化方式不同，形成的杂化轨道在能量和空间占有体积上不尽相同，称为不等性杂化。

形成 NH_3 分子时，N 原子上原已成对的电子不再参加成键，称为孤电子对。其他三个单电子分别与 H 的 1s 原子轨道的单电子两两配对形成 σ 共价键。未参与成键的孤电子对能量较高，离 N 原子核较近，对成键电子对产生较强的排斥作用。因此，孤电子对的存在会影响 N—H 共价键的空间排布，使它们之间的夹角压缩到略小于正四面体 109°28′的夹角。NH_3 分子的空间构型为三角锥形，见图 9-12(c)。

与 NH_3 分子成键情况类似，O 原子的基态价层电子构型为 $2s^22p^4$，存在两个孤电子对和两个单电子。形成 H_2O 分子时，也采取 sp^3 不等性杂化，其中两个杂化轨道上各有一个孤电子对，另两个杂化轨道上各有一个单电子。O 的原子轨道杂化过程如图 9-12(b)所示。O 原子以含单电子的杂化轨道与两个 H 原子的 1s 轨道重叠，形成两个 O—H σ 键。成键电子对同时受 O、H 原子核的吸引，而 O 原子上的孤电子对只受 O 原子核的吸引。相对于成键电子对来讲，孤电子对更靠近 O 原子，相互间的排斥力更大，对成键电子对产生了额外的“压迫”作用，导致 H—O—H 键之间的夹角压缩到 104.5°。H_2O 分子的空间构型为角形或“V”形，见图 9-12(d)。

思 考 · 练 习

1. CCl_4 与 CH_3Cl 分子的杂化轨道构型与相应分子的空间构型是否相同？
2. PH_3 与 NH_4^+ 的杂化轨道构型与相应分子的空间构型是否相同？
3. 用杂化轨道理论解释 BF_3 空间构型为平面三角形，NF_3 空间构型为三角锥形。

9.2.4 价层电子对互斥理论

杂化轨道理论可以比较成功地解释分子的空间构型，但是预测分子中原子的杂化类型是一项困难的工作。1940 年，斯治维克(H. Sidgwick)和鲍威尔(T. A. Powell)在总结了大量已知共价分子构型的基础上，首次提出了价层电子对互斥理论(简称 VSEPR 法)。该理论经吉来斯比(R. J. Gillespie)和尼霍尔姆(R. S. Nyholm)进一步发展，逐渐形成目前的框架。该理论不使用原子轨道的概念，可以较好地判断和解释众多共价分子的空间几何构型。其中心思想是“共价分子中各价层电子对尽可能采取一种完全对称的空间排布，使相互间的距离保持最远、排斥力最小”。

VSEPR 法的基本要点如下：

(1) 共价分子中心原子周围电子对的排布构型取决于中心原子价电子层中的电子对数。

(2) 价层电子对既包括成键的 σ 电子对，也包括孤电子对。

(3) 价层电子对倾向于相互远离，以使彼此间的排斥力最小。

利用 VSEPR 理论判断共价分子几何构型的一般规则和步骤如下：

(1) 确定中心原子的价层电子对数(VP)。

中心原子价层电子数等于中心原子自身的价电子数与配体原子提供的共用电子数之和。中心原子价电子数与其主族序数相等。注意：ⅥA 族的元素作为中心原子时，其价电子数为 6，作为配体原子时，提供的电子数记为 0；ⅦA 族元素作为中心原子时，价电子数为 7，作为配体原子时，提供的电子数为 1；稀有气体元素作为中心原子，价电子数为 8。

若考虑对象是一个离子，则中心原子价层电子数应加上(阴离子)或减去(阳离子)该离子所带电荷。

(2) 根据中心原子价层电子对数，从表 9-2 中选定合适的电子对的几何构型。

(3) 绘制构型图，将配位原子排在中心原子周围。连接配位原子的电子对称为成键电子对(BP)，未结合配位原子的电子对称为孤电子对(LP)。很多时候，一个分子可能画出多种几何构型，则应按照下列规则确定其最稳定的构型。

①考虑分子中角度较小的三种电子对之间的排斥作用，即 LP-LP、LP-BP、BP-BP。

②将可能构型中三种电子对的排斥作用，尤其是角度为 90°的列表分析。排斥力大小顺序为 LP-LP > LP-BP > BP-BP。

③角度最小的 LP-LP 数目最少者，构型最稳定。

表 9-2　AB_nL_m 分子的中心原子的价电子对排布方式和分子的几何构型

A 的价电子对数	n	m	AB_nL_m	A 的价电子对排布	分子构型	实例
2	2	0	AB_2		直线	$BeCl_2$，CO_2
3	3	0	AB_3		平面三角形	BF_3，SO_3，CO_3^{2-}，NO_3^-
	2	1	AB_2L		V 形	$PbCl_2$，SO_2，NO_2，NO_2^-
4	4	0	AB_4	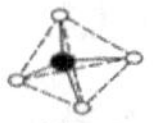	四面体	CH_4，CCl_4，NH_4^+，SO_4^{2-}
	3	1	AB_3L	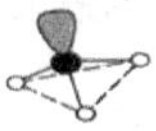	三角锥	NH_3，PN_3，$AsCl_3$，SO_3^{2-}
	2	2	AB_2L_2	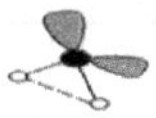	V 形	H_2O，H_2S，SF_2，SCl_2
5	5	0	AB_5	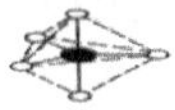	三角双锥	PF_5，PCl_5，AsF_5
	4	1	AB_4L	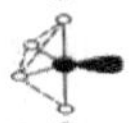	变形四面体	SF_4，$TeCl_4$
	3	2	AB_3L_2		T 形	ClF_3，BrF_3
	2	3	AB_2L_3		直线形	XeF_2，IF_2^-，I_3^-
6	6	0	AB_6		八面体	SF_6，SiF_6^{2-}，AlF_6^{3-}
	5	1	AB_5L	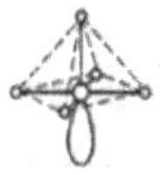	四角锥	ClF_5，BrF_5，IF_5
	4	2	AB_4L_2		平面正方形	XeF_4，ICl_4^-

例 9-2　利用 VSEPR 理论推测 ClF_3 的空间构型。

解　中心原子 Cl 价层电子数为 7，3 个 F 原子共提供 3 个电子，则 Cl 共有 10 个价层电子，VP = 5。根据表 9-2，ClF_3 分子 VP 的空间构型为三角双锥。

ClF_3 分子的 5 个 VP 中包含 3 个 BP 和 2 个 LP，则 F 原子分布在 Cl 原子周围的构型有 3 种，如图 9-13 所示。

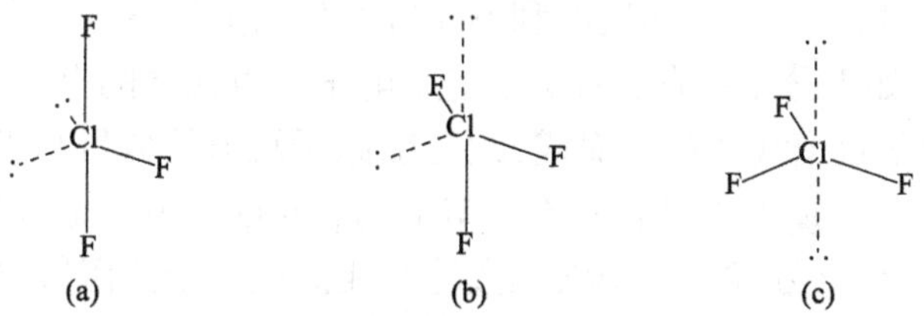

图 9-13　ClF_3 分子可能的几何构型

将上述三种构型中夹角为 90°的电子对数目汇总于表 9-3，构型(b)中存在一个夹角为 90°的 LP-LP，最不稳定。而构型(c)和(a)相比，夹角为 90°的 LP-BP 数目较多。因此，构型(a)是 ClF_3 分子最稳定的构型。

表 9-3　不同构型的 ClF_3 中夹角为 90°排布的电子对数目

构型	LP-LP	LP-BP	BP-BP
(a)	0	4	2
(b)	1	3	2
(c)	0	6	0

思　考　·　练　习

用 VSEPR 理论判断下列分子或离子的几何构型，列表表示。

SF_6；NH_3；H_2O；XeF_4；NH_4^+；PO_4^{3-}

9.3　分子轨道理论

分子轨道理论简称 MO 法，是从 H_2^+的量子力学处理发展起来的。1932 年，由莫立根(R. S. Mulliken)、伦纳德(P. Lennard)、休克尔和洪德提出并完善，该理论把分子当作一个整体看待，全面反映了分子内部电子的各种运动状态，不仅能用来说明分子中的普通共价键，对 H_2^+中的单电子键、O_2 分子中的三电子键的形成及磁性也能给出充分的解释。

9.3.1　分子轨道理论的基本要点

分子轨道理论的基本要点主要包括以下几方面：

(1)电子在分子中运动的波函数即分子轨道。分子中的电子不归属于某一个原子，而在整个分子范围内运动，每个电子的运动状态可以用波函数 ψ 来描述。分子轨道与原子轨道的区别在于：分子轨道是多中心的，而原子轨道只有一个中心。原子轨道用 s、p、d、f 等符号表示，而分子轨道根据对称性的不同，用 σ、π 等符号表示。

(2)分子轨道的能量。每个分子轨道都有一对应的能量和图像。按照分子轨道能量的高低，可以排列出分子轨道的近似能级图。

(3)分子轨道中电子的排布。电子在分子轨道上的排布遵从电子在原子轨道中排布的三个原则，即能量最低原理、泡利不相容原理、洪德规则及其特例。每个分子轨道中最多容纳两个电子，而且自旋方向相反；在不违反泡利不相容原理的前提下，分子中的电子应尽可能先占据能量较低的轨道；如果分子中存在简并轨道，电子应以相同的自旋方式分占不同的轨道。

(4)分子轨道由原子轨道线性组合而成，组合前原子轨道的数目与组合后分子轨道的数目相等。两个原子轨道 ψ_a 和 ψ_b 组合成两个分子轨道 ψ_1 和 ψ_2。由于 ψ_a 和 ψ_b 的符号有正有负，所以有两种极端的线性组合方式，两个波函数符号相同或两个波函数符号相反。同号的波函数相互组合时，波峰与波峰、波谷与波谷相互叠加得到振幅更强的波，如式(9-1)所示；异号波函数相互组合，两波函数中的一部分相互抵消，如式(9-2)所示。

$$\psi_1 = c_1(\psi_a + \psi_b) \tag{9-1}$$

$$\psi_2 = c_2(\psi_a - \psi_b) \tag{9-2}$$

两个符号相同的原子轨道组合形成的分子轨道，在两原子核间电子出现的概率密度增大，能量低于原子轨道，称为成键分子轨道(低能态轨道)，如 ψ_1；异号原子轨道形成的分子轨道由于两核间电子概率密度降低，其能量高于原子轨道，称为反键分子轨道(高能态轨道)，如 ψ_2。

9.3.2　原子轨道线性组合成分子轨道的原则

原子轨道线性组合时，需满足以下三条原则，才能形成有效的分子轨道。这三条原则分别是对称性匹配原则、轨道最大重叠原则、能量近似原则。

(1) 对称性匹配原则。原子轨道的波函数有正值和负值之分。正值与正值组合、负值与负值组合，均为对称性匹配。只有对称性匹配，才能形成成键分子轨道；正值与负值组合，对称性不匹配，形成反键分子轨道。

当两个 H 原子的 1s 原子轨道相互结合时，形成两个分子轨道。两个 1s 原子轨道相互叠加，形成的分子轨道能量低于 H 原子的 1s 原子轨道能量，称为成键分子轨道，用 σ_{1s} 表示，如图 9-14(a) 所示。

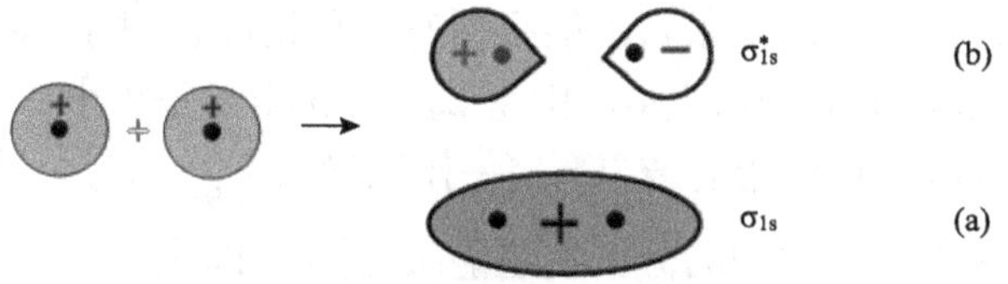

图 9-14　H_2 分子中的成键分子轨道(a)和反键分子轨道(b)形成示意图

在形成成键分子轨道的同时，也形成反键分子轨道，用 σ_{1s}^* 表示，如图 9-14(b) 所示。它相当于两个 1s 原子轨道的波函数相减。由于对称性不匹配，得到的波函数在两核之间存在一个数值为零的节面。该分子轨道能量高于 H 原子的 1s 原子轨道，称为反键分子轨道。

2p 原子轨道在空间有三种取向，它们相互组合成分子轨道的情况复杂一些。设想两个原子沿 x 轴相互靠近，两个 $2p_x$ 原子轨道会“头碰头”重叠，形成两个分子轨道，一个是成键分子轨道 σ_{2p_x}，另一个是反键分子轨道 $\sigma_{2p_x}^*$，如图 9-15(a) 和(b) 所示。

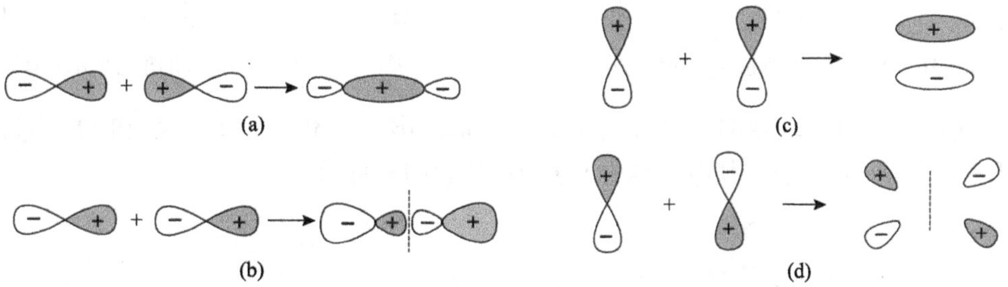

图 9-15　2p 原子轨道形成 σ、π 成键和反键分子轨道的示意图

(a) σ_{2p_x}；(b) $\sigma_{2p_x}^*$；(c) π_{2p_y}、π_{2p_z}；(d) $\pi_{2p_y}^*$、$\pi_{2p_z}^*$

当两个 $2p_x$ 原子轨道之间形成 σ 成键和反键分子轨道之后，$2p_y$、$2p_z$ 就不可能再形成 σ 类型的分子轨道，而只能采取“肩并肩”的方式组合形成 π_{2p} 分子轨道。其中两个 $2p_y$ 原子轨道组合形成两个分子轨道，分别是成键分子轨道 π_{2p_y} 和反键分子轨道 $\pi_{2p_y}^*$；另两个 $2p_z$ 原子轨道组合形成成键分子轨道 π_{2p_z} 和反键分子轨道 $\pi_{2p_z}^*$，如图 9-15(c) 和(d) 所示。

原子轨道的线性组合类型除了上面提到的 s-s、p-p 重叠之外，还有 s-p、p-d 和 d-d 重叠等类型。可以根据原子轨道的形状和对称性，分别讨论不同类型的重叠产生的成键和反键轨道的形状。

(2) 轨道最大重叠原则。在对称性匹配的条件下，原子轨道重叠程度越大，成键轨道能量降低越多，成键效应越强，形成的化学键越牢固。

(3) 能量近似原则。参与组合的原子轨道能级相差很大时，无法有效组合成分子轨道。只有能量接近的原子轨道才可能组合成有效的分子轨道。例如，H、Cl、O、Na 有关原子轨道的能量分别为 $E_{1s}(H) = 1318\ kJ \cdot mol^{-1}$、$E_{3p}(Cl) = 1259\ kJ \cdot mol^{-1}$、$E_{2p}(O) = 1322\ kJ \cdot mol^{-1}$、$E_{3s}(Na) = 520\ kJ \cdot mol^{-1}$。由此可知，H 的 1s 原子轨道、Cl 的 3p 原子轨道和 O 的 2p 原子轨道之间可以组成分子轨道，而它们与 Na 的 3s 原子轨道能量差别太大，无法形成分子轨道，只能发生电子转移而形成离子键。

9.3.3　同核双原子分子的分子轨道能级图

第二周期同核双原子分子的分子轨道能级图有两种情况，对于 N_2 及 N_2 之前的双原子分子，它们的分子轨道能级如图 9-16 所示。由于 2s 和 2p 能级差较小，在形成分子轨道时，需要考虑 2s 和 2p 原子轨道相互作用的结果，这一作用导致 $E_{\pi_{2p}} < E_{\sigma_{2p}}$，与光电子能谱的测量结果一致。而 O_2 的 $E_{\sigma_{2p}} < E_{\pi_{2p}}$，它们的分子轨道能级如图 9-17 所示。

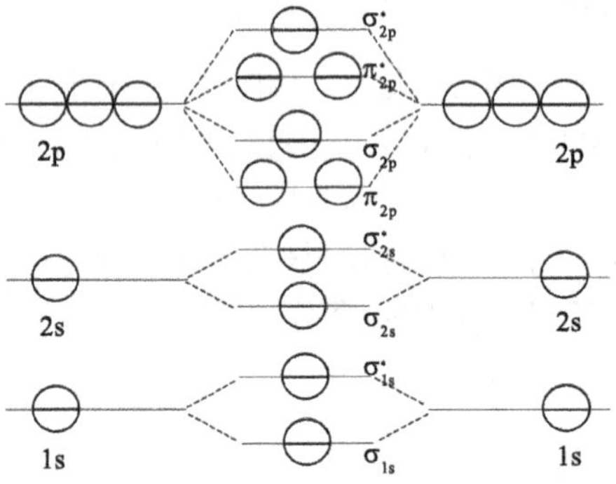

图 9-16　N_2 的分子轨道能级示意图

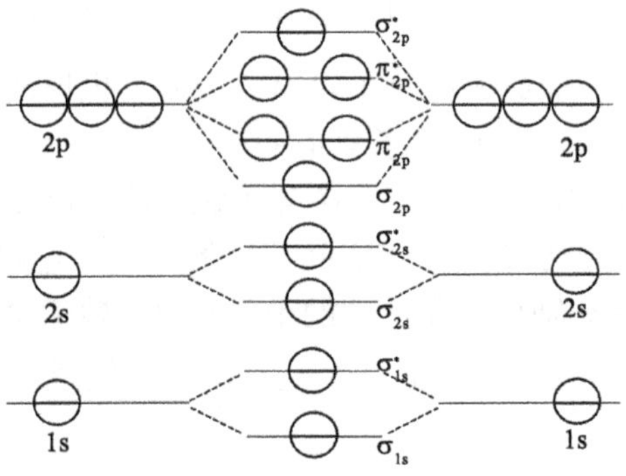

图 9-17　O_2 的分子轨道能级示意图

电子在填充入分子轨道时，依然遵从原子轨道的电子填充三原则。N_2 和 O_2 作为第二周期的典型同核双原子分子，其电子填充示意图如图 9-18 所示。

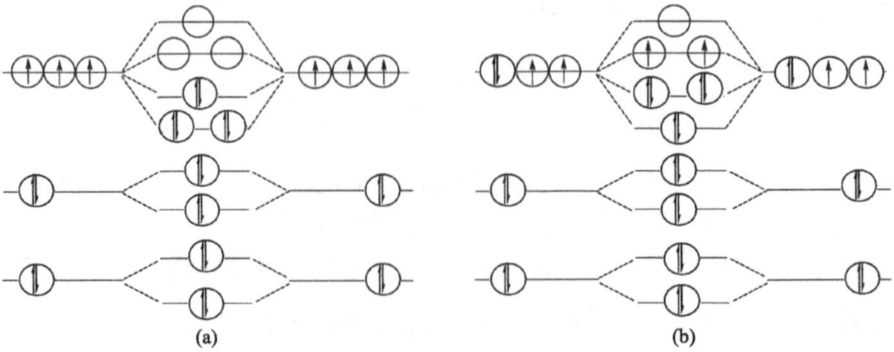

图 9-18　N_2(a) 和 O_2(b) 分子的电子填充示意图

它们的形成过程还可以表示如下：

$$2N\ (1s^2 2s^2 2p^3) \rightarrow N_2[\ KK\sigma_{2s}^2\sigma_{2s}^{*2}\pi_{2p_y}^2\pi_{2p_z}^2\sigma_{2p_x}^2\ ]$$

$$2O\ (1s^2 2s^2 2p^4) \rightarrow O_2[\ KK\sigma_{2s}^2\sigma_{2s}^{*2}\sigma_{2p_x}^2\pi_{2p_y}^2\pi_{2p_z}^2\pi_{2p_y}^{*1}\pi_{2p_z}^{*1}\ ]$$

KK 表示 K 层全充满，成键轨道和反键轨道相互抵消，即 K 层电子未参与成键，称为非键电子，这样的轨道称为非键轨道。

利用现代价键理论很难解释 O_2 具有顺磁性，即 O_2 分子中含有未成对电子。使用分子轨道理论可以很自然地说明这个问题。如图 9-18(b)所示，O_2 分子中电子的最高占据轨道为 π_{2p}^*，它包括 $\pi_{2p_y}^*$ 和 $\pi_{2p_z}^*$ 两个能量相同的简并轨道。根据电子填充的洪德规则，最后两个电子应分占两个轨道且自旋平行。即在 O_2 分子中存在两个单电子 $\pi_{2p_y}^{*1}$ 和 $\pi_{2p_z}^{*1}$。可以这样理解 O_2 分子中的电子结构，在两个氧原子之间存在一个成键的 σ_{2p} 分子轨道，即 σ 键；考虑到成键 π 轨道和反键 π^* 轨道的空间方位一致，可以认为，成键的 $\pi_{2p_y}^2$ 和反键 $\pi_{2p_y}^{*1}$ 构成一个“三电子 π 键，而成键的 $\pi_{2p_z}^2$ 和反键 $\pi_{2p_z}^{*1}$ 构成另一个“三电子 π 键”，即 O_2 分子由一个 σ 键和两个三电子 π 键构成，由于 O_2 分子中存在两个单电子，因此 O_2 分子为顺磁性物质。其结构式可以表示为

9.3.4　异核双原子分子的分子轨道能级图

异核双原子分子的分子轨道比较复杂。一般原则是，电子总数≤14 的按 N_2 的分子轨道能级图填充电子，电子总数≥16 的按 O_2 的分子轨道能级图填充电子。NO 有 15 个电子，其分子轨道能级图与 O_2 接近。

由于不同原子的原子轨道组合成分子轨道时，原子轨道的能量和组合形式差异较大，所以在书写时不再分成键轨道和反键轨道，而是按照 σ 和 π 类型轨道的能量高低次序依次用阿拉伯数字标记。例如，CO 的分子轨道式为 $1\sigma^2 2\sigma^2 3\sigma^2 4\sigma^2 1\pi^4 5\sigma^2$，其分子轨道能级图如图 9-19 所示。

HF 的分子轨道能级图如图 9-20 所示。若 H 原子与 F 原子沿 x 轴接近，则 F 原子的 $2p_x$ 轨道与 H 原子的 1s 轨道对称性相符，能量接近，两者组成成键的 3σ 分子轨道和反键的 4σ 分子轨道，两个单电子填充在 3σ 轨道上，形成有效的 σ 键。F 原子余下的轨道与 H 的 1s 轨道，或对称性不一致，或能量差大，对 HF 分子的形成不起作用，仍保持原子轨道的能量，称为非键轨道。HF 的分子轨道式为 $1\sigma^2 2\sigma^2 3\sigma^2 1\pi^4$。

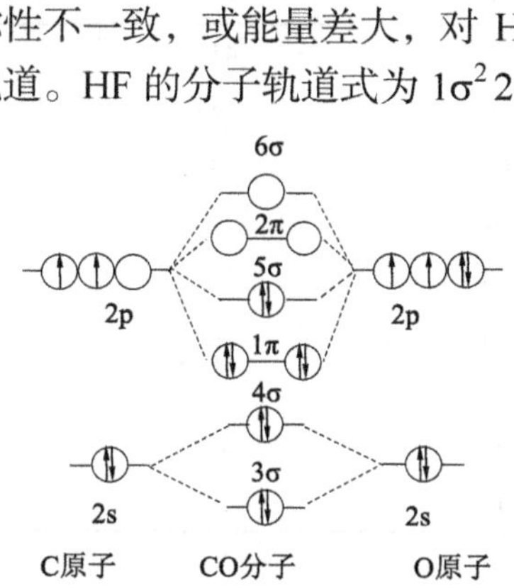

图 9-19　CO 的分子轨道能级图

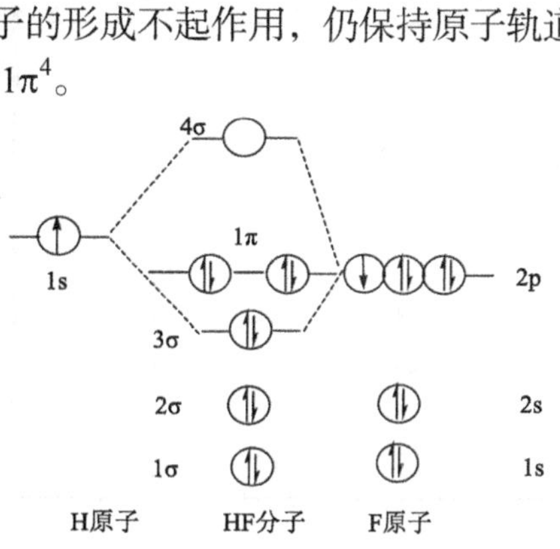

图 9-20　HF 的分子轨道能级图

最后被电子占据的分子轨道成为最高占据分子轨道，简写为HOMO，如图9-19中的5σ。与其相邻能量较高的空的分子轨道则成为最低未占分子轨道，简写为LUMO，如图9-19中的2π。二者构成分子的前线轨道。前线轨道在金属羰基化合物的形成过程中扮演了重要角色。

9.4 键 参 数

9.4.1 键级

现代价键理论是以两原子之间成键的数目表示键级，如单键(H—H)、双键(O═O)和叁键(N≡N)等。分子轨道理论中，键级等于成键电子数与反键电子数差的一半。键级可以说明成键原子间共价键的强度，元素周期表中，同周期或同区元素组成的双原子分子，键级越大，键越牢固，分子越稳定。

思 考 · 练 习

根据分子轨道能级次序和电子的填充，计算下列分子或离子的键级。

(1) N_2；(2) O_2；(3) O_2^+；(4) O_2^-；(5) O_2^{2-}

9.4.2 键能

键能是衡量化学键强弱的物理量。键能 E、键解离能 D、键解离焓 ΔH_E 可通过热化学法或光谱法测量，它们具有不同的物理意义，使用时需要注意区别。

绝对零度时，将基态双原子分子AB拆开形成基态A原子和B原子时所需要的能量，称为AB分子的键的解离能，用符号 D(A—B)表示。在常温和标准压力下，将气态分子AB拆开形成理想气态A原子和B原子时所需要的能量，称为AB分子的键的解离焓。以 H_2 为例，其键解离能 $D = 432\ \text{kJ}\cdot\text{mol}^{-1}$，而键解离焓 ΔH_E 为 $436\ \text{kJ}\cdot\text{mol}^{-1}$。表9-4列出了部分双原子分子的键能和键的解离焓数据。

表 9-4 部分双原子分子的键能和键解离焓

分子式	键能/($\text{kJ}\cdot\text{mol}^{-1}$)	解离焓/($\text{kJ}\cdot\text{mol}^{-1}$)	分子式	键能/($\text{kJ}\cdot\text{mol}^{-1}$)	解离焓/($\text{kJ}\cdot\text{mol}^{-1}$)
Li_2	105		H_2	432	436
Na_2	71.1		F_2	154	159
K_2	50.2		Cl_2	240	242
Rb_2	40.0		Br_2	190	193
Cs_2	43.5		I_2	149	151
N_2	942	946	HF	562	567
O_2	494	498	HCl	428	431
NO	628		HBr	363	366
CO	1072	1077	HI	295	298

通常，键能越大，键越牢固，由该键构成的分子越稳定。对于双原子分子来说，键能 E

与键解离能 D 相等。在多原子分子中，键能不等于键的解离能。键能不仅取决于成键原子本身的性质，也与分子中的其他原子有关。同一种共价键在不同分子中的解离能数值不同，但差别不大，键能是指键解离能的平均值。

例如，已知 NH_3 分子中的 N—H 键解离能如下

$$NH_3(g) = NH_2(g) + H(g) \qquad D_1 = 435.1\ kJ \cdot mol^{-1}$$

$$NH_2(g) = NH(g) + H(g) \qquad D_2 = 397.5\ kJ \cdot mol^{-1}$$

$$NH(g) = N(g) + H(g) \qquad D_3 = 338.9\ kJ \cdot mol^{-1}$$

则 N–H 键的键能

$$E(N—H) = \frac{D_1 + D_2 + D_3}{3} = 390.5\ kJ \cdot mol^{-1}$$

9.4.3　键长

分子中两成键原子核间的平衡距离称为键长，也称核间距。理论上通过计算能推算出键长，但实际上复杂分子的键长往往来自光谱或衍射实验的测量数据。表 9-5 列出了一些常见化学键的键长和键能数据。一般来说，两个原子之间形成的键长越短，键越牢固。

表 9-5　单键、双键、叁键的键能和键长

键的类型	键能/($kJ \cdot mol^{-1}$)	键长/ pm	键的类型	键能/($kJ \cdot mol^{-1}$)	键长/ pm
C—C	348	154	N—N	138	146
C═C	615	134	N═N	161	125
C≡C	812	120	N≡N	942	110

9.4.4　键角

分子中同一原子形成的两个化学键之间的夹角称为键角。键角是反映分子空间构型的重要因素之一。量子化学的近似计算、光谱化学实验和衍射实验是获得键角数据的主要途径。根据分子中键的极性和键角可以推测出分子的空间构型和其他物理性质。

分子的键角首先取决于中心原子的杂化类型。轨道最大重叠原则指出，最有利的成键方向，就是杂化轨道的空间取向。实际上杂化轨道的夹角与键角一致的分子并不多，因键角受多种因素的影响。

1. 中心原子的孤电子对数目对键角的影响

中心原子的孤电子对只受中心原子一个核的吸引，它的电子云比成键电子对肥胖，且集中在中心原子核的周围，这样它对邻近成键电子对就会产生较大的排斥力，使键角被压缩减小。例如，中心原子均为 sp^3 杂化的 CH_4、NH_3、H_2O 三个分子中孤电子对的数目依次为 0、1、2，键角依次为 109°28′、107°18′、104°30′。

sp^3 杂化	CH_4	$:NH_3$	$H_2\ddot{O}:$
键角	109°28′	107°18′	104°30′
分子构型	正四面体	三角锥	V 形

2. 多重键对键角的影响

多重键所包含的电子较多，斥力比单键大，结果使分子内包含多重键的夹角增大，单键夹角变小。

C：sp^2 杂化

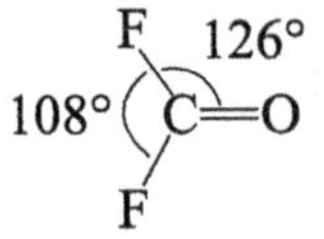

3. 电负性对键角的影响

(1)在 AB_n 型分子中，若中心原子 A 相同，则当 B 的电负性增加时，A—B 间的成键电子对将偏向 B，从而减小了成键电子对之间的斥力，键角相应减小。

分子：	PI_3	PBr_3	PCl_3	PF_3	NH_3	NF_3	H_2O	OF_2
键角：	102°	101°	100°6′	97°48′	107°18′	102°6′	104°30′	101°30′

(2)若配体 B 相同，中心原子 A 的电负性增大时，A—B 间成键电子对偏向 A，从而增加了成键电子对之间的斥力，则键角将增大。

分子：	SbH_3	AsH_3	PH_3	NH_3
A 电负性：	1.9	2.0	2.1	3.0
键角：	91°18′	91°50′	93°18′	107°18′

思 考 · 练 习

试用杂化轨道理论和价层电子对互斥理论等分析 NO_2^+、NO_2、NO_2^- 的中心原子的杂化类型，分子或离子的空间构型，键角的大小或范围，大 Π 键的类型和个数。

归 纳 · 整 合

1. 现代价键理论

要点：共价键是通过自旋相反的单电子配对和对称性相符、能量相近的原子轨道的最大重叠而形成的，使体系达到能量最低状态。

共价键的特征：共价键结合力的本质是电性的；共价键有饱和性和方向性。

共价键的类型：σ 键(稳定)；π 键(活泼)

配位键：成键原子一方有空轨道，另一方有孤电子对。

大 Π 键的形成条件：在三个或三个以上用 σ 键连接的原子之间，如满足下列条件则可形成离域大 Π 键。

(1)这些原子都在同一个平面上。

(2)每一原子有一相互平行的 p 轨道。

(3)p 电子数<2 倍 p 轨道数。

2. 杂化轨道理论

同一原子中能量相近的某些原子轨道在形成分子时可重新组合——杂化。

(1)sp 杂化：2 个 sp 杂化轨道间的夹角为 180°，直线形。

(2)sp^2 杂化：3 个 sp^2 杂化轨道彼此间夹角为 120°，平面三角形。

(3)sp^3 杂化：每 2 个 sp^3 杂化轨道间的夹角为 109°28′，四面体。

(4)sp^3d^2 杂化：每 2 个 sp^3d^2 杂化轨道间夹角为 90°或 180°，八面体。

(5)sp^3d 杂化：每 2 个 sp^3d 杂化轨道间夹角为 90°或 120°或 180°，三角双锥。

(6)等性杂化：参与杂化的轨道中电子数相同。

不等性杂化：参与杂化的轨道电子数不同，有孤电子对。

3. 价层电子对互斥理论(VSEPR 理论)

先确定 AB_n 型分子中 A 的价层电子对数(A 的价电子+B 提供的价电子)，再依表找出构型。

4. 分子轨道理论(MO 法)

分子轨道由原子轨道组合而成，组合前后轨道总数不变，其中一半为成键轨道，一半为反键轨道；原子轨道组合成分子轨道时，遵循对称性匹配、能量相近和轨道最大重叠原则；分子轨道中电子的排布遵从原子轨道电子排布的三原则，即能量最低原理、泡利不相容原理、洪德规则及其特例。

习　题

1. 画出下列分子或离子的价键结构式，并指出其中的化学键的类型(σ 键或 π 键)。
   (1) BF_3；　(2) C_6H_6；　(3) PH_3；　(4) NO_3^-；　(5) O_3；　(6) CO_2；　(7) N_2O_4；　(8) N_2H_4
2. 推断下列化合物中 C 和 N 原子的杂化状态。
   (1) NH_4^+；　(2) CH_3NH_2；　(3) HCHO；　(4) $CH_2{=}NH$；　(5) $H—C{\equiv}N$
3. 请用杂化轨道理论讨论下列分子的空间构型。
   (1) $BeCl_2$；　(2) OF_2；　(3) PCl_5；　(4) ICl_3
4. 写出下列离子或分子中中心原子的杂化轨道类型。
   (1) CO_3^{2-}；　(2) BF_3；　(3) XeF_4；　(4) SF_6
5. 已知 $SiCl_4$ 分子构型为正四面体，Si—Cl 键之间的夹角等于 109°28′。而 PCl_3 分子的空间构型为三角锥形，P—Cl 键之间的夹角略小于 109°28′。请用杂化轨道理论给予解释。
6. 根据价层电子对互斥理论，列表写出下列分子或离子的空间构型。
   (1) H_2O；　(2) PCl_3；　(3) ClF_3；　(4) SO_4^{2-}；　(5) I_3^-；　(6) IO_6^{5-}
7. 判断下列说法是否正确。
   (1) 中心原子采取 sp^3 杂化的分子构型均为正四面体。
   (2) 所有组成为 AB_4 型的分子空间构型都是正四面体。
   (3) 所有组成为 AB_3 型的分子中心原子杂化方式相同，分子构型也相同。
   (4) 对双原子分子来说，键的解离能与键能数据相等。
   (5) 键级、键能和键的解离能均可作为衡量化学键牢固程度的尺度，其数值越大，化学键越强。
8. 原子轨道组成分子轨道应遵循的三个原则是什么？
9. 用分子轨道理论写出 O_2^+、O_2、O_2^-、O_2^{2-} 等分子或离子的电子排布式，计算它们的键级，对比其稳定性。
10. 在下列四组物质中，哪一个分子的键角较大？为什么？
    (1) CH_4 和 NH_3；　(2) OF_2 和 Cl_2O；　(3) NH_3 和 PH_3；　(4) NO_2^+ 和 NO_2

第 9 章单元测试题(单选)

班级________姓名________作业号________成绩________

(　)1. 已知下列分子的空间构型，其中心原子采取 sp 杂化轨道成键的是

A. CO(直线形)　　B. C_6H_6(分子中所有原子都在一个平面上)

C. C_2H_2(直线形)　　D. CF_4(正四面体形)

(　)2. 由分子轨道理论可知，下列物质中具有顺磁性的是

A. C_2　　B. N_2　　C. O_2　　D. F_2

(　)3. 根据下列共价分子的结构，判断键能最大的是

A. HF　　B. HCl　　C. HBr　　D. HI

(　)4. 用价层电子对互斥理论推测下列分子的空间构型，其中为 V 形的是

A. CO_2　　B. OF_2　　C. CS_2　　D. BeF_2

(　)5. 中心原子采取 sp^2 杂化的分子是

A. NH_3　　B. PCl_3　　C. BF_3　　D. H_2O

(　)6. H_2S 分子的空间构型、中心原子的杂化方式分别为

A. 直线形、sp 杂化　　B. V 形、sp^2 杂化　　C. 直线形、sp^3d 杂化　　D. V 形、sp^3 杂化

(　)7. 在 BrCH ═ CHBr 分子中，C—Br 键采用的成键轨道是

A. sp-p　　B. sp^2-s　　C. sp^2-p　　D. sp^3-p

(　)8. 中心原子采用 sp^3d^2 杂化轨道成键的分子或离子，其空间构型可能是

A. 八面体　　B. 平面正方形　　C. 四方锥　　D. 上述三种都有可能

(　)9. 下列分子或离子中含有孤电子对的是

A. H_2O　　B. CH_4　　C. SiH_4　　D. NH_4^+

(　)10. 下列分子中， 两个相邻共价键的夹角最小的是

A. BF_3　　B. H_2S　　C. NH_3　　D. CH_4

(　)11. 下列原子轨道的 n 相同，且各有一个单电子，则形成的 π 键位于 xy 平面两侧的是

A. p_x-p_x　　B. p_x-p_y　　C. p_y-p_z　　D. p_z-p_z

(　)12. 按分子轨道理论，下列稳定性排列正确的是

A. $O_2 > O_2^+ > O_2^{2-}$　　B. $O_2^+ > O_2 > O_2^{2-}$　　C. $O_2^{2-} > O_2 > O_2^+$　　D. $O_2^+ > O_2^{2-} > O_2$

(　)13. 下列各组原子轨道中不能叠加成键的是

A. p_x-p_x　　B. p_x-p_y　　C. s-p_x　　D. s-p_z

(　)14. 中心原子的价层电子对几何构型为四面体，而分子或离子的空间构型为 V 形的是

A. NH_4^+　　B. SO_2　　C. ICl_2^-　　D. OF_2

(　)15. 根据分子轨道理论解释 He_2 分子不存在，是因为其电子排布式为

A. $(\sigma_{1s})^2(\sigma_{1s}^*)^2$　　B. $(\sigma_{1s})^2(\sigma_{2s})^2$　　C. $(\sigma_{1s})^2(\sigma_{1s}^*)^1(\sigma_{2s})^1$　　D. $(\sigma_{1s})^2(\sigma_{2p})^2$

(　)16. 下列分子中 C 与 O 之间键长最短的是

A. CO　　B. CO_2　　C. CH_3OH　　D. CH_3COOH

(　)17. 下列分子或离子中键级等于零的是

A. O_2　　B. O_2^+　　C. B_2　　D. Ne_2

(　)18. 按照分子轨道理论，O_2 的最高占据轨道是

A. π　　B. π^*　　C. σ_{2p}　　D. σ_{2p}^*

(　)19. 下列杂化轨道中可能存在的是

A. $n=1$ 的 sp　　B. $n=2$ 的 sp^3d　　C. $n=2$ 的 sp^3　　D. $n=3$ 的 sd

(　)20. 估计下列分子中，键角最小的是

A. NH_3　　B. PH_3　　C. AsH_3　　D. SbH_3

第 10 章　晶 体 结 构

10.1　晶体结构基础知识

10.1.1　晶体与非晶体的结构特点

在一定的温度和压力下，固体物质具有确定的密度和形状及很小的可压缩性和扩散性。组成固体的质点位置相对固定，一般情况下难以在固体中自由移动，只能在其平衡位置附近极小的范围内振动。这些性质是由固体物质的内部结构决定的，据此将固体分为晶体(crystal)和非晶体[或称无定形固体(amorphous solids)]。

晶体一般具有规则的几何外形。无论是盐场晒制的粗大盐粒，还是化学实验室使用的基准 NaCl 颗粒，尽管大小不一，但它们都是立方体状的。自然界的石英则都是六棱柱状的。无论晶体的外形如何，晶体内部的质点均按照特定的规律在三维空间内有序排列。

研究发现，晶体具有固定的熔点，加热晶体到某温度时，晶体开始转变为液态，但熔化过程中温度保持恒定。晶体内部质点的规律性排列导致了晶体在不同的方向上质点的密度不同。因此，不同的方向上，晶体对光、电、磁、热的传导速率和强度表现出较大差异，这种差异称为各向异性(anisotropy)。

早在 17 世纪中叶，丹麦矿物学家斯迪诺(N. Steno)在研究石英和赤铁矿晶体断面时发现，尽管晶面的大小和形状千变万化，但相应晶面间的夹角却是相等的。大量事实表明，相同温度和压力下，同一种晶体相应晶面间的夹角保持恒定，这就是晶面角守恒定律。正因为晶体的生长遵循晶面角守恒定律，由一个个微小的结构单元生长而成的宏观晶体才保持了规则的外形。

非晶体又称无定形固体，其内部组成是原子无规则的均匀排列，没有哪个方向比其他方向特殊，如同液体内的分子排列一样，形不成空间点阵，故表现为各向同性。它们没有明显固定的熔点，只有软化点，如玻璃、石蜡、松香、沥青等。

晶体和非晶体是无法通过肉眼进行区别的，有时利用宏观性质也会作出误判。晶体是各向异性的，而非晶体是各向同性。但是，由众多微小的单晶体颗粒随机杂乱地堆积在一起的粉末晶体，晶体的各向异性就会相互抵消，而表现出各向同性。借助 X 射线衍射技术可以准确地区别晶体和非晶体。本章主要介绍晶体的结构特点和晶体的类型。

10.1.2　晶系与晶格

1. 晶胞、晶胞参数和晶系

选取晶体中能代表晶体全部结构特征、最小的平行六面体作为晶胞(cell)，晶胞在三维空间重复排列即得到晶体的宏观结构。

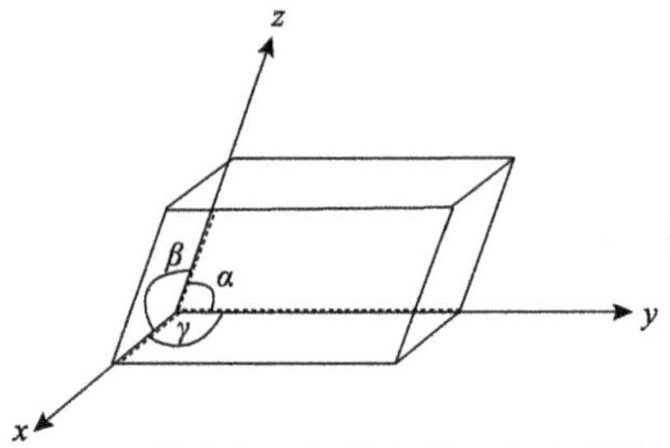

图 10-1　晶胞中坐标轴和晶面夹角的设置

如图 10-1 所示，晶胞六面体的三条棱分别设置为 x、y、z 轴，晶胞在三个坐标轴上的边长(即晶体在三个坐标上的单位向量)分别为 a、b、c，坐标轴 yz、xz、xy 构成的晶面夹角分别为 α、β、γ，这些参数称为晶胞参数。根据晶胞参数的特征，绝大部分晶体可分属七个晶系。表 10-1 给出了七大晶系的晶胞参数和示例。

表 10-1　七大晶系晶胞参数的特点和示例

晶系	边长	晶面夹角	示例
立方	$a=b=c$	$\alpha=\beta=\gamma=90°$	NaCl
六方	$a=b\neq c$	$\alpha=\beta=90°$，$\gamma=120°$	AgI
四方	$a=b\neq c$	$\alpha=\beta=\gamma=90°$	SnO_2
三方	$a=b=c$	$\alpha=\beta=\gamma\neq 90°$	Al_2O_3
正交	$a\neq b\neq c$	$\alpha=\beta=\gamma=90°$	$HgCl_2$
单斜	$a\neq b\neq c$	$\alpha=\gamma=90°$，$\beta\neq 90°$	$KClO_3$
三斜	$a\neq b\neq c$	$\alpha\neq\beta\neq\gamma\neq 90°$	$Ag_2Mo_2O_7$

2. 晶格

在各种晶系中，根据质点排列方式的区别又分成不同的晶格。晶格是组成晶体的质点在空间的排列方式，又称布拉维(Bravais)格子或点阵。

晶体学中常见的十四种空间点阵结构示意图如图 10-2 所示。其中立方晶系存在简单立方、体心立方和面心立方三种晶格，六方、三斜和菱形晶系只有简单晶格，四方晶系中存在简单四方和体心四方两种晶格，正交晶系最为复杂，包括简单晶格、体心晶格、底心晶格和面心晶格，单斜晶系则存在简单和底心两种晶格。

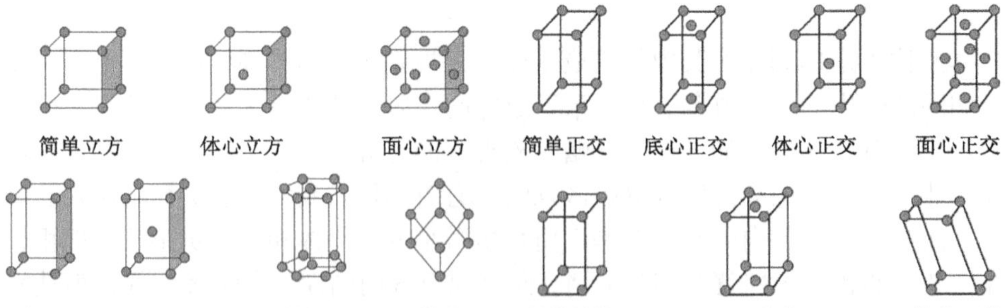

图 10-2　晶体的十四种布拉维空间格子

10.1.3　晶体的类型

尽管晶体的种类繁多，但其内部结构几乎都可以用七个晶系、十四种晶格来描述。而晶体的熔沸点、硬度、密度等物理性质则是由构成晶体的质点和质点间相互作用的类型决定的。据此可以将晶体分为离子晶体、分子晶体、原子晶体和金属晶体等四个基本类型。

10.2 离子键与离子晶体

10.2.1 离子键

1. 离子键和离子化合物

活泼的金属原子和活泼的非金属原子靠近时，金属原子失去电子转变成阳离子，非金属原子得到电子转变为阴离子。阴、阳离子之间存在的强烈的静电作用力称为离子键，由离子键形成的化合物为离子化合物。碱金属、碱土金属的卤化物(Be 除外)和氧化物如 NaCl、KCl、CsCl、MgO、CaO 等均属于典型的离子化合物，它们一般具有较高的熔点和沸点，在熔融状态和水溶液中均能导电。可以用下式表示 NaCl 的形成过程：

$$Na\cdot + \cdot\ddot{\underset{\cdot\cdot}{Cl}}: \longrightarrow Na^+[:\ddot{\underset{\cdot\cdot}{Cl}}:]^-$$

原子通过得、失电子转变成具有稳定结构的阴、阳离子。原子失去电子形成阳离子时，失去的是主量子数 n 最高的电子。如果多个电子具有相同的 n，则角量子数 l 大者优先失去。该原则对过渡金属元素也适用。例如，Fe 原子的价层电子构型为 $3d^64s^2$，先失去 4s 轨道上的两个电子转变为 Fe^{2+}，再失去 3d 轨道上成对电子中的一个，即转变为 Fe^{3+}。

2. 离子键的特点

(1) 离子键的本质是静电作用。离子键的模型中，可以近似地将阴、阳离子视为球形电荷。根据库仑定律，离子之间的静电引力 F 正比于离子电荷(q^+和 q^-)的乘积，与离子的核间距 d 的平方成反比。即

$$F = K \cdot \frac{q^+ \cdot q^-}{d^2} \tag{10-1}$$

离子的电荷越高、核间距越小，离子间的引力越强。阴、阳离子之间除了存在静电引力之外，还有电子和电子、原子核与原子核之间的斥力。当阴、阳离子接近到小于平衡距离时，这些斥力会上升到主要作用，把离子推回到平衡位置。因此，在平衡位置处，阴、阳离子之间的吸引力和排斥力达到平衡，体系的能量达到最低点。

(2) 离子键无方向性和饱和性。因为离子的电荷是球形对称的，只要空间条件允许，离子可以在任何方位上与带相反电荷的离子产生静电作用。因此，从离子键的本质上讲，离子键既没有方向性也没有饱和性。但是，在实际的离子化合物中，由于离子的电荷、离子半径的相对大小等因素，每一个离子周围紧邻排列的带相反电荷的离子是有限的。以 NaCl 为例，每个 Na^+周围等距离地排列着六个 Cl^-，而每个 Cl^-周围也同样等距离地排列着六个 Na^+。在 CsCl 中，每个 Cs^+可同时与八个 Cl^-作用，而每个 Cl^-周围也同样等距离地排列着八个 Cs^+。

(3) 键的离子性与元素的电负性。离子键理论认为，电负性小的活泼金属原子与电负性大的活泼非金属原子相互靠近时，它们都有达到稳定结构的趋势。两元素的电负性相差越大，它们之间越容易发生电子得失而转变成阴、阳离子，成键的离子性也就越大。在元素周期表

中，碱金属族（ⅠA）的电负性最小，卤素（ⅦA）的电负性最大，它们之间能形成较为典型的离子键。近代实验表明，即使是电负性差最大的 Cs 与 F 之间形成的化学键，其离子性也只有 92%，仍有部分原子轨道发生了重叠（共价键的特点）。

表 10-2 给出了 AB 型化合物单键离子性与电负性差值之间的关系。一般来说，当两原子电负性差值为 1.7 时，单键离子性约为 50%。当两原子电负性差值大于 1.7 时，两者之间形成离子键；当两原子电负性差值小于 1.7 时，两者之间的化学键属于共价键。例如，$\chi_{Na}=0.9$，$\chi_{Cl}=3.0$，$\chi_{Na-Cl}=2.1$，则键的离子性为 70%～71%，NaCl 为离子型化合物。

表 10-2　单键离子性与电负性差值之间的关系

X_A-X_B	离子性百分数/%	$\chi_A-\chi_B$	离子性百分数/%
0.2	1	1.8	55
0.4	4	2.0	63
0.6	9	2.2	70
0.8	15	2.4	76
1.0	22	2.6	82
1.2	30	2.8	86
1.4	39	3.0	89
1.6	47	3.2	92

3. 离子键的键能与晶格能

（1）离子键的键能 E。以 NaCl 为例，离子键的键能 E 可表示成，在 298 K、101.3 kPa 下，将 1 mol 气态 NaCl 分解成气态中性原子 Na(g) 和 Cl(g) 时所需的能量。例如

$$NaCl(g) = Na(g) + Cl(g) \qquad E = 398\ kJ \cdot mol^{-1}$$

（2）晶格能 U。仍以 NaCl 为例，在标准状态下，将 1 mol 离子型晶体 NaCl(s) 拆散为 1 mol 气态离子 Na^+(g) 和 Cl^-(g) 时所需要的能量称为 NaCl 的晶格能 U。U 数值越大，离子化合物越稳定。

晶格能 U 可用赫斯定律的原理，利用升华热、电离能、电子亲和能等实验数据求得。以 NaCl 为例参考玻恩-哈伯循环，可以推算晶格能 U。

例 10-1　利用以下热力学数据，计算 NaCl 的晶格能。

已知：Cl_2(g) 的解离能 $D = 239.6\ kJ \cdot mol^{-1}$；金属 Na(s) 的升华热 $S = 108.4\ kJ \cdot mol^{-1}$；金属 Na(g) 的第一电离能 $I = 495.8\ kJ \cdot mol^{-1}$；Cl(g) 的电子亲和能 $E = 348.7 kJ \cdot mol^{-1}$；NaCl 的标准摩尔生成焓 $\Delta_f H_m^\ominus = -411.2\ kJ \cdot mol^{-1}$。

解　以 U 代表 NaCl 的晶格能，设计如下循环：

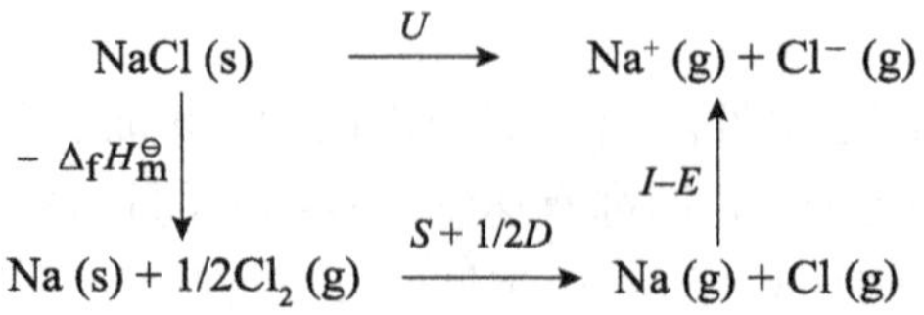

根据赫斯定律，$U = -\Delta_f H_m^{\ominus} + S + 1/2D + I + (-E)$

$$U = 786.5\ \text{kJ} \cdot \text{mol}^{-1}$$

利用晶格能的大小可以讨论离子化合物的硬度、熔点和稳定性等性质。表 10-3 给出了一些典型离子化合物的晶格能和熔点数据，晶格能数值越大，化合物越稳定，熔点越高。

表 10-3 某些离子化合物的晶格能和熔点

化合物	NaCl	KF	MgO	CaO	SrO	BaO
晶格能/$(\text{kJ} \cdot \text{mol}^{-1})$	769.4	807.5	3928	3514	3309	3125
熔点/K	1074	1123	3073	2858	2703	2196

4. 离子半径

离子半径是离子的重要特征之一。从理论上讲，核外电子的运动是无边界的，离子半径与原子半径一样，也是一种相对概念。与原子的共价半径不同的是，离子半径难以确立准确的参比数值。原子的共价半径可以通过测量同核双原子分子的核间距确立，共价半径等于原子核间距的一半。而离子晶体中带相反电荷的阴、阳离子之间的静电作用包括离子间的静电吸引，也包含核外电子之间、原子核之间的相互排斥，从而使阴、阳离子之间保持一定的平衡距离。严格地讲，两个相邻的离子并不相互接触。尽管可以测量相邻阴、阳离子之间的核间距 d，但只能得到阴、阳离子的半径之和，却无法确定各自的离子半径。如果假设离子晶体中相邻的阴、阳离子相互接触，则有

$$d = r^{+} + r^{-} \tag{10-2}$$

若测量出核间距 d，又已知其中一种离子的半径，可根据式(10-2)计算出另一离子的半径。如此测量的离子半径是阴、阳离子相互作用时表现出的半径，称为有效离子半径。

推算离子半径的方法有很多。1927 年，戈尔德施米特(Goldschmidt)确定了以 F^-和 O^{2-}的离子半径为参比半径，根据各种离子晶体核间距的数值推算离子半径的方法。瓦萨斯谢纳(Wasastjerna)用光学法测量的半径数值 $r(F^-)=133$ pm 和 $r(O^{2-})=132$ pm 成为该方法的计算基础。戈尔德施米特用这种方法得到了八十余种离子的半径。例如，由 X 射线衍射法测量了 NaF 晶体的核间距 $d=231$ pm，则 $r(Na^+) = 231\ \text{pm} - 133\ \text{pm} = 98\ \text{pm}$。

考虑到离子的大小受最外层电子排布的影响，鲍林从核电荷数、屏蔽系数、配位数和几何构型等因素入手推算了一套离子半径。鲍林认为，对于相同电子层构型的离子来说，其离子半径与最外层电子感受到的有效核电荷数成反比，最外层电子的屏蔽系数越大，则有效核电荷数越小，离子半径越大。再考虑离子周围直接连接的相反电荷的离子数目和离子晶体构型等因素，通过理论计算得出六配位的氧离子半径 $r(O^{2-})=140$ pm，由此得到一套鲍林的离子半径数据。表 10-4 列出了部分主族元素阴、阳离子的戈尔德施米特和鲍林半径数据，供大家参考和对比。

表 10-4 戈尔德施米特和鲍林的离子半径

离子	r(G)/pm	r(P)/pm	离子	r(G)/pm	r(P)/pm	离子	r(G)/pm	r(P)/pm	离子	r(G)/pm	r(P)/pm
Li^+	70	60	Be^{2+}	34	31	O^{2-}	132	140	H^-		208
Na^+	98	95	Mg^{2+}	78	65	S^{2-}	182	184	F^-	133	136
K^+	133	133	Ca^{2+}	105	95	Se^{2-}	193	198	Cl^-	181	181
Rb^+	149	148	Sr^{2+}	118	113	Te^{2-}	212	221	Br^-	196	195
Cs^+	170	169	Ba^{2+}	138	135				I^-	220	216

注：r(G)表示戈尔德施米特离子半径；r(P)表示鲍林离子半径。

离子半径大致存在以下变化规律：

(1)周期表中同主族元素的离子，电荷相同时，自上而下离子半径逐渐增大。

(2)周期表中同周期的主族元素，自左至右随着核电荷数的增加，离子半径逐渐减小。

(3)同一元素形成不同氧化态的离子时，高价态的离子半径较小。

(4)阳离子半径一般分布在 10～170 pm，而阴离子半径较大，一般分布在 130～250 pm。

思 考 · 练 习

比较下列离子半径的大小。

(1) Li^+、Na^+、K^+、Rb^+、Cs^+；

(2) O^{2-} 、F^- 、Cl^- 、S^{2-}、Na^+、Mg^{2+}、Al^{3+}；

(3) Fe^{2+}、Fe^{3+}。

5. 离子的外层电子构型

在形成离子化合物的过程中，原子形成何种电子构型的离子与该原子的性质、电子层构型的稳定性及与之作用、带相反电荷的离子的性质等因素有关。一般简单的阴离子最外层结构为稳定的 2 或 8 电子结构，如 H^-、F^-、O^{2-}等。而阳离子的电子层构型较为复杂，大致存在以下五种构型：

(1) 2 电子构型($1s^2$)：最外层为 2 个电子的离子，如 Li^+、Be^{2+}等。

(2) 8 电子构型(ns^2np^6)：最外层为 8 个电子的离子，第三周期的 Na^+、Mg^{2+}、Al^{3+}和第四周期 K^+、Ca^{2+}等，主要是 s 区和部分 p 区的元素。

(3) 18 电子构型($ns^2np^6nd^{10}$)：最外层为 18 个电子的离子，ⅠB 族的 Cu^+、Ag^+、Au^+，ⅡB 族的 Zn^{2+}、Cd^{2+}、Hg^{2+}，ⅢA 族的 Ga^{3+}、In^{3+}，以及ⅣA 族的 Ge^{4+}、Sn^{4+}等离子均属于这种构型。

(4) 18+2 电子构型[$(n-1)s^2(n-1)p^6(n-1)d^{10}ns^2$]：具有这种构型的离子处在元素周期表的 p 区。该区ⅢA～ⅤA 族、第四周期之后的元素，其低价阳离子如 Ga^+、In^+、Tl^+、Ge^{2+}、Sn^{2+}、Pb^{2+}、As^{3+}、Sb^{3+}、Bi^{3+}为 18+2 电子构型。

(5) 9～17 电子构型($ns^2np^6nd^{1\sim9}$)：最外层电子数介于 9～17 之间的离子，过渡金属阳离子如 Fe^{2+}、Co^{2+}、Ni^{2+}、Mn^{2+}、Cu^{2+}等均属于这种电子构型。

离子的电子构型影响了离子间的相互作用，进而影响键的离子性百分数。当离子的电荷和半径相差不大的情况下，不同构型的阳离子与同种阴离子的相互作用按照 18 或 18+2 电子构型→9～17 电子构型→8 电子构型的顺序依次减弱。以 NaCl 和 CuCl 为例，Na^+和 Cu^+的鲍林离子半径几乎相等，分别为 95 pm 和 96 pm，但是前者 Na^+为 8 电子构型，而后者 Cu^+为 18 电子构型。与 s 和 p 轨道相比，d 轨道的电子不能有效屏蔽原子核所带的正电荷，因此 Cu^+与 Cl^-的相互作用大于 Na^+与 Cl^-的相互作用，它们的性质产生了显著差别。CuCl 难溶于水，而 NaCl 易溶于水。

需要注意的是，离子间的相互作用强并不意味着离子键的强度一定大，也不能确定二者一定形成离子化合物。原因是离子之间相互作用的增强，有可能导致离子的电子云变形，从而造成阴、阳离子之间的轨道发生重叠，而影响键的离子性百分数。这部分内容将在后续的离子极化一节详细讨论。但是，一般来说，具有 8 电子构型的离子与稀有气体的电子构型相同，十分稳定，具有这种构型的阴、阳离子形成的离子键强度较大，离子化合物的晶格能较大。

10.2.2　离子晶体

典型金属元素的原子与典型非金属元素的原子形成的离子晶体，一般具有硬度大、性脆、熔沸点较高等特点，固态时难以导电，而熔化或水溶液中能导电。金属氧化物和氢氧化物、大部分盐都属于离子晶体。

1. 几种简单的离子型晶体

NaCl 型、CsCl 型、ZnS 型、CaF_2 型是立方晶系离子晶体中最常见的四种类型，它们的空间构型见图 10-3。

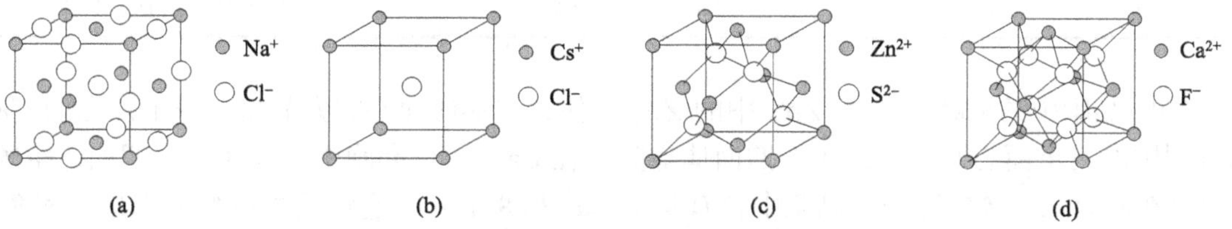

图 10-3　立方晶系离子晶体的几种常见空间构型

(a) NaCl；(b) CsCl；(c) ZnS；(d) CaF_2

在 NaCl 的晶胞中，Na^+占据了立方体的 8 个顶点和 6 个面的面心位置，称为面心立方晶胞，而 Cl^-占据立方体的正中央和 12 条棱的中心位置，这种晶胞在空间连续、重复地排列，构成 NaCl 的晶体。在 NaCl 晶胞中，每个顶点的 Na^+为 8 个立方体共用，即每个顶点对该晶胞的贡献仅为 1/8，每个面的面心被 2 个立方体共用，因此每个晶胞中的 Na^+总数为 4 个。类似地，计算晶胞中的 Cl^-个数时，应考虑到立方体正中央存在一个 Cl^-，而立方体的每条棱为 4 个立方体共用，因此 Cl^-的个数与 Na^+的个数相等，均为 4 个。从空间构型上看，与每个 Na^+距离相等且最近的 Cl^-的个数为 6，与每个 Cl^-距离相等且最近的 Na^+个数也为 6，即 Na^+和 Cl^-的配位数(一离子周围距离最近且距离相等的异号离子数)均为 6。

晶胞中质点数的计算规则：晶胞内部质点为 1，棱边上每个质点为 1/4；晶胞面上的每个质点为 1/2；顶角上的每个质点为 1/8。

确定晶体类型的规则：把晶胞中环境不同的质点分开看，观察它们各自的排列方式。

在 CsCl 晶胞中，Cs^+占据立方体的 8 个顶点，形成简单立方晶胞。Cl^-居于立方体的中央位置(图 10-4)，单位晶胞中只含有 1 个 Cs^+和 1 个 Cl^-，两种离子的配位数均为 8。换个角度观察，把 Cl^-看作立方体的 1 个顶点，把晶胞向三维空间拓展出 8 个相同的晶胞，把 8 个 Cl^-连起来，而此时 Cs^+居于立方体的体心位置。即 CsCl 晶体是由均属于简单立方晶胞的阴、阳离子晶格相互嵌套而组成的。

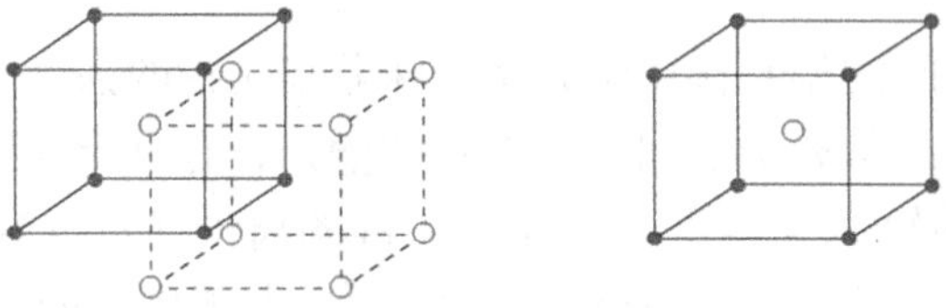

图 10-4　CsCl 晶胞示意图

ZnS 晶胞中的 Zn^{2+}形成面心立方晶格，每个顶点的离子与其周围的 3 个面心离子围成 1 个四面体空隙。在 ZnS 单位晶胞中，存在 8 个这样的四面体空隙，S^{2-}均匀地填充在其中的 4 个四面体空隙中。因此，晶胞中含有 4 个 Zn^{2+}和 4 个 S^{2-}，它们的配位数均为 4(表 10-5)。

表 10-5　立方晶系四种离子晶体构型的特征

结构类型	晶系	晶格类型	配位情况
NaCl 型	立方晶系	面心立方(Na^+、Cl^-各一套)	阴、阳离子配位数均为 6
CsCl 型	立方晶系	简单立方(Cs^+、Cl^-各一套)	阴、阳离子配位数均为 8
ZnS 型	立方晶系	面心立方(Zn^{2+}、S^{2-}各一套)	阴、阳离子配位数均为 4
CaF_2 型	立方晶系	面心立方(Ca^{2+}一套、F^-两套)	阴、阳离子配位数分别为 4、8

CaF_2 晶胞中的 Ca^{2+}与立方 ZnS 中的 Zn^{2+}类似，也形成面心立方晶格，每个顶点的 Ca^{2+}与其周围的三个面心 Ca^{2+}围成 1 个四面体空隙。在 CaF_2 单位晶胞中，存在 8 个四面体空隙，F^-填充在所有四面体空隙中。晶胞中含有 4 个 Ca^{2+}和 8 个 F^-，它们的配位数分别是 4 和 8。

2. 离子半径比与配位数的关系

阳、阴离子的半径比 r^+/r^-是影响离子晶体空间构型的重要因素。在离子晶体中，阴、阳离子紧密堆积在一起时，晶体才能稳定。离子是否完全紧密堆积，与 r^+/r^-数值有关。以 NaCl 型晶体的某一层为例(图 10-5)，r^+和 r^-之间满足如下关系：

$$(ab)^2+(ac)^2=(bc)^2 \qquad 2(2r^+ + 2r^-)^2 = (2r^-)^2 \tag{10-3}$$

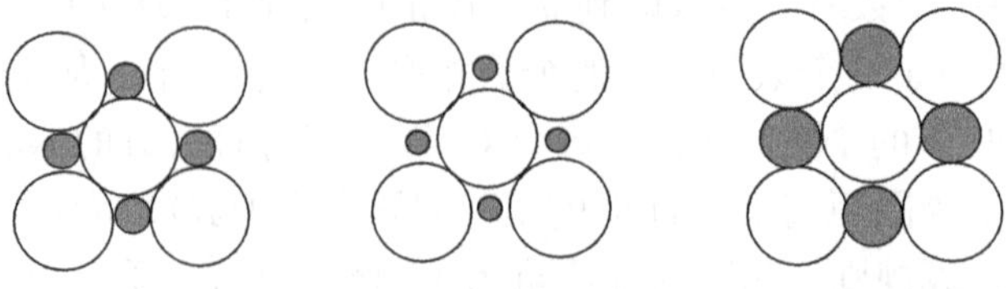

图 10-5　NaCl 型晶体中阴、阳离子堆积方式示意图

由图 10-5 可见，$r^+/r^- = 0.414$ 时，阴、阳离子之间均相互接触；而当 $r^+/r^- < 0.414$ 时，

阳离子与阴离子接触不良，造成阴离子之间排斥增强，迫使晶体转入配位数较小的构型；$r^+/r^- > 0.414$ 时，阴、阳离子靠在一起，而阴离子之间接触不良，这种构型可以稳定存在；但是，当 $r^+/r^- > 0.732$ 时，阳离子有可能接触更多的阴离子，使配位数增加。据此，可以归纳出 r^+/r^- 与阴、阳离子配位数的关系，如表 10-6 所示。

表 10-6 AB 型化合物阴、阳离子半径比与配位数的关系

r^+/r^-	配位数	空间构型
0.225～0.414	4	ZnS
0.414～0.732	6	NaCl
0.732～1.00	8	CsCl

需要指出的是，当一种化合物的半径比接近晶形转变值时，该化合物可能同时具有两种晶形。例如，GeO_2 的 $r^+/r^- = 0.40$，接近 ZnS 型向 NaCl 型转变的 0.414，事实上，GeO_2 确实具有两种构型的晶体。另外，离子晶体的空间构型除了与离子半径有关之外，还与离子的电子构型、组成化合物的元素比例、晶体存在的外部条件等因素有关。应从实践第一的观点出发，尊重客观事实。

10.2.3 离子的极化与变形

离子的极化和变形是同时存在于离子内部的一对矛盾。离子电荷产生的电场会在相反电荷的其他离子内部产生诱导作用，导致相反电荷离子的电子云形状发生变化。这种使异号离子电子云发生变化的作用称为离子的极化作用，被异号离子极化而自身电子云变形的性能称为该离子的变形性。

离子的极化作用和变形性是离子电场间相互作用的两个方面，极化和变形的结果是离子的电子云形状改变，相反电荷离子的电子云之间可能发生类似于共价键的轨道重叠，从而导致离子键向共价键的转变。阴、阳离子自身都有极化作用和变形性两个作用，由于阳离子半径较阴离子半径小，一般认为，阳离子极化作用强，阴离子变形性强。

1. 阳离子的极化作用与变形性

1) 阳离子的电子构型

阳离子极化作用的大小与阳离子的外层电子构型有关。处在 d 轨道上的电子钻穿效应弱，其他电子对它的屏蔽作用强，则 d 电子受到的有效核电荷吸引力较弱而更容易变形。因此，含有 d 电子的离子比具有相同电荷、相近半径的 8 电子构型离子的极化作用强、变形性大。最典型的例子是 Cu^+ 和 Na^+，二者离子半径接近，但前者离子极化能力远强于后者。一般地，具有相同电荷的阳离子，其极化作用的大小与离子的外层电子构型具有如下关系：

8 电子构型 ＜9～17 电子构型 ＜2 电子构型、18 电子构型和 18+2 电子构型

2) 阳离子的电荷和半径

阳离子的电子构型相同的情况下，阳离子电荷越高，半径越小，极化作用越强。例如

$$Al^{3+} > Mg^{2+} > Na^{+}$$

外层电子构型相似、电荷相等时，半径越小，极化作用越强。例如

$$Li^{+} > Na^{+} > K^{+};\quad Mg^{2+} > Ba^{2+};\ Al^{3+} > Ga^{3+}$$

2. 阴离子的变形性

1) 阴离子的电荷和半径

阴离子的半径越大、负电荷越多，越容易受到周围阳离子的影响，变形性越大。例如

$$I^{-} > Br^{-} > Cl^{-} > F^{-}$$

2) 复杂阴离子的变形性

尽管复杂阴离子的离子半径较大，但是复杂阴离子中心原子的氧化数较高，内部原子间的相互作用强，组成的原子团结构紧密且对称性强，如 ClO_4^-。因此，一般来说，复杂阴离子的变形性较小。

一些常见阴离子按变形性增加的顺序排列如下：

$$ClO_4^- < F^- < NO_3^- < OH^- < CN^- < Cl^- < I^- < SO_4^{2-} < CO_3^{2-} < O^{2-} < S^{2-}$$

3. 反极化作用

反极化作用一般常见于含氧酸及含氧酸盐中。图 10-6 中，(a)是 N(Ⅴ)对 O(Ⅱ)的极化作用示意图，(b)是 H^+和 N(Ⅴ)同时对一个 O(Ⅱ)产生极化，但极化作用效果相反，因此称 H^+的极化作用为反极化作用。由于 H^+的反极化作用较强，削弱了 N—O 键，故 HNO_3 不稳定易分解。

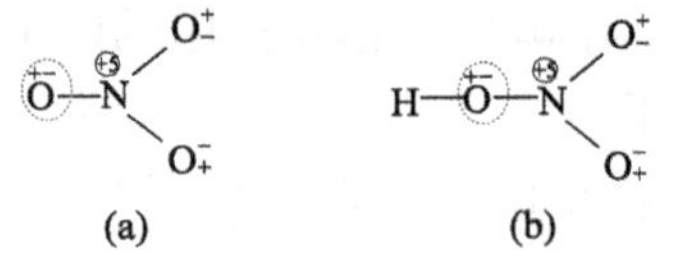

图 10-6　HNO_3 中 H^+的反极化作用示意图

阳离子的反极化作用越强，含氧酸或含氧酸盐越容易分解。例如，稳定性 $H_2CO_3 < NaHCO_3 < Na_2CO_3$；$CuCO_3 < MgCO_3 < Na_2CO_3$。

综上所述，关于离子极化作用和变形性的强弱可以归纳出如下规律：

(1) 最容易变形的是体积大的阴离子(如 S^{2-}、I^-、CO_3^{2-})，以及具有 18 电子构型、9～17 电子构型和 18+2 电子构型的低电荷阳离子(如 Ag^+、Hg^{2+}、Pb^{2+}等)。

(2) 最不容易变形的是半径小、电荷高的稀有气体型阳离子(如 Be^{2+}、Al^{3+}、Si^{4+}等)，以及电荷低、半径小的阴离子(如 F^-、NO_3^-等)。

(3) 极化能力强的是具有 2 电子构型的阳离子(如 Li^+、Be^{2+})，以及具有 8 电子构型、9～17 电子构型和 18 电子构型的高价态阳离子(如 Al^{3+}、Fe^{3+}、Pb^{4+}等)。

思 考 · 练 习

1. 比较下列阳离子的极化作用。
(1) Al^{3+}、Mg^{2+}、Na^{+}；(2) Mg^{2+}、Ca^{2+}、Ba^{2+}；(3) Zn^{2+}、Fe^{2+}、Ca^{2+}；(4) Sn^{4+}、Sn^{2+}
2. 比较下列阴离子的变形性。
(1) N^{3-}、O^{2-}、F^{-}；(2) S^{2-}、I^{-}、Br^{-}

4. 离子极化对化合物性质的影响

1) 对化学键离子性的影响

离子的极化作用可以影响化合物的诸多性质，如溶解度、晶形、导电性和颜色等。阴、阳离子之间除了存在静电作用之外，或多或少地存在相互极化，不存在纯粹的离子键。阴、阳离子并非两个想象得完美的、相切的刚性球，相互极化使离子的电子云发生变形，阴、阳离子之间电子云的重叠将导致阴、阳离子之间的化学键由离子键向共价键过渡。直接的实验证据是，化合物的实测键长小于阴、阳离子的半径和。以卤化银为例，如表 10-7 所示，实测 Ag□X 键长与 Ag^{+}和 X^{-}半径之和的偏差越来越大，说明从 Cl^{-}到 I^{-}，阴、阳离子之间电子云的重叠程度越来越大，化学键中离子键成分逐渐减少，而共价键成分逐渐增加。

表 10-7 AgX 中 Ag^{+}和 X^{-}离子半径之和与实测键长

AgX	离子半径之和/pm	实测键长/pm	差值/ pm	键型
AgF	259	246	13	离子型
AgCl	310	277	33	过渡型
AgBr	322	288	34	过渡型
AgI	346	299	47	共价型

2) 对化合物溶解度的影响

离子极化作用可以影响物质在水中的溶解度。水分子属于极性分子，离子极化作用的增强会使化合物在水中溶解度下降，如 AgX 系列。

	AgF	AgCl	AgBr	AgI
$S/(\mathrm{mol \cdot dm^{-3}})$	易溶	2.0×10^{-4}	2.9×10^{-5}	2.7×10^{-7}

3) 对晶体构型的影响

离子极化缩短了离子之间的距离，往往会使晶体中阴、阳离子的配位数减小。例如，CdS 的离子半径比约为 0.53，理论上属于配位数为 6∶6 的 NaCl 型晶体。但事实上，CdS 却属于配位数为 4∶4 的 ZnS 型晶体。原因是 Cd^{2+}部分地钻入 S^{2-}的电子云中，相当于缩小了离子半径比，从而造成晶形转变。有时，离子极化会导致离子晶体向金属晶体过渡。像 FeS、CoS 等化合物，它们不透明且具有金属光泽。原因可能是 S^{2-}被阳离子极化后，部分电子脱离阴离子成为准自由电子，从而导致这些化合物的电导率、金属性增强。过渡金属的硫化物，尤其是ⅡB 族金属的硫化物，是近年来催化剂领域的研究热点，与它们具有的半导体性质密切相关，称为Ⅱ-Ⅵ族半导体材料。

4) 对化合物热稳定性的影响。

(1) 极化作用：$Be^{2+} > Mg^{2+} > Ca^{2+} > Sr^{2+} > Ba^{2+}$

	$BeCO_3$	$MgCO_3$	$CaCO_3$	$SrCO_3$	$BaCO_3$
分解温度/K	373	813	1170	1462	1633

(2) 变形性：$F^- < Cl^- < Br^- < I^-$。

	CuF_2	$CuCl_2$	$CuBr_2$	CuI_2
分解温度/℃	950	500	490	不存在

5) 对化合物颜色的影响

某些金属元素卤化物、氧化物、氢氧化物、硫化物、硒化物、碲化物的颜色随离子极化而加深，见表 10-8。

表 10-8　部分金属元素卤化物的颜色

X^-	Hg^{2+}	Ni^{2+}	Pb^{2+}	Bi^{3+}
Cl^-	白	黄褐	白	白
Br^-	白	棕	白	橙
I^-	红	黑	黄	黑

10.3　分子间力与分子晶体

干冰晶体在温度低至 194.5 K 时即升华，表明晶体中干冰分子之间的作用力十分微弱。许多非金属单质、非金属元素的氧化物、硫化物、卤化物和氢化物、含氧酸及大部分有机物均具有硬度小、熔沸点低的特征，这些由分子依靠分子间作用力(或称范德华力)结合而成的晶体，称为分子晶体。

10.3.1　分子的极性与磁性

1. 分子的极性

同核双原子分子中，两个原子对共用电子对的吸引力相同，这种键属于非极性共价键，简称非极性键。分子中电子云的分布是均匀的，整个分子中正电荷中心与负电荷中心重合，这种分子称为非极性分子，如 H—H、X—X 等双原子分子。

异核双原子分子中，如 HCl，共用电子对偏向电负性较大的原子一侧，这种键属于极性共价键或极性键。若分子中电子云分布不均匀，整个分子中的正电荷中心与负电荷中心不重合，似乎在分子中存在正、负两个极，这种分子称为极性分子。

	NaCl	HF	HCl	HBr	HI	H_2
$\Delta\chi$	2.1	1.9	0.9	0.7	0.4	0

→ 极性减弱

离子键　|　极性共价键　|　非极性键

由此可见，对双原子分子来说，电负性差值越大，键的极性就越强。

对于多原子分子来说，如果组成分子的化学键均是非极性共价键，则分子不会有极性；但是，当组成分子的化学键为极性键时，分子是否有极性，取决于分子的空间构型。例如，BF_3分子中，F的电负性大于B，在B—F键中，电子对偏向F一边，故B—F键是极性键。但是，由于BF_3分子的空间构型为正三角形，B位于正三角形的中心，F位于正三角形的三个顶点，其正、负电荷中心重合，因此BF_3是非极性分子。同样，由极性键组成的非极性分子还有CCl_4、CO_2等。它们的共同特点是，分子为对称的空间构型，键的极性被相互抵消，导致分子没有极性。如果空间构型不完全对称，无法抵消键的极性，由极性键组成的多原子分子也具有极性，如SO_2、CH_2Cl_2、NH_3、H_2O等。

偶极矩(μ)是衡量分子极性大小的物理量。大小相等、符号相反、相距为d的两个点电荷($+q$和$-q$)组成偶极子，其电量与距离之积为偶极矩。

$$\mu = q \cdot d \tag{10-4}$$

μ是一个矢量，其方向是从正极到负极。考虑到电子电量为1.6×10^{-19}C，原子间距的数量级为10^{-10}m，所以μ的数量级为10^{-30}C·m。偶极矩可由实验测量，表10-9列出了某些分子的偶极矩。利用这一参数，可以推测分子的极性与空间构型。$\mu=0$，为非极性分子，空间构型对称；$\mu\neq0$，为极性分子，空间构型不对称。

表10-9 一些分子的偶极矩

分子式	偶极矩/($\times10^{-30}$C·m)	分子式	偶极矩/($\times10^{-30}$C·m)
N_2	0	CO	0.40
HCl	3.57	HF	6.37
$BeCl_2$	0	BCl_3	0
CO_2	0	SO_2	5.33
CS_2	0	NH_3	4.90
CH_4	0	H_2O	6.17
$CHCl_3$	3.50	H_2S	3.67

2. 分子的磁性

(1)抗磁性物质：电子的自旋会产生一个小磁场。形成共价分子时，由于电子配对，自旋方向相反的两个电子产生的两个小磁场方向相反，相互抵消，净磁场为零。若将这种物质置于外磁场中，在外磁场的诱导下会产生一个与外磁场方向相反的磁矩，推开一部分外磁场的磁力线。这种电子均已配对的物质，称为抗磁性物质。

(2)铁磁性物质：有些物质中，存在未成对电子，其净磁场不等于零。若这种净磁场足够强，单电子的自旋会自发地排列整齐，这样的物质会呈现出“永久的磁性”，称为铁磁性物质，如Fe_3O_4、Co、Ni等。

(3)顺磁性物质：有些物质虽然也存在未成对电子，但净磁场太弱，在强烈的外磁场作用下，单电子的自旋会排列整齐，这种能在磁场作用下顺着磁场方向产生磁矩的物质称为顺磁性物质。需要指出的是，顺磁性物质在外磁场作用下也会产生诱导磁矩，抵抗外磁场，只是其顺磁性超过了抗磁性。顺磁性物质产生的磁矩(μ_m)可以由实验间接测量，μ_m与分子中单

电子个数 n 之间存在如下关系：

$$\mu_{m}=\sqrt{n(n+2)}\ \text{B.M.} \tag{10-5}$$

B.M.称为玻尔磁子，是磁矩的习惯使用单位。

3. 偶极子

两个相距很近的等量异号点电荷组成的系统在物理学中一般称为偶极子。分子中的正、负电荷中心就相当于两个点电荷，所以一个分子就可以看作一个偶极。

(1) 永久偶极：极性分子的正、负电荷中心本来就不重合，始终存在着一个正极和一个负极，极性分子的这种固有的偶极，称为永久偶极或称固有偶极。

(2) 诱导偶极：在外电场或其他极性分子的影响下，分子中正、负电荷中心发生偏移所产生的偶极为诱导偶极。非极性分子、极性分子均可产生诱导偶极。

(3) 瞬时偶极：某一瞬间，分子的正、负电荷中心发生不重合现象时所产生的偶极为瞬时偶极。由于分子在不停地运动，因此所有分子都有瞬时偶极。

10.3.2 分子间作用力

分子内部原子间的共价键无法说明物质的熔沸点等物理性质，气、液、固三态的变化并不破坏分子内部的化学键。1873 年，荷兰物理学家范德华提出了分子间作用力的概念来解释共价分子的沸点、熔点、气化热、熔化热、溶解度、黏度、表面张力等物理性质。由分子组成的物质，其分子间存在一种微弱的作用力，作用范围为 3～5×10^{-10}m，能量为 0～10 kJ · mol^{-1}，比化学键小一两个数量级，固体的熔化和液体的沸腾均需要克服这种作用，分子间作用力较大的物质具有较高的熔化热和熔点。分子间的作用越大，则气化热越大，液体的沸点越高。

1. 分子间作用力的类型

分子间作用力又称范德华力或范氏力，其大小和类型与分子的极性有关。分子间的作用力可以归纳成以下三种类型。

(1) 取向力。极性分子中正、负电荷中心不重合，分子的一端带正电，另一端带负电，存在永久偶极。两个极性分子相互靠近时，永久偶极的存在导致极性分子按一定方向排列。这种由永久偶极产生的作用力，只存在于极性分子之间，称为取向力。

(2) 诱导力。当极性分子和非极性分子相互靠近时，极性分子内的永久偶极会影响周围的非极性分子，使之极化而产生诱导偶极。这种诱导偶极与极性分子内的永久偶极之间的作用力称为诱导力。

极性分子相互靠近时，除了永久偶极之间的取向力之外，在彼此永久偶极的影响下，极性分子也会发生变形，产生诱导偶极。因此，在极性分子之间也存在诱导力。

(3) 色散力。任何分子无论是否具有极性，其电子均在不停地运动，原子核也在不断地振动，经常发生电子云和原子核之间的瞬时相对位移，从而产生瞬时偶极。尽管瞬时偶极存在的时间很短，但是瞬时偶极不断、重复地产生，分子之间始终存在着瞬时偶极之间的引力，这种力称为色散力。不仅非极性分子之间存在色散力，非极性分子和极性分子之间、极性分子和极性分子之间也存在色散力。

综上所述，分子间作用力来源于三种偶极产生的取向力、诱导力和色散力，色散力是最普遍的分子间作用力。分子的极性越高，取向力的作用越重要。分子的变形性越大，色散力的作用越重要。分子中所含的电子越多，相对分子质量越大，分子的变形性越大，分子间作用力就越大。一般来说，色散力是分子中的主要作用力，只有偶极矩很大的分子(如水)，取向力才最重要。

2. 分子间作用力与物质性质的关系

分子间作用力随相对分子质量的增大而增强，同类型的分子型物质熔沸点随相对分子质量的增大而升高。以卤素单质为例，常温常压下，F_2、Cl_2 是气体，Br_2 是液体，I_2 是固体。F_2、Cl_2、Br_2、I_2 均为非极性分子，分子间作用力的主要形式是色散力，从 F_2 到 I_2，相对分子质量增大，瞬时偶极带来的色散力增强，所以熔沸点依次升高。

强极性分子之间存在强的取向力，容易互溶，如 NH_3、HCl 极易溶于 H_2O，C_2H_5OH 与 H_2O 互溶。极性分子之间、非极性分子之间的作用强于非极性分子和极性分子之间的作用，因此，CCl_4 几乎不溶于 H_2O，这就是相似相溶原理。

思考·练习

1. 试分析下列三对分子之间分别存在何种偶极和作用力。
   H_2O 与 HCl；Cl_2 与 HCl；CH_4 与 BF_3
2. 估计 I_2 在 H_2O 和 CCl_4 中溶解度的差别。

10.3.3 氢键

ⅣA～ⅦA 族的气态氢化物均属于分子型化合物，对比同主族气态氢化物的沸点数据，发现ⅣA 气态氢化物的沸点随相对分子质量的增加而升高，ⅤA～ⅦA 族气态氢化物的沸点并不符合这种规律，第二周期的 NH_3、H_2O、HF 分别是相应主族中沸点最高的气态氢化物，如图 10-7 所示。

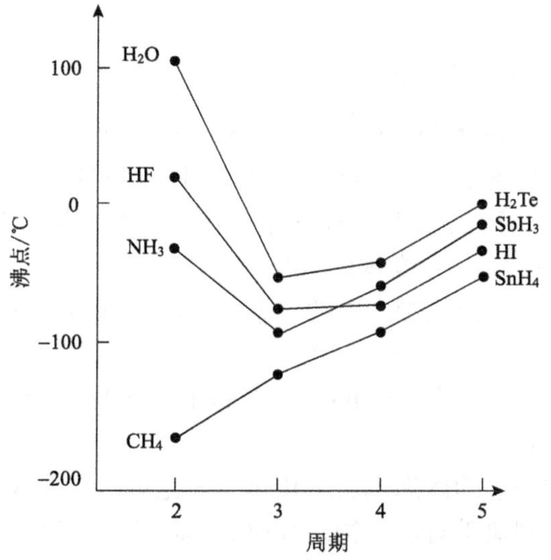

图 10-7 ⅣA～ⅦA 族的气态氢化物沸点变化关系图

1. 氢键的形成

NH_3、H_2O、HF 的沸点高于同族其他氢化物，说明它们的分子间作用力较大，以至于这些简单的分子聚合成缔合分子。

如图 10-8(a)所示，在水分子中，H、O 之间以共价键结合，O 的电负性较大，共用电子对被强烈地吸引到 O 原子一侧，H 原子带部分正电。此时的 H 原子已无内层电子，它不会被其他原子的电子云排斥，而能被另一水分子中的 O 原子上的孤电子对吸引，这样水分子之间通过这种 O—H…O 的作用而缔合起来。与电负性极强的元素结合的 H 原子和另一分子中电负性极强的原子间所产生的引力称为氢键。

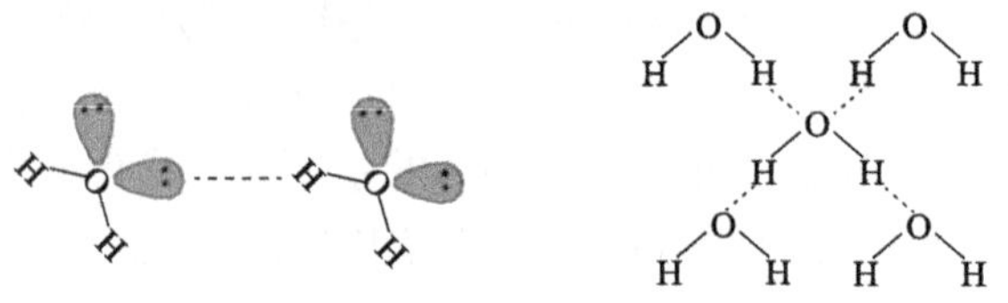

(a)　　(b)

图 10-8　水分子中的氢键示意图

氢键一般表示为 X—H…Y，X、Y 代表 F、O、N 等电负性大且原子半径较小、含孤电子对的原子，可相同，也可不同。

能形成氢键的化合物种类繁多，水、醇、胺、羧酸、无机酸、蛋白质、脂肪、糖类等都含有氢键。氢键还可以存在于晶体、液体甚至气体中。

2. 氢键的特点

氢键属于静电作用的范畴，其键能一般低于 42 $kJ \cdot mol^{-1}$，与分子间作用力数量级相当，但略强于分子间作用力而又远弱于共价键、离子键的键能。与普通的分子间作用不同，氢键具有方向性和饱和性。方向性：X—H…Y 尽量在同一直线上。饱和性：一个 H 只能与一个 Y 结合。冰是水分子依靠氢键形成的巨大缔合分子，每个水分子位于四面体的中心，与周围四个水分子分别以氢键结合，形成一种松散的缔合结构，如图 10-8(b)所示。因此，冰的密度较低，可以浮于水面上。

3. 氢键的类型及对物质性质的影响

氢键可分为分子内氢键和分子间氢键两种类型。一个分子中的 X—H 键与另一分子中的 Y 原子相结合，形成分子间氢键；一个分子中的 X—H 键与自身的 Y 原子相结合，形成分子内氢键。在 KHF_2 晶体中，存在氢键$[F—H\cdots F]^-$，两个 F 原子与 H 原子距离相等，两个 F 原子之间的距离只有 226 pm，是迄今发现的最强的氢键。

有机羧酸中普遍存在分子间氢键产生的二聚体，如图 10-9 所示，甲酸分子间缔合后，介电常数显著增大。

苯酚分子中羟基邻位上若存在—CHO、—COOH、—OH、$—NO_2$ 等原子团时，可形成分子内氢键，如图 10-10 所示。

氢键的形成可以影响分子的熔沸点、熔化热、气化热、介电常数、溶解度和密度等物理性质。分子内氢键和分子间氢键对这些物理性质的影响往往相反。溶剂与溶质分子之间的氢键，会导致溶质的溶解度增大。邻硝基苯酚在水中的溶解度小于间、对硝基苯酚，就是由于

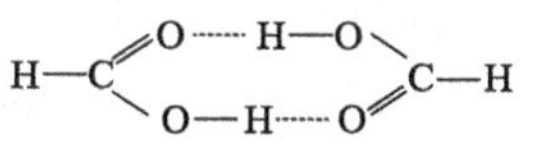

图 10-9 甲酸分子间氢键图

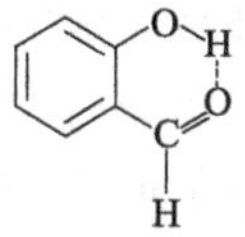

图 10-10 邻羟基苯甲醛的分子内氢键

邻硝基苯酚存在分子内氢键。分子内氢键的形成会使化合物熔沸点降低，汽化热、升华热减小，而分子间氢键的形成往往使物质的熔沸点升高，比热容、汽化热、熔化热增大。氢键的形成还可以改变物质的密度，如水在 4℃时密度最大。

10.4 金属键与金属晶体

10.4.1 金属键与金属原子的堆积方式

金属与合金一般都具有良好的导电、导热性、延展性，但金属单质的熔沸点和硬度等性质差异较大，这与金属原子不同的堆积方式有关。若把金属原子视作刚性球体，如图 10-11 所示，金属原子依靠面心立方紧密堆积(ccp)、六方紧密堆积(hcp)、体心立方堆积(bcc)等三种堆积方式形成金属晶体。

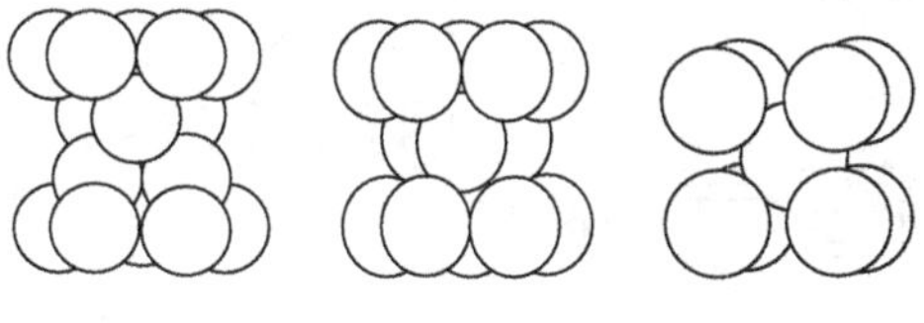

ccp hcp bcc

图 10-11 金属晶体中原子的紧密堆积方式示意图

常温常压下，Au、Ag 等金属原子采取 ccp 堆积方式形成晶体，Mg、Ti 等金属原子的堆积方式为 hcp，而 K、Na 等金属晶体中原子的堆积方式为 bcc。不同堆积方式的紧密程度、稳定性、金属原子的空间占有率不同，其中 ccp 和 hcp 的紧密程度、稳定程度十分接近，它们的空间占有率约为 74%。Co、Ni 等低温时为 hcp 紧密堆积，较高温度下则转变为 ccp 紧密堆积。

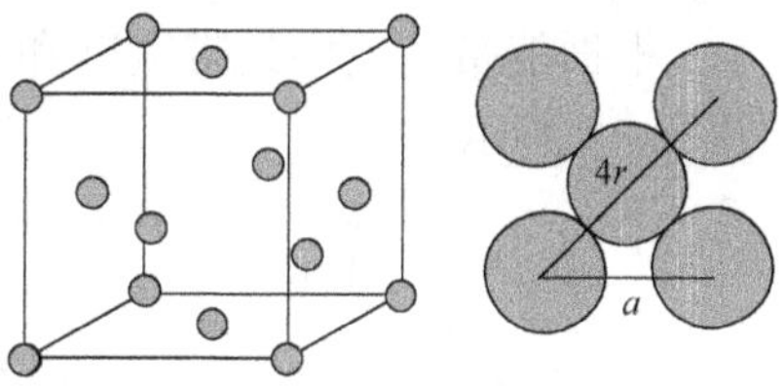

例 10-2 金属 Cu 中原子按照 ccp 方式紧密堆积，换个角度观察这种堆积方式，它属于面心立方堆积。计算 Cu 晶胞中 Cu 原子的空间占有率。

解 根据面心立方晶胞的特点，晶胞参数 a 与 Cu 原子半径 r 之间满足如下关系：

$$16r^2 = 2a^2,\ a = 2.828r$$

单位晶胞中含有的 Cu 原子个数为 4，则空间占有率为 $(4\pi r^3/3)\times 4/a^3 = 74.02\%$。

10.4.2 金属键理论

金属键的理论模型主要包括改性共价键理论和能带理论。

改性共价键理论认为，金属原子的价电子摆脱某个原子核的束缚而为整个金属共用。金属中的自由电子把金属阳离子吸引并约束在一起，这就是金属键的实质。金属键无方向性，无固定键能。这种观点能够合理地解释金属的导电性、导热性和延展性。

能带理论发展于 20 世纪 30 年代，是分子轨道理论在金属晶体中的应用。它将金属晶体看作由所有金属原子形成的大“分子”，如金属锂中存在 N 个 Li 原子($1s^22s^1$)的相互作用，N 个 1s 原子轨道能量接近，可以形成 N 个 1s 分子轨道，其中一半为成键轨道，用 σ_{1s} 表示，另一半为反键轨道，表示为 σ_{1s}^*；同理，N 个 2s 原子轨道形成 N 个 2s 分子轨道，σ_{2s} 和 σ_{2s}^* 各占一半。由于分子轨道的某一能级内轨道间的能量差约为 10^{-18} J，轨道数目的数量级为 10^{23}，则晶体中某一能级被分化为 N 个轨道时，相邻两轨道之间的能差仅约为 10^{-41} J，因此这些轨道很难分辨清楚，可以看作连成一片的能带，即能带是分布在整个晶体中的分子轨道。由 σ_{1s} 和 σ_{1s}^* 组成的能带标记为 1s 能带，由 σ_{2s} 和 σ_{2s}^* 组成的能带标记为 2s 能带。

根据电子填充的能量最低原理和泡利不相容原理，金属 Li 中，1s 能带中电子是充满的。这种由充满电子的原子轨道形成的能量较低的能带称为满带。而 Li 的 2s 能带为半充满。这种由未充满电子的原子轨道形成的能量较高的能带称为导带。1s 能带和 2s 能带之间相隔一段能量，电子不能停留在两个能带之间的能量空隙，这段能带空隙称为禁带，可用带隙宽度(band gap)表示禁带的能量大小(E_g)。金属锂的电子可以在半充满的导带中自由移动，从而具有导电性，如图 10-12(a)所示。

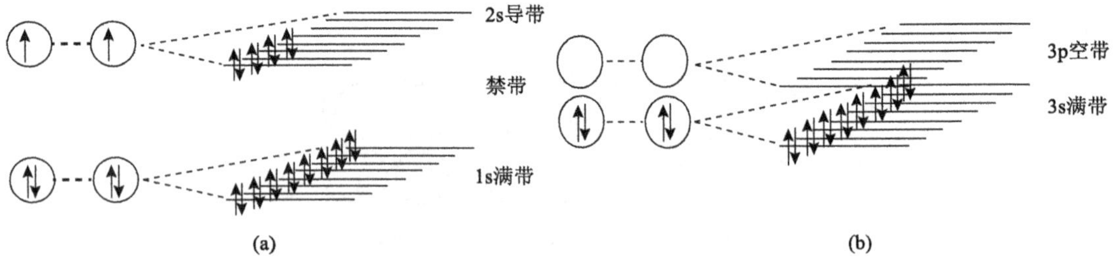

图 10-12　金属锂(a)、镁(b)的能带示意图

与 Li 不同，Mg 原子的价层电子构型是 $3s^2$，金属 Mg 中存在 3s 满带和 3p 空带。尽管 3s 能带为满带，似乎 Mg 无法导电，但金属的紧密堆积导致原子间的距离非常小，相邻能带之间能量间隔小，致使 Mg 的 3s 能带和空的 3p 能带部分重叠，形成可以导电的导带，如图 10-12(b)所示。

根据能带理论中禁带宽度和电子填充情况，可以把物质分为导体、绝缘体和半导体，如图 10-13 所示。

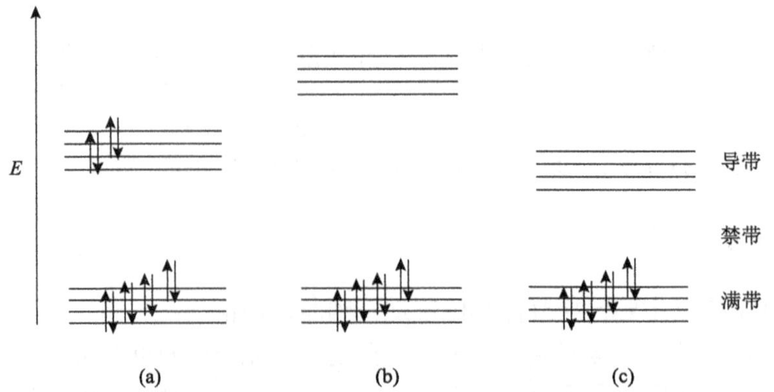

图 10-13　导体(a)、绝缘体(b)、半导体(c)的能带示意图

一般来说，金属导体的导带是未充满电子的，导电性依靠导带中的电子移动实现。升温时，原子振动加剧，导带中电子的运动受到阻碍，电阻增大，导电性下降。

半导体的特征是只有满带和空带，但禁带宽度较窄，一般分布在 0.1～3.0eV 之间。在外电场作用下，部分电子可以跨过禁带，从满带跃迁到空带，则原来的空带变为导带，导带中电子导电；而原来的满带中产生空穴，也转变为导带，即空穴导电。在外加电场作用下，导带中的电子向外电场的正极方向移动，而空穴向负极方向移动。即半导体的导电包括电子导电和空穴导电两个过程。升温时，满带中会有更多的电子被激发跃迁到导带，结果形成更多的电子-空穴对，足以抵消由于原子振动加剧而增大的电阻，因此半导体的导电性一般随温度升高而增强。

绝缘体的特征是只有满带和空带，且满带与空带之间的禁带宽度较大，一般大于 3.0 eV。一般电场条件下，难以将满带的电子激发到空带。导体、半导体和绝缘体之间并没有绝对的界限，在某些条件下属于绝缘体的物质完全有可能在另一条件下表现出半导体的特征。禁带宽度与颗粒的大小、物质的晶形和成分有关。

需要指出，目前的金属键理论还很不成熟，两种理论均不能很好地尤其是不能定量地解释金属的硬度、熔点等性质。

10.5　原子晶体与混合型晶体

我们熟知的金刚石、石英等晶体硬度大、熔沸点很高，它们是由原子依靠强烈的共价键结合而成的空间网状晶体，称为原子晶体。立方氮化硼、碳化硅、α-菱形硼等也属于原子晶体，几种典型原子晶体的结构示意图见图 10-14。

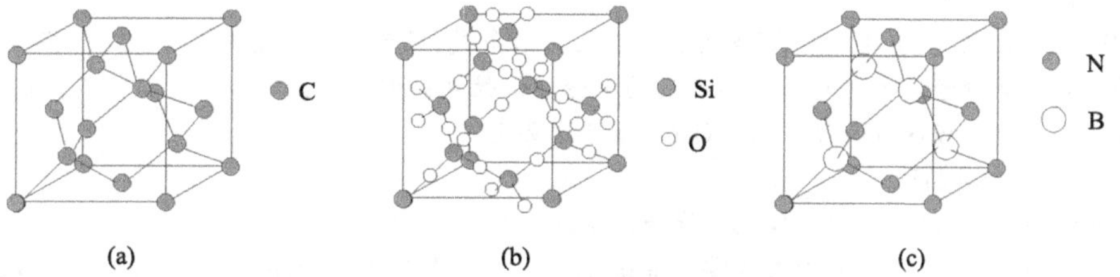

图 10-14　几种典型原子晶体的结构示意图

(a)金刚石；(b)石英；(c)立方氮化硼

自然界里存在丰富的同素异形现象，碳既有属于原子晶体的金刚石，也有属于分子晶体的 C_{60}，还有在同一晶体中混杂多种结合力的石墨晶体。如图 10-15 所示，石墨晶体层间容易滑动，意味着碳原子层间相互作用力(分子间作用力)较弱；而石墨晶体的熔点高达 3925 K，则表明碳原子之间存在强烈的相互作用，即 C—C 共价键；石墨良好的导电性则是由于层内自由移动的电子带来的大 Π 键。它兼具了分子晶体、原子晶体和金属晶体的特征，因此可以把石墨看成混合型晶体。

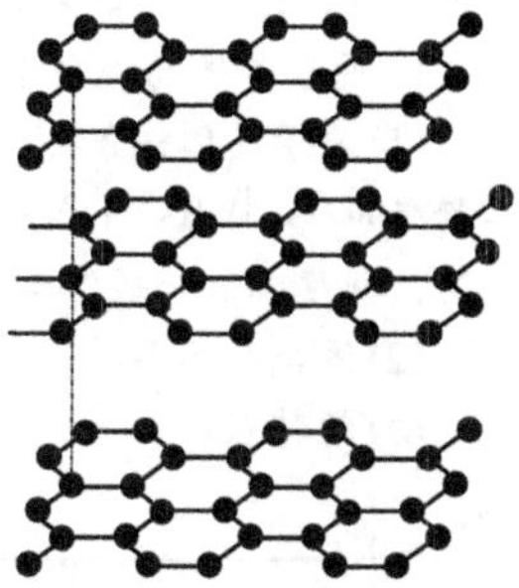

图 10-15　石墨晶体结构示意图

思考·练习

试分析下列物质融化时需克服何种质点间作用力。

KCl；SiO_2；CO_2；H_2O；Ag

归纳·整合

1. 离子键与离子晶体

(1) 离子键：正、负离子($\Delta X>1.7$)间通过静电作用而形成的化学键。

(2) 离子键的特点：静电作用；没有方向性；没有饱和性。

(3) 正离子的电子构型

2 电子构型：$1s^2$；8 电子构型：ns^2np^6；18 电子构型：$ns^2np^6nd^{10}$

18+2 电子构型：$(n-1)s^2(n-1)p^6(n-1)d^{10}ns^2$；9~17 电子构型：$ns^2np^6nd^{1-9}$

(4) 离子的极化与变形：正离子电荷越高，半径越小，极化作用越强；阴离子半径越大，带负电荷越多，越易变形。极化的结果是：键型由离子键向共价键过渡，熔沸点降低、溶解度降低、热稳定性降低，化合物颜色改变。

(5) 离子晶体：活泼金属的氧化物和盐类。晶格结点上的质点是正、负离子；质点间作用力为离子键；晶体中不存在独立的简单分子。晶体有较高的熔沸点和硬度；质脆，延展性差；易溶于水，水溶液及熔融态易导电。

2. 分子间作用力与分子晶体

(1) 分子间作用力：取向力、诱导力、色散力。相对分子质量越大、体积越大，分子间力越大，分子的熔沸点越高。

(2) 氢键(次级键)：X—H…Y，X、Y 代表 F、O、N 等电负性大而且原子半径较小、含孤电子对的原子，可相同，也可不同。

(3) 分子晶体：靠分子间力(范德华力，有时可能含氢键)结合而成的晶体。主要是一些共价型的非金属单质和化合物分子。晶体中存在独立的简单分子。性质：熔点低，硬度小，易挥发，通常为电的不良导体，但一些强极性键的分子晶体(HCl)溶于水导电。

3. 金属键与金属晶体

(1) 金属键理论：改性共价键理论和能带理论。

(2) 金属的密堆积方式：面心立方紧密堆积(ccp)、六方紧密堆积(hcp)、体心立方堆积(bcc)。

(3) 金属晶体的特征与共性：晶格阵点上的质点是金属原子或正离子；质点间的作用力是金属键(没有方向性)；有金属光泽、能导电、传热、富有延展性。由于金属结构的复杂性，金属的部分物理性质如导电性、密度、熔沸点等都表现出较大差异。

4. 原子晶体与混合型晶体

(1) 原子晶体：靠共价键结合的晶体。通常是由“无限”数目的原子所组成的一类晶体，数量不多。主要是ⅢA、ⅣA、ⅤA 部分单质及彼此组成的某些化合物。原子晶体中不存在独立分子。性质：熔沸点高，硬度大，一般溶剂中不溶，是电的绝缘体或半导体。

(2) 混合晶体石墨：具有原子晶体(同一层共价键)、金属晶体(大 Π 键)、分子晶体(层间范德华力易滑动)的特点。

习 题

1. 判断下列说法是否正确。

(1) O_2^+、O_2、O_2^-、O_2^{2-}均为顺磁性分子或离子。

(2)偶极矩可以用来衡量分子的极性。

(3)离子键越强，离子化合物熔沸点越高。

(4)离子键的强弱与离子的电荷正相关，而与离子之间的距离负相关。

(5)取向力存在于极性分子之间，而色散力只存在于非极性分子之间。

(6) SiO_2晶体中Si—O键的键能大于CO_2分子中C—O键的键能，所以前者的熔点高于后者。

2. 判断下列各对分子中化学键的极性强弱，并说明原因。

(1) HF和HCl；(2) NH_3和PH_3；(3) CO_2和CS_2

3. 判断下列分子中哪些分子偶极矩不等于零。

(1) CH_2Cl_2；(2) CCl_4；(3) NH_3；(4) C_2H_2

4. 已知下列离子半径数值：$r(Na^+) = 95$ pm，$r(K^+) = 133$ pm，$r(Cs^+) = 169$ pm，$r(Be^{2+}) = 31$ pm，$r(Mg^{2+}) = 65$ pm，$r(O^{2-}) = 140$ pm，$r(Br^-) = 195$ pm，$r(I^-) = 216$ pm。

据此推测下列离子晶体各属于哪种类型。

(1) KBr；(2) CsI；(3) NaI；(4) BeO；(5) MgO

5. 用离子键和离子极化的相关观点说明下列客观事实。

(1) $FeCl_2$熔点高于$FeCl_3$。

(2) Na_2CO_3热分解温度高于$CuCO_3$。

(3) AgI溶解度小于AgF。

(4) NaCl熔点高于NaI。

(5) NaCl的溶解度大于CuCl。

(6) MgO的熔点高于BeO。

(7) MgO为NaCl型的晶体，而BeO为ZnS型晶体。

6. 试说明导致下列各组化合物间熔点差别的原因。

(1) NaF(992℃)，MgO(2800℃)。

(2) MgO(2800℃)，BaO(1923℃)。

(3) BeO(2530℃)，MgO(2800℃)，CaO(2570℃)，SrO(2430℃)，BaO(1923℃)。

(4) NaF(992℃)，NaCl(800℃)，AgCl(455℃)。

(5) $CaCl_2$(782℃)，$ZnCl_2$(215℃)。

(6) $FeCl_2$(672℃)，$FeCl_3$(282℃)。

7. 下列性质中哪种物质的最强？

(1)键能：HF，HCl，HBr，HI

(2)解离能：F_2，Cl_2，Br_2，I_2

(3)晶格能：NaF，NaCl，NaBr，NaI

8. 下列各对化合物中，哪一个的化学键具有较大的共价性？

(1) Bi_2O_3 和 Bi_2O_5；(2) PbO和PbS；(3) CaO和ZnO；(4) Na_2S和MgS；(5) LiCl和Li_2S

9. 比较下列各组物质的相对热稳定性大小并定性说明原因。

(1) Na_2CO_3和$NaHCO_3$；(2) $CaCO_3$和$MnCO_3$；(3) Li_2CO_3和K_2CO_3；(4) Na_2CO_3和$MgCO_3$

10. 指出下列物质在晶体中质点间的作用力、晶体类型及熔点高低。

(1) CaF_2；(2) BN；(3) CH_3Cl；(4) NH_3；(5) Ti；(6) Xe

11. 下列分子中哪些是极性分子？哪些是非极性分子？

NO_2；$CHCl_3$；NCl_3；SO_3；SCl_2；$COCl_2$；BCl_3

12. 比较下列各对分子偶极矩μ的大小，简要说明理由。

(1) CO_2和SO_2；　(2) PH_3和NH_3；　(3) NH_3和NF_3；

(4) CCl_4和CH_4；　(5) BF_3和NF_3；　(6) CH_3OCH_3和C_6H_6

13. 金属钾为体心立方紧密堆积(bcp)，计算其晶胞的空间占有率。

14. 下列化合物各自分子间能否形成氢键？哪些分子能形成分子内氢键？

NH_3；H_2CO_3；HNO_3；CH_3COOH；$C_2H_5OC_2H_5$；HCl；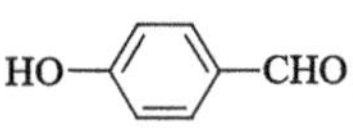；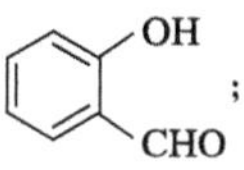；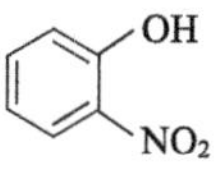

第 10 章单元测试题(单选)

班级________姓名________作业号________成绩________

( )1. 化合物分子内有氢键的是

A. H_3BO_3　　B. C_2H_6　　C. N_2H_4　　D. HNO_3

( )2. 下列分子靠近时分子间存在色散力、诱导力、取向力三种作用力的是

A. CO_2 和 BF_3　　B. BF_3 和 SiF_4　　C. CH_4 和 $CHCl_3$　　D. HCl 和 H_2S

( )3. 下列分子中偶极矩大于零的是

A. SeO_2　　B. BBr_3　　C. $SiCl_4$　　D. SnH_4

( )4. 受同种阳离子作用，下列离子中变形性最大的是

A. F^-　　B. O^{2-}　　C. Cl^-　　D. S^{2-}

( )5. H_2O 的沸点远高于 H_2Se 的沸点，是因为水分子间有

A. 范德华力　　B. 氢键　　C. 离子键　　D. 共价键

( )6. 下列离子中，属于18+2 电子构型的是

A. Ba^{2+}　　B. Bi^{3+}　　C. Cu^+　　D. Cu^{2+}

( )7. 下列晶体熔化时，需要破坏共价键的是

A. HF　　B. P_4　　C. SiO_2　　D. Hg

( )8. 下列离子中，属于9～17 电子构型的是

A. Li^+　　B. F^-　　C. Fe^{3+}　　D. Pb^{2+}

( )9. 下列碳酸盐中，分解温度最低的是

A. Na_2CO_3　　B. $(NH_4)_2CO_3$　　C. $ZnCO_3$　　D. $MgCO_3$

( )10. 在 NaCl 晶体中，每个 Cl^- 周围最接近的 Na^+ 离子数是

A. 2　　B. 4　　C. 6　　D. 8

( )11. 下列分子中极性最小的是

A. H_2O　　B. NH_3　　C. H_2S　　D. CO_2

( )12. 下面堆积方式中，不可能形成密堆积结构的是

A. ABCABC…　　B. ABAB…　　C. ACAC…　　D. ABBA…

( )13. 下列各组离子中，离子的极化力最强的是

A. K^+、Li^+　　B. Ca^{2+}、Mg^{2+}　　C. Fe^{3+}、Ti^{4+}　　D. Sc^{3+}、Y^{3+}

( )14. 下列分子中，属于非极性分子的是

A. PH_3　　B. AsH_3　　C. BCl_3　　D. $CHCl_3$

( )15. 下列体系中，溶质和溶剂分子间，三种分子间力和氢键都存在的是

A. I_2 和 CCl_4 溶液　　B. I_2 乙醇溶液　　C. 乙醇的水溶液　　D. CH_3Cl 的 CCl_4 溶液

( )16. 下列物质的熔点由高到低的顺序正确的是

a. $CuCl_2$　　b. SiO_2　　c. NH_3　　d. PH_3

A. a > b > c > d　　B. b > a > c > d　　C. b > a > d > c　　D. a > b > d > c

( )17. 在石墨晶体中，层与层之间的结合力是

A. 金属键　　B. 共价键　　C. 范德华力　　D. 大 Π 键

( )18. 下列物质中，既有离子键又有共价键的是

A. KCl　　B. CO　　C. Na_2SO_4　　D. NH_4^+

( )19. HCl、HBr、HI 三种物质的沸点依次升高的主要原因是

A. 范德华力减小　　B. 取向力增大　　C. 诱导力增大　　D. 色散力增大

( )20. 干冰升华时吸收的能量用于克服

A. 键能　　B. 取向力　　C. 诱导力　　D. 色散力

第 11 章　配位化学基础

1893 年，26 岁的瑞士化学家维尔纳(A.Werner)根据大量的实验事实发表了一系列论文，提出了现代的配位键、配位数和配位化合物的基本概念，并用立体化学的观点成功阐明了配合物的空间构型和异构现象，从而奠定了配位化学的基础。

自维尔纳创立配位化学以来，对配合物的研究已成为无机化学最活跃的领域。目前已有 20 多位科学家因从事与配位化学有关的研究而获得诺贝尔奖。

11.1　配合物的基本概念

11.1.1　配合物的定义

实验室制备银氨溶液时，使用的化学试剂是 $AgNO_3$ 溶液和氨水。具体操作是向 $AgNO_3$ 溶液中逐滴加入一定浓度的氨水，首先观察到有白色→暗棕色沉淀生成，随着氨水的不断加入，该沉淀逐渐溶解，最终得到无色透明的溶液，即为银氨溶液。

在此反应过程中，$AgNO_3$ 与氨水反应首先得到白色的 AgOH，AgOH 固体不稳定，迅速分解为暗棕色的 Ag_2O 沉淀，然后 Ag_2O 与 $NH_3 \cdot H_2O$ 反应，生成复杂的配合物 $[Ag(NH_3)_2]OH$。

联 想 · 质 疑

回忆溶液中少量 Fe^{3+} 的鉴别方法，回答下列问题：
(1) 使用 KSCN 溶液鉴别 Fe^{3+} 时反应现象是什么？
(2) 得到的产物是溶液还是沉淀？

将少量 KSCN 溶液滴入含少量 Fe^{3+} 的溶液时，得到的是血红色透明溶液。

上面两个实例中，前者属于盐溶液与碱溶液的反应，后者属于两种盐溶液之间的反应，都不涉及电子的得失。这类反应能够发生的前提是反应产物中有气体、沉淀或弱酸、弱碱、水等难电离的物质生成。据此，我们推测这两个反应的产物必然属于难电离的物质，它们在水溶液中十分稳定。那么在 Ag^+ 和 $NH_3 \cdot H_2O$、Fe^{3+} 与 SCN^- 之间究竟存在什么类型的化学键呢？

目前人们普遍接受如下的概念：由中心离子或原子(形成体)与一定数目的分子或离子(配位体)以配位键结合而形成了复杂离子——配合单元(配离子)，含配合单元的化合物称为配位化合物(简称配合物)。一般由中心原子或离子提供空的杂化轨道，而配体提供孤电子对，二者之间形成配位键。由于配合物的性质主要取决于配合单元(配离子)的组成、结构和性质，所以通常情况下配离子也可称为配合物。$[Ag(NH_3)_2]Cl$、$K_2[PtCl_6]$、$[Ni(CO)_4]$、$[Fe(CO)_5]$、$[Cu(NH_3)_4]^{2+}$ 等均属于常见的配合物或配离子。

11.1.2 配合物的组成

1. 内界和外界

一般的配合物都是由配离子和简单离子两部分组成，配离子组成和结构较为复杂，决定了配合物的主要性质；而简单离子起平衡电荷的作用。为了区分配离子和简单离子，将配离子用“[ ]”括起来称为内界，它是配合物的特征部分，在溶液中较稳定，不易电离；不在内界的其他离子，其电荷与内界保持平衡，写在方括号的外面，称为外界，外界与内界间的化学键是离子键，外界离子易电离便于鉴定。例如，$[Cu(NH_3)_4]SO_4$ 的内界是配离子 $[Cu(NH_3)_4]^{2+}$，外界是 SO_4^{2-}。向$[Cu(NH_3)_4]SO_4$ 的深蓝色溶液中加入 $BaCl_2$，可析出白色的 $BaSO_4$ 沉淀，说明 SO_4^{2-}是外界。加 NaOH 无 $Cu(OH)_2$ 沉淀生成，说明溶液中游离的 Cu^{2+}浓度很小，不足以达到 $Cu(OH)_2$ 沉淀所需要的 Cu^{2+}的量，但加入 Na_2S 可以生成黑色 CuS 沉淀，说明溶液中有难以电离的由 Cu^{2+}生成的复杂离子，这个复杂离子就是$[Cu(NH_3)_4]^{2+}$。这也是区分复盐(由两种或两种以上同种晶形的简单盐类所组成的化合物)与配合物的主要方法。还有些配合物没有外界，为中性配合物，如$[Ni(CO)_4]$、$[Fe(CO)_5]$等。

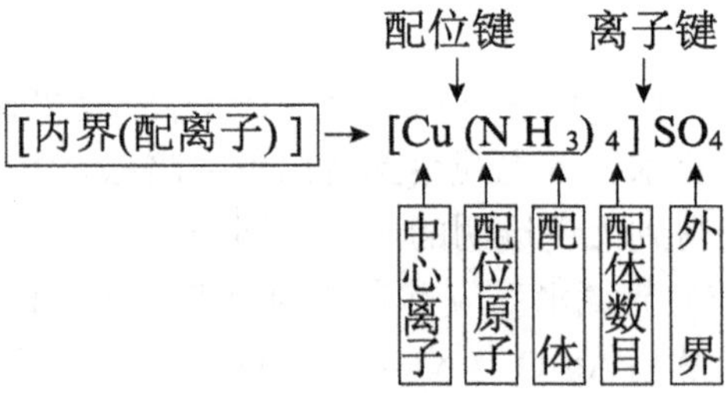

2. 中心离子(或原子)

配合物的内界即配离子是由中心离子(或原子)与配位体组成。配合物的中心离子通常为过渡金属离子，如 Cu^{2+}、Ag^+、Zn^{2+}、Fe^{3+}、Fe^{2+}、Co^{2+}、Ni^{2+}、Au^{3+}、Pt^{2+}、Pt^{4+}等，少数为原子，如 Fe、Cr、Ni 等，另有少部分为高氧化态的非金属元素，如 Si(Ⅳ)、P(Ⅴ)等。特征：中心离子(或原子)具有空的价电子轨道[$(n-1)d$, ns, np, nd]，如$[Fe(CO)_5]$中的 Fe、$[Ag(NH_3)_2]^+$中的 Ag^+、$[AlF_6]^{3-}$中的 Al^{3+}、$[SiF_6]^{2-}$中的 Si(Ⅳ)。

3. 配位体和配位原子

与中心原子或离子键合的阴离子或分子称为配位体，简称配体。其中提供孤电子对与中心原子或离子直接形成配位键的原子称为配位原子。除少数例外，配位原子至少有一个孤电子对，主要是居于元素周期表ⅤA、ⅥA、ⅦA 三个主族的元素。常见的配位原子主要有 10 个：C，N，O，F，H，P，S，Cl，Br，I。H^-可与ⅢA 族的 B、Al 形成 $NaBH_4$、$LiAlH_4$ 还原剂，还可与过渡金属元素形成$[Fe(CO)_4H_2]$、$[Co(CO)_4H]$等化合物。

根据一个配体能提供的配位原子的数目，可将配体分成单齿配体和多齿配体。一个配体中只含一个配位原子的为单齿配体；一个配体中含 2 个或 2 个以上配位原子的为多齿配体。常见的配体中 I^-、Br^-、Cl^-、F^-、OH^-、$HCOO^-$、H_2O、NH_3、NO、NO_2^-、NH_2^-、$RCOO^-$、ROH、C_5H_5N、RNH_2、NR_3、PH_3、PR_3、PR_2^-、R_2S、RSH、SO_3^{2-}、CN^-、CO 等均为单齿配体。乙二酸根 $C_2O_4^{2-}$、氨基乙酸根(甘氨酸根)$NH_2CH_2COO^-$、乙二胺(en)、乙酰丙酮均属

于双齿配体，它们的结构示意图见图 11-1，乙二胺四乙酸根(EDTA，其酸根离子可用 H_2Y^{2-} 或 Y^{4-}表示)则为六齿配体。

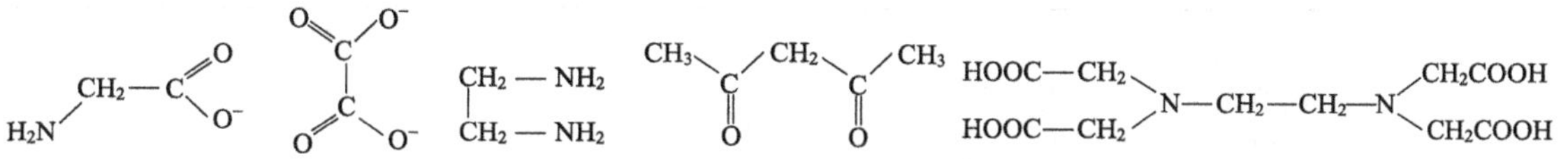

氨基乙酸酸根　乙二酸根　乙二胺　乙酰丙酮　乙二胺四乙酸(EDTA)

图 11-1　部分双齿配体和 EDTA 的结构式

有一些配体含有 2 个配位原子，不同原子作配位原子时，配体的名称不同。例如 NO_2^-，以 O 原子作为配位原子时称为亚硝酸根(—ONO^-)，而以 N 原子配位时称为硝基(—NO_2^-)。类似的例子还有 S 作配位原子的硫氰酸根(—SCN^-)和 N 作配位原子的异硫氰酸根(—NCS^-)。这样的配体称为两可配体。CO 作配体称为羰基，OH^-作配体称为羟基。

4. 中心离子的配位数

直接与中心原子或离子键合的配位原子的数目称为中心离子的配位数。一般中心原子或离子的配位数为 2、4、6，极少数为 3、5、7、8。

若配体为单齿配体，则配位数等于配体数目。例如，$[Ag(NH_3)_2]^+$中 Ag^+的配位数为 2，$[Cu(NH_3)_4]^{2+}$中的 Cu^{2+}配位数为 4，$[Fe(CN)_6]^{3-}$中的 Fe^{3+}配位数为 6，$[Co(NH_3)_5Cl]Cl_2$ 中 Co^{3+}的配位数为 6。

若配体为多齿配体，则配位数=$\sum$配位体数×配位原子数。例如，$[Pt(en)_2]Cl_2$ 中与 Pt^{2+}键合的配体为双齿配体乙二胺，每个 en 分子有两个 N 原子与 Pt^{2+}配位，因此 Pt^{2+}的配位数为 4。而配合物 CaY^{2-}中 Ca^{2+}的配位数为 6。

中心离子的电荷、中心原子或离子的半径、价层电子构型及配体的体积大小是影响中心原子或离子配位数的主要因素。

中心离子的电荷数高，有利于高配位数配合物的形成。以不同价态的锡元素为例，Sn^{2+}与 Cl^-形成$[SnCl_4]^{2-}$，而 Sn^{4+}可形成$[SnCl_6]^{2-}$。一般来说，一价中心离子的配位数是 2，二价中心离子的配位数是 4(少数为 6)，三价中心离子的配位数多为 6。

中心离子的半径越大，配位数往往越大，如$[BF_4^-]$中 B(Ⅲ)的配位数是 4，$[AlF_6]^{3-}$中 Al(Ⅲ)的配位数是 6。

中心离子的配位数随配体体积的增加而减小，F^-可以与 Al(Ⅲ)、Si(Ⅳ)形成六配位的$[AlF_6]^{3-}$和$[SiF_6]^{2-}$，而体积较大的 Cl^-则只能形成四配位的$[AlCl_4]^-$、$SiCl_4$。

测量配合物中心原子或离子的配位数有很多物理化学方法，不必将配合物从溶液中析出，而是根据中心原子或离子与配体之间在溶液中的平衡关系去分析。这些方法包括电位法、电导法、极谱法、分光光度法、溶解度法、离子交换法、萃取法等。例如，摩尔电导法的原理是，一定浓度的离子化合物溶液的电导值只与组成该化合物的离子数目有关，与离子种类无关。测量时采用的溶液浓度是在 1024 dm^3 溶液中含有 1 mol 该离子化合物，其电导值用 Λ_{1024} 表示，各种类型离子化合物的摩尔电导值列于表 11-1。

表 11-1　不同类型离子化合物的摩尔电导值 Λ_{1024}

离子化合物	总离子数	Λ_{1024} /Ω
$NaCl$	2	118
$KClO_3$		127
$AgNO_3$		131
$K[PtNH_3Cl_3]$		106
$BaCl_2$	3	260
$MgBr_2$		235
K_2SO_4		273
$[Pt(NH_3)_4]Cl_2$		279
$K_2[PtCl_6]$		257
$AlCl_3$	4	413
$CeCl_3$		408
$[Cr(NH_3)_6]Cl_3$		442
$K_3[Fe(CN)_6]$		435
$K_4[Fe(CN)_6]$	5	558
$[Pt(NH_3)_6]Cl_4$		528

思考·练习

某橙黄色晶体化学式为 $CoCl_3 \cdot 6NH_3$，根据以下实验事实，分析 Co^{3+}的配位数。

(1) 将该晶体溶于水，用指示剂测试其水溶液呈弱酸性。

(2) 在该晶体的溶液中加入 Na_2CO_3，无沉淀生成。

(3) 在该晶体的溶液中加入浓 H_2SO_4，得到 HCl 气体。

(4) 在该晶体水溶液中加入 $AgNO_3$ 溶液，立即得到白色沉淀。析出沉淀的总量与该配合物中含氯总量相当。

11.1.3　配合物的命名

配合物的命名服从一般无机化合物的命名原则，复杂之处在于配合物内界的命名。配合物内界的命名依照如下次序：配体数(汉字大写)→配体名称(不同配体间用中圆点·隔开)→合→中心原子或离子名称→中心离子氧化态(括号内用罗马数字注明)。

例如，$[CrCl_2(NH_3)_4]Cl \cdot 2H_2O$ 的名称是二水合一氯化二氯·四氨合铬(Ⅲ)。

命名时的配体书写顺序：

(1) 先阴离子(先无机后有机，先简后繁)后中性分子(先无机后有机)。

(2) 同类配体按配位原子元素符号的英文字母顺序排列。例如，先 NH_3 后 H_2O。

(3) 同类配体中，若配位原子相同，含原子数少的配体在前。例如，先 NH_3 后 NH_2OH。

(4) 若配位原子相同，配体原子数也相同，则按结构式中与配位原子相连原子的元素符号在英文字母中的顺序排列。例如，先—NH_2 后—NO_2。

(5) 配位原子不清楚，按书写顺序。

1. 含配阳离子的化合物命名

含配阳离子的化合物命名顺序如下：外界阴离子→化或酸→配阳离子。

外界是简单阴离子(OH^-、Cl^-)，“某化某”，如$[Ag(NH_3)_2]OH$——氢氧化二氨合银(Ⅰ)。

外界是复杂阴离子，“某酸某”，如$[Cu(NH_3)_4]SO_4$——硫酸四氨合铜(Ⅱ)。

例 11-1　指出下列配合物的内界和外界并命名。

(1) $[CrCl_2(H_2O)_4]Cl$；(2) $[Co(en)_2(ONO)Cl]SCN$

解　(1)内界为$[CrCl_2(H_2O)_4]^+$阳离子，外界为 Cl^-。名称：一氯化二氯·四水合铬(Ⅲ)。

(2)内界为$[Co(en)_2(ONO)Cl]^+$阳离子，外界为 SCN^-。名称：硫氰酸一氯·一亚硝酸根·二乙二胺合钴(Ⅲ)。

2. 含配阴离子的化合物

含配阴离子的化合物命名顺序如下：配阴离子→酸→外界阳离子名称。

例 11-2　指出下列配合物的内界和外界并命名。

(1) $H_2[SiF_6]$；(2) $K_4[Fe(CN)_6]\cdot 3H_2O$

解　(1)内界为$[SiF_6]^{2-}$阴离子，外界为 H^+。名称：六氟合硅(Ⅳ)酸。

(2)内界为$[Fe(CN)_6]^{4-}$阴离子，外界为 K^+。名称：三水合六氰合铁(Ⅱ)酸钾。

3. 中性配合物

中性配合物的命名顺序是阴离子配体→中性配体→中心原子或离子(离子的氧化态)。中心离子(或原子)的氧化态也可不标。

思考·练习

将名称填入下列配合物右侧的空格内。

$Fe(CO)_5$ 的名称是＿＿＿＿＿＿＿＿

$[Co(NH_3)_3(NO_2)_3]$ 的名称是＿＿＿＿＿＿＿＿

$[Co(ONO)(NH_3)_5]SO_4$ 的名称是＿＿＿＿＿＿＿＿

$(NH_4)_2[PtCl_6]$ 的名称是＿＿＿＿＿＿＿＿

cis-$[Pt(En)Cl_2]$的名称是＿＿＿＿＿＿＿＿

$[PtCl_2(NH_3)_4]Cl_2$ 的名称是＿＿＿＿＿＿＿＿

$[Pt(NO_2)_2NH_3(NH_2OH)]$的名称是＿＿＿＿＿＿＿＿

$K[Pt(NH_3)(NO_2)(NH_2)OH]$的名称是＿＿＿＿＿＿＿＿

当配合物中含有两可配体时，配体组成相同但配位原子不同，此时按配位原子的字母排列次序排列。例如，$Na_3[Co(SCN)_3(NCS)_3]$称为三异硫氰酸·三硫氰酸合钴(Ⅲ)酸钠。

由名称写化学式时，配体一致，其余相反。

三氯化五氨·一水合钴(Ⅲ)，$[Co(NH_3)_5(H_2O)]Cl_3$

四异硫氰酸根·二氨合铬(Ⅲ)酸铵，$(NH_4)[Cr(NCS)_4(NH_3)_2]$

硫氰酸一氯·一硝基·二乙二胺合钴(Ⅲ)，$[CoCl(NO_2)(en)_2]SCN$

注意：“氨”——NH_3、“胺”——en、“铵”——NH_4^+的用法。

有些配合物应用广泛，多年来形成了约定俗成的习惯叫法。例如，$K_3[Fe(CN)_6]$习惯上称为铁氰化钾或赤血盐，$K_4[Fe(CN)_6]\cdot 3H_2O$ 俗称亚铁氰化钾或黄血盐，$HAuCl_4$ 习惯上称为氯金酸，H_2PtCl_6 称为氯铂酸，H_2SiF_6 称为氟硅酸，Na_3AlF_6 俗称冰晶石，$[Ag(NH_3)_2]^+$称为银氨配离子，$[Cu(NH_3)_4]^{2+}$称为铜氨配离子等。

11.1.4 配合物的类型

配合物种类繁多，应用广泛，其分类方法也众多。根据配离子的中心原子或离子数目可将配合物分成单核配合物和多核配合物。根据配合物中配体的种类（单齿或多齿）可将配合物分成简单配合物和螯合物。

1. 简单配合物

简单配合物是指配合物中含有一个中心原子或离子，中心原子或离子周围整齐地排列着一定数量的配体，配位原子与中心原子或离子之间通过配位键形成带电的配离子或中性配位分子，如 $K_3[Fe(CN)_6]$、$[Fe(CO)_5]$等。

2. 螯合物

多齿配体以两个或多个配位原子同时与一个中心原子或离子配位，形成具有环状结构的配离子或中性配位分子，称为螯合物。例如，Ni^{2+}与乙二胺形成螯合物的反应如下：

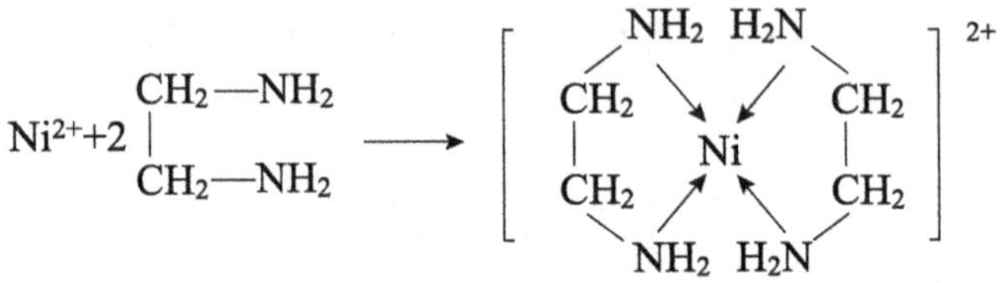

双齿或多齿配体的配位原子之间应该间隔两个或三个其他原子，以形成稳定的五元环或六元环结构。否则，形成的环状螯合物不稳定。甘氨酸中能提供孤电子对的羧基中的 O 和氨基中的 N 之间间隔两个 C 原子，乙酰丙酮提供孤电子对的两个 O 原子之间间隔三个 C 原子，它们可以形成稳定的五元或六元环状螯合物。

根据螯合物的形成条件，含有两个或多个能提供孤电子对的原子的配位试剂称为螯合剂。金属螯合物与具有相同配位原子的非螯合物相比，具有特殊的稳定性，这种稳定性是由环状结构造成的。螯合剂与中心原子或离子形成的五元环或六元环的数目越多，螯合物越稳定。例如，金属钙离子与 EDTA 形成螯合物的立体构型如图 11-2 所示，结构中有五个五元环，分子十分稳定，在分析化学领域具有重要的用途。

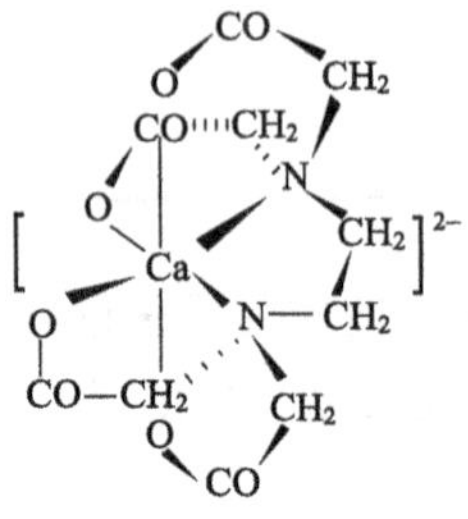

图 11-2　CaY^{2-}的立体构型示意图

大部分螯合剂是有机化合物，也有少数无机化合物具有螯合作用。例如，三聚磷酸钠可以与 Ca^{2+}形成稳定的螯合物，结构如图 11-3 所示。早先工业上常用三聚磷酸钠加入锅炉水中，防止钙、镁离子形成难溶盐沉淀而结在锅炉内壁上。

3. 特殊配合物

有些配合物中一个配位原子同时与两个中心离子结合，这样的配合物称为多核配合物。气相的氯化铝存在二聚分子 Al_2Cl_6，它就是一种多核配合物，其结构如图 11-4 所示。配位原子 Cl 同时连接两个中心离子 Al^{3+}。一些金属离子的盐发生水解时可以得到多核配合物，如 $[Pb_2(OH)_2](ClO_4)_2$。

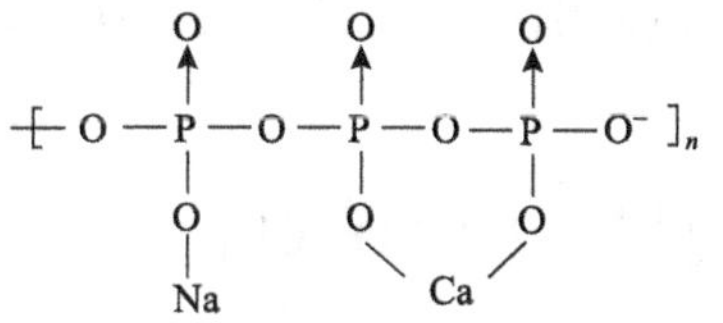

图 11-3　Ca^{2+}与三聚磷酸钠形成的螯合物

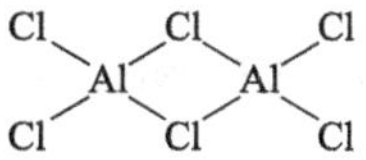

图 11-4　多核配合物 Al_2Cl_6 的结构示意图

含氧酸中的 O^{2-}被另一含氧酸取代形成的配合物称为多酸型配合物。当两个含氧酸根相同时，称为同多酸。例如，PO_4^{3-}中的 O^{2-}被另一个 PO_4^{3-}取代，则形成 $P_2O_7^{4-}$。当两个含氧酸根不同时，则形成的配合物具有不同的中心离子，称为杂多酸。例如，PO_4^{3-}中的 O^{2-}被 $Mo_3O_{10}^{2-}$取代即形成$[PO_3(Mo_3O_{10})]^{3-}$。多酸型配合物是多核配合物的特例，其氧化能力强，常用于氧化还原反应中。

11.2　配合物的异构现象

每个配离子都有一定的空间构型。若配离子中只有一种配体，那么这些配体在中心原子或离子周围的排列方式只有一种。但是，如果配离子中含有两种或几种不同的配体，则配体在中心原子或离子周围可能存在几种不同的排列方式，这就是同分异构现象。化学式相同，但结构、性质不同的一系列化合物，称为同分异构体。配合物的同分异构有很多类型，如结构异构(电离异构、水合异构、键合异构、配位异构)、立体异构(几何异构、旋光异构)等，下面主要介绍配合物的立体异构现象。

化学组成完全相同的一些配离子或配合物，中心离子与配体的键连关系也相同，而配体在中心离子周围的相关位置不同，或空间的排列取向不同而产生的异构现象，称为立体异构。它包括几何异构和旋光异构(对映异构)两类。

11.2.1　立体异构

1. 几何异构

几何异构：键连关系相同，配体相互位置关系不同。这种异构体在配位数是 4 和 6 的配合物中很常见。例如，四配位的$[Pt(NH_3)_2Cl_2]$具有平面四边形构型，有两种异构体，分别称为顺式和反式，它们的结构如图 11-5 所示。

同种配体在平面正方形的结构中占有相邻位置的称为顺式(*cis-*)，占有对角位置的称为反式(*trans-*)。二者的某些性质列于表 11-2。

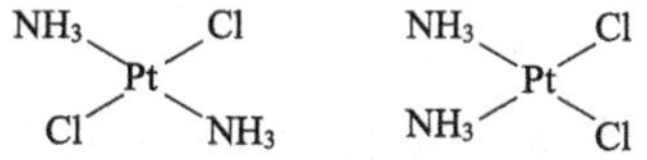

图 11-5　二氯·二氨合铂的同分异构体示意图

表 11-2 二氯·二氨合铂同分异构体的性质

同分异构体	颜色	偶极矩 μ	溶解度(298 K)
trans-$[Pt(NH_3)_2Cl_2]$	淡黄色	0	$0.0366\ g\cdot(100\ g\ H_2O)^{-1}$；难溶于极性溶剂
cis-$[Pt(NH_3)_2Cl_2]$	棕黄色	大于 0	$0.2523\ g\cdot(100\ g\ H_2O)^{-1}$；易溶于极性溶剂

它们不仅物理性质不同，某些化学性质和生物活性也差别很大。例如，*cis*-$[Pt(NH_3)_2Cl_2]$可发生如下反应：

$$cis\text{-}[Pt(NH_3)_2Cl_2]\xrightarrow[H_2O]{Ag_2O} cis\text{-}[Pt(OH)_2Cl_2]\xrightarrow{C_2O_4^{2-}}[Pt(C_2O_4)Cl_2]^{2-}$$

而 *trans*-$[Pt(NH_3)_2Cl_2]$则不能发生最后一步反应。在生物活性方面，*cis*-$[Pt(NH_3)_2Cl_2]$具有很好的抗癌活性，称为顺铂(cisplatin)。它进入人体后，能迅速牢固地与 DNA 结合在一起形成一种隐蔽的 *cis*-DNA 加合物，干扰 DNA 的复制，阻止癌细胞的再生扩散。但反式(*trans*-)加合物结构连接方式简单，生成后很快便为细胞识别而排除掉，因此不具抗癌功效。*cis*-$[Pt(NH_3)_2Cl_2]$的缺陷是副作用较大，目前药物化学家已经合成了多种结构与顺铂类似、高效低毒的新型抗癌药物。

思 考 · 练 习

1. 配合物$[Pt(Cl)(Br)(Py)(NH_3)]$为平面四边形构型，其几何异构体有几种？画出它们的构型示意图。
2. 配离子$[NiCl_4]^{2-}$为四面体构型，是否有顺反异构体？

对于六配位的八面体配合物来讲，异构现象比较复杂，几何异构体的数目取决于配体的种类和数目。例如，配离子$[MA_3B_3]$中，配位原子是三个 A 和三个 B，它们均与中心原子或离子 M 键合，形成八面体构型的配离子，其几何异构体示意图如图 11-6 所示。

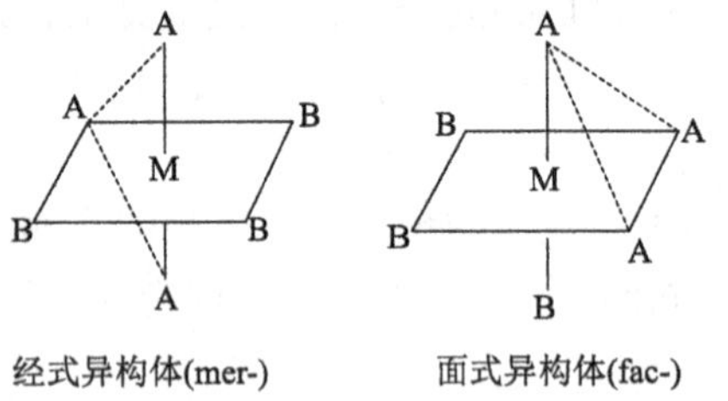

图 11-6 $[MA_3B_3]$的经式、面式异构体构型示意图

更复杂的例子是 $MA_2B_2C_2$ 型的配离子，如配合物$[Pt(NH_3)_2(OH)_2Cl_2]$，配合物中的三对配体均与中心离子 Pt(Ⅳ)键合，形成八面体构型的配合物，可按“配体全反式→配体全顺式→配体一反二顺”的书写顺序得到这些配合物的空间构型，如图 11-7 所示。

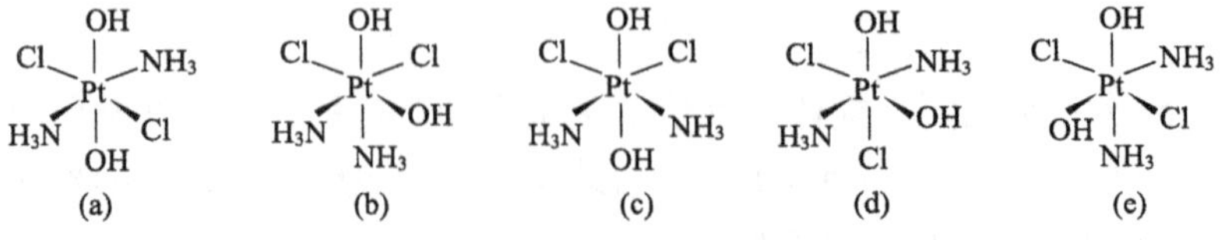

图 11-7 $[Pt(NH_3)_2(OH)_2Cl_2]$的顺反异构体构型示意图

结构(a)是配体全反式；结构(b)是配体全顺式；按照配体一反二顺，分别写出结构(c)羟基反式、(d)氨分子反式、(e)氯离子反式。

各类六配位八面体型配合物的几何异构体数目见表 11-3。

表 11-3　六配位的八面体型配合物中的几何异构体数目

类型	顺反异构体数目	实例
MX_4Y_2	2	$[Pt(NH_3)_4Cl_2]^{2+}$
MX_3Y_3	2	$[Pt(NH_3)_3Cl_3]^{+}$
MX_4YZ	2	$[Pt(NH_3)_4(OH)Cl]^{2+}$
MX_3Y_2Z	3	$[Pt(NH_3)_2(OH)_3Cl]$
$MX_2Y_2Z_2$	5	$[Pt(NH_3)_2(OH)_2Cl_2]$

2. 旋光异构

在图 11-7 所示的五种几何异构体中，对于全顺式 $MX_2Y_2Z_2$ 来讲，实际仍然存在两种不能完全重合的结构，如图 11-8 所示。

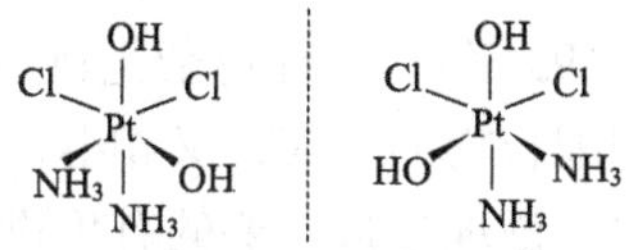

图 11-8　全顺式$[Pt(NH_3)_2(OH)_2Cl_2]$的旋光异构体构型

上面两种结构虽均为全顺式，但不能通过分子的平移、旋转等操作重合。两者互成镜影，就像人的左右手一样，将这种性质称为手性，这种异构现象称为旋光异构或对映异构。

光是由不同波长和振幅的电磁波组成的，这些电磁波在不同的平面上振动。单一平面上振动的光称为平面偏振光。手性化合物的特征性质就是可使平面偏振光发生偏转，互成镜影的异构体使偏振光的偏转角度相同，但方向相反。使偏振光沿顺时针方向旋转的异构体称为右旋(*d*-)异构体，使偏振光沿逆时针方向旋转的异构体称为左旋(*l*-)异构体。

旋光异构体的一般物理性质和化学性质完全相同，只是光学性质和某些生物活性不同。在制备过程中左、右旋异构体常以等量混合物的形式出现，表现不出旋光性质，称为外消旋化合物。这样的混合物难以用普通物理化学方法分离，目前比较实用的方法是用含某种旋光异构体的色谱柱对外消旋化合物进行拆分。

人体内的活性酶往往具有旋光性质，而且互为对映体的生物酶的生理活性差别极大。药物化学家正是利用旋光异构体的特殊化学反应选择性，合成一些具有旋光性质的化合物进行某些疾病的治疗。遇到的困难是产物大多以外消旋化合物的形式存在，而只有一种异构体对治疗疾病有效，另一种等量的异构体往往起反作用甚至对人体有害。因此，关于外消旋化合物的拆分是化学家研究的热点课题之一。

11.2.2　结构异构

中心离子与配体的键连关系不同而产生的异构现象称为结构异构。包括电离异构、水合异构、键合异构、配位异构等。这些异构现象的示例如表 11-4 所示。此处不再做具体介绍。

表 11-4　配合物的结构异构类型

异构类型	实例	某些性质差别
电离异构	$[CoSO_4(NH_3)_5]Br$(红色)	向溶液中加入 $AgNO_3$ 溶液，生成 AgBr 沉淀
	$[CoBr(NH_3)_5]SO_4$(紫色)	向溶液中加入 $BaCl_2$ 溶液，生成 $BaSO_4$ 沉淀

续表

异构类型	实例	某些性质差别
水合异构	$[Cr(H_2O)_6]Cl_3$(紫色) $[Cr(H_2O)_5Cl]Cl_2 \cdot H_2O$(亮绿色) $[Cr(H_2O)_4Cl_2]Cl \cdot 2H_2O$(暗绿色)	内界所含水分子的数目随制备时的温度和介质不同而异，溶液摩尔电导率随内界水分子数目的减少而降低
键合异构	$[Co(NH_3)_5NO_2]Cl_2$ $[Co(NH_3)_5ONO]Cl_2$	黄褐色，能稳定地存在于酸中 红褐色，在酸中不能稳定存在
配位异构	$[Co(en)_3][Cr(C_2O_4)_3]$ $[Cr(en)_3][Co(C_2O_4)_3]$	

11.3　配合物的价键理论

1931 年，鲍林将杂化轨道理论用于解释配合物的结构，形成了配合物的价键理论。随着新型配合物的合成，又相继出现了许多用来解释配合物结构和性质的理论。目前，配合物中的化学键理论最主要的有价键理论、晶体场理论、配位场理论、分子轨道理论等。本章主要介绍价键理论和晶体场理论的内容。

11.3.1　配合物价键理论的基本要点

配合物价键理论的要点是：在配体的作用下，中心原子或离子首先将一定数目的价电子层空轨道进行杂化，再利用空的杂化轨道与配位原子孤电子对所在的价电子层轨道重叠，从而形成 σ 配位键。中心原子或离子的杂化类型决定了配离子的空间构型和性质。中心原子或离子的杂化类型包括 sp、sp^2、sp^3、dsp^2、d^2sp^3、sp^3d^2、dsp^3、sp^3d 等，与之相应的几何构型列于表 11-5。

表 11-5　配离子的空间构型与中心原子或离子的杂化类型的关系

配位数	中心原子杂化类型	配离子的空间构型	实例
2	sp	直线形	$[Ag(NH_3)_2]^+$，$[Cu(NH_3)_2]^+$，$[Au(CN)_2]^-$
3	sp^2	平面三角形	CO_3^{2-}，NO_3^-，$Pd(pph)_3$，$[CuCl_3]^{2-}$，$[HgI_3]^-$
4	dsp^2	平面正方形	$[PtCl_4]^{2-}$，$[PdCl_4]^{2-}$，$[Ni(CN)_4]^{2-}$
4	sp^3	正四面体	$[ZnCl_4]^{2-}$，$[BF_4]^-$，$[HgI_4]^{2-}$，$[Cd(NH_3)_4]^{2+}$，$[Ni(CO)_4]$
5	sp^3d	三角双锥	PF_5
	dsp^3		$[CuCl_5]^{3-}$，$[Fe(CO)_5]$，$[Ni(CN)_5]^{3-}$
5	d^2sp^2	四方锥	$[SbF_5]^{2-}$，$[InCl_5]^{2-}$
	d^4s		$[TiF_5]^{2-}$
6	sp^3d^2	正八面体	$[FeF_6]^{3-}$，$[Co(H_2O)_6]^{2+}$，$[PtCl_6]^{2-}$
	d^2sp^3		$[Fe(CN)_6]^{3-}$，$[Fe(CN)_6]^{4-}$，$[Co(NH_3)_6]^{2+}$，$[Co(CN)_6]^{3-}$
6	d^4sp	三棱柱	$[V(H_2O)_6]^{3+}$，$[Re(S_2C_2Ph_2)_3]$
7	d^3sp^3	五角双锥	$[ZrF_7]^{3-}$，$[UO_2F_5]^{3-}$
8	d^4sp^3	正十二面体	$[Mo(CN)_8]^{4-}$，$[Th(C_2O_4)_4]^{4-}$

下面以直线形的配离子$[Ag(NH_3)_2]^+$为例，来理解价键理论在解释配离子空间构型和性质时的应用。

如图 11-9 所示，Ag^+的价电子轨道为 4d、5s、5p，基态 Ag^+的价电子构型为 $4d^{10}$，5s、5p 为空轨道。两个配位原子 N 原子上的孤电子对只能进入 5s、5p 轨道。但是，因为基态 Ag^+的 5s 和 5p 原子轨道能量不同，在$[Ag(NH_3)_2]^+$中的两个配体 NH_3 应具有不同的配位性质。但客观事实是，两个 NH_3 分子并无差别，配离子$[Ag(NH_3)_2]^+$的构型为对称的直线形。为了解释$[Ag(NH_3)_2]^+$的空间构型，价键理论认为，在配体 NH_3 的作用下，Ag^+的 5s 轨道和一个 5p 轨道首先发生 sp 等性杂化，生成两个等价的 sp 杂化轨道。两个空的 sp 杂化轨道再分别与两个 N 原子上的孤电子对所在的 sp^3 杂化轨道重叠形成 σ 配位键。由于两个 sp 杂化轨道之间的夹角为 180°，所以$[Ag(NH_3)_2]^+$配离子的空间构型是直线形。

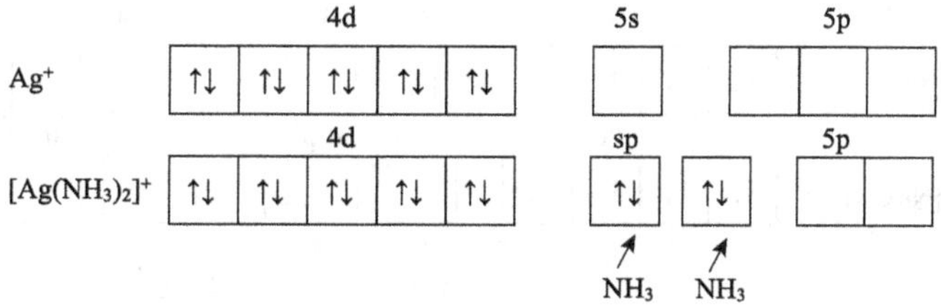

图 11-9　$[Ag(NH_3)_2]^+$的形成示意图

再看看配离子$[Cu(NH_3)_4]^{2+}$构型的解释。已知$[Cu(NH_3)_4]^{2+}$离子的空间构型为正方形，且具有顺磁性。

基态 Cu^{2+}的价电子构型为 $3d^9$，其 4s、4p 为空轨道，如图 11-10 所示。如果 Cu^{2+}用一个 4s 和三个 4p 原子轨道接受配位原子的孤电子对，那么形成的四个 Cu—N 配位键应该不同；而如果考虑 sp^3 杂化，形成的四个杂化轨道应当形成正四面体构型。这均与客观事实不符。

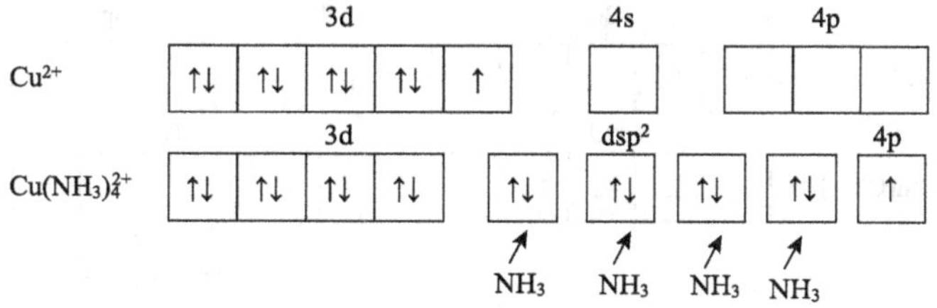

图 11-10　配离子$[Cu(NH_3)_4]^{2+}$的形成示意图

价键理论认为，与 NH_3 形成配离子时，Cu^{2+}中 3d 轨道上的单电子跃迁至 4p 轨道，空出的一个 3d 原子轨道与外层的 1 个 4s 轨道和两个 4p 轨道发生杂化，形成四个等价的 dsp^2 杂化轨道。可以认为参与杂化的四个原子轨道分别为 $d_{x^2-y^2}$、4s、$4p_x$、$4p_y$，根据这些原子轨道的形状可知，这些轨道的电子云密度在 xy 平面上的概率大，因此，四个 dsp^2 杂化轨道的几何构型为铺展在 xy 平面上的正方形。四个配位原子上的四对孤电子对填入杂化轨道后，形成正方形的$[Cu(NH_3)_4]^{2+}$。由于未参加杂化的 4p 原子轨道上存在一个单电子，所以配离子具有顺磁性。

中心原子或离子使用哪些原子轨道，以何种类型进行杂化，既影响杂化轨道在空间的排布方式，也影响配离子或配合物的空间构型。从上面的实例可以看出，同样是四配位的配离子，如果中心原子或离子采用 dsp^2 杂化方式，则形成的四个杂化轨道分布于 xy 平面上，配离子构型为正方形；如果采取 sp^3 杂化，则四个杂化轨道为正四面体构型。

为进一步理解中心原子或离子的杂化类型与配离子空间构型和性质的关系，再看下面的实例。

已知配离子$[Ni(CN)_4]^{2-}$的空间构型为平面正方形，配离子$[Zn(CN)_4]^{2-}$的空间构型则为正四面体，二者均为抗磁性配离子。如何用价键理论分析这两种配离子的中心离子杂化方式呢？

基态 Ni^{2+}的价电子构型为 $3d^8$，如图 11-11 所示。在配体 CN^-的作用下，中心离子 Ni^{2+}首先将 3d 轨道上的两个单电子压缩配对，空出一个 3d 轨道，再与一个 4s 轨道和两个 4p 轨道进行 dsp^2 杂化，四个 dsp^2 杂化轨道分别接纳四个 CN^-中 C 原子的孤电子对，形成四个 σ 配位键。由于 Ni^{2+}的四个 dsp^2 杂化轨道的空间排布为平面正方形，所以$[Ni(CN)_4]^{2-}$的空间构型是平面正方形。

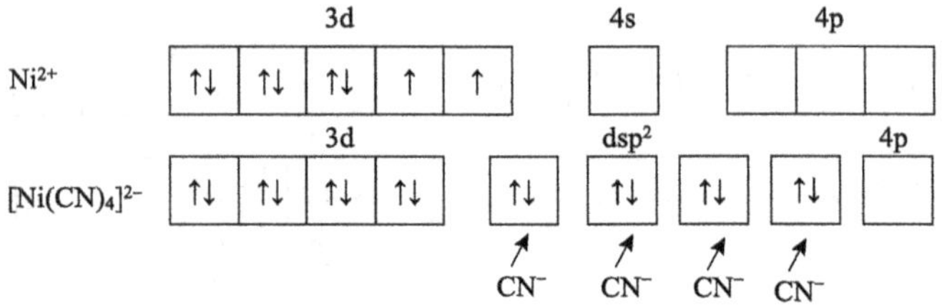

图 11-11 配离子 $[Ni(CN)_4]^{2-}$的形成示意图

基态 Zn^{2+}的价电子构型为 $3d^{10}$，如图 11-12 所示。在配体 CN^-的作用下，中心离子 Zn^{2+}空的 4s 轨道和三个空的 4p 轨道发生 sp^3 杂化，然后四个 sp^3 杂化轨道分别接纳 CN^-中 C 原子的孤电子对，形成 σ 配位键。由于 Zn^{2+}的四个 sp^3 杂化轨道的空间排布为正四面体形，所以$[Zn(CN)_4]^{2-}$的空间构型就是正四面体形。这两种配离子中都不存在单电子，所以二者均为抗磁性。

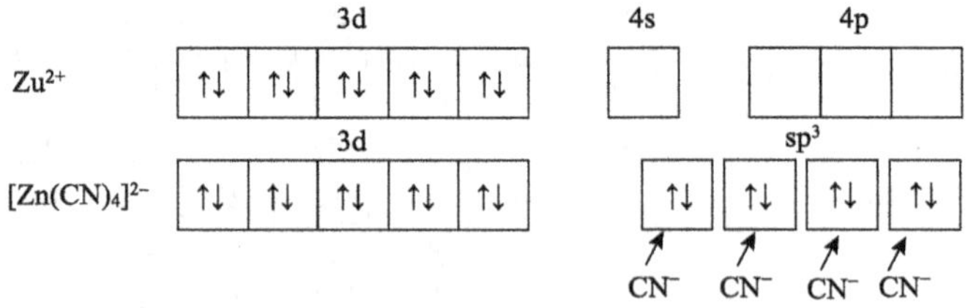

图 11-12 配离子 $[Zn(CN)_4]^{2-}$的形成示意图

联 想 · 质 疑

1. 形成$[Cu(NH_3)_4]^{2+}$配离子时将一个 3d 电子激发到高能量的 4p 轨道上，理论上该电子是不稳定的，非常容易失去，而实际$[Cu(NH_3)_4]^{2+}$很稳定，为什么？

2. $[Ni(CN)_4]^{2-}$的空间构型为平面正方形，而$[NiCl_4]^{2-}$的空间构型为正四面体形。$[Ni(CN)_4]^{2-}$为抗磁性物质，而$[NiCl_4]^{2-}$为顺磁性物质，如何解释？

3. BF_3 分子的构型是平面三角形，$[BF_4]^-$的构型是正四面体形，同是 B 的杂化，配位原子也相同，为什么杂化类型不同？

11.3.2 内轨型配合物与外轨型配合物

对于 d 电子未满的中心原子或离子来说，在考虑杂化类型时势必遇到这样一个问题：是将中心原子或离子的 d 电子激发到外层轨道，利用空出的内层 d 轨道杂化（如$[Cu(NH_3)_4]^{2+}$），还是保持中心原子或离子的电子构型、直接使用外层 d 轨道进行杂化（如$[FeF_6]^{3-}$），或者是将 d 轨道上的多个单电子重新组合为成对电子后，再利用空出的 d 轨道参与杂化（如$[Ni(CN)_4]^{2-}$）呢？

以 Ni^{2+}为例，其价电子层 $3d^8$ 中有两个单电子。选择杂化类型时，可以将两个单电子重新组合成一对电子，利用空出的 3d 轨道参与杂化。当与四个配体结合时，Ni^{2+}采取 dsp^2 杂化，形成平面四边形的配离子，上述$[Ni(CN)_4]^{2-}$中的 Ni^{2+}就是采取了这种成键方式，这种配离子称为内轨型配离子。另一种可能是，Ni^{2+}保留了价电子层中的两个单电子，直接利用外层的 4s、4p 空轨道进行 sp^3 杂化，如此形成的配离子（如$[NiCl_4]^{2-}$）则具有正四面体构型，称为外轨型配离子。由此可见，选择杂化类型时，既要考虑中心原子或离子的电子构型，也要考虑配体的影响。

1. 内轨型配合物

中心离子或原子以部分次外层轨道$(n-1)$d 参与组成杂化轨道，接受配体的孤电子对形成内轨型配合物，如 d^2sp^3、dsp^2、dsp^3 杂化等。

特点：由于受配体的影响，中心离子或原子的电子重新分布，未成对电子数减少。

2. 外轨型配合物

中心离子或原子仅用外层空轨道 *n*s、*n*p、*n*d 参与组成杂化轨道，接受配体的孤对电子形成外轨型配合物，如 sp、sp^2、sp^3、sp^3d^2 等。

特点：中心离子或原子的电子分布不受配体影响，未成对电子数与自由离子相同（一般较多）。

内、外轨型配合物的判断：中心离子或原子成键 d 轨道中的单电子数是否变化，减少为内轨型，不变为外轨型（个别例外，如 d^3 构型的离子）。

3. 决定形成内、外轨型配合物的因素

(1) 中心离子的电子层结构：次外层价电子层为 d^{10} 构型的离子只能形成外轨型配合物，如 Ca^{2+}、Sc^{3+}、Cu^+、Ag^+、Au^+、Zn^{2+}、Cd^{2+}、Hg^{2+}等。次外层价电子层为 $d^{4\sim7}$ 构型的离子，在形成配合物时，中心离子采用何种杂化方式，则要考虑配位原子的电负性。

(2) 配位原子电负性：配位原子（F、O 等）电负性大（吸引电子的能力强），不易给出孤电子对，对 d 轨道上的电子的排斥力较小，一般形成外轨型配合物。

配位原子（C：CO、CN^-）电负性小，易给出孤电子对，对 d 轨道上电子的排斥力较大，容易使单电子强行配对，一般形成内轨型配合物。

以 Fe^{3+}为例，其基态价电子构型为 $3d^5$，4s 和 4p 为空轨道。3d 轨道上的五个电子以相同的自旋方向分占不同的原子轨道。若有六个相同的配位原子与 Fe^{3+}键合（Fe^{3+}的配位数一般为 6），应当形成六个完全等同的配位键，那么 Fe^{3+}就有两种可能的杂化方式。一种可能是采用一个 4s 轨道、三个 4p 轨道和两个 4d 轨道进行 sp^3d^2 杂化，此为外轨型配合物；另一种可能是将 3d 轨道上的五个单电子重新组合排列，空出 2 个 3d 轨道，再与一个 4s 轨道和三个 4p 轨道进行 d^2sp^3 杂化，此为内轨型配合物。

当配体是 F^-时，由于 F 原子的电负性最大，其提供电子对形成配位键的能力较差。因此，F^-靠近 Fe^{3+}时，很难改变中心离子 Fe^{3+}的基态电子排布，即 Fe^{3+}保持其五个单电子的状态，而采用 4s、4p 和 4d 原子轨道进行 sp^3d^2 杂化，得到六个空的 sp^3d^2 杂化轨道。这六个杂化轨道与 F^-中含孤电子对的 2p 轨道重叠，从而形成外轨型$[FeF_6]^{3-}$，如图 11-13 所示。

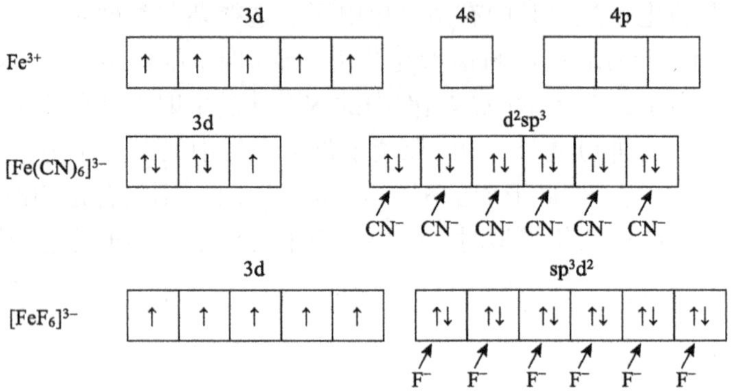

图 11-13　Fe^{3+}与不同配体形成的八面体构型配离子的形成示意图

而当 Fe^{3+}遇到配体 CN^-时，配位原子 C 的电负性较小，CN^-提供电子对形成配位键的能力极强，即当 CN^-靠近 Fe^{3+}时，会压缩 Fe^{3+}3d 轨道中的单电子使之成对，由此空出两个内层 3d 轨道。Fe^{3+}内层的两个 3d 轨道、一个 4s 轨道和三个 4p 轨道参与杂化，得到六个空的 d^2sp^3 杂化轨道，形成内轨型配合物。

4. 配合物的磁性

第 9 章已学过，分子中单电子的数目与分子的磁矩有关，磁矩 $\mu=\sqrt{n(n+2)}$，式中 n 表示配离子中的单电子个数(表 11-6)。用实验手段测量配合物分子或配离子的磁矩，即可了解配合物分子或配离子中的单电子数目，以此推测出中心原子或离子的杂化方式。

表 11-6　单电子数与磁矩

n	1	2	3	4	5
μ/B.M.	1.73	2.83	3.87	4.90	5.92

另外，通过了解配离子中各键之间的键角，分析配离子的空间构型，也可推出中心原子或离子的杂化方式。

思 考 · 练 习

1. 原子序数为 27 的原子，其三价阳离子可形成六配位的内轨型和外轨型配离子，分析中心离子的杂化方式、单电子数及磁矩，完成下表。

27 号元素的三价阳离子配合物的类型及磁矩

元素符号	三价离子价电子构型	杂化类型		单电子数	磁矩
		内轨型			
		外轨型			

2. 根据下表所给配离子磁矩的数值，完善表格余下内容。

某些配离子的磁矩 μ

配离子	磁矩 μ	推测的单电子数 n	杂化方式	空间构型
$[Fe(H_2O)_6]^{2+}$	5.3			
$[Fe(CN)_6]^{4-}$	0			
$[CoF_6]^{3-}$	4.9			
$[Co(NH_3)_6]^{3+}$	0			
$[Co(H_2O)_6]^{2+}$	3.9			
$[Co(CN)_6]^{4-}$	1.7			
$[MnCl_4]^{2-}$	5.9			
$[Mn(CN)_6]^{4-}$	0.7			

11.3.3 配合物中的反馈 π 键

有一种观点认为，在过渡金属的羰基配合物如$[Ni(CO)_4]$、$[Fe(CO)_5]$、$[Co_2(CO)_8]$等存在一种反馈 π 键。一般来说，金属元素的原子电负性小，易失电子。那么，在这些配合物中，是一种什么力量使得这些中性金属原子可以接纳配体提供的孤电子对呢？

在$[Ni(CO)_4]$中，中性 Ni 原子基态的价电子构型为 $3d^84s^2$。若 Ni 原子采取 sp^3 杂化，四个空的 sp^3 杂化轨道接纳四个羰基 C 原子上的孤电子对，形成四个 σ 配位键，那么 Ni 原子上将带有相当多的负电荷，体系能量升高。

现在的观点这样来描述$[Ni(CO)_4]$中的成键类型，见图 11-14。根据分子轨道理论，CO 分子中的价电子依次排列在 1π 和 5σ 成键轨道中，而其反键 2π 轨道为空。考虑到 Ni 原子 3d 轨道上有多个电子对，在 Ni 原子接纳羰基孤电子对的同时，作为中心原子 Ni 原子的 3d 轨道与 CO 的反键 2π 轨道对称性匹配，可以发生轨道重叠。与普通配位键由中心原子提供空轨道、配体提供电子对成键不同，这种配位键是由中心原子 Ni 将 d 电子对提供给 CO 配体中的空轨道，因此将这种键称为反馈配位键。从重叠形式上看，这种反馈配位键由中心原子 d 轨道和配体的反键分子轨道“肩并肩”重叠，属于 π 键的范畴，因此称为 d-p π 反馈配键。d-p π 反馈配键的形成有效地消除了 Ni 原子上所带的负电荷，增加了整个配合物的稳定性。

$$Ni(3d^84s^24p^0) \longrightarrow Ni(3d^{10}4s^04p^0) \longrightarrow Ni[3d^{10}(sp^3)]$$

$$CO:[KK(3\sigma)^2(4\sigma)^2(1\pi)^2(1\pi)^2(5\sigma)^2(2\pi)(2\pi)$$

$$Ni:3d^{10}\ [d:d_{z^2}^2;\ d_{x^2-y^2}^2;\ d_{xy}^2;\ d_{yz}^2;\ d_{xz}^2]$$

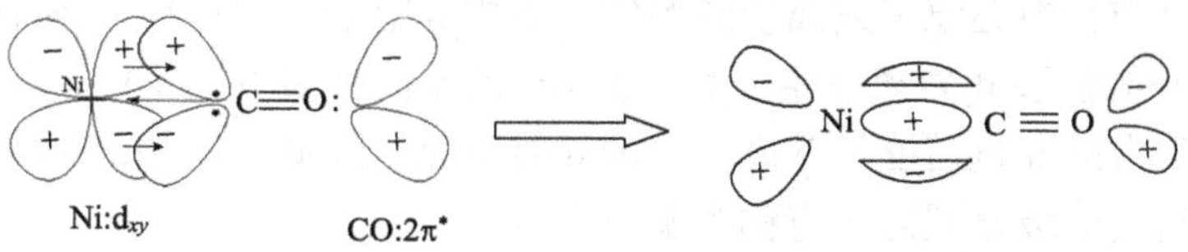

图 11-14　$[Ni(CO)_4]$分子中反馈配键的形成示意图

除 CO 外，CN^-、—NO_2^-、NO、N_2、C_2H_4、R_3P(膦)等都是反馈 π 键的 π 接受配体。它们不是有空的 π^*轨道就是有空的 p 轨道或 d 轨道，可接受金属反馈的 d 电子。

配合物的价键理论很好地解释了配合物的空间构型、磁性等，定性解释了内轨型和外轨型配合物的相对稳定性高低。该理论直观明了，使用方便。

例如，$[Co(CN)_6]^{4-}$和$[Co(H_2O)_6]^{2+}$，根据价键理论推测，前者属于内轨型配合物，中心 Co^{2+}采取 d^2sp^3 杂化，在外层高能级的 4d 轨道上有 1 个成单电子极易失去，$[Co(CN)_6]^{4-}$表现出极强的还原性；而后者属于外轨型配合物，中心 Co^{2+}采取 sp^3d^2 杂化，Co^{2+}的价层电子均处在低能态的 3d 轨道中而难以失去，$[Co(H_2O)_6]^{2+}$的还原性极低，这些与事实完全符合。

价键理论未能定量解释配离子的稳定性区别，无法解释配离子的颜色，没有阐明配位键的本质。价键理论没有充分考虑配体对中心原子或离子的影响，因而在解释配合物的可见和紫外吸收光谱以及磁学性质等方面时，遇到了困难。事实上，配体对中心原子或离子的 d 电子具有很大的影响，不仅影响电子云在空间的分布，而且影响 d 轨道能量的变化。1929 年，贝特(H. Bethe)首先提出了晶体场理论。它是一种纯粹的静电理论，将中心原子或离子与配体之间的作用完全看作静电问题，即将中心原子或离子以及配体当作点电荷，它们之间的相互作用纯粹是静电吸引和排斥。该理论由于忽略了中心原子或离子与配体之间配位键的共价键性质，因此与共价键有关的作用和现象在晶体场理论中无法解释。到了 50 年代，借鉴分子轨道理论的处理方法，考虑了配体和中心原子或离子之间的共价作用，晶体场理论逐渐发展成为配位场理论。但是，分子轨道法在数学处理方面十分复杂，所以配位场理论应用也受到了一定的限制。以下仅介绍晶体场理论的要点和简单应用。

11.4　配合物的晶体场理论

11.4.1　晶体场理论的基本要点

晶体场理论主要讨论中心原子或离子的 d 轨道在配体形成的静电场影响下发生的变化，以及这些变化与配合物性质之间的关系。其主要论点包括：

(1)将配体看作带有负电荷的点电荷，配体与中心原子或离子之间的作用为静电作用力，并未形成共价键。

(2)中心原子或离子的 5 个价层简并 d 轨道，在配体负电场的作用下，发生能级分裂。

(3)不同构型的配合物中，中心离子价层 d 轨道的分裂情况不同，分裂后 d 轨道中的电子重新排列，体系能量降低，配合物稳定性增强。

11.4.2　中心原子或离子的 d 轨道能级分裂

配体点电荷分布在中心原子或离子的周围，形成静电场。在这种电场作用下，中心原子或离子中 5 个简并的价层 d 轨道发生分裂。d 轨道的空间伸展方向不同，与配体负电场的静电作用不同，导致有的 d 轨道能量升高，有的 d 轨道能量降低。这种由于配体电场作用使中心原子或离子 d 轨道能级分裂的效应称为配位场效应。

1. 正八面体场中中心原子或离子 d 轨道的分裂

d 轨道包括 5 个能量相同、伸展方向不同的原子轨道，它们的符号分别是 d_{xy}、d_{yz}、d_{xz}、$d_{x^2-y^2}$、d_{z^2}。其中 d_{xy}、d_{yz}、d_{xz} 轨道分别分布在 x、y 和 z 轴的平分线上，$d_{x^2-y^2}$ 轨道分布在 x 轴和 y 轴上，d_{z^2} 沿 z 轴分布。如果这 5 个轨道处于球形对称的负静电场中，电子间的斥力导致 d 轨道能量升高。由于所受静电排斥程度相同，能级分裂不会发生。但是，在正八面体形状的负静电场中，六个配体分别沿 x、y 和 z 轴方向靠近中心原子或离子，如图 11-15 所示，$d_{x^2-y^2}$ 轨道和 d_{z^2} 轨道与配体处于迎头相碰的方向，这些轨道上的电子受到更多的静电排斥作用，与球形场对比轨道能量升高；d_{xy}、d_{yz}、d_{xz} 轨道恰好插入配体之间，这些轨道上的电子受到配体负电场的排斥作用较小，与球形场对比轨道能量降低。

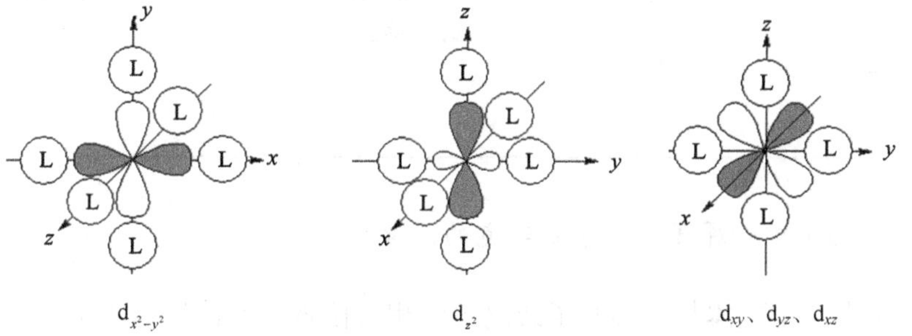

图 11-15　正八面体场中的 d 轨道与配体的空间关系示意图

如图 11-16 所示，原本能量相等的 5 个简并 d 轨道分裂成两组轨道。一组是能量较高的 $d_{x^2-y^2}$ 轨道和 d_{z^2} 轨道，在晶体场理论中用 d_γ 表示，在分子轨道理论中用 e_g 表示；另一组是能量较低的 d_{xy}、d_{yz}、d_{xz} 轨道，在晶体场理论中用 d_ε 表示，在分子轨道理论中用 t_{2g} 表示。

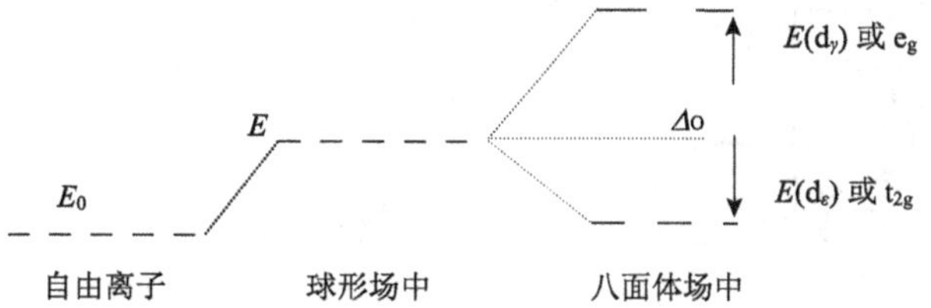

图 11-16　中心原子或离子价层 d 轨道在正八面体场中的分裂

分裂后最高能量的 d_γ 轨道与最低能量的 d_ε 轨道之间的能量差称为分裂能，用 Δ 表示。它相当于一个电子从 d_ε 轨道跃迁到 d_γ 轨道所需要的能量。此能量的大小可以通过配合物的光谱实验来测量。用 Δ_O 表示正八面体场的 d 轨道分裂能，下角标 O 代表正八面体。

通常规定，正八面体场的 d 轨道分裂能 $\Delta_O = 10\ Dq$，即

$$E(d_\gamma) - E(d_\varepsilon) = 10\ Dq \tag{11-1}$$

由于分裂前后体系的总能量保持不变(与球形场对比)，即在正八面体场作用下体系的能量等于球形静电场作用下体系的能量，则

$$2E(d_\gamma) + 3E(d_\varepsilon) = 0\ Dq \tag{11-2}$$

将式(11-1)与式(11-2)联立，得

$$E(d_\gamma)=+6\ Dq,\ E(d_\varepsilon)=-4\ Dq$$

若用$\varDelta_O$表示，则$E(d_\gamma)=0.6\varDelta_O$，$E(d_\varepsilon)=0.4\varDelta_O$。

阅 读 · 拓 展

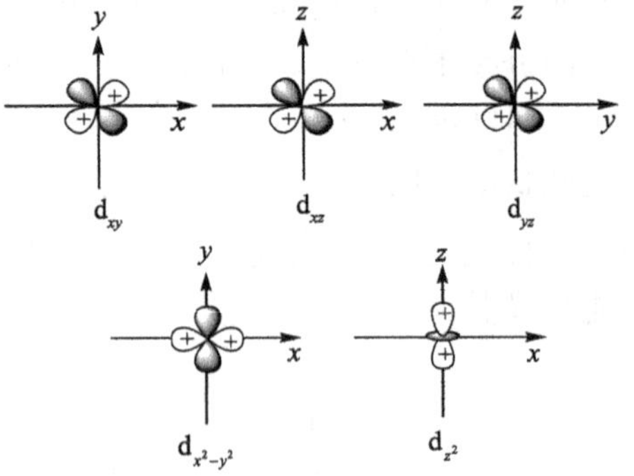

$t_{2g}(d_\varepsilon)$: d_{xy}、d_{yz}、d_{xz}

t 代表三重简并，g 代表中心对称，2 代表镜面反对称。

$e_g(d_\gamma)$: $d_{x^2-y^2}$、d_{z^2}

e 代表二重简并；g 代表中心对称；1 代表镜面对称。

2. 正四面体场中中心原子或离子 d 轨道的分裂

正四面体场中四个配体与中心原子或离子的相对位置与八面体场中不同，如图 11-17 所示。d 轨道受配体的排斥作用较八面体场稍弱，分裂示意图见图 11-18。根据理论计算，在同种配体靠近中心原子或离子距离相同时，正四面体场中 d 轨道分裂能仅是八面体场的 4/9，用$\varDelta_T$表示正四面体场中中心离子 d 轨道的分裂能，则

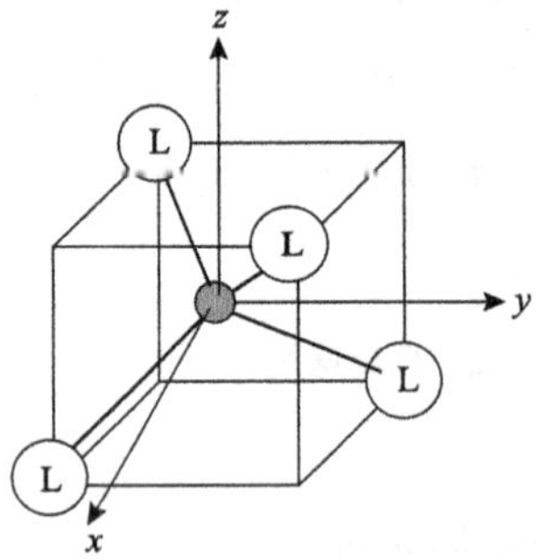

图 11-17　正四面体场中配体与中心离子的相对位置

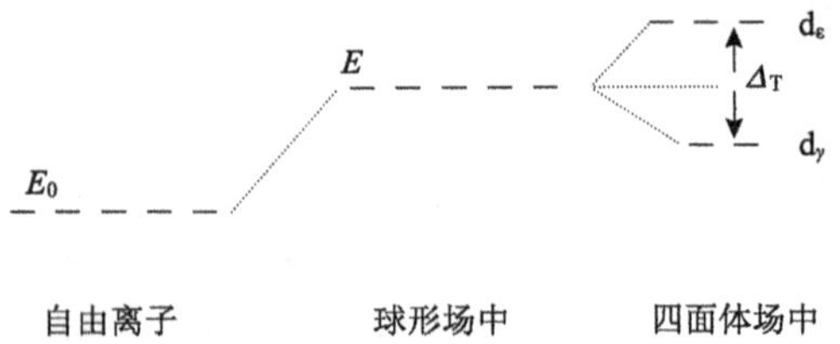

图 11-18　中心离子价层 d 轨道在正四面体场中的分裂

$$\varDelta_T=4/9\varDelta_O=4.45\ Dq \tag{11-3}$$

由此可见，正四面体场中中心原子或离子的 d 轨道分裂情况与八面体场刚好相反。与球形场相比，d_{xy}、d_{yz}、d_{xz} 轨道受到配体负静电场更大的排斥，即 d_ε 轨道能量升高；而 $d_{x^2-y^2}$ 和 d_{z^2} 轨道沿坐标轴分布，受到的排斥较小，d_γ 轨道能量降低。

思 考 · 练 习

试计算正四面体场中的$E(d_\gamma)$和$E(d_\varepsilon)$。

3. 平面正方形场中中心原子或离子 d 轨道的分裂

如果配体形成平面正方形的负静电场，假设该平面为 xy 平面，中心原子或离子的价电子层中只有 $d_{x^2-y^2}$ 与配体的负电场正面碰撞，该轨道能量大幅度升高；轨道 d_{xy} 的电子云虽然也集中在 xy 平面上，但由于伸向 x、y 坐标轴之间，与配体负电场的排斥作用弱于 $d_{x^2-y^2}$ 轨道，能量升高不大；d_{z^2} 轨道处于 xy 平面上的电子云，与配体的负电场有排斥作用，其电子主要沿 z 轴分布，因而相对于 $d_{x^2-y^2}$ 和 d_{xy} 来讲能量反而降低，如图 11-19(a)所示；而 d_{yz} 和 d_{xz} 在 xy 平面上的电子云密度为 0，与配体的负电场没有排斥作用，所以能量降低较多且仍然属于简并轨道。也就是说中心原子或离子的 d 轨道，在平面正方形的负静电场中将分裂成四组能量不同的轨道，如图 11-19(b)所示。

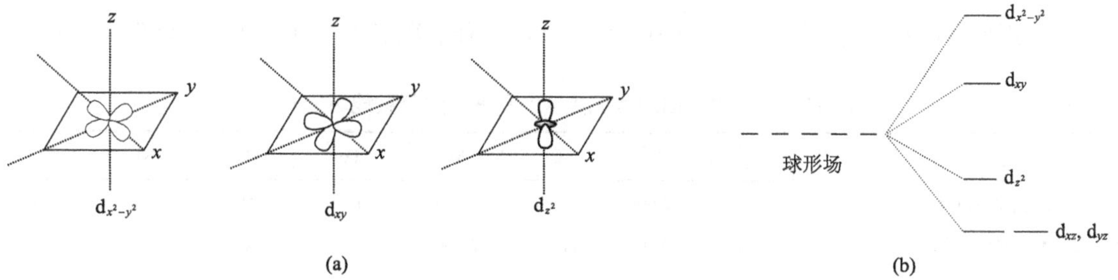

图 11-19　平面正方形中配体与中心离子的相对位置

总之，在平面正方形场中，中心离子价层 d 轨道与配体负电场的相互作用差别极大，导致中心原子或离子的价层 d 轨道的分裂能 Δ_S 较大，约为 17.42 Dq。

需要强调的是，Dq 并非固定的能量单位，就像一般单位一样，我们把分裂能分为 10 等份，每一份为 1 Dq，无固定数值。即便是同一种构型的配合物，如果组成不同，分裂能的数值也不同。例如，$[Fe(CN)_6]^{3-}$和$[FeF_6]^{3-}$，尽管中心离子的分裂能都表示成 $\Delta_O = 10$ Dq，但$[Fe(CN)_6]^{3-}$分裂能的绝对数值远远大于$[FeF_6]^{3-}$，即前者的 Dq 代表的能量值大于后者。为了具体区分，有时分裂能也可用 cm^{-1} 或 $kJ \cdot mol^{-1}$ 表示。

11.4.3　影响中心原子或离子 d 轨道分裂能的因素

讨论影响分裂能的因素应从中心原子或离子与配体两方面进行分析。分裂能受配体静电场的强度、中心原子或离子所带电荷、中心原子或离子在元素周期表中的位置等因素影响。

1. 配体的影响

对同一金属原子或离子来说，分裂能随配体不同而变化。配体的配位能力越强，配位原子提供的孤电子对形成的负电场也越强，中心原子或离子的价层 d 轨道与配体负电场的相互作用就越大，则分裂能越大。

配体的配位场强度顺序称为“光谱化学序列”，由光谱实验总结得到。该序列在配位化学中有极大的应用价值。常见配体的光谱化学序列如下：

$$I^- < Br^- < S^{2-} < SCN^- < Cl^- < NO_3^- < F^- < OH^- \sim ONO^- \sim HCOO^- < C_2O_4^{2-} < H_2O < NCS^- <$$
$$NH_2CH_2COO^- < EDTA < NH_3 < en < SO_3^{2-} < NO_2^- < CN^- \sim CO$$

对同一种金属原子或离子来说，对分裂能影响最大的是配体 CN^-或 CO，最小的是配体 I^-。通常把处于 NH_3 之后的配体如 NO_2^-、CN^-、CO 等称为强场配体，而 I^-、Br^-等处于 H_2O 之前的配体称为弱场配体。

例如，$\Delta_O\{[Fe(CN)_6]^{3-}\}= 34\ 250\ cm^{-1}$，$\Delta_O\{[FeF_6]^{3-}\} = 13\ 700\ cm^{-1}$。

2. 中心离子电荷数的影响

对于相同的配位体，同一金属元素高价离子的分裂能大于低价离子的分裂能。中心离子电荷越高，对配体的吸引力越大，中心离子与配体间的距离越近，因此价层 d 轨道与配体负电场的排斥作用越强，分裂能越大。如表 11-7 所示，对于常见过渡金属离子来讲，+2 和+3 氧化态的金属离子六配位的水合离子的分裂能大约为

$$\Delta_O\{[M(H_2O)_6]^{2+}\}= 7500\sim14\ 000\ cm^{-1}，\Delta_O\{[M(H_2O)_6]^{3+}\} = 14\ 000\sim21\ 000\ cm^{-1}$$

表 11-7　第四周期副族元素 M^{2+}和 M^{3+}的分裂能 $\Delta(cm^{-1})$

元素	Ti	V	Cr	Mn	Fe	Co	Ni	Cu
$\Delta_O\{[M(H_2O)_6]^{2+}\}$		12 600	13 900	7 800	10 400	9 500	8 500	12 600
$\Delta_O\{[M(H_2O)_6]^{3+}\}$	20 300	17 000	17 400	21 000	13 700	18 600		
$\Delta_O\{[M(NH_3)_6]^{2+}\}$						10 100		
$\Delta_O\{[M(NH_3)_6]^{3+}\}$						23 000		

3. 中心离子半径的影响

配位体相同时，相同价态的同族元素的配离子，随过渡系的不同，其分裂能不同。中心离子半径越大，d 轨道电子云密度最大的区域离配体越近，则 d 轨道与配体的排斥作用越大，分裂能越大。一般认为，第二过渡系比第一过渡系的分裂能增大 40%～50%，第三过渡系比第二过渡系增大 20%～25%。

例如，Cr^{3+}、Mo^{3+}同属ⅥB 族，所带电荷相同，分属第四、五周期，Mo^{3+}的半径大于 Cr^{3+}，$[MCl_6]^{3-}$型配合物的分裂能分别为

$$\Delta_O\{[CrCl_6]^{3-}\} = 13\ 600\ cm^{-1}，\Delta_O\{[MoCl_6]^{3-}\} = 19\ 200\ cm^{-1}$$

4. 配合物空间构型的影响

假设同一种金属离子与同一种配体可以形成不同构型的配合物，配合物的空间构型也影响中心原子或离子的 d 轨道分裂能。正四面体场中 Δ_T 较小；平面正方形场中 Δ_S 最大；而正八面体场的 Δ_O 介于 Δ_T、Δ_S 之间。一般来说，四面体、八面体和平面四边形场 d 轨道分裂能的大小分别为 4.45 Dq、10 Dq 和 17.42 Dq。

即使不同的金属离子和不同的配体形成的配合物，基本上也存在 $\Delta_S >\Delta_O >\Delta_T$ 的关系，如表 11-8 所示。

表 11-8　几种不同金属、不同构型配离子的分裂能

配离子	$[CoCl_4]^{2-}$	$[MnCl_6]^{4-}$	$[Fe(CN)_6]^{4-}$	$[Ni(CN)_4]^{2-}$
几何构型	正四面体	正八面体	正八面体	平面正方形
Δ/cm^{-1}	3 100	7 600	33 800	35 500

11.4.4　电子成对能

电子成对能(P)是指当一个轨道上已有一个电子，如果要再增加另一个电子，就会产生排斥作用。这种用以克服电子之间的排斥力，使第二个电子进入轨道与第一个电子成对所需的能量称为电子成对能。电子成对能基本上只与中心原子或离子有关，而与配体无关。

利用分裂能和电子成对能的数据，可以预测电子在分裂后的 d 轨道上的排布。

以 d 电子在八面体场中的排布为例。d^1、d^2、d^3、d^8、d^9、d^{10} 只有一种排布方式，如图 11-20(a)所示，d^4、d^5、d^6、d^7 则分别有两种可能的排布，如图 11-20(b)和(c)所示。

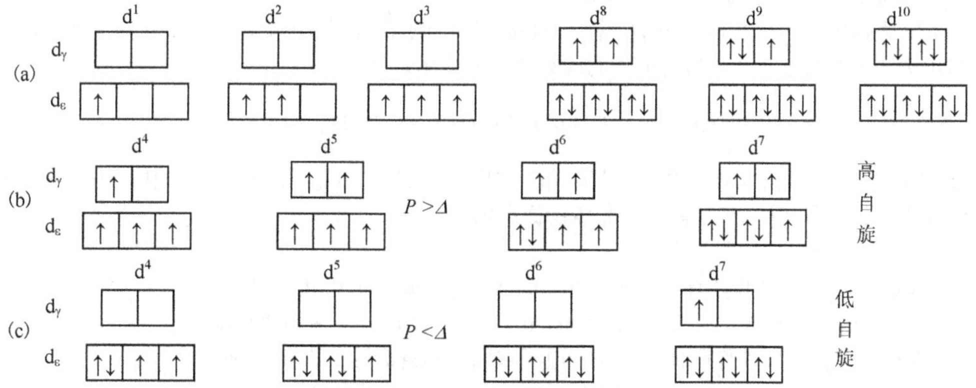

图 11-20　d^1～d^{10} 电子在八面体场中的分布情况

高自旋：自旋平行电子数较多；低自旋：自旋平行电子数较少。

P 和 Δ 的相对大小决定了电子的自旋状态。当 $\Delta > P$ 时，电子易成对而难跃迁，主要处于低能的 d_ε 轨道，配离子中单电子数目较少，自旋磁矩小，这种状态称为低自旋态。过渡金属离子与强场配体形成的配合物往往处于低自旋态，这样的配合物磁矩小、能量低、稳定性高。例如，$[Fe(CN)_6]^{3-}$就是低自旋配合物。

当 $\Delta < P$ 时，电子易跃迁而难成对，首先以自旋相同的方向单独占据每一个 d_ε 和 d_γ 轨道，单电子数多，自旋磁矩大，这种状态称为高自旋态。过渡金属离子与弱场配体形成的配合物往往处于高自旋态，这样的配合物磁矩大、能量高、稳定性低。例如，$[FeF_6]^{3-}$就是高自旋配合物。

对于四面体形配合物来讲，由于中心离子价层 d 轨道的分裂能相对小得多，因此四面体配合物多为高自旋态配合物。但对于平面正方形配合物来讲恰恰相反，由于中心原子价层 d 轨道的分裂能相对较大，所以平面正方形配合物多处于低自旋态。

配合物的高、低自旋态与价键理论中配合物的内、外轨型存在对应关系。高自旋对应外轨型，低自旋对应内轨型，但两者概念不同。内轨型、外轨型分别指中心离子的价层轨道杂化时采用了内层 d 轨道和外层 d 轨道，而高自旋态和低自旋态对应的是中心离子同一价层 d

轨道分裂后电子自旋状态的高、低，内轨型和外轨型不能在晶体场理论中应用。

11.4.5 晶体场稳定化能

在配体形成的晶体场中，中心离子的 d 电子从未分裂的 d 轨道进入分裂后的 d 轨道产生的能量变化值称为该配合物的晶体场稳定化能(CFSE)。正八面体型配合物中，若 d_ε 轨道中的电子数为 $n(d_\varepsilon)$，d_γ 轨道中电子数为 $n(d_\gamma)$，d 轨道分裂后电子对总数为 n_2，分裂前电子对总数 n_1，则晶体场稳定化能为

$$\begin{aligned}\text{CFSE}&=n(d_\gamma)\cdot E(d_\gamma)+n(d_\varepsilon)\cdot E(d_\varepsilon)+(n_2-n_1)P=6\cdot n(d_\gamma)\,\text{Dq}-4\cdot n(d_\varepsilon)\,\text{Dq}+(n_2-n_1)P\\&=3/5\times n(d_\gamma)\Delta_O-2/5\times n(d_\varepsilon)\Delta_O+(n_2-n_1)P=0.6n(d_\gamma)\Delta_O-0.4n(d_\varepsilon)\Delta_O+(n_2-n_1)P\end{aligned}\qquad(11\text{-}4)$$

例 11-3 计算下列配离子的晶体场稳定化能。

(1) $[FeF_6]^{3-}$；(2) $[Fe(CN)_6]^{3-}$

解 (1) 在 $[FeF_6]^{3-}$ 中，基态 Fe^{3+} 价电子构型为 $3d^5$。在弱场配体 F^- 的作用下，分裂后的 d 轨道中电子排布为 $d_\varepsilon^3d_\gamma^2$，则 CFSE = 2×6 Dq −3×4 Dq = 0 Dq

(2) CN^- 为强场配体，在 $[Fe(CN)_6]^{3-}$ 中，中心离子价电子在分裂后的 d 轨道上的排布为 $d_\varepsilon^5d_\gamma^0$。强场 d_ε^5 比自由离子多两对电子，若每对电子的成对能用 P 表示，则

$$\text{CFSE} = 6\times 0\ \text{Dq}-4\times 5\ \text{Dq}+2P=-20\ \text{Dq}+2P$$

例 11-4 已知 Fe^{2+} 的成对能 P = 19 150 cm^{-1}，$[Fe(CN)_6]^{4-}$ 的 Δ_O = 33 000 cm^{-1}，$[Fe(H_2O)_6]^{2+}$ 的 Δ_O= 10 400 cm^{-1}，分别计算这两种配离子的晶体场稳定化能。

解 基态 Fe^{2+} 价电子构型为 $3d^6$。

(1) $[Fe(CN)_6]^{4-}$：CN^- 作配体，$\Delta>P$，电子取强场低自旋排布 $d_\varepsilon^6d_\gamma^0$，则

$\text{CFSE} = (-0.4\Delta_O\times 6+2P) = -2.4\times 33\,000\ cm^{-1}+2\times 19\,150\ cm^{-1} = -40\,900\ cm^{-1}$

(2) $[Fe(H_2O)_6]^{2+}$，H_2O 作配体，$\Delta<P$，电子取弱场高自旋排布 $d_\varepsilon^4d_\gamma^2$，则

$\text{CFSE} = (-0.4\Delta_O\times 4+2\times 0.6\Delta_O) = -0.4\Delta_O = -0.4\times 10\,400\ cm^{-1} = -4\,160\ cm^{-1}$

从计算结果看，形成 $[Fe(CN)_6]^{4-}$ 时，体系能量降低得更多，配离子或配合物更稳定。

由例 11-3 和例 11-4 不难看出，同一金属离子与不同配体形成构型相同的配离子时，强场配体形成的配合物的晶体场稳定化能(绝对值)往往大于与弱场配体形成的配合物。

11.4.6 晶体场理论的应用

1. 解释配合物的空间构型

弱场中 d^0、d^5、d^{10} 构型的离子和强场中 d^0、d^{10} 构型的离子晶体场稳定化能均为零，其他价电子构型的离子所形成的配合物均存在 $\Delta_S>\Delta_O>\Delta_T$ 的关系。仅从晶体场稳定化能的数值考虑，似乎平面正方形配合物最稳定。但是，配合物的稳定性还取决于中心离子与配体形成的化学键的数目，晶体场稳定化能只占体系总能量的 5%～10%。八面体可以形成六个化学键，而平面正方形只能形成四个化学键，所以总键能还是八面体更大。对大多数金属离子来说，更容易形成六配位的八面体型配合物。只有当 Δ_S 和 Δ_O 相差最大时，才能形成平面正方形配合物。弱场中 d^4 和 d^9 构型的离子、强场中 d^8 构型的离子 Δ_S 和 Δ_O 相差最大，易形成平面正方形配合物。例如，d^4 构型的 $[Cr(H_2O)_4]^{2+}$、d^9 构型的 $[Cu(H_2O)_4]^{2+}$、$[Cu(NH_3)_4]^{2+}$ 和 d^8 构型的 $[Ni(CN)_4]^{2-}$ 均为平面正方形构型。

无论从化学键的数量还是从晶体场稳定化能考虑，任何金属离子都不易形成正四面体型的配合物。只有 d^0、d^{10} 构型以及弱场中 d^5 构型的离子，其四面体场和八面体场的晶体场稳定化能才相等，也就是说，只有这三种电子构型的中心离子在合适条件下才能形成四面体型的配合物。例如，d^0 构型的 $TiCl_4$、MnO_4^-和 CrO_4^{2-}，d^5 构型的$[Mn(H_2O)_4]^{2+}$和$[FeCl_4]^-$，以及 d^{10} 构型的$[Zn(NH_3)_4]^{2+}$、$[Cd(CN)_4]^{2-}$、$[HgI_4]^{2-}$均为正四面体构型。

2. 配合物的颜色

过渡金属配合物大多是有颜色的。晶体场理论认为，中心原子或离子价电子层 d 轨道分裂后，由于电子没有充满，电子在吸收一部分光能后，就可以从低能量的 d 轨道跃迁到高能量的 d 轨道。这种跃迁称为 d-d 跃迁，其能量差一般在 10 000～30 000 cm^{-1}，与可见光的波数范围 12 500～25 000 cm^{-1} 基本相当。从入射光中去掉被配合物吸收的光，剩下的那部分可见光所呈现的颜色即配合物的颜色。可见光范围内各种颜色光及其互补光可见表 11-9。分裂能越高，则电子跃迁所需要的能量越大，吸收光的波长就越短。例如，实验测得配离子$[Ti(H_2O)_6]^{3+}$在波长约 490 nm（波数为 20 400 cm^{-1}）处有强烈的吸收，该波长对应了可见光中的蓝绿色光。因此，人们看到的$[Ti(H_2O)_6]^{3+}$的颜色即蓝绿色光的互补光（红色）。

表 11-9　可见光及其互补光的颜色与波长范围

光的颜色	红色	橙色	黄色	黄绿色	绿色	蓝绿色	青色	蓝色	紫色
波长/nm	780～620	620～595	595～580	580～560	560～500	500～490	490～480	480～435	435～400
互补光	蓝绿色	青色	蓝色	紫色	紫红色	红色	橙色	黄色	黄绿色

需要说明的是，对于 d^0 构型的中心离子来讲，由于价层 d 轨道中的电子数为 0，不存在 d-d 跃迁，因此形成的配合物基本都是无色的。例如，Mg^{2+}、Ca^{2+}、B(Ⅲ)、Al^{3+}、Si(Ⅳ)等形成的配合物均无色。对于 d^{10} 构型的中心离子来讲，由于 d 轨道中的电子处于全充满状态，低能态的 d 电子无法跃迁至高能态 d 轨道，也不存在 d-d 跃迁，形成的配合物也大多是无色的，如 Ag^+、Cu^+、Au^+、Zn^{2+}、Cd^{2+}、Hg^{2+}、Sn^{4+}、In^{3+}等。对于 d^5 构型的中心离子存在两种情况：在与强场配体形成配合物时，价层 d 电子均处于低能态的轨道中，高能态的轨道中没有电子，当配合物的分裂能处于可见光范围之内时，低能态的电子就会吸收可见光跃迁至高能态空轨道，使配合物呈现某种颜色；当中心离子与弱场配体形成配合物时，五个价层 d 电子分别占据不同的 d 轨道，且自旋相同。这是一种非常稳定的状态，类似于基态原子 d 轨道的半充满状态。假如处于低能态轨道的 d 电子吸收可见光跃迁至高能态轨道，就不可避免地需要克服电子间的成对能，而且电子的自旋方向需要翻转。理论上讲，这种跃迁是自旋禁阻的，发生的概率非常低。因此，d^5 构型的中心离子形成的弱场配合物几乎都是无色的，如 Mn^{2+}与 H_2O、Cl^-等弱场配体形成的配合物。

3. 第一过渡系水合 M^{2+}的离子半径

价态相等的同一过渡系元素的离子半径似乎应随着核电荷数的增加而减小。但实际上，随着 d 电子数目的增加，第一过渡系元素的水合二价离子半径不是依次缩小，而是呈现“不

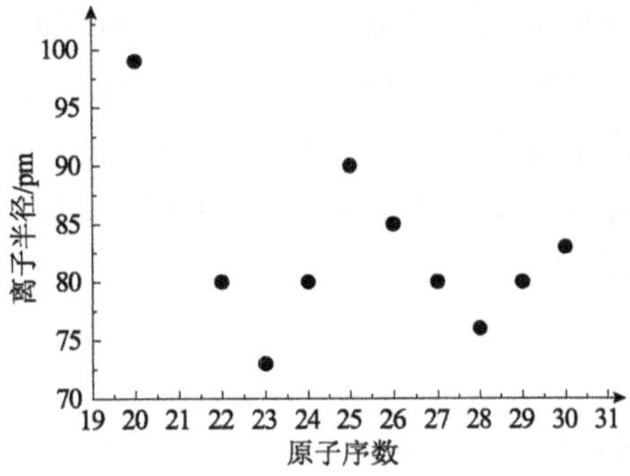

图 11-21　八面体配位场中第一过渡系水合 M^{2+} 的离子半径

规则”变化，如图 11-21 所示，M^{2+} 的离子半径变化较为复杂。这是因为在正八面体配合物中，金属离子的 d 电子分为 d_ε 轨道的电子和 d_γ 轨道的电子。d_ε 轨道的电子插在配体之间，导致中心离子的电子密度分散，这些电子对外层电子的屏蔽作用减弱，有效核电电荷增加，从而引起离子半径减小，即 d_ε 轨道的电子越多，中心离子的半径就越小。而 d_γ 轨道的电子与配体的电子云迎头相碰，能量升高，将配体推得离中心离子更远些，从而引起离子半径增加，即 d_γ 轨道的电子越多，中心离子的半径就越大。

参考表 11-10 给出的第一过渡系水合 M^{2+} 的电子构型，可以发现 d_ε 轨道和 d_γ 轨道上电子数目的变化对离子半径的影响。水分子为弱场配体，从 Ca^{2+} 到 V^{2+}，水合配离子 d_ε 轨道上的电子增多，半径减小；从 V^{2+} 到 Mn^{2+}，d_γ 轨道上电子数增加，离子半径增大；从 Mn^{2+} 到 Ni^{2+}，d_ε 轨道的电子增多，半径减小；从 Ni^{2+} 直到 Zn^{2+}，d_γ 轨道上电子数增加，离子半径逐渐增大。

表 11-10　八面体配位场中第一过渡系水合 M^{2+} 的电子构型

离子	Ca^{2+}	Ti^{2+}	V^{2+}	Cr^{2+}	Mn^{2+}	Fe^{2+}	Co^{2+}	Ni^{2+}	Cu^{2+}	Zn^{2+}
构型	d_ε^0	d_ε^2	d_ε^3	$d_\varepsilon^3 d_\gamma^1$	$d_\varepsilon^3 d_\gamma^2$	$d_\varepsilon^4 d_\gamma^2$	$d_\varepsilon^5 d_\gamma^2$	$d_\varepsilon^6 d_\gamma^2$	$d_\varepsilon^6 d_\gamma^3$	$d_\varepsilon^6 d_\gamma^4$

4. 第一过渡系 M^{2+} 离子的水合热

第一过渡系 M^{2+} 六水合物的水合热是指 1 mol 二价气态离子溶于大量水中形成无限稀溶液时所产生的热效应。

从 Ca^{2+} 到 Zn^{2+}，离子的有效核电荷数随 d 电子数目的增加而增大，水合离子中 M^{2+} 与 H_2O 之间的作用似乎应该逐渐增强，水合过程释放的热量应该逐渐增大。但是，实验测得的水合热却是一条与离子半径相匹配的“双峰曲线”，如图 11-22 所示，这与金属离子的 d 电子构型及其在八面体配位场中 d 轨道的能级分裂有关。

$$M^{2+}(g)+6H_2O(l)=\!=\!=[M(H_2O)_6]^{2+}(aq)$$

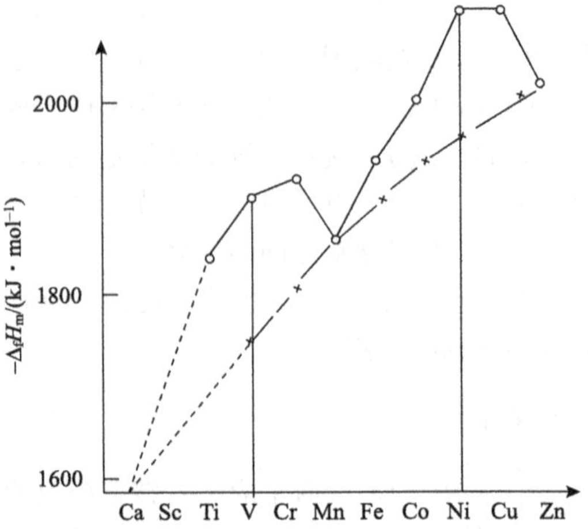

图 11-22　第一过渡系 $Ca^{2+}(g)$ 到 $Zn^{2+}(g)$ 六水合物水合热的双峰曲线

从 Ca^{2+}到 V^{2+}，d_ε轨道的电子增多，体系的能量降低，水合离子的稳定性增大，其水合热上升。从 V^{2+}到 Mn^{2+}，d_γ轨道上电子数增加，体系能量上升，水合离子稳定性下降，水合热下降。由于 Cr^{2+}的 d_γ轨道上只有一个电子，这种影响较小，导致 V^{2+}和 Cr^{2+}水合热差别不大。而 Mn^{2+}的 d_γ轨道上有两个电子，这种影响变得较为显著，水合热急剧下降。从 Mn^{2+}到 Ni^{2+}，d_ε轨道的电子增多，故水合热上升；从 Ni^{2+}直到 Zn^{2+}，又因为 d_γ轨道上电子数增加，出现水合热下降现象(表 11-11)。

表 11-11　第一过渡系 Ca^{2+}到 Zn^{2+}的 d 电子数与 CFSE

d 电子数	0	1	2	3	4	5	6	7	8	9	10
CFSE/Dq	0	4	8	12	6	0	4	8	12	6	0

晶体场理论比较满意地解释了配合物 d 电子的自旋状态、磁性、颜色及稳定性等方面的问题，并有一定的定量准确性。

然而，它也有明显的不足之处：把配体与中心离子之间的相互作用完全作为静电作用来处理，在讨论中性配体如 NH_3 等配合物时，略显勉强。另外，也无法解释光化学序列与配体极性间的矛盾。在晶体场理论基础上发展起来的配位场理论和分子轨道理论较好地解决了这些问题，有待后续课程继续学习。

11.5　配位平衡

11.5.1　配合物的形成常数

在硫酸铜溶液中逐滴加入氨水，先生成浅蓝色沉淀，再逐步转化成深蓝色溶液，生成配合物$[Cu(NH_3)_4]SO_4$。

$$CuSO_4 \xrightarrow{NH_3\cdot H_2O} Cu_2(OH)_2SO_4 \xrightarrow{NH_3\cdot H_2O} [Cu(NH_3)_4]SO_4$$

该过程可以用一个配位解离平衡式来表示

$$Cu^{2+} + 4NH_3 \rightleftharpoons [Cu(NH_3)_4]^{2+}$$

该平衡式的标准平衡常数称为配合物的形成常数(formation constant)，又称稳定常数(stability constant)，用符号 $K_f^\ominus$ 或 $K_{稳}^\ominus$ 表示。常见配合物稳定常数见附录 11。

$$K_f^\ominus = \frac{[Cu(NH_3)_4^{2+}]}{[Cu^{2+}][NH_3]^4} = 2.1\times10^{13}$$

$K_f^\ominus$ 的大小反映了配合物稳定性的高低，表 11-12 给出了部分配合物的稳定常数。用 $K_f^\ominus$ 比较配合物的稳定性时，只能在配体数目(不是配位数)相同的配离子间进行，如$[Cu(NH_3)_4]^{2+}$比$[Zn(NH_3)_4]^{2+}$更稳定。

配离子$[Cu(NH_3)_4]^{2+}$和其他弱电解质一样，在溶液中也会解离，解离程度可用不稳定常数 $K_d^\ominus$ 来表示，很显然 $K_d^\ominus$ 与 $K_f^\ominus$ 是倒数关系，且 $K_d^\ominus$ 值一般较小。

表 11-12　常见配合物稳定常数 $K_f^\ominus$

配离子	$K_f^\ominus$	配离子	$K_f^\ominus$	配离子	$K_f^\ominus$
$[Ag(CN)_2]^-$	1.3×10^{21}	$[Cu(CN)_4]^{3-}$	2×10^{30}	$[HgI_4]^{2-}$	6.76×10^{29}
$[Ag(NH_3)_2]^+$	1.1×10^{7}	$[Cu(en)_2]^{2+}$	4.0×10^{19}	$[Ni(CN)_4]^{2-}$	2.0×10^{31}
$[Ag(SCN)_2]^-$	3.7×10^{7}	$[Cu(NH_3)_4]^{2+}$	2.1×10^{13}	$[Ni(NH_3)_6]^{2+}$	5.5×10^{8}
$[Ag(S_2O_3)_3]^{3-}$	2.9×10^{13}	$[Fe(CN)_6]^{4-}$	1×10^{35}	$[Pb(Ac)_3]^-$	2.95×10^{3}
$[AlF_6]^{3-}$	6.3×10^{19}	$[Fe(CN)_6]^{3-}$	1×10^{42}	$[Pb(OH)_3]^-$	3.8×10^{14}
$[Cd(CN)_4]^{2-}$	6.0×10^{18}	$[Fe(C_2O_4)_3]^{3-}$	3.2×10^{18}	$[Zn(NH_3)_4]^{2+}$	2.9×10^{9}
$[Cd(NH_3)_4]^{2+}$	1.3×10^{7}	$[Fe(SCN)_3]$	1.0×10^{5}	$[Zn(OH)_4]^{2-}$	4.6×10^{17}
$[Co(NH_3)_6]^{2+}$	1.3×10^{5}	$[HgCl_4]^{2-}$	1.0×10^{15}	$[Zn(P_2O_7)_2]^{6-}$	1.0×10^{11}
$[Co(NH_3)_6]^{3+}$	1.6×10^{35}	$[Hg(CN)_4]^{2-}$	2.5×10^{41}		

需要说明的是，溶液中的配位反应并非一步完成，而是分步进行的。以$[Cu(NH_3)_4]^{2+}$的形成为例，有四步反应，每一步平衡的标准平衡常数称为逐级稳定常数。

$$Cu^{2+}+NH_3 \rightleftharpoons [Cu(NH_3)]^{2+} \qquad K_{f1}^\ominus=\frac{[Cu(NH_3)^{2+}]}{[Cu^{2+}][NH_3]}=2.0\times10^4$$

$$[Cu(NH_3)]^{2+}+NH_3 \rightleftharpoons [Cu(NH_3)_2]^{2+} \qquad K_{f2}^\ominus=\frac{[Cu(NH_3)_2^{2+}]}{[Cu(NH_3)^{2+}][NH_3]}=4.7\times10^3$$

$$[Cu(NH_3)_2]^{2+}+NH_3 \rightleftharpoons [Cu(NH_3)_3]^{2+} \qquad K_{f3}^\ominus=\frac{[Cu(NH_3)_3^{2+}]}{[Cu(NH_3)_2^{2+}][NH_3]}=1.1\times10^3$$

$$[Cu(NH_3)_3]^{2+}+NH_3 \rightleftharpoons [Cu(NH_3)_4]^{2+} \qquad K_{f4}^\ominus=\frac{[Cu(NH_3)_4^{2+}]}{[Cu(NH_3)_3^{2+}][NH_3]}=2.0\times10^2$$

总反应的稳定常数等于各逐级稳定常数的乘积：

$$K_f^\ominus = K_{f1}^\ominus\times K_{f2}^\ominus\times K_{f3}^\ominus\times K_{f4}^\ominus = 2.1\times10^{13}$$

例 11-5　$0.20\ mol\cdot dm^{-3}$ 的 $AgNO_3$ 溶液和 $2.0\ mol\cdot dm^{-3}$ 的 $NH_3\cdot H_2O$ 溶液等体积混合。求溶液中 Ag^+的平衡浓度。(已知 $K_f^\ominus[Ag(NH_3)_2^+]=1.1\times10^7$)

解题思路：由于 $NH_3\cdot H_2O$ 过量，可认为 Ag^+反应完全。溶液中的主要成分是$[Ag(NH_3)_2]^+$，而 Ag^+的含量极少，可设为未知 x 利于解题方便。等体积混合，各组分浓度减半。

解　设达到平衡时溶液中的 Ag^+浓度为 x，则存在如下平衡：

	Ag^+	+	$2NH_3$	$\rightleftharpoons$	$[Ag(NH_3)_2]^+$
平衡浓度/$(mol\cdot dm^{-3})$	x		$1.0-2(0.10-x)$		$0.10-x$

由于 $K_f^\ominus$ 数值较大，溶液中的 Ag^+的平衡浓度远低于 $0.1\ mol\cdot dm^{-3}$，即 $0.10-x\approx0.10(mol\cdot dm^{-3})$，

$$K_f^\ominus=\frac{[Ag(NH_3)_2^+]}{[Ag^+][NH_3]^2}=\frac{0.10-x}{x[1.0-2(0.10-x)]^2}\approx\frac{0.10}{x\times0.80^2}=1.1\times10^7$$

解得 $[Ag^+]=x=1.4\times10^{-8}\ mol\cdot dm^{-3}$。

11.5.2　配位平衡的移动

对任一配位平衡：

$$M^{n+} + mL^- \rightleftharpoons [ML_m]^{(n-m)+}$$

如果向溶液中加入能与金属离子 M^{n+}或配体 L^-反应的试剂(如酸、碱、沉淀剂、氧化剂、还原剂、其他配位试剂等)，都会改变 M^{n+}或 L^-的浓度，使上述配位平衡发生移动。

1. 配位平衡与酸碱平衡

由于多数配体是弱碱(如 NH_3)或弱酸的酸根(如 CN^-)，当溶液的 pH 减小时，这些配体会与 H^+作用生成弱酸而使配位平衡发生移动。而多数中心离子的氢氧化物是弱碱，当溶液的 pH 增大时，金属离子会与 OH^-作用生成弱碱，也会使配位平衡发生移动。例如，配位剂 EDTA(H_2Y^{2-})与金属离子 M^{n+}的混合溶液中，存在下列平衡：

$$H_2Y^{2-} \rightleftharpoons HY^{3-} + H^+$$

$$HY^{3-} \rightleftharpoons Y^{4-} + H^+$$

$$M^{n+} + H_2Y^{2-} \rightleftharpoons MY^{n-4} + 2H^+$$

当溶液中的 H^+浓度增大时，平衡左移，配离子 MY^{n-4}解离；当溶液 pH 增大时，平衡右移，有利于生成 MY^{n-4}。一般当溶液 pH > 12 时，Y^{4-}浓度较大，有利于配离子 MY^{n-4}的形成。

2. 配位平衡与沉淀溶解平衡

$AgNO_3$溶液中存在一个典型的沉淀溶解平衡与配位平衡的相互转化关系，该转化关系揭示了水溶液中的 Ag^+、一系列 AgX 沉淀和 Ag^+的配合物之间的关系。例如

$$Ag^+ \xrightarrow{+Cl^-} AgCl\downarrow \xrightarrow{+NH_3} [Ag(NH_3)_2]^+ \xrightarrow{+Br^-} AgBr\downarrow \xrightarrow{+S_2O_3^{2-}} [Ag(S_2O_3)_2]^{3-} \xrightarrow{+I^-}$$

$$AgI\downarrow \xrightarrow{+CN^-} [Ag(CN)_2]^- \xrightarrow{+S^{2-}} Ag_2S\downarrow$$

例 11-6　若在 1.0 dm^3 氨水中溶解 0.1 mol AgCl，氨水的最初浓度是多少？
已知：$K_{sp}^{\ominus}(AgCl) = 1.8\times10^{-10}$，$K_f^{\ominus}[Ag(NH_3)_2^+] = 1.1\times10^7$

解　设氨水的最初浓度为 x，溶解的 AgCl 全部转化银氨配离子。

$$AgCl + 2NH_3 \rightleftharpoons [Ag(NH_3)_2]^+ + Cl^-$$

平衡浓度/($mol\cdot dm^{-3}$)　　$c-2\times0.1$　　0.1　　0.1

平衡常数为

$$K^{\ominus} = \frac{[Ag(NH_3)_2^+][Cl^-]}{[NH_3]^2}\cdot\frac{[Ag^+]}{[Ag^+]} = K_{sp}^{\ominus}(AgCl)\times K_f^{\ominus}[Ag(NH_3)_2^+]$$

$$= 1.8\times10^{-10}\times1.1\times10^7 = 1.98\times10^{-3} = \frac{0.1^2}{(c-2\times0.1)^2}$$

解得 $c = 2.45\ mol\cdot dm^{-3}$，即 AgCl 在氨水中易溶。

若将 AgCl 换成 AgBr，

$$K^{\ominus} = \frac{[Ag(NH_3)_2^+][Br^-]}{[NH_3]^2}\cdot\frac{[Ag^+]}{[Ag^+]} = K_{sp}^{\ominus}(AgBr)\times K_f^{\ominus}[Ag(NH_3)_2^+]$$

$$= 5.0\times10^{-13}\times1.1\times10^{7} = 5.5\times10^{-6} = \frac{0.1^2}{(c-2\times0.1)^2}$$

解得 $c = 2000.2\ \mathrm{mol\cdot dm^{-3}}$，显然这是无法实现的，即 AgBr 在氨水中难溶。

3. 配位平衡与氧化还原平衡

如同沉淀的生成对氧化还原电对电极电势的影响一样，配合物的生成也会影响氧化还原电对的电极电势。

例 11-7　已知：$E^{\ominus}(Au^+/Au) = 1.69\ V$，$K_f^{\ominus}[Au(CN)_2^-] = 2.0\times10^{38}$，计算 $E^{\ominus}([Au(CN)_2]^-/Au)$。

解　标准状态下，电极反应$[Au(CN)_2]^- + e^- \rightleftharpoons Au + 2CN^-$中，各组分浓度均为标准状态下的浓度，即$[Au(CN)_2^-] = [CN^-] = 1.0\ \mathrm{mol\cdot dm^{-3}}$，但实际得电子的$[Au^+] \neq 1.0\ \mathrm{mol\cdot dm^{-3}}$，可借助配位平衡求出。

配位平衡：$2CN^-(c = 1.0\ \mathrm{mol\cdot dm^{-3}}) + Au^+ \rightleftharpoons [Au(CN)_2]^-\ (c = 1.0\ \mathrm{mol\cdot dm^{-3}})$

$$K_f^{\ominus} = \frac{[Au(CN)_2^-]}{[CN^-]^2[Au^+]} = \frac{1}{[Au^+]}$$

$$[Au^+] = \frac{1}{K_f^{\ominus}} = \frac{1}{2\times10^{38}} = 5\times10^{-39}(\mathrm{mol\cdot dm^{-3}})$$

$$\begin{aligned} E^{\ominus}[Au(CN)_2^-/Au] &= E(Au^+/Au) \\ &= E^{\ominus}(Au^+/Au) + 0.059\lg[Au^+] \\ &= 1.69 + 0.059\lg(5\times10^{-39}) \\ &= -0.57(V) \end{aligned}$$

思　考　·　练　习

已知下列电对电极电势：$E_A^{\ominus}(O_2/H_2O) = 1.23\ V$；$E_B^{\ominus}(O_2/OH^-) = 0.40\ V$；$E_A^{\ominus}([Co(H_2O)_6]^{3+}/[Co(H_2O)_6]^{2+}) = 1.83\ V$；$E_A^{\ominus}([Co(CN)_6]^{3-}/[Co(CN)_6]^{4-}) = -0.83\ V$；$E_A^{\ominus}(H^+/H_2) = 0\ V$；$E_B^{\ominus}([Co(NH_3)_6]^{3+}/[Co(NH_3)_6]^{2+}) = 0.11\ V$。思考这些钴配离子在水中的反应情况，并写出相关反应方程式。

在氧化还原电对中，如果氧化态生成配合物，则其电极电势降低；如果还原态生成配合物，则电极电势升高。若氧化型和还原型同时生成配合物，则要看两种配合物稳定常数的大小，若氧化型生成的配合物稳定常数大，则电极电势降低；若还原型生成的配合物稳定常数大，则电极电势升高。

4. 配位平衡之间的相互转化

对同类型的配合物来说，稳定常数小的配合物容易向稳定常数大的配合物转化。例如，用 KSCN 溶液测量某矿样中 Co^{2+}含量时，Fe^{3+}生成的血红色配离子$[Fe(NCS)_n]^{3-n}$会掩盖$[Co(SCN)_4]^{2-}$的蓝色。解决的办法是先加入 NaF 使 F^-先与 Fe^{3+}配位生成稳定、无色的$[FeF_6]^{3-}$配合物，从而将 Fe^{3+}掩蔽起来，NaF 称为掩蔽剂。

$$\underset{(蓝色)}{[Co(SCN)_4]^{2-}} + Fe^{3+} \rightleftharpoons \underset{(红色)}{[Fe(SCN)_n]^{3-n}} + Co^{2+}$$

$$\underset{(红色)}{[Fe(SCN)_n]^{3-n}} + 6F^- \rightleftharpoons \underset{(无色)}{[FeF_6]^{3-}} + nSCN^-$$

归纳·整合

1. 配合物的定义与组成

配合物的定义：由中心离子或原子(形成体)与一定数目的分子或离子(配位体)以配位键结合而成的复杂离子——配合单元(配离子)，含配合单元的化合物称为配合物。

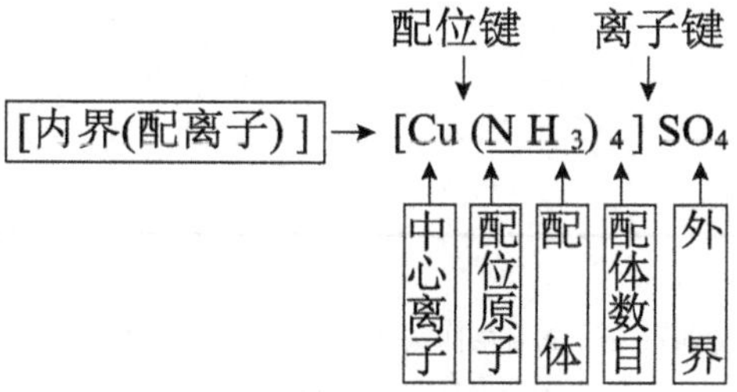

2. 配合物命名

基本遵循一般无机化合物的命名原则。主要复杂的是配离子的命名。

配离子：配体数(汉字大写)→配体名称(不同配体间用中圆点·隔开)→合→中心离子(氧化数用罗马数字)。

3. 配合物的异构现象和磁性

(1)配合物的异构现象——指组成相同的配位化合物具有不能相互重合的结构。

结构异构(水合异构、解离异构、配位异构、键合异构)——键连关系不同。

立体异构[几何异构(顺反异构)，旋光异构(对映异构)]——键连关系相同。

(2)配合物的磁性：反磁性物质，电子均配对；顺磁性物质：有未成对的单电子 $\mu=\sqrt{n(n+2)}\mu_B$

4. 配合物的价键理论

中心离子或原子(M)以空的杂化轨道，接受配体(L)提供的孤对电子，形成σ配键。配合物的空间构型主要取决于中心离子或原子的杂化类型。

配位数	2	3	4		5	6
杂化类型	sp	sp^2	sp^3	dsp^2	dsp^3 或 sp^3d	sp^3d^2 或 d^2sp^3
几何构型	直线	平面三角形	四面体	平面正方形	三角双锥	正八面体

5. 晶体场理论

配体与中心离子之间的作用完全是静电的吸引和排斥；配体的晶体场对中心离子 M 的 d 电子产生排斥作用，使 M 的 d 轨道发生能级分裂。

其中八面体场中 d 电子在分裂后的 d 轨道上的排布方式和自旋状态主要取决于 P 和 Δo 的相对大小。$P>\Delta o$：高自旋；$P<\Delta o$：低自旋。

$$\mathrm{CFSE}=n(\mathrm{d}_\gamma)\cdot E(\mathrm{d}_\gamma)+n(\mathrm{d}_\varepsilon)\cdot E(\mathrm{d}_\varepsilon)+(n_2-n_1)P=6n(\mathrm{d}_\gamma)\mathrm{Dq}-4n(\mathrm{d}_\varepsilon)\mathrm{Dq}+(n_2-n_1)P$$
$$=3/5\times n(\mathrm{d}_\gamma)\Delta_O-2/5\times n(\mathrm{d}_\varepsilon)\Delta_O+(n_2-n_1)P=0.6\,n(\mathrm{d}_\gamma)\Delta_O-0.4\,n(\mathrm{d}_\varepsilon)\Delta_O+(n_2-n_1)\mathrm{P}$$

6. 配位平衡常数 $K_f^\ominus$

(1)配位平衡与酸碱解离平衡。

(2)配位平衡与沉淀溶解平衡。

(3)配位平衡与氧化还原平衡。

(4)配位平衡之间的相互转化。

习　题

1. 按要求完善表格，画出配离子可能的几何异构体的空间构型。

配合物	中心离子氧化态	配位原子	配位数	配合物名称
(1) $[Cr(H_2O)_4Br_2]Br \cdot 2H_2O$				
(2) $[Co(NH_3)_3(NO_2)_3]$				
(3) $[Pt(NH_3)_2(OH)_2(Cl)_2]$				
(4) $[Cr(en)(NH_3)(NO_2)(Cl)_2]$				

2. 写出下列配合物的化学式。
   (1) 氯化一氯·一氨·二乙二胺合钴(Ⅲ)；　(2) 硫酸四氨合铜(Ⅱ)；　(3) 三草酸合铁(Ⅲ)酸钾；
   (4) 五氟·一水合铁(Ⅲ)酸铵；　(5) 六氰合铁(Ⅱ)酸钾；　(6) 氯化一氯·五水合铬(Ⅲ)
3. 给出下列配合物的名称。
   (1) $K_2Na[Co(NO_2)_6]$；　(2) $(NH_4)_3[VO_2F_4]$；
   (3) $[CrCl(H_2O)_2(NH_3)_3]SO_4$；　(4) $[Pt(en)(NH_3)Cl_3]Cl$；
   (5) $[Fe(OH)_2(H_2O)_4]Cl$；　(6) $[Co(ONO)(NH_3)_5]SO_4$
4. 下列几对配合物分别属于哪类异构现象？
   (1) $[Co(NH_3)_6][Cr(CN)_6]$和$[Cr(NH_3)_6][Co(CN)_6]$
   (2) $[Pd(SCN)_2(en)]$和$[Pd(NCS)_2(en)]$
   (3) $[Pt(NH_3)_4SO_4]Br_2$和$[Pt(NH_3)_4Br_2]SO_4$
   (4) $[CrCl(H_2O)_5]Cl_2 \cdot H_2O$和$[Cr(H_2O)_6]Cl_3$
   (5) 顺式-$[PtCl_2(NH_3)_2]$和反式-$[PtCl_2(NH_3)_2]$
5. 有两个组成相同的配合物，化学式均为$CoBr(SO_4)(NH_3)_5$，但颜色不同。红色者加入$AgNO_3$后生成淡黄色沉淀，如加入$BaCl_2$并不生成沉淀；另一个为紫色者，加入$BaCl_2$后生成白色沉淀，但加入$AgNO_3$并不生成沉淀。试分别写出它们的结构式和命名，并简述理由。
6. 顺-二氯二氨合铂(Ⅱ)是一类优良抗癌药物的母体，分析其中心离子的杂化方式，画出该配合物的空间构型。
7. 回答下列问题。
   (1) 写出配合物$[CoCl_2(NH_3)_4]Cl$的中文名称。
   (2) 指出配离子的空间几何构型。
   (3) 画出可能具有的几何异构体图。
   (4) 实验测得此配合物为反磁性($\mu = 0$)，根据价键理论，画出中心离子价层电子排布图。
   (5) 写出中心钴离子成键所用杂化轨道类型。
8. 根据下列配离子的空间构型，画出它们形成时中心离子的价层电子分布及杂化类型，估算配离子的磁矩。
   (1) 直线形$[CuCl_2]^-$；　(2) 正四面体形$[Zn(NH_3)_4]^{2+}$；　(3) 正四面体形$[Co(NCS)_4]^{2-}$；　(4) 平面正方形$[Ni(CN)_4]^{2-}$
9. 已知下列配合物的磁矩，画出它们中心离子的价层电子分布，指出它们的空间构型，并指出哪些是内轨型配合物，哪些是外轨型配合物？
   (1) $[Co(en)_3]^{2+}$，磁矩为 3.82 B.M.；　(2) $[Fe(C_2O_4)_3]^{3-}$，磁矩为 5.75 B.M.；　(3) $[CoY]^-$，磁矩为 0；
   (4) $[Ni(CO)_4]$，磁矩为 0 B.M.；　(5) $[FeF_6]^{3-}$，磁矩为 5.90 B.M.；　(6) $[Fe(CN)_6]^{3-}$，磁矩为 1.73 B.M.
10. 有一配合物，其组成(质量分数)为钴 21.4%，氢 5.5%，氮 25.4 %，氧 23.2 %，硫 11.64 %，氯 12.86 %。该配合物的水溶液与$AgNO_3$相遇时不生成沉淀，但与$BaCl_2$溶液相遇生成白色沉淀。它与稀碱溶液无反应。若其摩尔质量为 275.64 $g \cdot mol^{-1}$，试写出：
    (1) 此配合物的结构式。
    (2) 配阳离子的几何构型。
    (3) 已知此配阳离子为抗磁性，画出中心离子的价层电子排布图，指出其杂化类型。相对原子质量如下：

元素	Co	H	N	O	S	Cl
相对原子质量	58.93	1.01	14.01	16.00	32.06	35.45

11. 配离子 $[NiCl_4]^{2-}$和$[Ni(CN)_4]^{2-}$的空间构型分别为四面体形和平面四方形。试根据价键理论分别画出它们的中心原子价层电子排布图，判断其磁性，指出 Ni 原子的杂化轨道类型。
12. 解释下列事实。
    (1) AgI 固体能溶解在 KCN 溶液中，但是不溶于氨水。

(2)对 Cu^{2+}来说，大多数配离子的空间构型为平面正方形。

(3)向血红色$[Fe(SCN)_6]^{3-}$溶液中加入 EDTA，血红色消失。

(4)绝大部分过渡金属元素的配离子有颜色，而 Zn^{2+}的配离子无色。

13. 根据晶体场理论和下面所给数据，分别写出两个配离子的 d 电子排布式，计算配合物的磁矩及晶体场稳定化能。

已知：	成对能 P / cm^{-1}	分裂能 Δ / cm^{-1}
$[Co(NH_3)_6]^{3+}$	22 000	23 000
$[Fe(H_2O)_6]^{3+}$	30 000	13 700

14. 已知下列配合物的分裂能和中心离子的电子成对能，写出各中心离子的电子排布，估算它们的磁矩，并指出哪些是高自旋型，哪些是低自旋型配合物。计算这些配合物的晶体场稳定化能。

项目	$[Co(NH_3)_6]^{2+}$	$[Co(NH_3)_6]^{3+}$	$[Co(H_2O)_6]^{3+}$	$[Fe(H_2O)_6]^{2+}$	$[Fe(CN)_6]^{4-}$
M^{n+}的 P/cm^{-1}	22 500	21 000	21 000	17 600	17 600
Δ/cm^{-1}	11 000	22 900	18 600	10 400	33 000
M^{n+}的价层电子分布					
磁矩/B.M.					
自旋类型					
CFSE/ cm^{-1}					

15. 1.0 dm^3 0.10 mol·dm^{-3} $CuSO_4$溶液中加入 6.0 mol·dm^{-3} 氨水 1.0 dm^3，求平衡时溶液中 Cu^{2+} 的浓度。(已知 $K_f^\ominus[Cu(NH_3)_4^{2+}]$ = 2.1×10^{13})

16. 已知：$E^\ominus(Ag^+/Ag)$ = 0.80V，$[Ag(NH_3)_2]^+$的 $K_f^\ominus = 1.1\times10^7$，$[Ag(S_2O_3)_2]^{3-}$的 $K_f^\ominus = 2.9\times10^{13}$，计算下列两个半反应的 $E^\ominus$ 值，并比较$[Ag(NH_3)_2]^+$和$[Ag(S_2O_3)_2]^{3-}$的氧化性。

(1) $[Ag(NH_3)_2]^+(aq) + e^- \rightleftharpoons Ag(s) + 2NH_3(aq)$

(2) $[Ag(S_2O_3)_2]^{3-}(aq) + e^- \rightleftharpoons Ag(s) + 2S_2O_3^{2-}(aq)$

17. 用下列数据，确定在 25℃下$[Cd(NH_3)_4]^{2+}$配离子的稳定常数。

(已知 $E^\ominus(Cd^{2+}/Cd) = -0.40$ V，$E^\ominus([Cd(NH_3)_4]^{2+}/Cd) = -0.61$ V)

18. 求下列电池的电动势：(−) Cu | $[Cu(NH_3)_4]^{2+}$(0.10 mol·dm^{-3})，NH_3(1.0 mol·dm^{-3}) ‖ Ag^+(0.010 mol·dm^{-3}) | Ag (+)

(已知 $E^\ominus(Ag^+/Ag) = 0.80$ V，$E^\ominus(Cu^{2+}/Cu) = 0.34$V，$K_f^\ominus[Cu(NH_3)_4]^{2+} = 2.1\times10^{13}$)

19. 已知：

$Au^{3+} + 3e^- \rightleftharpoons Au$　　$E^\ominus = 1.50$ V

$[AuCl_4]^- + 3e^- \rightleftharpoons Au + 4Cl^-$　　$E^\ominus = 1.00$ V

计算 $[AuCl_4]^-$ 的稳定常数。

20. 将铜片插入含 1.0 mol·dm^{-3} 氨水和 1.0 mol·dm^{-3} $[Cu(NH_3)_4]^{2+}$的溶液中构成一个半电池，将此半电池与标准氢电极组成原电池，测得其电动势 $E^\ominus = 0.053$ V，且标准氢电极作正极。试计算$[Cu(NH_3)_4]^{2+}$的 $K_f^\ominus$。[已知 $E^\ominus(Cu^{2+}/Cu) = 0.34$ V]

21. 在 0.20 mol·dm^{-3} $Ag[(CN)_2]^-$的溶液中，加入等体积 0.20 mol·dm^{-3} 的 KI 溶液，能否形成 AgI 沉淀?

22. 求 1.0 dm^3 1.0 mol·dm^{-3} $Na_2S_2O_3$溶液能溶解多少克 AgBr?

(已知 $K_f^\ominus[Ag(S_2O_3)_2^{3-}] = 2.4\times10^{13}$；$K_{sp}^\ominus(AgBr) = 5.0\times10^{-13}$；AgBr 相对分子质量 187.8)

23. 向 10 cm^3 0.100 mol·dm^{-3} 的 $AgNO_3$溶液中加入 10.0 cm^3 氨水，使生成$[Ag(NH_3)_2]^+$并达到平衡。然后加入 0.200 g 固体 KCl(忽略其体积变化)，在溶液中 NH_3 的初始浓度至少要大于多少才能防止 AgCl 沉淀析出?

(已知$[Ag(NH_3)_2]^+$的 $K_f^\ominus = 1.6\times10^7$；$K_{sp}^\ominus(AgCl) = 1.56\times10^{-10}$；KCl 相对分子质量 74.5)

24. 由热力学数据 $\Delta_r G_m^\ominus$ 计算 $[Cu(NH_3)_4]^{2+}$的稳定常数。

即 $Cu^{2+}(aq) + 4NH_3\cdot H_2O(aq) \rightleftharpoons [Cu(NH_3)_4]^{2+}(aq) + 4H_2O(l)$ 的 $K^\ominus$。

已知 298K 时	$Cu^{2+}(aq)$	$NH_3\cdot H_2O(aq)$	$[Cu(NH_3)_4]^{2+}(aq)$	$H_2O(l)$
$\Delta_f G_m^\ominus$ / (kJ·mol^{-1})	65.52	−263.8	−111.3	−237.19

25. (1)求 $Zn(OH)_2 + 2OH^- \rightleftharpoons [Zn(OH)_4]^{2-}$的平衡常数。

(2) 0.010 mol $Zn(OH)_2$加入 1.0 mol·dm^{-3} NaOH 溶液中，NaOH 浓度要多大才能使之完全溶解(完全生成$[Zn(OH)_4]^{2-}$)?

(已知 $K_f^\ominus[Zn(OH)_4^{2-}] = 1.6\times10^{15}$，$K_{sp}^\ominus[Zn(OH)_2] = 2.1\times10^{-16}$)

26. 已知 298.2K 时反应$[Ni(H_2O)_6]^{2+} + 6NH_3 \rightleftharpoons [Ni(NH_3)_6]^{2+} + 6H_2O$ 的 $\Delta_r H_m^\ominus = -79.49$ kJ·mol^{-1}，$\Delta_r S_m^\ominus = -92.05$ J·K^{-1}·mol^{-1}，

(1)计算反应的 $\Delta_r G_m^\ominus$，并判断反应的方向。

(2)计算 $[Ni(NH_3)_6]^{2+}$的 $K_f^\ominus$。

27. 现有原电池：(−) Cu | Cu^{2+}(1.0 mol·dm^{-3}) ‖ $[AuCl_4]^-$(0.10 mol·dm^{-3})，Cl^-(0.10 mol·dm^{-3}) | Au (+)

已知 $E^{\ominus}(Au^{3+}/Au) = 1.50V$，$E^{\ominus}(AuCl_4^-/Au) = 1.00\ V$，$E^{\ominus}(Cu^{2+}/Cu) = 0.34\ V$。

(1)写出两极反应式和电池反应式。

(2)计算两极电势和原电池电动势。

(3)计算电池反应的平衡常数。

(4)计算 $K_f^{\ominus}[AuCl_4]^-$。

28. 通过计算说明下列氧化还原反应能否发生。若能发生，写出化学反应方程式。

(1)在含有 Fe^{3+}的溶液中加入 KI。

(2)在含有 Fe^{3+}的溶液中先加入足量的 NaCN 后，再加入 KI。

(已知 $E^{\ominus}(Fe^{3+}/Fe^{2+}) = 0.77V$，$E^{\ominus}(I_2/I^-) = 0.54\ V$，$[Fe(CN)_6]^{3-}$的 $K_f^{\ominus} = 1.0 \times 10^{42}$，$[Fe(CN)_6]^{4-}$的 $K_f^{\ominus} = 1.0 \times 10^{35}$)

29. 用 $AgNO_3$、$NH_3 \cdot H_2O$、NH_4NO_3 配制成的 1.0 dm^3 溶液中，其浓度依次为 0.01 $mol \cdot dm^{-3}$、0.08 $mol \cdot dm^{-3}$、2.0 $mol \cdot dm^{-3}$。25℃时，$K_b^{\ominus}(NH_3) = 1.8 \times 10^{-5}$，假设配离子产物只有$[Ag(NH_3)_2]^+$，其稳定常数为 1.1×10^7。计算该溶液的 pH 及 Ag^+、NH_3 的平衡浓度。

第 11 章单元测试题(单选)

班级__________姓名__________作业号__________成绩__________

(　)1. 配离子$[FeF_6]^{3-}$的磁矩是 5.90 B.M.，则其中铁的 3d 轨道中未成对电子数是

A. 1　B. 3　C. 5　D. 6

(　)2. $[Ni(CN)_4]^{2-}$ 和$[Ni(CO)_4]$中，未成对电子数分别是

A. 0 和 2　B. 2 和 2　C. 2 和 0　D. 0 和 0

(　)3. 中心离子的 3d 电子排布为 $t_{2g}^3e_g^0$ 的八面体配合物是

A. $[Mn(H_2O)_6]^{2+}$　B. $[FeF_6]^{3-}$　C. $[Co(CN)_6]^{3-}$　D. $[Cr(H_2O)_6]^{3+}$

(　)4. $[Au(NH_3)_2]^+$ 中 Au^+采取的杂化方式为

A. d^2sp^3　B. dsp^2　C. sp^3　D. sp

(　)5. 配合物$[PtCl_2(NH_3)_2]$的几何构型是

A. 正四面体　B. 正方锥体　C. 平面四边形　D. 变形四面体

(　)6. 在$[AlCl_4]^-$中，Al^{3+}所采取的杂化方式为

A. sp　B. sp^3　C. dsp^2　D. 无杂化

(　)7. 下列离子的水合配离子中，不发生 d-d 跃迁的是

A. V^{2+}　B. Cr^{3+}　C. Ni^{2+}　D. Cu^+

(　)8. 以 sp^3 杂化成键的配离子$[MX_2Y_2]$中，可能具有的几何异构体数目是

A. 4　B. 3　C. 2　D. 0

(　)9. 配离子$[Co(NH_3)_3(H_2O)_3]^{3+}$中，可能的几何异构体数目是

A. 1　B. 2　C. 3　D. 4

(　)10. 已知 $[CoF_6]^{3-}$与 Co^{3+}的磁矩相同，则该配离子的中心离子的杂化轨道类型及空间构型分别为

A. d^2sp^3，正八面体　B. sp^3d^2，正八面体　C. sp^3d^2，正四面体　D. d^2sp^3，正四面体

(　)11. 已知$[Pt(Cl)_2(OH)_2]^{2-}$有两种不同的结构，成键电子所占的杂化轨道为

A. sp^3　B. d^2sp^3　C. sp^3 和 dsp^2　D. dsp^2

(　)12. 在平面正方形配体场中，简并的 3 d 轨道将分裂的能级数为

A. 2　B. 3　C. 4　D. 5

(　)13. 对于配离子$[Cu(NH_2CH_2CH_2NH_2)_2]^{2+}$，下面说法错误的是

A. 铜的配位数是 4　B. 配位原子为氮原子　C. 配体是阴离子　D. 配体是双齿配体

(　)14. 在八面体强场中，下列 d 电子构型中单电子数最多的是

A. d^9　B. d^3　C. d^5　D. d^6

(　)15. $[Pt(NH_3)_4Cl_2]Cl_2$ 溶液的导电性与等浓度的下列哪种化合物的溶液近似?

A. NaCl　B. $CaCl_2$　C. $AlCl_3$　D. PCl_3

(　)16. Fe^{3+}在八面体弱场中的晶体场稳定化能是

A. 20 Dq　B. 12 Dq　C. 4 Dq　D. 0 Dq

(　)17. 在$[Co(NH_3)_5Cl](NO_3)_2$ 中，中心离子的氧化数为

A. +1　B. +2　C. +3　D. +4

(　)18. 在配离子$[Co(en)(C_2O_4)_2]^-$中，中心离子的配位数为

A. 6　B. 5　C. 4　D. 3

(　)19. Ca^{2+}与 EDTA 形成的配合物称为

A. 螯合物　B. 聚合物　C. 非计量化合物　D. 夹心化合物

(　)20. 根据配离子$[Cr(H_2O)_6]^{2+}$的分裂能(166 $kJ\cdot mol^{-1}$)和电子成对能(281 $kJ\cdot mol^{-1}$)数据，推算最接近的磁矩(B.M.)

A. 0　B. 2.83　C. 3.87　D. 4.90

第3篇　元素化合物

第 12 章　s 区 元 素

12.1　s 区元素概述

12.1.1　元素的存在形式

元素周期表的 s 区元素包括元素氢(H)、碱金属(ⅠA)和碱土金属(ⅡA)元素。在自然界中碱金属和碱土金属元素均以化合态存在，氯化物、氧化物、碳酸盐、硫酸盐和硅酸盐是主要的存在形式。它们的化合物中除 H、Li、Be 常形成共价化合物外，其余多为离子型化合物。

自然界中的碱金属元素：锂辉石[$LiAl(SiO_3)_2$]和云母中含有元素 Li，海水中含有大量钠、钾、镁的氯化物、硫酸盐，另外岩盐矿($NaCl$)、芒硝($Na_2SO_4 \cdot 10H_2O$)、钠(钾)长石[$Na(K)AlSi_3O_8$]、光卤石($KCl \cdot MgCl_2 \cdot 6H_2O$)和明矾均含有大量 Na、K 元素。

自然界中的碱土金属元素：Be 在自然界中矿物主要是绿柱石($3BeO \cdot Al_2O_3 \cdot 6SiO_2$)，地壳中 Mg、Ca 的形式包括光卤石($KCl \cdot MgCl_2 \cdot 6H_2O$)、白云石($MgCO_3 \cdot CaCO_3$)、镁菱矿($MgCO_3$)和石膏($CaSO_4 \cdot 2H_2O$)。含 Sr 的矿物主要有菱锶矿($SrCO_3$)、天青石($SrSO_4$)。重晶石($BaSO_4$)和毒重石($BaCO_3$)是重要的钡矿。

12.1.2　碱金属和碱土金属的通性

碱金属元素基态原子的价电子构型为 ns^1，其次外层电子对核电荷的屏蔽效应较强，该价电子离核较远，特别容易失去，它们只有+1 氧化态，各周期元素的第一电离能以碱金属为最低。与同周期其他元素相比(不包括稀有气体)，碱金属原子的体积最大，在固体中原子间引力较小，因此它们的熔点、沸点、硬度、升华热等都很低，并依 Li→Na→K→Rb→Cs 的次序而下降。同族元素随着原子半径的增加，碱金属元素的电离能和电负性也依次降低。碱金属元素的基本性质列于表 12-1。

表 12-1　碱金属元素的基本性质(部分数据参见附录)

元素	原子半径/pm	离子半径/pm	$I_1/(kJ \cdot mol^{-1})$	$I_2/(kJ \cdot mol^{-1})$	电负性	$E^{\ominus}(M^+/M)/V$
Li	152.0	68	520.3	7295	1.0	−3.04
Na	185.8	97	495.8	4591	0.9	−2.71
K	227.2	133	418.8	3088	0.8	−2.93
Rb	247.5	147	403.0	2675	0.8	−2.98
Cs	265.5	167	375.7	2436	0.7	−2.98

碱金属元素在化合时(除 Li 外)多形成离子化合物，而 Li^+具有 2 电子构型，离子极化能力很强，与非金属元素形成的化学键中共价键的成分较高。

思 考 · 练 习

碱金属元素 M^+/M 电对的标准电极电势，从 Na 到 Cs 逐渐增大。为什么 Li^+/Li 电对的标准电极电势比 Cs^+/Cs 更负呢？

电对 M^+/M 表示的金属电极反应是一个复杂的化学过程，可用式(12-1)表示。

$$M(s) \xrightarrow{\text{升华}} M(g) \xrightarrow{\text{电离}} M^+(g)+e^- \xrightarrow{\text{水合}} M^+(aq)+e^- \tag{12-1}$$

从固态的金属原子转变为水合金属阳离子包括金属的升华、电离和金属离子的水合等过程，该过程自由能的变化是焓变和混乱度变化等因素综合作用的结果。

电极反应过程的焓变 ΔH 应为金属的升华热、电离能、离子水合热的代数和。表 12-2 列出了 Li 和 Cs 两种金属元素的升华热、气态离子的水合热和离子的绝对熵数据。若不考虑熵的改变，尽管 Li 的升华热和电离能数据较高，但离子水合时释放的热量特别大，导致整个电极反应过程的 ΔH 小于 Cs，因此 $Li(s) \longrightarrow Li^+(aq)$ 比 $Cs(s) \longrightarrow Cs^+(aq)$ 更容易发生。若考虑水合过程的熵变，离子半径小的 Li^+ 水合程度高，趋向有序。而离子半径大的 Cs^+ 水合程度低，混乱度增加。所以，从熵变的角度分析，$Cs(s) \longrightarrow Cs^+(aq)$ 比 $Li(s) \longrightarrow Li^+(aq)$ 更容易发生。

表 12-2　锂和铯元素部分化学过程的能量值

元素	升华热/(kJ · mol^{-1})	离子水合热/(kJ · mol^{-1})	固态离子熵/(J · K^{-1})	水合离子熵/(J · K^{-1})
Li	161	−515	14.6	42.7
Cs	78	−264	14.6	133.1

严格地讲，应使用自由能变 ΔG 综合考虑焓变 ΔH 和熵变 ΔS 两个因素对金属的电极反应难易程度的影响，如式(12-2)所示

$$\Delta G = \Delta H - T\Delta S \tag{12-2}$$

从 Li→Cs，随离子半径的增大，$M(s) \longrightarrow M^+(aq)$ 过程的熵增幅度增大，导致 ΔG 数值有所减小，但这种影响远小于 $M(s) \longrightarrow M^+(aq)$ 过程的焓变对 ΔG 的影响，因此 $Li(s) \longrightarrow Li^+(aq)$ 比 $Cs(s) \longrightarrow Cs^+(aq)$ 更容易发生，即电对 Li^+/Li 的标准电极电势比 Cs^+/Cs 更负。

与碱金属元素相比，碱土金属元素基态原子的价电子数为 2，其核电荷对电子的吸引力比同周期碱金属元素稍强，因此碱土金属原子半径小于同周期的碱金属原子，而电离能稍大。从各级电离能数值来看，尽管失去第二个价电子需要的能量约为失去第一个价电子所需能量的两倍，但生成二价化合物所释放的晶格能足以使它们失去两个电子。它们的第三电离能为第二电离能的 4～8 倍，要失去第三个价电子十分困难，所以它们的主要氧化态为+2。表 12-3 列出了碱土金属元素的基本性质，可以看出，碱土金属的金属活动性弱于同周期的碱金属元素，同族元素 Be→Ba 金属活动性逐渐增强。

表 12-3　碱土金属元素的基本性质(部分数据参见附录)

元素	原子半径/pm	离子半径/pm	I_1/(kJ · mol^{-1})	I_2/(kJ · mol^{-1})	I_3/(kJ · mol^{-1})	电负性	$E^\ominus(M^{2+}/M)$/V
Be	111	35	899.5	1 768	14 938	1.5	−1.85

续表

元素	原子半径/pm	离子半径/pm	I_1/(kJ·mol^{-1})	I_2/(kJ·mol^{-1})	I_3/(kJ·mol^{-1})	电负性	$E^{\ominus}(M^{2+}/M)$/V
Mg	160	66	737.7	1 460	7 638	1.2	−2.37
Ca	197	99	589.8	1 152	4 942	1.0	−2.87
Sr	215	112	549.5	1 070	4 351	1.0	−2.89
Ba	217	134	502.4	971	3 575	0.9	−2.90

碱金属和碱土金属的固体均为金属晶格，碱土金属原子核外有 2 个 s 电子，原子间距离较小，自由电子的活动性较差。因此，碱土金属的熔沸点、硬度均较碱金属高，而导电性低于碱金属。碱金属性质的变化规律较强，但是 Li 原子半径最小，有很多特殊的性质。实际上，除了氧化数之外，Li 及其化合物的性质与本族其他碱金属元素差别很大，而与碱土金属中的 Mg 更为相似。这种现象称为“对角线规则”。碱土金属的物理性质变化不如碱金属那样有规律，原因是碱土金属晶格类型不完全相同。

12.2　碱金属和碱土金属的单质

12.2.1　单质的冶炼

碱金属和碱土金属的单质性质活泼，一般都采用电解熔融化合物的方法制取。其他制备方法还包括金属置换法、热还原法和热分解法等。

1. 电解熔融氯化钠制备金属钠

理论上，电解钠的任何熔融盐均可得到金属单质，但考虑到 Na 在高温下挥发度增大，一般采用熔点较低的 NaCl 为原料进行电解，并加入助熔剂(如 $CaCl_2$、KCl、NaF、$SrCl_2$)使电解质的熔点进一步降低，以降低能耗。图 12-1 是电解法制备金属 Na 的电解槽示意图。

电解槽外有钢壳，内衬耐火材料，用隔墙将电解槽分成阴阳两区。电解时以石墨为阳极，铁质材料为阴极，NaCl 和 $CaCl_2$ 的熔融混合盐为电解质(40% NaCl + 60% $CaCl_2$)，两极间装有网状隔膜，阳极上方为收集 Cl_2 的抽气罩，阴极上方为倒置的环形槽，槽上方安装铁管，液态 Na 可由环形槽经铁管流至收集器中。

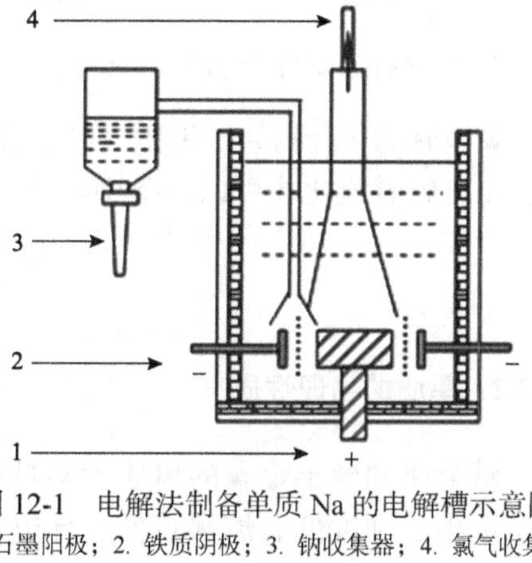

图 12-1　电解法制备单质 Na 的电解槽示意图
1. 石墨阳极；2. 铁质阴极；3. 钠收集器；4. 氯气收集罩

混合盐中 $CaCl_2$ 的主要作用：一是可以有效降低电解质的熔点。纯 NaCl 的熔点是 1074 K，Na 的沸点为 1156 K，如果电解熔融态的纯 NaCl，很容易导致产品 Na 的挥发。而混合盐在 873 K 左右即开始熔化，$CaCl_2$ 的加入可以有效地减少 Na 的挥发。二是可以减小金属 Na 在电解液中的分散性，混合盐的密度大于纯 NaCl，产品 Na 漂浮在上层，更有利于液态 Na 与熔融混合盐的分离。该法得到的 Na 约含有 1%的杂质 Ca。

上述过程的电极反应为

阳极：$2Cl^- =\!=\!= Cl_2 + 2e^-$

阴极：$2Na^+ + 2e^- =\!=\!= 2Na$

总反应：$2NaCl =\!=\!= 2Na + Cl_2$

2. 金属置换法制备金属钾

Li 和 Na 主要采用电解熔融盐的方法制取。金属钾不适宜采用这种方法。因为钾易溶于熔融氯化物中，难以浮在熔融盐的上部，若钾的蒸气从熔融盐中冲出易发生危险，而且电解槽中形成的超氧化钾与金属钾会发生爆炸性反应。因此，K、Rb、Cs 一般用强还原性的金属还原剂如 Na、Ca、Mg、Ba 等活泼金属，在高温和低压下还原它们的氯化物来制取。例如

$$KCl + Na \xlongequal{\triangle} NaCl + K$$

$$2RbCl + Ca \xlongequal{\triangle} CaCl_2 + 2Rb$$

$$2CsAlO_2 + Mg \xlongequal{\triangle} MgAl_2O_4 + 2Cs$$

上述反应似乎与金属的标准电极电势排列的金属活动性顺序矛盾。事实上，上述反应是在高温下进行的，不能使用水溶液中的标准电极电势数据。将钠蒸气通入熔融的 KCl 中，可以得到 Na-K 合金。在分馏塔中加热，沸点低的钾(1047 K)更容易挥发，而 NaCl 与 KCl 属于同类型化合物，前者的晶格能大于后者，因而 NaCl 更稳定。因此，钾在高温时可以从合金中分离出来。

3. 热还原法制备金属钾

金属钾的沸点比钠低，更容易挥发，碳或碳化物与钾的碳酸盐或氟化物反应，也可以还原出金属钾。

$$K_2CO_3 + 2C \xlongequal{\triangle} 2K + 3CO$$

$$2KF + CaC_2 \xlongequal{\triangle} CaF_2 + 2K + 2C$$

4. 热分解法制备金属铷、铯

碱金属的化合物如氰化物、亚铁氰化物、叠氮化物受热分解可以生成碱金属单质，在 660 K 真空下分解叠氮化物可以制备铷和铯的单质。

$$4KCN \xlongequal{\triangle} 4K + 4C + 2N_2$$

$$2MN_3 \xlongequal{\triangle} 2M + 3N_2 \ (M = Rb、Cs)$$

12.2.2 单质的物理性质

碱金属和碱土金属的单质大多具有银白色光泽(铍除外)。碱金属是典型的轻金属，具有密度小、硬度低、熔沸点低、导电性强等特点。碱土金属的密度、熔沸点较碱金属高。它们的基本物理性质列于表 12-4。Li、Na、K 密度都小于水，最轻的 Li 密度仅有水的一半。碱土金属的密度稍大，对于最重的 Ba，其密度仅有 3.5 g · cm^{-3}，远小于常见金属 Zn、Fe、Cu。Li 储存时一般浸在液状石蜡或封存在固体石蜡中，其他的碱金属和碱土金属一般放在

煤油中。最软的金属是 Cs，硬度为 0.2。除 Be、Mg 外，其余的碱金属和碱土金属皆可用刀切割。除锂外，其余的碱金属熔点都在 100℃以下，Cs 和 Ga(ⅢA)是放在手中即可熔化的两种金属。

表 12-4 碱金属(ⅠA)和碱土金属(ⅡA)的物理性质

ⅠA					ⅡA				
元素	密度*	熔点/K	沸点/K	硬度**	元素	密度*	熔点/K	沸点/K	硬度**
Li	0.534	459.2	1599	0.6	Be	1.85	1556	3243	4
Na	0.971	370.7	1162	0.4	Mg	1.74	923.2	1393	2.0
K	0.862	336.8	1047	0.5	Ca	1.55	1118	1693	2.0
Rb	1.532	312.1	961.2	0.3	Sr	2.60	1043	1653	1.8
Cs	1.873	301.7	951.5	0.2	Ba	3.51	998	1913	1.5

*密度的单位为 $g \cdot cm^{-3}$；**硬度以金刚石硬度为 10 计。

数据引自 Kotz J C，Purcell K F. Chemistry & Chemical Reactivity. Saunders College Publishing.

12.2.3 单质的化学性质

碱金属和碱土金属的单质还原性均较强，根据表 12-1 和表 12-3 中电离能的数据可知，同族元素从上至下，金属失去电子的能力增强。碱金属单质均可与水反应释放出 H_2，其中 Li 与水反应比较平稳，金属 Li 难熔化；Na 与水反应放出的热可使金属 Na 熔成一个闪亮的小球；K、Rb、Cs 与水发生剧烈反应，发生爆炸。在碱土金属中，Be 单质能与水蒸气反应，Mg 单质需与热水反应，其他金属均能与冷水剧烈反应。

迁移·应用

根据前面的分析，我们已经理解了 Li 和 Cs 的电离能与电对 M^+/M 标准电极电势数据不一致的原因。根据电对 M^+/M 标准电极电势的数值，水溶液中单质 Li 转变为水合锂离子似乎比单质 Cs 转变为水合铯离子更容易。但实际上，单质 Li 与水反应的剧烈程度不如 Na，远弱于 Cs。请查阅熔点、溶解度等数据给出合理的解释。

金属的还原性强还表现为金属单质容易与氧气、氯气等非金属单质发生化合反应。碱金属在室温下能迅速与空气中的 O_2 反应，其中在 Li 的表面，除形成 Li_2O 外，还有 Li_3N 生成；Na、K、Rb、Cs 在空气中加热可以燃烧，不仅有氧化物生成，还会生成过氧化物或超氧化物，其中 Na 的主要燃烧产物是 Na_2O_2，K、Rb、Cs 的燃烧产物则分别是 KO_2、RbO_2、CsO_2 等。除 Li 之外的碱金属元素也存在氧化物，但需要在缺氧的条件下才可得到，反应不易控制。

与碱金属单质相比，碱土金属单质的活泼性较差，但它们都能与 O_2 化合形成氧化物 MO、与 N_2 化合形成 M_3N_2。室温下暴露在空气中，它们表面会缓慢形成氧化膜，除 Be 之外，其他碱土金属元素均发现存在含 O_2^{2-} 的过氧化物。此外，Ca、Sr、Ba 还可以形成超氧化物 MO_4。表 12-5 列出了碱金属、碱土金属与空气反应所形成的化合物的组成。

表 12-5　碱金属和碱土金属与氧、氮元素形成的化合物

ⅠA			ⅡA		
元素	含氧化合物	氮化物	元素	含氧化合物	氮化物
Li	(Li_2O)、Li_2O_2	Li_3N	Be	BeO	Be_3N_2
Na	Na_2O、(Na_2O_2)		Mg	(MgO)、MgO_2	Mg_3N_2
K	K_2O、K_2O_2、(KO_2)		Ca	(CaO)、CaO_2、$Ca(O_2)_2$	Ca_3N_2
Rb	Rb_2O、Rb_2O_2、(RbO_2)		Sr	(SrO)、SrO_2、$Sr(O_2)_2$	Sr_3N_2
Cs	Cs_2O、Cs_2O_2、(CsO_2)		Ba	(BaO)、BaO_2、$Ba(O_2)_2$	Ba_3N_2

注：括号内为主要燃烧产物。

利用碱金属、碱土金属元素易与氧、氯等元素结合的性质，高温时，碱金属和碱土金属都是良好的还原剂，用它们来夺取氧化物中的氧元素或氯化物中的氯元素，以制备其他元素的单质。例如

$$SiO_2 + 2Mg \xlongequal{\triangle} Si + 2MgO$$
$$TiCl_4 + 4Na \xlongequal{\triangle} Ti + 4NaCl$$

12.3　碱金属和碱土金属的化合物

12.3.1　氧化物和氢氧化物

1. 普通氧化物

空气中燃烧时，只有 Li 生成 Li_2O 白色固体。其他碱金属的普通氧化物一般不会采用直接化合的方法，而是采用其他间接方法，如用单质还原过氧化物或硝酸盐的方法制备。

$$Na_2O_2 + 2Na \xlongequal{\triangle} 2Na_2O$$
$$2KNO_3 + 10K \xlongequal{\triangle} 6K_2O + N_2$$

碱金属氧化物的颜色从上至下逐渐加深，K_2O 为淡黄色，Rb_2O 为亮黄色，而 Cs_2O 为橙红色。这些氧化物均与水反应生成氢氧化物，反应剧烈程度逐步增强，Rb_2O、Cs_2O 与水反应甚至会爆炸。

碱土金属的氧化物既可以采用单质与氧化合的方式，又可采用加热分解其含氧化合物(如碳酸盐、硝酸盐等)的方法制备。例如

$$2Sr(NO_3)_2 \xlongequal{\triangle} 2SrO + 4NO_2 + O_2$$

碱土金属氧化物都是白色固体，它们与水反应得到氢氧化物，水合热依 CaO→SrO→BaO 的顺序逐渐增大。利用 CaO 的吸水性，可以除去乙醇中的水分。利用它的碱性，炼钢时用 CaO 除去生铁中的杂质 P。

$$3CaO + 5FeO + 2P \xlongequal{\triangle} 5Fe + Ca_3(PO_4)_2$$

碱土金属的氧化物中除 BeO 属于共价型晶体外，其他都是具有 NaCl 晶格的离子型化合

物。它们具有较大的晶格能，熔点和硬度都相当高。表 12-6 列出了碱土金属氧化物的一些性质，从中可以看出，碱土金属的氧化物从上至下，硬度依次降低，熔点除 BeO 外也依次降低。

表 12-6　碱土金属氧化物的基本性质

氧化物	熔点/K	莫氏硬度	离子间距/pm	水合热/($kJ \cdot mol^{-1}$)
BeO	2803	9	165	7.3
MgO	3073	6.5	210	37.1
CaO	2849	4.5	240	64.5
SrO	2703	3.8	257	81.2
BaO	2196	3.3	277	105.4

2. 过氧化物

过氧化物中 Na_2O_2 的用途最大。将 Na 加热熔化，通入除去 CO_2 的干燥空气，维持温度在 453～473 K，就可得到 Na_2O；增加空气流量迅速升温至 573～673 K，得到淡黄色 Na_2O_2 粉末。

Na_2O_2 呈黄色，常温下稳定，但容易吸潮。它与水或稀酸反应，低温下生成 H_2O_2，后者迅速分解释放出氧气。所以 Na_2O_2 可用作氧化剂、漂白剂和氧气发生剂。

$$Na_2O_2 + 2H_2O = 2NaOH + H_2O_2$$

$$Na_2O_2 + H_2SO_4 = Na_2SO_4 + H_2O_2$$

Na_2O_2 与 CO_2 反应也能释放 O_2，该性质在防毒面具、高空飞行和潜艇中均有应用。

$$2Na_2O_2 + 2CO_2 = 2Na_2CO_3 + O_2$$

利用过氧化钠的强氧化性，在碱性介质中可以把 As(Ⅲ)氧化成 As(Ⅴ)、把 Cr(Ⅲ)氧化成 Cr(Ⅵ)，还可以把 Fe(Ⅲ)氧化成 Fe(Ⅵ)。分析化学和工业生产中，利用它氧化分解难溶于酸的矿物，将 S、Mn、Cr、V、Sn 等成分氧化成可溶性含氧酸盐而自试样中分离出来。例如

$$Cr_2O_3 + 3Na_2O_2 \xlongequal{\triangle} 2Na_2CrO_4 + Na_2O$$

$$MnO_2 + Na_2O_2 \xlongequal{\triangle} Na_2MnO_4$$

需要注意的是，熔融 Na_2O_2 时不能使用瓷质或石英器皿，而应使用铁制或镍制容器。考虑到它的强氧化性，熔融时还应避免接触棉花、炭粉或铝粉等，以免发生爆炸。

其他元素的过氧化物均是利用间接的方法制备的。在碱土金属过氧化物中，BaO_2 最为重要，它可由 BaO 和 O_2 在 773 K 反应得到，或在室温下、氨水介质中用 H_2O_2 与 $Ba(NO_3)_2$ 作用制备。

$$2BaO + O_2 \xlongequal{\triangle} 2BaO_2$$

$$Ba(NO_3)_2 + 3H_2O_2 + 2NH_3 \cdot H_2O = BaO_2 \cdot 2H_2O_2 + 2NH_4NO_3 + 2H_2O$$

BaO_2 是常用的供氧剂和点火剂，实验室利用 BaO_2 与稀硫酸反应制备 H_2O_2。

$$BaO_2 + H_2SO_4 = BaSO_4 + H_2O_2$$

3. 超氧化物

超氧化物中存在超氧根离子 O_2^-。至今未得到纯净的超氧化锂，Na_2O 和 O_2 在高温高压下反应能得到 NaO_2，单质 K、Rb、Cs 在过量氧气中燃烧得到超氧化物 MO_2，其中 KO_2 为橙黄色固体，RbO_2 为深棕色固体，CsO_2 为深黄色固体。

超氧根离子 O_2^-中有一个未成对电子$[KK(\sigma_{2s})^2(\sigma^*_{2s})^2(\sigma_{2p_x})^2(\pi_{2p_y})^2(\pi_{2p_z})^2(\pi^*_{2p_y})^2(\pi^*_{2p_z})^1]$，表现出顺磁性，有颜色。其键级小于 O_2，不如 O_2 稳定。超氧化物都是强氧化剂，与水、CO_2 剧烈反应而释放出 O_2。因此，与过氧化物类似，超氧化物也可用作急救器中、潜水或登山时的供氧剂。

$$2MO_2 + 2H_2O = O_2 + H_2O_2 + 2MOH$$

$$4MO_2 + 2CO_2 = 2M_2CO_3 + 3O_2$$

另外，臭氧和碱金属 K、Rb、Cs 的氢氧化物反应，可以制备臭氧化物 MO_3，它们稳定性较差。例如，将 KO_3 用液氨重结晶后，可得到橘红色的 KO_3 晶体，该晶体缓慢分解为 KO_2 和 O_2。

$$6KOH(s) + 4O_3(g) = 4KO_3(s) + 2KOH \cdot H_2O(s) + O_2(g)$$

H_2O_2 在碱性溶液中的分解实验中发现了中间产物臭氧根离子 O_3^-，其键长为 135 pm，键角为 108°。臭氧化物与水剧烈反应，释放出氧气。

$$4MO_3(s) + 2H_2O = 4MOH + 5O_2(g)$$

4. 氢氧化物

碱金属氢氧化物的突出性质为强碱性，其水溶液和熔融态能溶解某些两性金属及其氧化物，如 Al、Zn 等，也能溶解某些非金属及其氧化物，如 B、Si 等。与多变价非金属如 Cl_2、Br_2、I_2、P、S 等发生歧化反应。在工业生产和分析化学中常用于分解矿石，使用的容器一般为铁制、镍制或银质容器。

1) 氢氧化物的溶解度

碱金属和碱土金属氢氧化物均为白色固体，其中 NaOH 和 KOH 是最常用的碱，俗称苛性钠和苛性钾，置于空气中易吸水潮解，所以 NaOH 是常用的干燥剂。它们容易与空气中的 CO_2 反应生成碳酸盐，所以需要密封保存。化学分析工作中如果需要不含 Na_2CO_3 的 NaOH 溶液，可以先配制 NaOH 的饱和溶液，静置，此时由于 Na_2CO_3 难溶于饱和 NaOH 溶液而以沉淀的形式析出。取上层清液，用煮沸除尽 CO_2 后冷却的去离子水稀释到所需的浓度即可。

碱金属和碱土金属氢氧化物在水中的溶解度列于表 12-7，从表中数据可见，同族元素氢氧化物的溶解度从上至下逐渐增大。其中 LiOH、$Be(OH)_2$、$Mg(OH)_2$ 难溶于水，$Ca(OH)_2$ 在水中微溶，其他易溶。

表 12-7　碱金属和碱土金属氢氧化物的溶解度[293 K，g·(100 g H_2O)$^{-1}$]

碱金属		碱土金属	
氢氧化物	溶解度	氢氧化物	溶解度
LiOH	13	$Be(OH)_2$	0.0002
NaOH	109	$Mg(OH)_2$	0.0009
KOH	112	$Ca(OH)_2$	0.156
RbOH	180 (288 K)	$Sr(OH)_2$	0.81
CsOH	395.5 (288 K)	$Ba(OH)_2$	3.84

在离子化合物中，阳离子的电荷 Z 与离子半径 r 之比称为离子势 Φ，即

$$\Phi = Z/r \tag{12-3}$$

氢氧化物的溶解度与 Φ 成反比。从上至下，随着阳离子半径增加，阴、阳离子之间的相互作用逐渐减小，MOH 的晶格越来越容易被水分子拆开，溶解度逐渐增加。在同一周期中，碱土金属离子半径小于碱金属，而电荷高，则 Φ 大，因此碱土金属氢氧化物溶解度小于碱金属的氢氧化物。

2) 氢氧化物的碱性

氢氧化物和含氧酸均属于氧化物对应的水化物，可以用通式 ROH 来表示。ROH 酸碱性的强弱可以用 $\sqrt{\Phi}$ 的大小来判断。在 ROH 中，R 离子的电子构型相同时，R 的离子势 Z/r 越大，阳离子的极化作用就越强，与阳离子相邻的氧原子的电子云就越容易偏向阳离子，从而使 O—H 键的极性增强，ROH 更容易发生酸式解离。而 Z/r 越小，ROH 更容易发生碱式解离。一般来说，当 r 以 pm 为单位，

$\sqrt{\Phi} > 0.32$ 时，ROH 显酸性；

$0.32 > \sqrt{\Phi} > 0.22$ 时，ROH 呈现两性；

$\sqrt{\Phi} < 0.22$ 时，ROH 显碱性。

碱金属和碱土金属氢氧化物的离子势与酸碱性列于表 12-8。$Be(OH)_2$ 属于两性氢氧化物，其他碱土金属氢氧化物均为碱性，且碱性从上至下依次增强。

$$Be(OH)_2 + 2OH^- = [Be(OH)_4]^{2-}$$

$$Be(OH)_2 + 2H^+ = Be^{2+} + 2H_2O$$

表 12-8　碱金属和碱土金属阳离子的离子势与氢氧化物的酸碱性

项目	LiOH	NaOH	KOH	RbOH	CsOH
M^+半径/pm	68	97	133	147	167
$\sqrt{\Phi}$	0.12	0.10	0.087	0.082	0.077
酸碱性	中强碱	强碱	强碱	强碱	强碱
项目	$Be(OH)_2$	$Mg(OH)_2$	$Ca(OH)_2$	$Sr(OH)_2$	$Ba(OH)_2$
M^{2+}半径/pm	35	66	99	112	134
$\sqrt{\Phi}$	0.239	0.176	0.142	0.133	0.122
酸碱性	两性	中强碱	强碱	强碱	强碱

需要注意的是，$\sqrt{\Phi}$ 是从实验事实导出的经验判据，并不能符合所有的客观现实。也有人用 Z/r^2 或 Z^2/r 等其他函数形式来讨论离子的极化能力对物质酸碱性、溶解度等性质的影响。

12.3.2 氢化物

氢与其他元素形成的二元化合物称为氢化物。根据氢化物中元素的电负性差值，可分为离子型氢化物、共价型氢化物和金属型氢化物。碱金属和碱土金属元素的电负性很小，它们在较高温度下与氢直接化合，得到含有 H^-的离子型氢化物。

碱金属族的氢化物具有 NaCl 型结构，而碱土金属的氢化物为 TiO_2 金红石型或 $PbCl_2$ 型结构。它们均为白色晶体，有时因混入少量金属而呈灰色。这类氢化物中 LiH 和 BaH_2 的熔点较高，分别为 965 K 和 1473 K，其余氢化物升温至各自熔点前均分解成相应的单质。它们能溶解在熔融的金属卤化物中，电解它们的熔融盐，可在阳极得到氢气。

碱金属和碱土金属的氢化物具有较强的还原性，常温下遇水发生强烈反应，释放氢气。例如

$$NaH + H_2O \xlongequal{\quad} H_2 + NaOH$$

利用该特点，可使用离子型氢化物如 CaH_2 除去气体或溶剂中的微量水分。

高温下，NaH 和 CaH_2 等可用作由金属氯化物、氧化物和含氧酸盐制备金属单质的还原剂。

$$UO_2 + CaH_2 \xlongequal{\quad} U + Ca(OH)_2$$

$$TiCl_4 + 4NaH \xlongequal{\quad} Ti + 4NaCl + 2H_2$$

在非水溶剂中，一些缺电子化合物能与碱金属氢化物作用得到复合氢化物，最常见的例子是乙醚溶剂中 $LiBH_4$、$LiAlH_4$ 这类化合物的合成。

$$2LiH + B_2H_6 \xlongequal{\quad} 2LiBH_4$$

$$4LiH + AlCl_3 \xlongequal{\quad} LiAlH_4 + 3LiCl$$

它们被广泛用作无机和有机合成中的还原剂和野外的产氢剂。

$$LiAlH_4 + 4H_2O \xlongequal{\quad} Al(OH)_3 + LiOH + 4H_2$$

12.3.3 盐类

1. 盐类的通性

电解质在生命体内的循环过程中起着很重要的作用，人体中的盐类约 99%为含 Na^+、K^+、Mg^{2+}和 Ca^{2+}的盐，它们主要以氯化物、硫酸盐、碳酸氢盐和磷酸氢盐的形式存在。但是，ⅡA 族除钙和镁之外的其他元素均对人体有毒。绝大部分碱金属和碱土金属的盐属于离子型晶体，Li^+、Be^{2+}具有 2 电子构型、离子半径小，极化作用强，它们的某些盐如氯化物具有较强的共价性。

1) 结晶水合物

碱金属离子的水合能力依 Li→Cs 顺序逐渐降低，离子半径越小，越容易形成水合物，半径最小的 Li^+的盐几乎都是水合的，随离子半径的增加，水合盐的比例降低。

常见的碱金属卤化物大多是无水盐，硝酸盐中只有锂盐带有结晶水，如 $LiNO_3 \cdot H_2O$ 和 $LiNO_3 \cdot 3H_2O$。硫酸盐中也只有锂盐和钠盐带结晶水，但碳酸盐的情况稍有不同，除 Li_2CO_3 是无水盐外，其余碱金属的碳酸盐均有不同数目的结晶水。

2)溶解性

除一些锂盐外，碱金属的盐尤其是钠盐和钾盐一般是溶于水的，并且在水中基本完全解离。但是，随着碱金属离子半径增大，它们与大阴离子形成的盐的溶解度反而降低。钠和钾的难溶盐有六羟基锑酸钠($Na[Sb(OH)_6]$)、乙酸双氧铀酰锌钠$[NaZn(UO_2)_3Ac_9 \cdot 6H_2O]$、六亚硝酸合钴酸钾($K_3[Co(NO_2)_6]$)、酒石酸氢钾($KHC_4H_4O_6$)、高氯酸钾($KClO_4$)、六氯合铂酸钾($K_2PtCl_6$)、四苯硼酸钾$[KB(C_6H_5)_4]$等。铷和铯的盐类比相应的钾盐还要难溶。

钠盐与钾盐相比，前者的溶解度更大。但是，$NaHCO_3$ 的溶解度较小，NaCl 的溶解度随温度变化不大，属于钠盐比较特殊的特点；钠盐的吸湿性一般大于钾盐，化学分析中常用的标准试剂大多是钾盐，如用邻苯二甲酸氢钾标定碱液的浓度，用重铬酸钾溶液标定还原剂的浓度等。相应地，含结晶水的钠盐种类也多于钾盐。

碱土金属盐类的重要特征是微溶性，它们的大部分碳酸盐、硫酸盐、草酸盐、铬酸盐难溶于水。CaC_2O_4 是所有钙盐中溶解度最小的，在重量分析中用它来测定钙的含量。

碱金属元素成盐时容易形成以下类型的复盐，如

(1)光卤石型：$MCl \cdot MgCl_2 \cdot 6H_2O$($M^+$：$K^+$、$Rb^+$、$Cs^+$)。

(2)软钾镁矾型：$M_2SO_4 \cdot MgSO_4 \cdot 6H_2O$($M^+$：$K^+$、$Rb^+$、$Cs^+$)。

(3)明矾型：$M^{I}M^{III}(SO_4)_2 \cdot 12H_2O$，($M^{I}$：$Na^+$、$K^+$、$Rb^+$、$Cs^+$；$M^{III}$：$Al^{3+}$、$Cr^{3+}$、$Fe^{3+}$、$Co^{3+}$、$Ga^{3+}$)。

这些复盐的溶解度一般远小于相应的简单盐。

3)热稳定性

碱金属盐的热稳定性较高。其中卤化物易挥发、难分解，硫酸盐热稳定性最高，硝酸盐、碳酸盐加热易分解。

$$4LiNO_3 \xlongequal{\triangle} 2Li_2O + 4NO_2 + O_2$$

$$2MNO_3 \xlongequal{\triangle} 2MNO_2 + O_2 \, (M = Na，K)$$

KNO_3 在空气中不吸湿，高温下具有强氧化性，被用来制造黑火药。黑火药作为中国古代四大发明之一，其成分为 KNO_3 75%、硫磺 10%、木炭 15%，又称一磺二硝三木炭，爆炸时的反应可能包括：

$$2KNO_3 + 3C + S \xlongequal{\quad} N_2 + 3CO_2 + K_2S$$

$$4KNO_3 + 6C + 2S \xlongequal{\quad} K_2S_2 + K_2CO_3 + CO + 4CO_2 + 2N_2$$

$$16KNO_3 + 16C + 5S \xlongequal{\quad} 4K_2CO_3 + 3K_2SO_4 + K_2S_2 + 12CO_2 + 8N_2$$

虽然 $NaNO_3$ 化学性质类似于 KNO_3，但是吸潮的性质决定了其不能作为制造火药的原料。

碱土金属的碳酸盐只在常温下稳定，$BeCO_3$ 在低于 373 K 时即分解，碳酸盐的分解温度按照 Be→Ba 的顺序逐渐升高，这是由 M^{2+} 的反极化作用逐渐减小决定的。

4)焰色反应

碱金属和 Ca、Sr、Ba 的挥发性盐在无色火焰中灼烧时，火焰呈现特定的颜色，称为焰

色反应。当金属或盐在火焰上灼烧时，原子中的电子吸收能量被激发，从能量较低的能级跃迁到能量较高的能级。处在能量较高能级的电子不稳定，很快跳回到低能级，将多余的能量以光的形式释放出来。原子的结构不同，则发出的光波长不同，颜色就不同。碱金属和部分碱土金属能产生可见光谱，它们的光谱线比较简单，容易观察和识别。表 12-9 给出了几种金属元素的焰色反应波长，根据火焰的颜色可以定性地鉴别这些元素，具体做法是取一根洁净的铂丝，蘸取氯化物试液，在煤气灯的氧化焰上灼烧，火焰即显示出这种金属所特有的颜色。但要注意的是，焰色反应只能用来鉴别单个的离子。

表 12-9　碱金属和碱土金属的焰色反应

离子	Li^+	Na^+	K^+	Rb^+	Cs^+	Ca^{2+}	Sr^{2+}	Ba^{2+}
焰色	红	黄	紫	紫红	紫红	砖红	洋红	黄绿
波长/nm	670.8	589.0 589.6	404.4 404.7	420.2 629.8	455.5 459.3	612.2 616.2	687.8 707.0	553.6

2. 几类重要的碱金属和碱土金属盐

1) 氯化物

NaCl 是食盐的主要成分，粗盐中还含有 $MgCl_2$ 和 $CaCl_2$ 等杂质。NaCl 溶解度的特点是受温度影响较小，不能用冷却结晶的方法提纯。工业上通常采用石灰-纯碱法处理，以除去 NaCl 中的 Ca^{2+}、Mg^{2+}等杂质。

钾的化合物在植物体内含量较多，对一切植物的生长具有重要作用。而钠的化合物在动物体内较多，是动物生存必不可少的，它是维持人体体液平衡的重要电解质，也是工业上制备其他钠盐、氯碱工业的基础原料。

$MgCl_2$ 是常用的镁盐，是制备金属镁的原料。光卤石和海水是取得 $MgCl_2$ 的主要资源。从海水中提取元素镁是发展趋势，将海水引入水渠，加入由贝壳煅烧得到的石灰，生成 $Mg(OH)_2$ 沉淀，再用 HCl 使之转化为 $MgCl_2$。将 $MgCl_2 \cdot 6H_2O$ 在干燥的 HCl 气流中加热脱水，得到无水 $MgCl_2$。最后电解熔融 $MgCl_2$ 得到金属镁。

$MgCl_2$ 有潮解性，在纺织工业上用于填充织物保持棉纱湿度。$MgCl_2$ 溶液和 MgO 按一定比例调制成胶凝材料，称为镁水泥，硬化快、强度高，加以适当填料如木屑、刨花等，可以制成人造大理石和刨花板。

与 $MgCl_2 \cdot 6H_2O$ 不同，$CaCl_2 \cdot 6H_2O$ 脱水时不生成碱式盐，只要小心缓慢加热，当温度高于 533 K 时，可以完全脱水直接得到无水 $CaCl_2$。无水 $CaCl_2$ 吸水性很强，是重要的干燥剂，但不能用于干燥氨气和乙醇。$CaCl_2$ 和冰的混合物是实验室常用的制冷剂，按质量比 1.44 : 1 将 $CaCl_2 \cdot 6H_2O$ 与冰水混合可以获得 218 K 的低温。

$BaCl_2$ 是最重要的可溶性钡盐，对人畜有毒，常用来检验和分离溶液中的硫酸根离子。工业上用煤粉在高温下与重晶石 $BaSO_4$ 混合焙烧，得到 BaS，再用 $CaCl_2$ 使之转化为 $BaCl_2$。

$$BaSO_4 + 4C \xlongequal{\triangle} BaS + 4CO$$
$$BaS + CaCl_2 \xlongequal{\triangle} BaCl_2 + CaS$$

也可以用水浸取焙烧产物，BaS 发生水解而进入溶液，再通入 CO_2 气体，得到 $BaCO_3$，之后就可以利用 $BaCO_3$ 来制取各种钡盐。

$$2BaS + 2H_2O \xlongequal{} Ba(HS)_2 + Ba(OH)_2$$

$$Ba(HS)_2 + CO_2 + H_2O \xlongequal{} BaCO_3 + 2H_2S$$

2）碳酸盐

碱金属的碳酸盐除 Li_2CO_3 外，其余均溶于水，热稳定性高，加热到熔化也不分解。碱土金属的碳酸盐中 $BeCO_3$ 易溶，$MgCO_3$ 微溶，其余均难溶于水，热稳定性显著弱于碱金属，在密闭容器中加热即分解为氧化物和 CO_2。这些碳酸盐与过量 CO_2 反应均会转化为碳酸氢盐。

Na_2CO_3 俗称纯碱，是最重要的碳酸盐，它是一种基础化工原料，用于玻璃、搪瓷、炼钢、炼铝及其他有色金属的冶炼，也用于肥皂、造纸、洗涤、纺织和漂染等工业。

工业上用氨碱法（又称索尔维法）制备纯碱。将饱和食盐水在冷却时通入氨气饱和，加压通入 CO_2，发生如下反应：

$$NH_3 + CO_2 + H_2O + NaCl \xlongequal{} NaHCO_3 + NH_4Cl$$

由于 $NaHCO_3$ 溶解度较小，从溶液中析出。将得到的 $NaHCO_3$ 晶体煅烧分解得到 Na_2CO_3。

$$2NaHCO_3 \xlongequal{\triangle} Na_2CO_3 + H_2O + CO_2$$

母液中加入 $Ca(OH)_2$，可以回收 NH_4Cl 中的氨，循环利用。

$$2NH_4Cl + Ca(OH)_2 \xlongequal{} 2NH_3 + CaCl_2 + 2H_2O$$

1942 年，中国化学家侯德榜根据常温时 NH_4Cl 溶解度大于 NaCl、低温时溶解度小于 NaCl 的事实，在低温下（278～283 K）向母液中加入磨细的 NaCl 粉末，利用同离子效应，使 NH_4Cl 晶体结晶出来。此法不仅提高 NaCl 的利用率，而且副产 NH_4Cl 氮肥，避免了索尔维法中副产大量无用的 $CaCl_2$ 的缺点。将纯碱的制备与合成氨工业结合，利用合成氨原料气中含有的 CO，通过转化反应使之转化为 CO_2，这种联合制碱法更为有效。

$NaHCO_3$ 俗称小苏打，与酒石酸氢钾（$KHC_4H_4O_6$）的混合物是发酵粉的主要成分，其发酵原理可以写为

$$NaHCO_3 + KHC_4H_4O_6 \xlongequal{} KNaC_4H_4O_6 + H_2O + CO_2$$

3）硫酸盐和硫化物

碱金属的硫酸盐均易溶于水，其中 $Na_2SO_4 \cdot 10H_2O$ 俗称芒硝，在医药上作泻药。无水 Na_2SO_4 俗称元明粉，大量用于玻璃、造纸、陶瓷工业，它是制造 Na_2S、$Na_2S_2O_3$ 的原料。

将无水 Na_2SO_4 与煤粉混合，在 1273 K 煅烧，制得 Na_2S。

$$Na_2SO_4 + 2C \xlongequal{\triangle} Na_2S + 2CO_2$$

碱土金属硫酸盐的溶解度按照 Mg→Ba 的顺序降低。重要的硫酸盐有 $CaSO_4 \cdot 2H_2O$，俗称生石膏，加热到 393 K 左右，部分脱水成熟石膏（$2CaSO_4 \cdot H_2O$）。该反应可逆，熟石膏与水混合成糊状后，逐渐硬化并膨胀，凝固成生石膏。而当加热到 773 K 以上，生石膏会转化为无水石膏，无水石膏则不能与水化合。

重晶石（$BaSO_4$）是唯一无毒的钡盐，在水中的溶解度极小，而且难溶于胃酸。$BaSO_4$ 有强烈吸收 X 射线的能力，在肠胃 X 射线造影技术中服用的钡餐即为 $BaSO_4$ 和糖浆的混合物。

重晶石通过 $BaSO_4 \rightarrow BaS \rightarrow BaCO_3$ 这一过程可转变为其他可溶性钡盐。

碱金属的硫化物均易溶于水，水解后显碱性，溶液中 S^{2-}浓度并不高，主要以 HS^-的形式存在；碱土金属的硫化物除 BeS 难溶于水外，其他均在水中按下式发生强烈水解：

$$2MS + 2H_2O = M(HS)_2 + M(OH)_2$$

* 元素部分几类主要题型的解题说明

1. 鉴别或区分题(各组分独立存放)

一般都是白色固体或无色溶液，要求通过简单步骤和少量试剂把它们区分开。白色固体可先取少量溶于水，然后对能溶于水和难溶于水的分别进行鉴定。无论固体还是溶液，每次的用量都要尽可能少。例如

$\left\{\begin{array}{l} BaCO_3 \\ MgCO_3 \end{array}\right. \xrightarrow{稀H_2SO_4} \left\{\begin{array}{l} 气体+白色沉淀\ (BaCO_3) \\ 气体+澄清液\ (MgCO_3) \end{array}\right.$

尽可能用框图而不用文字叙述。用常见酸碱、盐试剂和大家熟悉的反应。

2. 分离、鉴定(多为混合溶液。要先分开，再利用离子的特征反应进行鉴定)

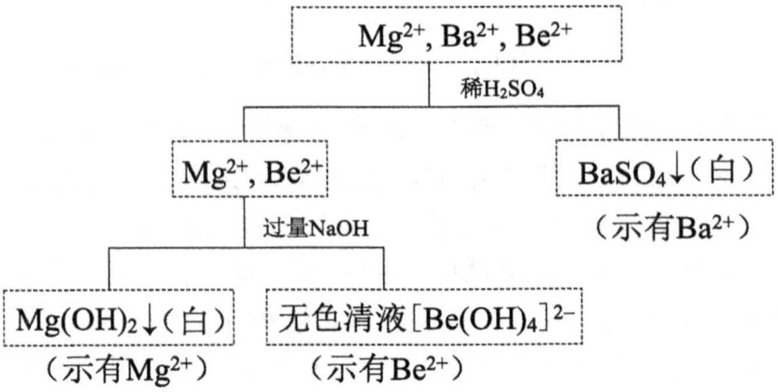

归 纳 · 整 合

s 区元素的单质

1. 物理性质

(1) 储存：最轻的金属是 Li(密度 0.534 g · cm^{-3})，要储存于石蜡中，其余金属存于煤油中。

(2) 切割：除 Be、Mg 外，其余金属均可用刀切割。最软的金属 Cs 的硬度为 0.2(金刚石硬度为 10)。

(3) 熔点：除锂外，其余碱金属熔点都在 100℃下，Cs 和 Ga(ⅢA)是放在手中即可熔化的两种金属。

2. 与水反应

ⅠA: $2M + 2H_2O = 2MOH + H_2\uparrow$；$LiOH\downarrow$

ⅡA: $M + 2H_2O = M(OH)_2 + H_2\uparrow$；$Be(OH)_2\downarrow$(两性)；$Mg(OH)_2\downarrow$

3. 颜色反应：鉴定单个离子

s区元素的化合物

1. 氧化物

(1) 碱金属在空气中充分燃烧的主要产物

Li：Li_2O，Li_3N；Na：Na_2O_2；K，Rb，Cs：MO_2

Na_2O_2：$2Na_2O_2 + 2CO_2 = 2Na_2CO_3 + O_2\uparrow$(供氧剂)

$$3Na_2O_2 + Cr_2O_3 \xlongequal{\quad} 2Na_2CrO_4 + Na_2O \text{（熔矿剂）}$$

(2)碱土金属在空气中充分燃烧的主要产物

$$MO，M_3N_2：M_3N_2+6H_2O \longrightarrow 3M(OH)_2+2NH_3\uparrow$$

2. 氢氧化物

1)碱金属氢氧化物

LiOH：强碱，难溶于水；其他：强碱，易溶于水。

化学性质：(1)与酸、酸性氧化物及盐反应。

(2)与两性金属(Zn、Al)、某些非金属(B、Si)及其氧化物反应。

(3)与多变价非金属(Cl_2、Br_2、I_2、P、S)发生歧化反应。

2)碱土金属氢氧化物

$Be(OH)_2$：两性，难溶；$Mg(OH)_2$：中强碱，难溶；$Ca(OH)_2$：强碱，微溶，其他：强碱，易溶。

3. 盐类

颜色；溶解性；热稳定性；水解性。重点是其变化规律。

习　题

1. 试解释以下客观事实：锂盐一般带有结晶水，而钾盐大多属于无水盐。
2. 碱金属元素的单质在过量氧气中燃烧会生成何种氧化物？写出这些氧化物与水反应的化学方程式。
3. 商品级 NaOH 固体中常混有杂质 Na_2CO_3，回答下列问题。
   (1)用化学方程式说明产生 Na_2CO_3 的原因。
   (2)如何用化学手段定性检验是否含有 Na_2CO_3？
   (3)如何配制不含 Na_2CO_3 的 NaOH 溶液？
4. 用化学方程式表示以 NaCl 为主要原料制备下列各物质的反应。
   (1)HCl；(2)NaOH；(3)Na_2CO_3；(4)Na_2SO_3；(5)Na_2O_2；(6)$Na_2S_2O_3$
5. 试设计三种不同的方法，以芒硝($Na_2SO_4 \cdot 10H_2O$)为主要原料制备纯碱(Na_2CO_3)。
6. 用化学方程式表示下列转变
   (1)重晶石 $BaSO_4 \rightarrow (\quad) \rightarrow BaCO_3 \rightarrow BaO \rightarrow Ba(OH)_2$
   (2)石灰石 $CaCO_3 \rightarrow CaO \rightarrow Ca(OH)_2 \rightarrow CaCl_2 \rightarrow Ca$
7. 用简单可行的化学反应鉴别下列各组物质。
   (1)Na 和 K；(2)纯碱、烧碱、小苏打；(3)生石灰和石灰石；(4)石膏和大理石；(5)芒硝和泄盐；(6)氢氧化镁和碳酸镁
8. CaH_2 与冰反应释放出 H_2，因此 CaH_2 用作高寒山区野外作业时的生氢剂。计算每克 CaH_2 与冰反应产生的氢气在标准状况下的体积。
9. 准确称取 2.5140 g NaOH 固体配制成 250 cm^3 溶液，取 25.00 cm^3 溶液，用浓度为 0.1250 $mol \cdot dm^{-3}$ 的稀硫酸滴定，消耗硫酸的体积为 21.20 cm^3。计算该 NaOH 的纯度。
10. 已知 Mg 的升华热 S 为 150 $kJ \cdot mol^{-1}$，第一、第二电离能 I_1、I_2 分别为 737.7 $kJ \cdot mol^{-1}$、1451 $kJ \cdot mol^{-1}$，水合 Mg^{2+}的标准摩尔生成焓 $\Delta_f H_m^\ominus(Mg^{2+}, aq)$为$-466.9$ $kJ \cdot mol^{-1}$，标准摩尔生成吉布斯自由能 $\Delta_f G_m^\ominus(Mg^{2+}, aq)$为$-454.8$ $kJ \cdot mol^{-1}$。计算下列数值。
    (1)气态 Mg^{2+}的标准摩尔生成焓 $\Delta_r H_m^\ominus(Mg^{2+}, g)$。
    (2)气态 Mg^{2+}的水合热。
    (3)水溶液中电对 Mg^{2+}/Mg 的标准电极电势 $E^\ominus(Mg^{2+}/Mg)$。
11. 金属钠和镁条在空气中燃烧，把生成物均溶于水后得到的产物是否相同？如何加以鉴别？写出有关的反应方程式。
12. 盛 $Ba(OH)_2$ 溶液的瓶子在空气中放置一段时间后，内壁会蒙上一层白色薄膜，这是什么物质？欲除去这层薄膜，应采取下列何种物质洗涤？说明理由。
    (1)盐酸；(2)水；(3)硫酸
13. A、B、C、D、E 五种元素，A 是ⅠA 族第五周期元素，B 是第三周期元素，E 是第一周期元素，B、C、D、E 基态原子最外层电子数分别为 2、2、7、1，五种元素的原子序数从小到大的顺序依次是 E、B、C、D、A。C 和 D 的次外层电子数均为 18。A、B、C、D、E 各是什么元素？
14. 有一份白色固体混合物，其中可能含有 KCl、$MgSO_4$、$BaCl_2$、$CaCO_3$，根据下列实验现象，判断混合物中有哪几种化合物。
    (1)混合物溶于水，得透明澄清溶液。

(2) 对溶液做焰色反应，通过钴玻璃观察到紫色。

(3) 向溶液中加碱，产生白色胶状沉淀。

15. 化合物 A、B、C 都是某碱金属元素的化合物，等物质量的 A 和 C 反应可以生成 B，加热 C 也可以生成 B 并放出气体 D，向 A 的浓溶液中通入 D，可以生成 B 的水溶液，长时间地通入 D，可以生成一些 C 的晶体，A 的焰色显示为黄色。A、B、C、D 各是什么物质？写出有关的化学反应方程式。

第 12 章单元测试题（单选）

班级________姓名________作业号________成绩________

( )1. 金属 Li 应保存在下列哪种物质之中

A. 液态石蜡 B. 汽油 C. 煤油 D. 干燥空气

( )2. 下列元素中第一电离能最大的是

A. Li B. Be C. Na D. Mg

( )3. 碱金属和碱土金属与空气充分反应后，不可能得到的产物是

A. Na_2O_2 B. K_2O C. Li_3N D. Ca_3N_2

( )4. 以下碱金属盐中高温下既不分解也不挥发的是

A. KCl B. K_2SO_4 C. Li_2CO_3 D. $NaNO_3$

( )5. s 区元素中，性质最相似的一对元素是

A. K 和 Ca B. K 和 Na C. Be 和 Mg D. Li 和 Mg

( )6. 下列钡盐中难溶于盐酸的是

A. $BaCO_3$ B. $BaSO_4$ C. $BaCrO_4$ D. $BaSO_3$

( )7. 下列氢氧化物中，碱性最强的是

A. LiOH B. $Mg(OH)_2$ C. $Be(OH)_2$ D. $Ca(OH)_2$

( )8. 下列反应能得到氧化钠的是

A. Na 在空气中燃烧 B. 500℃加热 Na_2CO_3 C. 500℃加热 $NaNO_3$ D. Na 与 Na_2O_2 反应

( )9. 化学分析中用来氧化分解难熔（溶）于酸的矿物的是

A. Na B. NaCl C. Na_2O D. Na_2O_2

( )10. 下列化合物用煤气灯火焰加热时，其分解产物不是氧化物、二氧化氮和氧气的是

A. $NaNO_3$ B. $Mg(NO_3)_2$ C. $LiNO_3$ D. $Pb(NO_3)_2$

( )11. 下列元素的电对 M^+/M 中，其标准电极电势 $E^{\ominus}(M^+/M)$ 最低的是

A. Li B. K C. Mg D. Ca

( )12. 在氧气中燃烧时，主要产物为普通氧化物的金属是

A. Li B. Na C. K D. Rb

( )13. 下列化合物中可用于干燥氢气的是

A. $CaCO_3$ B. $Ca_3(PO_4)_2$ C. $CaCl_2$ D. $Ca(OH)_2$

( )14. 野外作业加水就能方便地制取 H_2 的物质是

A. CaC_2 B. Zn C. PH_3 D. CaH_2

( )15. 下列化学式与俗名不能相互对应的一对是

A. $CaSO_4$，重晶石 B. NaOH，苛性碱 C. $Na_2SO_4 \cdot 10H_2O$，芒硝 D. CaF_2，萤石

( )16. 与水反应得不到 H_2O_2 的是

A. K_2O_2 B. Na_2O_2 C. KO_2 D. KO_3

( )17. 下列各物质溶于水后能放出气体并生成沉淀的是

A. Na_2S B. Mg_3N_2 C. NaCN D. $(NH_4)_2SO_4$

( )18. 下列离子中，水合热最大的是

A. Li^+ B. Na^+ C. K^+ D. Rb^+

( )19. 金属钠在空气中燃烧时，主要生成物是

A. Na_2O B. Na_2O_2 C. NaO_2 D. NaO_3

( )20. 下列化合物中，键的离子性最小的是

A. LiCl B. NaCl C. KCl D. $BaCl_2$

第 13 章　p 区元素(一)

本章主要介绍元素周期表中短周期ⅢA 和ⅣA 族的元素单质及化合物的结构、性质和用途，包括ⅢA 族的硼(B)、铝(Al)、镓(Ga)、铟(In)、铊(Tl)和ⅣA 族的碳(C)、硅(Si)、锗(Ge)、锡(Sn)、铅(Pb)等元素。硼在自然界中含量不多，在地壳中的丰度约为 0.0012%，主要以含氧化合物矿石存在。铝是自然界含量最多的金属元素，丰度约 8.05%，在所有元素中仅次于氧和硅。尽管镓在地壳中的含量比硼还高，但它与含量很低的铟、铊一样，分散无富矿，属于典型的稀有金属，主要以硫化物形式存在。碳的含量尽管不大，丰度仅为 0.023%，但它是地球上化合物最多的元素。大气中的 CO_2、矿物中的碳酸盐、金刚石、石墨和煤炭、石油、天然气等碳氢化合物，动植物体中的脂肪、蛋白质、淀粉、纤维素等都是含碳的化合物。碳是组成生物界的主要元素，而硅是构成地球矿物界的主要元素，其含量在所有元素中位居第二，达到 29.50%，主要以硅酸盐和石英矿的形式存在。Ge、Sn、Pb 在地壳中的质量分数均低于 0.002%，主要以硫化物和氧化物的形式存在。

基态 B 原子的价电子构型为 $2s^22p^1$，价电子数(3 个)小于价电子层轨道数(4 个)，为缺电子原子。而基态 C 和 Si 原子的价电子构型为 ns^2np^2，价电子数目等于价电子轨道数，称为等电子原子。成键时，它们以共价结合为特征。其中 C 和 Si 可以采用 sp、sp^2、sp^3 杂化形成σ键，由于 C 原子半径小，还可以形成 p-p π键，即 C 可以形成双键、叁键这样的多重键。B 用 sp^2、sp^3 杂化轨道成键时，除了形成一般的σ键之外，还可以形成多中心键。

键能可以反映原子间的结合程度，利用键能的数据可以推测某种元素更倾向于形成哪类化合物、这类化合物是否稳定。表 13-1 列出了与碳、硅、硼相关的部分单键键能。

表 13-1　M—H、M—M、M—O 的键能($kJ \cdot mol^{-1}$)

化学键	C—C	Si—Si	B—B	C—H	Si—H	B—H	C—O	Si—O	B—O
键能	346	222	293±21	411±7	318	389	358	452	561～690

B、C、Si 的单质晶体大多为原子晶体，熔沸点高，硬度大。三种元素均有自结合成链的特性。由 C—C 键能可知，三种元素中 C 自结合成链的能力最强，这也是含碳化合物种类繁多的原因之一。这些元素都有一系列氢化物，而氢化物燃烧或与水反应会转变为氧化物。Al 属于典型的金属晶体。

13.1　硼、铝

13.1.1　硼单质的结构

无定形硼单质为棕色粉末。晶体硼的颜色随结构和所含杂质而异。晶体硼由 B_{12} 正二十面体结构单元组成。如图 13-1(a)所示，B_{12}多面体中每个顶点有一个 B 原子，每个 B 原子与相邻的五个 B 原子等距离形成二十个等边三角形。B_{12}多面体之间连接方式不同，形成的硼晶体结构不同，导致产生多种同素异形体。以α-菱形硼为例，如图 13-1(b)所示，每个B_{12}多面体中有六个 B 原子(3、5、6、8、9、11)分别与另外六个B_{12}多面体的各一个 B 原子以σ键结合；该B_{12}多面体剩下的六个 B 原子(1、2、4、7、10、12)各与两个来自不同B_{12}多面体的一个 B 原子形成三中心两电子键。众多 B 原子的成键电子具有相当大的离域性，构成的晶体属于原子晶体。因此，晶体硼的硬度大、熔沸点高，化学性质也不活泼。

(a)　　(b)

图 13-1　晶体硼的结构单元B_{12}二十面体(a)和菱形硼的结构示意图(b)

13.1.2　硼、铝单质的制备

1. 单质硼的制备

自然界里 B 元素的丰度不大，存在较为分散，没有游离态，主要矿物是硼砂[$Na_2B_4O_5(OH)_4 \cdot 8H_2O$ 或 $Na_2B_4O_7 \cdot 10H_2O$]、硼镁矿($Mg_2B_2O_5 \cdot H_2O$)等。工业上从硼镁矿制备单质硼有碱法和酸法两种方法。

1)碱法

(1)用烧碱溶液浸取硼镁矿，矿物中的 B 转化为$NaBO_2$进入溶液，而 Mg 以$Mg(OH)_2$的形式沉淀下来，Al、Cr 等杂质元素转变为$[Al(OH)_4]^-$、$[Cr(OH)_4]^-$。

$$Mg_2B_2O_5 \cdot H_2O + 2NaOH = 2NaBO_2 + 2Mg(OH)_2\downarrow$$

(2)过滤除去 $Mg(OH)_2$ 和其他难溶杂质后，向滤液中通入 CO_2，将 $NaBO_2$ 转变为 $Na_2B_4O_7 \cdot 10H_2O$，此时，$[Al(OH)_4]^-$、$[Cr(OH)_4]^-$等杂质离子沉淀为氢氧化物。

$$4NaBO_2 + CO_2 + 10H_2O = Na_2B_4O_7 \cdot 10H_2O + Na_2CO_3$$

(3)过滤、将滤液浓缩、重结晶得到硼砂，再用 H_2SO_4 处理，使硼砂转化为难溶于水的硼酸。

$$Na_2B_4O_7 + H_2SO_4 + 5H_2O = 4H_3BO_3\downarrow + Na_2SO_4$$

(4)过滤、洗涤、晾干硼酸晶体，高温下用单质镁还原硼酸制得粗硼，B—O 键的键能特别大，热力学上不可能用碳或氢气还原硼的氧化物或硼酸制备单质硼。用 Al 还原生成高熔点

的 Al_2O_3 难以分离，还会生成 AlB_{12} 影响硼的含量和产量。

$$B_2O_3 + 3Mg \xlongequal{\triangle} 2B + 3MgO$$

2）酸法

工业上用硫酸分解硼镁矿可以一步得到硼酸，反应如下：

$$Mg_2B_2O_5 \cdot H_2O + 2H_2SO_4 \xlongequal{} 2H_3BO_3\downarrow + 2MgSO_4$$

工业上制得的粗硼再分别用 HCl、NaOH 和 HF 等处理，可得硼含量为 95%～98%的棕色无定形硼。纯度超过 99.95%的高纯硼可使用碘化物热分解的方法来提纯，先合成出 BI_3，然后在钨丝或钽丝上 1000～1300 K 发生分解。

$$2BI_3 \xlongequal{\triangle} 2B + 3I_2$$

2. 单质铝的制备

Al 在自然界中的矿物主要是铝矾土矿，它是一种含杂质的水合氧化铝矿。工业上由铝矾土制备单质 Al 的反应主要包括以下几种。

(1) 用烧碱溶液浸取铝矾土：

$$Al_2O_3 + 2NaOH + 3H_2O \xlongequal{} 2NaAl(OH)_4$$

(2) 过滤除去含铁、钛、钒等元素的难溶杂质，然后向滤液中通入 CO_2：

$$NaAl(OH)_4 + CO_2 \xlongequal{} Al(OH)_3\downarrow + NaHCO_3$$

(3) 过滤、洗涤、干燥氢氧化铝，灼烧使其分解得到 Al_2O_3：

$$2Al(OH)_3 \xlongequal{\triangle} Al_2O_3 + 3H_2O$$

(4) 在 1233～1273 K 下电解 Al_2O_3、冰晶石 Na_3AlF_6（质量分数 2%～8%）及助熔剂萤石 CaF_2（质量分数约 10%）的混合熔液制得单质铝。

$$2Al_2O_3 \xlongequal{电解} 4Al + 3O_2$$

该方法在 1886 年即实现了工业大规模生产。需要注意的是，由 $Al(OH)_3$ 在 723 K 左右分解得到的是γ-Al_2O_3，它难溶于水，但能溶于酸和碱溶液。强热至 1273 K 后，γ-Al_2O_3 会转变为α-Al_2O_3。后者既难溶于水，也难溶于酸和碱，晶体中 Al^{3+}和 O^{2-}之间吸引力强，晶格能大，硬度大，熔点高达 2323 K，纯净的 Al_2O_3 难熔融，电解时加入助熔剂以降低反应温度是必需的。

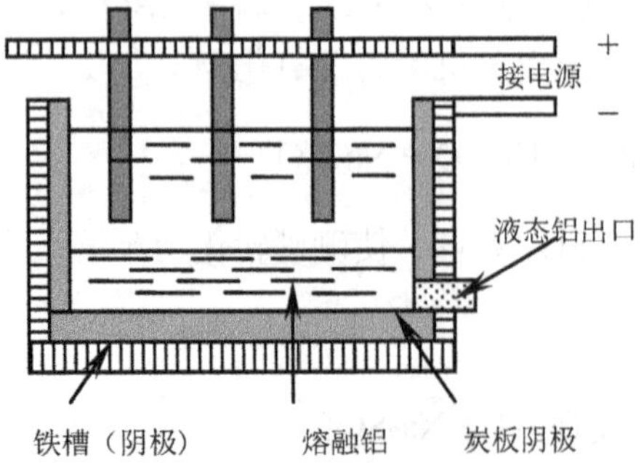

图 13-2 铝电解槽示意图

如图 13-2 所示，电解槽为铁制外壳，内部铺有由石墨或压紧的炭所制成的碳板，这些碳板电解时是阴极材料的一部分，阴极反应产物是熔融铝，在电解过程中也起到阴极的作用。将石墨碳棒串联在一起作为电解时的阳极，分解电压为 4.5～7.0 V。由于在高温下阳极产物 O_2 与石墨反应生成碳的氧化物，每生产 1 t 铝大约消耗 700 kg 石墨，因此需不断更换阳极，同时要不断补充 Al_2O_3。

13.1.3　硼、铝单质的化学性质与用途

1. 单质硼的性质与用途

单质硼的主要用途是制备金属硼化物、碳化硼(B_4C)等。它的熔沸点很高(m.p. 2573 K)，晶体硼的硬度为 9.5，在单质中仅次于金刚石。无定形 B 比较活泼，而晶态 B 较惰性。高温下，B 能与金属 Ca、Sr、Ba、La 反应生成硼化物 MB_6，也能直接与除 H_2、Te 及稀有气体外的大部分非金属反应。例如，B 和 F_2 可在常温下反应，加热时可与 Cl_2、Br_2、I_2 反应。

$$2B + 3Cl_2 \xlongequal{\triangle} 2BCl_3$$

$$2B + N_2 \xlongequal{\triangle} 2BN$$

无定形 B 可与赤热水蒸气反应，生成硼酸和氢气。

$$2B + 6H_2O \xlongequal{\triangle} 2H_3BO_3 + 3H_2$$

无定形 B 难溶于酸，但可与有氧化性的酸反应。例如，浓度为 1∶1 的热硝酸、浓 HNO_3 和 30%的 H_2O_2、浓硫酸和铬酸(H_2CrO_4)形成的混合酸能将 B 氧化成硼酸。

$$B + 3HNO_3(\text{浓}) \xlongequal{} H_3BO_3 + 3NO_2$$

温度低于 773 K 时，B 不能与碱溶液和熔融碱反应。高温下，有氧化剂存在时，硼与熔融的 NaOH 反应。

$$2B + 2NaOH(l) + 3KNO_3 \xlongequal{\triangle} 2NaBO_2 + 3KNO_2 + H_2O$$

2. 单质铝的性质与用途

单质铝是一种银白色有光泽的金属，密度为 $2.7g \cdot cm^{-3}$，熔、沸点分别为 930 K、2740 K，具有质轻、导电性和导热性良好等诸多特点，在民用和军用如炊具、电线、飞机制造等领域均有广泛的应用。

作为典型的金属元素，在高温下铝可与众多的非金属如 B、Si、O、P、As、S、Se、Te、C 等反应生成相应的化合物。2000 ℃时，铝和碳反应生成浅黄色的 Al_4C_3。

$$4Al + 3C \xlongequal{} Al_4C_3 \qquad \Delta_r G_m^\ominus = -211.3\ kJ \cdot mol^{-1},\ \Delta_r H_m^\ominus = -3351.4\ kJ \cdot mol^{-1}$$

铝与氧气的反应是铝热反应的基础，铝燃烧时可以放出大量的热，可使产物中的金属呈液态。铝粉与某些金属氧化物的混合物称为铝热剂，常用于制备高熔点的金属，如 Cr、V、Fe、Mn 等。焊接钢轨时，就是用铝与氧化铁的混合物通过燃烧反应放出大量热，使钢轨熔化焊接在一起。

$$4Al + 3O_2 \xlongequal{} 2Al_2O_3 \qquad \Delta_r H_m^\ominus = -3351.4\ kJ \cdot mol^{-1}$$

$$2Al(s) + Cr_2O_3(s) \xlongequal{\quad} Al_2O_3 + 2Cr(s) \qquad \Delta_r H_m^{\ominus} = -541\ kJ \cdot mol^{-1}$$

铝属两性金属元素，其单质、氧化物及其对应的水化物既可与酸反应也可与碱反应。单质铝在 NaOH 溶液中溶解，生成铝酸盐并释放出氢气。铝酸盐是 $Na[Al(OH)_4]$、$Na_3[Al(OH)_6]$ 或更复杂的多聚形式，其脱水产物或高温熔融产物的组成符合最简式 $NaAlO_2$。

$$2Al + 2NaOH + 6H_2O \xlongequal{\quad} 2Na[Al(OH)_4] + 3H_2\uparrow$$

冷的浓 H_2SO_4 及浓 HNO_3 可使金属铝钝化，在表面形成致密的氧化膜，因此可用铝罐储运浓硝酸。

通常情况下，铝的表面存在一层氧化物保护膜，最厚的保护膜可达 10 nm。但该膜可被 NaCl 和 NaOH 溶液腐蚀。露出的铝层若被 $Hg(NO_3)_2$ 或 $HgCl_2$ 等可溶性汞盐腐蚀，铝表面可生成长达 1～2 cm 的白色绒毛状 Al_2O_3。

13.1.4 硼的化合物

1. 硼烷

硼与氢可以形成一系列具有挥发性的化合物，即硼烷。目前人们已合成出二十多种硼烷，有两种通式为 B_nH_{n+4} 和 B_nH_{n+6}，最简单的硼烷是乙硼烷(B_2H_6)。

1) 乙硼烷的结构

由于硼原子的缺电子性，硼烷分子的结构十分独特。如图 13-3 所示，在 B_2H_6 分子中，B 原子的基态价电子层 $2s^22p^1$ 激发为 $2s^12p^2$，采取 sp^3 不等性杂化，四个杂化轨道上只有三个轨道上存在电子，另一个轨道为空轨道。每个 B 原子用两个带有单电子的杂化轨道与两个 H 原子形成两个σ键，这样乙硼烷中共有四个 B—H σ键，键长为 119 pm，它们处在同一平面内。该平面上下各有一个 H 原子，一个 H 原子的 1s 轨道(含一个电子)、一个 B 原子的空杂化轨道和另一个 B 原子带有单电子的杂化轨道三者共同形成三中心两电子σ键，表示为 3c-2e 键。这种 B—H—B 键以 H 原子为桥梁，其中的 H 原子称为“桥氢”。平面上下各有一个 3c-2e 键，其键长均为 133 pm。硼烷的结构复杂，其他高级硼烷中还可能存在 B—B σ键、B—B—B 等 3c-2e 键。

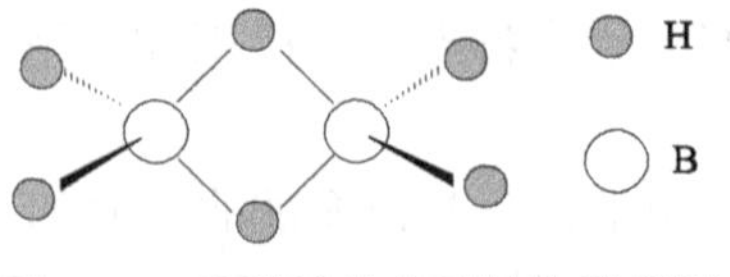

图 13-3 乙硼烷的分子结构示意图

2) 乙硼烷的制备

硼与氢气不能直接反应，乙硼烷采用硼的卤化物与强还原剂 $LiAlH_4$ 或 $NaBH_4$ 在乙醚中反应制得。

$$3LiAlH_4 + 4BCl_3 \xlongequal{乙醚} 2B_2H_6 + 3LiCl + 3AlCl_3$$

$$3NaBH_4 + 4BF_3 \xlongequal{乙醚} 2B_2H_6 + 3NaBF_4$$

3) 乙硼烷的性质

多数硼烷在空气中自燃，燃烧时放出大量的热，产物为 B_2O_3 和 H_2O。曾经试图用硼烷作高能燃料，但由于其毒性大且燃烧不充分等原因而放弃。

$$B_2H_6 + 3O_2 = B_2O_3 + 3H_2O \qquad \Delta_r H_m^\ominus = -2166\ kJ \cdot mol^{-1}$$

乙硼烷易水解，放出大量热，产物是 H_3BO_3 和 H_2。

$$B_2H_6 + 6H_2O = 2H_3BO_3 + 6H_2 \qquad \Delta_r H_m^\ominus = -509.2\ kJ \cdot mol^{-1}$$

乙硼烷还具有较强的还原性，与氯气反应生成 BCl_3 和 HCl；在乙醚溶剂中，将乙硼烷与 LiH 作用，可以得到强还原剂 $LiBH_4$。

$$2LiH + B_2H_6 \xlongequal{\text{乙醚}} 2LiBH_4$$

$LiBH_4$ 是一种白色晶体，具有很高的燃烧热，能用作火箭燃料。用 BF_3 与过量的 NaH 作用，可以得到 $NaBH_4$。在这类硼氢化物中，四个 H 原子与 B 原子形成配离子 $[BH_4]^-$，表现了 B 的缺电子性，$[BH_4]^-$ 是极有价值的还原剂，常用于有机合成。

2. 硼的含氧化合物

硼的含氧化合物常见的有 B_2O_3、H_3BO_3 和硼砂。

1) B_2O_3

晶体状 B_2O_3 的熔、沸点分别为 723K、2523K，可由 H_3BO_3 在低温(670 K)低压下经过缓慢脱水制备，得到的白色粉末吸水性很强，能用作干燥剂；硼酸在高温下脱水则得到玻璃态 B_2O_3 固体。X 射线衍射研究结果表明，晶体状 B_2O_3 由畸变的 BO_4 四面体组成六方晶格，而无定形 B_2O_3 由三角形的 BO_3 结构单元构成，在 1273 K 以上，存在单分子的 B_2O_3 分子。

B_2O_3 与水反应时，遇到热水蒸气生成具有挥发性的偏硼酸，在水中则形成硼酸。

$$B_2O_3\ (s) + H_2O\ (g) = 2HBO_2\ (g)$$

$$B_2O_3\ (s) + 3H_2O\ (l) = 2H_3BO_3\ (aq)$$

熔融的 B_2O_3 可以熔解很多金属氧化物，用来制备有色的硼玻璃(也称偏硼酸盐玻璃)；与长石、石英等含硅矿物和含锡、铅的氧化物一起烧制，可以制备珐琅和搪瓷。这一性质可用于金属离子的鉴别。将 B_2O_3 与氧化铜或含铜离子的盐共熔，得到蓝色的 $Cu(BO_2)_2$；与含镍离子的盐共熔，可得到绿色的 $Ni(BO_2)_2$。

$$CuO + B_2O_3 = Cu(BO_2)_2(\text{蓝})$$

$$NiO + B_2O_3 = Ni(BO_2)_2(\text{绿})$$

用 Li、Be 和 B 的氧化物制备的玻璃可作 X 射线仪器的窗口。硼玻璃耐高温，可用来制造耐高温化学仪器、火箭的防护材料、绝缘器材和玻璃钢等建筑、机械、军工等领域的新型材料。

2) H_3BO_3

硼酸为无色片状晶体，273 K 时 100 g H_2O 中可溶解 2.8 g H_3BO_3，随着温度的升高，溶解度明显增大，323 K 时 H_3BO_3 的溶解度提高到 11.4 g·(100 g H_2O)$^{-1}$。

H_3BO_3 溶解度随温度变化明显升高的原因是什么呢？这要从硼酸的分子结构分析。如图 13-4 所示，构成 H_3BO_3 晶体的结构单元为 BO_3，在 H_3BO_3 晶体中，每个 B 原子以三个 sp^2 杂化轨道与三个 OH 中的 O 原子以共价键结合，每个 O 原子除与 B、H 原子以共价键结合外，还与另一个 H_3BO_3 单元中的 H 以氢键结合，形成片层结构。其中 B—O、O—H 共价键的键长分别为 136 pm、88 pm，两键之间的夹角为 114°；O···H 氢键键长为 184 pm。层与层之间则以微弱的范德华力结合，层间距为 318 pm。这种结构导致硼酸晶体的片状结构，有解理性，可用作润滑剂。分子间的缔合造成硼酸在冷水中溶解度较小，而升温后部分氢键断裂，导致溶解度显著增加。

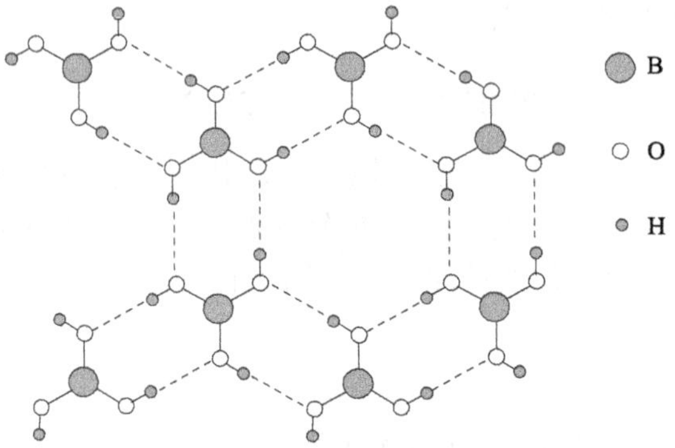

图 13-4　硼酸分子的层状结构示意图

硼酸为一元弱酸，但并非其解离出 H^+，而是由于 B 的缺电子性。在水中硼酸分子结合水中的 OH^- 而释放出 H^+，溶液显酸性。

$$H_3BO_3 + H_2O \rightleftharpoons [B(OH)_4]^- + H^+ \qquad K_a^{\ominus} = 6\times10^{-10}$$

硼酸与多羟基化合物作用后，表现出一元强酸的性质，可以用强碱滴定。

$$H_3BO_3+CH_2OHCHOHCH_2OH = H[HO-CH\begin{matrix}CH_2O\\ \\ CH_2O\end{matrix}BO]+2H_2O$$

硼酸与一元醇在浓硫酸催化下生成酯，这种酯燃烧产生特有的绿色火焰，可用于鉴别 H_3BO_3。

$$3ROH + H_3BO_3 = [RO]_3B + 3H_2O$$

3）硼砂

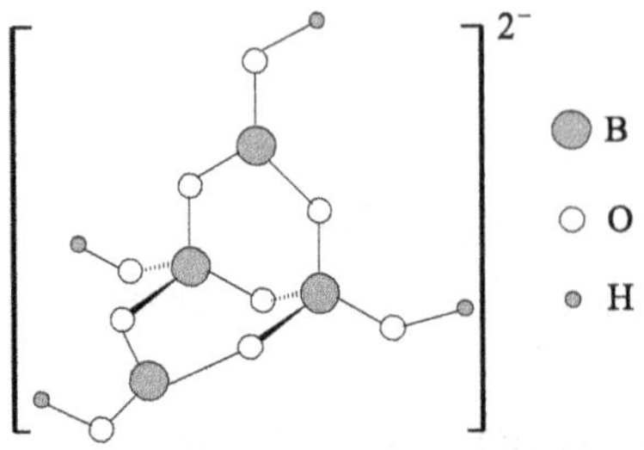

图 13-5　多硼酸盐酸根的结构示意图

硼砂是一种无色半透明的晶体，属于由硼酸缩合而成的链状或环状的多硼酸盐。如图 13-5 所示，在多硼酸盐中存在两种结构单元，一种是 BO_3 三角形，这种 B 原子的杂化方式为 sp^2；另一种是 BO_4 四面体，其中 B 原子的杂化方式为 sp^3。硼砂是四硼酸的钠盐，两个 BO_3 和两个 BO_4 依次间隔地共用顶角 O 原子，构成四硼酸盐的骨架，$[B_4O_5(OH)_4]^{2-}$ 通过氢键连接成链状结构，链与

链之间通过 Na^+ 以离子键结合，简写成 H_2O 分子存在于链之间。因此，硼砂的实际组成为 $Na_2B_4O_5(OH)_4 \cdot 8H_2O$，通常写为 $Na_2B_4O_7 \cdot 10H_2O$。

硼砂与 B_2O_3 一样，可以熔解某些金属氧化物，依金属的种类而显出不同的颜色。在分析化学上，常用硼砂珠试验鉴定某些过渡金属氧化物。

$$Na_2B_4O_7 + CoO \xrightarrow{\text{熔融}} Co(BO_2)_2 \cdot 2NaBO_2\text{（蓝宝石色）}$$

硼砂溶液也是实验室常用的碱性缓冲溶液，其水溶液中 H_3BO_3 和$[B(OH)_4]^-$ 共存，可以抵抗酸或碱的加入，298 K 时的 pH 为 9.24，其缓冲原理表示如下：

$$[B_4O_5(OH)_4]^{2-} + 5H_2O = 2H_3BO_3 + 2[B(OH)_4]^-$$

$$Na_2B_4O_7 + 2NaOH = 4NaBO_2 + H_2O$$

$$Na_2B_4O_7 + 2HCl + 5H_2O = 2NaCl + 4H_3BO_3$$

4) 硼的卤化物

BX_3 的中心 B 原子用三个 sp^2 杂化轨道分别与三个卤素原子的单电子 p 轨道重叠成键，分子构型为平面三角形，BX_3 分子中未参与杂化的 p 空轨道分别与三个卤素原子中相互平行的孤电子对占据的 p 轨道形成 Π_4^6。BX_3 均为共价化合物，所以其熔沸点随相对分子质量的增大而增大(表 13-2)。

表 13-2　BX_3 的部分物理性质

物理性质	BF_3	BCl_3	BBr_3	BI_3
室温下聚集态	g	g	l	s
熔点/K	146	166	227	316
沸点/K	172	285	364	483

BF_3 是典型的路易斯酸，能与路易斯碱 NH_3 等形成酸碱配合物，易发生水解。

$$H_3N + BF_3 = [H_3N: \rightarrow BF_3]$$

$$BF_3 + 3H_2O = 3HF + B(OH)_3$$

$$BF_3 + HF = H^+ + [BF_4]^-$$

$$4NaH + BF_3 = NaBH_4 + 3NaF$$

BCl_3 沸点很低，常温下稍加压即可液化，得到无色的、具有高折射率的液体，在潮湿空气中会发烟。

$$BCl_3 + 3H_2O = H_3BO_3 + 3HCl$$

由于 Cl^-的离子半径大，所以 B(Ⅲ)周围容不下四个 Cl^-，也就是说不存在 $H[BCl_4]$。

BX_3 的制备：

$$B_2O_3 + 3CaF_2 + 3H_2SO_4 = 2BF_3 + 3CaSO_4 + 3H_2O$$

$$B_2O_3 + 3C + 3Cl_2 = 2BCl_3 + 3CO$$

思 考 · 练 习

$BF_3 + Na_2CO_3 + H_2O \longrightarrow ?$

5) 氮化硼

氮化硼(BN)和碳的单质具有等电子结构，它存在六方 BN 和立方 BN 两种构型。其中六方 BN 具有与石墨类似的层状结构，如图 13-6(a)所示，层内 B 原子和 N 原子交替排列，组成平面六角形网格结构。层与层之间的堆垛与石墨不同，BN 相邻两层之间，B 原子与 N 原子对应，第一层和第三层原子排列方式相同。

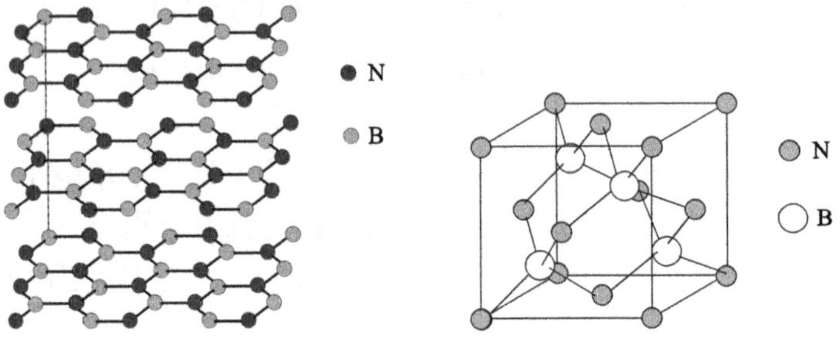

(a)　　　　(b)

图 13-6　六方 BN(a)和立方 BN(b)结构示意图

六方 BN 在金属催化剂作用下，于 6.2 GPa、1650 K 下可以转化为结构与金刚石相似的立方 BN。如图 13-6(b)所示，在立方 BN 中，N 原子为面心立方排列，B 原子占据 1/2 的四面体空隙。立方 BN 的硬度仅次于金刚石，化学稳定性优于金刚石。若金刚石的使用温度超过 1073 K 时，会转变为石墨型结构并与铁发生反应，而立方 BN 在 1573 K 以上的高温下也不发生氧化和晶形转变，能够弥补以 Cu、Ni、Co 等为基质的耐热材料切削中金刚石的不足。

13.1.5　铝的化合物

1. 铝的氧化物和氢氧化物

Al_2O_3 存在多种不同结构的变体，自然界存在的刚玉是α-Al_2O_3，也是天然宝石、玉石的主要成分，含有 Cr 氧化物的宝石为红宝石，含有 Ti、Fe 的宝石为蓝宝石。

刚玉的硬度相当高，仅次于金刚石、SiC 等，熔点也很高，常用作手表的轴承，机械手表中含有几个刚玉轴承就称为几钻。α-Al_2O_3 的化学性质很不活泼，难溶于水，也难溶于酸和碱溶液。欲将α-Al_2O_3 转入溶液相，可以将 $KHSO_4$ 或 $K_2S_2O_7$ 与之共熔，发生的反应是

$$Al_2O_3 + 3K_2S_2O_7 = 3K_2SO_4 + Al_2(SO_4)_3$$

$Al(OH)_3$ 在较低温度下分解得到的是γ-Al_2O_3，它的硬度低，比表面积较大，可用作吸附剂或催化剂载体。γ-Al_2O_3 化学性质活泼，既可与酸反应也可与碱反应，溶于强酸溶液得到 Al^{3+}，溶于强碱溶液则生成$[Al(OH)_4]^-$或$[Al(OH)_6]^{3-}$。高温焙烧γ-Al_2O_3 或温度超过 1273 K 时

灼烧铝的含氧化合物可以得到α-Al_2O_3。日常生活中接触到的铝制品表面的氧化膜结构不同于α-Al_2O_3和γ-Al_2O_3，属于 Al_2O_3 的另一种变体。

2. 铝盐

1）卤化铝

卤化铝中除 AlF_3 为离子型晶体外，其余均为共价化合物。293 K 下，AlF_3 在水中溶解度约为 0.67 g。AlF_3 晶体中 Al 的配位数为 6，高温下升华可得单分子 AlF_3。

$AlCl_3$ 常温下为白色固体，遇水强烈水解并放热，潮湿空气中冒烟。$AlCl_3$、$AlBr_3$、AlI_3 易溶于乙醚等有机溶剂，在气相或非极性溶剂中为二聚分子，如图 13-7 所示，分子中的铝原子采取 sp^3 杂化，与三个 Cl 原子形成σ共价键，另一个空轨道接受 Cl 原子的孤电子对，两个 $AlCl_3$ 分子之间形成两个σ配位键，Cl→Al 结构中的 Cl 原子起桥梁作用。当二聚分子遇到电子对给予体分子时会解离成单分子，单分子 $AlCl_3$ 再与该电子对给予体分子形成配位键。这一性质类似于 BF_3，$AlCl_3$ 能与有机胺、醚类、醇类分子结合，因此无水 $AlCl_3$ 是某些有机化学反应的催化剂。

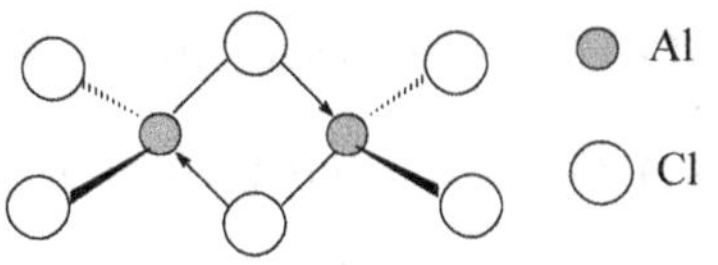

图 13-7　二聚体形式的 Al_2Cl_6 的结构示意图

2）铝盐和铝酸盐

铝盐是指含 Al^{3+}的盐，在水溶液中 Al^{3+} 以八面体水合配离子 $[Al(H_2O)_6]^{3+}$ 的形式存在，由于水解，溶液显酸性。

$$[Al(H_2O)_6]^{3+} + H_2O \xlongequal{\quad} [Al(H_2O)_5OH]^{2+} + H_3O^+$$

弱酸的铝盐如 $Al_2(CO_3)_3$ 和 Al_2S_3 等无法稳定存在于水溶液中，会发生强烈水解，产生沉淀并释放气体。

$$2Al^{3+} + 3CO_3^{2-} + 3H_2O \xlongequal{\quad} 2Al(OH)_3\downarrow + 3CO_2\uparrow$$

固态铝酸盐如 $NaAlO_2$、$KAlO_2$ 等俗称偏铝酸盐，它们常以水合物的形式存在，但是在水溶液中不存在 AlO_2^-，光谱化学实验证实在水溶液中存在$[Al(OH)_4]^-$ 和$[Al(OH)_6]^{3-}$。采用“干法”将 Al_2O_3 与固态 NaOH 熔融，可以得到 $NaAlO_2$；而由单质 Al 或 Al_2O_3、$Al(OH)_3$ 等与 NaOH 溶液反应，只能得到$[Al(OH)_4]^-$。

$$Al_2O_3 + 2NaOH \xlongequal{\triangle} 2NaAlO_2 + H_2O$$

$$Al_2O_3 + 2NaOH + 3H_2O \xlongequal{\quad} 2Na[Al(OH)_4]$$

3）铝的硫酸盐

硫酸铝容易与碱金属（锂除外）或铵的硫酸盐结合形成矾，如明矾$[KAl(SO_4)_2 \cdot 12H_2O]$又称铝钾矾，具有净水作用。$Al^{3+}$水解后得到的 $Al(OH)_3$ 胶粒携带正电荷，能有效中和泥土胶粒所带的负电荷，加速泥土颗粒的聚集沉降。研究表明，$Al(OH)_3$ 胶粒并非单个的 $Al(OH)_3$

分子，而是多个 $Al(OH)_3$ 单元的缩聚体。利用这一原理研发的聚合硫酸铝（聚铝）和聚合硫酸铁（聚铁）是常用的净水剂。硫酸铝也是泡沫灭火器中使用的药剂之一。

13.2 镓、铟、铊

13.2.1 镓、铟、铊的单质

Ga 是银白色软金属，熔点 29.8 ℃，放手中即可熔化，而其沸点为 2229 ℃，是所有金属中熔沸点差最大的。利用这一特点，Ga 常用于制造高温温度计。Ga、In、Tl 的高纯金属是半导体材料。

Ga、In、Tl 均能溶于酸，Ga、In 产物一般是+3 价，Tl 的产物一般是+1 价。

$$2Ga + 3H_2SO_4(\text{稀}) = Ga_2(SO_4)_3 + 3H_2\uparrow$$

$$2Tl + H_2SO_4(\text{稀}) = Tl_2SO_4 + H_2\uparrow$$

$$Ga + 6HNO_3(\text{浓}) = Ga(NO_3)_3 + 3NO_2\uparrow + 3H_2O$$

$$Tl + 2HNO_3(\text{浓}) = TlNO_3 + NO_2\uparrow + H_2O$$

Ga、In、Tl 中只有 Ga 能与氢氧化钠反应放出氢气。

13.2.2 镓、铟、铊的主要化合物

$$\xrightarrow[\text{稳定性减弱，氧化性增强}]{B(\text{Ⅲ})、Al(\text{Ⅲ})、Ga(\text{Ⅲ})、In(\text{Ⅲ})、Tl(\text{Ⅲ})}$$

$$\xrightarrow[\text{稳定性增强，还原性减弱}]{Ga(\text{Ⅰ})、In(\text{Ⅰ})、Tl(\text{Ⅰ})}$$

同族元素自上而下，低氧化态物质比高氧化态物质稳定的现象称为惰性电子对效应。此处的惰性电子对主要是指 $6s^2$，类似的还有低氧化态的 Hg(0)、Pb(Ⅱ)、Bi(Ⅲ)的化合物稳定，而其高氧化态（与族数相同）的化合物则不稳定。

$GaCl_2$ 是抗磁性物质，结构式为 $Ga^+[Ga^{3+}Cl_4]$，$InCl_2$ 类同 $GaCl_2$。

$E^\ominus(Tl^{3+}/Tl^+) = 1.25\ V$，Tl(Ⅲ)的化合物是很强的氧化剂。

$$2Tl^{3+} + 3S^{2-} = Tl_2S\downarrow + 2S\downarrow$$

$$2Tl^{3+} + 6OH^- = Tl_2O_3 + 3H_2O\ [Tl(OH)_3\text{不存在}]$$

$$Tl_2O_3 \xlongequal{\triangle} Tl_2O + O_2\uparrow$$

$$Tl_2SO_4 + Ba(OH)_2 = BaSO_4\downarrow + 2TlOH\ (TlOH\text{性质近同}NaOH)$$

$$2TlOH(\text{黄}) \xlongequal{\triangle} Tl_2O(\text{黑}) + H_2O$$

TlX 性质类同 AgX，如 TlF 能溶于水，其他 TlX 难溶。但 TlCl 难溶于氨水。

归纳·整合

1. 单质硼的碱法制备

$$Mg_2B_2O_5 \cdot H_2O \xrightarrow{浓NaOH} NaBO_2 \xrightarrow{CO_2+H_2O} Na_2B_4O_7 \cdot 10H_2O$$

硼镁矿　　偏硼酸钠　　硼砂（四硼酸钠）

$$Na_2B_4O_7 \cdot 10H_2O \xrightarrow{H_2SO_4} H_3BO_3 \xrightarrow{加热} B_2O_3 \xrightarrow{Mg或Al} B$$

硼酸

2. 乙硼烷的结构

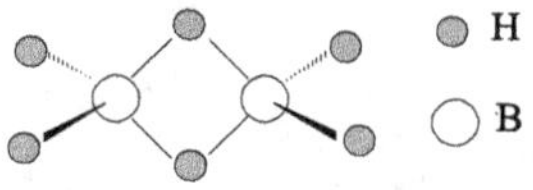

氢桥键（3c-2e）

3. H_3BO_3 是一元弱酸。晶体为片层结构，层内分子间有氢键，层间为分子间力，有解理性。冷水中溶解度小，温度升高，溶解度增大。

4. 硼酸盐：$NaBO_2$（偏硼酸钠）；$Na_2B_4O_7 \cdot 10H_2O$（硼砂）。

硼砂水溶液显碱性，具有缓冲作用。

$$[B_4O_5(OH)_4]^{2-} + 5H_2O = 2H_3BO_3 + 2[B(OH)_4]^-$$

$$Na_2B_4O_7 + 5H_2O + H_2SO_4 = 4H_3BO_3\downarrow + Na_2SO_4$$

5. 铝的提取与冶炼

$$Al_2O_3(铝矾土) + 2NaOH + 3H_2O = 2Na[Al(OH)_4](铝酸盐)$$

$$2Na[Al(OH)_4] + CO_2 = 2Al(OH)_3\downarrow + Na_2CO_3 + H_2O$$

$$2Al(OH)_3 = Al_2O_3 + 3H_2O$$

$$2Al_2O_3 \xrightarrow[电解]{Na_3[AlF_6]} 4Al(阴极) + 3O_2(阳极)$$

6. 铝及其化合物的性质

$$[Al(OH)_4]^-,\ [Al(OH)_6]^{3-} \xleftarrow{OH^-} Al,\ Al_2O_3,\ Al(OH)_3 \xrightarrow{H^+} Al^{3+}$$

$$2[Al(OH)_4]^- + CO_2 = 2Al(OH)_3\downarrow + CO_3^{2-} + H_2O$$

7. 硼族元素卤化物比较

(X=F、Cl) $BX_3 \rightarrow AlX_3 \rightarrow GaX_3 \rightarrow InX_3 \rightarrow TlX_3$　稳定性依次减弱，氧化性增强

$GaX \rightarrow InX \rightarrow TlX$　稳定性依次增强，还原性减弱

BF_3（共价），AlF_3　GaF_3　InF_3　TlF_3

离子晶体，熔点高，溶于水，易水解

13.3　碳、硅、锗、锡、铅

13.3.1　碳、硅的单质

1. 碳、硅单质的结构

碳的单质具有多种同素异形体，如金刚石、石墨和富勒烯等，金刚石为空间网状结构，木炭、焦炭、炭黑等无定形碳具有与石墨类似的层状结构，而富勒烯是一种完全由碳组成的中空分子，形状呈球形、椭球形、柱形或管状，可以理解为碳的多原子分子，它们的结构示意图如图 13-8 所示。

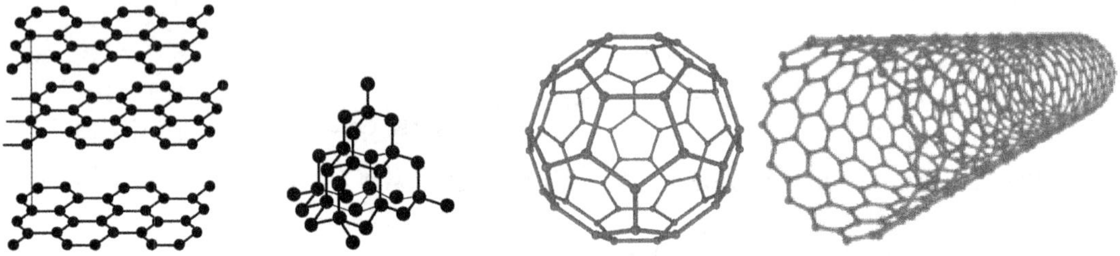

(a)　　　(b)　　　(c)

图 13-8　碳的主要同素异形体结构示意图

(a)石墨；(b)金刚石；(c)富勒烯家族的代表 C_{60} 和碳管

石墨晶体为层状结构，层内 C 原子以 sp^2 杂化轨道与其他三个 C 原子形成共价键，六个 C 原子形成平面正六边形的环，伸展成片层结构，此处 C—C 键长均为 142 pm。平面内的每个 C 原子均剩余一个 p 轨道，这些 p 轨道垂直于石墨片层，“肩并肩”相互重叠，形成大的离域 Π 键。其中的电子与金属中的自由电子类似，因此石墨可以导电和导热。石墨片层之间的间隔为 340 pm，距离较大，相互之间的作用属于范德华力范畴，所以石墨片层之间容易滑动。

金刚石和晶体硅的结构类似，每个 C 原子均以 sp^3 杂化轨道与周围四个 C 原子形成共价键，居于正四面体的中心位置，形成整块晶体。金刚石、晶体硅以及碳化硅和氮化硼均属于原子晶体，原子之间共价键的结合力很强，它们的共同特点是熔点、沸点高，硬度很大。为便于对比，将几种晶体的部分性质列于表 13-3。

表 13-3　石墨和几种常见原子晶体的性质

性质	金刚石	石墨	晶体硅	β-SiC	α-菱形硼	立方 BN
外观	无色固体	灰黑色固体	银灰色有金属光泽	无色	黑色	白色固体
密度/($g \cdot cm^{-3}$)	3.51	2.25	2.33	3.22		2.18
M—M 键能/($kJ \cdot mol^{-1}$)	345.6		222	318	293	
熔点/K	3823	3925	1683	3003	2573	2973(升华)
沸点/K	5100	5100	2628		2823	
莫氏硬度	10	1	7		9.5	
氧气中燃烧温度/K	1050	960				
燃烧热/($kJ \cdot mol^{-1}$)	395.40	393.50				

富勒烯(fullerene)在结构上与石墨有相似之处，富勒烯中也含有六元环、五元环或七元环等。1985 年，英国和美国的化学家制备了第一种富勒烯 C_{60}，该分子是由 60 个碳原子组成类似足球形状的封闭不饱和碳分子，对称性很高，每个 C 原子都处于等价位置，其中含有 12 个五元环和 20 个六元环，每个 C 原子与另外的 3 个 C 原子形成 3 个σ键，分子中还存在 1 个 Π_{60}^{60} 的大 Π 键，C 原子的杂化状态介于 sp^2 与 sp^3 之间，约为 $sp^{2.28}$，整体酷似一个直径约 0.7 nm 的小足球。富勒烯的发现震撼了当时的科学界，克鲁托、克尔和斯莫利三位科学家因此获得了 1996 年诺贝尔化学奖。

富勒烯不仅依靠人工合成获得，2010 年科学家通过太空望远镜发现外太空中也存在富勒烯。随着人类合成和提纯技术的不断发展，富勒烯分子已经发展成一个大的家族，除了单个分子团簇如 C_{20}、C_{60}、C_{70}、C_{84} 等之外，还包含碳纳米管、巨碳管、球棒相连二聚体以及碳的链状、面状、体状聚合物等。这类物质的发现不仅拓展了碳的同素异形体的数目，而且它们独特的物理和化学性质已经在材料科学、电子科学和纳米科学技术等领域表现出潜在的应用价值。现代研究发现，通过在 C_{60} 中嵌入过渡金属(特别是稀土元素)有望合成出高温超导或其他具有特殊功能的材料。目前可以包裹进入 C_{60} 分子的笼状结构的有稀有气体分子，还有稀土元素、碱金属元素以及钛、氧、氮、硫、碳等。除了内部空间颇具特色之外，富勒烯的另一特点是 C 原子的不饱和性，在适当条件下能被打开与其他化学基团组成富勒烯衍生物，基于 C_{60} 的富勒烯衍生物目前已经合成出上万种，有些已经开发出大量应用。

单质硅有无定形和晶形两种同素异形体，前者为灰黑色粉末，后者为银灰色、带有金属光泽的晶体。晶体硅能导电，性质介于金属和非金属之间，是制造半导体的材料。纯硅在电子工业领域具有广泛的应用，可以用来制造晶体管、光电导器件，制成的硅晶片用于小型电子计算机。其晶体结构与金刚石类似，但是 Si—Si 键能弱于 C—C，因此其熔点、硬度(莫氏硬度 7.0)均低于金刚石(表 13-3)。当升温时，Si—Si 键容易断裂，晶格中一些电子能流动，所以半导体的电导率随温度的升高而增加。

2. 单质硅的制备与性质

1) 单质硅的制备

硅易与氧结合，自然界中没有游离态的硅。硅是构成岩石的主要成分之一，主要以 SiO_2 和硅酸盐的形式存在。例如，花岗岩中肉眼可见的闪闪发光的成分是白色石英，主要成分为 SiO_2；灰白色或淡红色长条状颗粒是长石，白色或黑色的鳞片是云母，二者均属于硅酸盐。另外，我们熟知的玛瑙、水晶、燧石等均是 SiO_2 的不同存在形式。

将石英砂与金属镁或焦炭在电炉中加热，可以得到粗硅。将粗硅与氯气或氯化氢气体反应，将生成的 $SiCl_4$ 或 $SiHCl_3$ 精馏提纯，再用 H_2 还原，即得纯硅。

$$SiO_2 + 2C \xlongequal{\triangle} Si + 2CO$$

$$Si + 2Cl_2 \xlongequal{\triangle} SiCl_4$$

$$Si + 3HCl \xlongequal{\triangle} SiHCl_3 + H_2$$

$$SiCl_4 + 2H_2 \xlongequal{\triangle} Si + 4HCl$$

2) 单质硅的化学性质

晶体硅在常温下化学性质不活泼，与水、空气、除 HF 之外的其他酸等均无化学反应。高温下，能与所有卤素生成 SiX_4，与 O_2 生成 SiO_2。

无定形硅比较活泼，除上述反应外，还可与 NaOH 溶液作用，生成 Na_2SiO_3 和 H_2。

$$Si + 2NaOH + H_2O = Na_2SiO_3 + 2H_2\uparrow$$

13.3.2　碳、硅的化合物

1. 碳的化合物

1) CO

CO 是一种无色无味的气体，不与水作用，属中性氧化物。其典型的化学性质为配位性和还原性。

CO 的配位能力与其分子结构密切相关。CO 与 N_2 是等电子体，二者具有相同的分子轨道。在 CO 分子中，有一个 σ 键、两个 π 键，与 N_2 不同的是，其中一个 π 键为配位键，该电子对来自 O 原子，其结构可以表示为

$$C \overset{\leftarrow}{\equiv} O$$

CO 分子的偶极矩接近零，从原子的电负性看，原子间的电子对偏向 O 原子。但是，由于形成配位键的电子对由 O 提供，O 略带正电，而 C 略带负电，与电负性的效果相反，二者相互抵消。这也是 CO 可以提供 C 原子上的孤电子对进入许多过渡金属原子的空轨道从而形成羰基配合物[如 $Fe(CO)_5$、$Ni(CO)_4$、$Co_2(CO)_8$ 等]的原因，这些羰基配合物的生成、分离、加热分解是制备相应高纯金属单质的方法之一。

CO 俗称煤气，是一种剧毒气体。CO 能与血液中的血红蛋白(Hb)生成羰基化合物，使血液失去输送氧的功能，空气中体积分数达到 1/800 时，就会导致人在 0.5 h 内死亡。

CO 是冶金工业上最重要的还原剂，如

$$Fe_2O_3 + 3CO \xlongequal{\triangle} 2Fe + 3CO_2$$

定性检验 CO 时也利用了它的还原性，将 CO 通入 $PdCl_2$ 溶液，立即生成黑色沉淀。

$$CO + PdCl_2 + H_2O = CO_2\uparrow + 2HCl + Pd\downarrow$$

很多工业过程如高炉炼铁和炼焦行业会产生大量 CO 气体。高温下焦炭与水蒸气反应，或碳的不完全燃烧都可以得到 CO。

$$C + H_2O \xlongequal{\triangle} H_2 + CO$$

$$2C + O_2 \xlongequal{\triangle} 2CO$$

实验室制备少量 CO 可由甲酸在浓硫酸作用下脱水来实现。

$$HCOOH \xlongequal{\text{浓硫酸}} CO\uparrow + H_2O$$

联 想 · 质 疑

1. 在用炉火取暖时，为防止煤气中毒，在火炉旁放一大盆水或等闻到煤气味就搬走火炉的做法是否可行？

2. 炭火炉烧得炽热时，在泼少量水的瞬间，炉火烧得更旺，为什么？

3. 如果有一条山谷，人和狗同时进入，人能平安出来，而狗再也出不来了，知道为什么吗？

4. 当人进入久未开启的地窖或深井时，为什么先要做灯火试验？

2) CO_2 和碳酸

CO_2 是一种无色、无味、无毒的气体，大气中 CO_2 的体积分数约为 0.03%，海洋中约占 0.014%，人呼出的气体中 CO_2 的体积分数约为 4%。CO_2 主要来自碳和含碳化合物的燃烧、碳酸钙矿石的分解、动物的呼吸和发酵过程。地球上的植物和海洋中的浮游生物能把 CO_2 转变为 O_2，维持着大气中 O_2 和 CO_2 的平衡。

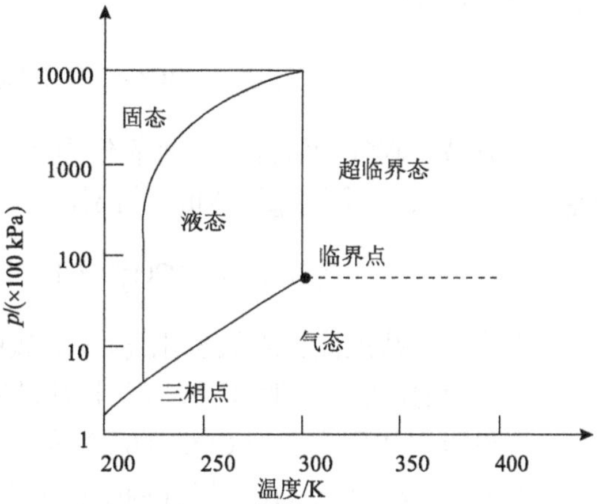

图 13-9　CO_2 的相图

由图 13-9 可知，CO_2 的三相点为 p = 525 kPa、T = 216 K，此时固-液-气三相共存。将 CO_2 气体加压到约 525 kPa、降温至 216 K 以下时可不经过液态而直接冷凝为雪花状的固体干冰，干冰常用作制冷剂。由于三相点的压力很高，常压下将干冰升温，至 194.5 K 可以直接升华为气体。CO_2 气体的临界温度为 304 K，常温下将其加压到 7000 kPa，即可液化。液态 CO_2 的气化热很大，当部分液态 CO_2 气化时，另一部分 CO_2 即凝固为干冰。

CO_2 的性质主要表现在酸性和一定的氧化性。与石灰水反应生成白色沉淀，可用来鉴定 CO_2。它的氧化性表现为与部分活泼金属如 Mg、Al 等反应。例如

$$CO_2 + 2Mg \xlongequal{\triangle} 2MgO + C$$

工业用的 CO_2 大多是水泥厂、玻璃厂、石灰窑、炼铁高炉、酿酒生成的副产物。

常温下，每升水中约溶解 0.9 dm^3 CO_2 气体，CO_2 饱和溶液的浓度为 0.03～0.04 $mol \cdot dm^{-3}$。CO_2 在水中主要以水合分子的形式存在，只有极少部分生成碳酸(H_2CO_3)，计算表明，水中 CO_2 分子与 H_2CO_3 分子的浓度比约为 600。

$$CO_2 + H_2O \rightleftharpoons H_2CO_3 \qquad K^\ominus = 1.8\times10^{-3}$$

H_2CO_3 不稳定，只能存在于水溶液中，是一种二元弱酸。如果假设水中的 CO_2 全部转化为 H_2CO_3，则 H_2CO_3 的两级解离常数分别为 $K_{a1}^\ominus = 4.2\times10^{-7}$，$K_{a2}^\ominus = 5.6\times10^{-11}$。

3) 碳酸的盐

(1) 溶解性　碳酸的盐包括正盐(碳酸盐)和酸式盐(碳酸氢盐)两种，所有的酸式碳酸盐均溶于水，碱金属(Li^+除外)的正盐和铵盐溶于水，其他金属离子的碳酸盐微溶或难溶

于水。对于难溶的碳酸盐来说，其碳酸氢盐的溶解度大于碳酸盐；而对于易溶的碳酸盐，其酸式盐的溶解度反而变小。例如，$Ca(HCO_3)_2$ 易溶于水，而 $CaCO_3$ 难溶于水。$NaHCO_3$ 的溶解度小于 Na_2CO_3。溶解度的反常是由于 HCO_3^- 通过氢键形成双聚或多聚链状离子的结果。

易溶盐	Na_2CO_3	$NaHCO_3$	K_2CO_3	$KHCO_3$
溶解度/[g·(100 g H_2O)$^{-1}$](100 ℃)	45	16	156	60

(2) 水解性　$K_{h1}^{\ominus}(CO_3^{2-}) = 1.78\times10^{-4}$ ；$K_{h2}^{\ominus}(HCO_3^-) = 2.4\times10^{-8}$ 。

金属离子(碱金属除外) $\xrightarrow{Na_2CO_3}$ 碳酸盐↓或碱式碳酸盐↓或氢氧化物↓

生成氢氧化物沉淀：S(氢氧化物) < S(碳酸盐)，如 Al^{3+}、Fe^{3+}、Cr^{3+}、Sn^{2+}、Sn^{4+}、Sb^{3+} 等水解性较强的离子。

$$2Fe^{3+} + 3CO_3^{2-} + 3H_2O = 2Fe(OH)_3\downarrow + 3CO_2\uparrow$$

生成碱式碳酸盐沉淀：S(氢氧化物)≈ S(碳酸盐)，如 Mg^{2+}、Pb^{2+}、Cu^{2+}、Bi^{3+}、Zn^{2+}、Hg^{2+}、Cd^{2+}、Ni^{2+}、Ag^{+}、Mn^{2+} 等离子。

$$2Cu^{2+} + 2CO_3^{2-} + H_2O = Cu_2(OH)_2CO_3\downarrow + CO_2\uparrow$$

生成碳酸盐沉淀：S(氢氧化物) > S(碳酸盐)，如 Ca^{2+}、Sr^{2+}、Ba^{2+} 等难水解离子。

(3) 热稳定性　一般来说，酸及其盐的热稳定性符合下列规则：碳酸 < 酸式盐 < 正盐。这一现象可以用阳离子对 CO_3^{2-} 的反极化作用来解释。CO_3^{2-} 为平面正三角形，无外加电场时，三个 O 原子被中心 C(Ⅳ)极化的状况相同。当有外加电场靠近某个 O 原子时，外加电场使该 O 原子产生方向与原有偶极相反的诱导偶极，这种作用称为反极化。反极化作用削弱了 O 原子与中心 C 原子的相互作用，导致 CO_3^{2-} 分解为 CO_2 和 O^{2-}。尽管 H^+ 只有一个正电荷，但是它半径很小，电荷密度高，反极化作用强，甚至可以钻入 O 原子的电子云中。因此，含有两个 H^+ 的碳酸最不稳定，碳酸氢盐次之，碳酸盐稳定性相对较高。而碳酸盐的稳定性又有下列变化规律。

无水碳酸盐的稳定性同族内自上而下增加：

	$BeCO_3$	$MgCO_3$	$CaCO_3$	$SrCO_3$	$BaCO_3$
分解温度/K	373	813	1173	1462	1633

碱金属碳酸盐 > 碱土金属碳酸盐 > 过渡金属碳酸盐

	Na_2CO_3	$CaCO_3$	$CuCO_3$
分解温度/K	难分解	1170	473

思考·练习

1. 对比下列碳酸盐的热稳定性，用“>”或“<”连接。

(1) Na_2CO_3、$MgCO_3$；(2) $BeCO_3$、$CaCO_3$；(3) Na_2CO_3、$NaHCO_3$

2. 对比下列碳酸盐的溶解性，用“>”或“<”连接。

(1) $CaCO_3$、$MgCO_3$；(2) $CaCO_3$、$Ca(HCO_3)_2$；(3) Na_2CO_3、$NaHCO_3$

2. 硅的化合物

1) 二氧化硅

从地面向下 16 km 的范围内约 65%为含 SiO_2 的矿石。天然 SiO_2 分为晶形和无定形两类。晶形 SiO_2 分布在石英矿中，有石英、鳞石英和方石英三种变体。纯石英石是无色透明晶体，俗称水晶。紫水晶、烟水晶、玛瑙、碧玉都是含有杂质的石英。砂子属于含有大量杂质的石英。硅藻土则是无定形 SiO_2，是工业上常用的吸附剂和建筑装饰、装修领域常用的绝热隔音材料。动植物体内也含有 SiO_2，如植物的茎、穗较结实的部分 SiO_2 含量较高。

尽管 SiO_2 组成与 CO_2 相似，但晶体结构完全不同。SiO_2 中，Si 原子和四个 O 原子形成 SiO_4 四面体，众多 SiO_4 四面体通过顶点 O 原子连接，每个 O 原子被两个四面体共用，形成原子晶体。晶体 SiO_2 的硬度大，莫氏硬度为 7，熔、沸点分别高达 1986 K、2503 K。

SiO_2 化学性质不活泼，高温下也不能被 H_2 还原，只能被活泼金属 Mg、Al 等还原。

$$SiO_2 + 2Mg \xlongequal{\triangle} 2MgO + Si$$

除 F_2 和 HF 之外，SiO_2 不与其他卤素和酸反应。

$$SiO_2 + 6HF = H_2SiF_6 + 2H_2O$$

SiO_2 属于酸性氧化物，与热的浓碱、熔融碱或碳酸钠作用。

$$SiO_2 + 2NaOH = Na_2SiO_3 + H_2O$$

工业上以石英、纯碱、石灰石为主要原料制造玻璃，发生如下反应：

$$SiO_2 + 2Na_2CO_3 \xlongequal{\triangle} Na_2SiO_3 + CO_2$$

$$SiO_2 + CaCO_3 \xlongequal{\triangle} CaSiO_3 + CO_2$$

将石英加热到 1873 K 熔融后冷却，它会缓慢地硬化，得到石英玻璃。石英玻璃不是晶体，而是一种过冷液体，其中的 SiO_4 四面体不像晶体中那么规则。这种玻璃的热膨胀系数小，可以耐受温度的剧变，灼烧后立即投入冷水也不会碎裂，可用于制造耐高温仪器。石英玻璃能透过紫外光，可用来制造医学和矿井中使用的水银石英灯。将石英拉成丝，具有很高的弹性和强度，用于制造光导纤维。

2) 硅酸

硅酸为组成复杂的白色固体，通常人们习惯用 H_2SiO_3 和 $MSiO_3$ 表示硅酸和硅酸盐。含氧酸分子中羟基数目与中心元素最高价相等时，称为原某酸，如原硅酸的化学式为 H_4SiO_4；常见氧化态的酸称为正某酸，有时省略正字，如硅酸的化学式为 H_2SiO_3；由两个或多个原酸分子脱水缩合形成的酸称为多酸，同种含氧酸得到的是同多酸，不同含氧酸得到的是杂多酸。

H_4SiO_4 在水中刚生成时并不立即沉淀，这些单分子的原酸能溶于水，当它们逐渐缩合为多酸时，形成硅酸溶胶。在溶胶中加入适当电解质，溶胶会转变为半凝固状态、软且透明富有弹性的凝胶。这种凝胶的多酸骨架中充满大量水，将其充分洗涤、除去可溶性盐类、干燥脱水后可以得到多孔性固体，称为硅胶。硅胶是一种很好的干燥剂、吸附剂和催化剂载体，对极性物质具有较强的吸附作用。由于其吸附作用主要为物理吸附，所以易于再生而重复利用。化学实验室使用的变色硅胶是将硅酸凝胶用 $CoCl_2$ 溶液浸泡、干燥、活化后得到的一种干燥剂，未吸水状态下为蓝色，吸水后转变为粉红色。

硅胶+$CoCl_2$(无水，蓝色) ⟶ 硅胶+ $CoCl_2 \cdot 6H_2O$ (粉红，可再生)

H_2SiO_3是二元弱酸，其两级解离常数分别为$K_{a1}^{\ominus} = 4.2\times10^{-10}$，$K_{a2}^{\ominus} = 1.0\times10^{-12}$。其存在形式与溶液的酸碱性有关，在一定 pH 范围内，随酸性增强，硅酸缩合程度增大。在强碱性(pH≥14 时)溶液中，主要以SiO_3^{2-}的形式存在；当 pH 为 11～13.5 时，主要以$Si_2O_5^{2-}$存在；pH < 11 缩合成较大的同多酸根离子；pH 再低时，则以硅酸凝胶析出；当 pH = 5.8 时，胶凝速率最快。

3) 硅酸盐

地壳组成的 95%为硅酸盐矿物，它们分布在各种类型的岩石中，主要形成造岩矿物、脉石矿物、非金属矿物等矿产资源。最重要的天然硅酸盐矿物为铝硅酸盐，又以长石的丰度最大，长石是含有钾、钠、钙、钡等金属离子的铝硅酸盐，如 $KAlSi_3O_8$、$NaAlSi_3O_8$、$CaAl_2Si_2O_8$。人工合成晶体中硅酸盐也是重要的一员，在高科技领域占有重要的地位。日常生活中常见的砖瓦、陶瓷制品、玻璃制品以及建筑和工业原料中的水泥、分子筛等都属于硅酸盐产品。

已知的硅酸盐矿物种类超过 600 种，占矿物种类的 1/4。硅酸盐的结构是晶体结构、晶体化学、固体物理、材料科学、矿物学、宝玉石学的重点研究对象。其结构复杂，包括岛状、环状、链状、层状和架状等结构，硅酸盐阴离子的基本结构单元是 SiO_4 四面体。如图 13-10 所示，岛状硅氧基型除了简单的$[SiO_4]^{4-}$单四面体外[图 13-10(a)]，还有以共角方式连接而成的二硅酸阴离子$[Si_2O_7]^{6-}$双聚四面体[图 13-10(b)]、三硅酸阴离子$[Si_3O_{10}]^{8-}$三聚四面体[图 13-10(c)]以及以$[AlO_4]^{5-}$四面体为中心的$[AlSi_4O_{16}]^{13-}$四聚四面体[图 13-10(d)]。例如，镁橄榄石、锆石是 Mg^{2+}、Zr^{4+}与$[SiO_4]^{4-}$连接形成的具有单个 SiO_4 四面体的硅酸盐；硬石($Ca_2ZnSi_2O_7$)则是金属阳离子将二硅酸阴离子连接在一起。

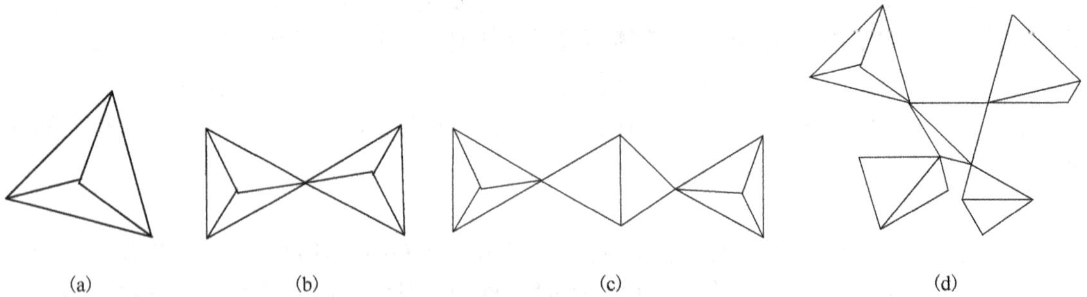

图 13-10　不同类型的岛状基型硅氧骨架

(a) 孤立 SiO_4 四面体；(b) 双 SiO_4 四面体；(c) 三 SiO_4 四面体；(d) 以 AlO_4 为中心的四 SiO_4 四面体

另外，如图 13-11 所示，多个 SiO_4 四面体还可通过共用顶角、棱、面形成环状、链状、片状(层状)或三维网络结构(架状)的复杂阴离子，分别称为环状基型、链状基型、层状基型和架状基型骨架。骨架中的氧离子再与其他金属阳离子形成配位多面体，与 SiO_4 四面体共棱连接形成硅酸盐。如图 13-11(a)～(e)分别显示了硅酸盐中三环的 Si_3O_9、四环的 Si_4O_{12}、六环的 Si_6O_{18}、九环的 Si_9O_{27} 和斧石环(又称带耳六环)等结构，绿柱石 $Be_3Al_2Si_6O_{18}$ 即由六个 SiO_4 四面体形成的闭合环借助金属离子连接而成。

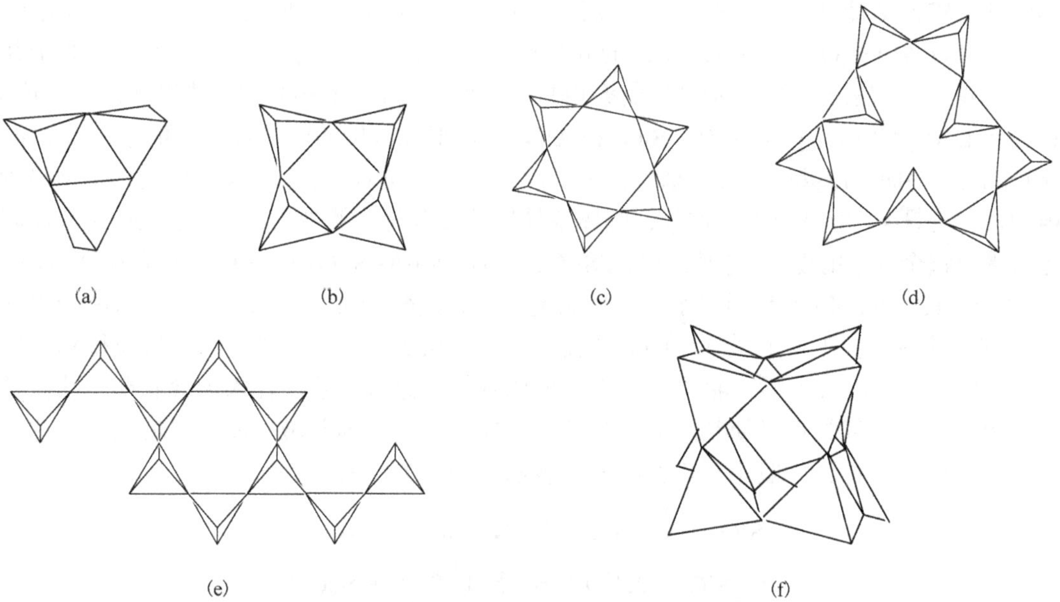

图 13-11　单层环状和双层环状硅氧骨架示意图

(a)三环；(b)四环；(c)六环；(d)九环；(e)斧石环(带耳六环)；(f)双四环

除了上述单层环外，硅酸盐矿物中还发现了双四环 Si_8O_{20} 和双六环 $Si_{12}O_{30}$ 两种双层环，如图 13-11(f)为双四环结构。环状硅酸盐中连接环的阳离子主要包括 Ca、Na、K、Al、Fe、Mn、Mg、Li、Zr 等，环的空隙常被水分子、OH^-或较大的阳离子占据。

每个 SiO_4 四面体通过两个顶角 O 原子相互连接可以形成无限长链，再由单链结合成双链和似管状链，连接链的阳离子主要有 Li、Na、K、Mg、Ca、Ba、Al、Ti、Mn、Fe 等。单链阴离子的化学式为 $Si_nO_{3n}^{2n-}$，但结构中并没有 SiO_3^{2-} 基团，这类链状阴离子的硅酸盐具有纤维状结构，最典型的例子是石棉，其化学式为 $CaMg_3(SiO_3)_4$。通过每个 SiO_4 四面体的三个顶角 O 原子可以形成片状结构，片层之间存在金属离子，这种离子键弱于片层内的 Si—O 键，导致这类硅酸盐容易分成薄片，如滑石[$Mg_3Si_4O_{10}(OH)_2$]、云母($KAl_2[AlSi_3O_{10}](OH)_2$)、高岭土[$Al_2Si_2O_5(OH)_2$]都具有类似的结构。而每个 SiO_4 四面体通过所有顶角 O 原子彼此连接，即形成具有三维网络结构的架状基型硅酸盐。关于链状基型、层状基型和架状基型硅酸盐的结构在本章不再赘述，感兴趣的读者可以查阅与硅酸盐晶体化学特征有关的资料进一步了解。

SiO_4 四面体之间的连接方式必然同与之结合的其他阳离子种类相互适应，阳离子的半径和配位多面体的形式影响了硅氧骨架的形式。中等大小的阳离子主要是六配位的 Al、Mg、Fe、Mn 和 Ti 等，这些阳离子的配位多面体棱长为 0.26～0.28 nm，与 SiO_4 四面体的棱长相当，故与之相适应的硅氧骨架多以孤立的 SiO_4 四面体为主。而 Ca、K、Na、Ba 等半径较大的阳离子，其配位多面体的棱长远远超过 SiO_4 四面体的棱长，与此相适应的硅氧骨架一般不是完全的孤立 SiO_4 四面体，而是双四面体、环或链状结构，这些大阳离子或存在于层状硅氧骨架之间，或填充在架状骨架的空隙中，起着连接层状结构和平衡电荷的作用。

实际上，常见的硅酸盐更多的是铝、硼、铍和钛等离子取代硅原子而形成的铝氧四面体、硼氧四面体、铍氧四面体和钛氧八面体等，它们以共角的方式与硅氧四面体连接，共同形成硅酸盐的骨架，再同其他金属阳离子结合形成各种结构基型的硅酸盐，分别称为铝硅酸盐、硼硅酸盐、铍硅酸盐和钛硅酸盐等。需要注意的是，铝硅酸盐与通常铝的硅酸盐结构不同。例如，叶蜡石 $Al_2[Si_4O_{10}](OH)_2$ 属于铝的硅酸盐，其骨架是单一的 SiO_4 四面体，Al 原子并未参与形成骨架，而是以六配位的形式游离在硅酸盐骨架之外，与 SiO_4 四面体以共棱方式连接。而在云母 $KAl_2[AlSi_3O_{10}](OH)_2$ 中，SiO_4 和 AlO_4 联合组成云母的层状骨架，再同 AlO_6 八面体和 KO_{12} 配位多面体以共棱的方式结合，可以说云母是钾和铝的铝硅酸盐。因为整个网络骨架为电中性，若骨架中的 Si 被 Al 取代，则导致骨架带负电荷，需要在骨架中引入适量金属阳离子才可平衡整个骨架的电荷，如长石 $KAlSi_3O_8$、沸石 $Na_2Al_2Si_2O_8 \cdot 2H_2O$ 等具有这种结构。

除 Na_2SiO_3 和 K_2SiO_3 易溶于水外，其他绝大多数硅酸盐难溶于水。硅酸钠水解会得到二硅酸盐或多硅酸盐。工业上最常用的硅酸盐就是 Na_2SiO_3，由石英砂与纯碱反应得到。反应温度 1373～1623 K，1 h 后产物冷却，得到玻璃状物。这种产物往往因为含有杂质铁盐呈灰色或绿色。用水蒸气处理可使其溶解成黏稠状液体，称为“泡花碱”或“水玻璃”，这是一种多硅酸盐的混合物，一般用氧化物的形式表示为 $Na_2O \cdot nSiO_2$。

$$SiO_2 + Na_2CO_3 = Na_2SiO_3 + CO_2$$

$$Na_2SiO_3 + 2H_2O = NaH_3SiO_4 + NaOH$$

$$2NaH_3SiO_4 = Na_2H_4Si_2O_7 + H_2O$$

水玻璃的用途很广泛，建筑工业和造纸工业上用作黏合剂，木材或织物用水玻璃浸泡后既可防腐又可防火。水玻璃还可用作软水剂、洗涤剂和肥皂填料。另外，它还是制备硅胶和分子筛等材料的原料。Na_2SiO_3 只能存在于碱性溶液中，遇到酸性物质就会生成硅酸。

$$SiO_3^{2-} + 2CO_2 + 2H_2O = H_2SiO_3 + 2HCO_3^-$$

$$SiO_3^{2-} + 2NH_4^+ = H_2SiO_3 + 2NH_3$$

4) 硅的卤化物

(1) SiF_4 是无色带刺激性臭味的气体，易溶于水并水解。

制法：　$SiO_2 + 4HF = SiF_4\uparrow + 2H_2O$

水解：　$SiF_4 + 4H_2O = H_4SiO_4 + 4HF$

$SiF_4 + 2HF = H_2[SiF_6]$ (酸性 $> H_2SO_4$)

$3SiF_4 + 2Na_2CO_3 + 2H_2O = 2Na_2SiF_6\downarrow + H_4SiO_4 + 2CO_2\uparrow$

$H_2[SiF_6] + 2NaOH = 2H_2O + Na_2[SiF_6]\downarrow$ (农业杀虫灭菌剂，木料防腐剂)

Na、K、Ba 的氟硅酸盐难溶于水，Li、Ca 的氟硅酸盐能溶于水。

(2) $SiCl_4$ 无色液体，易挥发，有强烈的刺激性。潮湿空气中因水解产生白色烟雾。

制法：　$Si + 2Cl_2 = SiCl_4$

$SiO_2 + 2C + 2Cl_2 = SiCl_4 + 2CO$

水解：　$SiCl_4 + 4H_2O = H_4SiO_4 + 4HCl$

思 考 · 练 习

$SiCl_4$ 水解产物中是否有 H_2SiCl_6？为什么？

13.3.3 锗、锡、铅的单质及其化合物

1. 锗、锡、铅的单质

1) 单质的制备

Ge、Sn、Pb 单质的制备均采用还原法得到粗品，再采用电解精炼法提纯，若需要超纯制品，则需要区域熔炼法。它们粗品的制备流程如下：

$$\text{含Ge矿物} \xrightarrow{\text{氯化}} GeCl_4 \xrightarrow{\text{精馏}} \xrightarrow{\text{水解}} GeO_2 \xrightarrow{H_2\text{还原}} Ge$$

锡石—→挥发成分（含S、As等）
锡石—→金属氧化物 $\xrightarrow{\text{酸溶}} SnO_2 \xrightarrow{\text{C还原}} Sn$

$$\text{方铅矿} \xrightarrow{\text{氧化}} PbO \xrightarrow{\text{CO还原}} Pb$$

2) 单质的性质与用途

Ge、Sn、Pb 单质的性质和主要用途见表 13-4。

表 13-4　Ge、Sn、Pb 单质的性质和主要用途

		Ge	Sn	Pb
物理性质	色泽	灰白色准金属	银白色金属	银白色金属
	熔点/K	1210	505 灰锡 $\xleftarrow{<286\,K}$ 白锡 $\xrightarrow{>434\,K}$ 脆锡	601
	硬度	较硬	硬度较低	很软
化学性质	氧气	高温下生成 GeO_2	生成 SnO_2	生成 PbO
	稀盐酸	不反应	$Sn + 2HCl = SnCl_2 + H_2\uparrow$	难以持续反应(溶于乙酸)
	稀硝酸	$GeO_2 \cdot nH_2O$	$Sn(NO_3)_2$、浓硝酸下生成 β-H_2SnO_3	$Pb(NO_3)_2$
	NaOH 溶液	有 H_2O_2 时生成 GeO_3^{2-}	$[Sn(OH)_6]^{2-}$	$[Pb(OH)_3]^-$
主要用途		半导体材料	马口铁、青铜、焊锡	焊锡、保险丝、电池极板

2. 锡、铅的重要化合物

1) 氧化物

Sn 的氧化物有 SnO 和 SnO_2。

SnO 是难溶于水的黑色固体，显两性。

$$SnO + 2HCl = SnCl_2 + H_2O$$

$$SnO + 2NaOH = Na_2SnO_2 + H_2O$$

SnO_2 是难溶于水的白色固体，两性偏酸。

$$SnO_2 + 2NaOH(\text{熔融}) = Na_2SnO_3 + H_2O$$

铅可以形成多种价态的氧化物，随温度升高，PbO_2 经 Pb_2O_3、Pb_3O_4 逐渐转变为 PbO。PbO 具有不同颜色和结构的变体，红色的α-PbO 可在常温下稳定存在，当温度超过 760 K 时

则转化为黄色的β-PbO。

PbO（俗称密陀僧）：难溶于水，两性偏碱。能溶于 HAc 和 HNO_3。

PbO_2：暗棕色，难溶于水，两性偏酸，有强氧化性。

$$PbO_2 + 4HCl(浓) \longrightarrow PbCl_2\downarrow + Cl_2\uparrow + 2H_2O$$

$$2PbO_2 + 2H_2SO_4(浓) \longrightarrow 2PbSO_4\downarrow + O_2\uparrow + 2H_2O$$

$$5PbO_2 + 2Mn^{2+} + 4H^+ \longrightarrow 2MnO_4^- + 5Pb^{2+} + 2H_2O$$

工业上 PbO_2 主要用于制造铅蓄电池（正极）。

负极：　$$PbSO_4 + 2e^- \longrightarrow Pb + SO_4^{2-}$$

正极：　$$PbO_2 + SO_4^{2-} + 4H^+ + 2e^- \longrightarrow PbSO_4 + 2H_2O$$

$$PbO_2+Pb+2H_2SO_4 \underset{充电}{\overset{放电}{\rightleftharpoons}} 2PbSO_4+2H_2O$$

Pb_3O_4（铅丹、红铅）：红色粉末，难溶于水，有强氧化性。作红色颜料，用于油漆船舶和桥梁钢架。

$$Pb_3O_4 + 4HNO_3 \longrightarrow 2Pb(NO_3)_2 + PbO_2\downarrow + 2H_2O$$

$$Pb_3O_4 + 8HCl \longrightarrow 3PbCl_2 + Cl_2 + 4H_2O$$

$$Pb_3O_4 + 4HI \longrightarrow 2PbI_2 + PbO_2 + 2H_2O$$

$$Pb_3O_4 + 8HI \longrightarrow 3PbI_2 + I_2 + 4H_2O$$

2）氢氧化物

$Sn(OH)_2$ 为白色固体，显两性。

$$Sn^{2+} + 2OH^- \longrightarrow Sn(OH)_2$$

$$Sn(OH)_2 + 2H^+ \longrightarrow Sn^{2+} + 2H_2O$$

$$Sn(OH)_2 + 2OH^- \longrightarrow [Sn(OH)_4]^{2-}$$

亚锡酸根离子 $[Sn(OH)_4]^{2-}$ 为强还原剂。

$$E_B^{\ominus}\left([Sn(OH)_6]^{2-}/[Sn(OH)_4]^{2-}\right) = -0.93\ V$$

$$3[Sn(OH)_4]^{2-} + 2Bi^{3+} + 6OH^- \longrightarrow 2Bi\downarrow(黑) + 3[Sn(OH)_6]^{2-}$$

$Sn(OH)_4[H_2SnO_3]$ 有两种变体，α-H_2SnO_3 是白色无定形体，两性偏酸，易溶于碱和浓盐酸。β-H_2SnO_3 是白色晶态，两性偏酸，难溶于酸碱。

$$Sn^{4+} + 4NH_3\cdot H_2O \longrightarrow α\text{-}H_2SnO_3 + 4NH_4^+ + H_2O$$

$$Sn(OH)_4 + 2OH^- \longrightarrow [Sn(OH)_6]^{2-}$$

$$Sn(OH)_4 + 6HCl = H_2[SnCl_6] + 4H_2O$$

$$Sn + 4HNO_3(浓) = SnO_2 \cdot H_2O\ (\beta\text{-}H_2SnO_3) + 4NO_2\uparrow + H_2O$$

$Pb(OH)_2$为白色固体，是偏碱性的两性氢氧化物，在强碱性条件下生成$[Pb(OH)_3]^-$。

$$Pb(OH)_2 + 2HNO_3 = Pb(NO_3)_2 + 2H_2O$$

$$Pb(OH)_2 + OH^- = [Pb(OH)_3]^-$$

$$[Pb(OH)_3]^- + ClO^- = PbO_2\downarrow + Cl^- + H_2O + OH^-$$

$Pb(OH)_4$为棕色固体，两性偏酸，不稳定。

Ge、Sn、Pb 氢氧化物酸碱性的变化规律

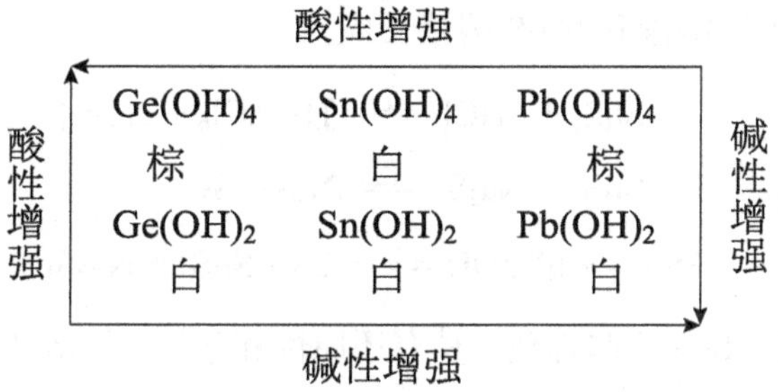

在以上关系图中，酸性最强的$Ge(OH)_4$和碱性最强的$Pb(OH)_2$仍然是两性。

3) 卤化物

市售的$SnCl_2 \cdot 2H_2O$遇水生成$Sn(OH)Cl$白色浑浊，只有将$SnCl_2 \cdot 2H_2O$固体溶解在浓盐酸中，才可以得到澄清的$SnCl_2$溶液。

$$SnCl_2 + H_2O = Sn(OH)Cl\downarrow + HCl$$

$SnCl_2$是中强还原剂，能将Hg^{2+}逐步还原为Hg_2Cl_2白色沉淀、黑色的单质 Hg。保存$SnCl_2$溶液时，需加入锡粒以防止被空气中的O_2氧化。

$$2HgCl_2 + SnCl_2 = SnCl_4 + Hg_2Cl_2\downarrow(白)$$

$$Hg_2Cl_2 + SnCl_2 = SnCl_4 + 2Hg\downarrow(黑)$$

$$2Sn^{2+} + O_2 + 4H^+ = 2Sn^{4+} + 2H_2O$$

思 考 · 练 习

1. 试设计实验方案定性验证Pb_3O_4的组成。
2. 实验室如何配制与保存$SnCl_2$溶液？
3. 在$HgCl_2$与$SnCl_2$的反应中$HgCl_2$过量和$SnCl_2$过量，最终产物是否相同？

将Cl_2与熔融 Sn 反应即得到$SnCl_4$，它是一种微黄色、极易水解的液体，遇潮湿空气产生白雾。

$$SnCl_4 + (x+2)H_2O = SnO_2 \cdot xH_2O + 4HCl\uparrow$$

由于惰性电子对效应，只有PbX_2才能稳定存在，其溶解度按照 Cl→Br→I 的顺序依次降低。

$PbCl_2$是白色固体，易溶于沸水和浓盐酸。

$$PbCl_2 + 2HCl = H_2[PbCl_4]$$

PbI_2为黄色丝状有亮光的固体，易溶于沸水和 KI。

$$PbI_2 + 2KI = K_2[PbI_4]$$

$PbCl_4$在低温下存在。

$$PbO_2 + HCl \longrightarrow (PbCl_4) \longrightarrow PbCl_2\downarrow + Cl_2\uparrow$$

4）硫化物

向四价锡溶液中通入 H_2S 或单质 Sn 与 S 直接化合均可得到 SnS_2。SnS_2为黄色，具有两性，能与浓 HCl、NaOH 溶液和 Na_2S 溶液反应。

$$SnS_2 + 6HCl = H_2SnCl_6 + 2H_2S\uparrow$$

$$SnS_2 + Na_2S = Na_2SnS_3$$

$$3SnS_2 + 6NaOH = 2Na_2SnS_3 + Na_2Sn(OH)_6$$

与 SnS_2不同的是，SnS 为暗棕色，具有还原性和碱性，能溶解在中等浓度的 HCl 和多硫化物中。

$$SnS + 4HCl = H_2SnCl_4 + H_2S\uparrow$$

$$SnS + Na_2S_2 = Na_2SnS_3$$

PbS 是一种黑色硫化物，能溶解在浓 HCl 和稀 HNO_3 中。

$$PbS + 4HCl(浓) = H_2PbCl_4 + H_2S\uparrow$$

$$3PbS + 8HNO_3 = 3Pb(NO_3)_2 + 2NO\uparrow + 3S + 4H_2O$$

$$PbS + 4H_2O_2 = PbSO_4\downarrow + 4H_2O \text{（油画漂白）}$$

	SnS	SnS_2	PbS
颜色	暗棕	黄色	黑色
酸碱性	弱碱	弱酸	弱碱
Na_2S、$(NH_4)_2S$	难溶	$[SnS_3]^{2-}$	难溶
Na_2S_2、$(NH_4)_2S_2$	$[SnS_3]^{2-}$	难溶	难溶

$$[SnS_3]^{2-} + 2H^+ = H_2S\uparrow + SnS_2\downarrow$$

5）铅的其他难溶盐

绝大多数铅的化合物都是难溶于水的。

$PbSO_4$难溶于水，但能溶于浓硫酸和饱和 NH_4Ac 中。通常用于制白色油漆。

$$PbSO_4 + H_2SO_4(热、浓) = Pb(HSO_4)_2$$

$$PbSO_4 + 2NH_4Ac(饱和) = Pb(Ac)_2\text{（铅糖）} + (NH_4)_2SO_4$$

$$PbSO_4 + 3NaOH\text{（过量、热）} = Na[Pb(OH)_3] + Na_2SO_4$$

$PbCrO_4$ 是铬黄颜料的主要成分，在中性或微酸性溶液中稳定，能溶于 NaOH 及强酸。

$$Pb^{2+} + CrO_4^{2-} = PbCrO_4\downarrow\text{（黄）（用于鉴定 }Pb^{2+}\text{或 }CrO_4^{2-}\text{）}$$

$$PbCrO_4 + 3NaOH = Na[Pb(OH)_3] + Na_2CrO_4$$

$$2PbCrO_4 + 4HNO_3 = 2Pb(NO_3)_2 + H_2Cr_2O_7 + H_2O$$

归纳·整合

1. 碳酸盐

1) 水溶性

正盐：铵盐及碱金属(Li 除外)盐易溶，其余难溶。酸式盐：大多易溶。

S(难溶正盐) < S(相应酸式盐)，如 $S(CaCO_3) < S[Ca(HCO_3)_2]$

S(易溶正盐) > S(相应酸式盐)，如 $S(Na_2CO_3) > S(NaHCO_3)$　(氢键双聚或多聚)

2) 热稳定性

(1) 无水碳酸盐的稳定性同族内自上而下增加。

(2) 碳酸正盐>碳酸氢盐>碳酸。

(3) 碱金属碳酸盐>碱土金属碳酸盐>过渡金属碳酸盐。

3) 水解性

在 Na_2CO_3 溶液中加入不同的金属离子，可得到不同类型的产物。

(1) 得到氢氧化物沉淀：S(氢氧化物)<S(碳酸盐)

Al^{3+}、Fe^{3+}、Cr^{3+}、Sn^{2+}、Sn^{4+}、Sb^{3+}等水解性强的离子。

(2) 得到碱式碳酸盐：S(氢氧化物) ≈ S(碳酸盐)

Mg^{2+}、Pb^{2+}、Cu^{2+}、Bi^{3+}、Zn^{2+}、Hg^{2+}、Cd^{2+}、Ni^{2+}、Ag^{+}、Mn^{2+}等离子。

(3) 得到碳酸盐沉淀：S(氢氧化物)>S(碳酸盐)

Ca^{2+}、Sr^{2+}、Ba^{2+}等难水解离子。

2. 硅的部分化合物的主要特性

(1) 二氧化硅　又称石英石，是无色透明晶体，俗称水晶。紫水晶、烟水晶、玛瑙、碧玉等都是含有杂质的石英。高温下可被活泼金属 Mg、Al 等还原；除 F_2 和 HF 之外，SiO_2 不与其他卤素和酸反应；能与热的浓碱、熔融碱或碳酸钠作用。

$$SiO_2 + 6HF = H_2SiF_6 + 2H_2O$$

$$SiO_2 + 2NaOH = Na_2SiO_3 + H_2O$$

(2) 硅酸　通式 $SiO_2 \cdot xH_2O$，习惯用 H_2SiO_3(偏硅酸)或 H_4SiO_4(原硅酸)来表示硅酸。H_4SiO_4 在水中生成后，经缩合、洗涤、干燥、脱水等处理，可以得到多孔性固体硅胶。硅胶是一种很好的干燥剂、吸附剂和催化剂载体。变色硅胶是将硅酸凝胶用 $CoCl_2$ 溶液浸泡、干燥、活化后得到的一种干燥剂，未吸水状态下为蓝色，吸水后转变为粉红色。

$$\text{硅胶} + CoCl_2\text{（无水，蓝色）} \longrightarrow \text{硅胶} + CoCl_2 \cdot 6H_2O\text{（粉红，可再生）}$$

(3) 硅酸盐　最重要的天然硅酸盐矿物为铝硅酸盐，硅酸盐阴离子的基本结构单元是 SiO_4 四面体。分子筛是一类具有多孔性的铝硅酸盐，具有筛分分子的功能。

简单硅酸盐中除 Na_2SiO_3 和 K_2SiO_3 易溶于水外，其他绝大多数硅酸盐难溶于水。工业上称为“泡花碱”或“水玻璃”的是一种多硅酸盐的混合物 $Na_2O \cdot nSiO_2$，简写成 Na_2SiO_3。

(4) 硅的卤化物　SiF_4 是无色带刺激性臭味的气体，易溶于水并水解。

$$SiO_2 + 4HF \xlongequal{} SiF_4\uparrow + 2H_2O$$

$$SiF_4 + 4H_2O \xlongequal{} H_4SiO_4 + 4HF$$

$$SiF_4 + 2HF \xlongequal{} H_2[SiF_6]\ (\text{酸性} > H_2SO_4)$$

$SiCl_4$为无色液体，易挥发，有强烈刺激性。潮湿空气中因水解产生白色烟雾。

$$SiCl_4 + 4H_2O \xlongequal{} H_4SiO_4 + 4HCl$$

3. 铅、锡的主要化合物的性质

(1) PbO_2：暗棕色，难溶于水，两性偏酸，有强氧化性。

$$PbO_2 + 4HCl(\text{浓}) \xlongequal{} PbCl_2\downarrow + Cl_2\uparrow + 2H_2O$$

$$2PbO_2 + 2H_2SO_4(\text{浓}) \xlongequal{} 2PbSO_4\downarrow + O_2\uparrow + 2H_2O$$

$$5PbO_2 + 2Mn^{2+} + 4H^+ \xlongequal{} 2MnO_4^- + 5Pb^{2+} + 2H_2O$$

$$PbO_2 + 2NaOH \xlongequal{} Na_2PbO_3 + H_2O$$

(2) Pb_3O_4：(铅丹、红铅)，红色粉末，有强氧化性。用作油漆船舶和桥梁钢架的红色颜料。

$$Pb_3O_4 + 4HNO_3 \xlongequal{} 2Pb(NO_3)_2 + PbO_2\downarrow + 2H_2O$$

$$Pb_3O_4 + 8HCl \xlongequal{} 3PbCl_2 + Cl_2 + 4H_2O$$

$$Pb_3O_4 + 4HI \xlongequal{} 2PbI_2 + PbO_2 + 2H_2O$$

$$Pb_3O_4 + 8HI \xlongequal{} 3PbI_2 + I_2 + 4H_2O$$

(3) 亚锡酸根离子$[Sn(OH)_4]^{2-}$为强还原剂。

$$3[Sn(OH)_4]^{2-} + 2Bi^{3+} + 6OH^- \xlongequal{} 2Bi\downarrow(\text{黑}) + 3[Sn(OH)_6]^{2-}$$

(4) $SnCl_2$：常用还原剂，易水解。

$$2HgCl_2 + SnCl_2 \xlongequal{} SnCl_4 + Hg_2Cl_2\downarrow$$

$$Hg_2Cl_2 + SnCl_2 \xlongequal{} SnCl_4 + 2Hg\downarrow$$

$$2Sn^{2+} + O_2 + 4H^+ \xlongequal{} 2Sn^{4+} + 2H_2O$$

$$SnCl_2 + H_2O \xlongequal{} Sn(OH)Cl\downarrow + HCl$$

(5) PbX_2　$PbCl_2$：白色↓，易溶于沸水和浓盐酸。

$$PbCl_2 + 2HCl \xlongequal{} H_2[PbCl_4]$$

PbI_2：黄色丝状有亮光↓，易溶于沸水和 KI。

$$PbI_2 + 2KI \xlongequal{} K_2[PbI_4]$$

$PbCl_4$：低温存在，常温分解。

$$PbO_2 + 4HCl \xlongequal{} (PbCl_4) \xlongequal{} PbCl_2\downarrow + Cl_2\uparrow + 2H_2O$$

(6) MS	SnS	SnS_2	PbS
颜色	暗棕	黄色	黑色
酸碱性	弱碱	弱酸	弱碱
Na_2S、$(NH_4)_2S$	×	$[SnS_3]^{2-}$	×
Na_2S_2 、$(NH_4)_2S_2$	$[SnS_3]^{2-}$	×	×

$$[SnS_3]^{2-}+2H^+ = H_2S\uparrow+SnS_2\downarrow$$

$$PbS+4HCl(浓) = H_2S\uparrow+H_2[PbCl_4]$$

$$3PbS+8H^++2NO_3^- = 3Pb^{2+}+3S\downarrow+2NO\uparrow+4H_2O$$

$$PbS+4H_2O_2 = PbSO_4\downarrow+4H_2O$$

习　题

1. 解释下列事实。
(1)防毒面具中的活性炭可以吸附 Cl_2，但能让 O_2 分子通过。
(2) CO_2 灭火器无法扑灭金属镁、铝引起的火灾。
(3)装有水玻璃的试剂瓶长期敞口放置，水玻璃变浑浊。
(4) CCl_4 不能水解，而与 C 同周期的 B 的氯化物 BCl_3、位于 C 下一周期的 Si 的氯化物 $SiCl_4$ 均可强烈水解。
(5)制备纯 B 或 Si 时，用 H_2 作还原剂比用活泼金属和焦炭好。
(6)最简单的硼烷是 B_2H_6 而非 BH_3，且 B_2H_6 的结构式与 C_2H_6 不同。
(7)单质硼的熔点高于单质铝。
(8)水溶液中可以形成配离子$[AlF_6]^{3-}$，却无法形成配离子$[BF_6]^{3-}$。
(9)硫化铝遇水释放出有臭味的气体。
(10)三氯化铝可形成二聚分子，而二氯化铍能形成长链聚合分子。
2. 已知键能的数据 $E(Si—O) = 464\ kJ\cdot mol^{-1}$，$E(Si═O) = 640\ kJ\cdot mol^{-1}$，$E(C—O) = 360\ kJ\cdot mol^{-1}$，$E(C═O) = 803\ kJ\cdot mol^{-1}$。利用这些数据分析干冰和石英结构上的区别。
3. 实验室配制 $SnCl_2$ 溶液时，首先将 $SnCl_2\cdot 2H_2O$ 固体溶解在浓盐酸中，再稀释到所需的体积。保存该溶液时，还需投入少量锡粒。用化学方程式表示上述做法的理由。
4. 56 mg 某灰黑色固体 A 与浓 NaOH 共热时释放出无色气体 B，标准状况下的体积为 89.6 cm^3。A 在空气中充分燃烧得到白色固体产物 C，C 与氢氟酸反应生成无色气体 D。将 D 通入水中得到白色沉淀 E 和溶液 F，将 E 用适量 NaOH 溶液处理可得溶液 G，在 G 中加入 NH_4Cl 溶液则重新析出沉淀 E。写出 A～G 的化学式和有关反应方程式。
5. 查阅相关数据，计算铝粉和氧化铁发生铝热反应的反应热。
6. 向铝盐溶液中滴加 NaOH 溶液，当刚开始产生沉淀时，测得溶液中铝离子的浓度为 0.36 $mol\cdot dm^{-3}$，计算此时溶液的 pH。
7. 铅的某白色固体 A 难溶于冷水，可溶于热水得无色溶液，在该溶液中加入 $AgNO_3$ 溶液产生白色沉淀 B，B 溶于氨水得无色溶液 C。A 的溶液与过量 NaOH 溶液反应后，再通入 Cl_2，得到棕黑色固体 D。D 与浓盐酸反应生成 A 并释放气体 E。
(1)写出 A、B、C、D、E 的化学式。
(2)写出下列离子方程式。

$$B\longrightarrow C,\ A\longrightarrow D,\ D\longrightarrow A+E$$

8. 将某一金属溶于热的浓盐酸，所得溶液分成三份，其一加入足量水，产生白色沉淀；其二加碱中和，也产生白色沉淀，此白色沉淀溶于过量碱后，再加入 $Bi(OH)_3$ 则产生黑色沉淀；其三加入 $HgCl_2$ 溶液，产生灰黑色沉淀。试判断该金属是什么，并写出有关反应的化学方程式。
9. 某红色固体粉末 X 与 HNO_3 作用得棕色沉淀物 A，把此沉淀分离后，在溶液中加入 K_2CrO_4，得黄色沉淀 B；向 A 中加入浓盐酸则有气体 C 产生，此气体有氧化性。X、A、B、C 各为何物?
10. 某白色固体 A 难溶于水，加热时剧烈分解而产生一固体 B 和无色气体 C (此气体可使澄清的石灰水变浑浊)。固体 B 不溶于水，但溶解于 HNO_3 得一溶液 D。向 D 溶液中加 HCl 产生白色沉淀 E。E 易溶于热水，E 溶液与 H_2S 反应得黑色沉淀 F 和滤出液 G。沉淀 F 溶解于 60% HNO_3 中产生淡黄色沉淀 H、溶液 D 和无色气体 I，气体 I 在空气中转变成红棕色。根据以上实验现象，判断各字母所代表物质的名称。
11. 一种白色固体混合物，可能是 $SnCl_2$、$PbCl_2$、$PbSO_4$ 中的一种或几种，根据下列事实判断它究竟是哪种物质。
(1)加水生成浊液 A 和不溶固体 B。
(2)悬浊液 A 加入少量盐酸则澄清，滴加碘-淀粉溶液可使之褪色。
(3)固体 B 易溶于热水和浓盐酸，通 H_2S 得黑色沉淀，该沉淀与 H_2O_2 反应后又析出白色沉淀。
12. 今有一瓶白色固体，可能含有 $SnCl_2$、$SnCl_4$、Na_2CO_3、$HgCl_2$、$BiCl_3$、$PbCl_2$ 和 $PbSO_4$，通过下列实验确定何者肯定存在，何者肯定不存在，何者可能存在。
(1)可溶于水，溶于水后得白色悬浊液。
(2)悬浊液加盐酸后澄清，且没有灰色沉淀生成，也无气泡放出。

(3)澄清液加 NaOH 溶液得白色沉淀，沉淀很快发灰，继续加 NaOH 溶液白色沉淀溶解，仅剩少量黑色沉淀。

(4)澄清液可使蓝色淀粉-碘水褪色，且无黄色沉淀生成。

13. 金属 M 与过量的干燥氯气共热得无色液体 A，A 与金属 M 作用转化为固体 B，将 A 溶于盐酸后通入 H_2S 得到黄色沉淀 C，C 溶于 Na_2S 溶液得无色液体 D。将 B 溶于稀盐酸后加入适量 $HgCl_2$ 有白色沉淀 E 生成。向 B 的盐酸溶液中加入适量 NaOH 溶液有白色沉淀 F 生成。F 溶于过量 NaOH 溶液得无色溶液 G。向 G 中加入 $BiCl_3$ 溶液有黑色沉淀 H 生成。试给出各字母所代表物质的化学式。

14. 有白色晶体 A 与水作用生成沉淀 B，B 溶于浓盐酸可得无色溶液 C，将固体 A 溶于 HNO_3 后加 $AgNO_3$ 溶液，有白色沉淀 D 生成，D 溶于氨水得溶液 E，酸化 E 又析出沉淀 D，将 H_2S 气体通入 C 溶液中有暗棕色沉淀 F 析出，F 溶于 $(NH_4)_2S$ 得溶液 G，酸化 G 有气体和黄色沉淀 H 生成，若取少量 C 加入 $HgCl_2$ 溶液有白色沉淀 I 析出。A～I 各是什么物质?

15. 用化学方法区别下列各对物质(只用一种试剂)。

(1) SnS 与 SnS_2；　(2) $SnCl_2$ 与 $SnCl_4$；　(3) $SnCl_2$ 与 $AlCl_3$；

(4) $SbCl_3$ 与 $SnCl_2$；　(5) $Pb(NO_3)_2$ 与 $Bi(NO_3)_3$；　(6) $Sn(OH)_2$ 与 $Pb(OH)_2$

第 13 章单元测试题(单选)

班级______ 姓名______作业号______成绩______

( ) 1. 下列物质的性质对比错误的是
A. 熔点 $AlF_3 > AlCl_3$　B. 水解能力 $SiCl_4 > CCl_4$　C. 键能 B—O > Si—O　D. 硬度立方 BN > 金刚石

( ) 2. 在碱性溶液中不能稳定存在的是
A. AlO_2^-　B. $[Al(OH)_4]^-$　C. $[Al(OH)_6]^{3-}$　D. $[BF_4]^-$

( ) 3. 下列物质属于一元弱酸的是
A. H_3BO_3　B. H_2SiO_3　C. H_2CO_3　D. H_2SiF_6

( ) 4. 下列分子中，所有 B 原子均采取 sp^2 杂化的是
A. $Na_2B_4O_7 \cdot 10H_2O$　B. H_3BO_3　C. HBF_4　D. B_2H_6

( ) 5. 金刚砂(SiC)的硬度很高，它的晶体属于
A.分子晶体　B. 离子晶体　C. 金属晶体　D. 原子晶体

( ) 6. 下列关于 $SiCl_4$ 性质的叙述正确的是
A. 在水中生成 H_4SiO_4 和 HCl　B. 在潮湿空气中水解无“白烟”　C. 在水中生成 $H_2[SiCl_6]$　D. 像 CCl_4 一样不水解

( ) 7. 下列各种矿物中，主要成分不是 SiO_2 的是
A. 石英砂　B. 水晶　C. 玛瑙　D. 刚玉

( ) 8. 强热 $SnCl_2 \cdot 2H_2O$ 可得到的含锡物质是
A. $SnCl_2$　B. Sn　C. $Sn(OH)_2$　D. Sn(OH)Cl

( ) 9. 下列化合物属于缺电子化合物的是
A. BCl_3　B. $H[BF_4]$　C. $H[B(OH)_4]$　D. $Na[Al(OH)_4]$

( ) 10. 下列反应不能使铅盐沉淀溶解的是
A. PbS 加 H_2O_2　B. $PbSO_4$ 加浓 H_2SO_4　C. PbI_2 加浓 HI　D. $PbSO_4$ 加浓 NaOH

( ) 11. B 与 NaOH 反应的产物是
A. Na_3BO_3　B. $Na_2B_4O_7$　C. $NaBO_2$ 和 H_2　D. B_2O_3

( ) 12. 在空气中加热 $AlCl_3 \cdot 6H_2O$ 晶体可得到
A. 无水 $AlCl_3$　B. $Al(OH)_3$ 和 HCl　C. Al_2O_3 和 Cl_2　D. Al 及 Cl_2

( ) 13. 下列物质中能促进氯化铝水解的是
A. HNO_3　B. $SnCl_2$　C. Na_2S　D. Cu

( ) 14. 下列各组物质中不能溶于冷浓硝酸的是
A. Al、Cr、Fe　B. Al、Mg、Sn　C. Sn、Al、Cu　D. Zn、Mn、Fe

( ) 15. 下列金属单质中熔点最低的是
A. Al　B. B　C. Li　D. Ga

( ) 16. 下列各组化合物中，对热稳定性判断正确的是
A. $H_2CO_3 > Ca(HCO_3)_2$　B. $Na_2CO_3 > PbCO_3$　C. $(NH_4)_2CO_3 > K_2CO_3$　D. $NaHCO_3 > Na_2CO_3$

( ) 17. 下列化合物中不水解的是
A. $SiCl_4$　B. CCl_4　C. BCl_3　D. $SnCl_2$

( ) 18. 与 Na_2CO_3 溶液反应生成碱式盐沉淀的离子是
A. Al^{3+}　B. Ba^{2+}　C. Cu^{2+}　D. Ca^{2+}

( )19. 下列硫化物中，能溶于 Na_2S 溶液的是
A. SnS　B. SnS_2　C. PbS　D. Tl_2S

( ) 20. 下列化合物中不能稳定存在的是
A. SbI_3　B. PI_3　C. AlI_3　D. TlI_3

第 14 章　p 区元素(二)

本章主要介绍元素周期表 p 区ⅤA、ⅥA、ⅦA 三个主族元素的单质及重要化合物的结构、性质与用途。

14.1　氮 族 元 素

ⅤA 元素包括 N、P、As、Sb、Bi。氮在地壳中的丰度为 0.04%，绝大部分的氮以 N_2 的形式存在于大气中，总量约为 4×10^{15}t。动植物体内也含有一定量的氮，自然界中最大的硝酸盐矿是南美洲的智利硝石($NaNO_3$)。磷在地壳中的丰度为 0.118%，主要以磷酸盐矿石存在，如磷酸钙[$Ca_3(PO_4)_2\cdot H_2O$]、磷灰石[$Ca_5F(PO_4)_3$]。另外，磷也存在于动植物体内。砷、锑、铋在地壳中的丰度分别为 5×10^{-4}%、5×10^{-5}%、0.0016%，它们在自然界中主要以硫化物矿存在，如雌黄(As_2S_3)、雄黄(As_4S_4)、砷硫铁矿(FeAsS)、辉锑矿(Sb_2S_3)、辉铋矿(Bi_2S_3)，也存在少量的氧化物矿，如砒霜(As_2O_3)、铋华(Bi_2O_3)等，在黄铁矿(FeS_2)、闪锌矿(ZnS)等硫化物矿藏中也存在少量的砷。

氮族元素原子的基态价电子构型为 ns^2np^3，np 轨道处于半充满的稳定状态，第一电离能大于同周期的后一元素(如 N 原子的第一电离能大于 O 原子)，电子亲和能却较小，化学活性较低。只有电负性较大的 N、P 能形成极少数−3 价的离子型固态化合物。由于 N^{3-}和 P^{3-}半径大，容易变形，遇水强烈水解产生 NH_3 和 PH_3。溶液中不存在 N^{3-}和 P^{3-}，它们只存在于干态中。形成共价型化合物是氮族元素的特征，主要化合价为+3 和+5。从上至下，同一元素的低价化合物比高价化合物稳定，这种现象称为“惰性电子对效应”。N、P 原子半径较小，成键键能大。形成的化学键越多，化合物越稳定。因此，它们倾向于形成+5 价的化合物。而对于 As、Sb 原子来说，半径较大，其成键强度较弱。又由于电子构型是 $(n-1)d^{10}ns^2np^3$，ns 电子钻到原子核附近的概率大于 np 电子，ns 电子的能量远低于 np，则可以单独失去 np 上的三个电子形成+3 价的化合物。至于 Bi 原子，原子半径更大，成键更弱；而其外围电子层存在 $4f^{14}5d^{10}$ 电子，ns 电子和 np 电子的钻穿效应差别更大，故 Bi 的 $6s^2$ 电子突出地表现为“惰性电子”，不容易参加成键，它比 As、Sb 更容易形成+3 价的化合物。本族元素的基本性质列于表 14-1 中。

表 14-1　氮族元素的性质

元素	主要氧化数	共价半径/pm	I_1/(kJ · mol^{-1})	电负性
N	−3、−2、−1、0、+1、+2、+3、+4、+5	75	1402	3.0
P	−3、+3、+5	110	1012	2.1
As	−3、+3、+5	122	944	2.0
Sb	(−3)、+3、+5	143	832	1.9
Bi	(−3)、+3、+5	152	703	1.9

14.1.1　氮及其化合物

本节主要介绍 N 元素的成键类型、成键特征及其实例，以氢化物和氧化物为主介绍氮的化合物的性质、制备和用途。

1. 氮元素的成键特征

单质 N_2 在常温常压下十分稳定，人们曾一度认为 N 元素是一种化学性质不活泼的元素。事实上，N 元素具有很高的化学活性，其电负性仅次于 F 和 O，能和其他元素形成较强的键。N_2 分子的稳定性恰好说明了 N 原子的活泼性，两个 N 原子之间形成一个σ键和两个π键，分子的解离能高达 942 kJ · mol^{-1}。另外，N_2 分子的稳定性是相对的，自然界中有些细菌可以在常温常压下把空气中的 N_2 转化为氮的化合物，作为肥料供作物生长使用。人类探索如何使 N_2 分子在常态下活化的研究工作始终在进行，也取得一些进展。但是，目前把空气中的 N_2 转化为含氮化合物还需要较高的能量条件。

N 原子的基态价电子构型为 $2s^22p^3$，有三个单电子和一个孤电子对，与其他元素之间既可以形成离子键，也可以形成共价键、配位键，其成键特征列于表 14-2。

表 14-2　氮元素的成键特征

共价键						配位键实例	离子键实例
杂化类型	σ	π	孤电子对	构型	实例		
sp^3	4	0	0	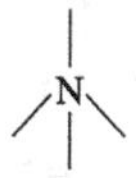	NH_4^+	氨合物； 胺合物； 氮分子配合物	Li_3N Ca_3N_2 Mg_3N_2
	3	0	1		NH_3		
sp^2	3	1	0	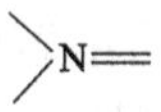	NO_3^-		
	2	1	1		NOCl		
sp	2	2	0	—N≡	NO_2^+		
	1	2	1		N_2		

1) 形成离子键

N 原子与电负性较低的碱金属 Li、碱土金属可以形成含 N^{3-} 的化合物，该离子电荷高，半径大(约 171 pm)，极易水解成金属氢氧化物和氨气，只能存在于干态。

2) 形成共价键

N 原子与电负性较高的非金属元素以共价键形成化合物，依 N 原子杂化形式的差别，可以形成多种类型的共价键。例如，N 原子采取 sp^3 不等性杂化，其三个单电子可与三个 H 或 F 原子形成三个σ键，保留一个孤电子对，分子构型为三角锥形。在 NO_3^- 中，N 原子 2s 轨道上的一个电子首先被激发至 2p 轨道，再采取 sp^2 等性杂化，与三个 O 原子形成三个σ键，构成平面三角形状的 NO_3 骨架。未参加杂化的 2p 原子轨道(有一对电子)、三个 O 原子的 2p 原子轨道(各有一个单电子)伸展方向平行，肩并肩相互重叠，外加得到的一个电子共计六个电子，形成离域键Π_4^6。N 原子形成 N_2 分子时，则采取 sp 不等性杂化，两个 N 原子之间形成一个σ键。每个 N 原子均有两个未参加杂化的 p 原子轨道，两个 N 原子之间伸展方向平行的 p 轨道两两重叠，形成两个π键，得到 N≡N 结构。每个 N 原子的未成键杂化轨道上均存在一对电子，因此 N_2 分子的结构式表示为: N≡N :。

3）形成配位键

在 N_2 和 N 原子形成的化合物分子中，常留有 N 原子的孤电子对，因此 N_2 和含氮化合物看作电子给予体，与金属离子形成配位键，如 $[Cu(NH_3)_4]^{2+}$、$[Os(NH_3)_5(N_2)]^{2+}$。

思考·练习

分析下列分子或离子中 N 原子的成键情况。
（1）NCl_3；（2）N_2H_4；（3）CN^-；（4）NOCl

2. 氨和铵盐

1）氨的制备与性质

工业合成氨是在 773 K、30～70 MPa、铁触媒催化条件下由 N_2 和 H_2 反应完成。

$$N_2 + 3H_2 \xrightarrow[773K,30\sim70MPa]{铁触媒} 2NH_3$$

实验室中是将铵盐与生石灰或消石灰共热制取氨气。

$$(NH_4)_2SO_4 + CaO \xlongequal{\triangle} CaSO_4 + 2NH_3\uparrow + H_2O$$

常温常压下，氨是一种无色有臭味的气体。由于分子间存在氢键，氨具有较大的熔化热、气化热，可用作制冷剂。常压下氨的熔点为 195.3 K，沸点为 239.4 K。氨极易溶于水，常温常压下，1 体积水中可溶解 700 体积的氨。市售氨水的质量分数约为 28%，密度 $0.91\ g\cdot cm^{-3}$。液氨是常用的极性、质子化的非水溶剂，可溶解碱金属单质和一些无机盐。298 K 时，100 g 液氨可溶解 390 g NH_4NO_3 或 206.8 g AgI 固体。

氨中氮处于最低氧化态，因此氨具有还原性，和氢气一样，能与 CuO 在加热条件下反应，得到单质 Cu。利用此反应可以除去 N_2 中的杂质 NH_3。

$$2NH_3 + 3CuO \xlongequal{\triangle} 3Cu + N_2 + 3H_2O$$

常温常压下，氨水可被强氧化剂如 Cl_2、H_2O_2、$KMnO_4$ 等氧化。

$$2NH_3 + 3Cl_2 \xlongequal{} N_2 + 6HCl$$

思考·练习

工业上用浓氨水检验氯气管道是否漏气的依据是什么？

氨在 Pt-Rh 催化剂作用下的高温催化氧化则是工业上制备硝酸的基础。

$$4NH_3 + 5O_2 \xrightarrow[\triangle]{Pt\text{-}Rh} 4NO + 6H_2O$$

氨分子中的 H 原子可被其他原子或原子团取代，生成氨的衍生物，如氨基衍生物

($NaNH_2$)、亚氨基衍生物(Ag_2NH)和氮化物(Li_3N)。另一种形式则是氨以氨基取代其他化合物中的原子或原子团，此类反应类似于盐类的水解反应，因此也称其为氨解反应。

$$4NH_3 + COCl_2 \longrightarrow CO(NH_2)_2 + 2NH_4Cl$$

$$HgCl_2 + 2NH_3 \longrightarrow HgNH_2Cl + NH_4Cl$$

氨分子属于路易斯碱，利用 N 原子上的孤电子对与金属离子、H^+、BF_3形成配合物。

$$Zn^{2+} + 4NH_3 \longrightarrow [Zn(NH_3)_4]^{2+}$$

2) 铵盐

NH_4^+的半径为 143 pm，与 K^+(133 pm)、Rb^+(147 pm)相近，与 Na^+是等电子体。因此，铵盐的性质与碱金属盐类似，具有相似的溶解度，而且铵盐的晶形与钾盐、铷盐相同。例如，大多数铵盐易溶于水，但 NH_4ClO_4、$(NH_4)_2PtCl_6$与 $KClO_4$、K_2PtCl_6相近，微溶于水。

固态铵盐受热分解生成氨和相应的酸。如果酸不挥发，则只有氨挥发逸出，酸或酸式盐残留在容器中。

$$NH_4Cl \xrightarrow{\triangle} NH_3 + HCl$$

$$(NH_4)_2SO_4 \xrightarrow{\triangle} 2NH_3 + H_2SO_4$$

若相应的酸有氧化性，分解出的氨会立即被氧化。NH_4NO_3加热温度高于 573 K 时，分解产物中的 N_2O 又会进一步分解为 N_2 和 O_2。该反应在密闭容器中进行时会发生爆炸。基于该性质，NH_4NO_3 可用于制造炸药。

$$NH_4NO_3 \xrightarrow{483\,K} N_2O\uparrow + 2H_2O$$

$$2NH_4NO_3 \xrightarrow{>573\,K} 2N_2\uparrow + O_2\uparrow + 4H_2O$$

$$(NH_4)_2Cr_2O_7 \longrightarrow N_2\uparrow + Cr_2O_3 + 4H_2O$$

3. 氨的衍生物

氨分子中的三个 H 原子依次被其他原子或原子团取代，即形成氨的衍生物。

1) 联氨

联氨(NH_2NH_2)是氨分子中一个 H 原子被氨基取代的衍生物，又称肼，纯净的联氨为无色液体，熔点 275 K，沸点 386.5 K。它是重要的火箭燃料，燃烧释放大量的热。

$$NH_2NH_2(l) + O_2(g) \longrightarrow N_2(g) + 2H_2O(l) \quad \Delta_r H_m^\ominus = -624\ kJ\cdot mol^{-1}$$

联氨在水溶液中可以测出两级解离常数，为二元弱碱。

$$H_2NNH_2 + H_2O \rightleftharpoons H_2NNH_3^+ + OH^- \quad K_{b1}^\ominus = 9.55\times10^{-7}$$

$$H_2NNH_3^+ + H_2O \rightleftharpoons H_3NNH_3^{2+} + OH^- \quad K_{b2}^\ominus = 1.26\times10^{-15}$$

酸性条件下，联氨的水溶液具有强氧化性。

$$H_2NNH_3^+ + 3H^+ + e^- = 2NH_4^+ \quad E^\ominus = 1.27\,V$$

碱性溶液中，联氨的水溶液具有强还原性。

$$N_2 + 4H_2O + 4e^- = N_2H_4 + 4OH^- \quad E^\ominus = -1.15\,V$$

2) 羟胺

羟胺是氨分子中 H 原子被羟基取代后的产物。纯羟胺为无色固体，熔点 305 K。其水溶液显弱碱性。

$$NH_2OH + H_2O \rightleftharpoons NH_3OH^+ + OH^- \quad K_b^\ominus = 9.12\times10^{-9}$$

羟胺是有机合成上常用的还原剂，与联氨类似，它们的氧化产物 N_2 可脱离反应体系，不会给体系增加任何杂质。

$$N_2 + 2e^- + 4H^+ + 2H_2O = 2NH_3OH^+ \quad E^\ominus = -1.87\,V$$

$$N_2 + 2e^- + 4H_2O = 2NH_2OH + 2OH^- \quad E^\ominus = -3.04\,V$$

固体羟胺不稳定，288 K 即分解，水溶液较稳定。其固体盐如盐酸羟胺($NH_2OH \cdot HCl$)、硫酸羟胺($NH_2OH \cdot H_2SO_4$)均溶于水，也比较稳定。

3) 金属氨基、亚氨基和氮化物

碱金属、碱土金属和 Ag、Zn 等金属能形成氨基化合物 $M^{I}NH_2$。干燥的氨气与热金属钠可制得氨基化钠($NaNH_2$)。氨基化钠是强还原剂，常用于有机合成。

金属的亚氨基化合物通式为 $M^{II}NH$，较典型的有 Li_2NH 和 PbNH。

金属氮化物的通式为 $M_3^{I}N$。一些金属如 Li、Mg、Ca、Ba、Sr、Al、和 Zn、Cd 与氮形成离子型氮化物。这些氮化物可由金属与氮气在加热时直接化合，也可加热氨基化物制备。

$$3Ba(NH_2)_2 = Ba_3N_2 + 4NH_3$$

而过渡金属 Mn、W、V、Zr 的氮化物则属于“间充化合物”，并非氨的简单取代物。它们一般不与水作用，具有金属的外形，导电，热稳定性高，熔点高，硬度大。

4) 叠氮酸

叠氮酸为无色有刺激性液体，熔点 193 K，沸点 308.8 K。属于易爆物质，受撞击立即分解而爆炸。

$$2HN_3 = 3N_2 + H_2 \quad \Delta_r H_m^\ominus = -593.6\ kJ \cdot mol^{-1}$$

其水溶液属于一元弱酸，$K_a^\ominus = 1.9\times10^{-5}$。碱金属(除 Li 外)和 Ba 等活泼金属的叠氮化物加热时分解为金属和氮，LiN_3 转变为 Li_3N；而 Ag、Cu、Hg、Pb 的叠氮化物会爆炸。$Pb(N_3)_2$ 是常用的引爆剂，AgN_3 是白色难溶于水的固体，NaN_3 则是汽车安全气囊中的主要气体发生剂。

4. 氮氧化物

氮能形成多种氧化物，如 N_2O、NO、N_2O_3、NO_2、N_2O_5，其中较为重要的是 NO 和 NO_2。

1) NO

图 14-1　NO 的分子结构示意图

NO 可由金属铜与稀硝酸反应制备，是一种无色气体，微溶于水，常温下易与 O_2 作用，与卤素单质 X_2 生成卤化亚硝酰 NOX。NO 分子中 N 原子采取 sp 杂化，结构示意图如图 14-1 所示，分子中存在孤电子对，可以与金属离子配位。例如，与 $FeSO_4$ 溶液形成棕色 $Fe(NO)SO_4$，可用于测定 NO。

化学上具有奇数价电子的分子称为奇分子。NO 分子有 11 个价电子，属于奇分子。通常奇分子有颜色，但 NO 仅在液态和固态时呈现蓝色。固态时，NO 分子之间发生微弱的缔合，有很松弛的二聚体存在。

2) NO_2 和 N_2O_4

NO_2 源于 NO 的氧化，也可由铜与浓硝酸反应制备，常温下是一种红棕色有刺激性气味的气体。N 原子采取 sp^2 杂化方式，分子中存在 Π_3^4（也有认为是 Π_3^3）[图 14-2(c)]。低温时聚合成无色的 N_2O_4，262 K 时凝结成无色晶体。N_2O_4 分子中 N 原子的杂化方式仍为 sp^2，存在 Π_6^8。NO_2 和 N_2O_4 的分子结构示意图如图 14-2 所示。

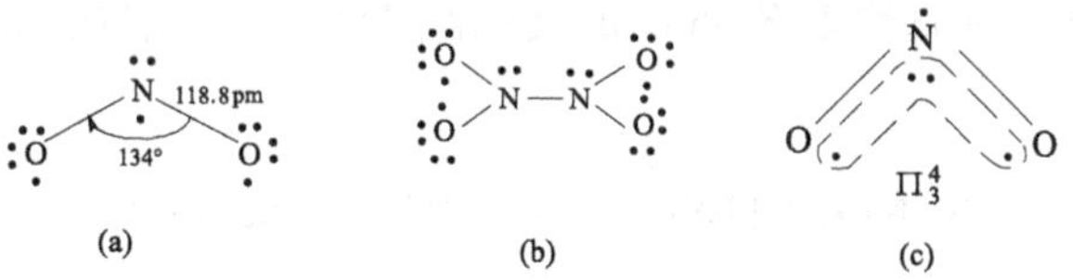

图 14-2　NO_2(a)、N_2O_4(b) 和 Π_3^4(c) 的结构示意图

NO_2 受热温度超过 423 K 时，分解为 NO 和 O_2。

NO_2 溶于水或碱溶液生成 HNO_3 和 HNO_2 或 NO_3^- 和 NO_2^- 的混合物。

$$2NO_2 + H_2O \xlongequal{\quad} HNO_3 + HNO_2$$

$$2NO_2 + 2NaOH \xlongequal{\quad} NaNO_3 + NaNO_2 + H_2O$$

从氧化还原电势可以看出，NO_2 是比 HNO_3 还强的氧化剂。

$$NO_2 + H^+ + e^- \xlongequal{\quad} HNO_2 \qquad E^\ominus = 1.07\ V$$

$$NO_3^- + 3H^+ + 2e^- \xlongequal{\quad} HNO_2 + H_2O \qquad E^\ominus = 0.94\ V$$

3) 其他氮氧化物

N_2O 在常温下为无色、有甜味的气体，可溶于水，不与水发生化学反应，曾用作牙科麻醉剂，可由硝酸铵受热分解制备。N_2O_3 在常温下是一种蓝色气体，属于亚硝酸的酸酐，很不稳定，276 K 即分解为 NO 和 NO_2。N_2O_5 在常温下为白色固体，是硝酸的酸酐，易发生爆炸性分解，生成 O_2 和 NO_2。这些分子中 N 原子的杂化方式、键型及数目和分子结构示意图列于表 14-3。

表 14-3　氮氧化物 N_2O、N_2O_3、N_2O_5 的分子结构

氮氧化物	N 杂化方式	σ键数目	π键数目	结构示意图
N_2O	sp	2	2 个Π_3^4	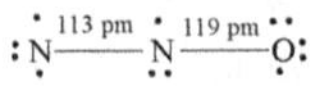
N_2O_3	sp^2	4	1 个Π_5^6	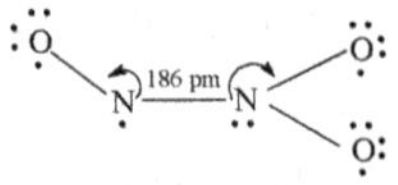
N_2O_5	sp^2	6	2 个Π_3^4	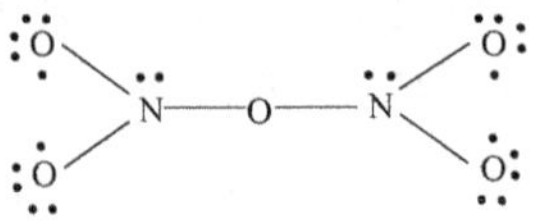

5. 氮的含氧酸及其盐

1）亚硝酸及其盐

向亚硝酸盐的冷溶液中加酸或将 NO 和 NO_2 的混合气体溶解在冰冻的水中，即有亚硝酸（HNO_2）产生。

$$NaNO_2 + H_2SO_4 = HNO_2 + NaHSO_4$$

$$NO_2 + NO + H_2O = 2HNO_2$$

HNO_2 只存在于水溶液中，是一元中强酸，比乙酸略强，$K_a^{\ominus} = 5.1\times10^{-4}$，不稳定，很容易按下式分解：

$$2HNO_2 = NO_2 + NO + H_2O$$

HNO_2 既有氧化性又有还原性。

$$2HNO_2 + 2HI = 2NO + I_2 + 2H_2O$$

$$5NO_2^- + 2MnO_4^- + 6H^+ = 5NO_3^- + 2Mn^{2+} + 3H_2O$$

亚硝酸盐稳定性较高，除浅黄色的 $AgNO_2$ 外，一般易溶于水。亚硝酸盐均有毒，是致癌物质。能与许多金属离子形成配合物，源于 NO_2^- 的强配位能力。以 N 原子配位时称为硝基（—NO_2），以 O 原子配位时称为亚硝酸根（—ONO）。

2）硝酸及其盐

硝酸是重要的无机酸之一，在国防工业和国民经济中有极其重要的用途。纯硝酸是无色液体，可与水以任意比例混合，熔点 231 K，沸点 356 K。市售浓硝酸为硝酸的恒沸溶液，质量分数为 69.3%，密度约 1.42 g · cm^{-3}，浓度约 16 mol · dm^{-3}，沸点为 394.8 K。86%以上的硝酸称为发烟硝酸，原因是逸出 N_2O_5 与空气中的水蒸气结合产生雾。浓硝酸见光或受热易分解，使溶液显黄色。

$$4HNO_3 = 4NO_2 + O_2 + 2H_2O$$

硝酸有强氧化性，可与众多的金属及非金属反应。它与非金属 C、S、P、I_2 等反应，浓

硝酸的还原产物主要是 NO_2，稀硝酸的还原产物主要是 NO。例如

$$4HNO_3\text{(稀)} + 3C \xlongequal{\triangle} 3CO_2\uparrow + 4NO\uparrow + 2H_2O$$

$$6HNO_3\text{(浓)} + S \xlongequal{\triangle} H_2SO_4 + 6NO_2\uparrow + 2H_2O$$

除 Au、Pt、Ir、Rh、Ru、Ti、Nb、Ta 外，硝酸可氧化几乎所有的金属。Fe、Al、Cr 等在冷浓硝酸中钝化。硝酸的还原产物很多，包括一系列含较低氧化态的氮的化合物。反应产物与硝酸浓度、金属活泼性有关。对于同一金属来说，酸越稀，硝酸被还原的程度越大。一般来说，浓硝酸主要被还原为 NO_2，稀硝酸主要被还原为 NO 和氧化态更低的化合物，如 Zn、Mg 与很稀的硝酸反应可以得到铵盐和 N_2O。

$$4Mg + 10HNO_3\text{(稀)} = 4Mg(NO_3)_2 + NH_4NO_3 + 3H_2O$$

$$4Zn + 10HNO_3\text{(稀)} = 4Zn(NO_3)_2 + N_2O\uparrow + 5H_2O$$

一些高氧化态的金属或准金属元素如 Sn、As、Sb、Mo、W 等的单质与硝酸反应，氧化产物往往是氧化物的水合物。例如

$$Sn + 4HNO_3\text{(浓)} = SnO_2\cdot nH_2O + 4NO_2\uparrow + (2-n)H_2O$$

浓盐酸和浓硝酸体积比 3：1 的混合液俗称“王水”，可溶解硝酸不能作用的金属，如 Pt、Au。原因在于王水中不仅含有 HNO_3、Cl_2、NOCl 等强氧化剂，还有高浓度的 Cl^-，它可与金属离子形成稳定的配离子，降低 Au、Pt 电对的电极电势，有利于金属的溶解。

$$HNO_3 + 3HCl = NOCl + Cl_2\uparrow + 2H_2O$$

$$Au + HNO_3 + 4HCl = HAuCl_4 + NO\uparrow + 2H_2O$$

$$3Pt + 4HNO_3 + 18HCl = 3H_2PtCl_6 + 4NO\uparrow + 8H_2O$$

硝酸盐多为无色晶体，易溶于水，水溶液没有氧化性。硝酸盐常温下稳定，但高温时分解，分解产物与阳离子性质有关。硝酸盐的分解均经过亚硝酸盐和氧化物，然后分解为金属单质。由于各种金属的亚硝酸盐和氧化物稳定性不同，所以热分解的最后产物不同。但所有的硝酸盐热分解过程中都放出氧气，因此固态硝酸盐高温时属于强氧化剂。硝酸盐分解一般符合以下规律，碱金属(除 Li 外)和碱土金属的硝酸盐分解生成亚硝酸盐和 O_2。电位在 Mg 和 Cu 之间的金属硝酸盐分解生成相应的金属氧化物。电位在 Cu 之后的金属硝酸盐分解为金属单质。

$$2NaNO_3 \xlongequal{\triangle} 2NaNO_2 + O_2\uparrow$$

$$2Pb(NO_3)_2 \xlongequal{\triangle} 2PbO + 4NO_2\uparrow + O_2\uparrow$$

$$2AgNO_3 = 2Ag + 2NO_2\uparrow + O_2\uparrow$$

还有一些金属硝酸盐分解产物不符合上述规律，根据元素周期表对角线法则，Li 与 Mg 具有相似性，$LiNO_3$ 的分解与 $Mg(NO_3)_2$ 类似，均得到氧化物、NO_2 和 O_2。$Sn(NO_3)_2$ 受热时，由于二价锡还原性很强，在分解后的氧化性气氛中转变为 SnO_2。而硝酸铵的分解比较复杂，高温下氮的+5 价与−3 价之间发生氧化还原反应，生成不同种类的产物。

$$4LiNO_3 \xlongequal{\triangle} 2Li_2O + 4NO_2\uparrow + O_2\uparrow$$

$$Sn(NO_3)_2 \xlongequal{\triangle} SnO_2 + 2NO_2\uparrow$$

$$2NH_4NO_3 \xlongequal{\triangle} 2N_2\uparrow + 4H_2O + O_2\uparrow$$

14.1.2 磷及其化合物

磷是生物体不可缺少的元素之一，植物种子的蛋白质中含磷，动物体的骨骼、脑、血液及神经组织的蛋白质中也含有磷。磷在自然界中总是以磷酸盐的形式存在，如 $Ca_3(PO_4)_2$、$Ca_5F(PO_4)_3$。

1. 单质磷

单质磷的制备是将 $Ca_3(PO_4)_2$、SiO_2、C 放入电炉中在 1423～1723 K 反应完成的，生成的磷蒸气通入水中冷却得到白磷，白磷的粗品在 CS_2 等有机溶剂中重结晶可得纯磷。

$$2Ca_3(PO_4)_2 + 6SiO_2 + 10C \xlongequal{\quad} 6CaSiO_3 + P_4 + 10CO$$

磷有多种同素异形体，主要有白磷、红磷和黑磷，紫磷较为少见，其基本物理性质列于表 14-4。

表 14-4　单质磷的某些物理性质

	熔点/K	沸点/K	燃点/K	密度/(g · cm^{-3})	CS_2 中的溶解情况
白磷	317	554	313	1.82	易溶
红磷*	863（4356 kPa）	升华(689)	520	2.20	不溶
黑磷*	861（4356 kPa）	升华	763	2.73	不溶

* 红磷和黑磷的晶体结构多种多样，表中只列出了其中一种结构的性质。

磷的各种同素异形体中原子的连接方式、空间结构不同，物理性质和化学性质的差异也很大。图 14-3 给出了磷的同素异形体中可能含有的结构示意图。如图 14-3(a)所示，白磷分子由四个磷原子组成，每个磷原子采取 sp^3 杂化与其余三个磷原子结合，形成 P_4 分子。P_4 分子中 P—P 键的夹角为 60°，与 sp^3 杂化的理论角度 109°28′相差甚远，因此 P_4 分子具有很大的张力，P—P 键容易断开，性质活泼。白磷质软，可以用刀切割，难溶于水，易溶于 CS_2，通常储存在冷水中。白磷在空气中能缓慢氧化，部分反应的能量以光能的形式放出，产生绿光，称为磷光。白磷氧化时表面积蓄的热量使温度达到 313 K 时，达到白磷的燃点，引起自燃。将白磷隔绝空气加热或者暴露在阳光下，可转变为红磷。隔绝空气下加热红磷至升华，迅速冷却可得到白磷。

红磷中存在链状结构，有无定形态和晶态之分。一种纤维状红磷晶体中含有图 14-3(b)的链状结构，平行的链之间依靠 P—P 键相互连接。红磷分子的张力显著减弱，化学稳定性增强，反应活性远低于白磷，空气中加热到 520 K 以上才着火。红磷难溶于水和 CS_2，红磷与强氧化剂 $KClO_3$ 摩擦即着火甚至爆炸。红磷与空气长期接触也会发生极其缓慢的氧化作用，形成极易溶于水的氧化物。使用这种红磷前应小心地用水洗涤、过滤、再烘干。

1865 年，Hittorf 将红磷密封在管中加热到 803 K 并保持管上部温度为 717 K，得到 Hittorf 金属磷。其结构中也含有图 14-3(b)的链状结构，链与链之间以垂直的取向在空间相互连接，称为紫磷。将白磷在 773 K 熔解在液态铅中，然后逐渐冷却也可析出紫磷。紫磷几乎不溶于任何溶剂，也不与碱溶液反应。可与卤素缓慢作用，能被硝酸氧化成磷酸。

将白磷在 1.2×10^9 Pa 下加热到 773 K 可得到热力学最稳定的同素异形体黑磷，如图 14-3(c)所示，它具有由非平面六元环组成的双层晶格、与石墨类似的外观和电子导电性，在薄膜电子材料和红外光电材料等领域具有潜在的应用价值。黑磷的化学活性比紫磷更差，空气中燃点更高。

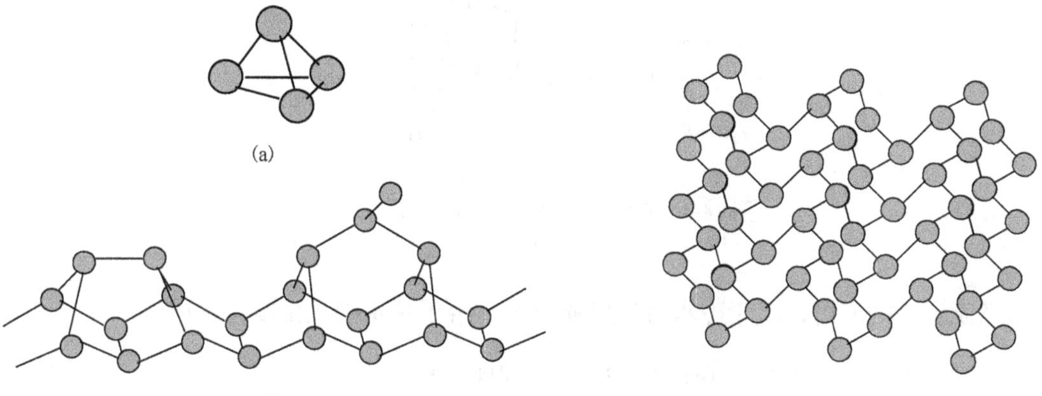

(a)　(b)　(c)

图 14-3　磷同素异形体中存在 P—P 结构示意图

(a)白磷中的 P_4 四面体；(b)红磷和紫磷中重复出现的链状结构；(c)黑磷中非平面六元环形成的层状结构

磷的所有同素异形体在转变为液态和气态时，均可得到 P_4 分子，温度超过 1070 K 或高压时存在 P_4 与 P_2 的平衡。

迁移·应用

1. 实验室要想得到干净干燥的红磷应如何操作？
2. 白磷和红磷应如何储存、取用？
3. 现有 60 W 灯泡一个、CS_2 溶液一滴瓶、蜡烛一根、玻璃棒、白磷、试管、滴管等仪器和试剂，试设计一个“玻璃棒点蜡烛”的趣味实验。

磷的化学活性远高于氮，白磷又比红磷活泼得多，可与活泼非金属 Cl_2、S 及若干金属剧烈反应，也可与浓硝酸、热的碱溶液反应。

$$P_4 + 3NaOH + 3H_2O \xlongequal{} PH_3 + 3NaH_2PO_2$$

白磷能将 Au、Ag、Cu、Pb 从它们的盐中取代出来，有时也可以与取代出来的金属立即反应生成磷化物。误服少量白磷可用硫酸铜溶液解毒。

$$2P + 5CuSO_4 + 8H_2O \xlongequal{} 5Cu\downarrow + 2H_3PO_4 + 5H_2SO_4$$

$$11P + 15CuSO_4 + 24H_2O \xlongequal{} 5Cu_3P\downarrow + 6H_3PO_4 + 15H_2SO_4$$

2. 磷的氧化物

磷有两种氧化物，分子式为 P_4O_6 和 P_4O_{10}，习惯上称为三氧化二磷和五氧化二磷。它们都是白色固体，其分子结构示意图如图 14-4 所示。单质磷与不足量氧气反应生成 P_4O_6，当氧气过量时则生成 P_4O_{10}。P_4O_6 相当于 P_4 分子中六个 P—P 键断开，各自嵌进一个氧原子，而 P_4O_{10} 则相当于在 P_4O_6 基础上，每个 P 原子又各自连接一个氧原子，每个 P 原子共连接四个氧原子形成磷氧四面体。

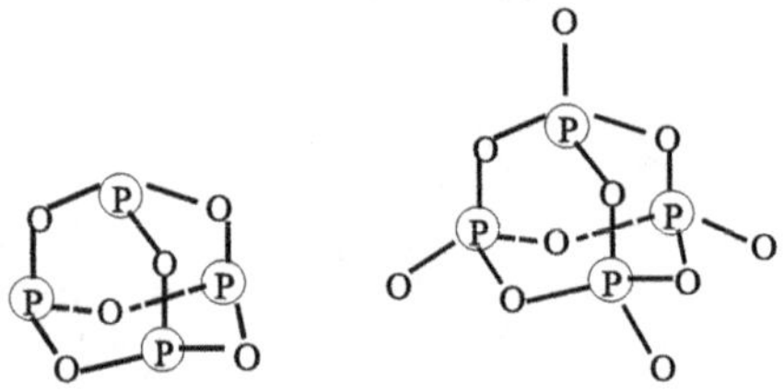

(a)　(b)

图 14-4　磷的氧化物分子结构示意图

(a)P_4O_6；(b)P_4O_{10}

P_4O_6 是亚磷酸的酸酐，溶于冷水可生成亚磷酸，溶于热水则发生歧化反应。

$$P_4O_6 + 6H_2O\text{（冷）} = 4H_3PO_3$$

$$P_4O_6 + 6H_2O\text{（热）} = PH_3\uparrow + 3H_3PO_4$$

P_4O_{10} 是白色粉末状固体，熔点为 693 K，但 573 K 时升华。有很强的吸水性，在空气中极易潮解，是最强的干燥剂之一。它可以夺取许多化合物中化合态的水，如与浓硫酸共热可以产生 SO_3，而 P_4O_{10} 转变为五价磷的含氧酸，因此称之为磷酸酐。P_4O_{10} 与水的结合相当剧烈，释放大量的热，但溶于水时并非立即转变为磷酸，往往是缓慢生成聚偏磷酸$(HPO_3)_n$，只有在 HNO_3 存在时煮沸 P_4O_{10} 的水溶液才转变成 H_3PO_4。

$$P_4O_{10} + 6H_2O \xrightarrow[\Delta]{HNO_3} 4H_3PO_4$$

3. 磷的卤化物

1）PX_3

在 PX_3 中除 PI_3 是红色低熔点固体外，其余都是无色气体或无色易挥发液体。PX_3 分子中的 P 原子均采用 sp^3 不等性杂化，分子构型为三角锥形。PCl_3 为无色液体，易水解。

$$PCl_3 + 3H_2O = H_3PO_3 + 3HCl$$

$$2PCl_3 + O_2\text{（电火花）} = 2POCl_3$$

制备：$$2P\text{（过量）} + 3Cl_2 = 2PCl_3$$

2）PX_5

气态的 PX_5 分子为三角双锥结构，P 采用 sp^3d 杂化。固态 PF_5 为分子晶体，保持三角双锥结构。而 PCl_5 和 PBr_5 则为离子晶体。在 PCl_5 晶体中含有正四面体的$[PCl_4]^+$和八面体的

$[PCl_6]^-$，而在 PBr_5 晶体中含有正四面体的 $[PBr_4]^+$ 和简单离子 Br^-。PX_5 极易水解，生成磷酸和卤化氢。

$$PCl_5+H_2O\ (不足) == POCl_3+2HCl$$

$$POCl_3+3H_2O == H_3PO_4+3HCl$$

制备：

$$2P + 5Cl_2\ (过量) == 2PCl_5$$

$$PCl_3 + Cl_2 == PCl_5$$

3）POX_3

POX_3 为四面体构型，P 为 sp^3 杂化。$POCl_3$ 是许多金属卤化物的溶剂，也能和许多金属卤化物形成配合物，易水解。主要用作有机反应中的氯化剂，工业上用于合成磷酸酯(如一些杀虫农药)。

思考·练习

1. 从 N、P 原子的电子结构分析为什么 PCl_5 可以稳定存在，而 NCl_5 不能稳定存在。
2. PCl_5 固体属于离子晶体，晶体中存在 $[PCl_4]^+$ 和 $[PCl_6]^-$ 两种离子，分析这两种离子中 P 原子的杂化方式和离子的构型。
3. 如何验证 PCl_5 的水解产物中含有 H_3PO_4 和 HCl？

4. 磷的含氧酸及其盐

磷可以形成+1、+3、+4、+5 等多种氧化态的含氧酸及其盐，其中的 P 原子均采取 sp^3 杂化。较重要的几种含氧酸列于表 14-5，以+5 氧化态的酸和盐最为重要。

表 14-5　磷的含氧酸的化学式及氧化态

名称	(正)磷酸	焦磷酸	三磷酸	聚偏磷酸	连二磷酸	亚磷酸	次磷酸
化学式	H_3PO_4	$H_4P_2O_7$	$H_5P_3O_{10}$	$(HPO_3)_n$	$H_4P_2O_6$	H_3PO_3	H_3PO_2
氧化态	+5	+5	+5	+5	+4	+3	+1

1）磷酸

纯的磷酸常温下是无色晶体，熔点 315 K，加热时逐渐脱水生成焦磷酸、偏磷酸，因此磷酸无自身的沸点。磷酸与水可任意比混溶，市售磷酸质量分数约 85%，是一种黏稠的难挥发的溶液。

磷酸是一种三元中强酸，其分子结构示意图如图 14-5 所示，三级解离平衡常数分别为 $K_{a1}^{\ominus}=7.5\times10^{-3}$、$K_{a2}^{\ominus}=6.3\times10^{-8}$、$K_{a3}^{\ominus}=4.4\times10^{-13}$。磷酸盐按组成可分成三种，一种正盐 M_3PO_4，两种酸式盐 MH_2PO_4、M_2HPO_4。MH_2PO_4 盐多易溶于水，而 M_3PO_4、M_2HPO_4 中除 K^+、Na^+、NH_4^+ 盐外其余多数难溶，如 Ag_3PO_4、Li_3PO_4、$Ca_3(PO_4)_2$、$CaHPO_4$ 等。这些磷酸盐的溶液中加入 Ag^+ 时只生成 Ag_3PO_4 沉淀。难溶于水

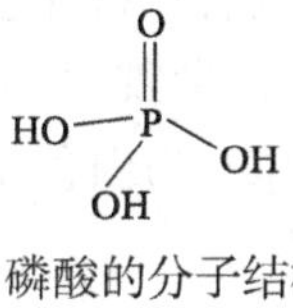

图 14-5　磷酸的分子结构示意图

的磷酸盐沉淀能溶于强酸。

$$PO_4^{3-} + 3Ag^+ \xlongequal{\quad} Ag_3PO_4\downarrow$$

$$HPO_4^{2-} + 3Ag^+ \xlongequal{\quad} Ag_3PO_4\downarrow + H^+$$

$$H_2PO_4^- + 3Ag^+ \xlongequal{\quad} Ag_3PO_4\downarrow + 2H^+$$

可溶性磷酸盐 PO_4^{3-}、HPO_4^{2-}、$H_2PO_4^-$ 在水溶液中的水解常数分别为 $K_{h1}^{\ominus} = 2.3\times10^{-2}$、$K_{h2}^{\ominus} = 1.6\times10^{-7}$、$K_{h3}^{\ominus} = 1.3\times10^{-12}$，对比解离水解常数可知，$PO_4^{3-}$ 水解为主溶液显碱性；HPO_4^{2-} 水解程度大于解离，所以水解为主，溶液显弱碱性；$H_2PO_4^-$ 的解离倾向大于水解，溶液为弱酸性。当三种盐的浓度都为 0.10 mol · dm^{-3} 时，其溶液的 pH 分别为

$$NaH_2PO_4 \qquad [H^+] = \sqrt{K_{a1}^{\ominus}\cdot K_{a2}^{\ominus}} = 2.2\times10^{-5} \qquad pH = 4.66$$

$$Na_2HPO_4 \qquad [H^+] = \sqrt{K_{a2}^{\ominus}\cdot K_{a3}^{\ominus}} = 1.7\times10^{-10} \qquad pH = 9.77$$

$$Na_3PO_4 \qquad pH = 12.6$$

工业上常用磷酸钙矿与硫酸反应或浓硝酸氧化单质磷来制备磷酸，磷酸被大量用于化肥制造、钢铁处理等领域。工业上也用磷酸和硝酸的混合酸抛光金属，可使金属表面光洁。

$$Ca_3(PO_4)_2 + 3H_2SO_4 \xlongequal{\quad} 3CaSO_4 + 2H_3PO_4$$

$$3P_4 + 20HNO_3(浓) + 8H_2O \xlongequal{\quad} 12H_3PO_4 + 20NO\uparrow$$

磷酸根离子的鉴定：通常在强酸(HNO_3)环境中加入钼酸铵，若出现黄色沉淀，证明有磷酸根。

$$PO_4^{3-} + 12MoO_4^{2-} + 3NH_4^+ + 24H^+(HNO_3) \xlongequal{\quad} (NH_4)_3[P(Mo_{12}O_{40})]\cdot 6H_2O\downarrow(黄色) + 6H_2O$$

2) 焦磷酸

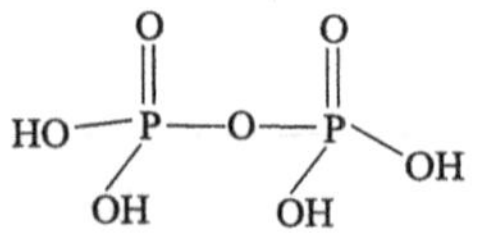

图 14-6 焦磷酸的分子结构示意图

用硫化氢与焦磷酸铜反应，过滤除去硫化铜沉淀后，将滤液浓缩结晶，即可得到焦磷酸晶体 $H_4P_2O_7$，其分子结构示意图如图 14-6 所示。从分子组成上可以把 $H_4P_2O_7$ 看作两分子 H_3PO_4 缩合脱水后的产物。

常温下 $H_4P_2O_7$ 是无色晶体，易溶于水，在酸性溶液中水解生成 H_3PO_4。$H_4P_2O_7$ 是四元中强酸，其四级解离常数分别是 $K_{a1}^{\ominus} = 3.0\times10^{-2}$、$K_{a2}^{\ominus} = 4.4\times10^{-3}$、$K_{a3}^{\ominus} = 2.5\times10^{-7}$、$K_{a4}^{\ominus} = 5.6\times10^{-10}$。酸性比磷酸略强。

$$H_4P_2O_7 + H_2O \xlongequal{\quad} 2H_3PO_4$$

焦磷酸有一种正盐和三种酸式盐，目前所发现的一价金属焦磷酸盐组成大多是 $M_2H_2P_2O_7$ 和 $M_4P_2O_7$，少数为 $M_3HP_2O_7$，但很少是 $MH_3P_2O_7$。与磷酸盐相似，焦磷酸盐多数难溶于水，其中 $Ag_4P_2O_7$ 为白色难溶盐，据此可鉴别溶液中的 PO_4^{3-} 与 $P_2O_7^{4-}$。

3) 偏磷酸

一分子酸脱去一分子水后生成的酸称为偏某酸，如偏磷酸 HPO_3 是 H_3PO_4 脱去一分子 H_2O 后所得产物。P_4O_{10} 溶于水时主要生成各种偏磷酸的混合物，三个磷酸分子之间脱水缩合后形成三聚偏磷酸，其分子结构示意图如图 14-7 所示。

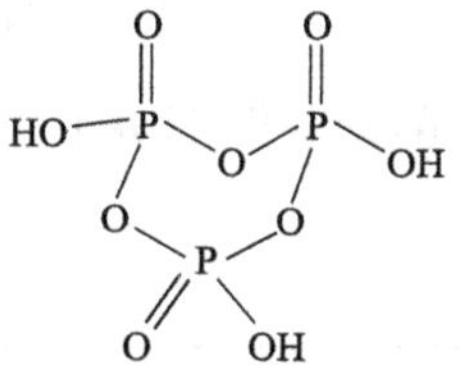

图 14-7　三聚偏磷酸的分子结构示意图

偏磷酸是硬而透明的玻璃状物质，易溶于水转化为正磷酸。碱金属和镁的偏磷酸盐易溶于水(其他难溶于水)，易溶于 HNO_3、过量偏磷酸、过量碱金属偏磷酸盐中。

磷(V)的含氧酸盐的鉴别见表 14-6。

表 14-6　磷(V)的含氧酸盐的鉴别

磷酸盐	Na_3PO_4	Na_2HPO_4	NaH_2PO_4	$Na_4P_2O_7$	$NaPO_3$
$AgNO_3$	黄↓	黄↓	黄↓	白↓	白↓
HAc + 蛋清	×	×	×	×	白↓

4) 亚磷酸

图 14-8 给出了亚磷酸的分子结构示意图，由其分子结构可知，H_3PO_3 是二元中强酸，$K_{a1}^{\ominus}=5.0\times10^{-2}$，$K_{a2}^{\ominus}=2.5\times10^{-7}$，常温下是淡黄色晶体，熔点为 346.6 K，易溶于水，293 K 时 100 g 水中约溶解 82 g H_3PO_3。

H_3PO_3 受热时发生歧化反应。

$$4H_3PO_3 \xlongequal{\triangle} 3H_3PO_4 + PH_3\uparrow$$

H_3PO_3 还是强还原剂。

$$H_3PO_3 + 2Ag^+ + H_2O \xlongequal{} H_3PO_4 + 2Ag + 2H^+$$

$$H_3PO_3 + 2HgCl_2 + H_2O \xlongequal{} H_3PO_4 + Hg_2Cl_2 + 2HCl$$

5) 次磷酸

图 14-9 是次磷酸的分子结构示意图。纯的次磷酸是无色晶体，熔点为 299.5 K，易溶于水，分子结构中有两个不能解离的氢原子，只有一个羟基氢原子，属一元中强酸，$K_a^{\ominus}=5.9\times10^{-2}$。

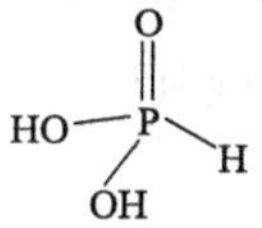

图 14-8　亚磷酸的分子结构示意图

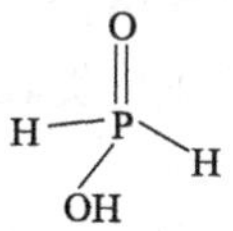

图 14-9　次磷酸的分子结构示意图

由酸性溶液中 $E_A^{\ominus}(H_3PO_3/H_3PO_2)=-0.499$ V 和碱性溶液中 $E_B^{\ominus}(HPO_3^{2-}/H_2PO_2^-)=-1.565$ V 可知，次磷酸及其盐都是还原剂，尤其在碱性溶液中还原性很强。卤素单质、$AgNO_3$、$HgCl_2$、$CuCl_2$、$NiCl_2$ 等重金属盐都可以氧化次磷酸及其盐。因此，次磷酸及其盐可用于化学镀银或化学镀镍。

$$H_3PO_2 + 4Ag^+ + 2H_2O = H_3PO_4 + 4Ag + 4H^+$$

$$H_3PO_2 + Ni^{2+} + H_2O = H_3PO_3 + Ni + 2H^+$$

次磷酸盐一般都溶于水，碱土金属的次磷酸盐溶解度较低。次磷酸盐的毒性低于磷化氢和白磷。

思 考 · 练 习

次磷酸(H_3PO_2)的制备工艺流程如下，回答下列问题。

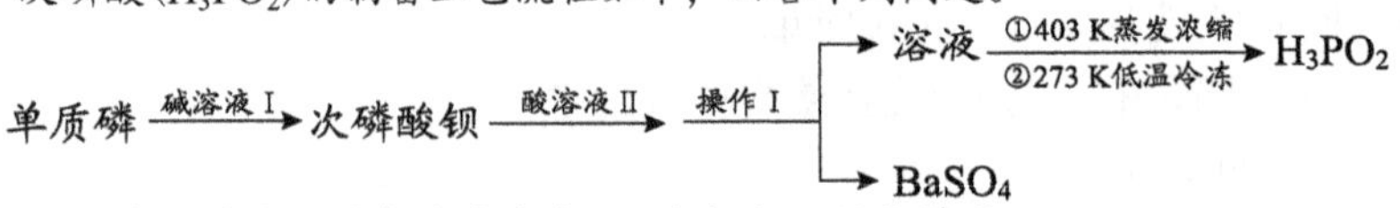

1. 写出工艺流程图中的碱溶液 I、酸溶液 II 的化学式。
2. 写出操作 I 的名称。
3. 写出由单质磷制备 H_3PO_2 的各步反应的化学方程式。

14.1.3　砷、锑、铋及其化合物

1. 单质的结构与性质

砷、锑、铋有时以游离态存在于自然界中，主要存在形式是硫化物矿，如雄黄、雌黄、砷硫铁矿、辉锑矿、辉铋矿。少量砷还广泛存在于金属硫化物矿中。制备它们的单质时，先将硫化物矿于空气中煅烧转变为氧化物，然后用碳高温还原。用铁粉可以直接把硫化物还原为单质。

$$M_2O_3 + 3C \xlongequal{\triangle} 2M + 3CO \quad (\text{M 代表 As、Sb、Bi})$$

$$M_2S_3 + 3Fe \xlongequal{\triangle} 2M + 3FeS$$

常温下，砷、锑、铋均为具有金属外形的固体，砷是非金属，锑、铋属于金属，是电的良导体。与过渡金属相比，熔点较低且易挥发，从 As 到 Bi 熔点依次降低。一般金属熔化时导电性降低，但铋相反，固体铋的导电性仅为液体铋的 48%左右。气态的砷、锑、铋均为多原子分子，As、Sb 的蒸气分子为四原子分子，与 P_4 类似，也是正四面体构型。固体 As、Sb 存在多种同素异形体。例如，黄砷和黄锑能溶解在 CS_2 中，以四原子分子形式存在，而黑砷则具有类似于黑磷的结构。Bi 蒸气中单原子分子与双原子分子处于平衡状态。它们与元素周期表ⅢA 族元素形成一类具有半导体性质的化合物，在电化学领域有广泛的应用。它们的物理性质列于表 14-7。

表 14-7　砷、锑、铋的某些物理性质

元素	气体分子组成	熔点/K	沸点/K	密度/(g · cm^{-3})
砷	$As_4 = 2As_2$	1090(某压力下)	889(升华)	5.78
锑	$Sb_4 = 2Sb_2$	903	1908	6.68
铋	$Bi_2 = 2Bi$	544	1853	9.80

通常情况下，砷、锑、铋在水和空气中能稳定存在，不与稀酸作用，但能与硝酸、热浓硫酸、王水反应，高温下可与非金属 O_2、S、X_2 反应，反应产物汇总于表 14-8 中。

表 14-8　砷、锑、铋的主要化学性质

反应物	As	Sb	Bi
NaOH	Na_3AsO_3	—	—
HNO_3	H_3AsO_4	$HSb(OH)_6$	$Bi(NO_3)_3$
H_2SO_4(浓热)	$As(OH)SO_4$	$Sb(OH)SO_4$	$Bi_2(SO_4)_3$
Cl_2	$AsCl_3$	$SbCl_5$	$BiCl_3$
O_2	As_2O_3	Sb_2O_3	Bi_2O_3
S	As_2S_3	Sb_2S_3	Bi_2S_3
Mg	Mg_3As_2	Mg_3Sb_2	Mg_3Bi_2

2. 氢化物

AsH_3、SbH_3、BiH_3 都是无色剧毒气体，其主要性质见表 14-9。其中 AsH_3 具有大蒜气味。与 NH_3、PH_3 相比，AsH_3、SbH_3、BiH_3 碱性依次减弱、酸性增强、还原性增强、稳定性减弱。

表 14-9　砷、锑、铋氢化物的主要性质

主要性质	NH_3	PH_3	AsH_3	SbH_3	BiH_3
熔点/K	195.3	140.5	156.1	185.0	—
沸点/K	239.6	185.6	210.5	254.6	298.8
键角/(°)	106.6	93.08	91.8	91.3	—
气态分子 μ/D	1.44	0.55	0.15	—	—

在缺氧条件下，AsH_3 在玻璃管中受热分解生成亮黑色的砷镜，利用此法可检出 0.007 mg 的 As，称为 Marsh 试砷法。

$$2AsH_3 \xlongequal{\triangle} 2As + 3H_2$$

砷镜可溶于 NaClO 溶液。

$$5ClO^- + 2As + 6OH^- \xlongequal{\quad} 2AsO_4^{3-} + 5Cl^- + 3H_2O$$

SbH_3 也有类似反应，但锑镜不溶于 NaClO 溶液。

将胂(AsH_3)通入盛 $AgNO_3$ 溶液的试管中，在试管壁上可生成银白色的银镜，利用此法可检出 0.005 mg As，称为 Gutzeit 试砷法。

$$2AsH_3 + 12AgNO_3 + 3H_2O \xlongequal{\quad} As_2O_3 + 12HNO_3 + 12Ag\downarrow$$

砷、锑、铋的氢化物可由其金属化合物水解得到，或用活泼金属还原其氧化物得到。例如

$$Na_3As + 3H_2O \xlongequal{\quad} AsH_3 + 3NaOH$$

$$As_2O_3 + 6Zn + 6H_2SO_4 \xlongequal{\quad} 2AsH_3 + 6ZnSO_4 + 3H_2O$$

3. 氧化物及其水化物

砷、锑、铋具有+3 和+5 两种氧化态的氧化物，除 As_4O_6 微溶于水、As_4O_{10} 易溶于水外，其他氧化物均难溶于水。对同一元素来说，高价态氧化物的酸性略强于低价态的氧化物，这些氧化物的酸碱性总结在表 14-10 中。其中，As_4O_6(有时简写成 As_2O_3)是白色两性偏酸性氧化物，俗称砒霜，有剧毒。Sb_4O_6 为白色两性氧化物，Bi_2O_3 为黄色弱碱性氧化物，As_4O_{10} 为弱酸性氧化物，Sb_4O_{10} 为两性偏酸性氧化物，Bi_2O_5 是否存在尚无证据。

表 14-10 砷、锑、铋氧化物的酸碱性

项目	As	Sb	Bi
As(Ⅲ)的氧化物	As_4O_6	Sb_4O_6	Bi_2O_3
其水化物	H_3AsO_3	$Sb(OH)_3$	$Bi(OH)_3$
酸碱性	两性偏酸性	两性偏碱性	弱碱性
As(Ⅴ)的氧化物	As_4O_{10}	Sb_4O_{10}	Bi_2O_5
其水化物	H_3AsO_4	$HSb(OH)_6$	不稳定
酸碱性	弱酸性	两性偏酸性	
性质递变规律	(1) 从 As 到 Bi 的氧化物及其水化物碱性递增，酸性递减 (2) 同种元素+5 氧化态酸性比+3 氧化态的强 (3) 从 As 到 Bi，+3 氧化态还原性减弱；+5 氧化态氧化性增强		

H_3AsO_3(亚砷酸)两性偏酸，既溶于酸也溶于碱，但碱中的溶解度较大。

$$H_3AsO_3 + NaOH = NaH_2AsO_3 + H_2O$$

$$As(OH)_3 + 3HCl = AsCl_3 + 3H_2O$$

在碱性溶液中，H_3AsO_3 还原性较强，$Bi(OH)_3$ 能被氯气氧化。在酸性溶液中 H_3AsO_4 具有一定的氧化性。

$$NaH_2AsO_3 + 4NaOH + I_2 = Na_3AsO_4 + 2NaI + 3H_2O$$

$$H_3AsO_4 + 2HI = H_3AsO_3 + I_2 + H_2O$$

$$Bi(OH)_3+Cl_2+3NaOH = NaBiO_3\downarrow + 2NaCl+3H_2O$$

在酸性溶液中，$HSb(OH)_6$、$NaBiO_3$(土黄色难溶于水的固体) 均为强氧化剂。

$$HSb(OH)_6 + 5HCl = SbCl_3 + 6H_2O + Cl_2$$

$$5NaBiO_3 + 2Mn^{2+} + 14H^+ = 2MnO_4^- + 5Bi^{3+} + 7H_2O + 5Na^+$$

后一反应常用来检验 Mn^{2+}。

$$Sn^{2+} + 4OH^- = [Sn(OH)_4]^{2-}$$

$3[Sn(OH)_4]^{2-} + 2Bi^{3+} + 6OH^- = 3[Sn(OH)_6]^{2-} + 2Bi\downarrow$(黑) ($Bi^{3+}$或 Sn^{2+}的鉴定反应)

4. 硫化物和硫代酸盐

砷、锑、铋的硫化物均难溶于水，它们一般都有颜色，分别为 As_2S_3 黄色、As_2S_5 淡黄色、Sb_2S_3 橙色、Sb_2S_5 橙黄色、Bi_2S_3 黑色。这些硫化物的酸碱性规律类似于氧化物，对同一元素来说，高价态硫化物酸性强于低价态硫化物，从 As 到 Bi，表现出惰性电子对效应，低价态越来越稳定。其中，As_2S_5 显酸性，As_2S_3、Sb_2S_5 显两性偏酸性，Sb_2S_3 显两性偏碱性，Bi_2S_3 显碱性，它们可溶于相应的酸、碱或硫化物溶液中。这些硫化物在常用的酸碱试剂如盐酸、NaOH 溶液、Na_2S 或$(NH_4)_2S$ 溶液，以及兼具碱性和氧化性的试剂 Na_2S_2 溶液中的溶解情况汇总于表 14-11 中。

表 14-11　砷、锑、铋硫化物的酸碱性及氧化还原性

性质	As_2S_3	As_2S_5	Sb_2S_3	Sb_2S_5	Bi_2S_3
颜色	黄色	淡黄色	橙色	橙黄色	黑色
酸碱性	两性偏酸性	酸性	两性偏碱性	两性偏酸性	碱性
遇浓 HCl	不溶	不溶	溶	溶	溶
遇 NaOH 溶液	溶	溶	溶	溶	不溶
遇 Na_2S 或$(NH_4)_2S$	溶	易溶	溶	易溶	不溶
遇 Na_2S_2 或$(NH_4)_2S_2$	溶	不溶	溶	不溶	不溶

相关反应的化学方程式如下：

$$As_2S_3 + 6NaOH = Na_3AsO_3 + Na_3AsS_3 + 3H_2O$$

$$As_2S_5 + 8NaOH = Na_3AsO_4 + Na_3AsS_4 + 4H_2O + Na_2S$$

$$As_2S_3 + 3Na_2S = 2Na_3AsS_3$$

$$As_2S_5 + 3Na_2S = 2Na_3AsS_4$$

$$Sb_2S_3 + 6NaOH = Na_3SbO_3 + Na_3SbS_3 + 3H_2O$$

$$Sb_2S_3 + 12HCl = 2H_3SbCl_6 + 3H_2S$$

$$Bi_2S_3 + 6HCl = 2BiCl_3 + 3H_2S$$

Na_3AsS_3、Na_3SbS_3、Na_3AsS_4 分别是硫代亚砷酸钠、硫代亚锑酸钠、硫代砷酸钠，它们遇酸后又可生成相应的硫化物。

$$2Na_3AsS_3 + 6HCl = As_2S_3\downarrow + 3H_2S\uparrow + 6NaCl$$

5. 氯化物的水解性

本族三卤化物都能水解。

$$NCl_3 + 3H_2O = NH_4OCl + 2HOCl$$

$$PCl_3 + 3H_2O = H_3PO_3 + 3HCl$$

$$AsCl_3 + 3H_2O = H_3AsO_3 + 3HCl\text{（浓 HCl 中有少量 }As^{3+}\text{）}$$

$$SbCl_3 + H_2O \xlongequal{\quad} SbOCl\downarrow + 2HCl$$

$$BiCl_3 + H_2O \xlongequal{\quad} BiOCl\downarrow + 2HCl$$

阅读·拓展

非金属卤化物在水中的行为：

(1) 不与水反应，如 CCl_4、CF_4、SF_6、SeF_6。

(2) 与水反应生成非金属含氧酸和卤化氢，如 BCl_3、$SiCl_4$、PCl_5。

(3) 与水反应生成非金属氢化物和卤素含氧酸，如 NCl_3、Cl_2O。

原因：如果卤化物的中心原子尚未达到最高配位数(第二周期是 4，第三、四周期是 6，第五周期是 8) 则可水解。

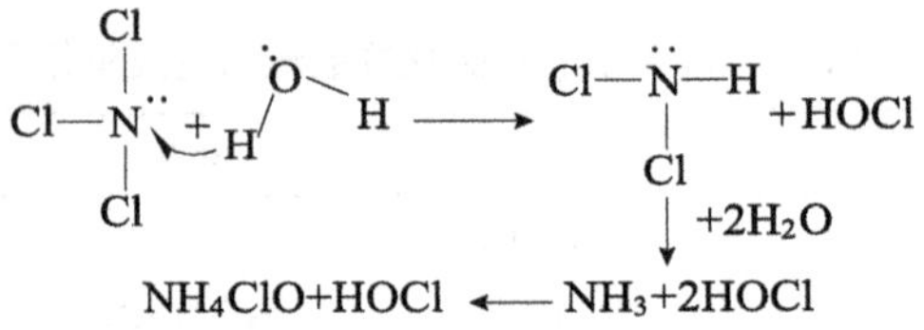

$$NCl_3 + 3H_2O \xlongequal{\quad} NH_4ClO + 2HOCl$$

思考：1. Cl_2O 的水解产物是什么？

2. NF_3 能否发生水解？为什么？

归纳·整合

氮元素的化合物

(1) NH_3：作配体，取代反应(N—H)，有还原性(N：−3)。

(2) 铵盐：水解显酸性；受热易分解；有还原性(N：−3)。

(3) 亚硝酸及其盐：酸不稳定盐稳定；除 $AgNO_2$ 难溶外，其他盐均易溶于水；有氧化性、还原性。

(4) 硝酸及其盐：HNO_3 有强氧化性，被还原产物与酸的浓度、还原剂的性质有关。

硝酸盐：易溶于水，受热分解，产物与金属的活性有关。碱金属（除 Li 外）和碱土金属的硝酸盐分解生成亚硝酸盐和 O_2。电位在 Mg 和 Cu 之间的金属硝酸盐分解生成相应的金属氧化物。电位在 Cu 之后的金属硝酸盐分解为金属单质。

磷元素的化合物

(1) P 单质：白磷，P_4 四面体，P—P 键有张力，性质活泼，燃点低，能溶于 CS_2，有毒，存于冷水中。红磷性质稳定，燃点高，难溶于 CS_2。

(2) H_3PO_4：无氧化性、难挥发、三元中强酸，有强配位能力。

(3) $H_4P_2O_7$：磷酸脱水产物，四元酸，酸性大于磷酸。

(4) H_3PO_3：二元中强酸，有还原性。

(5) H_3PO_2：一元中强酸，有还原性。

(6) PCl_3：无色液体，水解主产物是 H_3PO_3，P 原子采用 sp^3 不等性杂化，分子构型是三角锥。

(7) PCl_5：气态 PCl_5 为三角双锥结构，P 采用 sp^3d 杂化。固态 PCl_5 为离子晶体，晶体中含有正四面体的$[PCl_4]^+$和八面体的$[PCl_6]^-$。水解主产物是 H_3PO_4。

砷、锑、铋的化合物

(1) 氧化物及其水合物。

①从 As 到 Bi，氧化物及其水合物的碱性递增，酸性递减。

②同种元素+5 氧化态酸性比+3 氧化态的强。

③从 As 到 Bi，+3 氧化态还原性减弱；+5 氧化态氧化性增强。

(2) 硫化物均难溶于水，一般都有颜色，As_2S_3 黄色、As_2S_5 淡黄色、Sb_2S_3 橙色、Sb_2S_5 橙黄色、Bi_2S_3

黑色。这些硫化物的酸碱性规律类似于氧化物，对同一元素来说，高价态硫化物酸性强于低价态硫化物，从 As 到 Bi，表现出惰性电子对效应，低价态越来越稳定。

14.2　氧族元素

14.2.1　氧族元素概述

氧族元素位于元素周期表ⅥA 族，包括氧(O)、硫(S)、硒(Se)、碲(Te)、钋(Po)，基态原子的价电子构型为 ns^2np^4，与稀有气体原子外层 8 电子稳定构型相比差两个电子，与同周期元素相比，具有较大的电离能、电子亲和能和电负性，仅比卤族元素原子小。在同一主族内，与氟一样，氧原子的半径较小，外层电子密度较大，因此表现出一些异常的性质，如较小的电子亲和能。氧族元素中氧、硫是典型的非金属，钋是金属，而硒、碲兼具金属和非金属的性质。

14.2.2　自然界中的氧元素

氧是地壳中分布最广、含量最多的元素，总含量为 48.6%，是地球生命不可或缺的元素。自然界中氧有三种同位素，即 ^{16}O、^{17}O、^{18}O，其丰度分别为 99.76%、0.04%、0.2%，其中 ^{16}O 和 ^{18}O 均属于稳定的同位素，后者常作为示踪原子用于反应机理的研究。氧在自然界中既有游离态又有化合态，空气中氧主要以 O_2 和 O_3 的形式存在，海水中以 H_2O 的形式存在，岩石层中氧以 SiO_2、硅酸盐及其他氧化物和含氧酸盐的形式存在。从成键的角度来看，氧原子遇到活泼金属原子时既可以得到两个电子成为 O^{2-}(如 Na_2O、CaO、Fe_2O_3 等)，也可以形成氧分子离子 O_2^{2-} (过氧离子)或 O_2^- (超氧离子)，氧原子与非金属原子之间则可以形成共价单键，如 H_2O、H_2O_2、OF_2、CH_3OH 等。

1. 氧的单质

O_2 约占大气体积的 21%，常温常压下，氧是一种无色无味的气体，在 90 K 时可冷凝成淡蓝色的液体，进而冷却至 54.6 K 时凝结成淡蓝色的固体。在液态和固态时，O_2 分子有明显的顺磁性，是非极性分子，难溶于水，常压 293 K 时每升水中仅能溶解约 30 cm^3 氧气。

O_3 是一种无色但有鱼腥味的气体，在 161 K 时冷凝成深蓝色的液体，在 80 K 时凝结成暗紫色固体。O_3 是反磁性物质，也是唯一具有极性的单质分子，在水中的溶解度约为氧气的 10 倍。O_3 主要集中在地面以上 20～40 km 的大气平流层中，它是由 O_2 吸收了太阳的短波紫外光生成的，可以有效地阻止太阳的强辐射对生物体造成的伤害。大气中的还原性气体污染物如 NO、CO、H_2S、SO_2 和氟氯烃可以同高空大气中的 O_3 发生反应，使 O_3 分子浓度降低，严重威胁地球上的生命安全。

2. 氧的氢化物

1) 水

纯水是一种无色、无味的透明液体，深层的天然水呈蓝绿色，如海水和湖水。水的熔点为 273 K，沸点为 373 K。

水普遍存在于自然界中，是地球生命体生存、发育和繁衍必不可少的溶剂。但是，人们确定水的分子组成经历了从 1781 年的普列斯特利(Priestley)和卡文迪许(Cavendish)到 1895 年的摩莱(Morley)一百余年的时间。现在，我们用 O 原子的 sp^3 不等性杂化来解释 H_2O 分子的空间构型，也了解了水具有的一些独特的物理性质与水中分子间的氢键有关。这些独特的性质如下：

(1) 水的极性很大，偶极矩 $\mu = 1.87$ D。

(2) 水的比热容是所有物质中最大的，为 4.186×10^3 J · kg^{-1} · K^{-1}。

(3) 与同族其他元素的氧化物相比，水的熔点、沸点、蒸发热、熔化热均很高。水沸腾时蒸气相对分子质量为 18.64，略大于由 O、H 的相对原子质量计算得到的 18.02。实验事实表明，水蒸气是由 96.5%的单分子 H_2O 和 3.5%的双分子 $(H_2O)_2$ 所组成的。形成缔合分子的原因是在 H_2O 分子之间存在氢键，如图 14-10 所示，每个 O 原子周围存在两个远的 H 原子和两个近的 H 原子，其中两个较短距离为 96 pm，即 O—H 键的键长，两个稍远的距离为 180 pm，长于一般的化学键，但比气体分子间的距离短，据此认为两个 H_2O 分子之间存在氢键。X 射线衍射研究表明，液态水由 $(H_2O)_x$ 构成网状结构，其中填充 H_2O 分子。

H_2O 分子的缔合是放热过程，温度升高时，缔合程度下降，x 值减小，高温时水主要以单分子状态存在。温度降低，缔合度增大，x 值增加，至 273 K 时，水凝结成冰，所有水分子形成一个巨大的缔合分子。

图 14-11 显示了冰的一种常见晶体结构，在冰中每个 H_2O 分子被相邻的四个 H_2O 分子包围，形成正四面体，无限个正四面体通过氢键相互连接形成庞大的分子晶体。实验测定 H_2O 分子之间的结合力约为 51.1 kJ · mol^{-1}，氢键的贡献约为 37.6 kJ · mol^{-1}，分子间作用力(包括取向力、诱导力和色散力)的贡献为 12.5 kJ · mol^{-1}。

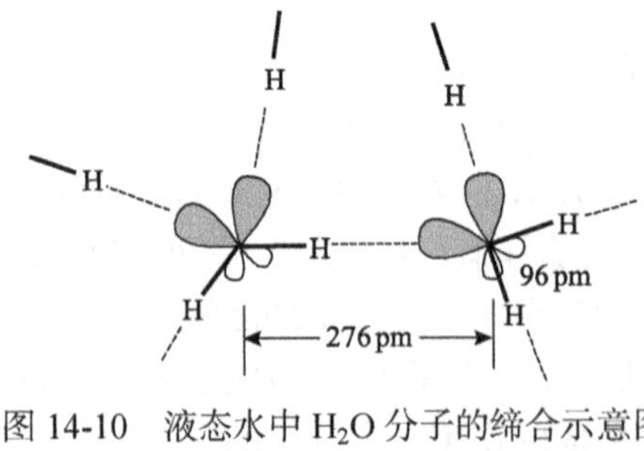

图 14-10　液态水中 H_2O 分子的缔合示意图

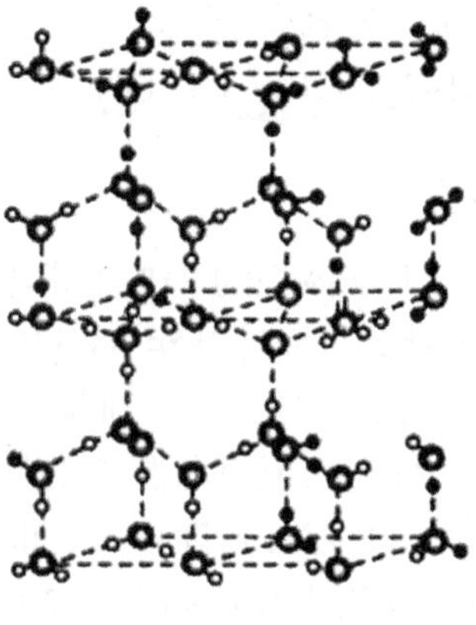
图 14-11　冰的晶体结构示意图

(4) 水在 276.98 K 时密度最大，为 1.0 g · cm^{-3}。高于此温度时，水的体积会随温度的升高而膨胀，密度减小。当低于此温度时，水的体积也逐渐膨胀；当温度低至 273 K 水凝结成冰时，密度突然减小，由 0.999 g · cm^{-3} 降低到 0.9168 g · cm^{-3}。这一反常现象可以从冰的结构中寻找答案。在其沸点时水主要以单分子状态存在，冷却时，分子热运动减慢，分子间距离缩小，分子缔合度增大，分子排列紧密，导致水的密度增加。而当温度由 277 K 继续降低时，随水分子缔合度增加产生类似于冰结构的更大的缔合体，它们的结构松散，导致水的密度减小。当温度到达 273 K 时，所有水分子缔合成巨大的冰分子，因而冰的密度大幅度下降。

水是一种可自解离的强极性溶剂，所有离子在水中都是以水合离子的形式存在的，如 H_3O^+、$[Zn(H_2O)_4]^{2+}$、$[Fe(H_2O)_6]^{2+}$等，在一些固体中也存在水合离子，如 $FeSO_4 \cdot 7H_2O$ 中存在$[Fe(H_2O)_6]^{2+}$，$CuSO_4 \cdot 5H_2O$ 中存在$[Cu(H_2O)_4]^{2+}$等。

水的化学性质比较稳定，只有活泼金属、活泼非金属和某些化合物才与水反应。

思考·练习

写出下列物质与水反应的化学方程式。

(1) Na；(2) $BiCl_3$；(3) Na_2O；(4) Mg_3N_2；(5) PCl_5

2) 过氧化氢

过氧化氢(H_2O_2)的分子结构示意图如图 14-12 所示，H_2O_2 分子中含有一个过氧链(—O—O—)，两个 O 原子都采取 sp^3 不等性杂化，每个 O 原子连接一个 H 原子，整个分子是折线形的，过氧链就像是在一本展开的书本的夹缝上，两个氢原子在打开的两页纸面上，纸面夹角为 93°51′，两个 O—H 与 O—O 之间的键角为 96°52′。

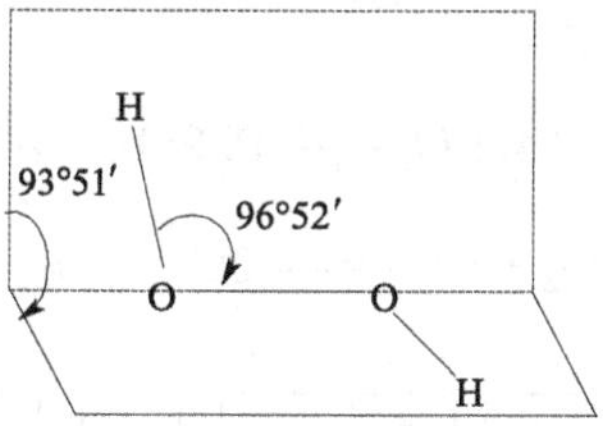

图 14-12　H_2O_2 分子结构示意图

纯 H_2O_2 是一种淡蓝色的黏稠液体，极性比水还大(偶极矩为 2.26 D)，熔点为 272.74 K，沸点为 423.3 K。过氧化氢与水以任意比例混溶，水溶液具有微弱的酸性。但因不稳定，市售试剂为 30%～35%的水溶液，会灼伤皮肤，使用时应多加小心。医药上用 3%的水溶液作杀菌消毒剂，称为双氧水。

$$H_2O_2 \rightleftharpoons HO_2^- + H^+ \qquad K_a^\ominus = 1.55\times10^{-12}$$

H_2O_2 的特征化学性质是不稳定性和氧化还原性。H_2O_2 在较低温度和高纯度时比较稳定，但是见光、受热或有重金属离子(Fe^{2+}、Mn^{2+}、Cu^{2+}、Cr^{3+})存在时易分解成水和氧气，因此 H_2O_2 应储存在塑料瓶或加有 Na_2SnO_3、$Na_4P_2O_7$ 等稳定剂的棕色试剂瓶中，并放在避光阴冷处。

$$E_A^\ominus / V \quad O_2 \xrightarrow{+0.70} H_2O_2 \xrightarrow{+1.78} H_2O$$

$$E_B^\ominus / V \quad O_2 \xrightarrow{-0.076} HO_2^- \xrightarrow{+0.88} OH^-$$

由元素电势图可看出，在酸性溶液中 H_2O_2 是一种强氧化剂，可以氧化溶液中的 H_2SO_3 和 I^-等还原剂。与 I^-的反应可用于 H_2O_2 和过氧化物的定性检出和定量测定。

$$H_2O_2 + 2I^- + 2H^+ \longequal I_2 + 2H_2O$$

$$[5H_2O_2 + I_2 == 2HIO_3 + 4H_2O; \ 2HIO_3 + 5H_2O_2 == I_2 + 5O_2\uparrow + 6H_2O\text{(摇摆反应)}]$$

$$H_2O_2 + H_2SO_3 == H_2SO_4 + H_2O$$

但遇到 MnO_4^- 等更强的氧化剂时，H_2O_2 也会被氧化，是一种中等强度的还原剂。

$$5H_2O_2 + 2MnO_4^- + 6H^+ == 2Mn^{2+} + 5O_2\uparrow + 8H_2O$$

在碱性介质中，H_2O_2 可以氧化二价锰、三价铬的化合物。

$$H_2O_2 + Mn(OH)_2 == MnO_2 + 2H_2O$$

$$3H_2O_2 + 2NaCrO_2 + 2NaOH == 2Na_2CrO_4 + 4H_2O$$

H_2O_2 参加氧化还原反应不会给反应体系引入新的杂质，利用它的氧化性，可以漂白毛、丝织物，可以消毒杀菌，可以用作火箭燃料的氧化剂。利用它的还原性，可以漂白油画，工业上用于除氯。

$$PbS + 4H_2O_2 == PbSO_4\downarrow + 4H_2O$$

$$H_2O_2 + Cl_2 == 2Cl^- + O_2\uparrow + 2H^+$$

思考·练习

1. 试查阅相关电极电势，分析 MnO_2 催化 H_2O_2 分解的机理。
2. 完成下列两个反应的化学方程式并配平，用电极电势分析介质对 H_2O_2 氧化还原性的影响。

$$H_2O_2 + NaOH + MnSO_4 \longrightarrow$$

$$H_2O_2 + H_2SO_4 + MnO_2 \longrightarrow$$

H_2O_2 的制备通常有以下三类方法。

(1) 利用金属过氧化物与稀硫酸作用。早在 19 世纪中叶，人们就利用 BaO_2 与硫酸作用制备 H_2O_2。也可以向 BaO_2 溶液中通入 CO_2，或者将 Na_2O_2 加入冷的稀硫酸或稀盐酸中制备 H_2O_2。

$$BaO_2 + H_2SO_4 == BaSO_4\downarrow + H_2O_2$$

$$BaO_2 + H_2O + CO_2 == BaCO_3\downarrow + H_2O_2$$

由于这种方法首先要制备 BaO_2，成本很高，只是偶尔在实验室中应用，目前工业上并不采用这类方法生产 H_2O_2。

(2) 1908 年，逐渐发展了电解-水解制备 H_2O_2 的方法。以铂片为电极，电解饱和 NH_4HSO_4 水溶液，得到过二硫酸铵[$(NH_4)_2S_2O_8$]。

$$2NH_4HSO_4 \xlongequal{\text{电解}} (NH_4)_2S_2O_8 + H_2\uparrow$$

再加入适量硫酸，水解得到 H_2O_2。

$$(NH_4)_2S_2O_8 + 2H_2SO_4 = 2NH_4HSO_4 + H_2S_2O_8$$

$$H_2S_2O_8 + 2H_2O = 2H_2SO_4 + H_2O_2$$

这种方法 NH_4HSO_4 可以循环使用，世界上许多大型过氧化氢厂家都是采用此方法。

(3) 1945 年以来发展起来的乙基蒽醌法，该法以 2-乙基蒽醌和钯或镍为催化剂，由 H_2 和 O_2 直接化合制备 H_2O_2。涉及的主要反应如下：

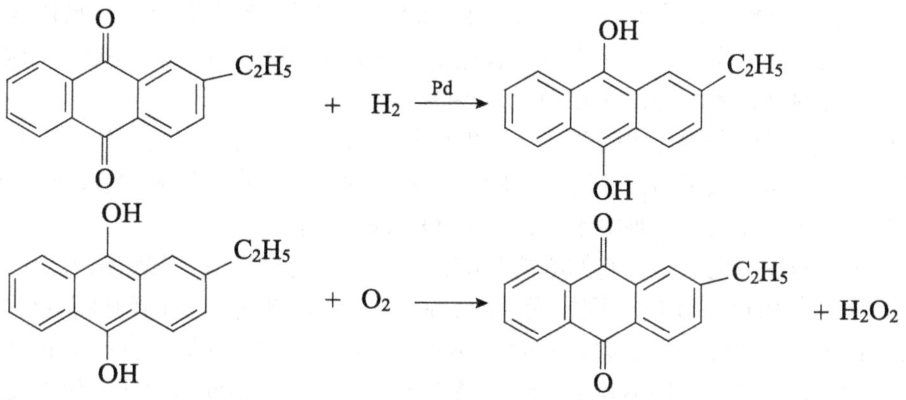

2-乙基蒽醌在反应过程中没有消耗，可以循环使用，消耗的只是氢气和氧气。这种方法能耗小、无污染，也被国内外许多厂家采用。这三类方法所得的仅是 H_2O_2 的稀溶液，减压蒸馏可将 H_2O_2 的质量分数提高到 20%～30%，经过多级减压蒸馏，可得浓度为 98%的 H_2O_2，最后冷冻进行分级结晶，制得纯 H_2O_2 晶体。

3. 氧化物

1) 氧化物的制备方法

氧化物可通过单质与氧气或空气的直接化合、含氧化合物的分解、单质与氧化性酸之间的反应等多种化学反应制备。

元素周期表 p 区元素、过渡金属元素往往有可变化合价，其低价态氧化物可通过高价态氧化物的热分解或含氧酸盐被还原的方法制备，如 PbO、Cr_2O_3 的制备。

$$2PbO_2 \xlongequal{\triangle} 2PbO + O_2\uparrow$$

$$Na_2Cr_2O_7 + S \xlongequal{\triangle} Na_2SO_4 + Cr_2O_3$$

p 区元素的单质与浓硝酸反应可以制备相应的高价态的氧化物。例如

$$C + 4HNO_3(\text{浓}) \xlongequal{\triangle} CO_2\uparrow + 4NO_2\uparrow + 2H_2O$$

$$Sn + 4HNO_3(\text{浓}) \xlongequal{\triangle} SnO_2 + 4NO_2\uparrow + 2H_2O$$

思 考 · 练 习

用直接化合、含氧化合物分解的方法制备下列氧化物。

(1) SO_2；(2) MgO；(3) CuO；(4) CaO

2) 氧化物的类型

氧化物的分类依据不同，得到的类别也不同。可以按照氧化物与水作用对氧化物进行分类，也可以按照氧化物的酸碱性进行分类。从酸碱性的角度分析，可以将氧化物分为酸性氧化物、碱性氧化物、两性氧化物和中性氧化物等类型。

酸性氧化物又称酸酐，除少数不与水作用(如 SiO_2)之外，酸性氧化物与水化合转变为相应的含氧酸。这类氧化物大部分为非金属氧化物，如 CO_2、SO_3、P_2O_5、B_2O_3、Cl_2O_7 等，也包括少量高价态的金属氧化物，如 CrO_3、Mn_2O_7 等。

碱性氧化物的通性是能与稀硫酸或盐酸发生复分解反应，得到相应的盐。它们大多是金属氧化物，活泼金属的氧化物往往溶于水转变为相应的氢氧化物，如 K_2O、CaO、MgO 等，大部分过渡金属的碱性氧化物难溶于水，如 CuO、Fe_2O_3 等。

两性氧化物的种类也很多，它们既能与酸作用，又能与碱反应，都转化为相应的盐。短周期元素的氧化物 BeO、Al_2O_3，副族元素的 ZnO、Cr_2O_3 等都是常见的两性氧化物。另外，元素周期表 p 区元素的很多氧化物如 SnO、PbO、As_2O_3、Sb_2O_3 等都具有一定的两性。

NO、N_2O、CO 等氧化物不与水、酸、碱作用，这类氧化物称为中性氧化物或不成盐氧化物。而一些氧化态更复杂的物质，如 Fe_3O_4、Pb_3O_4、Pb_2O_3、Pr_6O_{11} 等，从结构化学的观点来看，它们更应该是一类盐或配合物。溶于水与水无显著化学反应的氧化物，如 RuO_4、OsO_4 等溶于水后无显著的化学反应。

3) 氧化物酸碱性变化的一般规律

(1) 同一周期各元素最高氧化态的氧化物，从左到右依次为碱性→两性→酸性。

Na_2O、MgO(碱性)；Al_2O_3(两性)；SiO_2、P_4O_{10}、SO_3、Cl_2O_7(酸性)

(2) 同一氧化态的同族氧化物从上到下碱性增强。

N_2O_3、P_4O_6 (酸性)；As_4O_6、Sb_4O_6(两性)；Bi_2O_3(碱性)

(3) 同一元素不同氧化态的氧化物，其酸性随氧化数的升高而增强。

As_4O_6(两性)，As_4O_{10}(酸性)；PbO(碱性)，PbO_2(两性)

14.2.3 硫的单质与化合物

硫在地壳中的含量为 0.03%，自然界中的硫元素除了单质硫以外，还存在金属硫化物和硫酸盐两种形式。单质硫矿床主要集中在火山地区，最重要的矿物是黄铁矿(FeS_2)，其次是含有铜、铅、锌等有色金属元素的硫化物矿，如闪锌矿(ZnS)、方铅矿(PbS)、黄铜矿($CuFeS_2$)、辉锑矿(Sb_2S_3)等，天然硫酸盐矿物则包括石膏($CaSO_4 \cdot 2H_2O$)、重晶石($BaSO_4$)、天青石($SrSO_4$)、芒硝($Na_2SO_4 \cdot 10H_2O$)等。

硫原子的成键特征在很多方面与氧原子相似，如 S 原子可以形成含 S^{2-}和S_2^{2-} 的化合物，也可提供两个单电子形成两个共价单键，如 H_2S、SCl_2 等。与 O 原子不同的是，S 原子原子核外比 O 原子多一个电子层，其杂化方式更为复杂，不仅有 sp^2、sp^3 类型的杂化，还可以利用第三电子层的 d 亚层，发生 spd 类型的杂化。另外，硫原子还可以形成多硫键，自身以共价键的形式结合成链存在于化合物中，如 S_2Cl_2、H_2S_x、$Na_2S_4O_6$、$Na_2S_2O_4$、$Na_2S_6O_6$ 等。

1. 硫的单质

硫的单质有两种变体，即斜方硫(或称菱形硫)和单斜硫，常温下稳定存在的晶体是斜方硫，它们的物理性质列于表 14-12。

表 14-12　硫同素异形体的物理性质

同素异形体	颜色	密度/(g · cm^{-3})	熔点/ K	溶解性
斜方硫	黄色	2.06	385.8	难溶于水，溶于 CS_2
单斜硫	浅黄色	1.99	392	难溶于水，溶于 CS_2，溶解度略大于斜方硫

两种同素异形体均由 S_8 分子组成，如图 14-13 所示，S_8 分子恰似一顶皇冠，每个 S 原子采取 sp^3 杂化，形成两个σ键，S—S 键长为 206 pm，键角 108°。

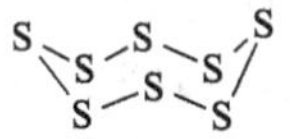

图 14-13　S_8 分子结构示意图

两种同素异形体可以发生相互转化，转变温度是 368.4 K，斜方硫可缓慢转变为单斜硫，常温下迅速恢复为斜方硫。

$$S(\text{斜方}) \underset{<368.4\,K}{\overset{>368.4\,K}{\rightleftharpoons}} S(\text{单斜}) \qquad \Delta_r H_m^{\ominus} = 0.398\ kJ \cdot mol-1$$

单质硫在受热过程中其形态、分子组成会发生一系列变化。将硫加热到 433 K 时，S_8 环开始断裂、聚合形成长链状分子(有研究报道，463 K 时长链硫中 S 原子个数超过 10^6 个)，此时熔融硫的颜色变深、变黏稠，黏度在约 470 K 时最大。当温度高于 523 K 时黏度开始下降，表明长链开始断裂，563 K 时有 S_6、S_4、S_2 等小分子生成。718 K 时熔融硫沸腾，气态硫中含有 S_8、S_6、S_4、S_2 等分子，约 2273 K 时分解成单原子分子。若把 503 K 时的熔融硫迅速倒入冷水中，相互缠绕的长链硫会固定下来，成为可以拉伸的弹性硫，弹性硫在 CS_2 中的溶解度明显低于斜方硫和单斜硫。常态下弹性硫转变为斜方硫的速率很慢，有报道称该过程需约一年的时间。

世界上每年消耗大量的单质硫，主要用于制造硫酸。在橡胶制品工业、造纸工业、漂染工业、农药和医药工业领域中用硫量较多。

2. 硫化氢和氢硫酸

硫化氢(H_2S)是一种无色、有恶臭味的有毒气体，吸入大量 H_2S 会造成人的昏迷或死亡，空气中的允许含量为 0.01 mg · dm^{-3}。H_2S 易溶于水，不同温度下 1 体积水中能溶解的 H_2S 的体积分别为 4.65(273 K)、3.44(283 K)、2.61(293 K)，常温下饱和 H_2S 水溶液的浓度约为 0.10 mol · dm^{-3}，这被人们看作一个常数。

H_2S 的水溶液称为氢硫酸，是一个二元弱酸。H_2S 的解离常数是一个有争议的数值，不同文献中数值不同。

H_2S 中硫的氧化态为–2，具有还原性，酸性条件下 $E_A^{\ominus}$ $(S/H_2S) = 0.14$ V，弱氧化剂单质 I_2、空气中的 O_2 即能将 H_2S 氧化成单质 S，更强的氧化剂如 Br_2 等能把 H_2S 氧化成硫酸。因此，H_2S 在空气中不能长期放置，应现用现制。

3. 金属硫化物

金属硫化物可以采用金属与单质硫的化合反应或金属离子与 S^{2-} 在水溶液中的沉淀反应得到，当金属元素有可变化合价时，往往得到低价态的金属硫化物。例如

$$Fe + S = FeS$$

$$2Cu + S = Cu_2S$$

溶液中产生金属硫化物MS的前提是金属离子 M^{2+} 和硫离子 S^{2-} 的浓度积 $[M^{2+}][S^{2-}]$ 超过沉淀的溶度积常数。酸性溶液中，S^{2-} 浓度受溶液酸度影响，饱和 H_2S 溶液中 H^+ 和 S^{2-} 浓度之间的关系是 $[H^+]^2[S^{2-}] = 9.23\times10^{-22}$，酸性越高，溶液中 $[S^{2-}]$ 越低。而在碱性溶液中通入 H_2S，S^{2-} 浓度提高，可将多种金属离子沉淀成硫化物。因此，控制溶液的酸度，利用 H_2S 能将溶液中的金属离子进行分离。例如，$ZnCl_2$ 溶液中的 Zn^{2+} 无法用 H_2S 气体充分沉淀，但可用 Na_2S 溶液沉淀，而 $CuCl_2$ 溶液既可用 H_2S 又可用 Na_2S 完全沉淀。

$$Zn^{2+} + S^{2-} = ZnS\downarrow$$

$$Cu^{2+} + H_2S = CuS\downarrow + 2H^+$$

了解金属硫化物性质的差别对分离金属离子有重要意义，金属硫化物的性质主要集中在以下几方面。

1) 水中的溶解性

碱金属的硫化物、$(NH_4)_2S$ 易溶于水，溶解后 S^{2-} 发生强烈水解，大多以 HS^- 的形式存在。

具有 8 电子构型、高电荷的阳离子，如碱土金属、ⅢB 族元素（Sc、Y、La）和镧系元素，由于强烈的水解作用，其硫化物无法稳定存在于水溶液中。

更高价态的金属硫化物不仅有离子的水解，高价离子和硫离子之间还会发生氧化还原反应，因此会生成不稳定的硫化物。

具有 18、18+2 电子构型的阳离子与硫离子之间具有强烈的相互极化，一般形成有色的难溶硫化物。

2) 酸中的溶解性

难溶于水的金属硫化物可以用不同浓度或种类的酸溶解而分离，用来溶解硫化物的酸主要有盐酸、硝酸和王水。例如，可溶于 3 mol · dm^{-3} 稀盐酸的金属硫化物有 FeS、ZnS、MnS 等，而 SnS、CdS、CoS、NiS、PbS 等难溶于稀盐酸，但能溶解在 6 mol · dm^{-3} 浓盐酸中。Ag_2S、CuS、As_2S_5、Sb_2S_5 等硫化物难溶于盐酸，但可以用硝酸溶解，而 HgS 只能溶解在王水中。一些常见硫化物的颜色和在酸中的溶解情况汇总于表 14-13 中。

表 14-13　金属硫化物的颜色和溶解性

溶解性	稀盐酸中溶解				
实例	MnS	ZnS	FeS	CoS	NiS
颜色	肉色	白色	黑色	黑色	黑色
反应方程式	$MS + 2HCl = MCl_2 + H_2S\uparrow$				

溶解性	浓盐酸中溶解					
实例	SnS	PbS	CdS	SnS_2	Sb_2S_3	Bi_2S_3
颜色	褐色	黑色	黄色	黄色	橙色	黑色
反应方程式	$PbS + 4HCl = H_2[PbCl_4] + H_2S\uparrow$					

溶解性	浓硝酸中溶解				
实例	CuS	Cu_2S	Ag_2S	As_2S_3	As_2S_5
颜色	黑色	黑色	黑色	黄色	黄色
反应方程式	$CuS + 10HNO_3 = Cu(NO_3)_2 + H_2SO_4 + 8NO_2\uparrow + 4H_2O$				

溶解性	王水中溶解
实例及颜色	HgS (黑色)
反应方程式	$3HgS + 2HNO_3 + 12HCl = 3H_2[HgCl_4] + 3S\downarrow + 2NO\uparrow + 4H_2O$

3) 碱中的溶解性

元素周期表ⅣA、ⅤA 族元素的硫化物 GeS_2、SnS_2、As_2S_5、As_2S_3、Sb_2S_5 具有明显的酸性或两性，能溶解在 NaOH、Na_2S 或 $(NH_4)_2S$ 溶液中。HgS 可与 S^{2-} 配位，也可用饱和 Na_2S 或 $(NH_4)_2S$ 溶液溶解。

$$GeS_2 + S^{2-} = GeS_3^{2-}$$

$$3SnS_2 + 6OH^- = SnO_3^{2-} + 2SnS_3^{2-} + 3H_2O$$

$$As_2S_5 + 3S^{2-} = 2AsS_4^{3-}$$

$$As_2S_3 + 3S^{2-} = 2AsS_3^{3-}$$

$$HgS + Na_2S = Na_2[HgS_2]$$

而ⅣA、ⅤA 族元素的低价硫化物 GeS、SnS、Sb_2S_3 具有还原性，可以溶解在 Na_2S_2 溶液中形成硫代酸根。

$$SnS + S_2^{2-} = SnS_3^{2-}$$

$$Sb_2S_3 + Na_2S + 2Na_2S_2 = 2Na_3SbS_4$$

$$2Na_3AsS_4 + 6HCl = As_2S_5\downarrow + 3H_2S\uparrow + 6NaCl$$

$$2Na_3AsS_3 + 6HCl = As_2S_3\downarrow + 3H_2S\uparrow + 6NaCl$$

4. 多硫化物

在可溶性金属硫化物的浓溶液中加入硫粉，硫溶解生成相应的多硫化物。

$$S^{2-}+(x-1)S \xlongequal{\quad} S_x^{2-}\ (x=2\sim6)$$

多硫化物的溶液一般为黄色，x 增大，溶液颜色逐渐加深，由黄→橙→红。

思考·练习

实验室配制的$(NH_4)_2S$溶液长期放置颜色会变红，如何解释？

与过氧化物类似，多硫化物既有氧化性又有还原性。

$$Na_2S_2+SnS \xlongequal{\quad} Na_2SnS_3$$

$$3FeS_2+8O_2 \xlongequal{\quad} Fe_3O_4+6SO_2$$

酸中歧化分解：

$$S_2^{2-}+2H^+ \xlongequal{\quad} H_2S\uparrow+S\downarrow$$

5. 硫的氧化物

硫有多种氧化物，S_2O 是将 S 与 SO_2 的混合物在 470 K 下放电制得的，分子中 S—S 键长为 188 pm，S—O 键长为 146 pm，键角为 118°。S_2O 在低压下可以保存数日，接触 Fe、Cu、Hg 等金属后立即反应。SO 被认为是等量混合的 S_2O 和 SO_2，其寿命很短，可通过放电产生的氧与固态硫化合制备，实验测得 SO 分子中的 S—O 键长为 148 pm，偶极矩为 1.55 D。另外，还发现了硫的环氧簇氧化物 S_nO，如 S_5O、S_6O、S_7O、S_7O_2、S_8O 等，常态下不稳定。本节主要介绍硫的稳定氧化物 SO_2 和 SO_3 的性质、制备和应用。

1) SO_2

二氧化硫(SO_2)是一种无色有刺激性气味的气体，长期吸收会造成人的慢性中毒，引起食欲丧失、大便不通和气管炎症。空气中 SO_2 限量为 0.02 mg · dm^{-3}。

SO_2 是极性分子，S 原子采取 sp^2 杂化与 O 原子形成两个σ键，S—O 键长为 143 pm，键角为 119.5°，分子中存在 Π_3^4 键。熔点为 200.3 K，沸点为 263 K，易溶于水，常温常压下 1 体积水能溶解约 40 体积的 SO_2。

SO_2 属于酸性氧化物，是亚硫酸的酸酐，由于 S 的氧化态为+4，处于 S 元素的中间价态，因此既有氧化性又有还原性。常温下 SO_2 可以氧化 H_2S 气体，高温下(温度超过 1273 K)可以氧化 H_2。

$$2H_2S + SO_2 \xlongequal{\quad} 3S + 2H_2O$$

$$SO_2 + 2H_2 \xlongequal{\triangle} S + 2H_2O$$

SO_2 的还原性十分重要，在一定条件下可以被 Cl_2、O_2 等氧化剂氧化。

$$SO_2 + Cl_2 \xlongequal{\quad} SO_2Cl_2$$

SO_2 因易与有色有机物加合而具有漂白性能，常用来漂白纸浆、麻制品和草编制品，但漂白效果并不稳定，受热或久置后会恢复原色。

许多工业过程中有 SO_2 产生，燃烧含硫的煤会产生大量 SO_2 气体，被认为是造成酸雨的罪魁祸首，因此煤炭工业的脱硫工艺意义重大。工业制备硫酸的过程必然要经过 SO_2，沸腾炉内黄铁矿的燃烧或单质硫直接燃烧均能得到 SO_2。

$$4FeS_2 + 11O_2 \xlongequal{\triangle} 2Fe_2O_3 + 8SO_2$$

$$S + O_2 \xlongequal{} SO_2$$

实验室中则主要用亚硫酸盐与酸反应来制取 SO_2。

$$Na_2SO_3 + H_2SO_4 \xlongequal{} Na_2SO_4 + SO_2\uparrow + H_2O$$

2) SO_3

三氧化硫(SO_3)的熔点为 290.0 K，沸点为 318.2 K，常温常压下是一种无色液体， SO_3 以聚合态的形式存在于液态和固态中，气态时才存在单个的 SO_3 分子，它们的结构示意图见图 14-14。

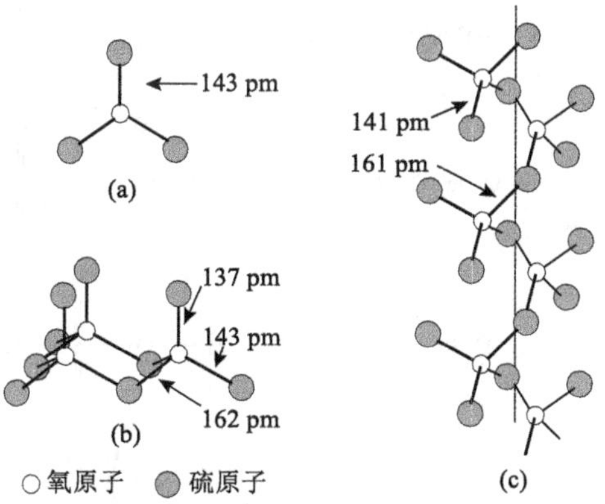

图 14-14　SO_3 的分子结构示意图

(a)气态 SO_3 分子；(b)固态 SO_3 三聚分子；(c)固态 SO_3 链状分子

气态 SO_3 分子为平面三角形，键角 120°，S—O 键长为 143 pm，与 SO_2 中键长相仿，都具有双键的特征[图 14-14(a)]。固态 SO_3 的存在形式有两种，一种构型如图 14-14(b)所示，三个 SO_4 四面体通过共用顶角的 O 原子形成三聚分子，环内 S—O 键长为 162 pm，与环垂直方向的 S—O 键长为 137 pm，与环平面平行方向的 S—O 键长为 143 pm，键角为 121.5°；另一种构型如图 14-14(c)所示，是由 SO_4 四面体相互连接而成的无限长链分子，其中 S—O 键长为 161 pm 和 141 pm，分别属于共用和未共用的 S—O 键。SO_3 可与水以任意比例混合，溶于水生成硫酸并放出大量热。

SO_3 的化学性质主要表现为强氧化性。

$$5SO_3 + 2P \xlongequal{} P_2O_5 + 5SO_2$$

工业上制备 SO_3 是用 O_2 催化氧化 SO_2 来实现。

$$2SO_2 + O_2 \xrightleftharpoons[\triangle]{催化剂} 2SO_3$$

6. 硫的含氧酸及其盐

硫有多种含氧酸，其氧化态、化学式、结构式和存在形式汇总于表 14-14 中。

表 14-14　硫的各种含氧酸

名称	硫的氧化态	化学式	结构式	稳定的存在形式
次硫酸	+2	H_2SO_2	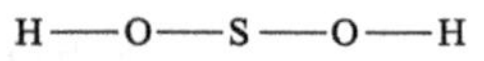	盐
亚硫酸	+4	H_2SO_3	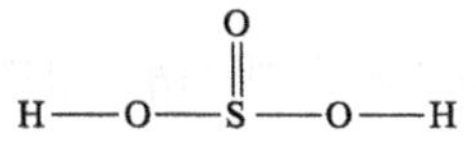	盐
连二亚硫酸	+3	$H_2S_2O_4$	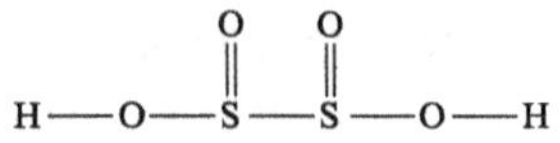	盐
硫酸	+6	H_2SO_4	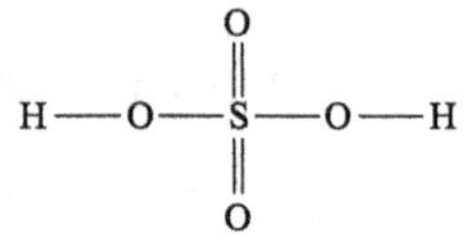	纯酸、盐、水溶液
焦硫酸	+6	$H_2S_2O_7$	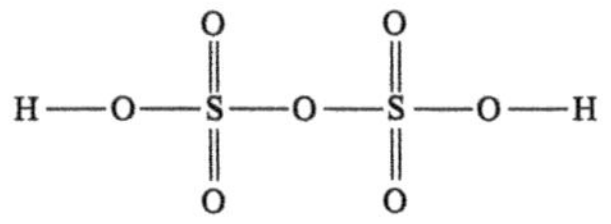	纯酸、盐
连多硫酸	+1.7～+5	$H_2S_xO_6$ (x=2～6)	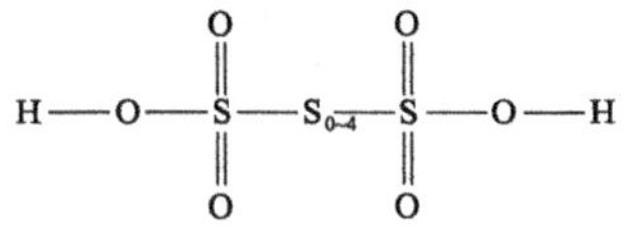	盐、水溶液
硫代硫酸	+2	$H_2S_2O_3$	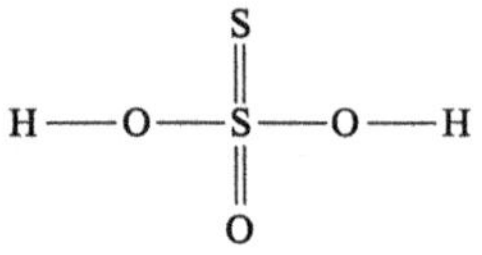	盐
过一硫酸	+6	H_2SO_5	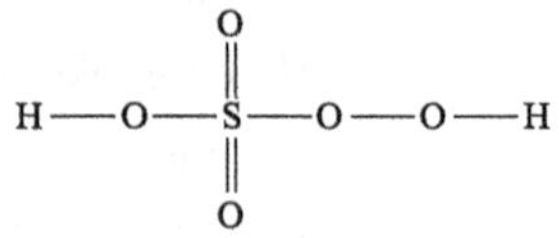	纯酸、盐
过二硫酸	+6	$H_2S_2O_8$	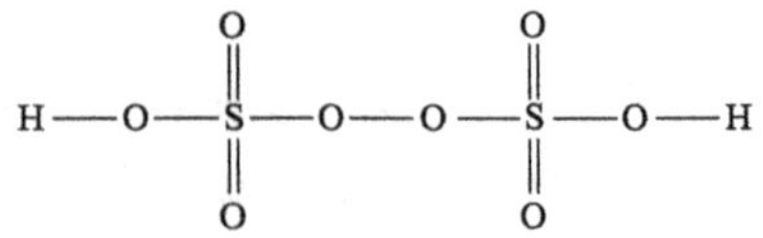	纯酸、盐

1) 亚硫酸及其盐

亚硫酸是一个二元中强酸，$K_{a1}^{\ominus} = 1.23\times10^{-2}$，$K_{a2}^{\ominus} = 6.6\times10^{-8}$。$SO_2$ 溶于水后主要以物理溶解的形式存在，即简单的水合分子 $SO_2 \cdot H_2O$，H_2SO_3 的含量很少。H_2SO_3 只存在于水溶液，目前尚未制得纯 H_2SO_3。市售亚硫酸试剂中 SO_2 含量不少于 6%。

亚硫酸盐中，碱金属和铵盐易溶于水，其他盐类均难或微溶于水，它们都溶于强酸。

亚硫酸盐不稳定。从硫的氧化态分析，亚硫酸及其盐既有氧化性又有还原性，容易被空气中的氧气氧化，也能被强还原剂 H_2S 还原成单质硫。

$$H_2SO_3 + 2H_2S = 3S\downarrow + 3H_2O$$

无氧条件下，用干燥的 SO_2 与钠汞齐反应或者用 $NaHSO_3$ 与锌粉反应时，可以得到连二亚硫酸钠白色粉末。反应方程式如下：

$$2Na[Hg] + 2SO_2 = 2Hg + Na_2S_2O_4$$

$$Zn + 2NaHSO_3 = Zn(OH)_2 + Na_2S_2O_4$$

$Na_2S_2O_4$在碱性条件下具有强还原性，能把硝基化合物还原为胺类，俗称保险粉。

亚硫酸盐的不稳定性还表现在受热时发生歧化，生成Na_2SO_4和Na_2S。

$$4Na_2SO_3 = 3Na_2SO_4 + Na_2S$$

2)硫酸及其盐

纯硫酸是无色油状液体，熔点为 262.63 K，沸点为 552.6 K。实验室常使用质量分数为 98%的浓硫酸，沸点为 611 K，密度 1.84 g · cm^{-3}。

浓硫酸是工业和实验室中最常用的干燥剂之一，其吸水时释放大量的热，可以干燥氯气、氢气和二氧化碳等气体。浓硫酸还会使碳水化合物脱水而损坏，因此使用时应注意不要洒在皮肤和衣物上。

硫酸是强二元酸，第一步解离是完全的，第二步解离常数为 1.02×10^{-2}。随着硫酸浓度的提高，逐渐表现出+6 氧化态硫的氧化性。冷的浓硫酸可以使 Fe、Al、Cr 等金属表面形成致密的保护膜而使之钝化。热浓硫酸可以与大部分金属单质、非金属单质如碳、硫、磷等发生氧化还原反应，释放 SO_2，还能与 H_2S、HBr 和 HI 等具有还原性的非金属氢化物反应。

思考·练习

写出下列物质与浓硫酸反应的化学方程式。

(1)C；(2)S；(3)Cu；(4)HBr

硫酸盐有正盐和酸式盐两种，正盐大部分能溶于水，只有 $CaSO_4$、$BaSO_4$、$PbSO_4$、$SrSO_4$、Ag_2SO_4等少数硫酸盐溶解度较小。X 射线衍射分析证实SO_4^{2-}为正四面体构型，S—O 键长为 144 pm，具有双键的特征。许多金属的固体硫酸盐带有结晶水，称为矾，如胆矾($CuSO_4 \cdot 5H_2O$)、绿矾($FeSO_4 \cdot 7H_2O$)等，它们的组成可以写成$[Cu(H_2O)_4]^{2+}[SO_4(H_2O)]^{2-}$和$[Fe(H_2O)_6]^{2+}[SO_4(H_2O)]^{2-}$。水合阳离子的结构可以由价键理论或晶体场理论解释，水合阴离子的结构一般认为是水分子通过氢键与SO_4^{2-}结合，如图 14-15 所示。

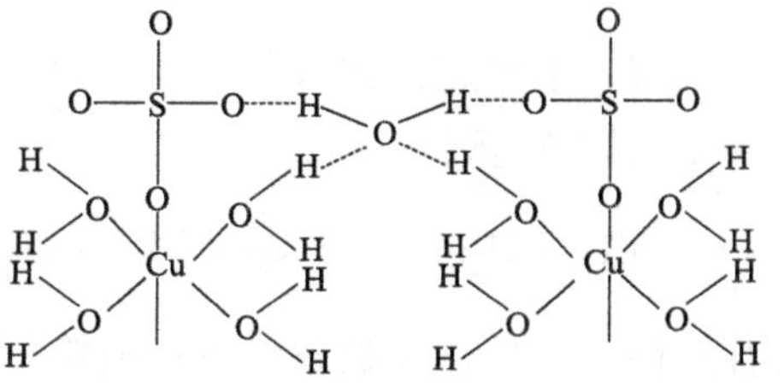

图 14-15　$CuSO_4 \cdot 5H_2O$ 的结构示意图

在酸式硫酸盐中，只有 K 和 Na 能形成稳定的固态酸式盐，它们易溶于水，水溶液由于HSO_4^-的解离而显酸性。受热时易熔化，强热时能脱水生成焦硫酸盐。例如

$$2NaHSO_4 \xlongequal{\triangle} Na_2S_2O_7 + H_2O$$

3) 焦硫酸及其盐

将 SO_3 溶解在浓硫酸中可以得到组成为 $H_2SO_4 \cdot xSO_3$ 的发烟硫酸，若 $x = 1$，就形成焦硫酸($H_2S_2O_7$)。它是一种无色固体，熔点为 308 K，从组成上看，$H_2S_2O_7$ 可看成是两分子硫酸脱去一分子水后生成的酸。

$H_2S_2O_7$ 是二元强酸，具有比浓硫酸更强的氧化性，是良好的磺化试剂，用于制造染料、炸药和其他磺酸化合物，也常用作熔矿剂，把难溶的碱性氧化物或两性氧化物转变为可溶性的硫酸盐。

$$3K_2S_2O_7 + Fe_2O_3 \xlongequal{\triangle} Fe_2(SO_4)_3 + 3K_2SO_4$$

$$3K_2S_2O_7 + Al_2O_3 \xlongequal{\triangle} Al_2(SO_4)_3 + 3K_2SO_4$$

4) 硫代硫酸及其盐

硫代硫酸($H_2S_2O_3$)可以看作 H_2SO_4 中的一个非羟基氧原子被硫原子取代后的产物，不稳定，常态下以盐的形式存在，商品海波或大苏打即为 $Na_2S_2O_3 \cdot 5H_2O$，是一种无色晶体，溶于水，遇酸立即分解，放出 SO_2 气体，生成单质 S，该反应可用来鉴定 $S_2O_3^{2-}$。

$$S_2O_3^{2-} + 2H^+ \xlongequal{\quad} SO_2\uparrow + S\downarrow + H_2O$$

硫代硫酸盐具有还原性，$E^\ominus(S_4O_6^{2-}/S_2O_3^{2-}) = 0.09$ V，I_2 单质能将 $Na_2S_2O_3$ 氧化为连四硫酸钠($Na_2S_4O_6$)。

$$2S_2O_3^{2-} + I_2 \xlongequal{\quad} S_4O_6^{2-} + 2I^-$$

该反应在分析化学中十分重要，是碘量法定量测定 I_2 的基础。较强的氧化剂如 Cl_2、Br_2 等能将 $Na_2S_2O_3$ 氧化为 Na_2SO_4，在纺织和造纸工业上常用 $Na_2S_2O_3$ 作脱氯剂。

$$S_2O_3^{2-} + 4Cl_2 + 10OH^- \xlongequal{\quad} 2SO_4^{2-} + 8Cl^- + 5H_2O$$

硫代硫酸盐的另一个重要性质是配位性，能与许多金属离子形成配离子。定影液中用 $Na_2S_2O_3$ 除去胶片上未感光的 AgBr，就是基于它能将 AgBr 溶解形成 $[Ag(S_2O_3)_2]^{3-}$。

$$AgBr + 2S_2O_3^{2-} \xlongequal{\quad} [Ag(S_2O_3)_2]^{3-} + Br^-$$

重金属的硫代硫酸盐大多难溶且不稳定，如白色的 $Ag_2S_2O_3$ 沉淀在溶液中会迅速分解，颜色经黄色到棕色，最后变成黑色的 Ag_2S。

$$Ag_2S_2O_3\text{(白)} + H_2O \xlongequal{\quad} Ag_2S\text{(黑)} + H_2SO_4$$

制备硫代硫酸盐的方法有两种，一是在沸腾条件下将硫粉与亚硫酸钠溶液共煮。

$$S + Na_2SO_3 \xlongequal{\quad} Na_2S_2O_3$$

二是将 Na_2S 和 Na_2CO_3 按照物质的量比 2∶1 配成溶液，通入 SO_2，SO_2 与 Na_2CO_3 和 Na_2S 分别反应，生成 Na_2SO_3 和 H_2S。

$$Na_2CO_3 + SO_2 = Na_2SO_3 + CO_2$$

$$Na_2S + SO_2 + H_2O = Na_2SO_3 + H_2S$$

H_2S 与 SO_2 反应析出 S，Na_2SO_3 与 S 反应生成 $Na_2S_2O_3$。将溶液蒸发浓缩后，冷却至室温，析出晶体。将上述反应合并后，得到以下总反应：

$$2Na_2S + Na_2CO_3 + 4SO_2 = 3Na_2S_2O_3 + CO_2$$

5) 过硫酸及其盐

过硫酸可以认为是 H_2O_2 的衍生物，H_2O_2 分子中一个 H 原子被磺酸基(—SO_3H)取代的产物称为过一硫酸，若两个 H 都被—SO_3H 取代则称为过二硫酸。因为分子中存在过氧链，所以硫原子的氧化态仍为+6，而非形式上的+7。

过二硫酸是无色晶体，在 338 K 时熔化并分解，具有极强的氧化性，不仅能使纸炭化，还能将石蜡烧焦。$E^{\ominus}(SO_4^{2-}/S_2O_8^{2-}) = 2.01$ V，在 Ag^+ 催化下能将 Mn^{2+} 氧化为 MnO_4^-。

$$5S_2O_8^{2-} + 2Mn^{2+} + 8H_2O \xlongequal{Ag^+} 10SO_4^{2-} + 2MnO_4^- + 16H^+$$

过二硫酸及其盐均不稳定，加热时容易分解。

$$2K_2S_2O_8 \xlongequal{\triangle} 2K_2SO_4 + 2SO_3 + O_2$$

思 考 · 练 习

1. 写出下列分子中 S 原子的杂化类型。

(1) SO_2；(2) SO_3；(3) H_2SO_4；(4) SF_4；(5) SF_6

2. $Na_2S_2O_3$ 溶液加入 $AgNO_3$ 溶液中和 $AgNO_3$ 溶液加入 $Na_2S_2O_3$ 溶液中，反应现象有何不同？

归 纳 · 整 合

1. O_3 无色有鱼腥味的气体，为反磁性物质，也是唯一具有极性的单质分子，有氧化性。

2. H_2O_2 不稳定性、有氧化还原性。见光、受热或有重金属离子(Fe^{2+}、Mn^{2+}、Cu^{2+}、Cr^{3+})存在时易分解。可以漂白毛、丝织物，漂白油画，消毒杀菌，工业上用于除氯。

$$PbS+4H_2O_2 = PbSO_4\downarrow+4H_2O$$

$$H_2O_2 + Cl_2 = 2Cl^- + O_2\uparrow + 2H^+$$

3. 氧化物酸碱性变化的一般规律

① 同一周期各元素最高氧化态的氧化物，从左到右依次为碱性→两性→酸性。

Na_2O、MgO(碱性)；Al_2O_3(两性)；SiO_2、P_4O_{10}、SO_3、Cl_2O_7(酸性)

② 同一氧化态的同族氧化物从上到下碱性增强。

N_2O_3、P_4O_6(酸性)；As_4O_6、Sb_4O_6(两性)；Bi_2O_3(碱性)

③ 同一元素不同氧化态的氧化物，其酸性随氧化数的升高而增强。

As_4O_6(两性)，As_4O_{10}(酸性)；PbO(碱性)，PbO_2(两性)

4. 硫化氢和氢硫酸 常温下，饱和 H_2S 水溶液的浓度约为 0.10 $mol \cdot dm^{-3}$，具有还原性，在空气中易被氧化。

$$2H_2S + O_2 \xlongequal{} 2S + 2H_2O$$

5. 金属硫化物 碱金属的硫化物、$(NH_4)_2S$ 易溶于水，碱土金属硫化物微溶。难溶于水的金属硫化物大多有特征颜色，可以用不同浓度或种类的酸溶解而进行分离和鉴定。

6. 多硫化物

$$S^{2-} + (x-1)S \xlongequal{} S_x^{2-} \quad (x=2\sim6)$$

多硫化物的溶液一般为黄色，x 增大，溶液颜色加深，由黄→橙→红。性质类同过氧化物，既有氧化性又有还原性。

7. SO_2 与有色有机物加合而具有漂白性能，常用来漂白纸浆、麻制品和草编制品，但加合物不稳定，受热或久置会恢复原色。SO_2 在一定条件下可以被 Cl_2、O_2 等氧化剂氧化。

8. $Na_2S_2O_3$ 商品海波或大苏打为 $Na_2S_2O_3 \cdot 5H_2O$，是一种无色晶体，溶于水，遇酸立即分解，该反应可用来鉴定 $S_2O_3^{2-}$。

$$S_2O_3^{2-} + 2H^+ \xlongequal{} SO_2\uparrow + S\downarrow + H_2O$$

具有还原性。

$$2S_2O_3^{2-} + I_2 \xlongequal{} S_4O_6^{2-} + 2I^-$$

可作配位剂。

$$AgBr + 2S_2O_3^{2-} \xlongequal{} [Ag(S_2O_3)_2]^{3-} + Br^-$$

重金属的硫代硫酸盐大多难溶且不稳定。

$$Ag_2S_2O_3\text{（白）} + H_2O \xlongequal{} Ag_2S\text{（黑）} + H_2SO_4$$

9. 过二硫酸盐 具有极强的氧化性，不仅能使纸炭化，还能将石蜡烧焦。

$$5S_2O_8^{2-} + 2Mn^{2+} + 8H_2O \xlongequal{} 10SO_4^{2-} + 2MnO_4^- + 16H^+ \text{（}Ag^+\text{催化）}$$

14.3 卤族元素

14.3.1 卤族元素的通性

卤族元素包括氟(F)、氯(Cl)、溴(Br)、碘(I)、砹(At)五种元素，它们在地壳中的质量分数分别为氟 0.015%、氯 0.031%、溴 1.6×10^{-4}%、碘 3×10^{-5}%。F 和 I 均只有一种稳定的同位素，Cl 和 Br 各有两种，分别为 ^{35}Cl(75.77%)、^{37}Cl(24.23%)和 ^{79}Br(50.54%)、^{81}Br(49.46%)。

卤族元素的单质具有较高的化学活性，自然界中不可能以单质的形式存在，大多数卤素以氢卤酸盐的形式存在，碘的存在形式还有碘酸盐。自然界中含 F 的矿石主要有萤石(CaF_2)、冰晶石(Na_3AlF_6)和氟磷灰石[$Ca_5F(PO_4)_3$]，F 还存在于动物的骨骼、牙齿、毛发、鳞、羽毛等组织内部。Cl、Br 和 I 多以溶解状态存在于海洋、盐湖和盐井的卤水中，Cl 也以钾石盐(KCl)

和光卤石($KCl \cdot MgCl_2 \cdot 6H_2O$)的形式存在于盐床中，有几种海藻具有富集 I 元素的能力，另外智利硝石 $NaNO_3$ 中含有少量碘酸钠($NaIO_3$)，也可以作为提取 I 元素的原料。卤素原子的一些基本性质列于表 14-15 中。

表 14-15　卤素原子的基本性质

卤素原子	主要化合价	共价半径/ pm	电子亲和能/($kJ \cdot mol^{-1}$)	电离能/($kJ \cdot mol^{-1}$)	电负性
F	−1	64	322.0	1681	4.0
Cl	−1,+1,+3,+5,+7	99	348.7	1251	3.0
Br	−1,+1,+3,+5,+7	114	324.5	1140	2.8
I	−1,+1,+3,+5,+7	133	295.0	1008	2.5

卤素原子的外层电子构型为 ns^2np^5，与稀有气体原子外层的 8 电子稳定构型相比只差一个电子，与同周期其他元素的原子相比具有较大的电离能、电子亲和能和电负性。同族中从氯到碘，电离能、电子亲和能、电负性逐渐减小，氟由于原子半径太小，电子密度大，因此氟的电子亲和能反而低于氯，单质氟的解离能低于单质氯和溴。

卤素原子容易结合一个电子成为负一价离子 X^-，与活泼金属阳离子形成离子型化合物，如 LiF、NaCl、KCl、$CaCl_2$ 等。X^-可以作为配体与过渡金属阳离子形成配合物，如$[CuCl_4]^{2-}$、$[HgI_4]^{2-}$等。卤素原子还可以提供 p 轨道上的单电子与其他有单电子的原子形成共价单键，如 HX、X_2。卤素原子之间也可以通过共价键形成卤素互化物，如 ClF_3、BrF_5、IF_7 等。

14.3.2　卤族元素的单质

1. 卤族元素单质的物理性质

表 14-16 汇总了卤素单质的物理性质。常温常压下氟是浅黄色气体，氯是黄绿色气体，溴是棕红色液体，也是非金属中的唯一液体，碘是紫黑色带有金属光泽的固体。293 K、压力超过 660 kPa 时，气态氯可转变为液态氯。固态碘由于具有高的蒸气压，加热时产生升华现象。

表 14-16　卤素单质的物理性质

卤素原子	状态	颜色	密度/($g \cdot cm^{-3}$)	熔点/K	沸点/K	水中溶解度/[$g \cdot (100\ g\ H_2O)^{-1}$]
F_2	气态	浅黄	1.108	53.38	84.86	分解水
Cl_2	气态	黄绿	1.57	172.02	238.95	0.732
Br_2	液态	棕红	3.12	265.92	331.76	3.58
I_2	固态	紫黑	4.93	386.5	457.35	0.029

卤素在水中的溶解度不大，其中氟与水剧烈反应。

$$2F_2 + 2H_2O = 4HF + O_2$$

而单质氯、溴、碘在水中的溶解度[$g \cdot (100\ g\ H_2O)^{-1}$, 293 K]分别为 0.732、3.58、0.029。溴和碘易溶于有机溶剂如乙醇、乙醚、氯仿、四氯化碳和二硫化碳中。溴水的颜色随溴浓度的增加而加深，由黄色→橙色→棕色。而碘显棕到紫红的颜色。碘在纯水中的溶解度很小，但可以I_3^-的形式大量存在于碘化物溶液中，碘化物浓度越大，能溶解的碘越多，溶液颜色越深。碘溶液的颜色随溶剂不同而不同。

(1) 在水、醇、不饱和烃、酮、醚、酯等介电常数较大的极性溶剂中，因形成溶剂化物而呈棕色或棕红色。

(2) 在介电常数较小的非极性或极性较低的溶剂如 CS_2、CCl_4 等中，溶解的碘以分子状态存在(不发生溶剂化作用)，溶液显紫色(碘蒸气的颜色)。

卤素均有毒，刺激眼、鼻、气管的黏膜，少量的氯气具有杀菌作用，用于自来水消毒，但液溴可灼伤皮肤，不能直接接触。

2. 卤族元素单质的化学性质

卤素化学活泼性高、氧化能力强，随着原子半径的增大，卤素的氧化能力依次减弱。尽管在同族元素中 Cl 的电子亲和能绝对值最大，但是氧化剂在常温下、水溶液中氧化能力的强弱需用标准电极电势来衡量。

	F_2/F^-	Cl_2/Cl^-	Br_2/Br^-	I_2/I^-
$E^\ominus(X_2/X^-)/V$	2.87	1.36	1.07	0.54

卤素单质 X_2 转变为水合离子 $X^-(aq)$ 包含固体的熔化、液体的气化、气态分子的解离、气态原子的电子亲和以及气态阴离子的水合等过程，表 14-17 列出了卤素单质的熔化热、气化热、解离能和阴离子水合能，综合考虑这些过程可以得出，$F_2(g) \longrightarrow 2F^-(aq)$ 的标准摩尔反应热 $\Delta_r H_m^\ominus$ 数值最负，即放热最多。$\Delta_r H_m^\ominus$ 是影响 $\Delta_r G_m^\ominus$ 的主要因素，因此 $E^\ominus(F_2/F^-)$ 值最大，即同族单质中氟是最强的氧化剂。

表 14-17　$X_2 \longrightarrow 2X^-(aq)$ 过程中涉及的能量

卤素	熔化热/(kJ · mol⁻¹)	气化热/(kJ · mol⁻¹)	分子解离能/(kJ · mol⁻¹)	阴离子水合热/(kJ · mol⁻¹)
F_2			155	−515
Cl_2			243	−381
Br_2		31	193	−347
I_2	15	44	151	−305

1) 与金属反应

F_2 能与所有金属直接反应生成高价的离子型化合物。Cl_2 能与多数金属直接反应生成相应化合物，反应也比较剧烈。常温下，Br_2 和 I_2 只能与活泼金属直接反应，与其他金属的反应需在加热条件下进行。

干燥条件下，F_2 能使 Cu、Ni、Mg 表面钝化，而 Cl_2 不与 Fe 作用，这些金属可以用作制备、储存、运输 F_2、Cl_2 的器皿。

2) 与非金属反应

F_2 与几乎所有的非金属(除 He、Ne、Ar、Kr、O_2、N_2 外)直接反应生成相应的共价化合物，甚至低温下，F_2 也可与 S、P、Si、C 等剧烈反应产生火焰。生成的氟化物具有挥发性，不会妨碍非金属与 F_2 的持续作用。

Cl_2能与大多数非金属直接化合，反应不如F_2剧烈。氯气可与硫化合成一种液态的橡胶硫化剂氯化硫S_2Cl_2(l)，当氯气过量时，会生成二氯化硫SCl_2(l)。氯气与磷作用时，根据反应物的比例不同，可以得到PCl_3(l)、PCl_5(s)或二者的混合物。

Br_2和I_2氧化能力较弱，只能与少数非金属直接反应。与磷反应时，只能得到PBr_3和PI_3。

卤素单质与H_2的反应按照$F_2 \rightarrow Cl_2 \rightarrow Br_2 \rightarrow I_2$的次序依次减弱，$F_2$在冷暗处即可产生爆炸，$Cl_2$则在光照或加热条件下爆炸，$Br_2$需在较高的温度下才能进行反应，而$I_2$与$H_2$反应温度更高，同时存在HI的分解。人们对反应机理的研究表明，卤素与H_2的反应属于连锁反应，以Cl_2为例，反应的第一步是Cl_2分子吸收能量解离成两个Cl原子，这两个Cl原子称为游离基，它们具有很高的反应活性。

$$Cl_2 \longrightarrow 2Cl^*$$

第二步反应是Cl原子进攻H_2分子，生成HCl分子和一个H原子游离基，而生成的H游离基进而攻击Cl_2分子，又生成一个HCl分子和一个Cl原子游离基。

$$Cl^* + H_2 = HCl + H^*$$

$$H^* + Cl_2 = HCl + Cl^*$$

这两个反应循环往复，形成一个连续反应的链。Cl_2与H_2的混合物在强烈光线如日光或镁条燃烧的火焰照射下会发生爆炸反应，而在常温和散射光线下的反应却十分缓慢。这类由光引起的化学反应称为光化学反应。

3) 与水和碱溶液的反应

卤素与水反应有两种方式：

$$2X_2 + 2H_2O = 4H^+ + 4X^- + O_2 \qquad (14\text{-}1)$$

$$X_2 + H_2O = H^+ + X^- + HXO \qquad (14\text{-}2)$$

F_2与水按照式(14-1)进行，Cl_2、Br_2、I_2按照式(14-2)与水反应，且反应程度依次减弱。

思考·练习

根据式(14-1)表示的化学反应，写出两个氧化还原电对对应的电极反应式，并完成下列问题。

(1) 查阅相关数据，计算由这两个电对组成的电池的标准电动势。

(2) 从热力学角度分析卤素单质与水的反应。

当水溶液呈碱性时，Cl_2、Br_2、I_2首先歧化为NaX和NaXO，然后NaBrO和NaIO会进一步歧化生成BrO_3^-、Br^-和IO_3^-、I^-，且歧化反应的程度随温度升高而加强。对氯元素来说，室温或低温时，ClO^-的歧化速率极慢。当温度达到348 K时，歧化为ClO_3^-和Cl^-。

$$Cl_2 + 2NaOH = NaCl + NaClO + H_2O$$

$$3Cl_2 + 6NaOH \stackrel{\triangle}{=} 5NaCl + NaClO_3 + 3H_2O$$

BrO^-在室温下的歧化速率就相当快，只有当温度低于273 K时，BrO^-才能稳定存在于碱溶液中。IO^-的歧化速率更快，溶液中不存在次碘酸根离子。因此，Br_2、I_2与NaOH溶液的反应为

$$Br_2 + 2NaOH = NaBr + NaBrO + H_2O \text{（低温）}$$

$$3Br_2 + 6NaOH = 5NaBr + NaBrO_3 + 3H_2O$$

$$3I_2 + 6NaOH = 5NaI + NaIO_3 + 3H_2O$$

3. 卤族元素单质的制备和用途

1）氟

氟是氧化性最强的非金属单质，其制备是采用中温电解氧化法。电解质组成一般为 KF · HF 82%、HF 14.3%、LiF 3%，电解温度为 368～373 K，Ni-Cu 合金或中碳钢（0.3%～0.6% 的含碳量）制容器作电解槽，石墨作阳极，中碳钢作阴极，阴、阳极间加 Ni-Cu 合金网作隔膜将生成的 F_2 与 H_2 隔开，防止发生爆炸。电极反应为

阳极：$2F^- = F_2\uparrow + 2e^-$

阴极：$2HF_2^- + 2e^- = H_2\uparrow + 4F^-$

电解生成的 F_2 冷却到 203 K，通过 NaF 洗涤器吸收其中的 HF，再以高压装入镍制的容器中保存。

少量氟的制备可用加热分解含氟化合物如 BrF_5 的方法来实现。

$$BrF_5 \xrightarrow{>773\ K} BrF_3 + F_2$$

1986 年，在用电解法首次制得单质氟后的 100 年，人们用化学方法成功制备了 F_2。首先由 $KMnO_4$、$SbCl_5$、KF、HF 制备 K_2MnF_6 和 SbF_5。

$$4KMnO_4 + 4KF + 20HF + 6H_2O = 4K_2MnF_6 + 3O_2 + 16H_2O$$

$$SbCl_5 + 5HF = SbF_5 + 5HCl$$

再以 K_2MnF_6 和 SbF_5 为原料制备 MnF_4，而 MnF_4 不稳定，分解释放出 F_2。

$$K_2MnF_6 + 2SbF_5 \xrightarrow{\triangle} 2KSbF_6 + MnF_4$$

$$2MnF_4 = 2MnF_3 + F_2\uparrow$$

氟主要用来制造制冷剂氟利昂-12（CCl_2F_2）、塑料王聚四氟乙烯、杀虫剂 CCl_3F、灭火剂 CBr_2F_2。SF_6 气体很稳定，高温下不分解，是理想的气体绝缘材料。在原子能工业上氟用于 U^{235} 和 U^{238} 的分离，原理是铀的化合物中只有 UF_6 具有挥发性，先将铀氧化成 UF_6，然后用气体扩散法将两种铀的同位素分离。

思考 · 练习

1. $E^\ominus(F_2/F^-) = 2.87$ V，水溶液中能否用 F_2 作氧化剂？
2. 电解氧化法制 F_2 时，(1) 为什么不用 KF 的水溶液？(2) 为什么不用液态 HF？

2）氯

工业上制备氯气可以采用水溶液电解法、熔盐电解法和氧化法。

电解饱和食盐水制备 Cl_2 时，以石墨作阳极，铁网作阴极，阳极区和阴极区之间用石棉

隔膜分开。电解反应如下：

$$2NaCl + 2H_2O \xlongequal{电解} Cl_2\uparrow + H_2\uparrow + 2NaOH$$

Cl_2 也作为电解熔融氯化钠制取金属钠的副产物得到。

$$2NaCl\ (熔融态) \xlongequal{\quad} 2Na + Cl_2\uparrow$$

常温下，施加不大的压力(约 600 kPa)即可把 Cl_2 液化，装入绿色钢瓶中保存备用。

思 考 · 练 习

电解食盐水时，在下列不同条件下，产物各是什么？

(1) 常温下，两电极间无隔膜，电解冷的稀 NaCl 溶液。

(2) 近 100 ℃，两极间无隔膜。

实验室中制备少量 Cl_2 可用二氧化锰或高锰酸钾氧化浓盐酸来实现，前者需要加热，后者常温下即可反应。

$$MnO_2 + 4HCl \xlongequal{\triangle} MnCl_2 + Cl_2\uparrow + 2H_2O$$

$$2KMnO_4 + 16HCl \xlongequal{\quad} 2KCl + 2MnCl_2 + 5Cl_2\uparrow + 8H_2O$$

大量氯气用于制造盐酸、农药、染料、含氯有机化合物、聚氯乙烯塑料等，也用于纸浆和棉布的漂白以及饮水消毒，干燥的氯气没有漂白消毒作用。

3) 溴

工业上从海水中提取 Br_2。383 K 时，将 Cl_2 通入浓缩的新鲜卤水中，将溴离子氧化成单质溴。

$$Cl_2 + 2Br^- \xlongequal{\quad} 2Cl^- + Br_2$$

用空气把生成的 Br_2 吹出并用 Na_2CO_3 溶液吸收。

$$3Br_2 + 3CO_3^{2-} \xlongequal{\quad} 5Br^- + BrO_3^- + 3CO_2\uparrow$$

然后将溶液浓缩，再用酸处理即得液溴。

$$5Br^- + BrO_3^- + 6H^+ \xlongequal{\quad} 3Br_2 + 3H_2O$$

溴主要用于制造染料，生产照相感光剂 AgBr、NaBr、KBr 以及溴酸盐等。溴还可以制作汽油抗爆剂的添加剂二溴乙烷，以提高汽车发动机的工作效率。

4) 碘

碘以 I^- 的形式存在于海藻浸取液和废矿井卤水中，I^- 还原性强，很多氧化剂能在酸性条件下将其氧化成 I_2。例如，向含 I^- 的溶液中通入 Cl_2 或加入 MnO_2 和 H_2SO_4 即可得到碘。

$$Cl_2 + 2I^- \xlongequal{\quad} 2Cl^- + I_2$$

$$MnO_2 + 2I^- + 4H^+ \xlongequal{\quad} Mn^{2+} + I_2 + 2H_2O$$

用 Cl_2 氧化 I^- 时要控制好 Cl_2 的量，否则生成的 I_2 会进一步被氧化。

$$5Cl_2 + I_2 + 6H_2O \longrightarrow 2IO_3^- + 10Cl^- + 12H^+$$

智利硝石母液中含有一定量的 $NaIO_3$，浓缩后，加入 $NaHSO_3$ 也可得到 I_2。

$$2NaIO_3 + 5NaHSO_3 \longrightarrow I_2 + 2Na_2SO_4 + 3NaHSO_4 + H_2O$$

从溶液中析出的 I_2 可用有机溶剂如 CS_2 或 CCl_4 萃取分离。

I_2 和 KI 的乙醇混合溶液即碘酒常用作消毒剂，碘仿(CHI_3)用作防腐剂。碘还是维持甲状腺正常功能所必需的元素，摄入过多或过少都会造成功能异常。AgI 是人工降雨时造云的“晶种”。

14.3.3 卤族元素的化合物

1. 卤族元素的氢化物

1) 卤化氢的物理性质

常温常压下，卤化氢均为无色、有刺激性气味、易溶于水的气体，HF 可以无限制地与水混溶，273 K 时，在 1 体积水中可溶解 500 体积 HCl。常压下蒸馏它们的水溶液，溶液的沸点随组成的改变而不断变化，最后达到溶液的组成和沸点恒定不变的状态，此时的溶液称为恒沸溶液。卤化氢及其恒沸溶液的主要物理性质见表 14-18。

表 14-18 卤化氢的主要物理性质

性质		HF	HCl	HBr	HI
溶解度/[g·(100 g H_2O)$^{-1}$]		混溶	$42.20^{20℃}$	$65.88^{25℃}$	$71^{0℃}$
气态分子核间距/pm		92	127	141	162
键能/(kJ·mol^{-1})		565	431	368	397
偶极矩/D		1.91	1.07	0.828	0.448
熔点/K		189.61	158.94	186.28	222.36
沸点/K		292.67	188.11	206.43	237.80
$\Delta_f H_m^\ominus$/(kJ·mol^{-1})		−268.6	−92.31	−36.23	25.94
熔化热/(kJ·mol^{-1})		19.6	2.0	2.4	2.9
气化热/(kJ·mol^{-1})		25.18	17.53	19.26	21.16
恒沸溶液(100 kPa)	沸点/K	393	383	399	400
	密度/(g·cm^{-3})	1.138	1.096	1.482	1.708
	质量分数/%	35.35	20.24	47	57

按 HF、HCl、HBr、HI 的顺序，分子的极性依次减弱，分子间作用力依 HCl、HBr、HI 顺序依次增强，因此它们的熔沸点依次升高。HF 分子间存在较强的氢键，由蒸气密度的测定结果可知，HF 气体在常温下的主要存在形式是二聚或三聚分子，只有在 359 K 时蒸气密度才与化学式 HF 一致。固态 HF 则是由无限的锯齿长链构成的。所以在卤化氢中，HF 具有

最大的熔化热、气化热，最高的沸点，熔点也大于 HCl 和 HBr。

2) 卤化氢的化学性质

卤化氢的化学性质主要包括热稳定性、还原性、水溶液的酸性。

卤化氢的热稳定性由 HF 到 HI 迅速降低，HF 在很高的温度下也不分解，而 HI 在 573 K 就大量分解。

卤化氢的还原性由 HF 到 HI 逐渐增强，$FeCl_3$ 溶液、空气中的 O_2 即可将 HI 氧化为 I_2，HBr 和 O_2 的反应十分缓慢，HCl 则不能被 O_2 氧化，只能被强氧化剂如 $KMnO_4$ 氧化，一般的氧化还原手段无法将 HF 氧化成 F_2。另外，根据浓硫酸与 HX 的反应产物可进一步看出 HX 的还原性强弱顺序。

$$2HI + 2FeCl_3 = 2FeCl_2 + 2HCl + I_2$$

$$4HI + O_2 = 2H_2O + 2I_2$$

$$8HI + H_2SO_4(浓) = H_2S + 4I_2 + 4H_2O$$

$$2HBr + H_2SO_4(浓) = SO_2 + Br_2 + 2H_2O$$

$$HCl + H_2SO_4(浓) \neq \quad HCl(浓) + MnO_2\ (KMnO_4, PbO_2, KClO_3, K_2Cr_2O_7) \longrightarrow Cl_2$$

卤化氢的水溶液称为氢卤酸，其中 HCl、HBr、HI 都是强酸，且酸性依次增强。HF 的水溶液是一种弱酸，稀溶液中发生部分解离。

$$HF \rightleftharpoons H^+ + F^- \qquad K_a^\ominus = 6.61 \times 10^{-4}$$

当 HF 浓度大于 1 $mol \cdot dm^{-3}$ 时，解离产生的 F^- 与 HF 分子发生缔合，生成 HF_2^-，酸度反而变大。H_2F_2 属于一元酸，许多金属氟化物可以生成稳定的氢氟酸盐，如 KHF_2。在很浓的氢氟酸中，H_2F_2 浓度很高，其酸性超过 HF。

$$HF + F^- \rightleftharpoons HF_2^- \qquad K_a^\ominus = 5.2$$

思考·练习

研究表明，在不是很稀的氢氟酸中，氢氟酸以二聚分子$(HF)_2$的形式存在，HF_2^- 占约 10%，而 F^- 只占 1%。

根据氢氟酸的解离平衡 $HF \rightleftharpoons H^+ + F^-$ 和缔合反应 $HF + F^- \rightleftharpoons HF_2^-$ 的平衡常数，计算 H_2F_2 的解离平衡常数。

卤化氢中 HF 表现出一些独特的性质。气态 HF 及其水溶液均对玻璃有强的腐蚀作用，需用铅质、塑料质或内涂石蜡的容器储存。

$$4HF + SiO_2 = 2H_2O + SiF_4\uparrow$$

$$2HF(aq) + SiF_4 = H_2SiF_6(aq)$$

3) 卤化氢的制备

卤化氢的制备一般采取单质直接化合或卤化物取代两类方法。由于卤素阴离子的还原性差别很大，具体的制备方法也有所不同。

直接化合的方法在工业上只适合于 HCl 的生产，H_2 可以在 Cl_2 气流中安静地燃烧。而 F_2 反应太过剧烈，反应难以控制。Br_2 和 I_2 又过于缓慢，经济效益低，解决问题的关键是寻找有效的催化剂来降低化合反应的温度以减少 HBr 的分解。目前，在较低温度下用合适的催化剂催化 Br_2 与 H_2 的反应合成 HBr 的工艺已投入实际生产。

实验室可以采用高沸点、难挥发的酸与金属卤化物作用来制备卤化氢，浓硫酸和磷酸是常用的难挥发酸。例如，在铅或铂蒸馏器中用萤石与浓硫酸反应制取 HF，将食盐与浓硫酸混合后缓慢加热制取 HCl 等。

$$CaF_2 + H_2SO_4 \xlongequal{\triangle} CaSO_4 + 2HF\uparrow$$

$$NaCl + H_2SO_4 \xlongequal{\triangle} NaHSO_4 + HCl\uparrow$$

而 Br^-、I^- 具有较强的还原性，用浓 H_2SO_4 反应时会产生以下副反应：

$$2NaBr + 2H_2SO_4 \xlongequal{\triangle} Na_2SO_4 + Br_2 + SO_2\uparrow + 2H_2O$$

$$8NaI + 5H_2SO_4 \xlongequal{\triangle} 4Na_2SO_4 + 4I_2 + H_2S\uparrow + 4H_2O$$

可用低氧化性的浓 H_3PO_4 代替 H_2SO_4。

$$NaBr + H_3PO_4 \xlongequal{\triangle} NaH_2PO_4 + HBr\uparrow$$

$$NaI + H_3PO_4 \xlongequal{\triangle} NaH_2PO_4 + HI\uparrow$$

除了金属卤化物外，非金属卤化物如 PBr_3、PI_3 等也可用于卤化氢的制备，反应速率较快。

$$PBr_3 + 3H_2O \xlongequal{} H_3PO_3 + 3HBr\uparrow$$

实际的做法是将水加入磷与溴或碘的混合物中，即可连续产生 HBr 和 HI。

$$2P + 3Br_2 + 6H_2O \xlongequal{} 2H_3PO_3 + 6HBr\uparrow$$

$$2P + 3I_2 + 6H_2O \xlongequal{} 2H_3PO_3 + 6HI\uparrow$$

另外，卤素单质与饱和烃或芳香烃发生取代反应时，也会副产大量的卤化氢，在农药生产领域利用这些副产品生产大量盐酸。

$$C_2H_6 + Cl_2 \xlongequal{} C_2H_5Cl + HCl$$

2. 金属卤化物

1) 金属卤化物的性质

所有金属都能形成卤化物，其熔点、热分解温度和水溶性与卤化物的键型有关，根据键型可将金属卤化物分为离子型卤化物和共价型卤化物。

离子型卤化物

(1) 构成：X_2+ⅠA（Li 除外）、ⅡA（Be 除外）、镧系与锕系多数金属元素、部分过渡金属元素。

(2)特点：熔沸点高、难挥发、水溶液及熔融态能导电。

共价型卤化物

(1)构成：X_2+氧化数较高的金属，如 $TiCl_4$、$AlCl_3$ 等。

(2)特点：熔沸点低、易挥发，熔融态不导电。有的难溶于水，溶于水的往往发生强烈水解。

性质变化规律。

(1)溶解性：大多数金属卤化物易溶于水。

银盐(AgX)、铅盐(PbX_2)、亚汞盐(Hg_2X_2)、亚铜盐(CuX)、TlX、PtX_2 难溶(X=Cl、Br、I)。

氟化物溶解度反常，Li、Mg、Ca、Sr、Ba、Al、Zn、Pb、Fe、Cu、Ga、Mn、Ni 等氟化物均难溶；AgF、HgF、HgF_2、BeF_2、除 Li 外的其他碱金属氟化物均易溶。

(2)同一金属的不同卤化物的性质：

	NaF	NaCl	NaBr	NaI
沸点/K	1968	1686	1663	1577

	AlF_3	$AlCl_3$	$AlBr_3$	AlI_3
沸点/K	1533	453	541	655

(3)同一金属不同氧化态的卤化物的性质：

熔沸点　　$SnCl_2 > SnCl_4$；$FeCl_2 > FeCl_3$

规律解释：

(1)离子型卤化物，熔沸点可由库仑力判断；半径越小、电荷越高，熔沸点越高，如 NaX。

(2)典型共价化合物熔沸点随分子间力增大而增大，如熔沸点：$AlCl_3 < AlBr_3 < AlI_3$。

(3)一般金属的氟化物主要是离子型，其余卤化物按 $MCl_n \rightarrow MI_n$ 共价性依次增强。

(4)同种金属的卤化物，低价态离子性显著，高价态共价性显著。

(5)氟化物反常的主要原因在于氢氟酸是弱酸，其他氢卤酸是强酸；F^-的半径远小于其他卤素离子 $r(X^-)$。

思 考 · 练 习

请解释下列事实。

(1) $SnCl_4$、$SnBr_4$、SnI_4 的熔点分别为−33.3℃、33℃、146℃；

(2) PtF_4 的热分解温度是 600℃，而 $PtCl_4$ 的热分解温度是 370℃；

(3) $SnCl_4$ 的水解程度高于 $SnCl_2$。

2)金属卤化物的制备

金属卤化物的制备可以采取金属单质、金属氧化物与卤素或卤化氢反应来实现。金属和卤素单质间的化合是制备金属卤化物最直接的方法。例如

$$2Al + 3Br_2 \xlongequal{\triangle} 2AlBr_3$$

$$2Fe + 3Cl_2 \xlongequal{\triangle} 2FeCl_3$$

$FeCl_2$ 等无法采用单质间化合的方法制备，只能通过金属、金属氧化物和氢氧化物或碳酸盐与氢卤酸反应来制备。

$$Fe + 2HCl \xlongequal{\quad} FeCl_2 + H_2\uparrow$$

$$Bi_2O_3 + 6HF \xlongequal{\quad} 2BiF_3 + 3H_2O$$

$$CaCO_3 + 2HCl \xlongequal{\quad} CaCl_2 + CO_2\uparrow + H_2O$$

蒸发金属卤化物的水溶液时，若金属离子水解，则无法得到金属卤化物的无水盐。若需制备 $MgCl_2$、$ZnCl_2$、$CuCl_2$、$FeCl_3$ 等无水盐，蒸发、浓缩其水溶液得到结晶水合物后，脱水反应必须在 HCl 气流中才能实现。

$$MgCl_2 \cdot 6H_2O \xlongequal{\triangle} MgCl_2 + 6H_2O$$

有些金属氧化物与氯气的反应从热力学上考虑很难进行，可以在该反应基础上叠加一个自由能变很负的反应，降低总反应的自由能变，如 $TiCl_4$ 的制备。

$$TiO_2 + 2Cl_2 + 2C \xlongequal{\triangle} TiCl_4 + 2CO$$

3. 卤族元素互化物

不同卤素之间可以形成化合物，称为卤素互化物 XX_n'(X、X′均代表卤素原子，但 X′的原子序数小于 X)，X 与 X′的原子半径差越大，n 的可能值也越大，如碘可以形成 IF_7，溴可以形成 BrF_5，而氯只能形成 ClF_3。n 只能取奇数值，原因是作为配位原子每个 X′只能提供 1 个成单电子与中心原子 X 的 1 个价电子配对成键，当 $n > 1$ 时，中心原子 X 只能拆开成对的价电子再与偶数个 X′配位原子成键，所以 $n = 1$、3、5、7。卤素互化物分子的空间构型可根据价层电子对互斥理论来判断，如 BrF_5 是四方锥形、ClF_3 是 T 形。

4. 卤族元素的氧化物

卤素的氧化物大多不稳定，受到撞击或光照即爆炸分解，氟的电负性最大，它与氧形成的二元化合物属于氟化物而不是氧化物，氯和溴的氧化物在室温下会明显分解，碘的氧化物是卤素氧化物中最稳定的。

OF_2 是无色气体，具有强氧化性，它是单质 F_2 与稀 NaOH 溶液反应得到的。

$$2F_2 + 2NaOH \xlongequal{\quad} 2NaF + OF_2 + H_2O$$

Cl_2O 是 HOCl 的酸酐，常态下为黄红色气体。Cl_2O 是 V 形分子，O 原子采取 sp^3 杂化，O—Cl 键长 170 pm，键角为 111°。将 Cl_2 与新制备干燥的 HgO 反应可以制得 Cl_2O。

$$2Cl_2 + 2HgO \xlongequal{\triangle} HgCl_2 \cdot HgO + Cl_2O$$

ClO_2 常态下为黄绿色气体，沸点 284 K，冷凝后变为红色液体。具有很高的化学活性，当该气体分压超过 666 Pa 或与还原性物质接触时容易爆炸，常用于水的净化和纸张、纤维、纺织品的漂白。ClO_2 分子构型为 V 形，O—Cl—O 键角为 116.5°，而 Cl—O 键长为 149 pm，具有双键的特征。其制备方法如下：

$$2NaClO_3 + SO_2 + H_2SO_4 \xlongequal{\quad} 2ClO_2 + 2NaHSO_4$$

除 I_2O_5 外的其他卤素氧化物的实用价值很小，碘酸加热脱水可得到 I_2O_5。

$$2HIO_3 \xrightarrow{\triangle} I_2O_5 + H_2O$$

I_2O_5 是白色固体，在所有卤素氧化物中最稳定，573 K 分解为单质，是一种常用的氧化剂，在合成氨工业中定量测定 H_2 中的 CO。

$$I_2O_5 + 5CO = 5CO_2 + I_2$$

然后用 $Na_2S_2O_3$ 标准溶液测量生成的 I_2 的量，即可求出 H_2 中 CO 的含量，该方法在分析化学上称为碘量法。

思 考 · 练 习

根据 ClO_2 分子中 O—Cl—O 键角和 Cl—O 键长的数据，并与 Cl_2O 分子中键长对比，分析讨论 ClO_2 分子中 Cl 原子的杂化和成键方式。

5. 卤族元素的含氧酸及其盐

除高碘酸外，卤素 X 可形成有四种形式的含氧酸，HOX、HXO_2、HXO_3、HXO_4，依次称为次某酸、亚某酸、正某酸、高某酸，其中 X 原子均采取 sp^3 杂化，与氧原子形成σ键，非羟基氧原子 2p 轨道上的电子对又反馈给 X 原子的价层 d 轨道，形成 p-d π键。F 原子由于无价层 d 轨道，所以只有 HOF 可以得到。

1) 次卤酸及其盐

(1) 次卤酸的性质与制法　次卤酸都是弱酸，都具有较强的氧化能力，HOCl、HOBr、HOI 的解离常数在 298 K 时分别为 3.2×10^{-8}、2.4×10^{-9}、2.3×10^{-11}，酸性、稳定性依次降低。

$$HClO+HCl = Cl_2+H_2O$$

目前还未制得纯的次卤酸，得到的只是它们的水溶液。

$$Cl_2+H_2O \rightleftharpoons \underbrace{H^+ + Cl^-}_{\downarrow Ag_2O,CaCO_3} + HClO$$

$$2Cl_2 + Ag_2O + H_2O = 2AgCl\downarrow + 2HOCl$$

$$2Cl_2 + CaCO_3 + H_2O = Ca^{2+} + 2Cl^- + CO_2\uparrow + 2HOCl$$

(2) 次卤酸盐　次卤酸盐中比较常用的是 NaClO。

NaClO 在工业上是采用电解无隔膜冷的稀食盐溶液来制备的。

$$NaCl + H_2O \xrightarrow{电解} H_2\uparrow + NaClO$$

将 Cl_2 通入石灰乳可制得漂白粉。

$$2Cl_2 + 3Ca(OH)_2 = Ca(ClO)_2 + CaCl_2 \cdot Ca(OH)_2 \cdot 2H_2O$$

漂白粉在空气中长期存放时会吸收 CO_2 和 H_2O 生成 HOCl 分解而失效。

$$Ca(ClO)_2+CO_2+H_2O = 2HClO+CaCO_3\downarrow$$

次卤酸盐的稳定性高于次卤酸，水溶液显碱性，氧化性比次卤酸弱。

$$ClO^- + Pb(Ac)_2 + 2OH^- \xlongequal{\triangle} PbO_2\downarrow + Cl^- + H_2O + 2Ac^-$$

思 考 · 练 习

1. 比较下列两组物质 pH 的大小。

NaClO 与 NaIO；NaClO 与 NaCl

2. 你知道 84 消毒液的来历和主要成分吗？

2) 亚卤酸

与次卤酸相比，亚卤酸的酸性和氧化性较强，但稳定性更低，因此无实用意义。用亚卤酸盐与硫酸作用可制得亚卤酸的水溶液。例如

$$Ba(ClO_2)_2 + H_2SO_4 \xlongequal{\quad} BaSO_4\downarrow + 2HClO_2$$

3) 卤酸及其盐

$HClO_3$、$HBrO_3$ 是强酸，HIO_3 是中强酸。HIO_3 稳定性最高，可得到其固体产品，而 $HClO_3$、$HBrO_3$ 只能存在于溶液中，最高浓度分别为 40%、50%。

碱性介质中 X_2 或 XO^- 均可发生歧化反应生成卤素阴离子 X^- 和卤酸盐 XO_3^-。

$$3X_2 + 6OH^- \xlongequal{\quad} XO_3^- + 5X^- + 3H_2O$$

$$3OX^- \xlongequal{\quad} XO_3^- + 2X^-$$

但在酸性介质中则发生其逆反应，这可从卤素的电势图看出。例如，在酸性介质中，各卤族元素的电势图为

$$ClO_4^- \xrightarrow{+1.19\text{ V}} ClO_3^- \xrightarrow{+1.21\text{ V}} HClO_2 \xrightarrow{+1.65\text{ V}} HClO \xrightarrow{+1.60\text{ V}} Cl_2 \xrightarrow{+1.36\text{ V}} Cl^-$$

$$BrO_4^- \xrightarrow{+1.85\text{ V}} BrO_3^- \xrightarrow{+1.45\text{ V}} HBrO \xrightarrow{+1.60\text{ V}} Br_2 \xrightarrow{+1.07\text{ V}} Br^-$$

$$H_5IO_6 \xrightarrow{+1.60\text{ V}} HIO_3 \xrightarrow{+1.13\text{ V}} HIO \xrightarrow{+1.44\text{ V}} I_2 \xrightarrow{+0.54\text{ V}} I^-$$

而在碱性介质中的电势图为

$$ClO_4^- \xrightarrow{+0.36\text{ V}} ClO_3^- \xrightarrow{+0.33\text{ V}} ClO_2^- \xrightarrow{+0.66\text{V}} ClO^- \xrightarrow{+0.26\text{V}} Cl_2 \xrightarrow{+1.36\text{ V}} Cl^-$$

$$BrO_4^- \xrightarrow{+0.93\text{ V}} BrO_3^- \xrightarrow{+0.54\text{ V}} BrO^- \xrightarrow{+0.45\text{ V}} Br_2 \xrightarrow{+1.07\text{V}} Br^-$$

$$H_3IO_6^{2-} \xrightarrow{+0.65\text{ V}} IO_3^- \xrightarrow{+0.15\text{ V}} IO^- \xrightarrow{+0.44\text{ V}} I_2 \xrightarrow{+0.54\text{ V}} I^-$$

由于 X_2 在碱性溶液中的歧化只有 1/6 转化成 XO_3^-，对于价格昂贵的 Br_2、I_2 来讲是很不经济的，因此常用强氧化剂氧化单质 I_2 或碘化物来制备碘酸(HIO_3)或碘酸盐。

$$I_2 + 10HNO_3(\text{浓}) \xlongequal{\quad} 2HIO_3 + 10NO_2 + 4H_2O$$

$$KI + 6KOH + 3Cl_2 \xlongequal{\quad} KIO_3 + 6KCl + 3H_2O$$

卤酸盐的稳定性高于卤酸，常见的卤酸盐有 $KClO_3$、$NaIO_3$ 等。$KClO_3$ 的分解有两种方式，无催化剂时较高温度下 $KClO_3$ 主要发生歧化反应，生成 $KClO_4$ 和 KCl。

$$4KClO_3 \xlongequal{\triangle} 3KClO_4 + KCl$$

当有催化剂 MnO_2 时，$KClO_3$ 可在较低温度下分解为 KCl 和 O_2。

$$2KClO_3 \xlongequal{\triangle} 2KCl + 3O_2$$

固体 $KClO_3$ 是强氧化剂，遇易燃物 S、C、P 及有机物等碰撞易爆，常用于制火柴、信号弹、礼花等。$NaIO_3$、KIO_3 则是常用的分析试剂。

卤酸盐在酸性溶液中为强氧化剂，中性、碱性溶液中氧化能力极弱。其中 $HBrO_3$ 的氧化性最强。

$$2HBrO_3 + I_2 \xlongequal{} 2HIO_3 + Br_2$$

$$2HBrO_3 + Cl_2 \xlongequal{} 2HClO_3 + Br_2$$

$$XO_3^- + 5X^- + 6H^+ \xlongequal{} 3X_2 + 3H_2O \qquad (14\text{-}3)$$

式(14-3)的平衡常数分别是 $K^{\ominus}(Cl) = 2\times10^9$，$K^{\ominus}(Br) = 1\times10^{38}$，$K^{\ominus}(I) = 1.6\times10^{44}$。

所有氯酸盐都溶于水，K^+、Rb^+、Cs^+、NH_4^+ 的氯酸盐溶解度较小；Ag^+、Ba^{2+}、Pb^{2+}、Hg_2^{2+} 的溴酸盐难溶，其他易溶；除碱金属外，其他碘酸盐难溶。$Ba(IO_3)_2$ 是白色沉淀。

4) 高卤酸及其盐

与卤素其他含氧酸相比，高卤酸的稳定性相对较高，一般也只能存在于水溶液中。高卤酸盐稳定性高于高卤酸，在酸性溶液中有较强的氧化性，中性或碱性介质中氧化性很低。

无水 $HClO_4$ 是无色液体，是最强的无机含氧酸，它不稳定，遇有机物撞击易爆炸，本身易分解。

$$4HClO_4 \xlongequal{} 2Cl_2 + 7O_2 + 2H_2O$$

其水溶液可以稳定存在，质量分数低于 60%的 $HClO_4$ 溶液受热也不分解，质量分数为 72.4%的溶液是恒沸混合物，沸点为 476 K，并在沸点时分解。

浓硫酸与 $KClO_4$ 作用，在温度低于 365 K 的条件下减压蒸馏可得 $HClO_4$。

$$KClO_4 + H_2SO_4 \xlongequal{} KHSO_4 + HClO_4$$

工业上采用电解盐酸的方法制备 $HClO_4$，电解时用 Pt 作阳极，用 Ag 或 Cu 作阴极，在阳极区可以得到质量分数高达 20%的 $HClO_4$。

$$4H_2O + HCl \xlongequal{\text{电解}} HClO_4 + 4H_2\uparrow$$

高氯酸盐的稳定性高于氯酸盐，用 $KClO_4$ 制成的炸药称为“安全炸药”。高氯酸盐多数易溶于水，常见的难溶盐有 $KClO_4$、NH_4ClO_4、$RbClO_4$、$CsClO_4$ 等，定性分析中常用高氯酸鉴定钾离子。高氯酸镁的吸水性很强，常用作干燥剂。ClO_4^- 的配位能力极小，在化学研究中常用高氯酸盐测定溶液的离子强度。

高溴酸($HBrO_4$)的稳定性低于 $HClO_4$，质量分数为 55%的溶液在 373 K 时可以稳定存在，但高于此浓度的 $HBrO_4$ 不稳定。它也是极强的无机酸，但酸性低于 $HClO_4$。用氧化剂 F_2、XeF_2 在低温下氧化溴酸盐或电解溴酸盐(BrO_3^-)溶液可得高溴酸盐(BrO_4^-)。

$$NaBrO_3 + XeF_2 + H_2O \xlongequal{} NaBrO_4 + Xe + 2HF$$

$$NaBrO_3 + F_2 + 2NaOH = NaBrO_4 + 2NaF + H_2O$$

高溴酸盐中 $KBrO_4$、$RbBrO_4$、$CsBrO_4$ 的溶解度较小。

正高碘酸(H_5IO_6)是 I_2O_7 的水合物，属于五元弱酸，前三级解离常数分别为 $K_{a1}^{\ominus} = 5.1\times10^{-4}$，$K_{a2}^{\ominus} = 4.9\times10^{-9}$，$K_{a3}^{\ominus} = 2.5\times10^{-15}$。纯 H_5IO_6 是无色单斜晶体，熔点为 413 K，I 原子半径较大，采取 sp^3d^2 杂化，周围可容纳六个氧原子，I—O 键长为 193 pm，分子的空间构型为八面体。

H_5IO_6 在真空中脱水经焦高碘酸($H_4I_2O_9$)转变为偏高碘酸(HIO_4)，IO_4^- 离子构型为正四面体，I—O 键长为 179 pm。HIO_4 可进一步分解为碘酸(HIO_3)和 O_2。

在酸性介质中，H_5IO_6 是强氧化剂[$E^{\ominus}(H_5IO_6/HIO_3) = 1.60$ V]，氧化性强于 $HClO_4$，可定量地将 Mn^{2+} 氧化成 MnO_4^-。

$$5H_5IO_6 + 2Mn^{2+} = 2MnO_4^- + 5HIO_3 + 6H^+ + 7H_2O$$

在碱性介质中，IO_6^{5-} 氧化能力较弱。用浓硫酸与高碘酸盐相互反应或电解碘酸盐溶液，可得到高碘酸或高碘酸盐。

$$Ba_5(IO_6)_2 + 5H_2SO_4 = 5BaSO_4\downarrow + 2H_5IO_6$$

思 考 · 练 习

根据卤族元素的电势图，回答下列问题。

(1) 在酸性介质中能发生歧化反应的物种有哪些？

(2) 在碱性介质中能发生歧化反应的物种有哪些？

(3) 按氧化能力由高到低的顺序排列氯酸盐、溴酸盐、碘酸盐。

6. 拟卤素

某些由两个或两个以上非金属原子形成的原子团，在性质上与卤素相似，其负一价的阴离子在形成离子化合物和共价化合物时与卤素阴离子相似，称为拟卤素。

拟卤素主要包括氰$(CN)_2$、硫氰$(SCN)_2$、硒氰$(SeCN)_2$、氧氰$(OCN)_2$等，它们都有毒，与卤素的相似性表现在以下几方面：

(1) 均易挥发，如$(CN)_2$的熔、沸点分别为 243.3 K、252 K。

(2) 与氢形成酸，除氢氰酸(HCN)是弱酸外，其他都是强酸。

(3) 在水或碱性介质中易发生歧化反应。

$$(CN)_2 + 2OH^- = CN^- + OCN^- + H_2O$$

(4) 与金属化合形成盐，其中 Ag(Ⅰ)、Hg(Ⅰ)、Pb(Ⅱ)的盐均难溶于水。

(5) 拟卤素的阴离子配位能力强，能与许多金属离子形成配合物，如$[Hg(SCN)_4]^{2-}$、$[Ag(CN)_2]^-$等。

(6) 拟卤素的阴离子具有还原性，与卤素阴离子组成一个序列，按还原能力由小到大的顺序排列为

$$F^- < OCN^- < Br^- < CN^- < SCN^- < I^-$$

思　考 · 练　习

根据拟卤素与卤素在性质上的相似性，推测下列反应的产物，写出化学方程式。

(1) 加热 AgCN；　(2) AgSCN 悬浮液与 Br_2 反应；

(3) $(SCN)_2$ 与 KI 溶液反应；　(4) $(SCN)_2$ 与 $Na_2S_2O_3$ 溶液反应

14.4　无机酸强度的变化规律

14.4.1　影响无机酸强度的直接因素

1. 无机酸的类型

无氧酸：中心原子与质子直接相连的氢化物，R—H，如 HCl、HBr、HI、H_2S 等。

含氧酸：中心原子通过氧与质子相连的含氧酸，R—O—H，如 H_2SO_4、HNO_3、$HClO_4$ 等。

酸强度的大小即它们释放质子(H^+)的难易程度。

2. 影响酸性大小的因素

与质子直接相连的原子(R 或 O)所带的负电荷数及原子体积(原子半径)的大小决定了该原子的负电荷密度的大小。该原子的负电荷密度越大，对质子的束缚力越强，对应酸的酸性就越弱；反之，该原子的负电荷密度越小，对质子的束缚力越弱，对应酸的酸性就越强。例如

$$\text{酸性：} H_3O^+ > H_2O > OH^-$$

14.4.2　氢化物酸性强弱的变化规律

1. 定量解释

$$RH(aq) \rightleftharpoons H^+(aq) + R^-(aq)$$

氢化物水溶液的平衡常数 $K_a^\ominus$ 越大，酸性越强；或 $pK_a^\ominus$ 越小，酸性越强(表 14-19)。

表 14-19　分子型氢化物在水溶液中的 $pK_a^\ominus$

ⅣA 族		ⅤA 族		ⅥA 族		ⅦA 族	
氢化物	$pK_a^\ominus$	氢化物	$pK_a^\ominus$	氢化物	$pK_a^\ominus$	氢化物	$pK_a^\ominus$
CH_4	58	NH_3	39	H_2O	14	HF	3
SiH_4	35	PH_3	27	H_2S	7	HCl	−7
GeH_4	25	AsH_3	19	H_2Se	4	HBr	−9
SnH_4	20	SbH_3	15	H_2Te	3	HI	−10

2. 物质结构观点的解释

同一周期的氢化物	NH_3	H_2O	HF
R 的氧化数	−3	−2	−1

从 N 到 F，负电荷数减少，R 的负电荷密度减小，对氢的束缚力减小，酸性增强。

同一主族的氢化物	HF	HCl	HBr	HI
R 半径/pm	136	181	195	216

从 F 到 I，电荷相同，半径增大，R 的负电荷密度减小，对 H 的束缚力减小，酸性增强。

3. 热力学观点的解释

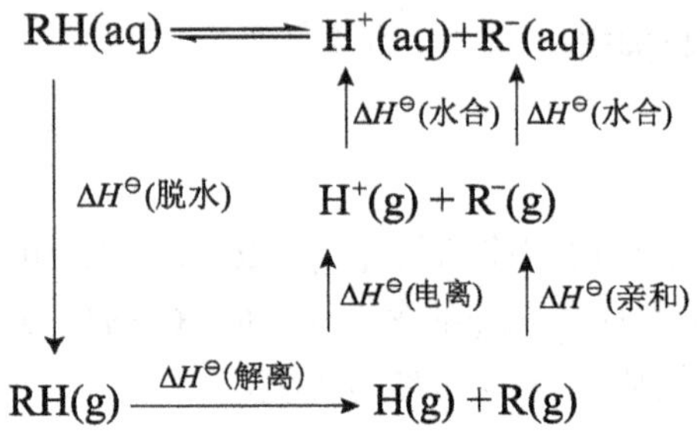

$$\Delta H^{\ominus} = \Delta H^{\ominus}(\text{脱水}) + \Delta H^{\ominus}(\text{解离}) + \Delta H^{\ominus}(\text{电离}) + \Delta H^{\ominus}(\text{水合}) + \Delta H^{\ominus}(\text{亲和}) + \Delta H^{\ominus}(\text{水合})$$

	HF	HCl	HBr	HI
$\Delta H^{\ominus}/(\mathrm{kJ \cdot mol^{-1}})$	−14	−60	−64	−58
$\Delta G^{\ominus}/(\mathrm{kJ \cdot mol^{-1}})$	15	−47	−60	−62
$K_a^{\ominus}$	10^{-3}	10^{7}	10^{9}	10^{10}

14.4.3　含氧酸酸性强弱的变化规律

1. 含氧酸酸性强度的定性解释

中心原子 R 的电负性越大，半径越小，氧化数越高时，能有效降低 O 上的负电荷密度，使 O—H 键变弱，酸性增强。

例如，第三周期高价态含氧酸 H_nRO_4

	H_4SiO_4	H_3PO_4	H_2SO_4	$HClO_4$
R 电负性	1.90	2.19	2.58	3.16
R 离子半径/pm	42	35	30	27
R 氧化数	+4	+5	+6	+7

$H_4SiO_4 \rightarrow H_3PO_4 \rightarrow H_2SO_4 \rightarrow HClO_4$，R—O—H 键中 O 的电子密度依次降低，酸性依次增强。

结论 1：同周期、同类型的含氧酸的酸性，随原子序数增加而增强。

	HOCl	HOBr	HOI
R 电负性	3.16	2.96	2.66
R 半径/pm	181	195	216

R—O—H 键中 O 的负电荷密度依次升高，O—H 键能依次增强，HOR 酸性依次减弱。

结论 2：同族中同类型含氧酸的酸性，随原子序数的递增而减弱。

	HOCl	$HClO_2$	$HClO_3$	$HClO_4$
Cl 氧化数	+1	+3	+5	+7

氧原子个数增加，每个 O 上分担的负电荷密度减小，含氧酸的酸性增强。

再如，酸性：$H_2SO_4 > H_2SO_3$，$HNO_3 > HNO_2$。

结论 3：同一元素不同氧化数的含氧酸，氧化数越高，酸性越强。

2. 含氧酸酸性的定量表示——鲍林规则

(1) 多级含氧酸的逐级解离常数之比约为 10^{-5}。

(2) 含氧酸的 $K_1^{\ominus}$ 与非羟基氧原子数 m 的关系是 $K_1^{\ominus} \approx 10^{5m-7}$，即 $\mathrm{p}K_1^{\ominus} = 7-5m$。$m$ 越大，酸性越强。

$XO_m(OH)_n$	m	化学式	$K_1^{\ominus}$	$\mathrm{p}K_1^{\ominus}$
	0	$X(OH)_n$	$\leqslant 10^{-7}$	>7
	1	$XO(OH)_n$	$\approx 10^{-2}$	≈ 2
	2	$XO_2(OH)_n$	$\approx 10^{3}$	≈ -3
	3	$XO_3(OH)_n$	$\approx 10^{8}$	≈ -8

	HClO	$HClO_2$	$HClO_3$	$HClO_4$
m	0	1	2	3
实际 $\mathrm{p}K_1^{\ominus}$	7.4	2.0	−2.7	−7

	H_3PO_2	H_3PO_3	H_3PO_4
	$PH_2O(OH)$	$PHO(OH)_2$	$PO(OH)_3$
m	1	1	1
实际 $\mathrm{p}K_1^{\ominus}$	2.0	1.8	2.1

当含氧酸的组成属于同一类型，m 值相同，但中心原子 R 不同时，还应考虑 R—O 键长对酸强度的影响。例如，HClO > HBrO > HIO。

思考·练习

1. H_3PO_2、H_3PO_3、H_3PO_4 三种化合物中，二元酸是__________；它们的酸性强弱次序为____________________；其中________具有还原性。

2. 高碘酸 (H_5IO_6) 是____元________酸；硼酸 H_3BO_3 是____元________酸。

3.下列各组物质酸性顺序正确的是（　）

A. $HOCl<HClO_2<HClO_3<HClO_4$　　B. HF>HI>HBr>HCl

C. $HIO_3>HClO_3>HBrO_3$　　D. $H_3PO_4>HClO_4>H_2SO_4$

4.下列各组氢化物酸性强弱次序中，错误的是（　）

A. $H_2O > NH_3$　　B. $H_2S > PH_3$　　C. $H_2Se > H_2S$　　D. $H_2Se > H_2Te$

5.下列各氧化态的含氧酸中，酸性最强的是（　）

A. Ti(Ⅳ)　　B. V(Ⅴ)　　C. Cr(Ⅵ)　　D. Mn(Ⅶ)

6. 下列各对物质中酸性强度顺序正确的是（　）

A. $H_2SO_4 > HClO_4$　　B. HOCl < HOBr

C. $As_2S_3 > As_2S_5$　　D. $Pb(OH)_2 < Sn(OH)_2$

归纳·整合

卤素单质及部分化合物的性质递变规律

序号	物质	自左而右的性质变化规律
1	Cl_2，Br_2，I_2	熔沸点升高，氧化性减弱
2	HCl，HBr，HI	酸性增强，还原性增强，热稳定性减弱
3	HClO，HBrO，HIO	酸性减弱，稳定性减弱，氧化性减弱
4	HXO，HXO_2，HXO_3，HXO_4	酸性增强，稳定性增强，氧化性减弱
5	XO^-，XO_2^-，XO_3^-，XO_4^-	碱性减弱，稳定性增强，氧化性减弱

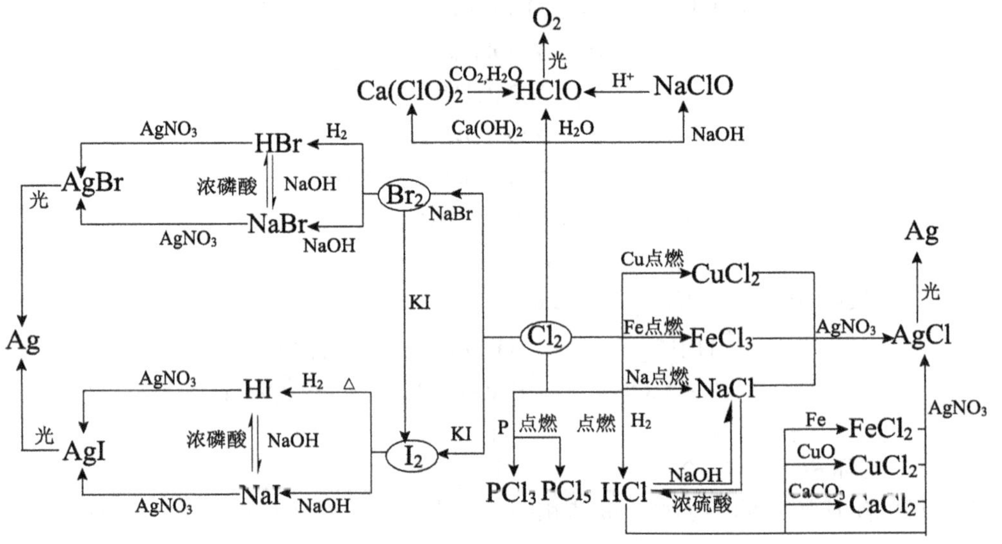

习　题

1. 回答下列问题。
   (1)磷的同素异形体主要有哪些？它们的结构有什么区别？
   (2)长期暴露在空气中的红磷表面会产生一层氧化物，如何用简单的化学手段清除？
   (3)浓盐酸和浓硝酸显黄色的原因。
   (4)浓硫酸和浓磷酸的黏度较大的原因。
2. 用适当的理论说明下列分子中 P 原子的杂化状态及空间构型。
   (1)PCl_3；(2) PCl_5；(3)$POCl_3$；(4) PCl_4^+
3. 如何除去下列物质中的少量杂质(括号内为杂质)?
   (1)N_2 (O_2)；(2)NO (NO_2)；(3)H_3PO_4 (H_3PO_3)；(4)N_2 (NH_3)
4. 下列主族元素氧化物对应水化物中属于两性化合物的有哪些？写出这些两性化合物与 HCl 和 NaOH 反应的化学方程式。
   Li、Be、Mg、Al、As、Sb、Bi
5. 六种盐溶液：Na_2SO_4、Na_2SO_3、$Na_2S_2O_3$、Na_2S、Na_2S_2、NaCl，其标签已脱落，设计一简便方法鉴别之。
6. 四个试剂瓶内分别盛有 $FeSO_4$、$Pb(NO_3)_2$、$MnSO_4$ 和 K_2SO_4 溶液，怎样用通入硫化氢气体和调节溶液酸度的方法来鉴别它们？
7. 用简便方法区分下列物质的水溶液：NH_4Cl 和 $(NH_4)_2SO_4$；KNO_3 和 KNO_2；$AsCl_3$、$SbCl_3$ 和 $BiCl_3$。
8. 有两种干燥剂(无水 $CaCl_2$ 和 NaOH)及六种气体(H_2、Cl_2、SO_2、CO_2、NH_3 和 HCl)，哪种气体可被哪种干燥剂所干燥？

为什么？

9. 计算下列过程的平衡常数，并说明漂白粉为什么在潮湿空气中易失效。

$$ClO^- + H_2CO_3 \rightleftharpoons HClO + HCO_3^-$$

10. 在碘酸盐和碘化物的溶液中加入硫酸铝会得到什么产物？并加以解释。

11. 下列各对物质在酸性溶液中能否共存？为什么？

(1) $FeCl_3$ 与 Br_2；(2) $FeCl_3$ 与 KI；(3) NaBr 与 $NaBrO_3$；(4) MnO_2 与 H_2O_2；(5) H_2S 与 H_2O_2；(6) H_2SO_3 与 H_2O_2

12. 在氯水中分别加入下列各物质，对氯与水的可逆反应有何影响？

(1)稀硫酸；(2)苛性钠；(3)氯化钠

13. 已知ⅤA、ⅥA 族氢化物由液态转变为气态时的反应热数据如下，回答下列问题。

ⅤA		ⅥA	
氢化物	$\Delta_r H_m^\ominus/(kJ\cdot mol^{-1})$	氢化物	$\Delta_r H_m^\ominus/(kJ\cdot mol^{-1})$
NH_3	23.3	H_2O	40.6
PH_3	14.6	H_2S	18.7
AsH_3	16.7	H_2Se	19.3
SbH_3	21.0	H_2Te	23.1

(1)画出反应热与氢化物摩尔质量的关系图。

(2)估计液氨和水中氢键的能量值。

14. 有两种白色均易溶于水的含氧酸钠盐，一种呈弱酸性，一种呈弱碱性。二者均不能使 $KMnO_4$ 溶液褪色，也不能使 KI-淀粉试纸变蓝。加酸与二者都不生成沉淀或气体。加 $AgNO_3$ 溶液都生成黄色沉淀。将等体积、等浓度的两溶液混合时，混合溶液接近中性，两种盐各是什么？

15. 在经稀硝酸酸化的化合物 A 溶液中加入 $AgNO_3$ 溶液，生成白色沉淀 B。B 能溶于氨水得溶液 C。C 中加入稀硝酸时 B 又重新析出。将 A 的水溶液以 H_2S 饱和，得黄色沉淀 D。D 不溶于稀盐酸，但能溶于 $(NH_4)_2S_2$ 和 KOH。D 溶于 $(NH_4)_2S_2$ 时得到溶液 E 和单质硫。酸化 E，析出黄色沉淀 F，并放出腐臭气体 G。试标明字母所示物质的化学式，并写出有关反应的离子方程式。

16. 一种气体 A 通入水中，所得溶液在空气中放置时会逐渐变浑浊。当 A 通入 $FeCl_3$ 溶液中也会出现白色浑浊，而原液的黄色褪去，再加入 KSCN 溶液不显血红色，但加碱液时则生成白色沉淀，且逐渐由绿色变棕色。此棕色沉淀能溶于盐酸，若遇 KSCN 溶液就呈血红色。根据上述实验现象指出气体 A 是什么化合物。

17. 某物质 A 的水溶液，既有氧化性又有还原性。(1)向此溶液中加入碱时生成盐；(2)将(1)所得溶液酸化，加入适量 $KMnO_4$ 可使 $KMnO_4$ 褪色；(3)在(2)所得溶液中加入 $BaCl_2$ 得白色沉淀。判断 A 是什么物质。

18. 无色晶体 A 为氯化物，将 A 溶于盐酸得无色溶液 B，向 B 中加入溴水，溴水褪色，B 转化为无色溶液 C，若向 B 中滴加氢氧化钠溶液，得白色沉淀 D，氢氧化钠过量时则 D 溶解得无色溶液 E。取晶体 A 放入试管中，加水有白色沉淀 F 生成，再向试管中通入 H_2S，则白色沉淀 F 转为橙色沉淀 G。请给出 A、B、C、D、E、F、G 所代表的化合物或离子的化学式。

19. 在编号为 A、B、C、D 的四支试管中分别装有 $AgNO_3$、HNO_3、Na_3PO_4 和 NaCl 溶液，若将 B、C 混合或 B、D 混合都产生沉淀，但前者产生的沉淀与 A 混合时不溶，而后者可溶。由此推断 A、B、C、D 各为何物。

20. 现有一无色钠盐晶体 A，溶于水后得无色溶液。向此溶液中加入酸化的 KI 溶液，得到棕色溶液 B，并释放无色气体 C。在 A 溶液中加入酸性 $KMnO_4$ 溶液得到几乎无色的溶液。在 A 溶液中加入浓 H_2SO_4 并冷却，溶液呈淡蓝色并有红棕色气体 D 生成。判断 A、B、C、D 分别是什么物质，并写出与上述过程相关的反应方程式。

21. 铋的氯化物晶体放入水中产生白色沉淀 A，该氯化物溶液与过量 NaOH 溶液作用产生白色沉淀 B。B 与 NaClO、NaOH 溶液作用生成棕黄色沉淀 C，C 可与 $MnSO_4$、HNO_3 反应得到紫红色溶液。沉淀 B 与稀盐酸反应得到澄清溶液，再加饱和 H_2S 溶液得到黑色沉淀 D。B 还能与 Na_2SnO_2 溶液作用生成黑色沉淀 E。请确定这些物质的化学式，并用化学方程式表示上述过程。

22. 一白色固体钾盐 A，加入浓酸 B 产生紫黑色固体 C 和无色气体 D；C 可溶于 A 盐的溶液得到棕红色溶液 E；在 E 中加入 NaOH 溶液得无色溶液 F；将气体 D 通入 $AgNO_3$ 溶液得黑色沉淀 G；D 通入 H_2O 形成的溶液在空气中放置有淡黄色沉淀 H 析出。判断 A、B、C、D、E、F、G、H 各为何物，写出有关反应方程式。

23. 有白色的钠盐晶体 A 和 B，二者都溶于水。A 的水溶液是中性，B 的水溶液是碱性。A 溶液与 $FeCl_3$ 溶液作用时溶液呈棕色；A 溶液与 $AgNO_3$ 溶液作用，有黄色沉淀析出。晶体 B 与浓盐酸反应，有黄绿色气体生成，此气体与冷 NaOH 溶液作用，可得到含 B 的溶液。向 A 溶液中开始滴加 B 溶液时，溶液呈红棕色，若继续滴加过量 B 溶液，则溶液的红棕色消失。白色晶体 A 和 B 各为何物？写出有关反应的化学方程式。

24. 将易溶于水的钠盐 A 与浓硫酸混合后微热得无色气体 B。将 B 通入酸性高锰酸钾溶液后有气体 C 生成。将 C 通入另一钠盐 D 的水溶液中则溶液变黄、变橙，最后变为棕色，说明有 E 生成。向 E 中加入氢氧化钠溶液得无色溶液 F，当酸化该溶液时又有 E 出现。请给出 A、B、C、D、E、F 的化学式。

25. 对比下列各对物质的性质。

沸点：①H_2S，H_2Se，H_2Te；②NH_3，PH_3；③F_2，Cl_2，Br_2，I_2。

热分解温度：①$AgNO_3$，$Cu(NO_3)_2$；②HClO，NaClO；③Na_2SO_4，$Al_2(SO_4)_3$。

氢化物的还原性：①H_2S，H_2Se，H_2Te；②NH_3，PH_3，AsH_3；③HF，HCl，HBr，HI。

水溶液中的氧化性：①$NaClO_3$，$NaBrO_3$，$NaIO_3$；②HClO，$HClO_2$，$HClO_3$；③H_2SO_4，H_2SO_3。

水溶液的酸性：①H_3PO_2，H_3PO_3，H_3PO_4；② HClO，HBrO，HIO；③H_2SO_4，H_2SO_3，$H_2S_2O_7$。

水中的溶解性：①$Ca(H_2PO_4)_2$，$Sr(H_2PO_4)_2$，$Ba(H_2PO_4)_2$；②$LiClO_4$，$NaClO_4$，$KClO_4$；③$MgSO_4$，$CaSO_4$，$BaSO_4$。

第 14 章单元测试题(单选)

班级________姓名_______作业号_______成绩_______

(　) 1. 属于二元酸的是

A. H_3PO_4　　B. H_3PO_3　　C. H_3PO_2　　D. H_3BO_3

(　) 2. 受热分解生成金属氧化物的硝酸盐是

A. KNO_3　　B. $Ca(NO_3)_2$　　C. $Cu(NO_3)_2$　　D. $AgNO_3$

(　) 3. 王水可以溶解 Au、Pt，无关此事实的是王水具备

A. 强氧化性　　B. 强配位能力　　C. 强酸性　　D. 强还原性

(　) 4. 下列物质中既能和 H_2S 反应，又能和 HNO_3 反应的是

A. $CaSO_4$　　B. SO_2　　C. KI　　D. SO_3

(　) 5. 下列物质均有较强的氧化性，其中氧化性与惰性电子对有关的是

A. $NaBiO_3$　　B. $K_2Cr_2O_7$　　C. $(NH_4)_2S_2O_8$　　D. H_5IO_6

(　) 6. H_2O_2 与含 CrO_2^- 的 NaOH 溶液反应时，所起的作用是

A. 氧化剂　　B. 还原剂　　C. 弱酸　　D. 既是氧化剂又是还原剂

(　) 7. 下列物质中既能溶于 Na_2S_2 又能溶于 Na_2S 的是

A. SnS　　B. As_2S_5　　C. Bi_2S_3　　D. As_2S_3

(　) 8. 下列物质的水解产物中既有酸又有碱的是

A. NCl_3　　B. PCl_3　　C. $POCl_3$　　D. Mg_2N_2

(　) 9. 下列化合物中磷的氧化态最高的是

A. H_3PO_3　　B. H_3PO_2　　C. $H_4P_2O_7$　　D. PH_3

(　) 10. 下列物质难溶于 NaOH 溶液的是

A. $Sb(OH)_3$　　B. As_2O_3　　C. Sb_2S_3　　D. $Bi(OH)_3$

(　) 11. NO_2 溶于 NaOH 溶液，产物为

A. $NaNO_3$　　B. $NaNO_2 + NaNO_3$　　C. $NaNO_2$　　D. $NaNO_2 + O_2$

(　) 12. 与 $AgNO_3$ 溶液作用得到白色沉淀的是

A. $Na_4P_2O_7$　　B. Na_3PO_4　　C. $NaNO_2$　　D. NaI

(　) 13. 下列卤化物属于离子型化合物的是

A. $BeCl_2$　　B. $TiCl_4$　　C. $CaCl_2$　　D. $AlBr_3$

(　) 14. 下列方法中不能制备过氧化氢的是

A. 电解 NH_4HSO_4 水溶液　　B. H_2 和 O_2 直接化合　　C. 乙基蒽醌法　　D. 金属过氧化物与水作用

(　) 15. 欲由 KBr 固体制备 HBr 气体，应选择的酸是

A. H_2SO_4　　B. HAc　　C. HNO_3　　D. H_3PO_4

(　) 16. 在硝酸性介质中，欲使 Mn^{2+} 氧化为 MnO_4^-，可加入下列哪种氧化剂

A. $KClO_3$　　B. H_2O_2　　C. $(NH_4)_2S_2O_8$ (Ag^+催化)　　D. 王水

(　) 17. 在下列卤素的氧化物中最稳定的是

A. ClO_2　　B. BrO_2　　C. Cl_2O_7　　D. I_2O_5

(　) 18. 以下各组分子或离子中，空间构型和中心原子杂化轨道构型均相同的是

A. ICl_2^- 和 ClF_3　　B. ClO_4^- 和 NH_4^+　　C. ICl_4^- 和 IF_5　　D. $TeCl_4$ 和 PCl_4^+

(　) 19. 有关卤族元素的叙述错误的是

A. 单质的氧化性最强的是 F_2　　B. 电子亲和能最大的元素是 Cl

C. 分子中键的解离能最小的是 I_2　　D. 自然界的存在形式既有游离态又有化合态

(　) 20. 在热碱溶液中，Cl_2 的歧化产物为

A. Cl^-和 ClO^-　　B. Cl^-和 ClO_2^-　　C. Cl^-和 ClO_3^-　　D. Cl^-和 ClO_4^-

第 15 章 ds 区 元 素

15.1 铜 副 族

15.1.1 铜族元素的原子结构与性质

铜族元素属于元素周期表ⅠB 族，包括 Cu、Ag、Au 三种元素。原子的价电子构型为 $(n-1)d^{10}ns^1$，碱金属为 ns^1，虽然最外层都只有 1 个 s 电子，但由于次外层的构型不同，两族元素无论是单质还是化合物的性质都表现出显著的差异。铜族元素 $(n-1)d$ 和 ns 电子的能量相差不大，因此具有可变的氧化态，包括+1、+2、+3。铜族元素的一些基本性质列于表 15-1。

表 15-1 铜族元素的基本性质

元素	常见氧化态	$I_1/(kJ \cdot mol^{-1})$	M^+水合热$/(kJ \cdot mol^{-1})$	升华热$/(kJ \cdot mol^{-1})$	$E^{\ominus}(M^+/M)/V$
Cu	+1、+2	745.5	−582	340	0.52
Ag	+1	731	−485	285	0.80
Au	+1、+3	890.1	−644	385	1.69

思考·练习

与ⅠA 族元素相比，为什么水溶液中ⅠB 族元素的单质从上至下金属活动性依次减弱？

从 Cu 到 Au，原子半径变化不大，但核电荷数明显增加，次外层 18 电子的屏蔽效应小，导致有效核电荷对价电子的吸引力增大，因而金属活动性依次降低。另外，尽管从第一电离能的数据分析，Ag 比 Cu 稍活泼。但是，在水溶液中，应使用电对 M^+/M 的标准电极电势，电极电势越正，金属单质在水溶液中的活动性越弱。或者同时考虑升华热、第一电离能、水和热的数据，计算 M(s) 到 M^+(aq) 变化的总能量，可以发现，从固体金属形成一价水合阳离子的能量根据 Cu→Ag→Au 的顺序依次增大，所以水溶液中，从 Cu 到 Au 的金属活动性依次减弱。

15.1.2 铜族元素的单质

1. 铜族单质的冶炼

铜在自然界中既有游离态，又有化合态。目前世界上发现的最大单质铜矿石重达 42 t。铜的化合物矿主要有辉铜矿(Cu_2S)、黄铜矿($CuFeS_2$)、赤铜矿(Cu_2O)、黑铜矿(CuO)、孔雀石[$Cu(OH)_2 \cdot CuCO_3$]、胆矾(蓝矾)($CuSO_4 \cdot 5H_2O$)等。

Ag 在自然界中也存在单质矿。化合物矿主要有闪银矿(Ag_2S)、角银矿(AgCl)。

Au 主要以单质形式存在于自然界中，有散布在岩石中的岩脉金和存在于砂砾中的冲积金。在我国山东、黑龙江、新疆等地存在很多金矿。

1) Cu 的冶炼

从黄铜矿中提炼铜，首先将黄铜矿用黄药浮选得到精矿，然后焙烧精矿，除去部分硫和挥发性杂质 As_2O_3 等，并将部分硫化物转变为氧化物。

$$4CuFeS_2 + 9O_2 \xlongequal{\triangle} 2Cu_2S + 2Fe_2O_3 + 6SO_2$$

焙烧过的矿石中加入石英砂，在反射炉中加热，铁的氧化物与 SiO_2 形成熔渣浮在上面，而 Cu_2S 与剩余的 FeS 形成冰铜，沉于下层。

$$Fe_2O_3 + 3SiO_2 \xlongequal{\triangle} Fe_2(SiO_3)_3$$

将冰铜于转炉内鼓入空气熔炼，得到含铜约 98%的粗铜。

$$2Cu_2S + 3O_2 \xlongequal{\triangle} 2Cu_2O + 2SO_2$$

$$Cu_2S + 2Cu_2O \xlongequal{\triangle} 6Cu + SO_2$$

制得的粗铜再经火法熔炼得到精铜，再进行电解精制，进一步提纯。粗铜作阳极，精铜作阴极，酸性 $CuSO_4$ 溶液作电解液。在纯 Cu 阴极上得到纯度达 99.95%的高纯 Cu，电解后的阳极泥中含有 Au、Ag、Pb、Pd 等金属。

2) Ag 和 Au 的冶炼

氰化法提银、金是用 NaCN 溶液浸取闪银矿或金矿砂。

$$Ag_2S + 4NaCN \xlongequal{} 2Na[Ag(CN)_2] + Na_2S$$

$$4Au + 8NaCN + O_2 + 2H_2O \xlongequal{} 4Na[Au(CN)_2] + 4NaOH$$

再用 Zn 粉置换。

$$2[Ag(CN)_2]^- + Zn \xlongequal{} 2Ag + [Zn(CN)_4]^{2-}$$

$$2[Au(CN)_2]^- + Zn \xlongequal{} 2Au + [Zn(CN)_4]^{2-}$$

粗银和金进行电解精炼时，分别以 $AgNO_3$、$HAuCl_4$ 溶液为电解液。

2. 铜族元素单质的性质

铜、银、金均属于货币金属，古今中外都用它们作为金属货币的主要成分。铜是人类历史上最早使用的金属。我国是最早使用铜器的国家之一，并且是黄铜、青铜和白铜的首创者。黄铜为 Cu-Zn 合金，青铜为 Cu-Sn-Zn 合金，白铜为 Cu-Zn-Ni 合金。其中白铜具有较强的耐腐蚀性。纯铜显紫红色，铜的导电性和导热性仅次于银，因此常用来制作导线和其他导电元器件。

单质银为银白色，在所有金属中银的导热性和导电性最好。能微溶于水，具有杀菌作用，所以在过去常用来制作餐具供宫廷用，现在一些高级酒店也有银制餐具。

金显金黄色，金的延展性在所有金属中是最好的。金具有很强的耐腐蚀性。由于金的稀少及独特的颜色，过去常作权贵的象征。现在则主要作为货币储蓄，也大量用来制作首饰。

铜在潮湿的空气中表面会形成一层绿色的物质，俗称铜绿，反应如下：

$$2Cu + O_2 + H_2O + CO_2 \xlongequal{} Cu(OH)_2 \cdot CuCO_3$$

碱式碳酸铜具有杀菌消毒、清热祛火的作用，可以和香油混合涂抹治疗黄水疮。Ag、Au 没有这样的反应。当空气中含有 H_2S 气体时，Ag 的表面会生成一层 Ag_2S 黑色薄膜而失去光泽。

$$4Ag + 2H_2S + O_2 = 2Ag_2S + 2H_2O$$

铜族元素的单质在碱中均能稳定存在，在有氧气存在下，铜能溶于氨水，所以不能用铜器皿装氨水。

$$4Cu + O_2 + 2H_2O + 8NH_3 = 4[Cu(NH_3)_2]^+(\text{无色}) + 4OH^-$$

$$4[Cu(NH_3)_2]^+ + O_2 + 8NH_3 + 2H_2O = 4[Cu(NH_3)_4]^{2+} + 4OH^-$$

它们可与卤素反应，反应程度依 Cu、Ag、Au 的顺序降低。都不能置换非氧化性酸中的氢，但是当有空气存在时，铜可以缓慢溶解在盐酸和稀硫酸中。

$$2Cu + 2H_2SO_4 + O_2 = 2CuSO_4 + 2H_2O$$

加热时，浓盐酸可以溶解铜，原因是 Cl^- 能与 Cu^+ 形成稳定的配离子，促进 Cu 的溶解。

$$2Cu + 8HCl(\text{浓}) \xlongequal{\triangle} 2H_3CuCl_4 + H_2$$

铜容易与氧化性酸如硝酸、浓硫酸反应，银的反应稍微困难些，金则只能溶解在王水中。

$$Cu + 2H_2SO_4(\text{浓}) \xlongequal{\triangle} SO_2 + CuSO_4 + 2H_2O$$

$$Au + 4HCl + HNO_3 = HAuCl_4 + NO + 2H_2O$$

15.1.3　铜族元素的化合物

1. 铜族元素的氧化物和氢氧化物

铜族元素所有的氧化物和氢氧化物均难溶于水。铜有两种氧化物，分别是红色的 Cu_2O、黑色的 CuO，银的氧化物为棕色 Ag_2O，金的氧化物和氢氧化物很少见。

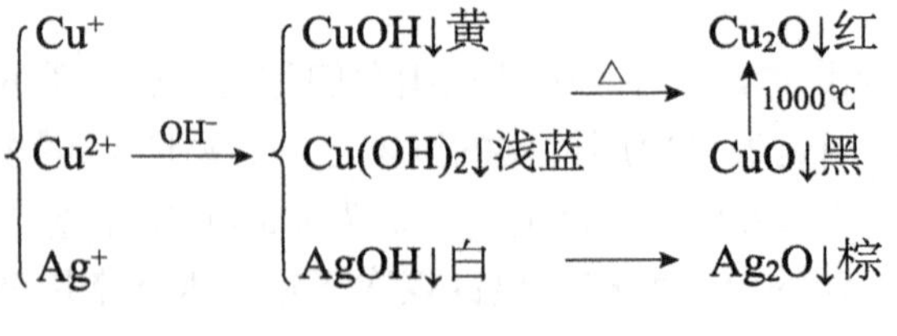

1) Cu_2O

Cu_2O 为红色固体，难溶于水的弱碱性共价化合物，能溶于稀酸、氨水，热稳定性高。

含酒石酸钾钠的硫酸铜碱性溶液或碱性的铜酸盐 $Na_2Cu(OH)_4$ 溶液在加热条件下用含有醛基的物质(如葡萄糖)还原，可以制得红色的 Cu_2O。分析化学上用该反应测定醛基，医学上用这个反应检查糖尿病。Cu_2O 对热很稳定，1508 K 时熔化但不分解，是制造玻璃、搪瓷时的红色颜料。

Cu_2O 在稀硫酸中发生歧化反应。在氢卤酸和氨水中则形成无色的配合物 $[Cu(NH_3)_2]^+$、$[CuX_2]^-$。$[Cu(NH_3)_2]^+$ 不稳定，易被氧气氧化，得到蓝色的 $[Cu(NH_3)_4]^{2+}$，利用该反应可以除去气体中的氧。

$$Cu_2O + 2HCl(稀) = 2CuCl\downarrow(白) + H_2O$$

$$Cu_2O + 4HCl(浓) = 2H[CuCl_2] + H_2O$$

$$Cu_2O + H_2SO_4 = CuSO_4 + Cu + H_2O$$

$$Cu_2O + 4NH_3 + H_2O = 2[Cu(NH_3)_2]^+ + 2OH^-$$

$$4[Cu(NH_3)_2]^+ + O_2 + 8NH_3 + 2H_2O = 4[Cu(NH_3)_4]^{2+} + 4OH^-$$

思 考 · 练 习

合成氨工业中常用乙酸二氨合铜(Ⅰ)吸收 CO 气体，反应如下：

$$[Cu(NH_3)_2]Ac + CO + NH_3 = [Cu(NH_3)_3]Ac \cdot CO$$

已知该反应的 $\Delta H<0$。回答下列问题。

(1)为了吸收 CO，宜采取高温还是低温、高压还是低压？

(2)反应后，宜采取什么措施可以将 CO 气体放出从而循环使用$[Cu(NH_3)_2]Ac$？

2) CuO

CuO 为黑色难溶于水的碱性氧化物，易溶于酸，有氧化性，加热易被 H_2、C、CO、NH_3 等还原。可由蓝色的 $Cu(OH)_2$ 脱水生成。当温度超过 1273 K 时，CuO 分解成 Cu_2O。

$$Cu(OH)_2 \xlongequal{\triangle} CuO + H_2O$$

$$4CuO \xlongequal{\triangle} 2Cu_2O + O_2$$

$$CuO + H_2(C,CO) \xlongequal{\triangle} Cu + H_2O$$

$$3CuO + 2NH_3 \xlongequal{\triangle} 3Cu + 3H_2O + N_2$$

3) $Cu(OH)_2$

$Cu(OH)_2$ 两性偏碱，能溶于酸、氨水、浓强碱。与饱和 NaOH 溶液反应生成深蓝色四羟基铜酸钠可以用来检验醛基。

$$Cu(OH)_2 + 2H^+ = Cu^{2+} + 2H_2O$$

$$Cu(OH)_2 + 2NaOH(浓) = Na_2[Cu(OH)_4]\ (深蓝色)$$

$$Cu(OH)_2 + 4NH_3 = [Cu(NH_3)_4]^{2+} + 2OH^-$$

4) Ag_2O

在 $AgNO_3$ 溶液中加入 NaOH 溶液，首先析出白色的 AgOH 沉淀。常温下，AgOH 很不稳定，迅速脱水转变为棕色的 Ag_2O。

$$2Ag^+ + 2OH^- = Ag_2O\downarrow + H_2O$$

用溶于 90%乙醇溶液的 $AgNO_3$ 和 KOH 在低温下(低于 318 K)反应，可以得到白色的 AgOH。

$$Ag^+ + OH^- = AgOH\downarrow$$

Ag_2O 微溶于水，碱性，共价化合物，对热不稳定，573 K 即分解。易溶于 HNO_3、氨水。它的氧化性较强，容易被 CO 或 H_2O_2 还原。例如，Ag_2O 与 MnO_2、Co_2O_3、CuO 的混合物用在防毒面具中，该混合物室温下就能将 CO 迅速氧化成 CO_2。

$$Ag_2O + 2HNO_3 = 2AgNO_3 + H_2O$$

$$Ag_2O + 4NH_3 + H_2O = 2[Ag(NH_3)_2]^+ + 2OH^-$$

$$2Ag_2O = 4Ag + O_2\uparrow$$

$$Ag_2O + CO = 2Ag + CO_2$$

$$Ag_2O + H_2O_2 = 2Ag + H_2O + O_2$$

2. 铜族元素的卤化物

1) CuX 与 CuX_2

铜的一价卤化物中 CuF 显红色但不稳定，CuCl、CuBr、CuI 均为白色难溶盐。$CuCl_2$、$CuBr_2$ 的热溶液与还原剂如 SO_2、$SnCl_2$ 等反应，即可得到 CuCl、CuBr 沉淀。向硫酸铜溶液中加入 KI 溶液，得到白色的 CuI 和棕色的 I_2。

$$2CuCl_2 + SO_2 + 2H_2O = 2CuCl\downarrow + H_2SO_4 + 2HCl$$

$$2CuCl_2 + SnCl_2 = 2CuCl\downarrow + SnCl_4$$

$$2Cu^{2+} + 4I^- = 2CuI\downarrow + I_2$$

在热的浓盐酸中，用 Cu 还原 $CuCl_2$，也能得到 CuCl。

CuCl 难溶于 H_2SO_4、稀 HNO_3，但能溶于氨水、浓盐酸及碱金属氯化物的浓溶液形成 $[Cu(NH_3)_2]^+$、$[CuCl_2]^-$ ($[CuCl_3]^{2-}$、$[CuCl_4]^{3-}$)。

$$Cu + CuCl_2 = 2CuCl$$

$$Cu^{2+} + Cu + 4Cl^- = 2[CuCl_2]^-$$

$$CuCl + 2NH_3 = [Cu(NH_3)_2]Cl$$

思 考 · 练 习

在硫酸铜和 KI 混合溶液中，为了观察到白色的 CuI 沉淀，需向溶液中加入 $Na_2S_2O_3$ 溶液或通入 SO_2 气体。用化学方程式表示上述过程中的化学原理。

除 CuI_2 不存在之外，铜的其他卤化物均可借助于 CuO 与氢卤酸的反应制备。卤化铜的颜色随阴离子变形性增大而加深。CuF_2 为白色、$CuCl_2$ 为棕黄色、$CuBr_2$ 为黑色固体。X 射线研究已经证明，$CuCl_2$ 属于链状的共价化合物，它在空气中容易潮解，不仅易溶于水，还易溶于乙醇和丙酮。$CuCl_2$ 溶于水后稀溶液呈蓝色，中等浓度的溶液显绿色，而浓溶液显黄色。原因是在稀溶液中 Cu^{2+} 主要以 $[Cu(H_2O)_4]^{2+}$ 形式存在，在浓溶液中主要以 $[CuCl_4]^{2-}$ 形式存在，在中等浓度的溶液中 $[Cu(H_2O)_4]^{2+}$ 与 $[CuCl_4]^{2-}$ 共存。

$$4Cl^- + [Cu(H_2O)_4]^{2+} \rightleftharpoons [CuCl_4]^{2-} + 4H_2O$$

2) AgX

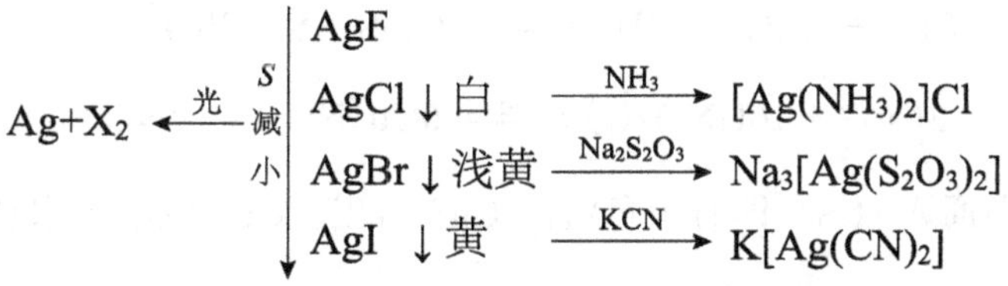

银只有一价的卤化物，其中 AgF 为溶于水的无色晶体，AgCl、AgBr、AgI 为难溶于水的固体，颜色依次为白色、淡黄色、黄色，逐渐加深。从离子极化的观点分析，从 F^- 到 I^- 半径依次增大，阴离子的变形性增加，AgF 保持离子晶体的结构，而 AgI 转化为共价型晶体。AgCl、AgBr、AgI 均具有感光性，常用作感光材料。将 AgBr 的明胶凝胶涂在透明胶片上即成照相底片。摄影时强弱不同的光线照射到底片上，引起底片上 AgBr 不同程度的分解。分解产物 Br_2 与明胶化合，Ag 则以极细小的颗粒析出。底片上感光越强的部分，分解反应程度越大，那部分底片就越黑。

$$2AgBr = 2Ag + Br_2$$

为了使隐藏在底片上的影像显现出来，需要进行显影。即将感光后的底片在暗室中用对苯二酚、硫酸对甲胺基苯酚（米吐尔）等将含有银晶核的 AgBr 进一步还原。

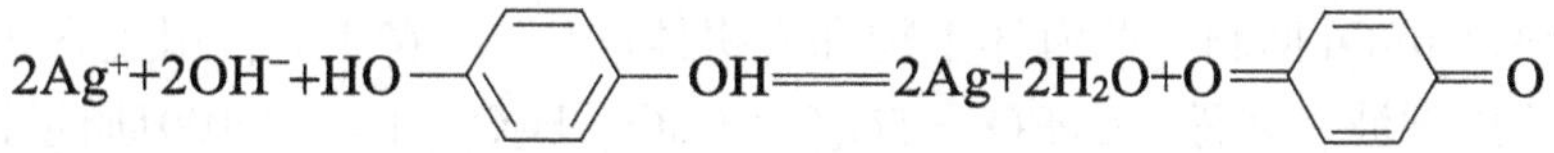

显影一段时间当底片上的图像达到足够清晰度后，进行定影。将底片浸入硫代硫酸钠溶液（海波液）中，未感光的 AgBr 形成 $[Ag(S_2O_3)_2]^{3-}$ 而溶解，剩下的 Ag 不再变化。这样处理后，底片就不能再感光，底片上的图像被固定下来，得到与实物明暗度相反的影响。

$$AgBr + 2Na_2S_2O_3 = Na_3[Ag(S_2O_3)_2] + NaBr$$

最后，为了得到真实的影像，将底片放在相纸上，再一次感光、显影、定影，在相纸上即得到与实物明暗一致的照片。

3) $AuCl_3$

金在 473 K 下与氯气作用，得到反磁性的红色固体 $AuCl_3$。$AuCl_3$ 为双聚体，氯桥结构。

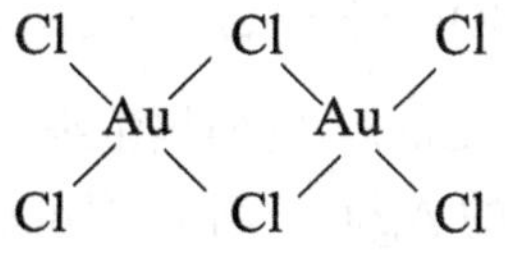

水解：　$AuCl_3+H_2O \rightleftharpoons H[AuCl_3OH]$

稳定性：　$AuCl_3 \xlongequal{433\ K} AuCl+Cl_2$

配位：　$AuCl_3+HCl = H[AuCl_4]$

3. 硫化物

1) Cu_2S 和 CuS

铜有两种硫化物：Cu_2S 和 CuS。单质铜与硫加热化合得到 Cu_2S。在硫酸铜溶液中加入硫代硫酸钠溶液，也能得到 Cu_2S 沉淀。分析化学中，常用此反应除去溶液中的 Cu^{2+}。Cu_2S 为灰黑色有光泽的结晶或粉末，难溶于水和稀酸，能溶于氨水和热的浓 HNO_3。

$$2Cu^{2+} + 2S_2O_3^{2-} + 2H_2O \xlongequal{} Cu_2S + S + 2SO_4^{2-} + 4H^+$$

$$3Cu_2S + 16HNO_3(浓) \xlongequal{\triangle} 6Cu(NO_3)_2 + 4NO + 3S + 8H_2O$$

在硫酸铜溶液中通入 H_2S，即有黑色沉淀 CuS 析出。CuS 难溶于水和稀酸，能溶于热的稀硝酸和 KCN 溶液。

$$3CuS + 8HNO_3 \xlongequal{\triangle} 3Cu(NO_3)_2 + 2NO + 3S + 4H_2O$$

$$2CuS + 10CN^- \xlongequal{} 2[Cu(CN)_4]^{3-} + (CN)_2 + 2S^{2-}$$

2) Ag_2S

Ag_2S 呈黑色，难溶于水，能溶于浓热 HNO_3 或 KCN 溶液中。

$$3Ag_2S + 8HNO_3(浓) \xlongequal{\triangle} 6AgNO_3 + 2NO + 3S + 4H_2O$$

4. 硫酸铜

无水 $CuSO_4$ 为白色粉末，难溶于乙醇、乙醚，吸水性强，可以用来除去乙醇中的少量水制备无水乙醇，也可以用于检验有机溶剂中的痕量水分。海洋航行器表面涂布的是含有 $CuSO_4$ 的特定配方颜料，$CuSO_4$ 抑制一些海洋生物和有机体的生长。农业上常用蓝矾（$CuSO_4 \cdot 5H_2O$）与碱石灰制备杀虫剂波尔多液，$CuSO_4 \cdot 5H_2O : CaO : H_2O = 1 : 1 : 100$（质量比），主要组分是 $Cu_2(OH)_2SO_4$。

5. 硝酸银

硝酸银（$AgNO_3$）是最重要的可溶性银盐。单质银与 HNO_3 反应后，蒸发、结晶即得 $AgNO_3$。由于原料银中常含有铜，因此 $AgNO_3$ 中也常混杂 $Cu(NO_3)_2$。除去 $AgNO_3$ 中杂质 $Cu(NO_3)_2$ 的方法有两种。第一种方法是利用二者分解温度的差别，在 473～573 K 加热使 $Cu(NO_3)_2$ 分解，此时 $AgNO_3$ 不分解，$AgNO_3$ 的分解温度约为 717 K。

$$2Cu(NO_3)_2 \xlongequal{\triangle} 2CuO + 4NO_2 + O_2$$

$$2AgNO_3 \xlongequal{\triangle} 2Ag + 2NO_2 + O_2$$

将加热过的产品溶于水，过滤、除去 CuO，再加热浓缩、蒸发结晶即得到纯 $AgNO_3$。第二种方法是将 $AgNO_3$ 溶于水，加入新制的 Ag_2O，将 Cu^{2+} 沉淀为 $Cu(OH)_2$。

$$Cu(NO_3)_2 + Ag_2O + H_2O \xlongequal{} Cu(OH)_2\downarrow + 2AgNO_3$$

过滤除去 $Cu(OH)_2$ 沉淀，再加热浓缩、蒸发结晶得到纯 $AgNO_3$。

$AgNO_3$ 为无色晶体，加热到 713 K、存在微量有机物或日光直射时均发生分解，保存时应使用棕色试剂瓶，避免接触有机化合物。$AgNO_3$ 遇到蛋白质生成黑色蛋白银，对有机组织有破坏作用。10%的 $AgNO_3$ 溶液在医药上用作消毒剂和腐蚀剂。

6. 铜族元素的配合物

1) 铜的配合物

Cu^{2+}比 Cu^{+}更容易形成配合物，配合物中心离子的配位数有 2、4 和 6，其中配位数为 2 的很稀少，Cu(Ⅱ)的固体水合盐中配位数一般为 4。

Cu^{2+}在水中形成蓝色的水合离子$[Cu(H_2O)_6]^{2+}$，配位数为 6。加入氨水时，NH_3 逐步取代其中的 H_2O 配体，生成深蓝色的配离子$[Cu(NH_3)_4(H_2O)_2]^{2+}$，最后两个水分子很难被取代，六氨配离子$[Cu(NH_3)_6]^{2+}$只能在液氨中得到。$[Cu(NH_3)_4(H_2O)_2]^{2+}$配离子为不规则的八面体构型，有四个等长的 Cu—N 短键和两个等长的 Cu—O 长键。一般用$[Cu(NH_3)_4]^{2+}$来表示铜氨配离子，所以这个配离子可以用平面正方形构型来描述。

Cu^{2+}能与卤素离子 X^-、CN^-、羟基、焦磷酸根离子等形成稳定性不同的配离子。$[CuX_4]^{2-}$型的配离子在水中稳定性较差。

室温时，在 Cu^{2+}溶液中加入少量 CN^-，得到棕黄色的 $Cu(CN)_2$ 沉淀。该沉淀迅速分解为亮绿色的 $Cu^{(II)}[Cu^{(I)}(CN)_2]_2$。加热后，则生成白色的 CuCN。若 Cu^{2+}与过量 CN^-作用，可以观察到片刻的紫色，这是生成了$[Cu(CN)_4]^{2-}$，该配离子很不稳定，会迅速释放出$(CN)_2$，而转变成$[Cu(CN)_3]^{2-}$。因此，Cu^{2+}与 CN^-的反应一般写为

$$2Cu^{2+} + 4CN^- = (CN)_2 + 2CuCN$$

$$CuCN + 2CN^- = [Cu(CN)_3]^{2-}$$

$$Cu^{2+} + 4NH_3 = [Cu(NH_3)_4]^{2+}$$

$$2[Cu(NH_3)_4]^{2+} + 9CN^- + 2OH^- = 2[Cu(CN)_4]^{3-} + 8NH_3 + OCN^- + H_2O$$

$$Cu^{2+} \xrightarrow{P_2O_7^{4-}(适量)} Cu_2P_2O_7\downarrow \xrightarrow{P_2O_7^{4-}(过量)} [Cu(P_2O_7)_2]^{6-}$$

$$Cu^{2+} \xrightarrow{OH^-(适量)} Cu(OH)_2\downarrow \xrightarrow{OH^-(过量,浓)} [Cu(OH)_4]^{2-}$$

2) 银的配合物

Ag^{+}的重要特点之一就是容易形成配离子，与 NH_3、$S_2O_3^{2-}$、CN^-等均能形成稳定性不同的配离子。

$$K_f^{\ominus}: [AgCl_2]^- < [Ag(NH_3)_2]^+ < [Ag(S_2O_3)_2]^{3-} < [Ag(CN)_2]^-$$

这些配离子在工业上有很大的实际意义，如照相术中使用$[Ag(S_2O_3)_2]^{3-}$，在制造热水瓶的过程中，瓶胆上镀银就是利用银氨配离子与含醛基物质的反应。

$$2[Ag(NH_3)_2]^+ + RCHO + 3OH^- = 2Ag + RCOO^- + 4NH_3 + 2H_2O$$

但镀银后的银氨溶液不宜久存，原因是$[Ag(NH_3)_2]^+$会转化为易爆炸的 Ag_3N、Ag_2NH、$AgNH_2$。为了破坏溶液中的银氨离子，可以加入盐酸，使它转化为 AgCl 回收。

$$3[Ag(NH_3)_2]^+ + 3OH^- = Ag_3N + 5NH_3 + 3H_2O$$

7. Cu(Ⅰ)与 Cu(Ⅱ)的相应转化

$$Cu^{2+} \xrightarrow{0.15\,V} Cu^{+} \xrightarrow{0.52\,V} Cu$$

从元素电势图可看出，在水溶液中 Cu^{+}不稳定，会歧化为 Cu^{2+}和 Cu。

从离子的外层电子结构分析，Cu^{+}为 $3d^{10}$ 构型，比 Cu^{2+}的 $3d^{9}$ 稳定。铜原子的第二电离能为 1970 kJ · mol^{-1}，所以在固态时 Cu^{+}的化合物是稳定的。但是，在水溶液中，Cu^{2+}的电荷高、半径更小，其水合热为 2121 kJ · mol^{-1}，远大于 Cu^{+}的水合热(582 kJ · mol^{-1})，因此 Cu^{+}在水溶液中远不如 Cu^{2+}稳定。

溶液中只有当 Cu^{+}形成沉淀或配合物而使其浓度降至极低时，才能发生反歧化反应。溶液中较浓的 Cl^{-}即有此作用。

$$Cu + CuCl_2 = 2CuCl$$

$$CuCl + HCl = HCuCl_2$$

$$Cu_2O+2HCl = 2CuCl\downarrow+H_2O$$

$$2Cu^{2+}+4I^{-} = 2CuI\downarrow +I_2$$

另外，Cu^{2+}的极化作用强于 Cu^{+}，高温下，Cu^{2+}的化合物稳定性降低，易受热转变为 Cu^{+}的化合物。CuO、CuS、$CuCl_2$、$CuBr_2$ 加热到高温时都有分解为相应 Cu^{+}化合物的现象，甚至 CuI_2、$Cu(CN)_2$ 在常温下都不能存在。例如，高温下 CuO 可以分解为 Cu_2O 和 O_2。

$$4CuO \xlongequal{\triangle} 2Cu_2O + O_2$$

铜单质及其化合物的性质关系图

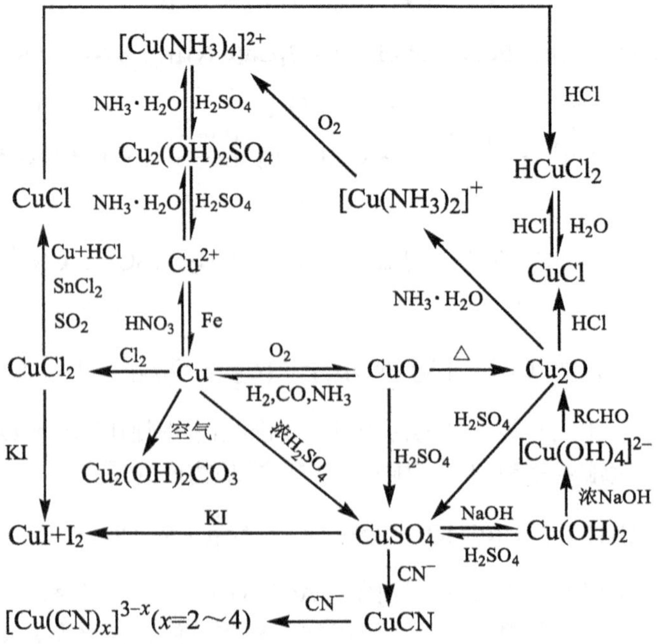

银单质及其化合物的性质关系图

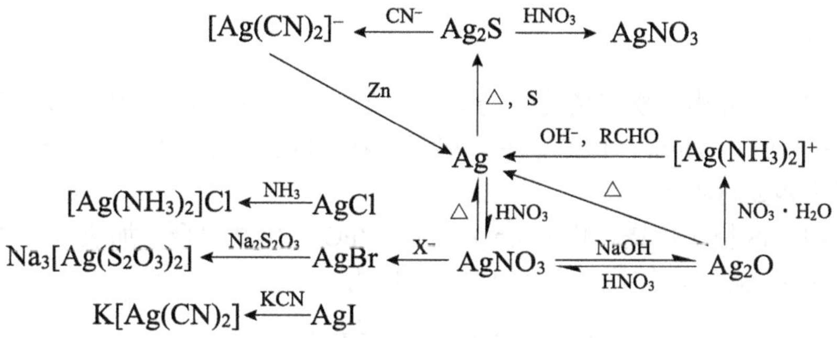

15.2 锌 副 族

15.2.1 锌族元素的原子结构与性质

锌族元素属于元素周期表ⅡB 族，包括锌(Zn)、镉(Cd)、汞(Hg)三种元素，基态原子的价电子构型为$(n-1)d^{10}ns^2$，与ⅡA 族碱土金属元素相比，该族元素的电离能、电负性、密度都较大，而原子半径和离子半径较小，除低汞离子$(Hg—Hg)^{2+}$外，锌族元素的常见氧化态为+2。

锌族元素单质的熔沸点、熔化热、气化热不仅低于碱土金属，也比铜族金属低。这很可能与其最外层电子成对有关。最外层 s 电子成对后，稳定性增加，且随原子序数的增加，这种稳定性增强。在 Hg 原子中，这对 s 电子最稳定，金属键最弱，故在室温下为液体。Zn、Cd 的 s 电子也有一定的稳定性，所以金属键较弱，熔沸点、熔化热、气化热都较低。由于本族元素的轨道均已填满，能脱离的自由电子数目较少，因此它们的导电性较差。

锌族元素的氧化态、电离能、水合热、气化热等一些基本性质列于表 15-2 中，与表 15-1 对比可知，锌族元素 M^{2+}/M 电对的标准电极电势比同周期的铜族元素更负，所以水溶液中，锌族元素的单质比同周期的铜族元素活泼。从能量变化上分析，尽管锌族元素的第一、第二电离能 I_1 和 I_2 比铜族元素高很多，但升华热小，而离子的水合热又高很多，所以在水溶液里，锌族元素的原子转化为水合离子所需的能量小于铜族元素。本族内，无论是从 M^{2+}/M 电对的标准电极电势，还是从 $M(s) \longrightarrow M^{2+}(aq)$ 过程的总能量变化来分析，Zn、Cd、Hg 的化学活泼性均随原子序数的增大而递减，这一变化与碱土金属相反。其中 Zn 和 Cd 在化学性质上接近，Hg 与它们的差别较大，在性质上 Hg 更类似于铜族元素。

表 15-2 锌族元素的基本性质

元素	氧化态	I_1 /(kJ · mol^{-1})	I_2 /(kJ · mol^{-1})	M^{2+}水合热 /(kJ · mol^{-1})	升华热 /(kJ · mol^{-1})	气化热 /(kJ · mol^{-1})	$E^\ominus(M^{2+}/M)$/V
Zn	+2	906.4	1743	−2054	126	115	−0.76
Cd	+2	867.7	1641	−1816	112	100	−0.40
Hg	+1、+2	1007	1820	−1833	62	59	0.85

15.2.2 锌族元素的单质

1. 单质的冶炼

锌族元素在自然界中主要以硫化物的形式存在，锌和汞最主要的矿石是闪锌矿（ZnS）、菱锌矿（$ZnCO_3$）和辰砂（HgS）。HgS 矿常以微量存在于闪锌矿中。另外，锌矿中多含铅、银、镉等元素，属于多金属矿。

将浮选后的 ZnS 精矿焙烧转化为 ZnO，再把 ZnO 与焦炭混合，加热至 1473～1573 K，沸点较低的单质 Zn 被蒸馏出来，发生的主要反应为

$$2ZnS + 3O_2 \xlongequal{\triangle} 2ZnO + 2SO_2$$

$$ZnO + CO \xlongequal{\triangle} Zn + CO_2$$

所得粗锌纯度约为 98%，主要杂质有 Pb、Cd、C 等，可通过分馏的方法将它们分离。

Cd 元素一般存在于锌的各种矿石中，大部分 Cd 是炼锌时的副产品。其沸点 1038 K，低于 Zn 的沸点（1180 K），更容易挥发，可以利用分馏的方法得到 Cd。

HgS 在空气中焙烧或与石灰共热，蒸馏可以得到单质 Hg。

$$HgS + O_2 \xlongequal{\triangle} Hg + SO_2$$

$$4HgS + 4CaO \xlongequal{\triangle} 4Hg + 3CaS + CaSO_4$$

2. 锌族元素单质的性质与应用

锌族元素单质均为银白色金属，其熔沸点不仅低于铜族金属，还低于碱土金属，依 Zn→Cd→Hg 的顺序下降。

本族元素之间以及与其他金属容易形成合金，锌最重要的合金是黄铜（Cu-Zn），黄铜的机械性能和耐磨性能都很好，可用于制造精密仪器、船舶的零件、枪炮的弹壳等。黄铜中铜的含量为 62%～68%（质量分数，下同），熔点为 1207～1240 K。黄铜的颜色与含锌量有关，含锌量为 18%～20%会呈红黄色，而含锌量为 20%～30%就会呈棕黄色。另外，黄铜敲起来声音独特，因此东方的锣、钹、铃、号等乐器，还有西方的铜管乐器都是用黄铜制作的。为了便于加工黄铜制品，会在黄铜中加入约 2%的铅，这种黄铜制品用于饮用水管线中，带来了巨大的健康问题。将干净的铁片浸入熔化的液态锌中，或将锌粉喷在高温铁片上均可在铁表面涂布一层锌，得到的镀锌铁可以有效防止铁的电化学腐蚀。另外，锌还是制造干电池的重要材料，如锌锰电池、银锌电池等。

锌能与卤素、氧气、硫等非金属单质化合，在含有 CO_2 的潮湿空气中，表面形成一层致密的保护膜，主要成分是碱式碳酸锌。

$$4Zn + 2O_2 + 3H_2O + CO_2 = ZnCO_3 \cdot 3Zn(OH)_2$$

从标准电极电势来看，锌的活动性较强，与非氧化性酸反应可以置换出氢气。锌还能与高温水蒸气反应生成 ZnO 和氢气。

与 Be、Al 相似，它属于两性金属，能溶解在强碱溶液中。但是，与 Al 不同的是，Zn 还能溶解在氨水中，形成$[Zn(NH_3)_4]^{2+}$。

$$Zn + 2OH^- + 2H_2O = [Zn(OH)_4]^{2-} + H_2$$

$$Zn + 4NH_3 + 2H_2O = [Zn(NH_3)_4](OH)_2 + H_2$$

镉与稀盐酸、稀硫酸的反应比锌缓慢。汞则完全不能溶解在非氧化性酸中，而只能与氧化性酸如稀硝酸反应。

$$3Hg + 8HNO_3 = 3Hg(NO_3)_2 + 2NO + 4H_2O$$

$$6Hg + 8HNO_3 = 3Hg_2(NO_3)_2 + 2NO + 4H_2O$$

Hg 是常温下唯一的液态金属，在 273～473 K 体积膨胀系数均匀且不润湿玻璃，因此用来制造温度计。又由于 Hg 的密度大、蒸气压小，因此可以用来制造压力计。Hg 的蒸气在电弧中导电，辐射出高强度的可见光和紫外光，可作为太阳灯用于医疗领域。Hg 尤其是蒸气毒性大，空气中允许浓度为 0.1 mg · dm^{-3}，当浓度达到 14 mg · dm^{-3} 时会使人积累中毒。如果液态 Hg 洒落，应尽可能收集起来，对于遗留在缝隙中的 Hg，可以覆盖硫磺粉生成难溶的 HgS，也可倒入饱和 $FeCl_3$ 溶液使其氧化除去。汞在纯水中的溶解度约为 3×10^{-7} mol · dm^{-3}，如果只存放在纯水中，会通过水表面扩散到空气中，保存液态 Hg 的方法是密封或在上面覆盖一层 10% NaCl 水溶液以防止其挥发。

Hg 可以溶解很多金属，除 Fe 和 Pt 之外的大部分金属如 Na、Ag、Au、Zn、Cd、Sn、Pb 等均能与汞形成汞齐。汞齐在化学化工和冶金领域有重要的用途，如钠汞齐是有机化学中常用的还原剂，它与水反应较平稳，可以缓慢释放氢气。利用 Ag、Au 形成汞齐这一特点，在冶金中可以用 Hg 提炼这些金属。

15.2.3　锌族元素的化合物

1. 锌族元素的氧化物和氢氧化物

锌族元素的单质加热时与氧反应得到相应的氧化物，锌和镉的碳酸盐加热分解也可以得到相应的氧化物。这些氧化物均难溶于水，常用作颜料。

ZnO 俗称锌白，优点在于遇到 H_2S 气体不变黑，还因有收敛性和一定的杀菌能力，在医药上调制成软膏使用。ZnO 具有半导体性质，是良好的紫外光吸光材料，还可用作催化剂。

在锌和镉的盐溶液中加入适量强碱，可以得到它们的氢氧化物 $Zn(OH)_2$、$Cd(OH)_2$，而汞盐与碱溶液反应得到的是黄色的 HgO，原因是 $Hg(OH)_2$ 不稳定，立即分解。

$$Hg^{2+} + 2OH^- = H_2O + HgO\downarrow$$

$Zn(OH)_2$ 是两性氢氧化物，既溶于强酸又溶于强碱。在 $Zn(OH)_2$ 饱和溶液中存在以下平衡：

$$Zn^{2+} + 2OH^- \rightleftharpoons Zn(OH)_2 \rightleftharpoons 2H^+ + ZnO_2^{2-}$$

与 $Zn(OH)_2$ 不同，$Cd(OH)_2$ 的酸性很弱，只能缓慢地溶解在热、浓氢氧化钠溶液中。

与主族元素 Al 的两性氢氧化物 $Al(OH)_3$ 不同，副族元素的原子和离子更容易形成配离子，$Zn(OH)_2$ 和 $Cd(OH)_2$ 都可以形成氨配合物，易溶于氨水。

$$Zn(OH)_2 + 4NH_3 = [Zn(NH_3)_4]^{2+} + 2OH^-$$

$$Cd(OH)_2 + 4NH_3 = [Cd(NH_3)_4]^{2+} + 2OH^-$$

2. 锌族元素的盐类

1) 硫化物

在 Zn^{2+}、Cd^{2+}、Hg^{2+}的溶液中加入 Na_2S 溶液，均会得到相应的硫化物沉淀，它们的颜色分别为白色、黄色、黑色。ZnS 溶度积常数在三者中最大，能溶解在 0.1 mol · dm^{-3} 的稀盐酸中，因此向锌盐溶液中通入 H_2S 气体，ZnS 往往不能沉淀完全。在 ZnS 晶体中掺入微量的 Cu、Mn、Ag 等元素，经光照后材料可发出不同颜色(黄绿色、橙色、蓝色)的荧光，这种荧光材料常用来制作荧光屏、夜光表等。硫化锌与硫酸钡共沉淀形成的混合晶体俗称立德粉(锌钡白)，是一种优良的白色颜料。

$$BaS + ZnSO_4 = ZnS \cdot BaSO_4$$

CdS 又称镉黄，可作为黄色颜料。其溶度积较 ZnS 小，难溶于稀盐酸，但在 6 mol·dm^{-3} 的浓盐酸中可以溶解。因此，控制溶液的酸度，可以使锌、镉离子分离。

HgS 有不同结构和性质的变体，溶液中析出的 HgS 为黑色，加热到 659 K 转变为更稳定的红色变体。HgS 是溶解度最小的金属硫化物，在浓硝酸中也不能溶解，只能与王水反应，还可溶于饱和 Na_2S 溶液。

$$3HgS + 12HCl + 2HNO_3 = 3[HgCl_4]^{2-} + 6H^+ + 3S + 2NO + 4H_2O$$

$$HgS + Na_2S = Na_2[HgS_2]$$

2) 卤化物

锌的氯化物可由单质、氧化物或碳酸盐与盐酸反应得到，水溶液结晶析出的晶体为 $ZnCl_2 \cdot H_2O$。如果将氯化锌溶液蒸干，只能得到 Zn(OH)Cl 而无法得到无水 $ZnCl_2$，制备无水 $ZnCl_2$ 需在干燥的 HCl 气氛中加热脱水。无水 $ZnCl_2$ 易潮解，溶解度和吸湿性都很大，在有机化学中常用作脱水剂和催化剂。浓 $ZnCl_2$ 溶液因其水解生成的二氯 · 一羟基合锌(Ⅱ)酸而呈现较强的酸性，所以 $ZnCl_2$ 浓溶液常用作焊接金属时的“熟镪水”，它不仅可以除去被焊金属表面的氧化物，不损害金属表面，而且在水分蒸发后，熔化的盐可以覆盖在金属表面，使之不再被氧化，从而保证焊接金属的直接接触。

$$ZnCl_2 + H_2O = H[ZnCl_2(OH)]$$

$$FeO + 2H[ZnCl_2(OH)] = Fe[ZnCl_2(OH)]_2 + H_2O$$

汞有两种氯化物：升汞($HgCl_2$)和甘汞(Hg_2Cl_2)。

$HgCl_2$ 常温下是白色针状晶体，熔点较低(549 K)，易升华，俗称升汞，属共价型化合物。它微溶于水，在水中解离度很小，大部分以分子形式存在，有剧毒。医院里用 $HgCl_2$ 稀溶液消毒手术刀剪。

$HgCl_2$ 遇到氨水即析出白色氯化氨基汞沉淀。

$$HgCl_2 + 2NH_3 = HgNH_2Cl\downarrow + NH_4Cl$$

在酸性溶液中 $HgCl_2$ 是一种较强的氧化剂，与 $SnCl_2$ 等还原剂反应可以得到白色的 Hg_2Cl_2

或黑色的 Hg，利用此反应可以检验溶液中是否含有 Hg^{2+}或 Sn^{2+}。

$$2HgCl_2 + SnCl_2 = Hg_2Cl_2\downarrow + SnCl_4$$

$$HgCl_2 + SnCl_2 = Hg\downarrow + SnCl_4$$

Hg_2Cl_2 无毒、味甘，俗称甘汞，医药上可作轻泻剂，化学上大量用来制作甘汞电极。它是一种难溶于水的白色粉末，见光容易分解为 Hg 和 $HgCl_2$。Hg_2Cl_2 则可通过 $HgCl_2$ 与 Hg 的混合研磨来制备。

$$HgCl_2 + Hg = Hg_2Cl_2$$

3) 汞的硝酸盐

$Hg(NO_3)_2$、$Hg_2(NO_3)_2$ 是离子型化合物，易溶于水。$Hg(NO_3)_2$ 可用 HgO 或 Hg 与 HNO_3 反应制得，而 Hg 与 $Hg(NO_3)_2$ 一起振荡即可得到 $Hg_2(NO_3)_2$。

$$HgO+2HNO_3 = Hg(NO_3)_2+H_2O$$

$$Hg+4HNO_3(\text{浓}) = Hg(NO_3)_2+2NO_2+2H_2O$$

$$Hg+ Hg(NO_3)_2 = Hg_2(NO_3)_2$$

$Hg(NO_3)_2$ 的有关反应如下：

$$Hg(NO_3)_2 + H_2O = Hg(OH)NO_3\downarrow + HNO_3$$

$$2Hg(NO_3)_2 = 2HgO + 4NO_2\uparrow + O_2\uparrow$$

$$2Hg(NO_3)_2 + 4NH_3 + H_2O = HgO\cdot Hg(NH_2)NO_3\downarrow(\text{白}) + 3NH_4NO_3$$

$$Hg^{2+} + 2OH^- = HgO\downarrow(\text{黄}) + H_2O$$

$$Hg^{2+} + 2I^- = HgI_2\downarrow(\text{橘红})$$

$$HgI_2 + 2KI = K_2[HgI_4](\text{无色})$$

$Hg_2(NO_3)_2$ 的有关反应如下：

$$2Hg_2(NO_3)_2 + O_2 + 4HNO_3 = 4Hg(NO_3)_2 + 2H_2O$$

$$Hg_2(NO_3)_2 + H_2O = Hg_2(OH)NO_3\downarrow + HNO_3$$

$$2Hg_2(NO_3)_2 + 4NH_3 + H_2O = 2Hg\downarrow + HgO\cdot Hg(NH_2)NO_3\downarrow + 3NH_4NO_3$$

$$Hg_2^{2+} + 2OH^- = HgO\downarrow + Hg\downarrow + H_2O$$

$$Hg_2^{2+} + 2I^- = Hg_2I_2\downarrow(\text{黄绿})$$

$$Hg_2I_2 + 2KI = K_2[HgI_4] + Hg\downarrow$$

3. 锌族元素的配合物

锌族元素+2 氧化态的离子为 18 电子层结构，具有很强的极化能力和明显的变形性，比碱土金属元素有较强的形成配合物的倾向。它们与 NH_3、CN^-、X^-等可形成四配位的配离子，这些配离子均无色。而 Hg_2^{2+} 形成配离子的倾向很小。

Zn^{2+}、Cd^{2+} 能与 NH_3 形成稳定的配离子，稳定常数为 10^6～10^8。Zn^{2+}、Cd^{2+}、Hg^{2+} 三种离子均可与 CN^- 形成稳定的配离子。Hg^{2+} 与卤素离子形成的配离子稳定性依 Cl→Br→I 的次序逐渐增强，配离子的组成与配体的浓度有关。例如，在 Cl^- 浓度为 0.1 mol · dm^{-3} 的溶液中，$HgCl_2$、$[HgCl_3]^-$、$[HgCl_4]^{2-}$ 三者浓度大致相当；而 Cl^- 浓度为 1 mol · dm^{-3} 时，溶液中元素 Hg 的主要存在形式为 $[HgCl_4]^{2-}$。Hg^{2+} 与过量的 KI 生成无色的 $[HgI_4]^{2-}$。

$$Hg^{2+} + 4I^- \xlongequal{\quad} [HgI_4]^{2-}$$

$K_2[HgI_4]$ 和 KOH 的混合溶液称为奈斯勒试剂，该试剂用来检验溶液中是否含有铵根离子。当 NH_4^+ 存在时，与该试剂作用生成特殊的红棕色的碘化汞铵沉淀 $[Hg_2(NH_2)O]I$。

$$2[HgI_4]^{2-} + NH_4^+ + 4OH^- \xlongequal{\quad} [Hg_2(NH_2)O]I\downarrow + 7I^- + 3H_2O$$

4. Hg^{2+} 与 Hg_2^{2+} 的相互转化

$$Hg^{2+} \xrightarrow{0.92\ V} Hg_2^{2+} \xrightarrow{0.80\ V} Hg$$

从 Hg 的元素电势图可以看出，Hg_2^{2+} 不容易发生歧化反应。在 Hg^{2+} 和 Hg_2^{2+} 溶液中存在下列平衡：

$$Hg + Hg^{2+} \rightleftharpoons Hg_2^{2+} \quad K^{\ominus}=108$$

如果把 $Hg(NO_3)_2$ 溶液与 Hg 共同振荡，很容易生成 $Hg_2(NO_3)_2$。

$$Hg(NO_3)_2 + Hg \xlongequal{\quad} Hg_2(NO_3)_2$$

但是，可逆反应的方向与反应条件密切相关。改变反应的条件，有可能使反应逆转。如果加入一种试剂能与 Hg^{2+} 形成沉淀或配合物从而降低 Hg^{2+} 的浓度，则电极电势 $E^{\ominus}(Hg^{2+}/Hg_2^{2+})$ 降低，就会显著增加 Hg_2^{2+} 歧化反应的程度。强碱、硫化氢、碘化钾、氨水等试剂均有此作用，它们与 Hg_2^{2+} 的作用分别如下：

$$Hg_2^{2+} + 2OH^- \xlongequal{\quad} HgO\downarrow + Hg\downarrow + H_2O$$

$$Hg_2^{2+} + H_2S \xlongequal{\quad} HgS\downarrow + Hg\downarrow + 2H^+$$

$$Hg_2^{2+} + 4I^- \xlongequal{\quad} [HgI_4]^{2-} + Hg\downarrow$$

$$Hg_2Cl_2 + 2NH_3 \xlongequal{\quad} HgNH_2Cl\downarrow + Hg\downarrow + NH_4Cl$$

思考 · 练习

1. 现有五瓶溶液，溶液中分别含有 Cu^{2+}、Ag^+、Zn^{2+}、Hg^{2+}、Hg_2^{2+}，向这些溶液中加入下列试剂：
   (1) 氨水；(2) NaOH 溶液；(3) KI 溶液
   描述五种溶液遇到上述三种试剂时的反应现象，列表表示之。
2. 采用合适的化学试剂鉴别下列各组物质。
   (1) $MgCl_2$ 溶液和 $ZnCl_2$ 溶液；(2) $ZnSO_4$ 溶液和 $Al_2(SO_4)_3$ 溶液；
   (3) $Hg(NO_3)_2$ 溶液和 $Hg_2(NO_3)_2$ 溶液；(4) $HgCl_2$ 固体和 Hg_2Cl_2 固体；(5) CuS 固体和 HgS 固体
3. 利用哪些反应可以区分 Hg^{2+} 和 Hg_2^{2+} 两种溶液？说明这些方法的反应现象。

汞单质及其化合物的性质关系图

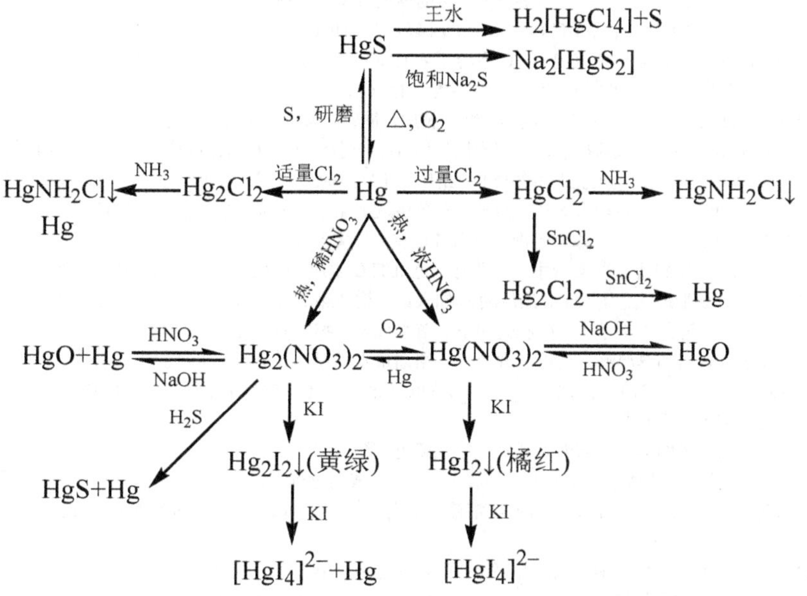

习　　题

1. 用化学方程式表示从黄铜矿、辉银矿和金矿砂中提炼单质铜、银和金的过程。
2. 用化学方程式表示从立方闪锌矿冶炼金属锌、从辰砂制取金属汞的过程。
3. 用适当的化学试剂区别下列各组物质，写出相关的化学方程式。
(1) CuO、CuS 和 Ag_2S；(2) $CuCl$、$AgCl$ 和 Hg_2Cl_2；(3) ZnO、CdO 和 HgO；(4) $Zn(NO_3)_2$、$Hg(NO_3)_2$ 和 $AgNO_3$
4. 用适当的手段分离下列各组混合物，写出具体的操作步骤和相关反应的化学方程式。
(1) $AgNO_3$ 和 $Cu(NO_3)_2$；(2) $CuSO_4$ 和 $ZnSO_4$；(3) CdS 和 HgS；(4) Hg_2Cl_2 和 $HgCl_2$
5. 试用五种试剂，把含有 $BaCO_3$、$AgCl$、SnS_2、$PbSO_4$ 和 CuS 五种固体混合物一一溶解分离，每一种试剂只可溶解一种固体物质，请指明溶解次序。
6. 用化学反应方程式表示下述变化事实。
(1)铜器皿在潮湿空气中生成一层铜绿。
(2)银器皿在空气中变黑。
(3)氯化汞的饱和溶液和汞研磨变成白色糊状。
(4)印刷电路的腐蚀铜板过程。
(5)氯化锌浓溶液用作焊药去除铁板表面的氧化亚铁。
7. 下列 10 种无色溶液与 $AgNO_3$ 溶液反应，最终能观察到什么现象？写出反应后的主要产物。
(1) NaF；(2) $HClO_4$；(3) $Na_2S_2O_3$(过量)；(4) $Na_2S_2O_3$(适量)；(5) NaH_2PO_4；(6) $Na_4P_2O_7$；(7) $NaPO_3$；(8) NaH_2PO_2；(9) Na_3AsO_3；(10) Na_3AsO_4
8. 用 $NaOH$ 溶液($2\ mol \cdot dm^{-3}$)来区分 $AgNO_3$ 、$Zn(NO_3)_2$、$Cd(NO_3)_2$、$Hg(NO_3)_2$ 、$Hg_2(NO_3)_2$ 五瓶无色的溶液，写出反应式及产物的颜色。
9. 一种黑色固体 A 不能与水、稀乙酸和稀氢氧化钠溶液反应，能溶解在热的盐酸中，生成绿色溶液 B。将绿色溶液 B 与单质铜共煮，得到棕黑色溶液 C。用大量水稀释溶液 C，则产生白色沉淀 D。D 溶于氨水生成无色溶液 E，E 暴露在空气中逐渐转变为蓝色溶液 F。向 F 中加入 KCN 溶液，蓝色消失，得到溶液 G。G 与单质锌反应，产生红棕色沉淀 H。H 既难溶于稀硫酸，也难溶于稀氢氧化钠溶液，但能溶解在硝酸中生成蓝色溶液 I。向 I 中逐滴加入氨水，先得到蓝色胶状沉淀 J，而后得到蓝色溶液 F。写出 A～J 所代表物质的化学式和相关反应的化学方程式。
10. 白色固体化合物 A 难溶于水，受热分解生成白色固体 B 和气体 C。C 具有刺激性气味，与棕色的 KI_3 溶液反应，生成无色溶液 D。向溶液 D 中加入盐酸酸化的 $BaCl_2$ 溶液，得到白色沉淀 E。白色固体 B 能溶于盐酸生成 F 的溶液，F 的浓溶液可以溶解金属氧化物。B 也能溶于氢氧化钠溶液和氨水，分别生成 G 和 H 的溶液。向 F 溶液中加入硫代乙酰胺，加热，生成白色浑浊 I，该物质是一种半导体材料。写出 A～I 所代表物质的化学式和相关反应的化学方程式。
11. 有一无色溶液，(1)加入氨水时有白色沉淀生成；(2)若加入稀碱则有黄色沉淀生成；(3)若滴加 KI 溶液，先析出橘红色沉淀，当 KI 过量时，橘红色沉淀消失；(4)若在此无色溶液中加入数滴汞并振荡，汞逐渐消失，仍变为无色溶液，此时加入氨水得灰黑色沉淀。此无色溶液中含有哪种化合物？写出有关反应方程式。

12. 化合物A是一白色固体，加热能升华，微溶于水。A的溶液可发生下列反应：

(1) 加NaOH于A的溶液中产生黄色沉淀B，B不溶于碱可溶于HNO_3；

(2) 通H_2S于A的溶液中，产生黑色沉淀C，C不溶于浓HNO_3，但可溶于饱和Na_2S溶液，得溶液D；

(3) 加$AgNO_3$于A的溶液中，产生白色沉淀E，E不溶于HNO_3，但可溶于氨水，得溶液F；

(4) 在A溶液中滴加$SnCl_2$溶液产生白色沉淀G，继续滴加，最后得黑色沉淀H。试确定A、B、C、D、E、F、G、H各为何物。

13. 在含有配离子A的溶液中，加入稀盐酸，有刺激性气体B、黄色沉淀C和白色沉淀I产生。气体B能使$KMnO_4$溶液褪色。若通氯气于溶液A中，得到白色沉淀I和含有D的溶液。D与$BaCl_2$作用，有不溶于酸的白色沉淀E产生。若在溶液A中加入KI溶液，产生黄色沉淀F，再加入NaCN溶液，黄色沉淀F溶解，形成无色溶液G，向G中通入H_2S气体，得到黑色沉淀H。根据上述实验结果，确定A～I各为何物，写出各步有关反应方程式。

14. 将钠盐A溶液滴加到某硝酸盐B的溶液中，立即有白色沉淀C生成。C放置一段时间会转变为黑色沉淀D。若将B溶液逐滴向A溶液中滴加，开始形成无色溶液E，然后随B加入量的增加逐渐有C沉淀出来。向B溶液中加入钾盐F溶液，可以生成浅黄色沉淀G，G能溶解在A溶液中。G在光照下分解生成黑色物质H。写出A～H的化学式。

15. 取某合金与浓硝酸混合后加热溶解，溶液呈现蓝色。用适量水稀释后，进行如下试验，试根据试验现象判断这种合金是青铜(Cu、Sn)、白铜(Cu 、Zn 、Ni)、黄铜(Cu 、Zn)中的哪一种，并指出题目中小括号中生成物的名称。

(1) 取少量溶液通入H_2S，即生成黑色沉淀(①)。

(2) 取少量溶液，加入过量的NaOH溶液并煮沸，生成黑色沉淀(②)。

(3) 用氨水中和(1)中的滤液到稍显碱性为止，再通入H_2S，生成白色沉淀(③)。

(4) 用稀盐酸酸化(2)中的滤液，然后加入NaOH溶液，生成白色沉淀(④)，若加入过量的NaOH溶液，沉淀即溶解为无色的溶液⑤。

16. 白色化合物A不溶于水和氢氧化钠溶液。A溶于盐酸得无色溶液B和无色气体C。向B中加入适量氢氧化钠溶液得白色沉淀D，D溶于过量的氢氧化钠溶液得无色溶液E。将气体C通入$CuSO_4$溶液有黑色沉淀F生成，F不溶于浓盐酸。白色沉淀D溶于氨水得无色的溶液G。将气体C通入G中又有A析出。试给出A～G所代表化合物或离子的化学式，写出有关反应的化学方程式。

第 15 章单元测试题(单选)

班级_______姓名_______作业号_______成绩_______

( ) 1. 下列试剂中可将 Hg_2Cl_2、CuCl、AgCl 鉴别开的是
A. Na_2S B. $NH_3 \cdot H_2O$ C. Na_2SO_4 D. NaOH

( ) 2. 下列物质不能稳定存在于水溶液中的是
A. Hg^{2+} B. Cu^+ C. CuI D. HgI_2

( ) 3. 下列化合物属于离子型化合物的是
A. CuCl B. $CuCl_2$ C . CsCl D. AuCl

( ) 4. 下列离子能与 I^- 发生氧化还原反应的是
A. Zn^{2+} B. Hg^{2+} C. Cu^{2+} D. Ag^+

( ) 5. 波尔多液是一种杀灭植物病虫害的农药乳液，它的有效成分是
A. 硫酸铜 B. 硫酸钙 C. 氢氧化钙 D. 碱式硫酸铜

( ) 6. 下列配离子的空间构型不是正四面体的是
A. $[Ni(CN)_4]^{2-}$ B. $[HgI_4]^{2-}$ C. $[Zn(CN)_4]^{2-}$ D. $[Cd(CN)_4]^{2-}$

( ) 7. 在水溶液中下列物质难解离的是
A. $HgCl_2$ B. $ZnCl_2$ C. $Hg_2(NO_3)_2$ D. $Hg(NO_3)_2$

( ) 8. 保存 $Hg_2(NO_3)_2$ 溶液时常加入少量汞，其目的是阻止 Hg（Ⅰ）
A. 发生歧化反应 B. 被还原 C. 发生水解反应 D. 被氧化

( ) 9. 将 $Cu(OH)_2$ 持续加热，最终的产物是
A. CuO B. Cu C. Cu_2O D. CuOH

( ) 10. 组成黄铜合金的两种金属是
A. Cu 和 Sn B. Cu 和 Zn C. Pb 和 Sn D. Cu 和 Al

( ) 11. 欲从含有少量 Cu^{2+} 的 $ZnSO_4$ 溶液中除去 Cu^{2+} 最好的试剂是
A. Na_2CO_3 B. NaOH C. HCl D. Zn

( ) 12. Cu_2O 和稀 H_2SO_4 反应，最后能生成
A. $Cu_2SO_4 + H_2O$ B. $CuSO_4 + H_2O$ C. $CuSO_4 + Cu + H_2O$ D. $Cu_2S + H_2O$

( ) 13. 在 $CuSO_4$ 溶液中加入过量的碳酸钠溶液，形成的主要产物是
A. $Cu(HCO_3)_2$ B. $CuCO_3$ C. $Cu_2(OH)_2CO_3$ D. $Cu(OH)_2$

( ) 14. Cu^+ 的磁矩(B.M.)是
A. 3.88 B. 2.83 C. 1.73 D. 0.00

( ) 15. 含下列阳离子的溶液中，加入 Cl^- 生成白色沉淀，再加氨水沉淀转变为灰黑色的是
A. 铅(Ⅱ) B. 银(Ⅰ) C. 汞(Ⅰ) D. 锡(Ⅱ)

( ) 16. 从 Ag^+、Hg^{2+}、Hg_2^{2+}、Pb^{2+} 的混合溶液中分离出 Ag^+，可加入的试剂为
A. H_2S B. $SnCl_2$ C. NaOH D. $NH_3 \cdot H_2O$

( ) 17. 下列离子与过量的 KI 溶液反应只得到澄清的无色溶液的是
A. Cu^{2+} B. Fe^{3+} C. Hg_2^{2+} D. Hg^{2+}

( ) 18. 下列物质中既溶于稀酸又溶于氨水的是
A. $Cu(OH)_2$ B. $Al(OH)_3$ C. $Pb(OH)_2$ D. AgCl

( ) 19. 下列化合物中，不溶于水的白色硫化物是
A. PbS B. ZnS C. CdS D. As_2S_3

( ) 20. 与氨水不生成配离子的是
A. $Zn(OH)_2$ B. Cu_2O C. $HgCl_2$ D. $Cu(OH)_2$

第16章 d区元素

16.1 d区元素概述

16.1.1 d区元素原子的电子构型

d区包括ⅢB族～Ⅷ族的元素，基态原子的价电子构型为$(n-1)\mathrm{d}^{1\sim10}n\mathrm{s}^{0\sim2}$。核外电子依次填充入原子轨道时，由于$n$s轨道能量低于$(n-1)$d轨道，最后一个电子填充在次外层的$(n-1)$d轨道中。镧系和锕系元素分别居于周期表第六周期和第七周期的ⅢB族，核外最后一个电子填充在倒数第三层的$(n-2)$f轨道中，称为内过渡元素。这些元素与周期表ⅠB族（铜副族）和ⅡB族（锌副族）元素的价电子构型和性质差别较大。周期表ⅢB族的钪(Sc)和钇(Y)在地壳中的含量较少，形成的化合物也不多见，其中Sc、Y和镧系元素统称稀土元素。本章主要讨论ⅣB～Ⅷ族元素的单质及化合物的结构、性质、制备和用途。

16.1.2 d区元素的通性

同一周期从左到右，d区元素的原子半径逐渐减小，但变化不十分明显。该区元素的单质表现出很多相似的性质，也具有显著的差异性。概括起来主要有以下几点：

(1)该区元素的单质均具有六方紧密堆积、面心立方紧密堆积或体心立方紧密堆积等金属特有的晶格，表现出典型的金属性，具有金属光泽，抗拉强度高，延展性好，机械加工性能良好，导电、导热性高。

(2)密度普遍较大，其中密度最大的为锇(Os)，密度为22.48 g·cm^{-3}，而Sc的密度低至2.989 g·cm^{-3}。

(3)熔沸点差别十分明显，其中熔沸点最高者是钨(W)，其熔点高达3683 K，沸点为5933 K，熔点最低的Hg在常温下呈液态，熔、沸点分别只有234 K、630 K。

(4)硬度差别也比较明显，在所有金属单质中硬度最大的铬Cr，其莫尔硬度为9。

(5)化学活泼性差别明显。钛(Ti)、钒(V)、铬(Cr)、锰(Mn)、铁(Fe)、钴(Co)、镍(Ni)等属于活泼金属，可以与稀盐酸反应，而铌(Nb)、钽(Ta)等具有一定的化学惰性，甚至不与王水反应。

(6)d区元素的常见氧化态多变，除镧系元素外，其他过渡元素的最高氧化态不超过其所在的族数。镧系收缩使镧之后第六周期的过渡元素与第五周期的同族元素的原子半径几乎相同，性质极其相近，在自然界中常共生在一起而难于分离，如锆(Zr)与铪(Hf)、铌(Nb)与钽(Ta)、钼(Mo)与钨(W)等。

16.1.3 d区元素在自然界的存在形式

1. 钛副族元素的分布

钛副族元素包括钛(Ti)、锆(Zr)、铪(Hf)三种元素，在周期表中处于ⅣB族。

1790 年，英国的格里高(Gregor)在钛铁矿中发现了 Ti，但直到 1910 年才得到了金属 Ti。1789 年，德国的克拉普劳特(Klaproth)从锆英石中发现了 Zr，但纯净的金属 Zr 直到 1914 年才用 Na 还原 $ZrCl_4$ 得到。1923 年，考斯特(Coster)和西文斯(Hevesy)从锆矿物的 X 射线光谱中发现了 Hf。

Ti 在地壳中的丰度为 0.45%，大部分 Ti 处于分散状态，主要矿物有金红石(TiO_2)和钛铁矿($FeTiO_3$)。我国四川攀枝花地区有极丰富的钒钛磁铁矿，储量约 15 亿 t。

Zr 在地壳中的丰度约为 0.017%，比常见重金属 Cu、Zn 和 Pb 的总量还多，但 Zr 属于稀有分散元素。主要矿物锆英石($ZrSiO_4$)，在独居石中也可以选出锆矿砂。

Hf 在地壳中的质量分数约为 1×10^{-4}%，但没有独立的矿物，常与 Zr 共生在一起，锆英石中约含 2%的 Hf，最高可达 7%。

2. 钒副族元素的分布

钒副族元素包括钒(V)、铌(Nb)、钽(Ta)三种元素，在周期表中处于ⅤB 族，属于稀有元素。

1801 年，墨西哥矿物学家德里乌(Del-Rio)在铅矿中发现了一种新的物质，但没有确定这种新元素。直到 1830 年瑞典化学家塞夫斯特劳姆(Sefström)才肯定了该新元素的存在，含有这种元素的化合物颜色众多，为纪念神话中美丽的女神凡纳第斯，所以命名为钒。V 在地壳中的丰度(质量分数)为 0.015%，远大于 Cu、Zn、Ca 等普通元素在地壳中的含量，但在地壳中大部分 V 呈分散状态，主要的矿石有钒钛磁铁矿和钒酸钾铀矿[$K_2(UO_2)_2(VO_4)_2\cdot3H_2O$]，我国四川攀枝花地区就蕴藏着极丰富的钒钛磁铁矿。

1801 年，英国化学家哈切特(Hatchett)在铌铁矿中发现 Nb；1802 年瑞典化学家艾克博格(Ekeberg)发现了 Ta。但直到 1903 年鲍尔登(Boltom)才制得了金属 Ta，金属 Nb 则到了 1929 年才制得。Nb 和 Ta 在地壳中的丰度分别为 2.4×10^{-3}%和 2.0×10^{-4}%，由于镧系收缩的影响，二者的离子半径极为相似，在自然界中总是共生的，它们的主要矿物为共生的铌铁矿和钽铁矿 $Fe(Nb、Ta)O_3$。

3. 铬副族元素的分布

铬副族元素包括铬(Cr)、钼(Mo)、钨(W)三种元素，在周期表中处于ⅥB 族。

1797 年，法国化学家瓦克林(Vauguelin)在分析铬铅矿时发现了 Cr。因为 Cr 的化合物都有美丽的颜色，所以铬在西文中的原义就是颜色(chromium)。辉钼矿和石墨在外形上很相似，在很长一段时间内被认为是同一种物质。直到 1778 年，舍勒(Scheele)用硝酸分解辉钼矿时发现有白色的三氧化钼生成，从而发现了元素 Mo，才纠正了这种错误。1781 年，舍勒又发现了元素 W。

Cr、Mo、W 在地壳中的丰度分别为 0.0083%、1.1×10^{-4}%和 1.3×10^{-4}%。其中 Cr 在自然界中的主要矿物为铬铁矿[$Fe(CrO_2)_2$]，Mo 的主要矿物为辉钼矿(MoS_2)，而 W 的主要矿物为黑钨矿[(Fe、Mn)WO_4]和白钨矿($CaWO_4$)，我国拥有储量极为丰富的钼矿和钨矿。

4. 锰副族元素的分布

锰副族元素包括锰(Mn)、锝(Tc)、铼(Re)三种元素，在周期表中处于ⅦB 族。

1774 年，人们在软锰矿中发现了 Mn。Mn 在地壳中的含量较高，质量分数约为 0.1%。近年来，人们在深海海底发现大量的锰矿——锰结核，是一层一层的团块，其主要成分为铁锰氧化物，中间夹有黏土，除锰外，还含有 Cu、Co、Ni 等金属元素。估计在整个海洋底下，约有 15000 亿 t 的锰结核。仅太平洋中锰结核所含的 Mn、Cu、Co、Ni 等元素就相当于陆地总储量的几十到几百倍。目前发现的锰的主要矿石有软锰矿、黑锰矿和水锰矿。

1937 年，佩里尔(Perrier)和塞格里(Segre)用人工的方法合成了 Tc，后来发现在铀的裂变产物中也有 Tc 的放射性同位素生成。

Re 属于稀有分散元素，是 1925 年从铂矿中发现的，在地壳中的丰度很小，只有 $7\times10^{-3}\%$。它没有独立的矿石，主要伴生在辉钼矿中，其质量分数只有 0.001%左右，也存在于稀土矿、铌钽矿中。

16.2 钛 副 族

钛副族元素的基态原子价电子构型为 $(n-1)\,d^2ns^2$，在 d^0 状态下，原子的结构比较稳定，因此它们都以失去四个电子为特征。除+4 的化合物外，Ti 还有氧化态为+3 的化合物，很少生成+2 氧化态的化合物。Zr 和 Hf 更难生成低氧化态的物质，这与 p 区元素的趋势相反。由于失去四个电子需要较高的能量，所以 M(Ⅳ)化合物多以共价键结合。由于正电荷较高，M(Ⅳ)具有较强的离子极化能力，水溶液中以 MO^{2+} 为主要存在形式，且容易水解。

16.2.1 单质钛

1. 单质钛的制备

由钛铁矿($FeTiO_3$)经酸溶、水解、过滤、焙烧等环节可以制得 TiO_2，然后用焦炭和氯气使 TiO_2 转化为 $TiCl_4$，蒸馏提纯 $TiCl_4$ 后，用金属 Mg 还原，制得单质 Ti。

$$FeTiO_3 + 2H_2SO_4 \xlongequal{\triangle} TiOSO_4 + FeSO_4 + 2H_2O$$

$$TiOSO_4 + 2H_2O \xlongequal{\quad} H_2TiO_3(TiO_2\cdot H_2O) + H_2SO_4$$

$$H_2TiO_3 \xlongequal{\triangle} TiO_2 + H_2O$$

$$TiO_2 + 2C + 2Cl_2 \xlongequal{\triangle} TiCl_4 + 2CO$$

$$TiCl_4 + 2Mg \xlongequal{\triangle} Ti + 2MgCl_2$$

用水浸取除去可溶盐后，即可得到海绵状钛，再用电弧炉熔融制成钛锭。

2. 单质钛的化学性质

与铁相比，钛抗腐蚀、可塑性好，密度小，常用来制作钛钢，用于造船、飞机、发动机、人造骨骼等，被称为“亲生物金属”。

与非金属单质、酸的反应是金属单质的通性。常温下，钛不与氧气、氯气、氮气等非金属单质反应，但在加热条件下，能生成相应的化合物 TiO_2、$TiCl_4$、Ti_3N_4。

室温下，钛不与稀盐酸、稀硫酸、硝酸、水等作用，但能被氢氟酸、磷酸、熔融碱侵蚀。

加热条件下，与浓盐酸反应则得到 $TiCl_3$。钛更易溶于 HF + HCl(H_2SO_4)中，除了酸与金属的作用之外，F^-与 Ti^{4+}的配位作用促进 Ti 的溶解。

$$2Ti + 6HCl(浓) = 2TiCl_3 + 3H_2\uparrow$$

$$2Ti + 3H_2SO_4(浓) = Ti_2(SO_4)_3 + 3H_2\uparrow$$

$$Ti + 4HNO_3 = H_2TiO_3\downarrow + 4NO_2\uparrow + H_2O$$

$$Ti + 6HF = [TiF_6]^{2-} + 2H^+ + 2H_2\uparrow$$

16.2.2　钛的化合物

1. TiO_2

自然界中 TiO_2 有三种晶形，分别是金红石、锐钛矿、板钛矿。金红石是红色或橙红色晶体，属简单四方晶系。工业品 TiO_2 俗称钛白，具有折射率高、附着力强、遮盖力大、化学性能稳定等特点，是锌白、铅白、立德粉等白色颜料所不能比拟的，在造纸工业中用作填充剂，在人造纤维中作为消光剂，在陶瓷中添加可以增加耐酸性。TiO_2 还是重要的催化材料，用于乙醇脱水、脱氢反应，还可用于光催化分解水制氢领域。

TiO_2 属于偏酸性的氧化物，难溶于水和稀硫酸，但在热浓硫酸中能形成 $Ti(SO_4)_2$ 和 $TiOSO_4$(又称硫酸钛氧酰)。水溶液中不能析出 $Ti(SO_4)_2$，而只能得到 $TiOSO_4 \cdot H_2O$ 的白色粉末。研究表明，溶液中 TiO^{2+}并非单个的阳离子，而是如图 16-1 所示的 Ti 原子之间通过 O 原子结合起来的锯齿形、链状聚合物$(TiO)_n^{2n+}$。晶体中，SO_4^{2-}将这些长链连接在一起，每个 SO_4^{2-}与三个钛原子接触，水分子与钛原子缔合。

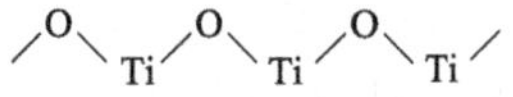

图 16-1 $(TiO)_n^{2n+}$ 长链结构示意图

$$TiO_2 + H_2SO_4(浓) = TiOSO_4 + H_2O$$

TiO_2 与强碱或碱金属、碱土金属的碳酸盐作用得到偏钛酸盐。

$$TiO_2 + 2NaOH(浓) = Na_2TiO_3 + H_2O$$

$$TiO_2 + BaCO_3 = BaTiO_3 + O_2$$

$BaTiO_3$ 介电常数大，用于制作大容量电容器。

实验室经常以钛酸酯这类物质为原料，控制 pH 和醇-水比，利用酯类物质的水解得到钛酸溶胶，进而得到凝胶，再焙烧制备 TiO_2 纳米颗粒。工业上采用硫酸分解钛铁矿(含 Fe_2O_3 等杂质)的方法来生产钛白。首先用浓硫酸分解磨碎的钛铁矿精砂，加入铁屑，冷却、分离出绿矾。将滤液水解，得到白色偏钛酸沉淀，煅烧即得到 TiO_2。主要反应见单质钛的制备。

思考·练习

1. 用浓硫酸溶解钛铁矿后，加入铁屑的目的是什么？发生了什么反应？
2. 工业上采用稀硫酸充分洗涤、水解硫酸钛酰后得到偏钛酸沉淀，分析这种做法的原因。

2. $TiCl_4$

$TiCl_4$是钛的重要卤化物，以它为原料可以制备钛的一系列化合物和金属钛。

$$TiO_2 + 2C + 2Cl_2 \xlongequal{\triangle} TiCl_4 + 2CO$$

$TiCl_4$可由 TiO_2 制得。TiO_2 与 Cl_2 生成 $TiCl_4$ 和 O_2 的反应为吸热、熵增反应，需要在很高的温度下才能自发进行。而在反应物中加入焦炭后，由于焦炭的燃烧能释放大量的热，TiO_2 的氯化反应转变为放热、熵增的反应，从热力学的角度分析，$TiCl_4$ 的生成变得更加容易。

TiO_2 与 $COCl_2$、$SOCl_2$、$CHCl_3$ 或 CCl_4 等氯化试剂反应也能制备 $TiCl_4$。

$$TiO_2 + CCl_4 \xlongequal{} TiCl_4 + CO_2$$

$TiCl_4$ 常温下为无色液体，熔点为 250 K，沸点为 409 K，有刺激性气味，在水和潮湿空气中极易水解。

$$TiCl_4 + 3H_2O \xlongequal{} H_2TiO_3 + 4HCl$$

Ti(Ⅳ)可以形成多种配合物，如$[TiF_6]^{2-}$、$[TiCl_6]^{2-}$等。与 H_2O_2 在酸性溶液中形成的$[TiO(H_2O_2)]^{2+}$是一种稳定的橘黄色物质，可用于钛的比色分析。加入氨水则析出黄色的过氧钛酸$[H_4TiO_3(O_2)]$，这是定性检出钛的灵敏方法。

思 考 · 练 习

已知反应 $TiO_2 + 2Cl_2 \xlongequal{} TiCl_4 + O_2$ 的标准摩尔反应焓变 $\Delta_r H_m^{\ominus} = 149\ kJ \cdot mol^{-1}$，标准摩尔熵变 $\Delta_r S_m^{\ominus} = 41\ J \cdot mol^{-1} \cdot K^{-1}$，讨论该反应自发进行的温度。

3. $TiCl_3$

用 Zn 处理 Ti(Ⅳ)盐的盐酸溶液或将钛溶解在热浓盐酸中，可以得到紫色 $TiCl_3 \cdot 6H_2O$ 晶体。在此浓溶液中加入乙醚、通 HCl 气体至饱和，可以由乙醚溶液中析出绿色的晶体。紫色和绿色晶体被认为是内界、外界不同的异构体$[Ti(H_2O)_6]Cl_3$和$[Ti(H_2O)_5Cl]Cl_2 \cdot H_2O$。

$$Zn + 2TiCl_4 \xlongequal{} 2TiCl_3 + ZnCl_2$$

$$2Ti + 6HCl \xlongequal{} 2TiCl_3 + 3H_2$$

将干燥的气态 $TiCl_4$ 与过量 H_2 反应，得到紫色粉末 $TiCl_3$。当温度高于 723 K 时，$TiCl_3$ 在真空中会歧化为 $TiCl_4$ 和 $TiCl_2$。更高温度下，$TiCl_2$ 会进一步歧化为 Ti 和 $TiCl_4$。

$$2TiCl_4(g) + H_2 \xlongequal{} 2TiCl_3(s) + 2HCl$$

$$2TiCl_3(s) \xlongequal{} TiCl_2(s) + TiCl_4(g)$$

$$2TiCl_2(s) \xlongequal{} Ti(s) + TiCl_4(g)$$

Ti(Ⅲ)是比 Sn^{2+}稍强的还原剂，容易被空气氧化。利用 Ti(Ⅲ)的还原性，可以测定溶液中钛的含量。具体做法是：在 Ti(Ⅳ)的硫酸溶液中，隔绝空气，用铝片将溶液中的 Ti(Ⅳ)还原为 Ti(Ⅲ)。

$$6Ti(SO_4)_2 + 2Al = 3Ti_2(SO_4)_3 + Al_2(SO_4)_3$$

再用 Fe^{3+}作为滴定剂、KSCN 作为指示剂，达到滴定终点时，溶液变为红色。

$$Ti_2(SO_4)_3 + Fe_2(SO_4)_3 = 2Ti(SO_4)_2 + 2FeSO_4$$

$$Fe^{3+} + 6SCN^- = [Fe(SCN)_6]^{3-}$$

16.3 钒 副 族

钒副族与钛副族类似，单质都属于稳定而难熔的稀有金属，钛、钒两副族单质的物理性质列于表 16-1。钒族元素的单质比钛族金属有更强的金属键，因此它们的熔沸点、熔化热均较相应的钛族金属高。

表 16-1 钛、钒副族单质的某些物理性质

ⅣB				ⅤB			
元素单质	密度/($g \cdot cm^{-3}$)	熔点/K	沸点/K	元素单质	密度/($g \cdot cm^{-3}$)	熔点/K	沸点/K
Ti	4.54	1933±10	3560	V	6.11	2163±10	3653
Zr	6.51	2125±2	4650	Nb	8.57	2741±10	5015
Hf	13.31	2500±20	4875	Ta	16.65	3269	5698±100

本副族元素基态原子的价电子构型为 $(n-1)d^3ns^2$，五个价电子均可以参加成键，相当于 d^0 电子结构。稳定的氧化态除+5 之外，还能形成+4、+3、+2 等低氧化态化合物，其中 V(Ⅳ)比较稳定，而 Nb、Ta 低氧化态化合物较少。

16.3.1 钒副族的单质

钒是银灰色金属，容易呈现钝态，常温下反应活性低。钒不与空气、水、NaOH、非氧化性酸等反应，但溶于氧化性酸(如浓硫酸和硝酸)、王水、氢氟酸和熔融的 NaOH。

高温下，钒与大部分非金属反应，如温度超过 933 K 时，V 与 O_2 可生成不同价态的氧化物。许多钒的非金属化合物属于非化学计量比物质，氮化物和碳化物的生成能使钒的熔点升高。铌和钽更加稳定，尤其是钽，甚至难溶于王水，只与氢氟酸缓慢作用。

钒的主要用途在于冶炼特种钢，钒钢中含 V 的质量分数为 0.1%～0.2%，钢质紧密、强度大、韧性和弹性好、耐腐蚀、抗冲击，广泛用于结构钢、装甲钢、钢轨，对汽车和飞机制造业意义重大。铌主要用于制造特种合金钢。钽钢抗酸碱腐蚀，用于制作化学反应设备，还可在化学实验室替代昂贵的铂器皿。钽不被人体所排斥、反应活性低，也可用于制造人体假肢。

16.3.2 钒的氧化物和钒酸盐

V 的氧化物包括 V_2O_5(酸性)、VO_2(两性)、V_2O_3(碱性)和 VO(碱性)，随化合价降低，稳定性降低、酸性减弱。

V(Ⅴ)与 Ti(Ⅳ)相比，极化力更强，水溶液中不存在简单离子。在酸性溶液中 V(Ⅴ)的存在形式是钒氧基(VO_2^+,VO^{3+})，在碱性溶液中 V(Ⅴ)的存在形式是含氧酸根(VO_4^{3-},VO_3^-)。V(Ⅴ)的化合物一般有颜色。

V_2O_5为橙黄色至深红色的晶体，有毒，微溶于水，可由加热分解偏钒酸铵制得。

$$2NH_4VO_3 \xrightarrow{\triangle} V_2O_5 + 2NH_3 + H_2O$$

工业上，含钒铁矿石是提取钒的主要原料。将炼铁得到的富钒炉渣与食盐一起在空气中焙烧，然后浸取出 $NaVO_3$，酸化，即析出 V_2O_5 的水合物。将脱水干燥后的 V_2O_5 用 Ca 或 Mg 还原，得到金属钒。

$$2V_2O_5 + 4NaCl + O_2 = 4NaVO_3 + 2Cl_2$$

$$V_2O_5 + 5Ca = 5CaO + 2V$$

用氢气还原 V_2O_5 时，可以制得一系列低价态钒的氧化物，如深蓝色的 VO_2、黑色的 V_2O_3 和 VO。

V_2O_5偏酸性，溶于碱溶液生成钒酸盐，钒酸盐的存在形式与溶液的酸度有关，pH 越小，钒酸盐的聚合度越大，溶液的颜色越深。

$$V_2O_5 + 6NaOH = 2Na_3VO_4 + 3H_2O$$

VO_4^{3-}只能存在于强碱性溶液中，向溶液中加入一定量的酸，随酸度的提高，会生成不同聚合度的多钒酸根。溶液的颜色也从无色过渡到黄色，逐渐变为红色。而当溶液的酸度增强到一定程度后，聚合度即保持不变，多钒酸根离子开始获得质子，依次生成 $HV_{10}O_{28}^{5-}$、$H_2V_{10}O_{28}^{4-}$。当 pH 接近 2 时，析出红棕色的沉淀 $V_2O_5 \cdot H_2O$。如果继续加入酸至溶液的 pH 小于 1，溶液中会产生稳定的黄色 VO_2^+。

$$VO_4^{3-} \xrightarrow{+H^+} V_2O_7^{4-} \xrightarrow{+H^+} V_3O_9^{3-} \xrightarrow{+H^+} V_{10}O_{28}^{6-} \xrightarrow{+H^+} V_2O_5 \cdot H_2O \xrightarrow{+H^+} VO_2^+$$

钒酸根的聚合不仅与溶液的酸度有关，还与钒酸根离子的浓度密切相关，研究发现，只有在溶液中 V 的浓度超过 10^{-4} mol · dm^{-3}时才有上述转变，而低于该浓度时，溶液中只存在单体钒酸根和酸式钒酸根的平衡。

$$VO_4^{3-} \xrightarrow{+H^+} HVO_4^{2-} \xrightarrow{+H^+} H_2VO_4^- \xrightarrow{+H^+} H_3VO_4 \xrightarrow{+H^+} VO_2^+$$

总之，V_2O_5有微弱的碱性，在强酸中可以生成 VO_2^+。

$$V_2O_5 + 2H^+ = 2VO_2^+ + H_2O$$

而根据图 16-2 酸性溶液中钒元素的电势图，可知 VO_2^+是一种较强的氧化剂，不同氧化态的钒化合物具有不同的颜色。

$$\underset{\text{浅黄色}}{VO_2^+} \xrightarrow{+1.0\ V} \underset{\text{黄色}}{VO^{2+}} \xrightarrow{+0.34\ V} \underset{\text{绿色}}{V^{3+}} \xrightarrow{-0.26\ V} \underset{\text{紫色}}{V^{2+}} \xrightarrow{-1.18\ V} V$$

图 16-2　酸性介质中元素钒的元素电势图

当 V_2O_5 与浓盐酸反应时，得到 VO^{2+}。

$$V_2O_5 + 6HCl(浓) = 2VOCl_2 + Cl_2 + 3H_2O$$

用氧化还原滴定法测定钒时，可以利用 VO_2^+（钒酰离子）的氧化性，用 Fe^{2+}、$H_2C_2O_4$、C_2H_5OH 或酒石酸等还原剂将其还原为 VO^{2+}（亚钒酰离子）。

$$VO_2^+ + Fe^{2+} + 2H^+ = VO^{2+} + Fe^{3+} + H_2O$$

$$2VO_2^+ + H_2C_2O_4 + 2H^+ = 2VO^{2+} + 2CO_2\uparrow + 2H_2O$$

$$5VO^{2+} + H_2O + MnO_4^- = 5VO_2^+ + 2Mn^{2+} + 2H^+$$

$$NH_4VO_3 + HCl + Zn \longrightarrow VO^{2+} \longrightarrow V^{3+} \longrightarrow V^{2+}$$

16.4 铬 副 族

铬副族包括铬(Cr)、钼(Mo)、钨(W)三种元素，Cr 和 Mo 价电子构型为 $(n-1)d^5ns^1$，W 的价电子构型为 $(n-1)d^4ns^2$。它们的共同特点是，六个价电子均可参加成键，最高氧化态为 +6，具有多种氧化态。最高氧化态的稳定性按 Cr、Mo、W 的顺序增强，低氧化态的稳定性依次减弱。酸性及碱性条件下元素 Cr 的电势图示于图 16-3。

$$E_A^\ominus/V \quad Cr_2O_7^{2-} \xrightarrow{+1.23} Cr^{3+} \xrightarrow{-0.41} Cr^{2+} \xrightarrow{-0.91} Cr$$

$$E_B^\ominus/V \quad CrO_4^{2-} \xrightarrow{-0.13} Cr(OH)_3 \xrightarrow{-1.1} Cr(OH)_2 \xrightarrow{-1.4} Cr$$

图 16-3 Cr 的元素电势图

16.4.1 铬、钼、钨单质的制备与性质

1. 铬的制备

工业上主要是将铬铁矿与纯碱在高温下煅烧氧化，将铬转化为可溶性的铬酸盐。

$$4Fe(CrO_2)_2 + 8Na_2CO_3 + 7O_2 = 8Na_2CrO_4 + 2Fe_2O_3 + 8CO_2$$

加入白云石粉($MgCO_3 \cdot CaCO_3$)不仅使 SiO_2 变为 $CaSiO_3$、$MgSiO_3$，还有利于使反应混合物松散，便于空气氧化。矿石中的 Al_2O_3 与纯碱反应转化为 $NaAlO_2$。

水浸、过滤、除渣后，滤液用硫酸酸化，使铬酸钠转化为重铬酸钠。

$$2Na_2CrO_4 + H_2SO_4 = Na_2Cr_2O_7 + H_2O + Na_2SO_4$$

重铬酸钠溶液与氯化铵溶液混合，根据溶解度曲线调节温度制备重铬酸铵。

$$Na_2Cr_2O_7 + 2NH_4Cl = (NH_4)_2Cr_2O_7 + 2NaCl$$

加热分解重铬酸铵得到铬绿。

$$(NH_4)_2Cr_2O_7 \overset{\triangle}{=} Cr_2O_3 + N_2 + 4H_2O$$

最后用铝粉还原铬绿制得单质铬。

$$Cr_2O_3 + 2Al \overset{\triangle}{=} 2Cr + Al_2O_3$$

2. 钼的制备

从辉钼矿(有效成分为 MoS_2)冶炼金属钼，包括以下主要步骤，首先将辉钼矿精矿在高温下焙烧，使其中的 MoS_2 转化为 MoO_3。

$$2MoS_2 + 7O_2 \xlongequal{\triangle} 2MoO_3 + 4SO_2$$

再用氨水浸取烧结块，将 MoO_3 转化为可溶性的钼酸铵。

$$MoO_3 + 2NH_3 + H_2O = (NH_4)_2MoO_4$$

将钼酸铵溶液用盐酸酸化，即析出钼酸沉淀。

$$(NH_4)_2MoO_4 + 2HCl = H_2MoO_4 + 2NH_4Cl$$

将钼酸沉淀加热分解得到 MoO_3，最后以 H_2、C 或 Al 还原制得金属 Mo。

$$H_2MoO_4 \xlongequal{\triangle} MoO_3 + H_2O$$

$$MoO_3 + 3H_2 \xlongequal{\triangle} Mo + 3H_2O$$

3. 钨的制备

用钨矿制备钨时，对黑钨矿(Fe、$MnWO_4$)常采用碱熔法，而对白钨矿($CaWO_4$)一般采用酸法。以黑钨矿为例，将精矿砂与碳酸钠混合焙烧，得到钨酸钠烧结块。焙烧过程中加入适量硝石，可以保证铁、锰被充分氧化。

$$4FeWO_4 + 4Na_2CO_3 + O_2 = 4Na_2WO_4 + 2Fe_2O_3 + 4CO_2$$

$$6MnWO_4 + 6Na_2CO_3 + O_2 = 6Na_2WO_4 + 2Mn_3O_4 + 6CO_2$$

用水浸取烧结块，将钨酸钠转入溶液中，过滤除去杂质后，向溶液中加酸析出钨酸。

$$WO_4^{2-} + 2H^+ = H_2WO_4$$

焙烧脱水，得到黄色 WO_3 粉末。最后，在氢气中还原 WO_3，得到金属钨粉。进一步加工冶炼得到致密的金属钨。

$$H_2WO_4 \xlongequal{\triangle} WO_3 + H_2O$$

$$WO_3 + 3H_2 \xlongequal{\triangle} W + 3H_2O$$

4. 铬、钼、钨单质的性质

单质 Cr 是银白色金属，Mo 和 W 为深灰色，只有致密的块状 Mo、W 才显银白色。由于它们可以提供六个电子，所以形成的金属键较强，单质的熔点和沸点都非常高。Cr 的硬度、W 的熔沸点在所有金属中是最高的。

由图 16-3 可知，Cr 属于两性金属元素，既能溶于酸，又能溶于碱。Cr 缓慢地溶解在非氧化性酸中，首先形成含 Cr^{2+}的蓝色溶液。但 Cr^{2+}与空气接触后，很快变为绿色的 Cr^{3+}。主要发生以下反应：

$$Cr + 2HCl = CrCl_2 + H_2\uparrow$$

$$4CrCl_2 + 4HCl + O_2 \xlongequal{\quad} 4CrCl_3 + 2H_2O$$

Cr 能与浓硫酸反应，但难溶于浓硝酸，原因是表面形成致密的氧化膜而呈现钝态。高温下，Cr 能与卤素、硫、氮、碳等直接化合。与 Cr 类似，Mo 和 W 表面也容易形成氧化膜而呈现钝态。Mo 不与稀酸反应，也不与浓盐酸反应，只有浓硝酸和王水能与 Mo 反应。W 难溶于盐酸、硫酸和硝酸，只有王水、$HF+HNO_3$ 才能与 W 反应。

Cr、Mo、W 金属活动性依次降低，与卤素单质的化合也能反映出三者金属活动性的差别。例如，氟能与这些金属剧烈反应，Cr 在加热时能与氯、溴、碘反应；同样条件下，Mo 只能与氯和溴化合；W 则只能与氯反应。

16.4.2 铬的化合物

铬的六个价电子均可成键，能形成多种氧化态的物质，其中重要的氧化态为+2、+3 和+6。由图 16-3 元素 Cr 的电势图可知，酸性条件下，Cr(Ⅱ)为较强的还原剂，Cr(Ⅵ)为较强的氧化剂，Cr(Ⅲ)最稳定。碱性条件下，Cr(Ⅱ)还原性较强，Cr(Ⅲ)具有一定的还原性，能被强氧化剂氧化为 Cr(Ⅵ)。而 Cr(Ⅵ)的化合物最稳定。

1. 铬(Ⅲ)化合物

1) 铬绿 Cr_2O_3 及其水化物

单质 Cr 在氧气中燃烧、加热分解重铬酸铵、高温下用单质硫还原重铬酸钠均可以制备 Cr_2O_3。

$$4Cr + 3O_2 \xlongequal{\quad} 2Cr_2O_3$$

$$Na_2Cr_2O_7 + S \xlongequal{\triangle} Cr_2O_3 + Na_2SO_4$$

Cr_2O_3 微溶于水，与α-Al_2O_3 具有相同的结构，熔点 2708 K。Cr_2O_3 呈现两性，不仅溶于酸，而且溶于强碱形成$[Cr(OH)_4]^-$。经过灼烧后的 Cr_2O_3 难溶于酸，可采用 $K_2S_2O_7$ 熔融法将它转变为可溶性的盐。

$$Cr_2O_3 + 3K_2S_2O_7 \xlongequal{\quad} 3K_2SO_4 + Cr_2(SO_4)_3$$

Cr_2O_3 对应的水化物 $Cr(OH)_3$ 是一种灰蓝色的胶状沉淀，在水中存在酸式和碱式两种解离平衡。

$$Cr(OH)_3 \rightleftharpoons Cr^{3+} + 3OH^-$$

$$Cr(OH)_3 + H_2O \rightleftharpoons [Cr(OH)_4]^- + H^+$$

因此，与 $Al(OH)_3$ 相似，$Cr(OH)_3$ 具有两性。但是，除颜色外，$Cr(OH)_3$ 与 $Al(OH)_3$ 还有明显不同的性质。一是 Cr^{3+}可以在 NH_4^+-NH_3 缓冲溶液中生成配离子。利用这一性质，可以区别或分离 Cr^{3+}和 Al^{3+}；二是碱性条件下，$Cr(OH)_3$ 具有较强的还原性，可被 H_2O_2 氧化成黄色的 CrO_4^{2-}。

$$2[Cr(OH)_4]^- + 3H_2O_2 + 2OH^- \xlongequal{\quad} 2CrO_4^{2-} + 8H_2O$$

而在酸性条件下，Cr^{3+}的还原性很弱，只有 $KMnO_4$、$(NH_4)_2S_2O_8$ 这类强氧化剂才能将

Cr(Ⅲ)氧化成 Cr(Ⅵ)。

$$2Cr^{3+} + 3S_2O_8^{2-} + 7H_2O \longrightarrow Cr_2O_7^{2-} + 6SO_4^{2-} + 14H^+$$

2) 铬(Ⅲ)的配合物

Cr^{3+}具有较小的离子半径(63 pm)，其价电子构型为 $3d^34s^04p^0$，具有六个空轨道，容易形成 d^2sp^3 杂化类型的配合物。水溶液中 Cr^{3+}的存在形式为$[Cr(H_2O)_6]^{3+}$，该离子内界中的水分子可以被氨分子或其他阴离子配体取代。例如，在不同浓度氨水中，可以形成具有不同内界组成的水-氨配离子或氨配离子，它们各具颜色，$[Cr(H_2O)_6]^{3+}$(紫色)、$[Cr(NH_3)_2(H_2O)_4]^{3+}$(紫红色)、$[Cr(NH_3)_3(H_2O)_3]^{3+}$(浅红色)、$[Cr(NH_3)_4(H_2O)_2]^{3+}$(橙红色)、$[Cr(NH_3)_5(H_2O)]^{3+}$(橙黄色)、$[Cr(NH_3)_6]^{3+}$(黄色)。

2. 铬(Ⅵ)化合物

1) 铬酸盐

一般的铬酸盐均为黄色固体，Na_2CrO_4 和 K_2CrO_4 等碱金属铬酸盐和铵盐均易溶于水，碱土金属铬酸盐溶解度从镁到钡锐减，重金属的铬酸盐难溶于水。铬黄($PbCrO_4$)和柠檬黄($BaCrO_4$)属于工业上常用的黄色颜料。实验室也可以用 Pb^{2+}、Ba^{2+}、Ag^+等离子检验 CrO_4^{2-}的存在。

2) 重铬酸盐

$K_2Cr_2O_7$(红矾钾)为橙红色晶体，在所有重铬酸盐中溶解度最低，它不含结晶水，能利用重结晶法得到纯度极高的盐，用作基准氧化试剂。重铬酸盐在常温下大多数易溶于水，砖红色 $Ag_2Cr_2O_7$ 难溶于水。

在黄色的 Na_2CrO_4 溶液中加入适量硫酸，溶液变为红色，将浓溶液冷却即析出 $Na_2Cr_2O_7$(红矾钠)。由 $Na_2Cr_2O_7$ 与 KCl 的复分解反应可以制取 $K_2Cr_2O_7$，后者在 373 K 时溶解度约为 94.1 g·$(100\ g\ H_2O)^{-1}$，而 273 K 时溶解度仅为 4.6 g·$(100\ g\ H_2O)^{-1}$。由于 NaCl 的溶解度受温度影响较小，可以采用降温结晶的方法将 NaCl 和 $K_2Cr_2O_7$ 分离。

$$2Na_2CrO_4 + H_2SO_4 \longrightarrow Na_2SO_4 + Na_2Cr_2O_7 + H_2O$$

$$Na_2Cr_2O_7 + 2KCl \longrightarrow K_2Cr_2O_7 + 2NaCl$$

$K_2Cr_2O_7$ 在酸性溶液中是强氧化剂，溶液中常温即可氧化 H_2S、H_2SO_3、HI，加热时能氧化 HBr 和 HCl，还原产物为 Cr^{3+}。分析化学中常用 $K_2Cr_2O_7$ 测定铁的含量，如将铁矿石用酸溶解后，加入 $SnCl_2$ 将所有铁元素还原为 Fe^{2+}，用 $HgCl_2$ 将过量的 $SnCl_2$ 除去后，用 $K_2Cr_2O_7$ 滴定溶液中的 Fe^{2+}，发生的反应如下：

$$Cr_2O_7^{2-} + 6Fe^{2+} + 14H^+ \longrightarrow 6Fe^{3+} + 2Cr^{3+} + 7H_2O$$

实验室采用的铬酸洗液就是 $K_2Cr_2O_7$ 与浓硫酸的混合液。按照每 5 g $K_2Cr_2O_7$ 的热饱和溶液加 100 cm^3 浓硫酸的比例配制而成。这种洗液氧化性强，用来洗涤一些细口化学玻璃器皿上黏附的油脂。使用后，洗液的颜色转变为绿色，表明洗液失效。由于铬(Ⅵ)的污染较严重，现在已经很少用。

在铬酸盐和重铬酸盐的水溶液中存在如下平衡：

$$2CrO_4^{2-} + 2H^+ \rightleftharpoons 2HCrO_4^- \rightleftharpoons Cr_2O_7^{2-} + H_2O$$

CrO_4^{2-}和 $Cr_2O_7^{2-}$浓度的比值取决于溶液的酸度，向溶液中加酸，平衡向右移动，CrO_4^{2-}浓度降低，而 $Cr_2O_7^{2-}$浓度升高。由于铬酸盐的溶解度比重铬酸盐小很多，所以无论是向铬酸盐溶液还是重铬酸盐溶液中加入 Pb^{2+}、Ba^{2+}、Ag^+等离子，形成的都是溶解度更小的铬酸盐沉淀。

$$Cr_2O_7^{2-} + 2Ba^{2+} + H_2O = 2H^+ + 2BaCrO_4\text{(黄色)}$$

$$Cr_2O_7^{2-} + 2Pb^{2+} + H_2O = 2H^+ + 2PbCrO_4\text{(黄色)}$$

$$Cr_2O_7^{2-} + 4Ag^+ + H_2O = 2H^+ + 2Ag_2CrO_4\text{(砖红色)}$$

3) CrO_3

在 $K_2Cr_2O_7$ 溶液中加入浓硫酸，可以析出暗红色 CrO_3 晶体，其俗名为铬酐，溶于水后生成 H_2CrO_4。H_2CrO_4 的酸度与硫酸相当，但只存在于水溶液中，未分离出纯态的 H_2CrO_4。

$$K_2Cr_2O_7 + H_2SO_4\text{(浓)} = K_2SO_4 + 2CrO_3\downarrow + H_2O$$

$$CrO_3 + H_2O = H_2CrO_4$$

CrO_3 很不稳定，具有很强的氧化性，一些有机物如乙醇等遇 CrO_3 即着火。其熔点为 440 K，超过熔点即分解放出氧气，最终产物为 Cr_2O_3。

$$4CrO_3 = 2Cr_2O_3 + 3O_2$$

4) CrO_5 (过氧化铬)

$CrO(O_2)_2$

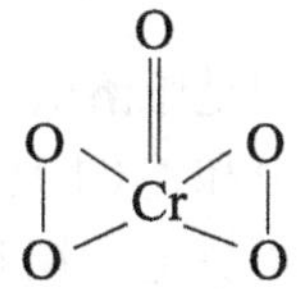

在 CrO_5 中含有两个过氧链。蓝色的 $CrO(O_2)_2$ 在水中不稳定，易分解。在有机溶剂中较稳定，分解速率较慢。

$$4CrO(O_2)_2 + 12H^+ = 4Cr^{3+} + 7O_2\uparrow + 6H_2O$$

部分铬的化合物的鉴定反应

$$\underset{}{Cr^{3+}} \xrightarrow{OH^-} \underset{\text{灰蓝沉淀}}{Cr(OH)_3} \xrightarrow{OH^-} \underset{\text{绿}}{[Cr(OH)_4]^-} \xrightarrow{H_2O_2} \underset{\text{黄}}{CrO_4^{2-}} \xrightarrow{H^+} \underset{\text{橙红}}{Cr_2O_7^{2-}} \xrightarrow[\text{乙醚}]{H_2O_2} \underset{\text{蓝}}{CrO_5}$$

用硫酸酸化含铬(Ⅵ)的溶液后，加入乙醚或戊醇，再加入 H_2O_2，则有机层中即有蓝色的 CrO_5 生成。这是鉴定铬(Ⅵ)和 H_2O_2 比较灵敏的方法。

$$Cr_2O_7^{2-} + 4H_2O_2 + 2H^+ = 2CrO(O_2)_2 + 5H_2O$$

16.4.3 钼和钨的化合物

1. 钼和钨的氧化物

在空气中灼烧辉钼矿，其中的 MoS_2 会转变为 MoO_3。单质 W 在氧气中燃烧或将钨酸脱水也可以制得 WO_3。MoO_3 和 WO_3 属于酸性氧化物，但难溶于水，能溶于氨水和强碱溶液生成相应的含氧酸盐。

$$MoO_3 + 2NH_3 \cdot H_2O \xlongequal{\quad} (NH_4)_2MoO_4 + H_2O$$

$$WO_3 + 2NaOH \xlongequal{\quad} Na_2WO_4 + H_2O$$

它们的氧化性很弱，高温下能被氢气、碳和铝还原。用氢气还原 Mo 和 W 的高价态氧化物时，较低温度下，能得到较低价的氧化物 MoO_2 和 WO_2，它们均难溶于酸和碱。Mo、W 氧化物的一些性质列于表 16-2。

表 16-2　Mo、W 氧化物的物理性质

	MoO_3	MoO_2	WO_3	WO_2
颜色	白色，黄色	紫色	淡黄色，橙黄色	棕色
熔点/K	1068		1746	
沸点/K	1428		2023	
酸碱中的溶解性	溶于氨水和强碱	难溶于酸和碱	溶于氨水和强碱	难溶于酸和碱

2. 钼和钨的含氧酸及其盐

钼酸、钨酸与铬酸不同，它们是难溶酸，酸性、氧化性都较弱。钼和钨的含氧酸盐只有铵、钠、钾、铷、锂、铍、镁、银和铊(Ⅰ)的盐溶于水，其余的含氧酸盐都难溶于水。难溶盐 $PbMoO_4$ 可用作 Mo 的质量分析测定。钼和钨的含氧酸盐氧化性也很弱，在酸性溶液中只能用强还原剂才能将它们还原到+3 氧化态。

例如，在浓盐酸溶液中用 Zn 还原 $(NH_4)_2MoO_4$ 时，溶液经历系列颜色变化，最终生成棕色的 $MoCl_3$。

$$2MoO_4^{2-} + 3Zn + 16H^+ + 6Cl^- \xlongequal{\quad} 2MoCl_3\text{(棕)} + 3Zn^{2+} + 8H_2O$$

酸性溶液中，$(NH_4)_2MoO_4$ 与 H_2S 作用生成棕色的 MoS_3 沉淀。钨酸盐与硫化物作用时，钨酸盐中的氧被硫置换生成一系列硫代钨酸盐，酸化硫代钨酸盐可析出棕色 WS_3 沉淀。

$$(NH_4)_2MoO_4 + 3H_2S + 2HCl \xlongequal{\quad} MoS_3\downarrow + 2NH_4Cl + 4H_2O$$

$$WO_4^{2-} \rightarrow WO_3S^{2-} \rightarrow WO_2S_2^{2-} \rightarrow WOS_3^{2-} \rightarrow WS_4^{2-}$$

铬及其化合物的相互转换关系图

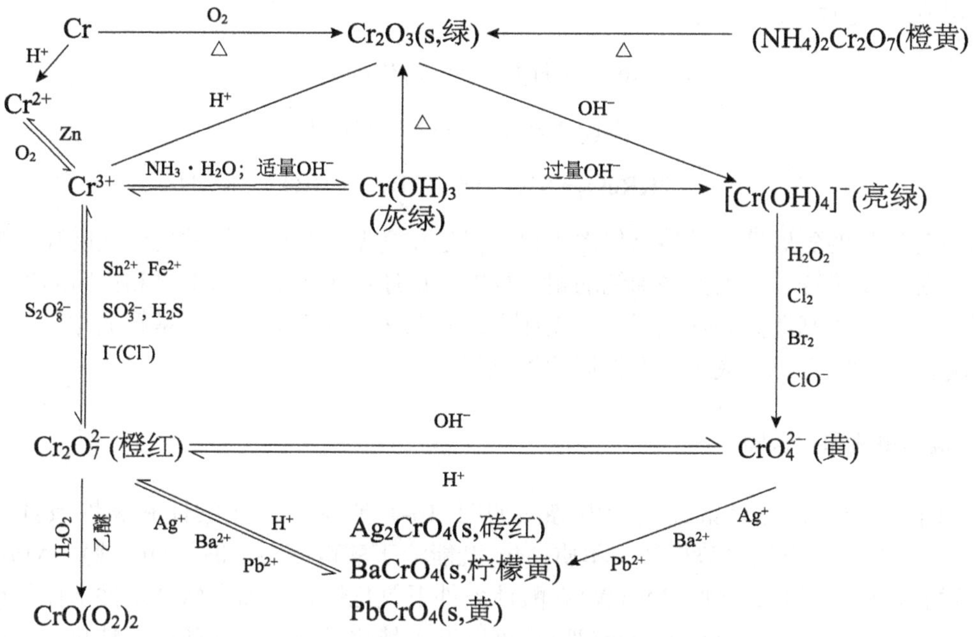

16.5　锰　副　族

锰副族包括锰(Mn)、锝(Tc)、铼(Re)三种元素，价电子构型为$(n-1)\,d^5ns^2$。它们的七个价电子均可参加成键，最高氧化态为+7，具有多种氧化态。与其他副族类似，本族元素按 Mn、Tc、Re 的顺序最高氧化态的稳定性增强，低氧化态稳定性减弱。

16.5.1　锰副族单质的冶炼

1. 锰

锰主要用于制备合金材料。锰钢含锰 12%～15%，十分坚硬，抗冲击、耐磨损，可用于制造钢轨、钢甲等；锰也可代替镍制造不锈钢，其中锰的含量为 8%～10%；在镁铝合金中掺入一定量的锰，可以改善合金的抗腐蚀性和机械性能。

金属锰可由软锰矿(MnO_2)的铝热还原制备，由于反应过于剧烈，先将软锰矿转化为 Mn_3O_4，再与铝粉混合燃烧。

$$3MnO_2 \xlongequal{\triangle} Mn_3O_4 + O_2$$

$$3Mn_3O_4 + 8Al \xlongequal{\triangle} 9Mn + 4Al_2O_3$$

铝热法得到的锰纯度为 95%～98%，纯度更高的锰宜采用电解法制备。

2. 锝和铼

锝是人工合成的放射性元素，铼主要存在于辉钼矿、稀土矿、铌钽矿中，含量很低。焙烧辉钼矿时，伴生的 Re 转化为 Re_2O_7 而挥发进入烟道灰中，水浸烟道灰后，得到 $HReO_4$。

过滤后，加入 KCl 析出 $KReO_4$，经多次重结晶后，得到纯的 $KReO_4$，最后在温度 1073 K 时，以 H_2 还原制得金属 Re。

$$Re_2O_7 + H_2O = 2HReO_4$$

$$KCl + ReO_4^- = KReO_4 + Cl^-$$

$$2KReO_4 + 7H_2 \xlongequal{\triangle} 2Re + 6H_2O + 2KOH$$

铼具有很好的延展性。其熔点仅次于钨，但是在高温真空中，钨的机械强度和可塑性显著下降，加入少量铼，可大大增加钨的耐用程度。铼还用于制造人造卫星和火箭的外壳。铼和铂的合金常用于制造高温热电偶，可以测量 2273 K 左右的高温。铼还是石油化工领域及用醇类制造醛、酮等有机合成工业上常用的催化剂。

16.5.2 锰的单质和化合物

锰具有多种氧化态，锰元素的电势图如图 16-4 所示。对比酸性和碱性条件下电对 Mn(Ⅱ)/Mn 的标准电极电势可知，单质 Mn 既能溶于酸也能溶于碱。Mn(Ⅶ)、Mn(Ⅵ)和 Mn(Ⅲ)均具有较强的氧化性，Mn(Ⅳ)在酸性条件下氧化性强，而在碱性条件下比较稳定。无论溶液的酸碱性，Mn(Ⅵ) 和 Mn(Ⅲ)都可以发生歧化反应，酸性条件下歧化反应更容易进行。酸性溶液中，Mn(Ⅱ)最稳定；碱性溶液中，Mn(Ⅱ)不稳定，容易被氧化。

$$E_A^\ominus/V \quad MnO_4^- \xrightarrow{+0.56} MnO_4^{2-} \xrightarrow{+2.24} MnO_2 \xrightarrow{+0.90} Mn^{3+} \xrightarrow{+1.54} Mn^{2+} \xrightarrow{-1.19} Mn$$

$$E_B^\ominus/V \quad MnO_4^- \xrightarrow{+0.56} MnO_4^{2-} \xrightarrow{+0.60} MnO_2 \xrightarrow{-0.20} Mn(OH)_3 \xrightarrow{+0.15} Mn(OH)_2 \xrightarrow{-1.56} Mn$$

图 16-4 Mn 的元素电势图

1. 锰副族单质的性质

单质锰的外形与铁类似，为银白色金属，粉末状锰为灰色，块状锰为银白色金属。铼的外表酷似铂，很软，延展性良好。本副族元素的原子核外具有五个单电子，可以形成较强的金属键，它们的熔点都较高，表 16-3 列出了铬、锰两个副族元素单质的密度和熔沸点等物理性质。

表 16-3 铬、锰副族元素单质的部分物理性质

ⅥB				ⅦB			
元素单质	密度/(g · cm^{-3})	熔点/K	沸点/K	元素单质	密度/(g · cm^{-3})	熔点/K	沸点/K
Cr	7.20	2130±20	2945	Mn	7.44/7.29/7.21	1517±3	2235
Mo	10.22	2890	4885	Tc	11.50	2445	5150
W	19.3	3683±20	5933	Re	21.02	3453	5900

单质 Mn 在室温下接触非金属单质时并不活泼，高温时能与卤素、氧气、硫、氮气、磷、硅、碳和硼等非金属单质化合。例如，在空气中加热生成 Mn_3O_4，而 Re 则转化为 Re_2O_7。锰

形成的硫化物为 MnS。温度超过 1473 K 时，锰可与氮气化合形成 Mn_3N_2。碳溶解在液态 Mn 中会形成 Mn_3C。

Mn 与热水及稀硫酸和盐酸等非氧化性酸反应时，生成氧化态为+2 的锰化合物，放出氢气。而 Tc、Re 比 Mn 稳定，它们难溶于盐酸，能溶于浓硝酸生成高锝酸和高铼酸。

$$3M + 7HNO_3 \xlongequal{\quad} 3HMO_4 + 7NO + 2H_2O \quad (M = Tc, Re)$$

有氧化剂存在时，Mn 可以熔解在熔融碱中，生成锰酸盐。

$$2Mn + 4KOH + 3O_2 \xlongequal{\triangle} 2K_2MnO_4 + 2H_2O$$

2. 高锰酸钾($KMnO_4$)和锰酸钾(K_2MnO_4)

常态下，$KMnO_4$ 是深紫色晶体，俗称灰锰氧。常温下在水中的溶解度不大，293 K 时每 100 g H_2O 中只能溶解 6.34 g $KMnO_4$，水溶液显紫红色，$KMnO_4$ 溶液具有杀菌消毒作用，常用作消毒剂，医学上称为 PP 粉。0.1%的稀溶液可用于浸洗水果和餐具，5%的溶液可治疗烫伤。

固体 $KMnO_4$ 热稳定性低，加热易分解。

$$2KMnO_4 \xlongequal{\triangle} K_2MnO_4 + MnO_2 + O_2$$

$KMnO_4$ 溶液不能久置，需现用现配。配制后应避光保存于棕色试剂瓶中，水溶液见光分解反应如下：

$$4MnO_4^- + 4H^+ \xlongequal{\quad} 3O_2 + 2H_2O + 4MnO_2$$

作为滴定试剂时，必须在使用前用草酸重新标定其准确浓度。

$$2MnO_4^- + 5H_2C_2O_4 + 6H^+ \xlongequal{\quad} 2Mn^{2+} + 10CO_2\uparrow + 8H_2O$$

$KMnO_4$ 最重要的化学性质是强氧化性，其还原产物随介质不同而异，一般来说，在酸性条件下 MnO_4^- 被还原为 Mn^{2+}，中性条件下被还原为 MnO_2，碱性条件下被还原为 MnO_4^{2-}。

酸性溶液中：　$2MnO_4^- + 5SO_3^{2-} + 6H^+ \xlongequal{\quad} 2Mn^{2+} + 5SO_4^{2-} + 3H_2O$

酸中若 MnO_4^- 过量：　$2MnO_4^-$（过量）$+ 3Mn^{2+} + 2H_2O \xlongequal{\quad} 5MnO_2\downarrow + 4H^+$

中性溶液中：　$2MnO_4^- + 3SO_3^{2-} + H_2O \xlongequal{\quad} 2MnO_2\downarrow + 3SO_4^{2-} + 2OH^-$

碱性溶液中：　$2MnO_4^- + SO_3^{2-} + 2OH^- \xlongequal{\quad} 2MnO_4^{2-} + SO_4^{2-} + H_2O$

碱中若 SO_3^{2-} 过量：　SO_3^{2-}（过量）$+ MnO_4^{2-} + H_2O \xlongequal{\quad} MnO_2\downarrow + SO_4^{2-} + 2OH^-$

$KMnO_4$ 用于测定 Fe^{2+} 的含量。

$$MnO_4^- + 5Fe^{2+} + 8H^+ \xlongequal{\quad} Mn^{2+} + 5Fe^{3+} + 4H_2O$$

$KMnO_4$ 与冷、浓的硫酸作用生成绿褐色油状 Mn_2O_7，Mn_2O_7 不稳定，常温下会爆炸分解成 MnO_2、O_2、O_3，遇有机物易燃烧、爆炸。用 CCl_4 萃取 Mn_2O_7 后溶于水可制取 $HMnO_4$。

工业上主要从软锰矿(MnO_2)制备 $KMnO_4$。在熔融碱中用 O_2 或 $KClO_3$ 氧化矿石中的 MnO_2，使之转化为 K_2MnO_4。

$$2MnO_2 + 4KOH + O_2 \xlongequal{\triangle} 2K_2MnO_4 + 2H_2O$$

$$3MnO_2 + 6KOH + KClO_3 \xlongequal{\triangle} 3K_2MnO_4 + KCl + 3H_2O$$

用水浸取，过滤除去残渣后，利用 K_2MnO_4 在酸性溶液中更容易歧化这一特点，向滤液中通入 CO_2，使 K_2MnO_4 歧化生成 $KMnO_4$ 和 MnO_2。

$$3K_2MnO_4 + 2CO_2 \xlongequal{} 2KMnO_4 + MnO_2\downarrow + 2K_2CO_3$$

过滤除去 MnO_2，滤液加热蒸发、浓缩、结晶得 $KMnO_4$ 晶体产品。

很显然，这种方法有 1/3 的锰元素转化成 MnO_2，因此产率最高只有 67%，而电解法可以提高 $KMnO_4$ 的产率。电解时以 Ni 为阳极，Fe 为阴极，密度约 80 g · cm^{-3} 的 K_2MnO_4 溶液为电解液，在阳极区得到 $KMnO_4$。电极反应为

阴极区：　$$2H_2O + 2e^- \xlongequal{} H_2 + 2OH^-$$

阳极区：　$$2MnO_4^{2-} \xlongequal{} 2MnO_4^- + 2e^-$$

总的电解反应为

$$2K_2MnO_4 + 2H_2O \xlongequal{} 2KMnO_4 + 2KOH + H_2$$

也可以用氯气、次氯酸盐等氧化剂将 K_2MnO_4 直接氧化成 $KMnO_4$。

$$2K_2MnO_4 + Cl_2 \xlongequal{} 2KMnO_4 + 2KCl$$

K_2MnO_4 是一种绿色固体，是制备 $KMnO_4$ 的中间产品，只有在溶液的 pH>13.5 时才是稳定的，在中性或酸性溶液中容易歧化。

思考 · 练习

已知锰酸盐在酸性溶液中可以发生歧化反应：$3MnO_4^{2-} + 4H^+ \xlongequal{} 2MnO_4^- + MnO_2 + 2H_2O$。试根据 Mn 元素的电势图，计算该歧化反应的平衡常数和标准自由能变。

3. MnO_2

氧化态为+4 的锰盐不稳定，但其氧化物 MnO_2 常态下十分稳定。强酸性溶液中 MnO_2 具有较强的氧化性，实验室制备氯气时就是利用了这一性质。工业上，在绿色玻璃中加入 MnO_2 可以将 Fe^{2+}氧化成 Fe^{3+}，使绿色玻璃变为无色玻璃 [$Fe_2(SiO_3)_3$ 呈淡黄色，而 $Mn(SiO_3)_2$ 呈紫色，两种颜色互补变为无色]。在油漆工业中，将 MnO_2 加入半干性油中，可以促进油在空气中的氧化作用。应用在干电池中，MnO_2 可以氧化正极上生成的氢。

MnO_2 在中性或碱性溶液中具有一定的还原性，可以被氧化为 Mn(Ⅵ)的化合物。例如，MnO_2 和 KOH 的混合物与空气中或者与 $KClO_3$、KNO_3 等氧化剂熔融，均可得到绿色的 K_2MnO_4。

$$2MnO_2 + 4KOH + O_2 \xlongequal{} 2K_2MnO_4 + 2H_2O$$

$$3MnO_2 + 6KOH + KClO_3 \xlongequal{} 3K_2MnO_4 + KCl + 3H_2O$$

4. Mn(Ⅱ)的化合物

思 考 · 练 习

由锰元素的电势图计算以下电对的标准电极电势：
(1) $E_A^\ominus(MnO_2/Mn^{2+})$；(2) $E_B^\ominus[MnO_2/Mn(OH)_2]$
$E_B^\ominus(O_2/OH^-) = 0.40\ V$，与上述计算结果对比，说明 Mn^{2+} 在酸性和碱性介质中的稳定性。

向二价锰盐的溶液中加入强碱，得到白色沉淀。该沉淀在碱性溶液中不稳定，与空气接触即被氧化成棕色的 $MnO_2 \cdot H_2O$。

$$Mn^{2+} + 2OH^- \xlongequal{} Mn(OH)_2$$

$$2Mn(OH)_2 + O_2 \xlongequal{} 2MnO(OH)_2\ [MnO_2 \cdot H_2O]$$

Mn^{2+} 是酸性介质中锰最稳定的氧化态，只有在高酸度热溶液中，很强的氧化剂才能将其氧化。

$$2Mn^{2+} + 5S_2O_8^{2-} + 8H_2O \xlongequal{} 2MnO_4^- + 10SO_4^{2-} + 16H^+$$

$$2Mn^{2+} + 5NaBiO_3 + 14H^+ \xlongequal{} 2MnO_4^- + 5Na^+ + 5Bi^{3+} + 7H_2O$$

$$2Mn^{2+} + 5PbO_2 + 4H^+ \xlongequal{} 2MnO_4^- + 5Pb^{2+} + 2H_2O$$

Mn^{2+} 的价电子构型为 $3d^5$，其水合离子为六配位、高自旋的八面体构型。电子从能量较低的 d_ε 能级跃迁到能量较高的 d_γ 能级时，电子的自旋方向需要改变，这种跃迁是自旋禁阻的，发生的概率很小，即对光的吸收很弱。所以，Mn^{2+} 的大部分高自旋八面体构型的配离子颜色很淡，$[Mn(H_2O)_6]^{2+}$ 为浅粉红色，溶液很稀时近似无色。

Mn^{2+} 也有少数四面体构型的配离子，在四面体晶体场中，电子从能量较低的 d_γ 能级跃迁到能量较高的 d_ε 能级也是自旋禁阻的。但是，与八面体场相比，四面体场的分裂能较低，跃迁较容易。因此，高自旋的四面体配离子的颜色较深，为黄绿色。

二价锰的硫酸盐十分稳定，加热至红热也不分解。无水 $MnSO_4$ 为白色晶体，从溶液中析出的为粉红色结晶水合物，依条件不同，可以得到含有七个、五个、四个或一个结晶水的晶体。

$Mn(NO_3)_2$ 的稳定性不如 $MnSO_4$，浓缩 $Mn(NO_3)_2$ 溶液可以析出 $Mn(NO_3)_2 \cdot 6H_2O$，加热后，可以部分脱水为 $Mn(NO_3)_2 \cdot 3H_2O$，高温下则分解并伴随氧化还原反应。

$$Mn(NO_3)_2 \xlongequal{\triangle} MnO_2 + 2NO_2$$

二价锰的硫化物、碳酸盐和磷酸盐都微溶于水，其中无水 MnS 呈绿色，但是可溶性锰盐与硫化铵发生沉淀反应从水溶液中析出的则是肉色的 $MnS \cdot nH_2O$ 沉淀，这种沉淀溶于乙酸。

锰及其化合物的相互转换关系图

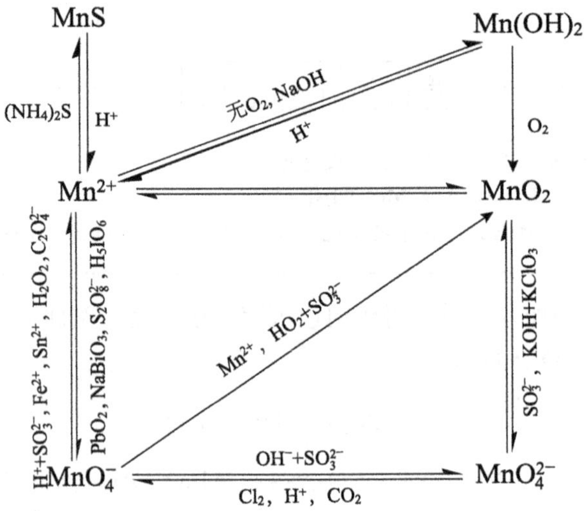

16.6 铁系元素

Ⅷ族在元素周期表中是特殊的一族，它包括第四、五、六三个周期的九种元素。在这九个元素中，尽管也存在通常的垂直相似性，但水平相似性更加突出，如铁(Fe)、钴(Co)、镍(Ni)三种元素称为铁系元素，其余六种元素(Ru、Os、Rh、Ir、Pd、Pt)则称为铂系元素。

铁系元素最外层都有两个电子，次外层 d 电子数分别为 6、7、8，因此它们的性质相似。由于 d 轨道已经超过半充满状态，全部价电子参加成键的趋势降低，一般条件下，铁表现+2、+3 氧化态，在极强氧化剂存在时，可以表现出不稳定的+6 氧化态(高铁酸盐)。钴和镍的最高氧化态均为+4，但是一般条件下钴和镍都表现为+2 氧化态，在强氧化剂存在时，钴可以显示+3 氧化态，而镍的+3 氧化态十分少见。

16.6.1 铁系元素的单质

铁的冶炼主要是用焦炭在高温下还原铁的各种氧化物。例如

$$Fe_2O_3 + 3C \xlongequal{\triangle} 2Fe + 3CO$$

$$Fe_2O_3 + 3CO \xlongequal{\triangle} 2Fe + 3CO_2$$

生铁和钢就化学成分而言，除绝大部分是 Fe 外，都含有 C 及其他元素。一般生铁的含碳量为 2%～5%，还含有一定量的 P、S、Mn、Si 等杂质。生铁的性质硬而脆，常用来浇铸成大型机器部件，如机床底座、柴油机的飞轮、下水管道、下水道井盖等。而钢中含碳量较低，一般小于 1.7%，硬度大且有弹性，主要用于制造建筑材料(钢筋、螺纹钢)、弹簧、钢板及其他多种机械。

Fe、Co、Ni 的单质均具有铁磁性，是制造磁铁的主要原料，也常用来制造无线电通信设备。Co 是硬质合金中不可或缺的元素，Co、Cr、W 和 Fe 可冶炼成坚硬的高速切削钢和钻头，Co 也常用来制造永久磁铁。Ni 具有较强的抗腐蚀作用，许多金属家具表面常镀上一层镍，

它也是不锈钢的重要成分。另外，玻璃仪器内熔导线含镍 3.6%，其膨胀系数和玻璃相近，不会因膨胀系数差别太大而引起导线或玻璃的膨胀断裂。如表 16-4 所示，它们的熔点随原子序数的增加略有下降，但是沸点的变化规律不强。

表 16-4　铁系元素的部分物理性质

物理性质	Fe	Co	Ni
价电子构型	$3d^6 4s^2$	$3d^7 4s^2$	$3d^8 4s^2$
价层单电子数	4	3	2
密度/(g · cm^{-3})	7.874	8.90	8.902
熔点/K	1808	1768	1726
沸点/K	3023	3143	3005

铁系元素的电势图见图 16-5，酸性条件下，电对 M^{2+}/M 的标准电极电势均为负值，小于 $E_A^{\ominus}(H^+/H_2)$，Fe、Co、Ni 单质的还原性依次降低，三者都属于中等活泼的金属，可以从盐酸、稀硫酸等非氧化性酸中置换出 H_2，但冷的浓硝酸会使铁、钴、镍钝化而无法持续反应。

$$M + 2HCl \xlongequal{\quad} MCl_2 + H_2\uparrow$$

$$E_A^{\ominus}/V \quad FeO_4^{2-} \xrightarrow{+2.20} Fe^{3+} \xrightarrow{+0.77} Fe^{2+} \xrightarrow{-0.45} Fe$$

$$Co^{3+} \xrightarrow{+1.84} Co^{2+} \xrightarrow{-0.28} Co$$

$$Ni^{2+} \xrightarrow{-0.26} Ni$$

$$E_B^{\ominus}/V \quad FeO_4^{2-} \xrightarrow{+0.72} Fe(OH)_3 \xrightarrow{-0.56} Fe(OH)_2 \xrightarrow{-0.88} Fe$$

$$Co(OH)_3 \xrightarrow{+0.17} Co(OH)_2 \xrightarrow{-0.73} Co$$

$$Ni(OH)_2 \xrightarrow{-0.72} Ni$$

图 16-5　铁系元素的电势图

常温下，与氧、硫、氯等非金属单质作用不显著。但在高温下，它们可以与上述非金属单质剧烈反应。Fe 尽管不能与 N_2 直接化合，但可与 NH_3 作用形成氮化物 Fe_2N，非金属元素 C 也可以熔解在熔融 Fe 中形成碳化物 Fe_3C。

850 K 左右，Fe 能与高温水蒸气反应：

$$3Fe + 4H_2O(g) \xlongequal{\quad} Fe_3O_4 + 4H_2$$

碱性条件下，电对 $M(OH)_2/M$ 的标准电极电势也均为负值，但与 $E_B^{\ominus}(H_2O/H_2) = -0.83V$ 相比，只有 $E_B^{\ominus}[Fe(OH)_2/Fe] = -0.88$ V 略小于 $E_B^{\ominus}(H_2O/H_2)$。实际上，只有 Fe 能被浓碱液缓慢侵蚀，而钴和镍均不与强碱作用。镍可以用来制造坩埚，作为高温熔碱反应的反应容器。

16.6.2　铁系元素的化合物

1. 铁、钴、镍的氧化物和氢氧化物

Fe、Co、Ni 具有+2 和+3 氧化态的氧化物和氢氧化物，见表 16-5，它们都属难溶于水的碱性氧化物，具有鲜明的颜色，可以用作颜料、涂料、媒染剂，也可用作一些有机反应的催化剂。

表 16-5　铁系元素的氧化物和氢氧化物

氧化态	类型	Fe		Co		Ni	
		化学式	颜色	化学式	颜色	化学式	颜色
+2	氧化物	FeO	黑色	CoO	灰绿色	NiO	暗绿色
	氢氧化物	$Fe(OH)_2$	白色	$Co(OH)_2$	蓝色、绿色、粉红色	$Ni(OH)_2$	绿色
+3	氧化物	Fe_2O_3	砖红色	Co_2O_3	黑色	Ni_2O_3	黑色
	氢氧化物	$Fe(OH)_3$	红棕色	$Co(OH)_3$	棕黑色	$Ni(OH)_3$	黑色

铁系元素的二价氧化物的还原性按照 Fe→Co→Ni 的次序逐渐减弱，可由隔绝空气条件下相应草酸盐的分解制得。

$$MC_2O_4 \xlongequal{\triangle} MO + CO + CO_2$$

而三价氧化物 Fe_2O_3、Co_2O_3、Ni_2O_3 都具有较强的氧化性，它们的氧化能力依次增强。

铁系元素的氢氧化物可由相应的盐溶液与碱的复分解反应制备。Fe(Ⅱ)的氢氧化物具有较强的还原性，需在缺氧的碱性溶液中制备纯净的 $Fe(OH)_2$。白色的 $Fe(OH)_2$ 与水中溶解的 O_2 接触会很快被氧化，颜色由白色迅速变为灰绿色，最后变成红棕色。

$$Fe^{2+} + 2OH^- \xlongequal{\quad} Fe(OH)_2$$

$$4Fe(OH)_2 + O_2 + 2H_2O \xlongequal{\quad} 4Fe(OH)_3$$

Co^{2+}在碱性溶液中存在不同的变体，颜色各不相同。随 pH 的增加，依次生成绿色、蓝色和粉红色的 $Co(OH)_2$ 沉淀。$Co(OH)_2$ 暴露于空气中时，会慢慢变成棕色的 $Co(OH)_3$。

$$Co^{2+} + 2OH^- \xlongequal{\quad} Co(OH)_2$$

$$4Co(OH)_2 + O_2 + 2H_2O \xlongequal{\quad} 4Co(OH)_3$$

而 Ni^{2+}在碱性溶液中生成绿色的 $Ni(OH)_2$，常态下，$Ni(OH)_2$ 能稳定存在。$Ni(OH)_2$ 遇到强氧化剂如 NaClO、Br_2 等时，才能转变为 $Ni(OH)_3$。

$$Ni^{2+} + 2OH^- \xlongequal{\quad} Ni(OH)_2$$

$$2Ni(OH)_2 + Br_2 + 2NaOH \xlongequal{\quad} 2Ni(OH)_3 + 2NaBr$$

$$2Ni(OH)_2 + NaClO + H_2O \xlongequal{\quad} 2Ni(OH)_3 + NaCl$$

新生成的 $Fe(OH)_3$ 具有微弱的两性，其碱性强于酸性，能少量溶于热的浓 NaOH 溶液，生成铁酸盐$[Fe(OH)_6]^{3-}$。与$Fe(OH)_3$溶于酸的反应属于复分解反应不同，$Co(OH)_3$、$Ni(OH)_3$均具有较强的氧化性，在酸性溶液中可以将H_2O氧化成O_2、将Cl^-氧化成Cl_2，转变为Co(Ⅱ)、Ni(Ⅱ)。

$$4Co(OH)_3 + 8H^+ \xlongequal{} 4Co^{2+} + O_2\uparrow + 10H_2O$$

$$2Co(OH)_3 + 2Cl^- + 6H^+ \xlongequal{} 2Co^{2+} + Cl_2\uparrow + 6H_2O$$

$$2Ni(OH)_3 + 2Cl^- + 6H^+ \xlongequal{} 2Ni^{2+} + Cl_2\uparrow + 6H_2O$$

2. 铁、钴、镍的盐

1)铁的二价盐

$FeSO_4\cdot7H_2O$俗称绿矾、黑矾或墨矾，是一种浅绿色晶体。长期放置于空气中会被空气中的氧气氧化成碱式盐，因此常有黄色或棕色斑点。

$$4FeSO_4 + O_2 + 2H_2O \xlongequal{} 4Fe(OH)SO_4$$

绿矾在干燥空气中会逐渐风化失去一部分结晶水，加热时，首先失水变成一水合硫酸亚铁显白色，当温度高于573 K时，失去所有结晶水变成白色无水硫酸亚铁。绿矾在农业上作农药，主治小麦黑穗病；在工业上主要用于染色、制蓝黑墨水、除草剂、饲料添加剂和木材防腐剂等。

$FeSO_4\cdot(NH_4)_2SO_4\cdot6H_2O$俗称莫尔盐，是一种淡绿色的晶体，比绿矾稳定，可以在空气中长期存放而不会被空气中的氧气氧化，是最常用的Fe^{2+}盐。主要用作还原剂，在定量分析中常用来标定重铬酸钾或高锰酸钾溶液的浓度。

2)铁的三价盐

常见的Fe(Ⅲ)盐有棕黄色的$FeCl_3\cdot6H_2O$、淡紫色的$Fe(NO_3)_3\cdot9H_2O$、淡紫色的$Fe_2(SO_4)_3\cdot9H_2O$和淡紫色的$NH_4Fe(SO_4)_2\cdot9H_2O$，它们都可以作为提供Fe^{3+}的试剂。

Fe^{3+}极化作用很强，Fe(Ⅲ)盐在水中都有不同程度的水解。$[Fe(H_2O)_6]^{3+}$的d电子构型为高自旋的$d_\varepsilon^3d_\gamma^2$，电子的d-d跃迁是自旋禁阻的，因此d-d吸收的概率低，吸收很弱，$[Fe(H_2O)_6]^{3+}$呈现很淡的紫色。平时看到的三价铁盐水溶液的黄色或棕色是水解造成的。其第一步水解方程式为

$$[Fe(H_2O)_6]^{3+} + H_2O \rightleftharpoons Fe(H_2O)_5(OH)^{2+} + H_3O^+$$

之后各步水解可以用一系列式子表示。

$$Fe(H_2O)_5(OH)^{2+} + H_2O \rightleftharpoons Fe(H_2O)_4(OH)_2^+ + H_3O^+$$

$$Fe(H_2O)_4(OH)_2^+ + H_2O \rightleftharpoons Fe(H_2O)_3(OH)_3 + H_3O^+$$

水解过程十分复杂，水解产物会逐渐缩合。

$$[Fe(H_2O)_6]^{3+} + Fe(H_2O)_5(OH)^{2+} \rightleftharpoons [(H_2O)_5Fe(OH)Fe(H_2O)_5]^{5+} + H_2O$$

$$2[Fe(H_2O)_5(OH)]^{2+} \rightleftharpoons [(H_2O)_4Fe(OH)_2Fe(H_2O)_4]^{4+} + 2H_2O$$

温度和酸度是影响水解平衡的重要因素。将溶液加热，溶液的颜色会由黄色逐渐变深，

最终得到红褐色透明的胶体溶液。当溶液的酸度很大时，Fe^{3+}主要以$[Fe(H_2O)_6]^{3+}$形式存在，如 pH 为零时，$[Fe(H_2O)_6]^{3+}$约占总铁的 99%。随酸度降低，水解程度逐渐增加，溶液的颜色由黄色向红棕色过渡。当 pH 达到 2 时，溶液中产生聚合态产物，最终可形成红棕色胶状沉淀。

冶金工业和化工生产领域常利用 Fe^{3+}的水解来除去铁。但是该方法的缺点是生成的 $Fe(OH)_3$ 具有胶体性质，能吸附一些物质造成物料损失，而且沉降速率慢、过滤困难。通常采用加凝聚剂或长时间煮沸的方法来破坏胶体。科学实验发现，三价铁的硫酸盐在较低 pH 下水解时不会产生 $Fe(OH)_3$沉淀，此时溶液中只存在聚合态的羟基合铁离子，如$[Fe_2(OH)_2]^{4+}$、$[Fe_2(OH)_4]^{2+}$等，这些离子与 K^+、Na^+、NH_4^+和 SO_4^{2-}结合，生成一种浅黄色的复盐，称为黄铁矾，其化学式为 $M_2Fe_6(SO_4)_4(OH)_{12}$。黄铁矾在水中溶解度小、颗粒大、沉降速率大、容易过滤，该法是水法冶金行业广泛采用的除铁方法。实际工作中，用氧化剂 $NaClO_3$ 将溶液中所有的 Fe 元素都转化为 Fe(Ⅲ)，控制 pH 为 1.6～1.8，保持温度为 358～368 K，溶液中的 Fe^{3+}水解转化为 $Na_2Fe_6(SO_4)_4(OH)_{12}$ 沉淀。

在酸性溶液中，Fe^{3+}有一定的氧化性，是一种中等程度的氧化剂，可以将 I^-、H_2S 等还原性较强的还原剂氧化。

$$2Fe^{3+} + 2I^- \xlongequal{\quad} 2Fe^{2+} + I_2$$

$$2Fe^{3+} + H_2S \xlongequal{\quad} 2Fe^{2+} + 2H^+ + S\downarrow$$

干燥的氯气和铁粉在高温下反应生成无水 $FeCl_3$(加热使 $FeCl_3 \cdot 6H_2O$ 脱水只能得到碱式盐)。与 $AlCl_3$ 相似，$FeCl_3$ 具有明显的共价性，熔点为 555 K，沸点为 588 K，易溶于丙酮、氯仿等有机溶剂中，在 673 K 的蒸气中存在二聚分子 Fe_2Cl_6。$FeCl_3$ 可用作某些有机反应的催化剂，还用于印染、照相、医疗中。由于 $FeCl_3$ 可以使蛋白质凝固，因此，可以用作外伤的止血剂。另外，印刷制版中，常用 35%的 $FeCl_3$ 溶液刻蚀铜版，使铜版中需要去除的部分与 $FeCl_3$ 溶液反应。

$$2FeCl_3 + Cu \xlongequal{\quad} CuCl_2 + 2FeCl_2$$

3) 钴的二价盐

无水 $CoCl_2$ 显蓝色，吸收结晶水后，随着结晶水分子的增多，颜色逐渐由蓝色转变为粉红色。

$$\underset{\text{蓝}}{CoCl_2} \rightleftharpoons \underset{\text{蓝紫}}{CoCl_2 \cdot H_2O} \rightleftharpoons \underset{\text{紫红}}{CoCl_2 \cdot 2H_2O} \rightleftharpoons \underset{\text{粉红}}{CoCl_2 \cdot 6H_2O}$$

$CoCl_2 \cdot 6H_2O$ 中存在$[Co(H_2O)_4Cl_2]$，Co^{2+}与四个水分子和两个 Cl^-形成畸变的八面体，其中 Co 与 H_2O 分子之间的键长为 212 pm，与 Cl^-的键长为 243 pm，另外两个水分子未与 Co 直接成键。

与 $AlCl_3 \cdot 6H_2O$、$FeCl_3 \cdot 6H_2O$ 等不同，Co^{2+}水解程度低，$CoCl_2 \cdot 6H_2O$ 受热后可逐渐失水而不水解。$CoCl_2$ 主要用于制造金属 Co 及其化合物，也用于氨的吸收、防毒面具和肥料添加剂等。用 $CoCl_2$ 制造变色硅胶时，将得到的无色硅胶用 $CoCl_2$ 溶液浸泡，然后造粒、烘干即得到变色硅胶。当变色硅胶由蓝色变为粉红色时，说明硅胶已失去吸水能力，如需继续使用，则必须在 403～423 K 烘干方可。$CoCl_2$ 的稀溶液可以制作显隐墨水，稀的 $CoCl_2$ 溶液写在纸上几乎无色，用火烘烤后就会显示出无水 $CoCl_2$ 的蓝色。

4)镍的二价盐

常见的镍盐包括黄绿色的 $NiSO_4 \cdot 7H_2O$、棕绿色的 $NiCl_2 \cdot 6H_2O$、绿色的 $Ni(NO_3)_2 \cdot 6H_2O$ 和复盐 $M_2SO_4 \cdot NiSO_4 \cdot 6H_2O$(其中 M 为碱金属离子或铵根离子)，它们来源于镍的单质、氧化物或碳酸盐与酸的反应。

镍的强酸盐都易溶于水，弱酸盐溶解度相对较小。向含有 Ni^{2+}的溶液中，加入 Na_2CO_3 溶液得到浅绿色 $Ni_2(OH)_2CO_3$ 晶体；加入 Na_3PO_4 溶液得到绿色 $Ni_3(PO_4)_2$ 晶体；加入 $(NH_4)_2S$ 溶液得到黑色α-NiS 沉淀。

$$2Ni^{2+} + 3CO_3^{2-} + 2H_2O \xlongequal{} Ni_2(OH)_2CO_3\downarrow + 2HCO_3^-$$

$$3Ni^{2+} + 2PO_4^{3-} \xlongequal{} Ni_3(PO_4)_2\downarrow$$

$$Ni^{2+} + S^{2-} \xlongequal{} \alpha\text{-NiS}\downarrow$$

α-NiS 易溶于稀盐酸或稀硫酸，经放置或加热会转变成难溶于盐酸或硫酸但溶于硝酸的β-NiS 或γ-NiS。

3. 铁、钴、镍的配合物

铁、钴、镍都是常见的中心原子，可以和众多的配体形成配合物，而且许多配合物已得到广泛的应用，下面简单介绍几种最常用的配合物。

1)氨配合物

Fe^{2+}、Co^{2+}、Ni^{2+} 和 Co^{3+}均易与 NH_3 形成配合物，其稳定常数分别为

$$K_f^{\ominus}([Co(NH_3)_6]^{2+}) = 1.28\times10^5$$

$$K_f^{\ominus}([Ni(NH_3)_6]^{2+}) = 5.5\times10^8$$

$$K_f^{\ominus}([Co(NH_3)_6]^{3+}) = 1.6\times10^{35}$$

铁系元素+2 氧化态的氨配合物稳定性按照 Fe→Co→Ni 的次序逐渐增强。Fe^{2+}的氨配合物很不稳定，在无水状态下，Fe^{2+}与 NH_3 形成$[Fe(NH_3)_6]Cl_2$，遇水则立即分解。

$$[Fe(NH_3)_6]Cl_2 + 6H_2O \xlongequal{} Fe(OH)_2 + 4NH_3 \cdot H_2O + 2NH_4Cl$$

从 Co(Ⅱ)和 Co(Ⅲ)氨配合物的稳定常数可以看出，$[Co(NH_3)_6]^{3+}$的稳定性远高于$[Co(NH_3)_6]^{2+}$，Co^{2+}与 NH_3 形成的$[Co(NH_3)_6]^{2+}$不稳定，很容易被氧化为$[Co(NH_3)_6]^{3+}$，这种转化也可以从以下两个电极反应的标准电极电势的数据推测出来。

$$[Co(H_2O)_6]^{3+} + e^- \xlongequal{} [Co(H_2O)_6]^{2+} \qquad E^{\ominus} = +1.84\ V$$

$$[Co(NH_3)_6]^{3+} + e^- \xlongequal{} [Co(NH_3)_6]^{2+} \qquad E^{\ominus} = +0.11\ V$$

在水溶液中，+3 氧化态的$[Co(H_2O)_6]^{3+}$具有显著的氧化性，+2 氧化态的$[Co(H_2O)_6]^{2+}$能稳定存在。而在氨性溶液中，+2 氧化态的$[Co(NH_3)_6]^{2+}$能被空气中的氧气氧化。

$$4[Co(NH_3)_6]^{2+} + O_2 + 2H_2O \longrightarrow 4[Co(NH_3)_6]^{3+} + 4OH^-$$

从晶体场理论的观点分析，这种稳定性差异的主要原因在于，$[Co(NH_3)_6]^{3+}$的中心离子Co^{3+}的价层 d 轨道分裂能较大，价层电子采取 $d_\varepsilon^6 d_\gamma^0$ 的低自旋分布，晶体场稳定化能大，配离子稳定性高；而$[Co(NH_3)_6]^{2+}$中中心离子 Co^{2+}的价层 d 轨道分裂能较小，价层电子采取 $d_\varepsilon^5 d_\gamma^2$ 的高自旋分布，晶体场稳定化能小，配离子的稳定性低。因此，$[Co(NH_3)_6]^{2+}$容易失去 1 个电子成为稳定性较高的$[Co(NH_3)_6]^{3+}$。

当有 NH_3 和 Cl^-共同作为配体时，Co^{3+}可以形成四种组成、颜色和性质不同的配合物，它们分别是橙黄色的$[Co(NH_3)_6]Cl_3$、紫红色的$[CoCl(NH_3)_5]Cl_2$、紫色的$[CoCl_2(NH_3)_4]Cl$ 和绿色的$[CoCl_3(NH_3)_3]$。

2) 氰配合物

Fe^{2+}、Fe^{3+}、Co^{2+}、Co^{3+}、Ni^{2+}均能与 CN^-形成配合物。

向 Fe^{2+}溶液中加入 KCN，首先得到白色的 $Fe(CN)_2$ 沉淀，KCN 过量时，沉淀溶解，得到 $K_4[Fe(CN)_6]$溶液。从溶液中析出的黄色晶体 $K_4[Fe(CN)_6]\cdot 3H_2O$ 俗称黄血盐(或亚铁氰化钾)，十分稳定，几乎检验不到溶液中存在 Fe^{2+}。向黄血盐溶液中通入 Cl_2，得到 $K_3[Fe(CN)_6]$溶液，其晶体为深红色，俗称赤血盐。向含有 Fe^{3+}的溶液中加入黄血盐溶液或向含有 Fe^{2+}的溶液中加入赤血盐溶液，均生成难溶的蓝色配合物 $Fe_4[Fe(CN)_6]_3\cdot xH_2O$ (x=14) 和可溶性普鲁士蓝 $KFe[Fe(CN)_6]$。常用此反应定性检验溶液中的 Fe^{3+}、Fe^{2+}。

$$Fe^{2+} + K^+ + [Fe(CN)_6]^{3-} \longrightarrow KFe[Fe(CN)_6]$$

$$Fe^{3+} + K^+ + [Fe(CN)_6]^{4-} \longrightarrow KFe[Fe(CN)_6]$$

图 16-6 给出了这种蓝色配合物的结构示意图，Fe^{2+}和 Fe^{3+}并无内外界之分，它们交替排列形成两套面心立方结构，Fe^{3+}占据了立方体的 8 个顶点和六个面心位置，Fe^{2+}占据立方体的体心和棱的中心位置。相邻的 Fe^{2+}和 Fe^{3+}靠 CN^-相连，图中未画出 CN 原子团，其中 CN^-上的 C 原子与 Fe^{2+}形成配位键，而 N 原子与 Fe^{3+}形成配位键。配合物外界的 K^+填充在 CN^-与 Fe^{2+}、Fe^{3+}构成的立方体的体心位置，K^+占据一半的体心位置，相邻的 K^+呈正四面体分布。则单位晶胞内，Fe^{3+}、Fe^{2+}和 K^+的个数均为 4，CN^-的个数可以按如下思路计算。

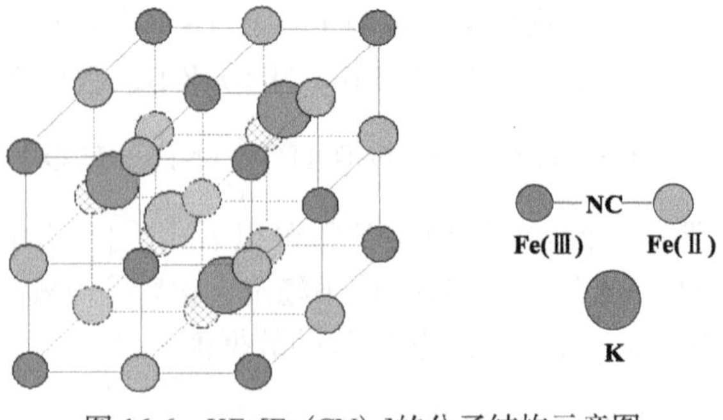

图 16-6　$KFe[Fe(CN)_6]$的分子结构示意图

位于棱上的 CN^-共有 24 个，每条棱为四个晶胞共有，则棱上 CN^-的个数为 6；位于面上的 CN^-也有 24 个，它们均为两个晶胞共有，因此面上 CN^-的个数为 12；最后考虑晶胞体心相连的还有 6 个 CN^-，则单位晶胞中的 CN^-总数为 24。综上所述，该蓝色配合物的组成式为

$KFe[Fe(CN)_6]$。

除此之外，$[Fe(CN)_6]^{4-}$还是一种常用的沉淀剂，可以与许多过渡金属离子形成具有特征颜色的难溶物，用于这些离子的定性检验。常见的几种过渡金属铁氰酸盐的溶度积和颜色列于表 16-6 中。

表 16-6　$M_2[Fe(CN)_6]$的溶度积和颜色

难溶物	$K_{sp}^{\ominus}$	颜色	难溶物	$K_{sp}^{\ominus}$	颜色
$Cu_2[Fe(CN)_6]$	1.3×10^{-16}	红棕	$Ni_2[Fe(CN)_6]$	1.3×10^{-15}	绿
$Cd_2[Fe(CN)_6]$	3.2×10^{-17}	白	$Pb_2[Fe(CN)_6]$	3.5×10^{-15}	白
$Co_2[Fe(CN)_6]$	1.8×10^{-15}	绿	$Zn_2[Fe(CN)_6]$	4.1×10^{-16}	白
$Mn_2[Fe(CN)_6]$	7.9×10^{-13}	白			

向 Co^{2+}溶液中加入 KCN，首先得到红色的 $Co(CN)_2$ 沉淀，若 KCN 过量，则溶解成 $K_4[Co(CN)_6]$。由电对$[Co(CN)_6]^{3-}/[Co(CN)_6]^{4-}$的标准电极电势可知，$[Co(CN)_6]^{4-}$更不稳定，还原性更强。事实上，将含配离子$[Co(CN)_6]^{4-}$的溶液稍稍加热，水中的 H^+即可被还原，释放出氢气。

$$[Co(CN)_6]^{3-} + e^- \longrightarrow [Co(CN)_6]^{4-} \qquad E^{\ominus} = -0.83\ V$$

$$2[Co(CN)_6]^{4-} + 2H_2O \longrightarrow 2[Co(CN)_6]^{3-} + 2OH^- + H_2$$

向 Ni^{2+}溶液中加入 KCN，得到黄色的 $K_2[Ni(CN)_4]$。$[Ni(CN)_4]^{2-}$具有平面正方形结构，该离子十分稳定，难以被氧化。

3) 硫氰配合物

向含有 Fe^{3+}的溶液中滴加 KSCN 溶液，溶液会立即变为血红色，生成$[Fe(SCN)_n]^{3-n}$配合物，n 越大，颜色越深。利用此反应可以进行 Fe^{3+}的定性鉴定和比色分析。若 Fe^{3+}浓度很低，可用乙醚或异戊醇萃取，即可得到较好的效果。

$$Fe^{3+} + nSCN^- \longrightarrow [Fe(SCN)_n]^{3-n}$$

Co^{2+}能与 KSCN 溶液生成蓝色的$[Co(SCN)_4]^{2-}$，该离子在水中容易分解，因此 Co^{2+}的存在不会干扰 Fe^{3+}的鉴定。但是，Co^{2+}的硫氰配合物在丙酮、戊醇等有机溶剂中比较稳定，可用来鉴定 Co^{2+}或用于钴的比色分析。

镍离子则不能形成有效的硫氰配合物。

4) 丁二酮肟合镍

在 NH_3-NH_4Cl 缓冲溶液中，Ni^{2+}与丁二酮肟反应生成鲜红色的螯合物沉淀，其结构示意图如 16-7 所示。

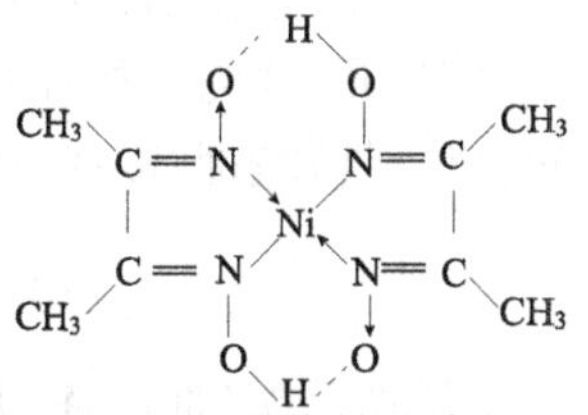

图 16-7　丁二酮肟合镍配合物的结构示意图

丁二酮肟的配位原子是 N 原子，配位能力较强，Ni^{2+}属于 d^8 电子构型的离子，根据配合物的价键理论可知，在强场中 d^8 电子构型的离子宜采取 dsp^2 杂化，形成平面正方形配合物。因此，丁二酮肟合镍中 Ni^{2+}与 4 个 N 原子处于同一平面中，与$[Ni(CN)_4]^{2-}$结构相似。在分析化学上常利用丁二酮肟合镍的生成进行Ni^{2+}的定性鉴定，Fe^{3+}和Co^{2+}的存在不干扰Ni^{2+}的反应。

5) 邻二氮菲合亚铁

亚铁离子与邻二氮菲在水溶液中形成稳定的红色配合物，稳定性高于相应的三价铁配合物。亚铁离子与邻二氮菲的配合物常用于亚铁离子的比色分析。

$$Fe^{2+} + 3phen \xlongequal{\quad} [Fe(phen)_3]^{2+}$$

6) 二茂铁

$FeCl_2$与溴化环戊二烯镁在有机溶剂中反应可制得二茂铁$[Fe(C_5H_5)_2]$橙黄色晶体。

$$2C_5H_5MgBr + FeCl_2 \xlongequal{\quad} Fe(C_5H_5)_2 + MgBr_2 + MgCl_2$$

如图 16-8 所示，在环戊二烯负离子$C_5H_5^-$中，每个 C 原子均采取sp^2杂化，每个 C 原子的三个sp^2杂化轨道分别与另外两个 C 原子的sp^2杂化轨道及一个 H 原子的 1s 轨道形成三个σ键；每个 C 原子还有一个未参与杂化的 2p 轨道中含有一个单电子，该轨道的伸展方向与σ键形成的分子平面垂直，在环戊二烯负离子中共有五个相互平行、能量相同、对称性匹配的 2p 轨道，它们肩并肩相互重叠形成一个Π_5^5键。

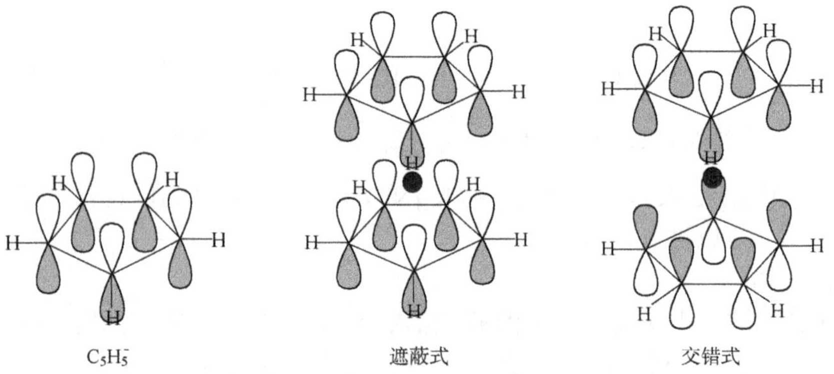

图 16-8　环戊二烯负离子和二茂铁的结构示意图

X 射线衍射研究结果说明，二茂铁是一种夹心型配合物，如图 16-8 所示，两个茂环$C_5H_5^-$相互平行，有遮蔽式和交错式两种极端构型，Fe^{2+}夹在两个平面之间，Fe^{2+}的 3d 电子全部配对，空出的两个 3d 轨道与$C_5H_5^-$的Π_5^5键相互重叠形成配位键，因此二茂铁具有反磁性。

目前二茂铁主要用作汽油和柴油的添加剂，以提高汽油和柴油的燃烧率及消除黑烟，也可用作导弹和卫星的涂料、高温润滑剂等。

7) 三草酸合铁(Ⅲ)酸钾

由铁(Ⅱ)盐为起始原料，通过氧化还原、沉淀、酸碱、配位反应多步转化，最后制得三草酸合铁(Ⅲ)酸钾($K_3[Fe(C_2O_4)_3] \cdot 3H_2O$)配合物。主要反应式为

$$Fe(OH)_3 + 3KHC_2O_4 \xlongequal{\quad} K_3[Fe(C_2O_4)_3] + 3H_2O$$

三草酸合铁(Ⅲ)酸钾为翠绿色单斜晶系晶体，易溶于水[0 ℃时，$4.7\ g \cdot (100\ g\ H_2O)^{-1}$；100 ℃时，$117.7\ g \cdot (100 g\ H_2O)^{-1}$]，难溶于有机溶剂。极易感光，室温光照变黄色，进行下列光化学反应。

$$2[Fe(C_2O_4)_3]^{3-} \xrightarrow{h\nu} 2FeC_2O_4 + 3C_2O_4^{2-} + 2CO_2$$

8) $[FeF_3(H_2O)_3]$

$[FeF_3(H_2O)_3]$中 Fe^{3+}是比较典型的硬酸，F^-和 H_2O 均为典型的硬碱。因此，尽管 F^-与 H_2O 属于弱场配体，但它们与 Fe^{3+}相互间形成的配位键却相当稳定，$[FeF_3(H_2O)_3]$是一种相对较稳定的配合物（$K_f^{\ominus} = 1.15\times10^{12}$），并且$[FeF_3(H_2O)_3]$本身无色，因此常用 KF 或 NaF 作为 Fe^{3+}的掩蔽剂。例如，当用 KSCN 鉴定溶液中的 Co^{2+}时，若溶液中同时存在 Fe^{3+}，则会生成红色$[Fe(SCN)_n]^{3-n}$而严重干扰 Co^{2+}的鉴定。如果事先加入 NaF 作掩蔽剂，则 Fe^{3+}先生成无色稳定的$[FeF_3(H_2O)_3]$，即不再干扰 Co^{2+}的鉴定。

9) 铁、钴、镍的羰基配合物

铁、钴、镍的常见氧化态为+2 和+3，但是在羰基配合物等配位化合物中呈现+1、0，甚至−1、−2 等低氧化态。例如，在微热和加压条件下（373～473 K、2.02×10^7 Pa），CO 可与新制备的活性铁粉制得淡黄色液体$[Fe(CO)_5]$（沸点为 316 K）。

$$Fe + 5CO = [Fe(CO)_5]$$

常压下，325 K 时镍粉即与 CO 反应得到无色液体$[Ni(CO)_4]$（沸点为 376 K）。

$$Ni + 4CO = [Ni(CO)_4]$$

393～473 K、3.03×10^7 Pa、H_2气氛下，$CoCO_3$与 CO 作用可以得到橙黄色晶体$[Co_2(CO)_8]$。

$$2CoCO_3 + 8CO + 2H_2 = [Co_2(CO)_8] + 2CO_2 + 2H_2O$$

国际纯粹与应用化学联合会（IUPAC）规定，羰基配合物$[M(CO)_n]$中 CO 的氧化态为 0，则在中性羰基配合物中中心原子 M 的氧化态也为 0，如$[Fe(CO)_5]$、$[Ni(CO)_4]$、$[Co_2(CO)_8]$中 Fe、Co、Ni 的氧化态均为 0；而在带有电荷的羰基配合物中，中心原子的氧化数就等于配离子所带电荷数，如$[Cr(CO)_5]^{2-}$、$[Mn(CO)_5]^-$中 Cr、Mn 的氧化态分别为−2、−1。表 16-7 给出了一些常见的羰基配合物的电子构型，可以看出，当中心原子与羰基配位后，中心原子或离子本身的价电子数与配体 CO 提供的孤电子对电子数目之和达到或接近 18，即中心原子的电子构型已基本达到较为稳定的 18 电子构型。

表 16-7 常见羰基配合物的电子构型

羰基配合物	中心原子价层电子数	羰基提供的孤电子对数	中心原子价层轨道总电子数
$[V(CO)_6]$	5	2×6	17
$[Cr(CO)_6]$	6	2×6	18
$[Mo(CO)_6]$	6	2×6	18
$[W(CO)_6]$	6	2×6	18
$[Mn_2(CO)_{10}]$	7×2	2×10	18
$[Fe(CO)_5]$	8	2×5	18
$[Ru(CO)_5]$	8	2×5	18

续表

羰基配合物	中心原子价层电子数	羰基提供的孤电子对数	中心原子价层轨道总电子数
$[Os(CO)_5]$	8	2×5	18
$[Co_2(CO)_8]$	9×2	2×8	18
$[Ni(CO)_4]$	10	2×6	18

以$[Mn_2(CO)_{10}]$为例，其分子结构示意图如图 16-9 所示，两个 Mn 原子各自提供一个单电子形成一个 Mn—Mn σ键，每个 Mn 原子再分别与五个 CO 配位形成五个配位键，Mn 原子周围的六个价层电子对以八面体构型排布。在$[Co_2(CO)_8]$中，两个 Co 原子各自提供一个单电子形成一个弯曲的 Co—Co σ键，每个 Co 原子再分别与三个 CO 配位形成三个配位键，另外两个酮式羰基分别桥接两个 Co 原子形成两个σ键，Co 原子的六个价层电子对也以八面体构型排布。因此，在这两种配合物中，中心原子 Mn 或 Co 都达到了稳定的 18 电子构型。

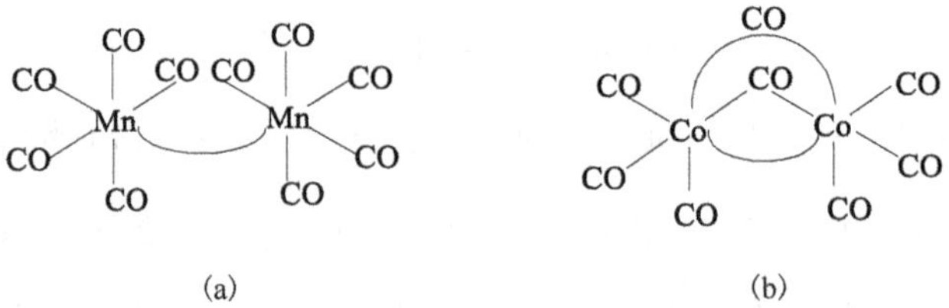

图 16-9　$[Mn_2(CO)_{10}]$(a)和$[Co_2(CO)_8]$(b)的成键结构

配合物的化学键理论认为，许多过渡金属的配合物(特别是羰基配合物)，在中心原子和配体形成σ配位键的同时，中心原子含有电子的价层 d 轨道会与配体空的反键π^*分子轨道重叠形成反馈π键(参见 11.3.3 节配合物中的反馈 π 键)。

从电负性和软硬酸碱的角度分析，CO 中碳原子电负性低、属于软碱。依照价键理论的观点，CO 作为配体容易形成内轨型配离子，作为软碱配体易与过渡金属原子或离子形成配离子。值得注意的是，CO 和金属形成反馈键的能力很强。在$[Ni(CO)_4]$中，低氧化态的金属 Ni 原子本身具有较多的价电子，接受 CO 分子提供的电子对形成σ配位键后，大量负电荷分布在金属原子上，从能量上讲是不利的。CO 分子具备空的反键π^*分子轨道，而 Ni 原子的 d 电子所处的原子轨道与之对称性匹配，则在 Ni 与 CO 之间形成反馈π键。反馈π键的形成减少了形成σ配位键带给中心原子的过多的负电荷，使得配合物的稳定性得以提高。根据光谱化学实验的结果，晶体场理论认为 CO 属于强场配体，与 Fe、Co、Ni 等过渡金属原子形成的羰基配合物处于低自旋态，如$[Fe(CO)_5]$、$[Ni(CO)_4]$和$[Co_2(CO)_8]$均显反磁性。

羰基配合物中反馈π键的形成导致 CO 的键能降低、键长增长、红外吸收发生红移。而且中心原子带的负电荷越多，价层 d 电子的能量越高，这种影响就越大。

羰基配合物熔沸点较低、易挥发，利用羰基配合物的生成，可以将某些金属和其他金属分离，然后加热分解羰基配合物，就可以得到纯度极高的某些金属粉体。

归纳·整合

1. $M(OH)_2$　$Fe(OH)_2$　$Co(OH)_2$　$Ni(OH)_2$

$M(OH)_2$	$Fe(OH)_2$	$Co(OH)_2$	$Ni(OH)_2$
颜色	白	桃红	绿
酸碱性		两性偏碱	碱
还原性	——→	——→	逐渐减弱

2.

$M(OH)_3$	$Fe(OH)_3$	$Co(OH)_3$	$Ni(OH)_3$
颜色	红棕	棕褐	黑
酸碱性	两性偏碱	碱性	碱性
氧化性	——→	——→	逐渐增强

3. 氨配合物

$Fe^{2+} + 2NH_3 \cdot H_2O = Fe(OH)_2\downarrow$(白) $+ 2NH_4^+$

$Fe^{3+} + 3NH_3 \cdot H_2O = Fe(OH)_3$(红棕) $+ 3NH_4^+$

$CoCl_2 + NH_3 \cdot H_2O \longrightarrow Co(OH)Cl\downarrow$(蓝) $\xrightarrow{NH_3 \cdot H_2O} [Co(NH_3)_6]^{2+}$(土黄) $\xrightarrow{O_2} [Co(NH_3)_6]^{3+}$(红褐)

$NiSO_4 + NH_3 \cdot H_2O \longrightarrow Ni_2(OH)_2SO_4\downarrow \rightarrow [Ni(NH_3)_6]^{2+}$

4. 氰配合物

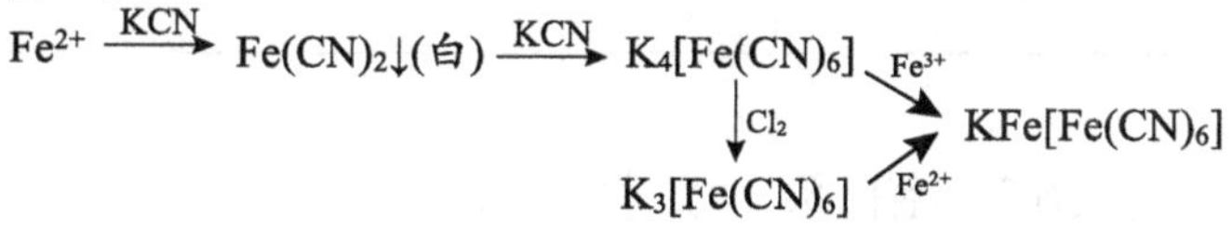

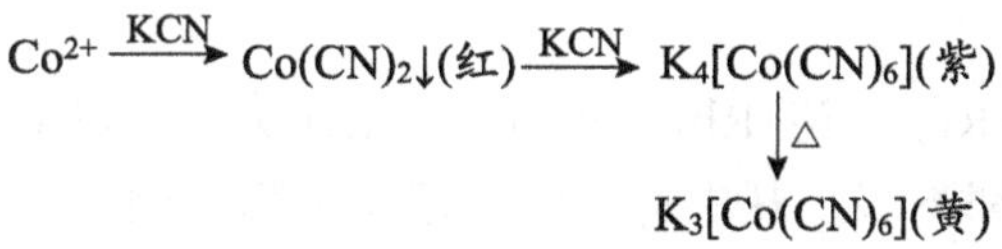

$$Ni^{2+} + 4CN^- = [Ni(CN)_4]^{2-}$$

5. 硫氰配合物

$Fe^{2+} + 2SCN^- = Fe(SCN)_2$（无色，不稳定）

$Fe^{3+} + nSCN^- = [Fe(SCN)_n]^{3-n}$（血红色）（鉴定 Fe^{3+}）

$Co^{2+} + 4SCN^- = [Co(SCN)_4]^{2-}$（丙酮中蓝色，水中不稳定）

Ni^{2+}的 SCN^-配合物不稳定。

阅读·拓展

高铁酸盐

铁元素的常见氧化态为+2 和+3，但在特定情况下，铁也可以表现出+6。在碱性溶液中，强氧化剂可以将 $Fe(OH)_3$ 氧化成含+6 价铁的化合物——高铁酸盐。例如

$$2Fe(OH)_3 + 3NaClO + 4NaOH = 2Na_2FeO_4 + 3NaCl + 5H_2O$$

由于水合 FeO_4^{2-}的颜色是紫红色，因此高铁酸盐都具有鲜明的颜色。例如

$$FeO_4^{2-} + Ba^{2+} + H_2O = BaFeO_4 \cdot H_2O\downarrow \text{（紫红）}$$

工业生产高铁酸盐主要用作氧化剂。在酸性溶液中高铁酸盐具有极强的氧化性，在碱性溶液中则是较为温和的氧化剂。

$$FeO_4^{2-} + 8H^+ + 3e^- = Fe^{3+} + 4H_2O \qquad E^{\ominus} = 2.20\ V$$

$$FeO_4^{2-} + 4H_2O + 3e^- = Fe(OH)_3 + 5OH^- \quad E^{\ominus} = 0.72\ V$$

由此可知，无论是否有其他还原剂存在，高铁酸盐都难以存在于酸性溶液。在 H_2SO_4 溶液中，FeO_4^{2-} 会自发分解放出 O_2。

$$4FeO_4^{2-} + 20H^+ = 4Fe^{3+} + 10H_2O + 3O_2\uparrow$$

Co^{2+}和 Ni^{2+}的分离

由于 Co^{2+}和 Ni^{2+}的半径相近、电子层结构相似，因此在自然界中常共生在一起而难以分离。冶金工业主要用溶剂萃取的方法分离钴和镍。例如，在碱性$(NH_4)_2SO_4$溶液中，Co^{2+}和 Ni^{2+}均生成氨合配合物，但因$[Co(NH_3)_6]^{2+}$的稳定常数仅为 1.28×10^5，而$[Ni(NH_3)_6]^{2+}$的稳定常数为 5.5×10^8，所以用脂肪族羧酸可以将 Co^{2+}萃取到有机相，而 Ni^{2+}仍以$[Ni(NH_3)_6]^{2+}$的形式留在水相，Co^{2+}和 Ni^{2+}的分离系数达到 10 以上。

$$[Co(NH_3)_6]^{2+}(aq) + 6RCOOH(org) = Co(RCOO)_2 \cdot 4RCOOH(org) + 2NH_4^+(aq) + 4NH_3(aq)$$

式中，aq 代表水相；org 代表有机相。

如果在 Co^{2+}溶液中仅含有少量 Ni^{2+}，则可以通过加入氨水的方法使 Co^{2+}生成 $Co(OH)_2$ 沉淀出来，少量 Ni^{2+}仍以$[Ni(NH_3)_6]^{2+}$的形式存在于水溶液中。

16.7 铂 系 元 素

铂系元素包括元素周期表Ⅷ族中的钌(Ru)、铑(Rh)、钯(Pd)、锇(Os)、铱(Ir)、铂(Pt)六种元素，它们性质相似，地壳中的含量都不多。其中钌、铑、钯位于第五周期，密度约为 $12\ g\cdot cm^{-3}$，称为轻铂系金属；锇、铱、铂位于第六周期，其密度是所有金属中最大的，约为 $22\ g\cdot cm^{-3}$(锇的密度最大，为 $22.57\ g\cdot cm^{-3}$)，称为重铂系金属。

16.7.1 铂系元素的单质

1. 铂的提炼

铂系元素均属于稀有元素，丰度低，为 $10^{-6}\%\sim10^{-8}\%$。在自然界中铂系元素主要以单质(原铂矿)的形式存在，其中铂的含量最高(少数矿石中铂和钯的含量近似)，钌、铑、锇、铱则分散在原铂矿中。除原铂矿外，在一些硫化物矿中伴生有铂系元素的硫化物。例如，在甘肃省金川，我国最大的硫化铜镍矿中就含有少量铂系金属。在处理这类矿石时，铂系金属和粗铜一起炼出，在电解精炼铜时，铂系金属沉积在阳极泥中，这种阳极泥是提炼金、银和铂系金属的重要原料。

将精炼铜得到的阳极泥用王水溶解，加热浓缩除掉硝酸，再向溶液中加入氯化铵，就可沉淀出氯铂酸铵黄色晶体。

$$H_2PtCl_4 + 4NH_4Cl = (NH_4)_2PtCl_6\downarrow + 2HCl$$

在高温下(1073 K)分解$(NH_4)_2PtCl_6$得到海绵铂，再经熔炼制得块状铂。

$$3(NH_4)_2PtCl_6 \xlongequal{\triangle} 3Pt + 2NH_4Cl + 16HCl + 2N_2$$

2. 铂系元素的物理化学性质

铂系金属性质的水平相似性超过垂直相似性，如密度呈现出明显的水平相似性，Ru、Rh、Pd 密度接近，而 Os、Ir、Pt 接近。它们的一些基本性质列于表 16-8。

表 16-8 铂系元素的基本性质

基本性质	轻铂系元素		
	Ru	Rh	Pd
价电子结构	$4d^75s^1$	$4d^85s^1$	$4d^{10}5s^0$
主要氧化态	+2、+4、+6、+7、+8	+3、+4	+2、+4
原子半径/pm	132.5	134.5	137.6
第一电离能/($kJ \cdot mol^{-1}$)	711	720	805
$E^\ominus$ (M^{2+}/M)/V	0.45	0.60	0.95
密度/($g \cdot cm^{-3}$)	12.41	12.41	12.02
熔点/K	2583	2239	1825
基本性质	重铂系元素		
	Os	Ir	Pt
价电子结构	$5d^66s^2$	$5d^76s^2$	$5d^96s^1$
主要氧化态	+2、+3、+4、+6、+8	+3、+4、+6	+2、+4
原子半径/pm	133.8	135.7	138.8
第一电离能/($kJ \cdot mol^{-1}$)	840	880	870
$E^\ominus$ (M^{2+}/M)/V	0.85	1.0	1.12
密度/($g \cdot cm^{-3}$)	22.57	22.42	21.45
熔点/K	3318	2683	2045

铂系元素的价电子结构除 Os、Ir 的 ns 电子为 2 以外，其余都是 1 或 0，表明铂系元素原子的最外层电子有从 ns 层填入 $(n-1)$d 层的强烈趋势，而且这种趋势在三元素组内随原子序数的增加而增强。因此，与铁系元素相似，铂系元素按同周期从左到右的次序，高氧化态稳定性降低，低氧化态稳定性升高。例如，第五周期元素 Ru 的稳定氧化态是+4 和+6，Rh 稳定的氧化态是+3 和+4，Pd 稳定的氧化态是+2；第六周期元素 Os 的稳定氧化态是+6 和+8，Ir 稳定的氧化态是+3 和+4，Pt 稳定的氧化态是+2 和+4。

铂系元素中 Os 为蓝灰色，其余均为银白色难熔金属。该系元素的单质化学性质稳定，抗腐蚀能力强。下面从与非金属单质、酸和碱的反应等三个方面来讨论铂系元素的性质。

常温常压下，除粉状 Os 能被空气中的氧气缓慢氧化成易挥发的 OsO_4 外，其他铂系金属单质难以与 O_2、Cl_2、N_2、S 等物质反应。

$$Os(粉状) + 2O_2 = OsO_4$$

Ru、Rh、Os、Ir 的化学惰性与 Nb、Ta 相似，难以与普通强酸甚至王水反应，但能溶于硝酸-氢氟酸的混合溶液。Pd 能与硝酸或热的浓硫酸反应，而 Pt 难溶于硝酸但可以溶于王水以及盐酸-双氧水、盐酸-高氯酸等混合酸，在有氧气存在下也能缓慢溶解于浓盐酸或热的浓硫酸中。

$$Pd + 4HNO_3 = Pd(NO_3)_2 + 2NO_2 + 2H_2O$$

$$3Pt + 4HNO_3 + 18HCl = 3H_2PtCl_6 + 4NO + 8H_2O$$

$$2Pt + O_2 + 8HCl = 2H_2PtCl_4 + 2H_2O$$

$$2H_2PtCl_4 + O_2 + 4HCl = 2H_2PtCl_6 + 2H_2O$$

$$Pt + 4H_2SO_4(\text{热、浓}) = Pt(OH)_2(HSO_4)_2 + 2SO_2 + 2H_2O$$

在有氧化剂存在时，铂系金属易与熔融碱反应，生成可溶性化合物。

利用铂的化学惰性和高温稳定性，可以制作高温反应器皿，如铂坩埚、铂蒸发皿等，还常用来制造铂电极和铂网等。但需要注意的是，铂制品容易受到某些物质的腐蚀，这些物质包括浓热硫酸、浓盐酸、$HCl\text{-}HNO_3$、$HCl\text{-}H_2O_2$、$HCl\text{-}HClO_4$、熔融的 $NaOH$、Na_2O_2、磷、硫族元素的单质和碱金属硫化物。

铂系金属另一个特性是都具有优良的催化作用，尤其是粉状金属对气相反应催化明显。常温下 1 体积 Pd 可以吸收 700 体积的 H_2，是氢化反应的主要催化剂。例如，乙基蒽醌法制 H_2O_2 时就用 Pd 作氢化反应的催化剂；常温下 1 体积 Pt 可以吸收 70 体积的 O_2，是氧化反应的常用催化剂。又如，氨氧化法合成硝酸时就是用 Pt 作氧化反应的催化剂。

在铂系金属中铂的延展性和可锻性最好，与金、银相近，而且块状铂在空气中加热不会失去原有的金属光泽，因此主要用于制造首饰和货币。在 1473～2073 K，铂或铂铑合金的电阻随温度升高呈现出极其规律的变化，常用来制作测定高温的热电偶。

16.7.2　铂系元素的化合物

1. 铂系元素的氧化物

铂系元素常见的氧化物包括 RuO_2、RuO_4、Rh_2O_3、RhO_2、PdO 和 OsO_2、OsO_4、IrO_2、PtO_2 等，其中 RuO_4 和 OsO_4 最为常见。向酸性钌酸盐（RuO_4^{2-}）溶液中通入 Cl_2，可以得到易挥发的 RuO_4，后者可由粉状 Os 在 O_2 中的氧化制得。

RuO_4 的熔点是 298 K，OsO_4 的熔点是 314 K，两者均易挥发并易溶于 CCl_4 中，这都说明它们是共价化合物。利用它们在 CCl_4 中易溶解的特性，可以提取 Rh 和 Os。

RuO_4 和 OsO_4 属于酸性氧化物，都具有强氧化性，溶于碱溶液时反应不同。

$$2RuO_4 + 4OH^- = 2RuO_4^{2-} + 2H_2O + O_2$$

$$OsO_4 + 2OH^- = [OsO_4(OH)_2]^{2-}$$

2. 铂系元素的卤化物

铂系元素重要的卤化物有 $PdCl_2$ 和 PtF_6。$PdCl_2$ 是一种褐色固体，在纯水中的溶解度较小，但易溶于盐酸溶液形成 $PdCl_4^{2-}$，是化学工业和化学实验中常用的含钯试剂。合成氨工业定性检验 H_2 中的 CO 就是用 $PdCl_2$ 的稀盐酸溶液。

$$PdCl_2 + CO + H_2O = Pd\downarrow + 2HCl + CO_2\uparrow$$

PtF_6 是最强的氧化剂之一，可以将 O_2 氧化成深红色的$[O_2^+][PtF_6^-]$。鉴于此，巴特列特(Bartlett)认为 Xe 与 O_2 的电离能相近，PtF_6 既然能氧化 O_2，也能氧化 Xe。按照这种思路，他于 1962 年合成了世界上第一种稀有气体化合物$[Xe^+][PtF_6^-]$。

$$Xe + PtF_6 = XePtF_6\text{(橙黄)}$$

3. 铂系元素的配合物

将 Pd 和 Pt 分别溶于王水，得到红色氯钯酸(H_2PdCl_6)和红棕色氯铂酸(H_2PtCl_6)。

$$3Pd + 4HNO_3 + 18HCl = 3H_2PdCl_6 + 4NO + 8H_2O$$

将溶液加热赶出 HNO_3，再浓缩结晶可以得到橙红色 $H_2PtCl_6 \cdot 6H_2O$ 晶体，这是化学工业和化学实验中常用的一种含铂试剂，电解精炼铂时也是以氯铂酸溶液为电解质。如果用 SO_2、$H_2C_2O_4$ 等还原剂还原氯钯酸和氯铂酸则得到黄色的氯亚钯酸和氯亚铂酸。

$$H_2PtCl_6 + SO_2 + 2H_2O = H_2PtCl_4 + H_2SO_4 + 2HCl$$

向 H_2PtCl_6 溶液中加入氨水或 KCl 溶液，则析出黄色$(NH_4)_2PtCl_6$ 或 K_2PtCl_6 晶体。

$$H_2PtCl_6 + 2NH_3 = (NH_4)_2PtCl_6\downarrow$$

$$H_2PtCl_6 + 2KCl = K_2PtCl_6\downarrow + 2HCl$$

除$(NH_4)_2PtCl_6$ 和 K_2PtCl_6 外，Rb_2PtCl_6 和 Cs_2PtCl_6 也都是黄色难溶盐，利用这一点可以定性检验溶液中的 NH_4^+、K^+、Rb^+和 Cs^+。无论氯钯酸盐还是氯铂酸盐都是反磁性的，这说明它们均为低自旋($d_\varepsilon^6 d_\gamma^0$)、内轨型($d^2sp^3$ 杂化)配合物。

向 $PdCl_2$ 或 $PtCl_2$ 溶液加入氨水，得到黄色$[Pd(NH_3)_4]Cl_2$ 或$[Pd(NH_3)_4]Cl_2$。

$$PdCl_2 + 4NH_3 = [Pd(NH_3)_4]Cl_2$$

$$PtCl_2 + 4NH_3 = [Pt(NH_3)_4]Cl_2$$

$[Pd(NH_3)_4]Cl_2$ 和$[Pt(NH_3)_4]Cl_2$ 也都是反磁性的，说明中心离子采取 dsp^2 杂化，处于低自旋态，配离子的空间构型为平面正方形。

用不同的实验方法可以分别制得顺式 *cis*-$Pt(NH_3)_2Cl_2$ 和反式 *trans*-$Pt(NH_3)_2Cl_2$。其中 *cis*-$Pt(NH_3)_2Cl_2$ 具有明显的抗癌作用，药物名称为“顺铂”。但由于 *cis*-$Pt(NH_3)_2Cl_2$ 有一定的毒性(其毒性主要来源于配体 NH_3)，因此限制了它的应用。目前药物化学家正致力于合成一些无毒的有机胺配体(如氨基酸等)取代顺铂中的 NH_3 配体，以便合成出无毒的抗癌药物。

向 K_2PtCl_4 的稀盐酸溶液中通入 C_2H_4 得到一种新型配合物，称为蔡斯(Zeise)盐 $K[Pt(C_2H_4)Cl_3]$。

$$K_2PtCl_4 + C_2H_4 = K[Pt(C_2H_4)Cl_3] + KCl$$

在$[Pt(C_2H_4)Cl_3]^-$中，中心Pt^{2+}接纳 3 个Cl^-的 3 对孤电子对和C_2H_4的 1 对π电子，形成 4 个配位键，Pt^{2+}的价层 d 电子又反馈给C_2H_4的反键π^*轨道形成反馈π键。由于Pt^{2+}和C_2H_4之间配位键和反馈π键的形成，C_2H_4中的C═C键相应减弱，化学反应活性增强，$K[Pt(C_2H_4)Cl_3]$是一种常用的有机反应的催化剂。

铂及其化合物的相互转换关系图

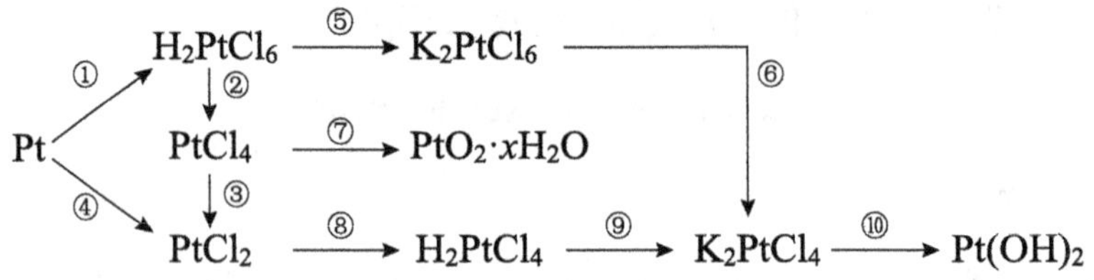

习 题

1. 以TiO_2为主要原料，写出制取$TiCl_3$的两种方法的有关反应方程式。
2. 简述从钛铁矿提取金属钛的反应原理，写出相关反应方程式。
3. 在用氯化法制备金属钛时，为什么不直接用Cl_2与TiO_2作用，而要加入焦炭粉?
4. 解释下列有关$TiCl_4$液体的实验现象，写出相关反应方程式。
   (1) 打开装有$TiCl_4$液体的瓶塞，立即冒白烟。
   (2) 向此瓶中加入浓盐酸和金属锌时，生成紫色溶液。
   (3) 缓慢地加入 NaOH 至溶液呈碱性，则析出紫色沉淀。
   (4) 沉淀过滤后，先用HNO_3再用稀碱溶液处理，有白色沉淀生成。
   (5) 将此沉淀过滤并灼烧，最后与等物质的量的 MgO 共熔。
5. 一橙黄色固体钒的化合物 A 微溶于水，水溶液使蓝色石蕊试纸变红。在 A 中滴加 NaOH，A 完全溶解成为无色透明溶液 B。A 不溶于稀硫酸，但加浓硫酸并加热，溶解成为淡黄色溶液 C。指出各字母所代表的物质，写出有关反应方程式。以上事实可说明 A 的什么性质?
6. 酸性钒酸盐溶液 A 中通入SO_2时生成深蓝色溶液 B。相同量的钒酸盐溶液用锌汞齐还原时则得紫色溶液 C，将 B 与 C 两溶液混合，得绿色溶液 D。写出各字母所代表离子的化学式和反应过程的化学方程式。
7. 在$K_2Cr_2O_7$的饱和溶液中加入浓H_2SO_4，加热温度过高时(超过 473 K)会发现溶液变成蓝绿色。用化学方程式表示发生上述变化的原因。
8. 铬的某钾盐化合物 A 是橙红色溶于水的固体，将 A 用浓盐酸处理产生黄绿色刺激性气体 B 和生成暗绿色溶液 C。在 C 中加入 KOH 溶液，先生成灰蓝色沉淀 D，继续加入过量的 KOH 溶液则沉淀消失，转变为绿色溶液 E。在 E 中加入H_2O_2，加热则生成黄色溶液 F，用稀硫酸酸化 F，又转变为化合物 A 的溶液。写出 A～F 的化学式和每步反应的化学方程式。
9. 将黄色的钾盐晶体 A 溶于水后通入SO_2得绿色溶液 B。向 B 中加入过量的 NaOH 溶液得绿色溶液 C。向 C 中滴加H_2O_2得黄色溶液 D。将 D 酸化至弱酸性后加入$Pb(NO_3)_2$有黄色沉淀 E 生成。向 B 中加入氨水至过量有沉淀 F 生成。过滤后将 F 与$KClO_3$和 KOH 共熔又得到 A。试写出各字母所代表物质的化学式及有关反应的化学方程式。
10. 铬铁矿不能酸溶(熔)，写出以铬铁矿为主要原料制备$K_2Cr_2O_7$和单质 Cr 的化学方程式。
11. 欲使浓度为 0.1 $mol \cdot dm^{-3}$ 的Cr^{3+}完全沉淀，需将溶液的 pH 调节到多少？所得$Cr(OH)_3$可以溶解在 NaOH 溶液中生成$[Cr(OH)_4]^-$，反应的标准平衡常数等于 0.4。要使 0.1 mol $Cr(OH)_3$沉淀恰好溶解在 1.0 dm^3 NaOH 溶液中，该 NaOH 溶液的浓度至少是多少?
12. 现有硫酸、亚硫酸氢钠、石灰可供应用。试设计一个从含 Cr (VI)、Cr (III) 的废水中除去铬的简单方案，并写出各步反应的化学方程式。
13. 用化学方程式表示下列变化：在酸性介质中用锌粒还原$Cr_2O_7^{2-}$时，溶液颜色经绿色变成蓝色，放置后又变为绿色。
14. 某混合溶液中含有三种阴离子。向该溶液中加入$AgNO_3$至不再有沉淀生成并稍过量后得红色沉淀 A 和紫色溶液 B。用硝酸处理沉淀 A 时沉淀部分溶解，而余下的沉淀为白色，溶液为橙色。向溶液 B 中通入SO_2则紫色消失并有白色沉淀生成。根据上述实验现象判断该混合溶液中含有哪三种阴离子，写出沉淀 A 的化学式。
15. 取浓度为 0.5275 $mol \cdot dm^{-3}$ 的草酸溶液 50.00 cm^3，用稀硫酸酸化后，再用$KMnO_4$溶液滴定，消耗$KMnO_4$溶液的体积是 24.85 cm^3，计算该$KMnO_4$溶液的物质的量浓度。
16. 某同学欲进行如下实验：向无色$(NH_4)_2S_2O_8$酸性溶液中加入少许Ag^+，再加入$MnSO_4$溶液，经加热后溶液变为紫红色。然而实验结果是产生了棕色沉淀。试解释出现上述现象的原因，写出有关反应方程式(原来计划的反应式和实际发生的反应式)。

要想实现原来计划的反应，应当注意哪些问题？[已知：$E^{\ominus}(MnO_4^-/Mn^{2+}) = +1.51$ V，$E^{\ominus}(MnO_2/Mn^{2+}) = +1.23$ V]

17. 分别写出 $KMnO_4$ 在强酸性(H_2SO_4)、中性(或弱酸、弱碱性)及强碱性(NaOH)介质中与 Na_2SO_3 反应的方程式。
18. 某绿色的钾盐固体 A 可溶于水，水溶液中通入 CO_2 即得棕褐色固体 B 和紫红色溶液 C。B 与浓 HCl 溶液共热时得黄绿色气体 D 和近乎无色溶液 E。将此溶液和溶液 C 混合即得沉淀 B。将气体 D 通入 A 的溶液可得 C。试判断 A、B、C、D、E 各为何物，写出各步反应的方程式。
19. 棕黑色粉末 A 不溶于水。将 A 与稀硫酸混合后加入 H_2O_2 并微热得无色溶液 B。向酸性的 B 中加入 $NaBiO_3$ 粉末后得紫红色溶液 C。向 C 中加入 NaOH 溶液至碱性后滴加 Na_2SO_3 溶液有绿色溶液 D 生成。向 D 中滴加稀硫酸又生成 A 和 C。少量 A 与浓盐酸作用在室温下生成暗黄色溶液 E，加热 E 后有黄绿色气体 F 和近无色的溶液 G 生成。向 B 中滴加 NaOH 溶液有白色沉淀 H 生成，H 不溶于过量的 NaOH。但在空气中 H 逐渐变为棕黑色。试给出各字母所代表物质的化学式，并写出相关的反应方程式。
20. 怎样从黑钨矿($FeWO_4 \cdot MnWO_4$)制取金属钨粉？以化学方程式表示。
21. 某金属 M 溶于稀盐酸，生成 MCl_2，该金属正离子的磁矩为 4.9 B.M.。在无氧操作条件下，将 NaOH 溶液加到 MCl_2 溶液中，可生成白色沉淀 A。A 接触空气就逐渐变蓝绿色，最后变成棕色沉淀 B。灼烧 B 可生成棕红色粉末 C，C 经不彻底还原而生成铁磁性黑色物质 D。B 溶于稀盐酸生成溶液 E，它能使 KI 溶液氧化成 I_2，但在加入 KI 之前，若先加入 NaF，则 E 就不能氧化 KI。若向 B 的浓 NaOH 悬浮液中通入氯气，可得到一紫红色溶液 F，加入 $BaCl_2$ 后就会有紫红色固体 G 析出，G 是一种强氧化剂。请判断 A～G 各是何种物质。
22. 化合物 A 为棕褐色难溶于水的固体，将 A 溶解在浓盐酸中，得到溶液 B 和黄绿色气体 C，C 通过热氢氧化钾溶液，被吸收后生成溶液 D，D 用酸中和并以 $AgNO_3$ 溶液处理，生成白色沉淀 E，E 不溶于硝酸，但可溶于氨水。若在 B 溶液中加入氢氧化钾溶液，得到粉红色沉淀 H，将 H 用 H_2O_2 处理，则又得到 A。若将 B 用 KNO_2 的乙酸溶液处理，则生成黄色沉淀 I 和气体 J，将 J 通过 $FeSO_4$ 溶液，则溶液变为暗棕色，但没有沉淀生成。试推断 A～J 各字母所代表物质的化学式，写出 B 与 KNO_2 的乙酸溶液反应和 J 通过 $FeSO_4$ 溶液时发生反应的方程式。
23. 有一黑色化合物固体 A，溶于盐酸时可得浅绿色溶液 B，同时放出有臭味的气体 C，将 C 导入硫酸铜溶液中，则得黑色沉淀物 D，若将氯气通入 B 溶液中，则溶液变为黄色 E，再加 KSCN 溶液变为血红色 F。A、B、C、D、E、F 各为何物？写出各步反应的化学方程式。
24. 称取 0.5000 g 含铁的钛矿样品，矿样经酸溶解后，以氨水沉淀出氢氧化物。过滤、洗涤沉淀后使之溶于酸。将溶液分成两份(精确等分)。第一份溶液经锌汞齐还原后，刚好与 11.60 cm^3 的 $KMnO_4$ 溶液作用完毕，此 $KMnO_4$ 溶液 1 cm^3 相当于 0.005934 g As_2O_3(氧化到 H_3AsO_4)。第二份溶液通入 SO_2 还原铁，反应完毕后，赶去过量的 SO_2，滴定 Fe^{2+} 时需要上述 $KMnO_4$ 溶液 3.600 cm^3。计算矿样中 TiO_2 和 Fe_2O_3 的含量。
25. 若往含有少量 NH_4Cl 的 $CoCl_2$ 溶液中加入氨水，最初生成蓝色沉淀，继续加入氨水沉淀溶解(以活性炭为催化剂)，得到具有顺磁性的土黄色物质，该黄色物质在空气中放置后该物质逐渐变为棕红色的抗磁性物质。试根据上述现象作出解释，并写出有关反应方程式。
26. 某粉红色氯化物的水合物晶体 A 加热至 393 K 左右时，变为蓝色固体 B，B 溶于水后得粉红色溶液。将此溶液分为三份：第一份加入足量 NaOH，有粉红色沉淀 C 产生，C 久置于空气中，转变为棕色 D；第二份加入少量 KSCN 固体和丙酮，振荡后，丙酮层有蓝色 E；第三份加入过量 KNO_2，并以少量 HAc 酸化，有黄色晶体 F 析出。试判断 A、B、C、D、E、F 各为何物，写出各步反应的化学方程式。
27. 某第一过渡系金属的黑色氧化物 A 溶于浓盐酸后得到绿色溶液 B 和气体 C。C 能使湿润的 KI-淀粉试纸变蓝。B 与 NaOH 溶液反应生成苹果绿色沉淀 D。D 溶于过量氨水则得到蓝色溶液 E，若再加入丁二酮肟(DMG)的乙醇溶液，则生成鲜红色沉淀。试推断上述字母所代表物质的化学式，写出有关反应方程式。
28. 在铂制器皿中能否分别进行有下列各试剂参与的化学反应？简述其原因。

    (1) HF；(2) 王水；(3) $HCl + H_2O_2$；(4) $NaOH + Na_2O_2$；(5) Na_2CO_3；(6) $NaHSO_4$；(7) $Na_2CO_3 + S$
29. 写出下列反应的化学方程式。

    (1) 氢氧化钴(Ⅲ)与浓盐酸作用。

    (2) 在碱性介质中，过氧化氢与硫酸铬的反应。

    (3) 在酸性介质中，五氧化二钒与亚铁盐的反应。

    (4) 在碱性介质中，镍(Ⅱ)盐与次氯酸钠的反应。
30. 各用一种试剂分离以下各对物质，写出有关实验现象。

    (1) $Fe(OH)_3$ 和 $Zn(OH)_2$；(2) Pb^{2+} 和 Ba^{2+}；(3) Pb^{2+} 和 Zn^{2+}；(4) $BaSO_4$ 和 $PbSO_4$；(5) $BaCrO_4$ 和 $PbCrO_4$
31. 下列物质均难溶于水，试指出它们的颜色。

    (1) $PbCrO_4$；(2) ZnS；(3) $Cu_2(OH)_2CO_3$；(4) Pb_3O_4；(5) HgS (辰砂)；

    (6) HgI_2；(7) Sb_2S_3；(8) FeS；(9) Ag_2CrO_4；(10) $Pb(OH)_2 \cdot 2PbCO_3$
32. 指出下列化合物或离子的颜色。

    (1) $FeSO_4 \cdot 7H_2O$；(2) $Fe(OH)_2$；(3) $K_3[Fe(C_2O_4)_3]$；(4) $[CoCl_4]^{2-}$；

    (5) $Co(OH)_2$；(6) $[Co(NH_3)_6]^{2+}$；(7) $[Ni(NH_3)_6]^{2+}$；(8) $Ni(OH)_2$

第 16 章单元测试题(单选)

班级________姓名_______作业号_______成绩_______

( ) 1. 含锰元素的下列离子中，在酸性溶液中最稳定的是

A. Mn^{2+}　B. Mn^{3+}　C. MnO_4^{2-}　D. MnO_4^-

( ) 2. 下列金属元素的氢氧化物属于典型的两性氢氧化物的是

A. $Fe(OH)_2$　B. $Co(OH)_2$　C. $Cr(OH)_3$　D. $Mn(OH)_2$

( ) 3. 欲分离溶液中的 Cr^{3+}和 Mn^{2+}，应选择的试剂为

A. NaOH　B. $NH_3 \cdot H_2O$　C. H_2SO_4　D. Na_2CO_3

( ) 4. 由 MnO_2 制备 K_2MnO_4 时应选择的试剂是

A. 王水　B. NaOH 和 $NaNO_3$　C. KOH 和 $KClO_3$　D. H_2O_2

( ) 5. 下列过渡元素离子可以自发发生歧化反应的是

A. 钒(Ⅱ)(aq)　B. 锰(Ⅲ)(aq)　C. 铁(Ⅱ)(aq)　D. 铬(Ⅲ)(aq)

( ) 6. 1 mol $CoCl_3$-$4NH_3$ 与 $AgNO_3$(aq) 反应时，生成 1 mol AgCl 沉淀，该配合物中有多少摩尔氯原子直接与钴成键

A. 0　B. 1　C. 2　D. 3

( ) 7. 与 $Cr_2(SO_4)_3$ 溶液反应，既有沉淀又有气体产生的是

A. Na_2SO_4　B. NaCl　C. Na_2S　D. NaOH

( ) 8. 下列离子在酸性溶液中能大量存在的是

A. $[Cr(OH)_4]^-$　B. $Cr_2O_7^{2-}$　C. CrO_4^{2-}　D. MnO_4^{2-}

( ) 9. 下列物质暴露在空气中不容易被氧气氧化的是

A. $Mn(OH)_2$　B. $Ni(OH)_2$　C. $FeSO_4$　D. $[Co(NH_3)_6]Cl_2$

( ) 10. 分别向下列溶液中加入浓氨水，不能形成氨配合物的是

A. $AlCl_3$　B. $NiSO_4$　C. $ZnCl_2$　D. $CoCl_2$

( ) 11. 以下各组化合物与浓盐酸反应时，反应原理不相同的一组是

A. Al_2O_3 和 Fe_2O_3　B. MnO_2 和 Co_2O_3　C. $Fe(OH)_3$ 和 $Co(OH)_3$　D. $Cr(OH)_3$ 和 $Ni(OH)_2$

( ) 12. 下列金属中熔点最高的是

A. 钨　B. 铬　C. 锰　D. 钼

( ) 13. 在 $K_2Cr_2O_7$ 溶液中加入 $Pb(NO_3)_2$ 溶液，所得沉淀的化学式是

A. $PbCr_2O_7$　B. $PbCrO_4$　C. PbO_2　D. $Pb(CrO_2)_2$

( ) 14. 将 $K_2Cr_2O_7$ 转变为下列各种物质时，需要使用还原剂的是

A. K_2CrO_4　B. $Cr_2(SO_4)_3$　C. CrO_3　D. Ag_2CrO_4

( ) 15. K_2MnO_4 能较稳定地存在于

A. 水中　B. 浓的强碱溶液中　C. 稀酸溶液中　D. 浓酸溶液中

( ) 16. 在硝酸性介质中，下列哪种氧化剂不能使 Mn^{2+}氧化为 MnO_4^-

A. $(NH_4)_2S_2O_8$($AgNO_3$ 催化)　B. $K_2Cr_2O_7$　C. PbO_2　D. $NaBiO_3$

( ) 17. 有关铁系元素氢氧化物的氧化性强弱顺序正确的是

A. $Co(OH)_3 > Ni(OH)_3 > Fe(OH)_3$　B. $Fe(OH)_3 > Co(OH)_3 > Ni(OH)_3$

C. $Ni(OH)_3 > Co(OH)_3 > Fe(OH)_3$　D. $Fe(OH)_3 > Ni(OH)_3 > Co(OH)_3$

( ) 18. 向下列溶液中分别通入 CO 气体，能生成沉淀的是

A. $FeCl_2$　B. $CoCl_2$　C. $NiCl_2$　D. $PdCl_2$

( ) 19. 下列金属中，吸收氢气能力最大的是

A. Rh　B. Pd　C. Os　D. Pt

( ) 20. 下列各对元素中，不属于铂系元素的是

A. Ta，Re　B. Pd，Pt　C. Ru，Ir　D. Rh，Os

第 17 章　镧系和锕系元素

元素周期表ⅢB 族中共有 32 种元素，包括 Sc、Y、镧系元素(Ln)和锕系元素(An)。其中第六周期ⅢB 族包含 15 个镧系元素，原子序数从 57～71；第七周期ⅢB 族包含 15 个锕系元素，原子序数从 89～103。

17.1　镧 系 元 素

镧系元素可以用 Ln 表示，ⅢB 族 La 之上的 Y 由于镧系收缩的影响，其原子半径和三价离子的半径分别为 180.3 pm 和 89 pm，与 Tb(178.3 pm、92.3 pm)和 Dy(177.5 pm、90.8 pm)十分接近，因此 Y 在矿物中与镧系共生，通常把 Y 与镧系元素称为稀土元素，用 RE 表示。

17.1.1　镧系元素的分布

我国内蒙古的白云鄂博矿是世界罕见的含 Fe、RE、Nb 多种元素的大型共生矿床，其稀土含量占全国探明储量的 98%。国外稀土矿物主要分布在美国、印度、巴西、澳大利亚、俄罗斯和日本等国家。

稀土元素并不稀少，在地壳中含量较多的 Ce、Y、Nd、La 与 Zn、Sn、Co 差不多，即便是含量较少的 Tm、Lu、Tb、Eu、Ho 也比 Bi、Ag、Hg 的含量高。但是，它们在自然界中分布比较分散，化学性质又十分相似，所以难以分离。而这些金属元素的化学性质比较活泼，导致它们的还原比较困难，因此发现得比较晚。原来认为 Ln 中的 61 号元素 Pm 是人工合成的放射性元素，但是 1968 年科学家从刚果的沥青铀矿中分离出该元素，其含量仅为 4×10^{-15} g · kg^{-1} 矿，它是矿物中 ^{238}U 自发裂变的产物。

Gd 之前的元素称为轻稀土元素或铈组稀土元素，Gd 及其之后的元素和 Y 称为重稀土元素或钇组稀土元素。氟碳铈矿($CeCO_3F$)、独居石矿($CePO_4$)等是轻稀土元素的主要来源，而磷钇矿(YPO_4)、褐钇铌矿($YNbO_4$)是重稀土元素的主要来源。

17.1.2　镧系元素的制备和用途

镧系元素属于较活泼的金属，活性与铝相似，制备高纯度金属采用的方法包括熔盐电解法和金属热还原法。例如，Ce 可采用熔融氯化物或 CeO_2 在熔融 CeF_3 中的电解来制备。轻稀土金属可以用 Na 还原无水氯化物，重稀土金属则用 Mg 还原无水氟化物来制备。

稀土金属为银白色，质地较软，延展性良好，其活泼性仅次于碱金属和碱土金属，应保存在煤油中防止与潮湿空气接触而氧化变色。金属活泼性由 Sc→La 递增，由 La→Lu 递减。轻稀土金属的燃点很低，Ce、Pr、Nd 的燃点分别为 438 K、563 K、543 K，当以 Ce 为主的轻稀土混合金属细粉末进行摩擦时，会发生自燃，可用来制造民用打火石和军用引火合金。

稀土金属本身的机械性能很差，但是制造合金可以增加钢的强度和硬度。加入 Ni-Cr 合金中制造电阻丝，可以延长使用寿命。已添加稀土元素的球墨铸铁可以超过钢的性能。CeO_2 是玻璃的抛光剂，用以抛光精密光学玻璃；Pr 和 Nd 的氧化物是玻璃的着色剂；La_2O_3 可用来制造低散射、高折射的光学玻璃。镧系元素的化合物还广泛用于制造催化剂，其氧化物常用于有机化合物的脱氢、氧化和氢化。混合氯化物和磷酸铈是石油裂化的良好催化剂。另外，稀土金属元素还在激光材料、发光材料、电子材料、电光源材料、稀土永磁材料等方面有重要应用。

17.1.3　镧系元素的性质

1. 镧系元素基态原子的电子层结构

21 号元素 Sc 的价电子构型为 $3d^14s^2$，39 号元素 Y 的价电子构型为 $4d^15s^2$，Ln 基态原子的价电子构型列于表 17-1。Ln 元素的最外两层电子结构十分相似，在内层 4f 轨道上略有不同，因此它们的化学性质极为相似，很难用化学方法将它们分离。

表 17-1　镧系元素基态原子的价电子构型

基态原子	$_{57}La$	$_{58}Ce$	$_{59}Pr$	$_{60}Nd$	$_{61}Pm$	$_{62}Sm$	$_{63}Eu$	$_{64}Gd$	$_{65}Tb$	$_{66}Dy$	$_{67}Ho$	$_{68}Er$	$_{69}Tm$	$_{70}Yb$	$_{71}Lu$
价电子构型	$5d^1$ $6s^2$	$4f^1$ $5d^1$ $6s^2$	$4f^3$ $6s^2$	$4f^4$ $6s^2$	$4f^5$ $6s^2$	$4f^6$ $6s^2$	$4f^7$ $6s^2$	$4f^7$ $5d^1$ $6s^2$	$4f^9$ $6s^2$	$4f^{10}$ $6s^2$	$4f^{11}$ $6s^2$	$4f^{12}$ $6s^2$	$4f^{13}$ $6s^2$	$4f^{14}$ $6s^2$	$4f^{14}$ $5d^1$ $6s^2$

2. 镧系元素的氧化态

镧系元素在固体化合物和水溶液中的特征氧化态是+3，这是因为它们在气态时，失去两个 s 电子和一个 d 电子所需的电离能比较低。有些镧系元素能表现+2 和+4 氧化态，少数+2 和+4 氧化态的固体化合物已经制得，如溶液中可以存在 Sm^{2+}、Eu^{2+}、Yb^{2+}和 Ce^{4+}，但+2 氧化态的离子均是强还原剂，而+4 氧化态的离子为强氧化剂，它们溶于水很快转变为+3 氧化态。

氧化态的稳定性不能单纯地从电子层结构考虑，尽管根据洪德规则特例的规定，f 轨道全充满、半充满或全空的状态是比较稳定的，可以解释 Ce^{4+}、Tb^{4+}、Eu^{2+}、Yb^{2+}的稳定性，但是无法解释为什么 Sm、Tm 有+2 氧化态而没有+1 氧化态，Pr、Nd 有+4 氧化态而 Pr 没有+5 氧化态，Nd 没有+6 氧化态等。电子层结构只是影响离子结构稳定性的因素之一，其他的热力学和动力学因素如电离能、升华热、水合热等有时起的作用更大。

3. 镧系元素的原子半径和离子半径

从 Sc→Y→La，原子半径和三价离子半径逐渐增大，从 La→Lu 半径逐渐减小。这种镧系元素的原子半径和离子半径随原子序数增加而逐渐减小的现象称为镧系收缩。产生镧系收缩的原因是，原子核每增加一个质子，相应地就有一个电子进入内层 4f 轨道。而 4f 轨道的电子对核的屏蔽作用不如其他内层电子(5s5p)，导致随原子序数增加，有效核电荷数增加，原子核对外层电子的吸引增强，从而使原子半径和离子半径逐渐减小。以 La^{3+}和 Ce^{3+}为例，La^{3+}的价电子构型为 $5s^25p^6$，其原子核内有 57 个质子，核外有 54 个电子，这些电子中 46 个为内层电子，与 57 个核电荷形成“原子实”，可以认为其有效核电荷数为 11，这 11 个有效核电荷吸引外层的 8 个电子。Ce^{3+}的“原子实”比 La^{3+}多一个质子，同时多一个 4f 电子。这个 4f 电子不能把多的这个质子完全屏蔽起来，大概只能屏蔽盖质子的 85%。则有效核电荷为 58 – 46 – 0.85 = 11.15，比 La^{3+}增加了 0.15，因此 Ce^{3+}吸引外层电子的能力强于 La^{3+}，离子半径小于 La^{3+}。镧系元素的原子半径和离子半径见图 17-1。

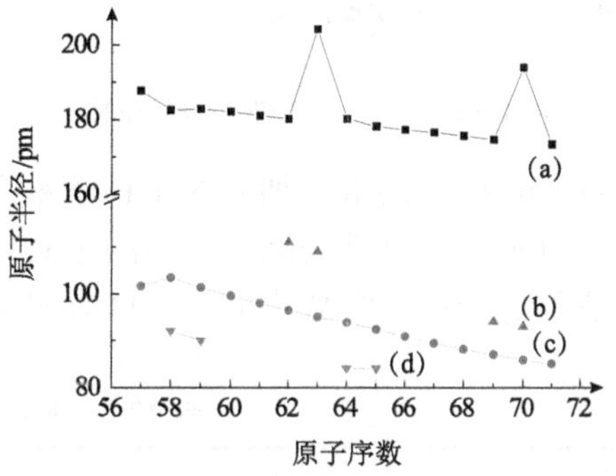

图 17-1　镧系元素的原子半径和离子半径

(a) 原子半径；(b) Ln^{2+}半径；(c) Ln^{3+}半径；(d) Ln^{4+}半径

从图 17-1 可以看出，镧系元素的原子半径整体上随原子序数增加而略有减小，但镧系收缩现象不如离子半径明显，且原子半径在 Eu 和 Yb 处出现反常。这也与它们的轨道达到半满和全满的电子构型有关，Eu 是 $4f^7 6s^2$，Yb 是 $4f^{14} 6s^2$。

4. 镧系元素离子的颜色

一般镧系金属的三价离子具有漂亮的颜色，若以 Gd^{3+}为中心，从 $La^{3+} \rightarrow Gd^{3+}$的颜色变化规律又在从 $Gd^{3+} \rightarrow Lu^{3+}$的过程中重复出现。这一变化规律与未成对电子数有关，由表 17-2 可定性地推知，具有 f^n 电子构型的三价离子与 f^{14-n} 电子构型的离子颜色相同或接近。吸收光谱的实验研究表明，La^{3+}、Lu^{3+}、Y^{3+}在波长范围 200～1000 nm 没有吸收，它们的离子均为无色，这与其电子构型为 f^0、f^{14} 均无单电子有关。另外，有些顺磁性的似乎应该有颜色，但是 Ce、Eu、Gd、Tb 三价离子无色，原因是它们的吸收带均处于紫外区域。Yb^{3+}无色，则是因为其吸收带处于近红外区域。其余的 Ln^{3+}在可见光范围内都有显著的吸收，而呈现漂亮的颜色。

表 17-2　Ln^{3+}的颜色

Ln^{3+}	$4f^n$	颜色	$4f^n$	Ln^{3+}
La^{3+}	$4f^0$	无色	$4f^{14}$	Lu^{3+}
Ce^{3+}	$4f^1$	无色	$4f^{13}$	Yb^{3+}
Pr^{3+}	$4f^2$	绿色	$4f^{12}$	Tm^{3+}
Nd^{3+}	$4f^3$	淡紫色	$4f^{11}$	Er^{3+}
Pm^{3+}	$4f^4$	粉红色	$4f^{10}$	Ho^{3+}
Sm^{3+}	$4f^5$	黄色	$4f^9$	Dy^{3+}
Eu^{3+}	$4f^6$	无色	$4f^8$	Tb^{3+}
Gd^{3+}	$4f^7$	无色	$4f^7$	Gd^{3+}

17.1.4　镧系元素的化合物

1. 镧系元素的氢氧化物和氧化物

在Ln^{3+}的盐溶液中加入NaOH溶液即可得到$Ln(OH)_3$，它们是具有确定组成的水合氧化物。$Ln(OH)_3$的碱性与碱土金属的氢氧化物接近，且从La→Lu碱性逐渐减弱。如表17-3所示，它们的溶度积常数均很小，且溶解度随温度的升高而降低。

表17-3　常温下$Ln(OH)_3$的溶度积常数

铈组		钇组	
$Ln(OH)_3$	$K_{sp}^{\ominus}$	$Ln(OH)_3$	$K_{sp}^{\ominus}$
$La(OH)_3$	1.1×10^{-19}	$Gd(OH)_3$	2.1×10^{-22}
$Ce(OH)_3$	1.5×10^{-20}	$Tb(OH)_3$	2.0×10^{-22}
$Pr(OH)_3$	2.7×10^{-22}	$Dy(OH)_3$	1.4×10^{-22}
$Nd(OH)_3$	1.9×10^{-21}	$Ho(OH)_3$	5.0×10^{-23}
$Sm(OH)_3$	6.8×10^{-22}	$Er(OH)_3$	1.3×10^{-23}
$Eu(OH)_3$	3.4×10^{-22}	$Tm(OH)_3$	3.3×10^{-24}
		$Yb(OH)_3$	2.9×10^{-24}
		$Lu(OH)_3$	2.5×10^{-24}

2. 镧系元素的盐类

大部分镧系化合物为三价，Ce、Pr、Nd、Tb、Dy 可以形成四价化合物，Sm、Eu、Yb还能形成二价离子，以下主要介绍镧系元素三价盐的性质。轻镧系元素(铈组)和重镧系元素(钇组)的盐一般都有结晶水，在溶解度上差别很大，表17-4列举了铈组和钇组盐类的部分性质，利用溶解度的差异可以将混合的镧系化合物进行分组。

表17-4　镧系元素的部分盐溶解度情况

盐的阴离子	铈组($Z=57\sim62$)	钇组(Z=39，63～71)
F^-	难溶	难溶
PO_4^{3-}	难溶	难溶
CO_3^{2-}	难溶于水、碳酸盐溶液	难溶于水、溶于碳酸盐溶液
$C_2O_4^{2-}$	难溶于水、草酸盐溶液	难溶于水、溶于草酸盐溶液
SO_4^{2-} (M1复盐)	难溶于M_2SO_4溶液	易溶于M_2SO_4溶液
NO_3^-(碱式)	可溶	微溶

从表17-4中可以看出，LnF_3均难溶于水，即便在很强的酸性环境中($3\ mol\cdot dm^{-3}\ HNO_3$)，向$Ln^{3+}$盐溶液中加入$F^-$，也会得到$LnF_3$的沉淀，可以利用该特征定性地检验$Ln^{3+}$。

镧系元素的其他卤化物易溶于水，也易吸水而潮解，其溶解度随温度的升高而显著增大。从水溶液中析出结晶水合物。例如，加热$LnCl_3$的结晶水合物会生成LnOCl而无法得到无水氯化物，制备它们的氯化物的方法是将 Ln_2O_3 在 $COCl_2$ 或 CCl_4 蒸气中加热，或者将 Ln_2O_3 与 NH_4Cl 混合加热。所得的无水氯化物熔点高，易潮解，易溶于水和乙醇。

$Ln_2(C_2O_4)_3$ 在酸性溶液中很难溶，这种性质往往用来将 Ln^{3+} 以草酸盐的形式沉淀而与其他许多金属离子分离开。例如，重量法测定镧系元素含量时，基本思路就是将 Ln^{3+} 转化为 $Ln_2(C_2O_4)_3$，再进行灼烧，经过脱水转化为碱式碳酸盐，最终生成可称量的形式 Ln_2O_3。灼烧时需在 1073 K 保温 40 min。

将 $Ln(OH)_3$ 溶解在 H_2SO_4 可以得到硫酸盐，无水硫酸盐可以通过其水合物的脱水制得。镧系硫酸盐溶于水的热效应较大，因此它们的溶解度随温度变化较明显。$Ln_2(SO_4)_3$ 中 Ln^{3+} 的离子半径为 85～106 pm，它们可以与钠盐形成多种复盐，如 $Na_2SO_4 \cdot Ln_2(SO_4)_3 \cdot 2H_2O$。这些复盐在 Na_2SO_4 中的溶解度不同，可以用于将镧系元素分离为铈组和钇组。

3. 配合物

镧系元素在形成配合物方面与ⅡA 族的 Ca、Ba 相似，而与 d 区过渡金属差别较大。d 区过渡金属的原子或离子具有 9 个价电子轨道 $(n-1)d$、ns 和 np，其中 ns 和 np 为空轨道，它们的离子半径比 Ln^{3+} 小，因此离子势较大，中心离子与配体之间的作用由于双方的变形性而具有较多共价键的成分。d 区元素既有能接受孤电子对的空轨道，又有较强的吸引配体的能力，所以 d 区过渡元素具有很强的形成配合物的能力。而基态 Ln^{3+} 4f 上的电子处于内层，在通常情况下不参与成键，可以将 Ln^{3+} 看成具有稀有气体结构的离子，与配体之间的作用主要依靠静电吸引，共价作用较弱，离子性较强。因此，Ln^{3+} 除水合离子外，配合物种类不多，只有与强螯合剂形成的螯合物比较稳定。Ln^{3+} 属于硬酸，通常的配位原子是 O 和 N，如β-二酮类的乙酰丙酮(acac)、氨基多酸类的乙二胺四乙酸钠盐(EDTA)可与 Ln^{3+} 形成稳定的螯合物。例如

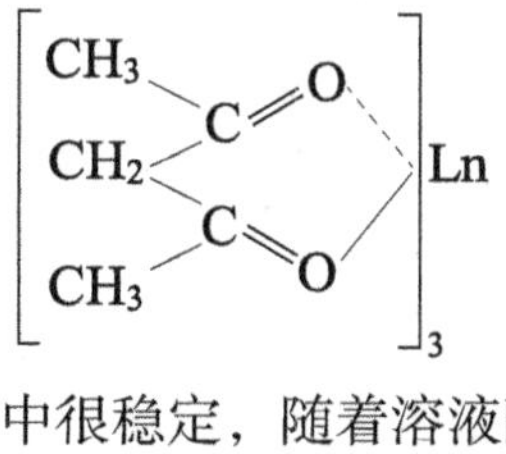

和 HLn(EDTA)

这些配合物在碱性溶液中很稳定，随着溶液酸度的提高，稳定性降低。随着镧系元素原子序数的增加，稳定性增大。配合物的稳定性变化规律，已经广泛应用于稀土元素的分离和分析。

17.2 锕 系 元 素

在发现超铀元素之前，人们了解氧化态为+3 的 Ac 元素的盐与 La(Ⅲ)的盐晶体结构相似，属于类质同晶；Th 元素与ⅣB 的 Zr、Hf 相似，氧化态均为+4；U 的最稳定氧化态为+6，这与ⅥB 族的 Mo、W 相似。因此，Ac、Th、Pa、U 曾分别被认为是ⅢB、ⅣB、ⅤB、ⅥB 族的最后一个成员。随着超铀元素被相继合成，人们对 $_{89}Ac$～$_{103}Lr$ 之间的十五种元素的性质有了较全面的认识，逐渐意识到它们之间的相似性，这就是锕系元素，用 An 表示。

17.2.1 锕系元素与镧系元素的相似之处

锕系元素的价电子构型类似于镧系元素，包括内层的 5f、次外层的 6d 和最外层的 7s 原子轨道，表 17-5 给出了锕系元素的价电子构型、部分氧化态的离子半径和颜色，与镧系元素的相似性主要表现在以下几个方面。

(1) 与镧系元素相似，锕系元素具有+3 氧化态，该氧化态的稳定性随原子序数的增加而增强。

(2) 锕系元素的 $AnCl_3$、AnO_2 及其大部分盐与相应的镧系元素化合物类质同晶。

(3) 锕系元素的离子半径随原子序数的增加而减小，这点类似于镧系收缩。

(4) 锕系元素的吸收光谱也表现出 f-f 吸收的特征。

表 17-5 锕系元素的价电子构型和离子半径

元素符号	价电子构型	离子半径/ pm	
		An^{3+}(颜色)	An^{4+}(颜色)
Ac	$6d^17s^2$	111(无色)	
Th	$6d^17s^2$	108	99(无色)
Pa	$5f^26d^17s^2$	105	96(无色)
U	$5f^36d^17s^2$	103(浅红色)	93(绿色)
Np	$5f^46d^17s^2$	101(紫色)	92(黄绿色)
Pu	$5f^6\ \ 7s^2$	100(蓝色)	90(黄褐色)
Am	$5f^7\ \ 7s^2$	99(浅红色)	89(浅红色)
Cm	$5f^76d^17s^2$	98.5(无色)	88
Bk	$5f^9\ \ 7s^2$	98	
Cf	$5f^{10}\ \ 7s^2$	97.7	
Es	$5f^{11}\ \ 7s^2$		
Fm	$5f^{12}\ \ 7s^2$		
Md	$5f^{13}\ \ 7s^2$		
No	$5f^{14}\ \ 7s^2$		
Lr	$5f^{14}6d^17s^2$		

17.2.2 锕系元素的氧化态和离子的颜色

尽管与镧系元素相同，锕系元素也具有+3 氧化态的化合物，但是，锕系元素的前半部分元素具有多变的氧化态，这是与镧系元素的主要区别。例如，Ac、Th、Pa、U 的稳定氧化态分别为+3、+4、+5 和+6，意味着它们的所有价电子都参与成键。Np 有+7 氧化态的物质，但其稳定的氧化态为+5。Pu 可以显示+3～+7 的所有氧化态，其中+4 价最稳定。Am 具有+2～+6 的氧化态，但其+3 价是最稳定的。

这种多变的氧化态与其价电子构型密切相关。锕系元素的 5f 电子与原子核之间的作用弱于镧系元素 4f 电子与核的作用，因此这些内层 5f 电子可以与次外层 6d、最外层 7s 电子一起参与成键，形成高氧化态化合物。随着原子序数的递增，5f 电子与原子核的作用增强而趋于稳定。事实上，从元素 Am 之后的锕系元素均是+3 氧化态为稳定价态。

实践中发现，原子序数较大的锕系元素一般都具有+2 氧化态。例如，No 的+2 氧化态是最稳定状态。从其原子的价电子构型可知，它的 5f 内层为全充满状态，因此它的性质类似于碱土金属。

了解锕系元素的电子构型和氧化态具有重要的实际意义。生产实践中分离锕系元素的方法和手段与分离稀土元素相似，如萃取或离子交换，但必须要解决放射性污染和防护问题，锕系元素多变的氧化态及由此产生的电极电势的差别使问题变得容易解决。

锕系元素+3 和+4 氧化态的离子中 Ac^{3+}、Th^{4+}、Pa^{4+}和 Cm^{3+}无色，其余均有颜色，体现了 f 电子对光吸收的影响，这与镧系元素十分相像。

17.2.3　锕系元素的离子半径和配位数

由表 17-5 可知，锕系元素的离子半径表现出与“镧系收缩”类似的“锕系收缩”，随原子序数的递增，离子半径逐渐减小。锕系元素+3 和+4 价的离子半径略大于相应的镧系元素。

锕系元素在化合物中的主要配位数是 6 和 8，许多离子还具有 10、11、12 的高配位数，另外，像 7 和 9 这样的配位数在部分锕系化合物中也经常出现。

17.2.4　锕系元素的氧化还原反应

锕系元素的氧化态多种多样，氧化还原性质较为复杂，概括起来有如下规律：

(1) Ac、U、Np、Pu、Am、Cm 的单质均是还原剂，Ac 的还原性最强。

(2) An 的+6 氧化态：AnO_2^{2+}的氧化性按照 $AmO_2^{2+} \rightarrow NpO_2^{2+} \rightarrow PuO_2^{2+} \rightarrow UO_2^{2+}$的顺序逐渐减弱。

(3) An 的+4 氧化态：电对 An(Ⅳ)/An(Ⅲ)的电极电势随原子序数的增加而增大，即+4 氧化态的氧化性逐渐增强。

(4) An 的+2 氧化态：从 Cf 到 No，单质越来越容易转变为 An(Ⅱ)，即+2 氧化态的稳定性按照 Cf(Ⅱ)→No(Ⅱ)的顺序依次增强，氧化性逐渐减弱。

思　考 · 练　习

根据下列元素电势图，分析氧化态为+3、+4 的 U 和 Am 元素的歧化反应能力。

(1) $UO_2^{2+} \xrightarrow{0.063\,V} UO_2^{+} \xrightarrow{0.58\,V} U^{4+} \xrightarrow{-0.631\,V} U^{3+} \xrightarrow{-1.80\,V} U$

(2) $AmO_2^{2+} \xrightarrow{1.60V} AmO_2^{+} \xrightarrow{1.14V} Am^{4+} \xrightarrow{2.34V} Am^{3+} \xrightarrow{-2.30V} Am^{2+} \xrightarrow{-2.00V} Am$

习　题

1. 稀土元素通常指哪些元素？按原子序数由小到大依次写出它们的元素符号。
2. 镧系元素和锕系元素的基态原子在电子构型上有何相似之处？在常见氧化态方面有何差别？
3. 简述元素铀在自然界中的存在形式、提炼方法以及分离 U-235 和 U-238 的方法。
4. 判断下列说法是否正确。

(1) 稀土元素在地壳内含量稀少。

(2) 稀土元素均属于金属元素。
(3) 稀土元素的金属还原性均较低。
(4) 镧系元素的三价阳离子均显颜色。
(5) 镧系元素的原子半径随原子序数的递增而依次减小。
(6) 利用稀土元素化学性质的差异，很容易用化学手段进行稀土元素的分离。
(7) 分析和分离锕系元素的离子时，常使其以草酸盐的形式析出而与其他金属离子分离。
(8) 利用所生成硫酸盐、碳酸盐和草酸盐的溶解性差异，很容易将锕系元素分离为铈组和钇组。

5. 指出镧系元素的主要氧化态。根据 4 f 轨道有保持或接近全空、半充满或全充满的倾向，写出哪些元素呈现 +4 或 +2 氧化态。
6. 为什么镧系元素形成的简单配位化合物多半是离子型的？试讨论镧系配位化合物的稳定性递变规律及其原因。
7. 稀土元素为什么要保存在煤油中？
8. 一些学者认为具有 114 个质子和 184 个中子的原子核可以稳定存在。试估计：
(1) 该元素的近似相对原子质量；(2) 该元素原子的价层电子排布；(3) 它和哪个元素的性质最相似？
9. 水合稀土氯化物为什么不能直接加热脱水制备？一般应用哪些方法将水合物脱水？这一点和其他哪些常见的含水氯化物脱水情况相似？
10. 已知下列反应：

$$Zn + 2Eu^{3+} = Zn^{2+} + 2Eu^{2+}$$

$$Zr + 2Zn^{2+} = Zr^{4+} + 2Zn$$

$$4Sc + 3Zr^{4+} = 4Sc^{3+} + 3Zr$$

根据上述反应结果，推测下列 3 个反应的方向：

(1) $Sc + 3Eu^{3+} \longrightarrow Sc^{3+} + 3Eu^{2+}$

(2) $4Eu^{2+} + Zr^{4+} \longrightarrow 4Eu^{3+} + Zr$

(3) $2Sc + 3Zn^{2+} \longrightarrow 2Sc^{3+} + 3Zn$

11. 二氧化铈溶于盐酸和硫酸的情况有什么不同？试写出这两个反应的化学方程式。

第 17 章单元测试题(单选)

班级＿＿＿＿姓名＿＿＿＿作业号＿＿＿＿成绩＿＿＿＿

(　)1. 下列元素的原子半径最小的是

A. Sm　B. Eu　C. Gd　D. Lu

(　)2. Nd^{3+}的颜色是

A. 无色　B. 浅绿　C. 黄色　D. 淡红

(　)3. 下列元素属于镧系元素的是

A. Am　B. Cm　C. Sm　D. Fm

(　)4. 由于镧系收缩使性质极其相似的一组元素是

A. Sc 和 La　B. Co 和 Ni　C. Nb 和 Ta　D. Cr 和 Mo

(　)5. 下列稀土元素中能形成氧化数为 +2 的是

A. Ce　B. Pr　C. Tb　D. Yb

(　)6. 下列元素属于锕系元素的是

A. Pr　B. Po　C. Pu　D. Nd

(　)7. 镧系元素的原子半径从左到右递变过程中出现极大值(双峰效应)的两个元素是

A. La 和 Eu　B. Eu 和 Yb　C. Yb 和 Lu　D. La 和 Lu

(　)8. 镧系元素都有同样的 $6s^2$ 电子组态，但是它们在下面哪个电子能级的填充程度不同

A. 6p 能级　B. 4d 能级　C. 5f 能级　D. 4f 能级

(　)9. 下列元素中属于稀土元素的是

A. Th　B. Ra　C. Nd　D. Ac

(　)10. 57 号元素镧的价电子构型是

A. $4f^16s^2$　B. $5d^16s^2$　C. $4f^15d^16s^1$　D. $5d^26s^1$

(　)11. 对于 63 号元素铕 Eu 和 70 号元素镱 Yb 均容易出现的氧化态是

A. −1　B. +1　C. +2　D. +3

(　)12. 下列元素中，不是放射性元素的是

A. Pa　B. Pd　C. Pm　D. Po

(　)13. 下列离子中，最不易水解的是

A. Sn^{4+}　B. Ti^{4+}　C. Ce^{4+}　D. Th^{4+}

(　)14. 下列氢氧化物中，碱性最强的是

A. $Sc(OH)_3$　B. $La(OH)_3$　C. $Sm(OH)_3$　D. $Ce(OH)_3$

(　)15. Pr^{3+}的水合离子的颜色为

A. 黄色　B. 绿色　C. 橙色　D. 紫色

(　)16. 下列各元素中，5f 壳层是半充满的 +3 价离子的是

A. Am　B. Bk　C. Cm　D. Pu

(　)17. 下列关于稀土元素的说法中正确的是

A. 稀土元素在地壳中的丰度都十分稀少　B. 轻稀土又称钇组稀土

C. 稀土的氯化物都易溶于水　D. 稀土的草酸盐都易溶于水

(　)18. 下列各组元素中物种不能将 HBr 氧化的是

A. MoO_3　B. $K_2Cr_2O_7$　C. CeO_2　D. MnO_2

(　)19. 下列金属不能与盐酸作用产生氢气的是

A. Pt　B. Pr　C. Nd　D. La

(　)20. 下列关于 f 区元素的论述中错误的是

A. 镧系和锕系元素都是内过渡元素　B. Y 是稀土元素而不是镧系元素

C. 锕系元素都是放射性元素　D. 镧系元素中没有放射性元素

附　录

附录 1　常用物理化学常数

物理量	符号	国际单位数值
真空中的光速	c	$2.997\,924\,58\times10^{8}\,m\cdot s^{-1}$
电子的电量	e	$1.602\,177\,33\times10^{-19}\,C$
原子质量	u	$1.660\,540\,2\times10^{-27}\,kg$
质子静质量	m_p	$1.672\,623\,1\times10^{-27}\,kg$
中子静质量	m_n	$1.674\,954\,3\times10^{-27}\,kg$
电子静质量	m_e	$9.109\,389\,7\times10^{-31}\,kg$
理想气体摩尔体积	V_m	$2.241\,410\times10^{-2}\ m^{3}\cdot mol^{-1}$
摩尔气体常量	R	$8.314\,510\,J\cdot mol^{-1}\cdot K^{-1}$
阿伏伽德罗常量	N_A	$6.022\,045\,7\times10^{23}\,mol^{-1}$
里德伯常量	R_∞	$1.097\,373\,534\times10^{7}\,m^{-1}$
法拉第常量	F	$9.648\,530\,9\times10^{4}\,mol^{-1}$
普朗克常量	h	$6.626\,075\,5\times10^{-34}\,J\cdot s$
玻尔兹曼常量	k	$1.380\,658\times10^{-23}\,J\cdot K^{-1}$

数据摘自：Speight. J G. Lange's Handbook of Chemistry. 16th ed. New York: McGraw - Hill Companies Inc, 2005: Table 4.3.

附录 2　无机化合物的标准热力学数据(298 K)

下表中的标准热力学数据是以温度 25.0 ℃(298 K)处于标准状态的 1 mol 纯物质为基准。物质状态表示符号为：g 表示气态，l 表示液态，cr 表示晶体。

$\Delta_f H_m^\ominus$ 表示物质的标准摩尔生成焓(298 K)，单位为 $kJ\cdot mol^{-1}$；

$\Delta_f G_m^\ominus$ 表示物质的标准摩尔生成吉布斯自由能(298 K)，单位为 $kJ\cdot mol^{-1}$；

$S_m^\ominus$ 表示物质的标准摩尔熵(298 K)，单位为 $J\cdot mol^{-1}\cdot K^{-1}$；

$C_p^\ominus$ 表示物质的常压热容(298 K)，单位为 $J\cdot mol^{-1}\cdot K^{-1}$。

化学式	状态	$\Delta_f H_m^\ominus$ /($kJ\cdot mol^{-1}$)	$\Delta_f G_m^\ominus$ /($kJ\cdot mol^{-1}$)	$S_m^\ominus$ /($J\cdot mol^{-1}\cdot K^{-1}$)	$C_p^\ominus$ /($J\cdot mol^{-1}\cdot K^{-1}$)
Ag	cr	0.0	—	42.6	25.4
AgBr	cr	−100.4	−96.9	107.1	52.4
AgCl	cr	−127.0	−109.8	96.3	50.8
$AgClO_3$	cr	−30.3	64.5	142.0	—
AgCN	cr	146.0	156.9	107.2	66.7
Ag_2CO_3	cr	−505.8	−436.8	167.4	112.3
Ag_2CrO_4	cr	−731.7	−641.8	217.6	142.3
AgI	cr	−61.8	−66.2	115.5	56.8

续表

化学式	状态	$\Delta_f H_m^\ominus$ /(kJ · mol^{-1})	$\Delta_f G_m^\ominus$ /(kJ · mol^{-1})	$S_m^\ominus$ /(J · mol^{-1} · K^{-1})	$C_p^\ominus$ /(J · mol^{-1} · K^{-1})
$AgIO_3$	cr	−171.1	−93.7	149.4	102.9
$AgNO_3$	cr	−124.4	−33.4	140.9	93.1
Ag_2O	cr	−31.1	−11.2	121.3	65.9
Ag_2S	cr	−32.6	−40.7	144.0	76.5
Ag_2SO_4	cr	−715.9	−618.4	200.4	131.4
Al	cr	0.0	—	28.3	24.4
$AlCl_3$	cr	−704.2	−628.8	110.7	91.8
AlF_3	cr	−1510.4	−1431.1	66.5	75.1
	g	−1204.6	−1188.2	277.1	62.6
AlI_3	cr	−313.8	−300.8	159.0	98.7
Al_2O_3	cr	−1675.7	−1582.3	50.9	79.0
$AlPO_4$	cr	−1733.8	−1617.9	90.8	93.2
As(灰)	cr	0.0	—	35.1	24.6
$AsCl_3$	l	−305.0	−259.4	216.3	—
AsH_3	g	66.4	68.9	222.8	38.1
As_2O_5	cr	−924.9	−782.3	105.4	116.5
As_2S_3	cr	−169.0	−168.6	163.6	116.3
Au	cr	0.0	—	47.4	25.4
B	cr	0.0	—	5.9	11.1
BBr_3	l	−239.7	−238.5	229.7	—
BCl_3	l	−427.2	−387.4	206.3	106.7
BF_3	g	−1136.0	−1119.4	254.4	50
B_2H_6	g	35.6	86.7	232.1	56.9
BI_3	g	71.1	20.7	349.2	70.8
B_2O_3	cr	−1273.5	−1194.3	54.0	—
	g	−843.8	−832.0	279.8	66.9
Ba	cr	0.0	—	62.8	28.1
$BaCl_2$	cr	−858.6	−810.4	123.7	75.1
$BaCO_3$	cr	−1216.3	−1137.6	112.1	85.3
$Ba(NO_3)_2$	cr	−992.1	−796.6	213.8	151.4
BaO	cr	−553.5	−525.1	70.4	47.8
BaS	cr	−460.0	−456.0	78.2	49.4
$BaSO_4$	cr	−1473.2	−1362.2	132.2	101.8
Be	cr	0.0	—	9.5	16.4
$BeCl_2$	cr	−490.4	−445.6	82.7	64.8

续表

化学式	状态	$\Delta_f H_m^\ominus$ /(kJ · mol^{-1})	$\Delta_f G_m^\ominus$ /(kJ · mol^{-1})	$S_m^\ominus$ /(J · mol^{-1} · K^{-1})	$C_p^\ominus$ /(J · mol^{-1} · K^{-1})
BeF_2	cr	−1026.8	−979.4	53.4	51.8
BeO	cr	−609.4	−580.1	13.8	—
$Be(OH)_2$	cr	−902.5	−815.0	51.9	—
$BeSO_4$	cr	−1205.2	−1093.8	77.9	85.7
Bi	cr	0.0	—	56.7	25.5
$BiCl_3$	cr	−379.1	−315.0	177.0	105.0
	g	−265.7	−256.0	358.9	79.7
Bi_2O_3	cr	−573.9	−493.7	151.5	113.5
Bi_2S_3	cr	−143.1	−140.6	200.4	122.2
Br_2	g	30.9	3.1	245.5	36.2
	l	0	0	152.2	75.7
BrF_3	l	−300.8	−240.5	178.2	124.6
	g	−255.6	−229.4	292.5	66.6
BrF_5	l	−458.6	−351.8	225.1	—
	g	−428.9	−350.6	320.2	99.6
CO	g	−110.5	−137.2	197.7	29.1
CO_2	g	−393.5	−394.4	213.8	37.1
Ca	cr	0.0	—	41.6	25.9
$CaBr_2$	cr	−682.8	−663.6	130.0	—
$CaCl_2$	cr	−795.4	−748.8	108.4	72.9
$CaCO_3$(方解石)	cr	−1207.6	−1129.1	91.7	83.5
$CaCO_3$(霰石)	cr	−1207.8	−1128.2	88.0	82.3
CaF_2	cr	−1228.0	−1175.6	68.5	67.0
CaH_2	cr	−181.5	−142.5	41.4	41.0
CaI_2	cr	−533.5	−528.9	142.0	—
$Ca(NO_3)_2$	cr	−938.2	−742.8	193.2	149.4
CaO	cr	−634.9	−603.3	38.1	42.0
$Ca(OH)_2$	cr	−985.2	−897.5	83.4	87.5
CaS	cr	−482.4	−477.4	56.5	47.4
$CaSO_4$	cr	−1434.5	−1322.0	106.5	99.7
Cd	cr	0.0	—	51.8	26.0
$CdBr_2$	cr	−316.2	−296.3	137.2	76.7
$CdCl_2$	cr	−391.5	−343.9	115.3	74.7
$CdCO_3$	cr	−750.6	−669.4	92.5	—
CdF_2	cr	−700.4	−647.7	77.4	—

续表

化学式	状态	$\Delta_f H_m^\ominus$ /(kJ · mol^{-1})	$\Delta_f G_m^\ominus$ /(kJ · mol^{-1})	$S_m^\ominus$ /(J · mol^{-1} · K^{-1})	$C_p^\ominus$ /(J · mol^{-1} · K^{-1})
CdI_2	cr	−203.3	−201.4	161.1	80.0
CdO	cr	−258.4	−228.7	54.8	43.4
$Cd(OH)_2$	cr	−560.7	−473.6	96.0	—
CdS	cr	−161.9	−156.5	64.9	—
$CdSO_4$	cr	−933.3	−822.7	123.0	99.6
Ce	cr	0.0	—	72.0	26.9
	g	423.0	385.0	191.8	23.1
$CeCl_3$	cr	−1053.5	−977.8	151.0	87.4
CeO_2	cr	−1088.7	−1024.6	62.3	61.6
CeS	cr	−459.4	−451.5	78.2	50.0
Cl_2	g	0.0	—	223.1	33.9
ClO_2	g	102.5	120.5	256.8	42.0
Co	cr	0.0	—	30.0	24.8
$CoCl_2$	cr	−312.5	−269.8	109.2	78.5
CoF_2	cr	−692.0	−647.2	82.0	68.8
CoO	cr	−237.9	−214.2	53.0	55.2
$Co(OH)_2$	cr	−539.7	−454.3	79.0	—
$CoSO_4$	cr	−888.3	−782.3	118.0	—
Cr	cr	0.0	—	23.8	23.4
$CrCl_3$	cr	−556.5	−486.1	123.0	91.8
CrF_3	cr	−1159.0	−1088.0	93.9	78.7
Cr_2O_3	cr	−1139.7	−1058.1	81.2	118.7
Cs	cr	0.0	—	85.2	32.2
	g	76.5	49.6	175.6	20.8
CsBr	cr	−405.8	−391.4	113.1	52.9
CsCl	cr	−443.0	−414.5	101.2	52.5
$CsClO_4$	cr	−443.1	−314.3	175.1	108.3
Cs_2CO_3	cr	−1139.7	−1054.3	204.5	123.9
CsF	cr	−553.5	−525.5	92.8	51.1
CsI	cr	−346.6	−340.6	123.1	52.8
$CsNO_3$	cr	−506.0	−406.5	155.2	—
Cs_2O	cr	−345.8	−308.1	146.9	76.0
Cs_2SO_4	cr	−1143.0	−1323.6	211.9	134.9
Cu	cr	0.0	—	33.2	24.4
	g	337.4	297.7	166.4	20.8
CuBr	cr	−104.6	−100.8	96.1	54.7

续表

化学式	状态	$\Delta_f H_m^{\ominus}$ /(kJ · mol^{-1})	$\Delta_f G_m^{\ominus}$ /(kJ · mol^{-1})	$S_m^{\ominus}$ /(J · mol^{-1} · K^{-1})	$C_p^{\ominus}$ /(J · mol^{-1} · K^{-1})
CuCl	cr	−137.2	−119.9	86.2	48.5
$CuCl_2$	cr	−220.1	−175.7	108.1	71.9
CuCN	cr	96.2	111.3	84.5	—
CuI	cr	−67.8	−69.5	96.7	54.1
CuO	cr	−157.3	−129.7	42.6	42.3
CuS	cr	−53.1	−53.6	66.5	47.8
$CuSO_4$	cr	−771.4	−662.2	109.2	—
Cu_2O	cr	−168.6	−146.0	93.1	63.6
Cu_2S	cr	−79.5	−86.2	120.9	76.3
Dy_2O_3	cr	−1863.1	−1771.5	149.8	116.3
Eu_2O_3	cr	−1651.4	−1556.8	146.0	122.2
F_2	g	0.0	—	202.8	31.3
Fe	cr	0.0	—	27.3	25.1
$FeBr_2$	cr	−249.8	−238.1	140.6	—
$FeCl_2$	cr	−341.8	−302.3	118.0	76.7
$FeCl_3$	cr	−399.5	−334.0	142.3	96.7
$FeCO_3$	cr	−740.6	−666.7	92.9	82.1
FeF_2	cr	−711.3	−668.6	87.0	68.1
$FeMoO_4$	cr	−1075.0	−975.0	129.3	118.5
Fe_2O_3	cr	−824.2	−742.2	87.4	103.9
Fe_3O_4	cr	−1118.4	−1015.4	146.4	143.4
FeS	cr	−100.0	−100.4	60.3	50.5
$FeSO_4$	cr	−928.4	−820.8	107.5	100.6
$FeWO_4$	cr	−1155.0	−1054.0	131.8	114.6
H_2	g	0.0	—	130.7	28.8
H_3BO_3	cr	−1094.3	−968.9	88.8	81.4
HBr	g	−36.3	−53.4	198.7	29.1
HCl	g	−92.3	−95.3	186.9	29.1
HClO	g	−78.7	−66.1	236.7	37.2
HF	g	−273.3	−275.4	173.8	—
HI	g	26.5	1.7	206.6	29.2
HNO_2	g	−79.5	−46.0	254.1	45.6
HNO_3	l	−174.1	−80.7	155.6	109.9
	g	−135.1	−74.7	266.4	53.4
H_2O	l	−285.8	−237.1	70.0	75.3
	g	−241.8	−228.6	188.8	33.6
H_2O_2	l	−187.8	−120.4	109.6	89.1

续表

化学式	状态	$\Delta_f H_m^\ominus$ /(kJ · mol^{-1})	$\Delta_f G_m^\ominus$ /(kJ · mol^{-1})	$S_m^\ominus$ /(J · mol^{-1} · K^{-1})	$C_p^\ominus$ /(J · mol^{-1} · K^{-1})
H_2O_2	g	−136.3	−105.6	232.7	43.1
PH_3	g	5.4	13.4	210.2	37.1
H_3PO_4	cr	−1284.4	−1124.3	110.5	106.1
	l	−1271.7	−1123.6	150.8	145.0
H_2S	g	−20.6	−33.4	205.8	34.2
H_2SO_4	l	−814.0	−690.0	156.9	138.9
$H_3Sb(SbH_3)$	g	145.1	147.8	232.8	41.1
H_2Se	g	29.7	15.9	219.0	34.7
H_2SiO_3	cr	−1188.7	−1092.4	134.0	—
H_4SiO_4	cr	−1481.1	−1332.9	192.0	—
He	g	0.0	—	126.2	20.8
Hg	l	0.0	—	75.9	28.0
	g	61.4	31.8	175.0	20.8
$HgBr_2$	cr	−170.7	−153.1	172.0	—
Hg_2Br_2	cr	−206.9	−181.1	218.0	—
$HgCl_2$	cr	−224.3	−178.6	146.0	—
Hg_2Cl_2	cr	−265.4	−210.7	191.6	—
Hg_2CO_3	cr	−553.5	−468.1	180.0	—
HgI_2	cr	−105.4	−101.7	180.0	—
Hg_2I_2	cr	−121.3	−111.0	233.5	—
HgO	cr	−90.8	−58.5	70.3	44.1
HgS	cr	−58.2	−50.6	82.4	48.4
Hg_2SO_4	cr	−743.1	−625.8	200.7	132.0
I_2	cr	0.0	—	116.1	54.4
	g	62.4	19.3	260.7	36.9
K	cr	0.0	—	64.7	29.6
	g	89.0	60.5	160.3	20.8
KBH_4	cr	−227.4	−160.3	106.3	96.1
KBr	cr	−393.8	−380.7	95.9	52.3
$KBrO_3$	cr	−360.2	−271.2	149.2	105.2
$KBrO_4$	cr	−287.9	−174.4	170.1	120.2
KCl	cr	−436.5	−408.5	82.6	51.3
$KClO_3$	cr	−397.7	−296.3	143.1	100.3
$KClO_4$	cr	−432.8	−303.1	151.0	112.4
KCN	cr	−113.0	−101.9	128.5	66.3
K_2CO_3	cr	−1151.0	−1063.5	155.5	114.4

续表

化学式	状态	$\Delta_f H_m^\ominus$ /(kJ · mol^{-1})	$\Delta_f G_m^\ominus$ /(kJ · mol^{-1})	$S_m^\ominus$ /(J · mol^{-1} · K^{-1})	$C_p^\ominus$ /(J · mol^{-1} · K^{-1})
KF	cr	−567.3	−537.8	66.6	49.0
$KHSO_4$	cr	−1160.6	−1031.3	138.1	—
KH_2PO_4	cr	−1568.3	−1415.9	134.9	116.6
KI	cr	−327.9	−324.9	106.3	52.9
KIO_3	cr	−501.4	−418.4	151.5	106.5
KIO_4	cr	−467.2	−361.4	175.7	—
$KMnO_4$	cr	−837.2	−737.6	171.7	117.6
KNO_2	cr	−369.8	−306.6	152.1	107.4
KNO_3	cr	−494.6	−394.9	133.1	96.4
KOH	cr	−424.8	−379.1	78.9	64.9
KO_2	cr	−284.9	−239.4	116.7	77.5
K_2O_2	cr	−494.1	−425.1	102.1	—
K_2S	cr	−380.7	−364.0	105.0	—
KSCN	cr	−200.2	−178.3	124.3	88.5
K_2SO_4	cr	−1437.8	−1321.4	175.6	131.5
K_2SiF_6	cr	−2956.0	−2798.6	226.0	—
La	cr	0.0	—	56.9	27.1
	g	431.0	393.6	182.4	22.8
La_2O_3	cr	−1793.7	−1705.8	127.3	108.8
Li	cr	0.0	—	29.1	24.8
	g	159.3	126.6	138.8	20.8
$LiAlH_4$	cr	−116.3	−44.7	78.7	83.2
$LiBH_4$	cr	−190.8	−125.0	75.9	82.6
LiBr	cr	−351.2	−342.0	74.3	—
LiCl	cr	−408.6	−384.4	59.3	48.0
Li_2CO_3	cr	−1215.9	−1132.1	90.4	99.1
LiF	cr	−616.0	−587.7	35.7	41.6
LiH	cr	−90.5	−68.3	20.0	27.9
LiI	cr	−270.4	−270.3	86.8	51.0
$LiNO_2$	cr	−372.4	−302.0	96.0	—
$LiNO_3$	cr	−483.1	−381.1	90.0	—
LiOH	cr	−484.9	−439.0	42.8	49.7
Li_2O	cr	−597.9	−561.2	37.6	54.1
Li_2SO_4	cr	−1436.5	−1321.7	115.1	117.6
Li_2SiO_3	cr	−1648.1	−1557.2	79.8	99.1
Mg	cr	0.0	—	32.7	24.9

续表

化学式	状态	$\Delta_f H_m^\ominus$ /(kJ · mol^{-1})	$\Delta_f G_m^\ominus$ /(kJ · mol^{-1})	$S_m^\ominus$ /(J · mol^{-1} · K^{-1})	$C_p^\ominus$ /(J · mol^{-1} · K^{-1})
Mg	g	147.1	112.5	148.6	20.8
$MgBr_2$	cr	–524.3	–503.8	117.2	—
$MgCl_2$	cr	–641.3	–591.8	89.6	71.4
$MgCO_3$	cr	–1095.8	–1012.1	65.7	75.5
MgF_2	cr	–1124.2	–1071.1	57.2	61.6
MgH_2	cr	–75.3	–35.9	31.1	35.4
MgI_2	cr	–364.0	–358.2	129.7	—
$Mg(NO_3)_2$	cr	–790.7	–589.4	164.0	141.9
MgO	cr	–601.6	–569.3	27.0	37.2
$Mg(OH)_2$	cr	–924.5	–833.5	63.2	77.0
MgS	cr	–346.0	–341.8	50.3	45.6
$MgSO_4$	cr	–1284.9	–1170.6	91.6	96.5
Mn	cr	0.0	—	32.0	26.3
	g	280.7	238.5	173.7	20.8
$MnCl_2$	cr	–481.3	–440.5	118.2	72.9
$MnCO_3$	cr	–894.1	–816.7	85.8	81.5
MnO_2	cr	–520.0	–465.1	53.1	54.1
MnS	cr	–214.2	–218.4	78.2	50.0
$MnSiO_3$	cr	–1320.9	–1240.5	89.1	86.4
Mn_2SiO_4	cr	–1730.5	–1632.1	163.2	129.9
Mo	cr	0.0	—	28.7	24.1
	g	658.1	612.5	182.0	20.8
N_2	g	0.0	—	191.6	29.1
NH_3	g	–45.9	–16.4	192.8	35.1
NH_4Br	cr	–270.8	–175.2	113.0	96.0
NH_4Cl	cr	–314.4	–202.9	94.6	84.1
NH_4ClO_4	cr	–295.3	–88.8	186.2	—
NH_4F	cr	–464.0	–348.7	72.0	65.3
NH_4I	cr	–201.4	–112.5	117.0	—
NH_4NO_3	cr	–365.6	–183.9	151.1	139.3
$(NH_4)_2HPO_4$	cr	–1566.9	—	—	—
$(NH_4)_3PO_4$	cr	–1671.9	—	—	—
$(NH_4)_2SO_4$	cr	–1180.9	–901.7	220.1	187.5
$(NH_4)_2SiF_6$	cr	–2681.7	–2365.3	280.2	228.1
N_2H_4	l	50.6	149.3	121.2	98.9
	g	95.4	159.4	238.5	49.6

续表

化学式	状态	$\Delta_f H_m^\ominus$ /(kJ · mol^{-1})	$\Delta_f G_m^\ominus$ /(kJ · mol^{-1})	$S_m^\ominus$ /(J · mol^{-1} · K^{-1})	$C_p^\ominus$ /(J · mol^{-1} · K^{-1})
NO_2	g	33.2	51.3	240.1	37.2
N_2O	g	82.1	104.2	219.9	38.5
N_2O_3	g	83.7	139.5	312.3	65.6
N_2O_4	l	−19.5	97.5	209.2	142.7
	g	9.2	97.9	304.3	77.3
N_2O_5	cr	−43.1	113.9	178.2	143.1
	g	11.3	115.1	355.7	84.5
Na	cr	0.0	—	51.3	28.2
	g	107.5	77.0	153.7	20.8
$NaAlF_4$	g	−1869.0	−1827.5	345.7	105.9
$NaBF_4$	cr	−1844.7	−1750.1	145.3	120.3
$NaBH_4$	cr	−188.6	−123.9	101.3	86.8
NaBr	cr	−361.1	−349.0	86.8	51.4
	g	−143.1	−177.1	241.2	36.3
$NaBrO_3$	cr	−334.1	−242.6	128.9	—
NaCl	cr	−411.2	−384.1	72.1	50.5
$NaClO_3$	cr	−365.8	−262.3	123.4	—
$NaClO_4$	cr	−383.3	−254.9	142.3	—
NaCN	cr	−87.5	−76.4	115.6	70.4
Na_2CO_3	cr	−1130.7	−1044.4	135.0	112.3
NaF	cr	−576.6	−546.3	51.1	46.9
NaH	cr	−56.3	−33.5	40.0	36.4
$NaHSO_4$	cr	−1125.5	−992.8	113.0	—
NaI	cr	−287.8	−286.1	98.5	52.1
$NaIO_3$	cr	−481.8	—	—	92.0
$NaIO_4$	cr	−429.3	−323.0	163.0	—
$NaNH_2$	cr	−123.8	−64.0	76.9	66.2
$NaNO_2$	cr	−358.7	−284.6	103.8	—
$NaNO_3$	cr	−467.9	−367.0	116.5	92.9
NaOH	cr	−425.6	−379.5	64.5	59.5
$Na_2B_4O_7$	cr	−3291.1	−3096.0	189.5	186.8
Na_2HPO_4	cr	−1748.1	−1608.2	150.5	135.3
$NaMnO_4$	cr	−1156.0	—	—	—
Na_2MoO_4	cr	−1468.1	−1354.3	159.7	141.7
Na_2O	cr	−414.2	−375.5	75.1	69.1
Na_2O_2	cr	−510.9	−447.7	95.0	89.2

续表

化学式	状态	$\Delta_f H_m^\ominus$ /(kJ · mol^{-1})	$\Delta_f G_m^\ominus$ /(kJ · mol^{-1})	$S_m^\ominus$ /(J · mol^{-1} · K^{-1})	$C_p^\ominus$ /(J · mol^{-1} · K^{-1})
Na_2S	cr	−364.8	−349.8	83.7	—
Na_2SO_3	cr	−1100.8	−1012.5	145.9	120.3
Na_2SO_4	cr	−1387.1	−1270.2	149.6	128.2
Na_2SiF_6	cr	−2909.6	−2754.2	207.1	187.1
Na_2SiO_3	cr	−1554.9	−1462.8	113.9	—
Ni	cr	0.0	—	29.9	26.1
	g	429.7	384.5	182.2	23.4
$NiCl_2$	cr	−305.3	−259.0	97.7	71.7
$Ni(OH)_2$	cr	−529.7	−447.2	88.0	—
NiS	cr	−82.0	−79.5	53.0	47.1
$NiSO_4$	cr	−872.9	−759.7	92.0	138.0
O_2	g	0.0	—	205.2	29.4
O_3	g	142.7	163.2	238.9	39.2
P(白)	cr	0.0	—	41.1	23.8
P(红)	cr	−17.6	—	22.8	21.2
PCl_3	l	−319.7	−272.3	217.1	—
	g	−287.0	−267.8	311.8	71.8
PCl_5	cr	−443.5	—	—	—
	g	−374.9	−305.0	364.6	112.8
PF_3	g	−958.4	−936.9	273.1	58.7
PF_5	g	−1594.4	−1520.7	300.8	84.8
Pb	cr	0.0	—	64.8	26.4
	g	195.2	162.2	175.4	20.8
$PbBr_2$	cr	−278.7	−261.9	161.5	80.1
$PbCl_2$	cr	−359.4	−314.1	136.0	—
$PbCO_3$	cr	−699.1	−625.5	131.0	87.4
$PbCrO_4$	cr	−930.9	—	—	—
PbI_2	cr	−175.5	−173.6	174.9	77.4
$PbMoO_4$	cr	−1051.9	−951.4	166.1	119.7
$Pb(NO_3)_2$	cr	−451.9	—	—	—
PbO(黄)	cr	−217.3	−187.9	68.7	45.8
PbO(红)	cr	−219.0	−188.9	66.5	45.8
PbO_2	cr	−277.4	−217.3	68.6	64.6
PbS	cr	−100.4	−98.7	91.2	49.5
$PbSO_3$	cr	−669.9	—	—	—

续表

化学式	状态	$\Delta_f H_m^\ominus$ /(kJ · mol^{-1})	$\Delta_f G_m^\ominus$ /(kJ · mol^{-1})	$S_m^\ominus$ /(J · mol^{-1} · K^{-1})	$C_p^\ominus$ /(J · mol^{-1} · K^{-1})
$PbSO_4$	cr	−920.0	−813.0	148.5	103.2
$PbSiO_3$	cr	−1145.7	−1062.1	109.6	90.0
Pb_2SiO_4	cr	−1363.1	−1252.6	186.6	137.2
Pd	cr	0.0	—	37.6	26.0
Pt	cr	0.0	—	41.6	25.9
	g	565.3	520.5	192.4	25.5
Rb	cr	0.0	—	76.8	31.1
	g	80.9	53.1	170.1	20.8
RbBr	cr	−394.6	−381.8	110.0	52.8
RbCl	cr	−435.4	−407.8	95.9	52.4
$RbClO_4$	cr	−437.2	−306.9	161.1	—
Rb_2CO_3	cr	−1136.0	−1051.0	181.3	117.6
Rb_2SO_4	cr	−1435.6	−1316.9	197.4	134.1
S(正交)	cr	0.0	—	32.1	22.6
S(单斜)	g	277.2	236.7	167.8	23.7
SO_2	g	−296.8	−300.1	248.2	39.9
SO_3	cr	−454.5	−374.2	70.7	—
	l	−441.0	−373.8	113.8	—
	g	−395.7	−371.1	256.8	50.7
Sb	cr	0.0	—	45.7	25.2
	g	262.3	222.1	180.3	20.8
$SbCl_3$	cr	−382.2	−323.7	184.1	107.9
Se	cr	0.0	—	42.4	25.4
Si	cr	0.0	—	18.8	20.0
SiC(立方晶体)	cr	−65.3	−62.8	16.6	26.9
SiC(六方晶体)	cr	−62.8	−60.2	16.5	26.7
$SiCl_4$	l	−687.0	−619.8	239.7	145.3
$SiO_2(\alpha)$	cr	−910.7	−856.3	41.5	44.4
	g	−322.0	—	—	—
Sn(白)	cr	0.0	—	51.2	27.0
Sn(灰)	cr	−2.1	0.1	44.1	25.8
	g	301.2	266.2	168.5	21.3
$SnCl_2$	cr	−325.1	—	—	—
$SnCl_4$	l	−511.3	−440.1	258.6	165.3

续表

化学式	状态	$\Delta_f H_m^\ominus$ /(kJ · mol^{-1})	$\Delta_f G_m^\ominus$ /(kJ · mol^{-1})	$S_m^\ominus$ /(J · mol^{-1} · K^{-1})	$C_p^\ominus$ /(J · mol^{-1} · K^{-1})
$Sn(OH)_2$	cr	−561.1	−491.6	155.0	—
SnO_2	cr	−577.6	−515.8	49.0	52.6
SnS	cr	−100.0	−98.3	77.0	49.3
Sr	cr	0.0	—	52.3	26.4
$SrCl_2$	cr	−828.9	−781.1	114.9	75.6
$Sr(NO_3)_2$	cr	−978.2	−780.0	194.6	149.9
SrO	cr	−592.0	−561.9	54.4	45.0
$Sr(OH)_2$	cr	−959.0	—	—	—
$SrSO_4$	cr	−1453.1	−1340.9	117.0	—
Ti	cr	0.0	—	30.7	25.0
$TiCl_2$	cr	−513.8	−464.4	87.4	69.8
TiO_2	cr	−944.0	888.8	50.6	55.0
Tl	cr	0.0	—	64.2	26.3
TlBr	cr	−173.2	−167.4	120.5	—
TlCl	cr	−204.1	−184.9	111.3	50.9
Tl_2CO_3	cr	−700.0	−614.6	155.2	—
TlI	cr	−123.8	−125.4	127.6	—
$TlNO_3$	cr	−243.9	−152.4	160.7	99.5
TlOH	cr	−238.9	−195.8	88.0	—
Tl_2O	cr	−178.7	−147.3	126.0	—
Tl_2SO_4	cr	−931.8	−830.4	230.5	—
V	cr	0.0	—	28.9	24.9
V_2O_5	cr	−1550.6	−1419.5	131.0	127.7
W	cr	0.0	—	32.6	24.3
WO_2	cr	−589.7	−533.9	50.5	56.1
Xe	g	0.0	—	169.7	20.8
Zn	cr	0.0	—	41.6	25.4
$ZnBr_2$	cr	−328.7	−312.1	138.5	—
$ZnCl_2$	cr	−415.1	−369.4	111.5	71.3
$ZnCO_3$	cr	−812.8	−731.5	82.4	79.7
ZnF_2	cr	−764.4	−713.3	73.7	65.7
ZnI_2	cr	−208.0	−209.0	161.1	—
$Zn(NO_3)_2$	cr	−483.7	—	—	—
ZnO	cr	−350.5	−320.5	43.7	40.3

续表

化学式	状态	$\Delta_f H_m^\ominus$ /(kJ · mol^{-1})	$\Delta_f G_m^\ominus$ /(kJ · mol^{-1})	$S_m^\ominus$ /(J · mol^{-1} · K^{-1})	$C_p^\ominus$ /(J · mol^{-1} · K^{-1})
$Zn(OH)_2$	cr	−641.9	−553.5	81.2	—
$ZnSO_4$	cr	−982.8	−871.5	110.5	99.2

数据摘自 Cox J D, Wagman D D, Medvedev V A. CODATA Key Values for Thermodynamics. New York: Hemisphere Publishing Corp, 1989.

附录 3　常见无机酸、有机酸在水溶液中的解离常数(298 K)

名称	化学式	$K_a^\ominus$	$pK_a^\ominus$
偏铝酸	$HAlO_2$	6.3×10^{-13}	12.20
亚砷酸	H_3AsO_3	6.0×10^{-10}	9.22
砷酸	H_3AsO_4	$6.3\times10^{-3}(K_1^\ominus)$	2.20
		$1.05\times10^{-7}(K_2^\ominus)$	6.98
		$3.2\times10^{-12}(K_3^\ominus)$	11.50
硼酸	H_3BO_3	5.8×10^{-10}	9.24
次溴酸	HBrO	2.4×10^{-9}	8.62
氢氰酸	HCN	6.2×10^{-10}	9.21
碳酸	H_2CO_3	$4.2\times10^{-7}(K_1^\ominus)$	6.38
		$5.6\times10^{-11}(K_2^\ominus)$	10.25
次氯酸	HClO	3.2×10^{-8}	7.50
氢氟酸	HF	6.61×10^{-4}	3.18
高碘酸	HIO_4	2.8×10^{-2}	1.56
亚硝酸	HNO_2	5.1×10^{-4}	3.29
次磷酸	H_3PO_2	5.9×10^{-2}	1.23
亚磷酸	H_3PO_3	$5.0\times10^{-2}(K_1^\ominus)$	1.30
		$2.5\times10^{-7}(K_2^\ominus)$	6.60
磷酸	H_3PO_4	$7.52\times10^{-3}(K_1^\ominus)$	2.12
		$6.31\times10^{-8}(K_2^\ominus)$	7.20
		$4.4\times10^{-13}(K_3^\ominus)$	12.36
焦磷酸	$H_4P_2O_7$	$3.0\times10^{-2}(K_1^\ominus)$	1.52
		$4.4\times10^{-3}(K_2^\ominus)$	2.36
		$2.5\times10^{-7}(K_3^\ominus)$	6.60
		$5.6\times10^{-10}(K_4^\ominus)$	9.25

续表

名称	化学式	$K_a^\ominus$	$pK_a^\ominus$
氢硫酸	H_2S	$1.3\times10^{-7}\ (K_1^\ominus)$	6.88
		$7.1\times10^{-15}\ (K_2^\ominus)$	14.15
亚硫酸	H_2SO_3	$1.23\times10^{-2}\ (K_1^\ominus)$	1.91
		$6.6\times10^{-8}\ (K_2^\ominus)$	7.18
硫酸	H_2SO_4	$1.0\times10^{3}\ (K_1^\ominus)$	–3.0
		$1.02\times10^{-2}\ (K_2^\ominus)$	1.99
硫代硫酸	$H_2S_2O_3$	$2.52\times10^{-1}(K_1^\ominus)$	0.60
		$1.9\times10^{-2}(K_2^\ominus)$	1.72
氢硒酸	H_2Se	$1.3\times10^{-4}(K_1^\ominus)$	3.89
		$1.0\times10^{-11}(K_2^\ominus)$	11.0
亚硒酸	H_2SeO_3	$2.7\times10^{-3}(K_1^\ominus)$	2.57
		$2.5\times10^{-7}(K_2^\ominus)$	6.60
硒酸	H_2SeO_4	$1\times10^{3}\ (K_1^\ominus)$	–3.0
		$1.2\times10^{-2}\ (K_2^\ominus)$	1.92
硅酸	H_2SiO_3	$1.7\times10^{-10}\ (K_1^\ominus)$	9.77
		$1.6\times10^{-12}\ (K_2^\ominus)$	11.80
甲酸	HCOOH	1.8×10^{-4}	3.74
乙酸	CH_3COOH	1.80×10^{-5}	4.74
草酸	$(COOH)_2$	$5.4\times10^{-2}(K_1^\ominus)$	1.27
		$5.4\times10^{-5}(K_2^\ominus)$	4.27
丙酸	CH_3CH_2COOH	1.35×10^{-5}	4.87

附录 4　常见无机碱、有机碱在水溶液中的解离常数(298 K)

名称	化学式	$K_b^\ominus$	$pK_b^\ominus$
氢氧化铝	$Al(OH)_3$	$1.38\times10^{-9}(K_3^\ominus)$	8.86
氢氧化钙	$Ca(OH)_2$	3.72×10^{-3}	2.43
		3.98×10^{-2}	1.40
氨水	$NH_3\cdot H_2O$	1.78×10^{-5}	4.75
氢氧化铅	$Pb(OH)_2$	$9.55\times10^{-4}(K_1^\ominus)$	3.02
		$3.0\times10^{-8}(K_2^\ominus)$	7.52

续表

名称	化学式	$K_b^\ominus$	$pK_b^\ominus$
氢氧化锌	$Zn(OH)_2$	9.55×10^{-4}	3.02
尿素(脲)	$CO(NH_2)_2$	1.5×10^{-14}	13.82
乙二胺	$H_2N(CH_2)_2NH_2$	$8.51\times10^{-5}(K_1^\ominus)$	4.07
		$7.08\times10^{-8}(K_2^\ominus)$	7.15
吡啶	C_5H_5N	1.48×10^{-9}	8.83
六亚甲基四胺	$(CH_2)_6N_4$	1.35×10^{-9}	8.87

数据摘自：Lide D R. Handbook of Chemistry and Physice, 78th ed. 1997-1998.

附录 5　难溶化合物的溶度积常数

化学式	$K_{sp}^\ominus$	$pK_{sp}^\ominus$	化学式	$K_{sp}^\ominus$	$pK_{sp}^\ominus$
Ag_3AsO_4	1.0×10^{-22}	22.0	Hg_2Br_2	5.6×10^{-23}	22.24
AgBr	5.0×10^{-13}	12.3	Hg_2Cl_2	1.3×10^{-18}	17.88
$AgBrO_3$	5.50×10^{-5}	4.26	HgC_2O_4	1.0×10^{-7}	7.0
AgCl	1.8×10^{-10}	9.75	Hg_2CO_3	8.9×10^{-17}	16.05
AgCN	1.2×10^{-16}	15.92	$Hg_2(CN)_2$	5.0×10^{-40}	39.3
Ag_2CO_3	8.1×10^{-12}	11.09	Hg_2CrO_4	2.0×10^{-9}	8.70
$Ag_2C_2O_4$	3.5×10^{-11}	10.46	Hg_2I_2	4.5×10^{-29}	28.35
Ag_2CrO_4	1.2×10^{-12}	11.92	HgI_2	2.82×10^{-29}	28.55
$Ag_2Cr_2O_7$	2.0×10^{-7}	6.70	HgS(红)	4.0×10^{-53}	52.4
AgI	8.3×10^{-17}	16.08	HgS(黑)	1.6×10^{-52}	51.8
$AgIO_3$	3.1×10^{-8}	7.51	Hg_2WO_4	1.1×10^{-17}	16.96
Ag_2MoO_4	2.8×10^{-12}	11.55	$La_2(CO_3)_3$	3.98×10^{-34}	33.4
Ag_3PO_4	1.4×10^{-16}	15.84	$LaPO_4$	3.98×10^{-23}	22.43
Ag_2S	6.3×10^{-50}	49.2	$MgCO_3$	3.5×10^{-8}	7.46
AgSCN	1.0×10^{-12}	12.00	$MgCO_3\cdot3H_2O$	2.14×10^{-5}	4.67
Ag_2SO_3	1.5×10^{-14}	13.82	$Mg(OH)_2$	1.8×10^{-11}	10.74
Ag_2SO_4	1.4×10^{-5}	4.84	$MnCO_3$	1.8×10^{-11}	10.74
Ag_2WO_4	5.5×10^{-12}	11.26	$Mn(OH)_4$	1.9×10^{-13}	12.72
$Al(OH)_3$	4.6×10^{-33}	32.34	MnS(粉红)	2.5×10^{-10}	9.6
$AlPO_4$	6.3×10^{-19}	18.24	MnS	2.5×10^{-13}	12.6
Al_2S_3	2.0×10^{-7}	6.7	$NiCO_3$	6.6×10^{-9}	8.18
$BaCO_3$	5.1×10^{-9}	8.29	NiC_2O_4	4.0×10^{-10}	9.4
BaC_2O_4	1.6×10^{-7}	6.79	$Ni(OH)_2$(新)	2.0×10^{-15}	14.7
$BaCrO_4$	1.2×10^{-10}	9.93	$Ni_3(PO_4)_2$	5.0×10^{-31}	30.3
$Ba_3(PO_4)_2$	3.4×10^{-23}	22.44	α-NiS	3.2×10^{-19}	18.5

续表

化学式	$K_{sp}^{\ominus}$	$pK_{sp}^{\ominus}$	化学式	$K_{sp}^{\ominus}$	$pK_{sp}^{\ominus}$
$BaSO_4$	1.1×10^{-10}	9.96	β-NiS	1.0×10^{-24}	24.0
BaS_2O_3	1.6×10^{-5}	4.79	γ-NiS	2.0×10^{-26}	25.7
$Be(OH)_2$	1.6×10^{-22}	21.8	$Pb_3(AsO_4)_2$	4.0×10^{-36}	35.39
$Bi_2(C_2O_4)_3$	3.98×10^{-36}	35.4	$PbBr_2$	4.0×10^{-5}	4.41
$Bi(OH)_3$	4.0×10^{-31}	30.4	$PbCl_2$	1.6×10^{-5}	4.79
$BiPO_4$	1.26×10^{-23}	22.9	$PbCO_3$	7.4×10^{-14}	13.13
$CaCO_3$	2.8×10^{-9}	8.54	$PbCrO_4$	2.8×10^{-13}	12.55
$CaC_2O_4 \cdot H_2O$	4.0×10^{-9}	8.4	PbF_2	2.7×10^{-8}	7.57
CaF_2	2.7×10^{-11}	10.57	$PbMoO_4$	1.0×10^{-13}	13.0
$CaMoO_4$	4.17×10^{-8}	7.38	$Pb(OH)_2$	1.2×10^{-15}	14.93
$Ca(OH)_2$	5.5×10^{-6}	5.26	$Pb_3(PO_4)_2$	8.0×10^{-43}	42.10
$Ca_3(PO_4)_2$	2.0×10^{-29}	28.70	PbS	1.0×10^{-28}	28.00
$CaSO_4$	3.16×10^{-7}	5.04	$PbSO_4$	1.6×10^{-8}	7.79
$CaSiO_3$	2.5×10^{-8}	7.60	PbSe	7.94×10^{-43}	42.1
$CaWO_4$	8.7×10^{-9}	8.06	$Pd(OH)_2$	1.0×10^{-31}	31.0
$CdCO_3$	5.2×10^{-12}	11.28	$Pd(OH)_4$	6.3×10^{-71}	70.2
$CdC_2O_4 \cdot 3H_2O$	9.1×10^{-8}	7.04	PdS	2.03×10^{-58}	57.69
$Cd_3(PO_4)_2$	2.5×10^{-33}	32.6	$Pt(OH)_2$	1.0×10^{-35}	35.0
CdS	8.0×10^{-27}	26.1	Sb_2S_3	1.5×10^{-93}	92.8
CdSe	6.31×10^{-36}	35.2	$Sn(OH)_2$	1.4×10^{-28}	27.85
$CdSeO_3$	1.3×10^{-9}	8.89	$Sn(OH)_4$	1.0×10^{-56}	56.0
CeF_3	8.0×10^{-16}	15.1	SnO_2	3.98×10^{-65}	64.4
$CePO_4$	1.0×10^{-23}	23.0	SnS	1.0×10^{-25}	25.0
$CoCO_3$	1.4×10^{-13}	12.84	SnSe	3.98×10^{-39}	38.4
CoC_2O_4	6.3×10^{-8}	7.2	$SrCO_3$	1.1×10^{-10}	9.96
$Co(OH)_2$(蓝)	6.31×10^{-15}	14.2	$SrC_2O_4 \cdot H_2O$	1.6×10^{-7}	6.80
$Co(OH)_2$ (新,粉红)	1.58×10^{-15}	14.8	SrF_2	2.5×10^{-9}	8.61
$Co_3(PO_4)_2$	2.0×10^{-35}	34.7	$Sr_3(PO_4)_2$	4.0×10^{-28}	27.39
$Cr(OH)_3$	6.3×10^{-31}	30.2	$SrSO_4$	3.2×10^{-7}	6.49
CuBr	5.3×10^{-9}	8.28	$SrWO_4$	1.7×10^{-10}	9.77
CuCl	1.2×10^{-6}	5.92	$Ti(OH)_3$	1.0×10^{-40}	40.0
CuCN	3.2×10^{-20}	19.49	TlBr	3.4×10^{-6}	5.47
$CuCO_3$	2.34×10^{-10}	9.63	TlCl	1.7×10^{-4}	3.76
CuI	1.1×10^{-12}	11.96	Tl_2CrO_4	9.77×10^{-13}	12.01
$Cu(OH)_2$	4.8×10^{-20}	19.32	TlI	6.5×10^{-8}	7.19
$Cu_3(PO_4)_2$	1.3×10^{-37}	36.9	TlN_3	2.2×10^{-4}	3.66
Cu_2S	2.5×10^{-48}	47.6	Tl_2S	5.0×10^{-21}	20.3
Cu_2Se	1.58×10^{-61}	60.8	Tl_2SeO_3	2.0×10^{-39}	38.7

续表

化学式	$K_{sp}^{\ominus}$	$pK_{sp}^{\ominus}$	化学式	$K_{sp}^{\ominus}$	$pK_{sp}^{\ominus}$
CuS	6.3×10^{-36}	35.2	$Zn_3(AsO_4)_2$	1.3×10^{-28}	27.89
CuSe	7.94×10^{-49}	48.1	$ZnCO_3$	1.4×10^{-11}	10.84
$Fe(OH)_2$	8.0×10^{-16}	15.1	$Zn(OH)_2$	1.2×10^{-17}	15.68
$Fe(OH)_3$	4.0×10^{-38}	37.4	$Zn_3(PO_4)_2$	9.0×10^{-33}	32.04
$FePO_4$	1.3×10^{-22}	21.89	α-ZnS	1.6×10^{-24}	23.8
FeS	6.3×10^{-18}	17.2	β-ZnS	2.5×10^{-22}	21.6
$Ga(OH)_3$	7.0×10^{-36}	35.15	$ZrO(OH)_2$	6.3×10^{-49}	48.2
$GaPO_4$	1.0×10^{-21}	21.0			

数据摘自：Lide D R. Handbook of Chemistry and Physice. 80th ed. 1999-2000.

附录 6　标准电极电势(298 K)

1. 在酸性溶液中

电对	电极反应	$E_A^{\ominus}$ / V
Ag^+/Ag	$Ag^+ + e^- \rightleftharpoons Ag$	0.80
Ag^{2+}/Ag^+	$Ag^{2+} + e^- \rightleftharpoons Ag^+$	1.99
$AgBr/Ag$	$AgBr + e^- \rightleftharpoons Ag + Br^-$	0.07
Ag_2BrO_3/Ag	$Ag_2BrO_3 + 2e^- \rightleftharpoons 2Ag + BrO_3^{2-}$	0.55
$Ag_2C_2O_4/Ag$	$Ag_2C_2O_4 + 2e^- \rightleftharpoons 2Ag + C_2O_4^{2-}$	0.46
$AgCl/Ag$	$AgCl + e^- \rightleftharpoons Ag + Cl^-$	0.22
Ag_2CO_3/Ag	$Ag_2CO_3 + 2e^- \rightleftharpoons 2Ag + CO_3^{2-}$	0.47
Ag_2CrO_4/Ag	$Ag_2CrO_4 + 2e^- \rightleftharpoons 2Ag + CrO_4^{2-}$	0.45
AgF/Ag	$AgF + e^- \rightleftharpoons Ag + F^-$	0.78
AgI/Ag	$AgI + e^- \rightleftharpoons Ag + I^-$	−0.15
Ag_2S/Ag	$Ag_2S + 2H^+ + 2e^- \rightleftharpoons 2Ag + H_2S$	−0.037
$AgSCN/Ag$	$AgSCN + e^- \rightleftharpoons Ag + SCN^-$	0.09
Ag_2SO_4/Ag	$Ag_2SO_4 + 2e^- \rightleftharpoons 2Ag + SO_4^{2-}$	0.66
Al^{3+}/Al	$Al^{3+} + 3e^- \rightleftharpoons Al$	−1.67
$[AlF_6]^{3-}/Al$	$[AlF_6]^{3-} + 3e^- \rightleftharpoons Al + 6F^-$	−2.07
As_2O_3/As	$As_2O_3 + 6H^+ + 6e^- \rightleftharpoons 2As + 3H_2O$	0.23
$HAsO_2/As$	$HAsO_2 + 3H^+ + 3e^- \rightleftharpoons As + 2H_2O$	0.25
$H_3AsO_4/HAsO_2$	$H_3AsO_4 + 2H^+ + 2e^- \rightleftharpoons HAsO_2 + 2H_2O$	0.56
Au^+/Au	$Au^+ + e^- \rightleftharpoons Au$	1.69
Au^{3+}/Au	$Au^{3+} + 3e^- \rightleftharpoons Au$	1.50

续表

电对	电极反应	$E_A^\ominus$ / V
$AuCl_4^-$ / Au	$AuCl_4^- + 3e^- \rightleftharpoons Au + 4Cl^-$	1.00
Au^{3+} / Au^+	$Au^{3+} + 2e^- \rightleftharpoons Au^+$	1.40
Ba^{2+} / Ba	$Ba^{2+} + 2e^- \rightleftharpoons Ba$	−2.9
Be^{2+} / Be	$Be^{2+} + 2e^- \rightleftharpoons Be$	−1.85
BiOCl / Bi	$BiOCl + 2H^+ + 3e^- \rightleftharpoons Bi + Cl^- + H_2O$	0.16
$Br_2(aq)$ / Br^-	$Br_2(aq) + 2e^- \rightleftharpoons 2Br^-$	1.09
$Br_2(l)$ / Br^-	$Br_2(l) + 2e^- \rightleftharpoons 2Br^-$	1.07
HBrO / Br^-	$HBrO + H^+ + 2e^- \rightleftharpoons Br^- + H_2O$	1.33
HBrO / $Br_2(aq)$	$HBrO + H^+ + e^- \rightleftharpoons 1/2Br_2(aq) + H_2O$	1.57
HBrO / $Br_2(l)$	$HBrO + H^+ + e^- \rightleftharpoons 1/2Br_2(l) + H_2O$	1.60
BrO_3^- / Br_2	$BrO_3^- + 6H^+ + 5e^- \rightleftharpoons 1/2Br_2 + 3H_2O$	1.48
BrO_3^- / Br^-	$BrO_3^- + 6H^+ + 6e^- \rightleftharpoons Br^- + 3H_2O$	1.42
Ca^{2+} / Ca	$Ca^{2+} + 2e^- \rightleftharpoons Ca$	−2.87
Cd^{2+} / Cd	$Cd^{2+} + 2e^- \rightleftharpoons Cd$	−0.40
$CdSO_4$ / Cd	$CdSO_4 + 2e^- \rightleftharpoons Cd + SO_4^{2-}$	−0.25
Ce^{3+} / Ce	$Ce^{3+} + 3e^- \rightleftharpoons Ce$	−2.48
$Cl_2(g)$ / Cl^-	$Cl_2(g) + 2e^- \rightleftharpoons 2Cl^-$	1.36
HClO / Cl_2	$HClO + H^+ + e^- \rightleftharpoons 1/2Cl_2 + H_2O$	1.6
HClO / Cl^-	$HClO + H^+ + 2e^- \rightleftharpoons Cl^- + H_2O$	1.48
ClO_2 / $HClO_2$	$ClO_2 + H^+ + e^- \rightleftharpoons HClO_2$	1.28
$HClO_2$ / HClO	$HClO_2 + 2H^+ + 2e^- \rightleftharpoons HClO + H_2O$	1.65
$HClO_2$ / Cl_2	$HClO_2 + 3H^+ + 3e^- \rightleftharpoons 1/2Cl_2 + 2H_2O$	1.63
$HClO_2$ / Cl^-	$HClO_2 + 3H^+ + 4e^- \rightleftharpoons Cl^- + 2H_2O$	1.57
ClO_3^- / ClO_2	$ClO_3^- + 2H^+ + e^- \rightleftharpoons ClO_2 + H_2O$	1.15
ClO_3^- / $HClO_2$	$ClO_3^- + 3H^+ + 2e^- \rightleftharpoons HClO_2 + H_2O$	1.21
ClO_3^- / Cl_2	$ClO_3^- + 6H^+ + 5e^- \rightleftharpoons 1/2Cl_2 + 3H_2O$	1.47
ClO_3^- / Cl^-	$ClO_3^- + 6H^+ + 6e^- \rightleftharpoons Cl^- + 3H_2O$	1.45
ClO_4^- / ClO_3^-	$ClO_4^- + 2H^+ + 2e^- \rightleftharpoons ClO_3^- + H_2O$	1.19
ClO_4^- / Cl^-	$ClO_4^- + 8H^+ + 8e^- \rightleftharpoons Cl^- + 4H_2O$	1.39
Co^{2+} / Co	$Co^{2+} + 2e^- \rightleftharpoons Co$	−0.28
Co^{3+} / Co^{2+}	$Co^{3+} + e^- \rightleftharpoons Co^{2+}$ (2 mol · dm^{-3} H_2SO_4)	1.84
Cr^{2+} / Cr	$Cr^{2+} + 2e^- \rightleftharpoons Cr$	−0.91
Cr^{3+} / Cr^{2+}	$Cr^{3+} + e^- \rightleftharpoons Cr^{2+}$	−0.41
Cr^{3+} / Cr	$Cr^{3+} + 3e^- \rightleftharpoons Cr$	−0.74

续表

电对	电极反应	$E_A^\ominus$ / V
$Cr_2O_7^{2-}$ / Cr^{3+}	$Cr_2O_7^{2-} + 14H^+ + 6e^- = 2Cr^{3+} + 7H_2O$	1.23
$HCrO_4^-$ / Cr^{3+}	$HCrO_4^- + 7H^+ + 3e^- = Cr^{3+} + 4H_2O$	1.35
Cu^+ / Cu	$Cu^+ + e^- = Cu$	0.52
Cu^{2+} / Cu^+	$Cu^{2+} + e^- = Cu^+$	0.15
Cu^{2+} / Cu	$Cu^{2+} + 2e^- = Cu$	0.34
CuCl / Cu	$CuCl + e^- = Cu + Cl^-$	0.12
F_2 / HF	$F_2 + 2H^+ + 2e^- = 2HF$	3.05
F_2 / F^-	$F_2 + 2e^- = 2F^-$	2.87
Fe^{2+} / Fe	$Fe^{2+} + 2e^- = Fe$	−0.45
Fe^{3+} / Fe	$Fe^{3+} + 3e^- = Fe$	−0.037
Fe^{3+} / Fe^{2+}	$Fe^{3+} + e^- = Fe^{2+}$	0.77
$[Fe(CN)_6]^{3-}$ / $[Fe(CN)_6]^{4-}$	$[Fe(CN)_6]^{3-} + e^- = [Fe(CN)_6]^{4-}$	0.36
FeO_4^{2-} / Fe^{3+}	$FeO_4^{2-} + 8H^+ + 3e^- = Fe^{3+} + 4H_2O$	2.20
H^+ / H_2	$2H^+ + 2e^- = H_2$	0.00
H_2 / H^-	$H_2(g) + 2e^- = 2H^-$	−2.23
H_2O_2 / H_2O	$H_2O_2 + 2H^+ + 2e^- = 2H_2O$	1.78
Hg^{2+} / Hg	$Hg^{2+} + 2e^- = Hg$	0.85
Hg^{2+} / Hg_2^{2+}	$2Hg^{2+} + 2e^- = Hg_2^{2+}$	0.92
Hg_2^{2+} / Hg	$Hg_2^{2+} + 2e^- = 2Hg$	0.80
Hg_2Cl_2 / Hg	$Hg_2Cl_2 + 2e^- = 2Hg + 2Cl^-$	0.27
Hg_2I_2 / Hg	$Hg_2I_2 + 2e^- = 2Hg + 2I^-$	−0.041
Hg_2SO_4 / Hg	$Hg_2SO_4 + 2e^- = 2Hg + SO_4^{2-}$	0.61
I_2 / I^-	$I_2 + 2e^- = 2I^-$	0.54
I_3^- / I^-	$I_3^- + 2e^- = 3I^-$	0.54
H_5IO_6 / IO_3^-	$H_5IO_6 + H^+ + 2e^- = IO_3^- + 3H_2O$	1.60
HIO / I_2	$2HIO + 2H^+ + 2e^- = I_2 + 2H_2O$	1.44
HIO / I^-	$HIO + H^+ + 2e^- = I^- + H_2O$	0.99
IO_3^- / I_2	$2IO_3^- + 12H^+ + 10e^- = I_2 + 6H_2O$	1.20
IO_3^- / I^-	$IO_3^- + 6H^+ + 6e^- = I^- + 3H_2O$	1.09
In^{3+} / In^+	$In^{3+} + 2e^- = In^+$	−0.44
In^{3+} / In	$In^{3+} + 3e^- = In$	−0.34
K^+ / K	$K^+ + e^- = K$	−2.93
La^{3+} / La	$La^{3+} + 3e^- = La$	−2.52

续表

电对	电极反应	$E_A^\ominus$ / V
Li^+ / Li	$Li^+ + e^- \rightleftharpoons Li$	–3.04
Mg^{2+} / Mg	$Mg^{2+} + 2e^- \rightleftharpoons Mg$	–2.37
Mn^{2+} / Mn	$Mn^{2+} + 2e^- \rightleftharpoons Mn$	–1.19
Mn^{3+} / Mn^{2+}	$Mn^{3+} + e^- \rightleftharpoons Mn^{2+}$	1.54
MnO_2 / Mn^{2+}	$MnO_2 + 4H^+ + 2e^- \rightleftharpoons Mn^{2+} + 2H_2O$	1.22
MnO_4^- / MnO_4^{2-}	$MnO_4^- + e^- \rightleftharpoons MnO_4^{2-}$	0.56
MnO_4^- / MnO_2	$MnO_4^- + 4H^+ + 3e^- \rightleftharpoons MnO_2 + 2H_2O$	1.68
MnO_4^- / Mn^{2+}	$MnO_4^- + 8H^+ + 5e^- \rightleftharpoons Mn^{2+} + 4H_2O$	1.51
N_2 / NH_4OH	$N_2 + 2H_2O + 6H^+ + 6e^- \rightleftharpoons 2NH_4OH$	0.092
N_2O / N_2	$N_2O + 2H^+ + 2e^- \rightleftharpoons N_2 + H_2O$	1.77
N_2O_4 / NO_2^-	$N_2O_4 + 2e^- \rightleftharpoons 2NO_2^-$	0.87
N_2O_4 / HNO_2	$N_2O_4 + 2H^+ + 2e^- \rightleftharpoons 2HNO_2$	1.07
N_2O_4 / NO	$N_2O_4 + 4H^+ + 4e^- \rightleftharpoons 2NO + 2H_2O$	1.04
NO / N_2O	$2NO + 2H^+ + 2e^- \rightleftharpoons N_2O + H_2O$	1.59
HNO_2 / NO	$HNO_2 + H^+ + e^- \rightleftharpoons NO + H_2O$	0.98
HNO_2 / N_2O	$2HNO_2 + 4H^+ + 4e^- \rightleftharpoons N_2O + 3H_2O$	1.30
NO_3^- / HNO_2	$NO_3^- + 3H^+ + 2e^- \rightleftharpoons HNO_2 + H_2O$	0.93
NO_3^- / NO	$NO_3^- + 4H^+ + 3e^- \rightleftharpoons NO + 2H_2O$	0.96
NO_3^- / N_2O_4	$2NO_3^- + 4H^+ + 2e^- \rightleftharpoons N_2O_4 + 2H_2O$	0.80
Na^+ / Na	$Na^+ + e^- \rightleftharpoons Na$	–2.71
Ni^{2+} / Ni	$Ni^{2+} + 2e^- \rightleftharpoons Ni$	–0.26
O_2 / H_2O_2	$O_2 + 2H^+ + 2e^- \rightleftharpoons H_2O_2$	0.70
O_2 / H_2O	$O_2 + 4H^+ + 4e^- \rightleftharpoons 2H_2O$	1.23
O_3 / O_2	$O_3 + 2H^+ + 2e^- \rightleftharpoons O_2 + H_2O$	2.08
P(红) / PH_3	P(红)$+3H^+ + 3e^- \rightleftharpoons PH_3(g)$	–0.11
P(白) / PH_3	P(白)$+3H^+ + 3e^- \rightleftharpoons PH_3(g)$	–0.06
H_3PO_2 / P	$H_3PO_2 + H^+ + e^- \rightleftharpoons P + 2H_2O$	–0.51
H_3PO_3 / H_3PO_2	$H_3PO_3 + 2H^+ + 2e^- \rightleftharpoons H_3PO_2 + H_2O$	–0.50
H_3PO_3 / P	$H_3PO_3 + 3H^+ + 3e^- \rightleftharpoons P + 3H_2O$	–0.45
H_3PO_4 / H_3PO_3	$H_3PO_4 + 2H^+ + 2e^- \rightleftharpoons H_3PO_3 + H_2O$	–0.28
Pb^{2+} / Pb	$Pb^{2+} + 2e^- \rightleftharpoons Pb$	–0.13
$PbBr_2 / Pb$	$PbBr_2 + 2e^- \rightleftharpoons Pb + 2Br^-$	–0.28

续表

电对	电极反应	$E_A^\ominus$ / V
$PbCl_2$ / Pb	$PbCl_2+2e^- \rightleftharpoons Pb+2Cl^-$	–0.27
PbF_2 / Pb	$PbF_2+2e^- \rightleftharpoons Pb+2F^-$	–0.34
PbI_2 / Pb	$PbI_2+2e^- \rightleftharpoons Pb+2I^-$	–0.37
PbO_2 / Pb^{2+}	$PbO_2+4H^++2e^- \rightleftharpoons Pb^{2+}+2H_2O$	1.46
PbO_2 / $PbSO_4$	$PbO_2+SO_4^{2-}+4H^++2e^- \rightleftharpoons PbSO_4+2H_2O$	1.69
$PbSO_4$ / Pb	$PbSO_4+2e^- \rightleftharpoons Pb+SO_4^{2-}$	–0.36
Pd^{2+}/ Pd	$Pd^{2+}+2e^- \rightleftharpoons Pd$	0.95
$PdCl_4^{2-}$ / Pd	$PdCl_4^{2-}+2e^- \rightleftharpoons Pd+4Cl^-$	0.59
Pt^{2+} / Pt	$Pt^{2+}+2e^- \rightleftharpoons Pt$	1.12
Rb^+/ Rb	$Rb^++e^- \rightleftharpoons Rb$	–2.98
S/H_2S(aq)	$S+2H^++2e^- \rightleftharpoons H_2S(aq)$	0.14
$S_2O_6^{2-}$ / H_2SO_3	$S_2O_6^{2-}+4H^++2e^- \rightleftharpoons 2H_2SO_3$	0.56
H_2SO_3 / S	$H_2SO_3+4H^++4e^- \rightleftharpoons S+3H_2O$	0.45
SO_4^{2-} / H_2SO_3	$SO_4^{2-}+4H^++2e^- \rightleftharpoons H_2SO_3+H_2O$	0.17
SO_4^{2-} / $S_2O_6^{2-}$	$2SO_4^{2-}+4H^++2e^- \rightleftharpoons S_2O_6^{2-}+2H_2O$	–0.22
Sb / SbH_3	$Sb+3H^++3e^- \rightleftharpoons 2SbH_3$	–0.51
Sb_2O_3 / Sb	$Sb_2O_3+6H^++6e^- \rightleftharpoons 2Sb+3H_2O$	0.15
Sb_2O_5 / SbO^+	$Sb_2O_5+6H^++4e^- \rightleftharpoons 2SbO^++3H_2O$	0.58
Se / H_2Se(aq)	$Se+2H^++2e^- \rightleftharpoons H_2Se(aq)$	–0.40
H_2SeO_3 / Se	$H_2SeO_3+4H^++4e^- \rightleftharpoons Se+3H_2O$	0.74
SeO_4^{2-} / H_2SeO_3	$SeO_4^{2-}+4H^++2e^- \rightleftharpoons H_2SeO_3+H_2O$	1.15
SiF_6^{2-} / Si	$SiF_6^{2-}+4e^- \rightleftharpoons Si+6F^-$	–1.24
(石英)SiO_2 / Si	(石英)$SiO_2+4H^++4e^- \rightleftharpoons Si+2H_2O$	0.86
Sn^{2+} / Sn	$Sn^{2+}+2e^- \rightleftharpoons Sn$	–0.14
Sn^{4+} / Sn^{2+}	$Sn^{4+}+2e^- \rightleftharpoons Sn^{2+}$	0.15
Sr^{2+} / Sr	$Sr^{2+}+2e^- \rightleftharpoons Sr$	–2.89
Ti^{2+} / Ti	$Ti^{2+}+2e^- \rightleftharpoons Ti$	–1.63
Ti^{3+} / Ti^{2+}	$Ti^{3+}+e^- \rightleftharpoons Ti^{2+}$	–0.37
TiO^{2+} / Ti^{3+}	$TiO^{2+}+2H^++e^- \rightleftharpoons Ti^{3+}+H_2O$	0.099
TiO_2 / Ti^{2+}	$TiO_2+4H^++2e^- \rightleftharpoons Ti^{2+}+2H_2O$	–0.50
Tl^+ / Tl	$Tl^++e^- \rightleftharpoons Tl$	–0.34

续表

电对	电极反应	$E_A^\ominus$ / V
V^{2+}/V	$V^{2+}+2e^- = V$	–1.18
V^{3+}/V^{2+}	$V^{3+}+e^- = V^{2+}$	–0.26
VO^{2+}/V^{3+}	$VO^{2+}+2H^++e^- = V^{3+}+H_2O$	0.34
VO_2^+/VO^{2+}	$VO_2^++2H^++e^- = VO^{2+}+H_2O$	0.99
$[V(OH)_4]^+/VO^{2+}$	$[V(OH)_4]^++2H^++e^- = VO^{2+}+3H_2O$	1.00
$[V(OH)_4]^+/V$	$[V(OH)_4]^++4H^++5e^- = V+4H_2O$	–0.25
WO_3/W	$WO_3+6H^++6e^- = W+3H_2O$	–0.09
WO_3/W_2O_5	$2WO_3+2H^++2e^- = W_2O_5+H_2O$	–0.03
Zn^{2+}/Zn	$Zn^{2+}+2e^- = Zn$	–0.76

2. 在碱性溶液中

电对	电极反应	$E_B^\ominus$ / V
$AgCN/Ag$	$AgCN+e^- = Ag+CN^-$	–0.017
$[Ag(CN)_2]^-/Ag$	$[Ag(CN)_2]^-+e^- = Ag+2CN^-$	–0.31
Ag_2O/Ag	$Ag_2O+H_2O+2e^- = 2Ag+2OH^-$	0.34
AgO/Ag_2O	$2AgO+H_2O+2e^- = Ag_2O+2OH^-$	0.61
Ag_2S/Ag	$Ag_2S+2e^- = 2Ag+S^{2-}$	–0.69
$H_2AlO_3^-/Al$	$H_2AlO_3^-+H_2O+3e^- = Al+4OH^-$	–2.33
AsO_2^-/As	$AsO_2^-+2H_2O+3e^- = As+4OH^-$	–0.68
AsO_4^{3-}/AsO_2^-	$AsO_4^{3-}+2H_2O+2e^- = AsO_2^-+4OH^-$	–0.71
$H_2BO_3^-/B$	$H_2BO_3^-+H_2O+3e^- = B+4OH^-$	–1.79
$Ba(OH)_2/Ba$	$Ba(OH)_2+2e^- = Ba+2OH^-$	–2.99
$Be_2O_3^{2-}/Be$	$Be_2O_3^{2-}+3H_2O+4e^- = 2Be+6OH^-$	–2.63
Bi_2O_3/Bi	$Bi_2O_3+3H_2O+6e^- = 2Bi+6OH^-$	–0.46
BrO^-/Br^-	$BrO^-+H_2O+2e^- = Br^-+2OH^-$	0.76
BrO_3^-/Br^-	$BrO_3^-+3H_2O+6e^- = Br^-+6OH^-$	0.61
$Ca(OH)_2/Ca$	$Ca(OH)_2+2e^- = Ca+2OH^-$	–3.02
ClO^-/Cl^-	$ClO^-+H_2O+2e^- = Cl^-+2OH^-$	0.81
ClO_2^-/ClO^-	$ClO_2^-+H_2O+2e^- = ClO^-+2OH^-$	0.66
ClO_2^-/Cl^-	$ClO_2^-+2H_2O+4e^- = Cl^-+4OH^-$	0.76
ClO_3^-/ClO_2^-	$ClO_3^-+H_2O+2e^- = ClO_2^-+2OH^-$	0.33

续表

电对	电极反应	$E_B^\ominus$ / V
ClO_3^- / Cl^-	$ClO_3^- + 3H_2O + 6e^- = Cl^- + 6OH^-$	0.62
ClO_4^- / ClO_3^-	$ClO_4^- + H_2O + 2e^- = ClO_3^- + 2OH^-$	0.36
$[Co(NH_3)_6]^{3+} / [Co(NH_3)_6]^{2+}$	$[Co(NH_3)_6]^{3+} + e^- = [Co(NH_3)_6]^{2+}$	0.11
$Co(OH)_2 / Co$	$Co(OH)_2 + 2e^- = Co + 2OH^-$	–0.73
$Co(OH)_3 / Co(OH)_2$	$Co(OH)_3 + e^- = Co(OH)_2 + OH^-$	0.17
CrO_2^- / Cr	$CrO_2^- + 2H_2O + 3e^- = Cr + 4OH^-$	–1.2
$CrO_4^{2-} / Cr(OH)_3$	$CrO_4^{2-} + 4H_2O + 3e^- = Cr(OH)_3 + 5OH^-$	–0.13
$Cr(OH)_3 / Cr$	$Cr(OH)_3 + 3e^- = Cr + 3OH^-$	–1.48
$Cu^{2+} / [Cu(CN)_2]^-$	$Cu^{2+} + 2CN^- + e^- = [Cu(CN)_2]^-$	1.10
$[Cu(CN)_2]^- / Cu$	$[Cu(CN)_2]^- + e^- = Cu + 2CN^-$	–0.43
Cu_2O / Cu	$Cu_2O + H_2O + 2e^- = 2Cu + 2OH^-$	–0.36
$Cu(OH)_2 / Cu$	$Cu(OH)_2 + 2e^- = Cu + 2OH^-$	–0.22
$Cu(OH)_2 / Cu_2O$	$2Cu(OH)_2 + 2e^- = Cu_2O + 2OH^- + H_2O$	–0.080
$[Fe(CN)_6]^{3-} / [Fe(CN)_6]^{4-}$	$[Fe(CN)_6]^{3-} + e^- = [Fe(CN)_6]^{4-}$	0.36
$Fe(OH)_3 / Fe(OH)_2$	$Fe(OH)_3 + e^- = Fe(OH)_2 + OH^-$	–0.56
H_2O / H_2	$2H_2O + 2e^- = H_2 + 2OH^-$	–0.83
HgO / Hg	$HgO + H_2O + 2e^- = Hg + 2OH^-$	0.098
HO_2^- / OH^-	$HO_2^- + H_2O + 2e^- = 3OH^-$	0.88
IO^- / I^-	$IO^- + H_2O + 2e^- = I^- + 2OH^-$	0.49
IO_3^- / IO^-	$IO_3^- + 2H_2O + 4e^- = IO^- + 4OH^-$	0.15
IO_3^- / I^-	$IO_3^- + 3H_2O + 6e^- = I^- + 6OH^-$	0.26
Ir_2O_3 / Ir	$Ir_2O_3 + 3H_2O + 6e^- = 2Ir + 6OH^-$	0.098
$La(OH)_3 / La$	$La(OH)_3 + 3e^- = La + 3OH^-$	–2.90
$Mg(OH)_2 / Mg$	$Mg(OH)_2 + 2e^- = Mg + 2OH^-$	–2.69
MnO_4^- / MnO_2	$MnO_4^- + 2H_2O + 3e^- = MnO_2 + 4OH^-$	0.60
MnO_4^{2-} / MnO_2	$MnO_4^{2-} + 2H_2O + 2e^- = MnO_2 + 4OH^-$	0.60
$Mn(OH)_2 / Mn$	$Mn(OH)_2 + 2e^- = Mn + 2OH^-$	–1.56
$Mn(OH)_3 / Mn(OH)_2$	$Mn(OH)_3 + e^- = Mn(OH)_2 + OH^-$	0.15
NO_2^- / N_2^{2-}	$2NO_2^- + 4H_2O + 8e^- = N_2^{2-} + 8OH^-$	–0.18
NO_2^- / N_2O	$2NO_2^- + 3H_2O + 4e^- = N_2O + 6OH^-$	0.15
NO_3^- / NO_2^-	$NO_3^- + H_2O + 2e^- = NO_2^- + 2OH^-$	0.01

续表

电对	电极反应	$E_B^\ominus$ / V
NO_3^- / N_2O_4	$2NO_3^- + 2H_2O + 2e^- \rightleftharpoons N_2O_4 + 4OH^-$	–0.85
$Ni(OH)_2 / Ni$	$Ni(OH)_2 + 2e^- \rightleftharpoons Ni + 2OH^-$	–0.72
O_2 / HO_2^-	$O_2 + H_2O + 2e^- \rightleftharpoons HO_2^- + OH^-$	–0.076
O_2 / H_2O_2	$O_2 + 2H_2O + 2e^- \rightleftharpoons H_2O_2 + 2OH^-$	–0.15
O_2 / OH^-	$O_2 + 2H_2O + 4e^- \rightleftharpoons 4OH^-$	0.40
O_3 / OH^-	$O_3 + H_2O + 2e^- \rightleftharpoons O_2 + 2OH^-$	1.24
P / PH_3	$P + 3H_2O + 3e^- \rightleftharpoons PH_3(g) + 3OH^-$	–0.87
$H_2PO_2^- / P$	$H_2PO_2^- + e^- \rightleftharpoons P + 2OH^-$	–1.82
HPO_3^{2-} / HPO_2^{2-}	$HPO_3^{2-} + H_2O + 2e^- \rightleftharpoons HPO_2^{2-} + 2OH^-$	–1.65
HPO_3^{2-} / P	$HPO_3^{2-} + 2H_2O + 3e^- \rightleftharpoons P + 5OH^-$	–1.71
PO_4^{3-} / HPO_3^{2-}	$PO_4^{3-} + 2H_2O + 2e^- \rightleftharpoons HPO_3^{2-} + 3OH^-$	–1.05
PbO / Pb	$PbO + H_2O + 2e^- \rightleftharpoons Pb + 2OH^-$	–0.58
PbO_2 / PbO	$PbO_2 + H_2O + 2e^- \rightleftharpoons PbO + 2OH^-$	0.25
$Pd(OH)_2 / Pd$	$Pd(OH)_2 + 2e^- \rightleftharpoons Pd + 2OH^-$	0.07
$Pt(OH)_2 / Pt$	$Pt(OH)_2 + 2e^- \rightleftharpoons Pt + 2OH^-$	0.14
S / S^{2-}	$S + 2e^- \rightleftharpoons S^{2-}$	–0.48
S / HS^-	$S + H_2O + 2e^- \rightleftharpoons HS^- + OH^-$	–0.48
S / S_2^{2-}	$2S + 2e^- \rightleftharpoons S_2^{2-}$	–0.43
$S_4O_6^{2-} / S_2O_3^{2-}$	$S_4O_6^{2-} + 2e^- \rightleftharpoons 2S_2O_3^{2-}$	0.08
$SO_3^{2-} / S_2O_4^{2-}$	$2SO_3^{2-} + 2H_2O + 2e^- \rightleftharpoons S_2O_4^{2-} + 4OH^-$	–1.12
$SO_3^{2-} / S_2O_3^{2-}$	$2SO_3^{2-} + 3H_2O + 4e^- \rightleftharpoons S_2O_3^{2-} + 6OH^-$	–0.57
SO_4^{2-} / SO_3^{2-}	$SO_4^{2-} + H_2O + 2e^- \rightleftharpoons SO_3^{2-} + 2OH^-$	–0.93
SbO_2^- / Sb	$SbO_2^- + 2H_2O + 3e^- \rightleftharpoons Sb + 4OH^-$	–0.66
SbO_3^- / SbO_2^-	$SbO_3^- + H_2O + 2e^- \rightleftharpoons SbO_2^- + 2OH^-$	–0.59
SeO_3^{2-} / Se	$SeO_3^{2-} + 3H_2O + 4e^- \rightleftharpoons Se + 6OH^-$	–0.37
SeO_4^{2-} / SeO_3^{2-}	$SeO_4^{2-} + H_2O + 2e^- \rightleftharpoons SeO_3^{2-} + 2OH^-$	0.05
SiO_3^{2-} / Si	$SiO_3^{2-} + 3H_2O + 4e^- \rightleftharpoons Si + 6OH^-$	–1.70
$HSnO_2^- / Sn$	$HSnO_2^- + H_2O + 2e^- \rightleftharpoons Sn + 3OH^-$	–0.91
$[Sn(OH)_6]^{2-} / HSnO_2^-$	$[Sn(OH)_6]^{2-} + 2e^- \rightleftharpoons HSnO_2^- + 3OH^- + H_2O$	–0.93

续表

电对	电极反应	$E_B^{\ominus}$ / V
$Sr(OH)_2$ /Sr	$Sr(OH)_2 + 2e^- \rightleftharpoons Sr + 2OH^-$	–2.88
Tl_2O_3 / Tl^+	$Tl_2O_3 + 3H_2O + 4e^- \rightleftharpoons 2Tl^+ + 6OH^-$	0.02
ZnO_2^{2-} / Zn	$ZnO_2^{2-} + 2H_2O + 2e^- \rightleftharpoons Zn + 4OH^-$	–1.22

数据摘自：Weast R C. Handbook of Chemistry and Physics, D–151. 70th ed. 1989-1990.

饱和甘汞电极(SCE)相对标准氢电极电势：+ 0.2415 V。

附录 7　元素的第一电离能(kJ · mol^{-1})

ⅠA																	ⅧA
H 1312.0	ⅡA											ⅢA	ⅣA	ⅤA	ⅥA	ⅦA	He 2372.3
Li 520.3	Be 899.5											B 800.6	C 1086.4	N 1402.3	O 1314.0	F 1681.0	Ne 2080.7
Na 495.8	Mg 737.7	ⅢB	ⅣB	ⅤB	ⅥB	ⅦB	Ⅷ			ⅠB	ⅡB	Al 577.6	Si 786.5	P 1011.8	S 999.6	Cl 1251.1	Ar 1520.5
K 418.9	Ca 589.8	Sc 631	Ti 658	V 650	Cr 652.8	Mn 717.4	Fe 759.4	Co 758	Ni 763.7	Cu 745.5	Zn 906.4	Ga 578.8	Ge 762.2	As 944	Se 940.9	Br 1139.9	Kr 1350.7
Rb 403.0	Sr 549.5	Y 616	Zr 660	Nb 664	Mo 685.0	Tc 702	Ru 711	Rh 720	Pd 805	Ag 731	Cd 867.7	In 558.3	Sn 708.6	Sb 831.6	Te 869.3	I 1008.4	Xe 1170.4
Cs 375.7	Ba 502.9	La 538.1	Hf 761	Ta 1.5	W 770	Re 760	Os 840	Ir 880	Pt 870	Au 890.1	Hg 1007	Tl 589.3	Pb 715.5	Bi 703.3	Po 812	At 912	Rn 1037.0
Fr	Ra 509.4	Ac 499															

Ce 528	Pr 523	Nd 530	Pm 536	Sm 543	Eu 547	Gd 592	Tb 564	Dy 572	Ho 581	Er 589	Tm 596.7	Yb 603.4	Lu 523.5
Th 590	Pa 570	U 590	Np 600	Pu 585	Am 578	Cm 581	Bk 601	Cf 608	Es 619	Fm 627	Md 635	No 642	Lr

数据摘自：James H E. Inorganic Chemistry. 2nd ed. New York: Harper & Row, 1979.

附录 8　元素的电子亲和能(kJ · mol^{-1})

ⅠA																	ⅧA
H 72.9	ⅡA											ⅢA	ⅣA	ⅤA	ⅥA	ⅦA	He < 0
Li 59.8	Be < 0											B 23	C 122	N 0 ± 22	O 141	F 322	Ne < 0
Na 52.9	Mg < 0	ⅢB	ⅣB	ⅤB	ⅥB	ⅦB	Ⅷ			ⅠB	ⅡB	Al 44	Si 120	P 74	S 200.4	Cl 348.7	Ar < 0
K 48.4	Ca	Sc	Ti	V	Cr 63	Mn	Fe	Co	Ni 111	Cu 123	Zn	Ga 36	Ge 116	As 77	Se 195	Br 324.5	Kr < 0
Rb 46.9	Sr	Y	Zr	Nb	Mo 96	Tc	Ru	Rh	Pd	Ag	Cd 126	In 34	Sn 121	Sb 101	Te 190.1	I 295	Xe < 0
Cs 45.5	Ba	La	Hf	Ta 80	W 50	Re 15	Os	Ir	Pt 205.3	Au 222.7	Hg	Tl 50	Pb 100	Bi 100	Po	At	Rn
Fr 44.0	Ra 509.4	Ac															

数据摘自：James H E. Inorganic Chemistry. 2nd ed. New York: Harper & Row, 1979.

附录 9　元素的原子半径(pm)

ⅠA																	0
H 120 — 37(30)	ⅡA											ⅢA	ⅣA	ⅤA	ⅥA	ⅦA	He 99 – –
Li — 152 —	Be — 111.3 —											B 208 – 88	C 185 – 77	N 154 – 75	O 140 – 66	F 135 – 64	Ne 160 – –
Na — 185.8 —	Mg — 159.9 —	ⅢB	ⅣAB	ⅤB	ⅥB	ⅦB	Ⅷ			ⅠB	ⅡB	Al — 143 130	Si 210 — 118	P 190 — 110	S 185 — 104	Cl 180 — 99.4	Ar 191 — —
K — 227.2 —	Ca — 197.4 —	Sc — 164.1 —	Ti — 144.8 —	V — 131.1 —	Cr — 124.9 —	Mn — 136.6 —	Fe — 124.1 —	Co — 125.3 —	Ni — 134.6 —	Cu — 127.8 —	Zn — 133.3 —	Ga — 153 122	Ge — — 122	As 200 — 122	Se 200 — 117	Br 195 — 114.2	Kr 197 — —
Rb — 247.5 —	Sr — 215.2 —	Y — 180.3 —	Zr — 159 —	Nb — 142.9 —	Mo — 136.3 —	Tc — 135.2 —	Ru — 132.5 —	Rh — 134.5 —	Pd — 137.6 —	Ag — 144.5 —	Cd — 149 —	In — 167 150	Sn — 158 140	Sb 220 — 143	Te 220 — 137	I 215 — 133.3	Xe 214 — —
Cs — 265.5 —	Ba — 217.4 —	La — 187.7 —	Hf — 156.4 —	Ta — 143 —	W — 137.1 —	Re — 137.1 —	Os — 133.8 —	Ir — 135.7 —	Pt — 138.8 —	Au — 144.2 —	Hg — 150.3 —	Tl — 171 155	Pb — 175 154	Bi 240 182 152	Po — — 146	At	Rn

注：H 原子的共价半径在有机物中使用 30 pm 更合适。

第一行数据是范德华半径；第二行数据是金属半径；第三行数据是共价半径。

Ce 182.4 165	Pr 182.8 165	Nd 182.2 164	Pm — 163	Sm 180.2 112	Eu 198.3 185	Gd 180.1 161	Tb 178.3 159	Dy 177.5 159	Ho 176.7 158	Er 175.8 157	Tm 174.7 156	Yb 193.9 —	Lu 173.5 156
Th 179.8 165	Pa 160.6 —	U 138.5 142	Np 131 —	Pu 151.3 —	Am 173 —	Cm	Bk	Cf	Es	Fm	Md	No	Lr

注：第一行数据是金属半径；第二行数据是共价半径。

附录 10　元素的电负性

ⅠA																	
H 2.1	ⅡA											ⅢA	ⅣA	ⅤA	ⅥA	ⅦA	
Li 1.0	Be 1.5											B 2.0	C 2.5	N 3.0	O 3.5	F 4.0	
Na 0.9	Mg 1.2	ⅢB	ⅣB	ⅤB	ⅥB	ⅦB	Ⅷ			ⅠB	ⅡB	Al 1.5	Si 1.8	P 2.1	S 2.5	Cl 3.0	
K 0.8	Ca 1.0	Sc 1.3	Ti 1.5	V 1.6	Cr 1.6	Mn 1.5	Fe 1.8	Co 1.9	Ni 1.9	Cu 1.9	Zn 1.6	Ga 1.6	Ge 1.8	As 2.0	Se 2.4	Br 2.8	
Rb 0.8	Sr 1.0	Y 1.2	Zr 1.4	Nb 1.6	Mo 1.8	Tc 1.9	Ru 2.2	Rh 2.2	Pd 2.2	Ag 1.9	Cd 1.7	In 1.7	Sn 1.8	Sb 1.9	Te 2.1	I 2.5	
Cs 0.7	Ba 0.9	La~Lu 1.0~1.2	Hf 1.3	Ta 1.5	W 1.7	Re 1.9	Os 2.2	Ir 2.2	Pt 2.3	Au 2.4	Hg 1.9	Tl 1.8	Pb 1.9	Bi 1.9	Po 2.0	At 2.2	
Fr 0.7	Ra 0.9	Ac~Lr 1.1~1.4															

数据摘自：Pauling L, Pauling P. Chemistry, 1975.

附录 11　金属-无机配位体配合物的稳定常数

序号	配位体	金属离子	配位体数目 *n*	$\lg\beta_n^*$
1	NH_3	Ag^+	1, 2	3.24, 7.05
		Au^{3+}	4	10.3
		Cd^{2+}	1, 2, 3, 4, 5, 6	2.65, 4.75, 6.19, 7.12, 6.80, 5.14
		Co^{2+}	1, 2, 3, 4, 5, 6	2.11, 3.74, 4.79, 5.55, 5.73, 5.11
		Co^{3+}	1, 2, 3, 4, 5, 6	6.7, 14.0, 20.1, 25.7, 30.8, 35.2
		Cu^+	1, 2	5.93, 10.86
		Cu^{2+}	1, 2, 3, 4	4.31, 7.98, 11.02, 13.32
		Fe^{2+}	1, 2	1.4, 2.2
		Hg^{2+}	1, 2, 3, 4	8.8, 17.5, 18.5, 19.28
		Mn^{2+}	1, 2	0.8, 1.3
		Ni^{2+}	1, 2, 3, 4, 5, 6	2.80, 5.04, 6.77, 7.96, 8.71, 8.74
		Pd^{2+}	1, 2, 3, 4	9.6, 18.5, 26.0, 32.8
		Pt^{2+}	6	35.3
		Zn^{2+}	1, 2, 3, 4	2.37, 4.81, 7.31, 9.46
2	Br^-	Ag^+	1, 2, 3, 4	4.38, 7.33, 8.00, 8.73
		Bi^{3+}	1, 2, 3, 4, 5, 6	2.37, 4.20, 5.90, 7.30, 8.20, 8.30
		Cd^{2+}	1, 2, 3, 4	1.75, 2.34, 3.32, 3.70,
		Cu^+	2	5.89
		Hg^{2+}	1, 2, 3, 4	9.05, 17.32, 19.74, 21.00

续表

序号	配位体	金属离子	配位体数目 n	$\lg\beta_n$*
2	Br^-	Pb^{2+}	1, 2, 3, 4	1.77, 2.60, 3.00, 2.30
		Pd^{2+}	1, 2, 3, 4	5.17, 9.42, 12.70, 14.90
		Sn^{2+}	1, 2, 3	1.11, 1.81, 1.46
		Tl^{3+}	1, 2, 3, 4, 5, 6	9.7, 16.6, 21.2, 23.9, 29.2, 31.6
3	Cl^-	Ag^+	1, 2, 4	3.04, 5.04, 5.30
		Bi^{3+}	1, 2, 3, 4	2.44, 4.7, 5.0, 5.6
		Cd^{2+}	1, 2, 3, 4	1.95, 2.50, 2.60, 2.80
		Cu^+	2, 3	5.5, 5.7
		Fe^{3+}	2	9.8
		Hg^{2+}	1, 2, 3, 4	6.74, 13.22, 14.07, 15.07
		Pb^{2+}	1, 2, 3	1.42, 2.23, 3.23
		Pd^{2+}	1, 2, 3, 4	6.1, 10.7, 13.1, 15.7
		Pt^{2+}	2, 3, 4	11.5, 14.5, 16.0
		Sb^{3+}	1, 2, 3, 4	2.26, 3.49, 4.18, 4.72
		Sn^{2+}	1, 2, 3, 4	1.51, 2.24, 2.03, 1.48
		Zn^{2+}	1, 2, 3, 4	0.43, 0.61, 0.53, 0.20
4	CN^-	Ag^+	2, 3, 4	21.1, 21.7, 20.6
		Au^+	2	38.3
		Cd^{2+}	1, 2, 3, 4	5.48, 10.60, 15.23, 18.78
		Cu^{2+}	2, 3, 4	24.0, 28.59, 30.30
		Fe^{2+}	6	35.0
		Fe^{3+}	6	42.0
		Hg^{2+}	4	41.4
		Ni^{2+}	4	31.3
		Zn^{2+}	1, 2, 3, 4	5.3, 11.70, 16.70, 21.60
5	F^-	Al^{3+}	1, 2, 3, 4, 5, 6	6.11, 11.12, 15.00, 18.00, 19.40, 19.80
		Be^{2+}	1, 2, 3, 4	4.99, 8.80, 11.60, 13.10
		Cr^{3+}	1, 2, 3	4.36, 8.70, 11.20
		Fe^{3+}	1, 2, 3, 5	5.28, 9.30, 12.06, 15.77
		Pb^{2+}	1, 2	1.44, 2.54
		Sb^{3+}	1, 2, 3, 4	3.0, 5.7, 8.3, 10.9
		Sn^{2+}	1, 2, 3	4.08, 6.68, 9.50
6	I^-	Ag^+	1, 2, 3	6.58, 11.74, 13.68
		Bi^{3+}	1, 4, 5, 6	3.63, 14.95, 16.80, 18.80
		Cd^{2+}	1, 2, 3, 4	2.10, 3.43, 4.49, 5.41
		Cu^+	2	8.85
		Hg^{2+}	1, 2, 3, 4	12.87, 23.82, 27.60, 29.83
		Pb^{2+}	1, 2, 3, 4	2.00, 3.15, 3.92, 4.47
		Pd^{2+}	4	24.5
		Tl^+	1, 2, 3	0.72, 0.90, 1.08
		Tl^{3+}	1, 2, 3, 4	11.41, 20.88, 27.60, 31.82

续表

序号	配位体	金属离子	配位体数目 n	$\lg\beta_n^*$
7	OH^-	Ag^+	1, 2	2.0, 3.99
		Al^{3+}	1, 4	9.27, 33.03
		As^{3+}	1, 2, 3, 4	14.33, 18.73, 20.60, 21.20
		Be^{2+}	1, 2, 3	9.7, 14.0, 15.2
		Bi^{3+}	1, 2, 4	12.7, 15.8, 35.2
		Cd^{2+}	1, 2, 3, 4	4.17, 8.33, 9.02, 8.62
		Ce^{4+}	1, 2	13.28, 26.46
		Co^{2+}	1, 2, 3, 4	4.3, 8.4, 9.7, 10.2
		Cr^{3+}	1, 2, 4	10.1, 17.8, 29.9
		Cu^{2+}	1, 2, 3, 4	7.0, 13.68, 17.00, 18.5
		Fe^{2+}	1, 2, 3, 4	5.56, 9.77, 9.67, 8.58
		Fe^{3+}	1, 2, 3	11.87, 21.17, 29.67
		Hg^{2+}	1, 2, 3	10.6, 21.8, 20.9
		In^{3+}	1, 2, 3, 4	10.0, 20.2, 29.6, 38.9
		Mn^{2+}	1, 3	3.9, 8.3
		Ni^{2+}	1, 2, 3	4.97, 8.55, 11.33
		Pa^{4+}	1, 2, 3, 4	14.04, 27.84, 40.7, 51.4
		Pb^{2+}	1, 2, 3	7.82, 10.85, 14.58
		Pd^{2+}	1, 2	13.0, 25.8
		Sb^{3+}	2, 3, 4	24.3, 36.7, 38.3
		Zn^{2+}	1, 2, 3, 4	4.40, 11.30, 14. 4, 15.5
		Zr^{4+}	1, 2, 3, 4	14.3, 28.3, 41.9, 55.3
8	$P_2O_7^{4-}$	Ba^{2+}	1	4.6
		Ca^{2+}	1	4.6
		Cd^{3+}	1	5.6
		Co^{2+}	1	6.1
		Cu^{2+}	1, 2	6.7, 9.0
		Hg^{2+}	2	12.38
		Mg^{2+}	1	5.7
		Ni^{2+}	1, 2	5.8, 7.4
		Pb^{2+}	1, 2	7.3, 10.15
		Zn^{2+}	1, 2	8.7, 11.0
9	SCN^-	Ag^+	1, 2, 3, 4	4.6, 7.57, 9.08, 10.08
		Bi^{3+}	1, 2, 3, 4, 5, 6	1.67, 3.00, 4.00, 4.80, 5.50, 6.10
		Cd^{2+}	1, 2, 3, 4	1.39, 1.98, 2.58, 3.6
		Cr^{3+}	1, 2	1.87, 2.98
		Cu^+	1, 2	12.11, 5.18
		Cu^{2+}	1, 2	1.90, 3.00
		Fe^{3+}	1, 2, 3, 4, 5, 6	2.21, 3.64, 5.00, 6.30, 6.20, 6.10

续表

序号	配位体	金属离子	配位体数目 n	$\lg\beta_n$*
9	SCN^-	Hg^{2+}	1, 2, 3, 4	9.08, 16.86, 19.70, 21.70
		Ni^{2+}	1, 2, 3	1.18, 1.64, 1.81
		Pb^{2+}	1, 2, 3	0.78, 0.99, 1.00
		Sn^{2+}	1, 2, 3	1.17, 1.77, 1.74
		Zn^{2+}	1, 2, 3, 4	1.33, 1.91, 2.00, 1.60
10	$S_2O_3^{2-}$	Ag^+	1, 2	8.82, 13.46
		Cd^{2+}	1, 2	3.92, 6.44
		Cu^+	1, 2, 3	10.27, 12.22, 13.84
		Hg^{2+}	2, 3, 4	29.44, 31.90, 33.24
		Pb^{2+}	2, 3	5.13, 6.35

* β代表逐级稳定常数的乘积，如$\beta_2=K^\ominus_{f1}\cdot K^\ominus_{f2}$，$\beta_n=K^\ominus_{f1}\cdot K^\ominus_{f2}\cdots K^\ominus_{fn}$。$\beta_n$即配离子的总稳定常数，本书以$K^\ominus_f$表示。

附录 12　常见离子和化合物的颜色

一、常见离子的颜色

1. 以下阳离子均无色

Ag^+、Cd^{2+}、K^+、Ca^{2+}、As^{3+}(在溶液中主要以AsO_3^{3-}存在)，Pb^{2+}、Zn^{2+}、Na^+、Sr^{2+}、As(Ⅴ)(在溶液中几乎全部以AsO_4^{3-}存在)，Hg_2^{2+}、Bi^{3+}、NH_4^+、Ba^{2+}、Sb^{3+}或 Sb(Ⅴ)(主要以$[SbCl_6]^{3-}$或$[SbCl]_6^-$存在)，Hg^{2+}，Mg^{2+}，Al^{3+}，Sn^{2+}，Sn^{4+}。

2. 以下阳离子均有色

Mn^{2+}浅玫瑰色，稀溶液无色；$[Fe(H_2O)_6]^{3+}$淡紫色，但常见的Fe^{3+}盐溶液为黄色或红棕色(水解产物)；Fe^{2+}浅绿色，稀溶液无色；Cr^{3+}绿色或紫色；Co^{2+}玫瑰色；Ni^{2+}绿色；Cu^{2+}浅蓝色。

3. 以下阴离子均无色

SO_4^{2-}，PO_4^{3-}，F^-，SCN^-，$C_2O_4^{2-}$，MoO_4^{2-}，SO_3^{2-}，BO_2^-，Cl^-，NO_3^-，S^{2-}，WO_4^{2-}，$S_2O_3^{2-}$，$B_4O_7^{2-}$，Br^-，NO_2^-，ClO_3^-，VO_3^-，CO_3^{2-}，SiO_3^{2-}，I^-，Ac^-，BrO_3^-。

4. 以下阴离子均有色

$Cr_2O_7^{2-}$橙色；CrO_4^{2-}黄色；MnO_4^-紫色；MnO_4^{2-}绿色；$[Fe(CN)_6]^{4-}$黄绿色，$[Fe(CN)_6]^{3-}$黄棕色。

二、有特征颜色的常见无机化合物

颜色	举例
黑色	CuO，NiO，FeO，Fe_3O_4，MnO_2，FeS，CuS，Ag_2S，NiS，CoS，PbS，Bi_2S_3等
蓝色	$CuSO_4\cdot5H_2O$，$Cu(NO_3)_2\cdot6H_2O$，许多水合铜盐，无水$CoCl_2$

续表

颜色	举例
绿色	镍盐，亚铁盐，铬盐，某些铜盐如 $CuCl_2 \cdot 2H_2O$
黄色	CdS，PbO，碘化物(如 AgI)，铬酸盐(如 $BaCrO_4$,K_2CrO_4)，As_2S_3，As_2S_5
红色	Fe_2O_3，Cu_2O，HgO，Pb_3O_4，Sb_2S_3，Sb_2S_5（橙红）
粉红色	$MnSO_4 \cdot 7H_2O$ 等锰盐，$CoCl_2 \cdot 6H_2O$
紫色	亚铬盐(如$[Cr(Ac)_2]_2 \cdot 2H_2O$)，高锰酸盐